Patentgesetz

und

Gesetz,

betreffend

den Schutz von Gebrauchsmustern

erläutert von

Dr. Arnold Seligsohn,
Justizrath, Rechtsanwalt und Notar in Berlin.

Zweite Auflage.

Berlin 1901.
J. Guttentag, Verlagsbuchhandlung,
G. m. b. H.

Inhalt.

Abkürzungen und Citate.

A.G. = Amtsgericht.
B.G.B. = Bürgerliches Gesetzbuch.
Bl. = Blatt für Patent-, Muster- und Zeichenwesen.
C.P.O. = Civilprozeßordnung.
Enqu. 1876 = Protokolle der Enquete von 1876.
Enqu. 1886 = Protokolle der Enquete von 1886.
Gewerbl Rechtsschutz = Gewerblicher Rechtsschutz und Urheberrecht, Zeitschrift 1896 ff. Carl Heymanns Verlag.
G.S. = Preußische Gesetz-Sammlung
G.V.G. = Gerichtsverfassungsgesetz.
H.G.B. = Handelsgesetzbuch.
J.M.Bl. = Justiz-Ministerial-Blatt.
K.O. = Konkursordnung.
Komm.-Ber. I = Bericht der Reichstagskommission zum Patentgesetz von 1877.
Komm.-Ber. II = Bericht der Reichstagskommission zum Patentgesetz von 1891.
L.G. = Landgericht.
Mot. I = Motive zum Patentgesetz von 1877.
Mot. II = Motive zum Patentgesetz von 1891.
O.H.G. = Reichsoberhandelsgericht.
O.L.G. = Oberlandesgericht.
O.Tr. = Obertribunal.
P.A. = Patentamt.
P.Bl. = Patentblatt.
R.G. = Reichsgericht.
R.G.Bl. = Reichs-Gesetzblatt.
Str.G.B. = Strafgesetzbuch.
Str.P.O. = Strafprozeßordnung.
Zeitschrift f. gewerbl. Rechtsschutz = Zeitschrift für gewerblichen Rechtsschutz. 1892—1895. Verlag von R. Oldenbourg.

Die Namen **Gareis**, **Klostermann**, **Rosenthal** ohne weiteren Zusatz bezeichnen die Kommentare derselben zum Patentgesetz vom 25. Mai 1877, die Namen **Landgraf**, **Schmid** die Kommentare zum Patentgesetz vom 7. April 1891.

Hartig = **Hartig** Studien in der Praxis des Kaiserlichen Patentamtes Leipzig 1890.

Kohler = **Kohler** Deutsches Patentrecht. Mannheim 1878.

Kohler Handbuch = **Kohler** Handbuch des deutschen Patentrechts Mannheim 1900/1901.

Olshausen = **Olshausen** Kommentar zum Strafgesetzbuch

Robolski = **Robolski** Theorie und Praxis des Deutschen Patentrechtes. Berlin 1890.

Stephan-Schmid = **Stephan** und **Schmid** Der Schutz der gewerblichen Urheberrechte des In- und Auslandes. Leipzig 1899

Bei dem Citiren von Entscheidungen bedeuten:

Bl. = Blatt für Patent-, Muster- und Zeichenwesen.

Bolze = **Bolze** Die Praxis des Reichsgerichts in Civilsachen.

G. = **Gareis** Die patentamtlichen und gerichtlichen Entscheidungen in Patentsachen.

O.H.G. = Entscheidungen des Reichs-Oberhandelsgerichts.

P.Bl. = Patentblatt.

R.G. = Entscheidungen des Reichsgerichts in Civilsachen

R.G Straff. = Entscheidungen des Reichsgerichts in Strafsachen

Beispiele:

P.A im P.Bl. 1881 S 151, G. 2, 22 = die Entscheidung des Patentamts, welche im Patentblatt 1881 S. 151 und in der **Gareis**schen Sammlung Bd. 2 S. 22 abgedruckt ist.

R.G. 2, 137, im P.Bl 1881 S 29, G 2, 97 = die Entscheidung des Reichsgerichts, welche in den Entscheidungen des Reichsgerichts in Civilsachen Bd. 2 S. 137, im Patentblatt 1881 S. 29 und in der **Gareis**'schen Sammlung Bd. 2 S 97 abgedruckt ist.

Berichtigung.

S 28 Z. 10 ist anstatt „**wesentliches** Bedürfniß" zu lesen „**menschliches** Bedürfniß".

Patentgesetz.

Vom 7. April 1891.

(Reichs=Gesetzbl. 1891 Nr. 12 S. 79—90.)

Wir Wilhelm, von Gottes Gnaden Deutscher Kaiser, König von Preußen &c.

verordnen im Namen des Reichs, nach erfolgter Zustimmung des Bundesraths und des Reichstags, was folgt:

Artikel I.

An Stelle der §§. 1 bis 40 des Patentgesetzes vom 25. Mai 1877 (Reichs=Gesetzbl. S. 501) treten folgende Bestimmungen.

Erster Abschnitt.

Patentrecht.

§. 1.

Patente werden ertheilt für neue Erfindungen, welche eine gewerbliche Verwerthung gestatten.

Ausgenommen sind:

1. Erfindungen, deren Verwerthung den Gesetzen oder guten Sitten zuwiderlaufen würde;
2. Erfindungen von Nahrungs=, Genuß= und Arzneimitteln, sowie von Stoffen, welche auf chemischem Wege hergestellt werden, soweit die Erfindungen nicht ein bestimmtes Verfahren zur Herstellung der Gegenstände betreffen.

§. 2.

Eine Erfindung gilt nicht als neu, wenn sie zur Zeit der auf Grund dieses Gesetzes erfolgten Anmeldung in öffentlichen Druckschriften aus den letzten hundert Jahren bereits derart beschrieben oder im Inlande bereits so offenkundig benutzt ist, daß danach die Benutzung durch andere Sachverständige möglich erscheint.

Die im Auslande amtlich herausgegebenen Patentbeschreibungen stehen den öffentlichen Druckschriften erst nach Ablauf von drei Monaten seit dem Tage der Herausgabe gleich, sofern das Patent von demjenigen, welcher die Erfindung im Auslande angemeldet hat, oder von seinem Rechtsnachfolger nachgesucht wird. Diese Begünsti=

gung erstreckt sich jedoch nur auf die amtlichen Patentbeschreibungen derjenigen Staaten, in welchen nach einer im Reichs-Gesetzblatt enthaltenen Bekanntmachung die Gegenseitigkeit verbürgt ist.

§. 3.

Auf die Ertheilung des Patents hat derjenige Anspruch, welcher die Erfindung zuerst nach Maßgabe dieses Gesetzes angemeldet hat. Eine spätere Anmeldung kann den Anspruch auf ein Patent nicht begründen, wenn die Erfindung Gegenstand des Patents des früheren Anmelders ist. Trifft diese Voraussetzung theilweise zu, so hat der spätere Anmelder nur Anspruch auf Ertheilung eines Patents in entsprechender Beschränkung.

Ein Anspruch des Patentsuchers auf Ertheilung des Patents findet nicht statt, wenn der wesentliche Inhalt seiner Anmeldung den Beschreibungen, Zeichnungen, Modellen, Geräthschaften oder Einrichtungen eines Anderen oder einem von diesem angewendeten Verfahren ohne Einwilligung desselben entnommen und von dem letzteren aus diesem Grunde Einspruch erhoben ist. Hat der Einspruch die Zurücknahme oder Zurückweisung der Anmeldung zur Folge, so kann der Einsprechende, falls er innerhalb eines Monats seit Mittheilung des hierauf bezüglichen Bescheides des Patentamts die Erfindung seinerseits anmeldet, verlangen, daß als Tag seiner Anmeldung der Tag vor Bekanntmachung der früheren Anmeldung festgesetzt werde.

§. 4.

Das Patent hat die Wirkung, daß der Patentinhaber ausschließlich befugt ist, gewerbsmäßig den Gegenstand der Erfindung herzustellen, in Verkehr zu bringen, feilzuhalten oder zu gebrauchen. Ist das Patent für ein Verfahren ertheilt, so erstreckt sich die Wirkung auch auf die durch das Verfahren unmittelbar hergestellten Erzeugnisse.

§. 5.

Die Wirkung des Patents tritt gegen denjenigen nicht ein, welcher zur Zeit der Anmeldung bereits im Inlande die Erfindung in Benutzung genommen oder die zur Benutzung erforderlichen Veranstaltungen getroffen hatte. Derselbe ist befugt, die Erfindung für die Bedürfnisse seines eigenen Betriebes in eigenen oder fremden Werkstätten auszunutzen. Diese Befugniß kann nur zusammen mit dem Betriebe vererbt oder veräußert werden.

Die Wirkung des Patents tritt ferner insoweit nicht ein, als die Erfindung nach Bestimmung des Reichskanzlers für das Heer oder für die Flotte oder sonst im Interesse der öffentlichen Wohlfahrt benutzt werden soll. Doch hat der Patentinhaber in diesem Falle gegenüber dem Reich oder dem Staate, welcher in seinem besonderen Interesse die Beschränkung des Patents beantragt hat, Anspruch auf angemessene

Vergütung, welche in Ermangelung einer Verständigung im Rechtswege festgesetzt wird.

Auf Einrichtungen an Fahrzeugen, welche nur vorübergehend in das Inland gelangen, erstreckt sich die Wirkung des Patents nicht.

§. 6.

Der Anspruch auf Ertheilung des Patents und das Recht aus dem Patent gehen auf die Erben über. Der Anspruch und das Recht können beschränkt oder unbeschränkt durch Vertrag oder durch Verfügung von Todeswegen auf andere übertragen werden.

§. 7.

Die Dauer des Patents ist fünfzehn Jahre; der Lauf dieser Zeit beginnt mit dem auf die Anmeldung der Erfindung folgenden Tage. Bezweckt eine Erfindung die Verbesserung oder sonstige weitere Ausbildung einer anderen, zu Gunsten des Patentsuchers durch ein Patent geschützten Erfindung, so kann dieser die Ertheilung eines Zusatzpatents nachsuchen, welches mit dem Patent für die ältere Erfindung sein Ende erreicht.

Wird durch die Erklärung der Nichtigkeit des Hauptpatents ein Zusatzpatent zu einem selbständigen Patent, so bestimmt sich dessen Dauer und der Fälligkeitstag der Gebühren nach dem Anfangstage des Hauptpatents. Für den Jahresbetrag der Gebühren ist der Anfangstag des Zusatzpatents maßgebend. Dabei gilt als erstes Patentjahr der Zeitabschnitt zwischen dem Tage der Anmeldung des Zusatzpatents und dem nächstfolgenden Jahrestage des Anfangs des Hauptpatents.

§. 8.

Für jedes Patent ist vor der Ertheilung eine Gebühr von dreißig Mark zu entrichten (§. 24 Absatz 1).

Mit Ausnahme der Zusatzpatente (§. 7) ist außerdem für das Patent mit Beginn des zweiten und jedes folgenden Jahres der Dauer eine Gebühr zu entrichten, welche das erste Mal fünfzig Mark beträgt und weiterhin jedes Jahr um fünfzig Mark steigt.

Diese Gebühr (Absatz 2) ist innerhalb sechs Wochen nach der Fälligkeit zu entrichten. Nach Ablauf der Frist kann die Zahlung nur unter Zuschlag einer Gebühr von zehn Mark innerhalb weiterer sechs Wochen erfolgen.

Einem Patentinhaber, welcher seine Bedürftigkeit nachweist, können die Gebühren für das erste und zweite Jahr der Dauer des Patents bis zum dritten Jahre gestundet und, wenn das Patent im dritten Jahre erlischt, erlassen werden.

Die Zahlung der Gebühren kann vor Eintritt der Fälligkeit erfolgen. Wird auf das Patent verzichtet oder dasselbe für nichtig erklärt oder zurückgenommen, so erfolgt die Rückzahlung der nicht fällig gewordenen Gebühren.

Durch Beschluß der Bundesraths kann eine Herabsetzung der Gebühren angeordnet werden.

§. 9.

Das Patent erlischt, wenn der Patentinhaber auf dasselbe verzichtet, oder wenn die Gebühren nicht rechtzeitig bei der Kasse des Patentamts oder zur Ueberweisung an dieselbe bei einer Postanstalt im Gebiete des Deutschen Reichs eingezahlt sind.

§. 10.

Das Patent wird für nichtig erklärt, wenn sich ergiebt:

1. daß der Gegenstand nach §§. 1 und 2 nicht patentfähig war,
2. daß die Erfindung Gegenstand des Patents eines früheren Anmelders ist,
3. daß der wesentliche Inhalt der Anmeldung den Beschreibungen, Zeichnungen, Modellen, Geräthschaften oder Einrichtungen eines Anderen oder einem von diesem angewendeten Verfahren ohne Einwilligung desselben entnommen war.

Trifft eine dieser Voraussetzungen (1 bis 3) nur theilweise zu, so erfolgt die Erklärung der Nichtigkeit durch entsprechende Beschränkung des Patents

§. 11.

Das Patent kann nach Ablauf von drei Jahren, von dem Tage der über die Ertheilung des Patents erfolgten Bekanntmachung (§. 27 Absatz 1) gerechnet, zurückgenommen werden:

1. wenn der Patentinhaber es unterläßt, im Inlande die Erfindung in angemessenem Umfange zur Ausführung zu bringen, oder doch alles zu thun, was erforderlich ist, um diese Ausführung zu sichern;
2. wenn im öffentlichen Interesse die Ertheilung der Erlaubniß zur Benutzung der Erfindung an andere geboten erscheint, der Patentinhaber aber gleichwohl sich weigert, diese Erlaubniß gegen angemessene Vergütung und genügende Sicherstellung zu ertheilen.

§. 12.

Wer nicht im Inlande wohnt, kann den Anspruch auf die Ertheilung eines Patents und die Rechte aus dem Patent nur geltend machen, wenn er im Inlande einen Vertreter bestellt hat. Der Letztere ist zur Vertretung in dem nach Maßgabe dieses Gesetzes stattfindenden Verfahren, sowie in den das Patent betreffenden bürgerlichen Rechtsstreitigkeiten und zur Stellung von Strafanträgen befugt. Der Ort, wo der Vertreter seinen Wohnsitz hat, und in Ermangelung eines solchen der Ort, wo das Patentamt seinen Sitz hat, gilt im Sinne des §. 24 der Civilprozeßordnung als der Ort, wo sich der Vermögensgegenstand befindet.

Unter Zustimmung des Bundesraths kann durch Anordnung des Reichskanzlers bestimmt werden, daß gegen die Angehörigen eines ausländischen Staates ein Vergeltungsrecht zur Anwendung gebracht werde.

Zweiter Abschnitt.

Patentamt.

§. 13.

Die Ertheilung, die Erklärung der Nichtigkeit und die Zurücknahme der Patente erfolgt durch das Patentamt.

Das Patentamt hat seinen Sitz in Berlin. Es besteht aus einem Präsidenten, aus Mitgliedern, welche die Befähigung zum Richteramt oder zum höheren Verwaltungsdienst besitzen (rechtskundige Mitglieder), und aus Mitgliedern, welche in einem Zweige der Technik sachverständig sind (technische Mitglieder). Die Mitglieder werden, und zwar der Präsident auf Vorschlag des Bundesraths, vom Kaiser ernannt. Die Berufung der rechtskundigen Mitglieder erfolgt, wenn sie im Reichs- oder Staatsdienst ein Amt bekleiden, auf die Dauer dieses Amts, anderenfalls auf Lebenszeit. Die Berufung der technischen Mitglieder erfolgt entweder auf Lebenszeit oder auf fünf Jahre. In letzterem Falle finden auf sie die Bestimmungen im §. 16 des Gesetzes, betreffend die Rechtsverhältnisse der Reichsbeamten, vom 31. März 1873 keine Anwendung.

§. 14.

In dem Patentamt werden

1. Abtheilungen für die Patentanmeldungen (Anmeldeabtheilungen),
2. eine Abtheilung für die Anträge auf Erklärung der Nichtigkeit oder auf Zurücknahme von Patenten (Nichtigkeitsabtheilung),
3. Abtheilungen für die Beschwerden (Beschwerdeabtheilungen)

gebildet.

In den Anmeldeabtheilungen dürfen nur solche technische Mitglieder mitwirken, welche auf Lebenszeit berufen sind. Die technischen Mitglieder der Anmeldeabtheilungen dürfen nicht in den übrigen Abtheilungen, die technischen Mitglieder der letzteren nicht in den Anmeldeabtheilungen mitwirken.

Die Beschlußfähigkeit der Anmeldeabtheilungen ist durch die Anwesenheit von mindestens drei Mitgliedern bedingt, unter welchen sich zwei technische Mitglieder befinden müssen.

Die Entscheidungen der Nichtigkeitsabtheilung und der Beschwerdeabtheilungen erfolgen in der Besetzung von zwei rechtskundigen und drei technischen Mitgliedern. Zu anderen Beschlußfassungen genügt die Anwesenheit von drei Mitgliedern.

Die Bestimmungen der Civilprozeßordnung über Ausschließung und Ablehnung der Gerichtspersonen finden entsprechende Anwendung.

Zu den Berathungen können Sachverständige, welche nicht Mitglieder sind, zugezogen werden; dieselben dürfen an den Abstimmungen nicht theilnehmen.

§. 15.

Die Beschlüsse und die Entscheidungen der Abtheilungen erfolgen im Namen des Patentamts; sie sind mit Gründen zu versehen, schriftlich auszufertigen und allen Betheiligten von Amtswegen zuzustellen.

§. 16.

Gegen die Beschlüsse der Anmeldeabtheilungen und der Nichtigkeitsabtheilung findet die Beschwerde statt. An der Beschlußfassung über die Beschwerde darf kein Mitglied theilnehmen, welches bei dem angefochtenen Beschlusse mitgewirkt hat.

§. 17.

Die Bildung der Abtheilungen, die Bestimmung ihres Geschäftskreises, die Formen des Verfahrens, einschließlich des Zustellungswesens, und der Geschäftsgang des Patentamts werden, insoweit dieses Gesetz nicht Bestimmungen darüber trifft, durch Kaiserliche Verordnung unter Zustimmung des Bundesraths geregelt.

§. 18.

Das Patentamt ist verpflichtet, auf Ersuchen der Gerichte über Fragen, welche Patente betreffen, Gutachten abzugeben, sofern in dem gerichtlichen Verfahren von einander abweichende Gutachten mehrerer Sachverständiger vorliegen.

Im Uebrigen ist das Patentamt nicht befugt, ohne Genehmigung des Reichskanzlers außerhalb seines gesetzlichen Geschäftskreises Beschlüsse zu fassen oder Gutachten abzugeben.

§. 19.

Bei dem Patentamt wird eine Rolle geführt, welche den Gegenstand und die Dauer der ertheilten Patente, sowie den Namen und Wohnort der Patentinhaber und ihrer bei Anmeldung der Erfindung etwa bestellten Vertreter angiebt. Der Anfang, der Ablauf, das Erlöschen, die Erklärung der Nichtigkeit und die Zurücknahme der Patente sind, unter gleichzeitiger Bekanntmachung durch den Reichsanzeiger, in der Rolle zu vermerken.

Tritt in der Person des Patentinhabers oder seines Vertreters eine Aenderung ein, so wird dieselbe, wenn sie in beweisender Form zur Kenntniß des Patentamts gebracht ist, ebenfalls in der Rolle vermerkt und durch den Reichsanzeiger veröffentlicht. Solange dieses nicht geschehen ist, bleiben der frühere Patentinhaber und sein früherer Vertreter nach Maßgabe dieses Gesetzes berechtigt und verpflichtet.

Die Einsicht der Rolle, der Beschreibungen, Zeichnungen, Modelle und Probestücke, auf Grund deren die Ertheilung der Patente erfolgt ist, steht, soweit es sich nicht um ein im Namen der Reichsverwaltung für die Zwecke des Heeres oder der Flotte genommenes Patent handelt, jedermann frei.

Das Patentamt veröffentlicht die Beschreibungen und Zeichnungen, soweit deren Einsicht jedermann freisteht, in ihren wesentlichen Theilen durch ein amtliches Blatt. In dasselbe sind auch die Bekanntmachungen aufzunehmen, welche durch den Reichsanzeiger nach Maßgabe dieses Gesetzes erfolgen müssen.

Dritter Abschnitt.

Verfahren in Patentsachen.

§. 20.

Die Anmeldung einer Erfindung behufs Ertheilung eines Patents geschieht schriftlich bei dem Patentamt. Für jede Erfindung ist eine besondere Anmeldung erforderlich. Die Anmeldung muß den Antrag auf Ertheilung des Patents enthalten und in dem Antrage den Gegenstand, welcher durch das Patent geschützt werden soll, genau bezeichnen. In einer Anlage ist die Erfindung dergestalt zu beschreiben, daß danach die Benutzung derselben durch andere Sachverständige möglich erscheint. Am Schlusse der Beschreibung ist dasjenige anzugeben, was als patentfähig unter Schutz gestellt werden soll (Patentanspruch). Auch sind die erforderlichen Zeichnungen, bildlichen Darstellungen, Modelle und Probestücke beizufügen.

Das Patentamt erläßt Bestimmungen über die sonstigen Erfordernisse der Anmeldung.

Bis zu dem Beschlusse über die Bekanntmachung der Anmeldung sind Abänderungen der darin enthaltenen Angaben zulässig. Gleichzeitig mit der Anmeldung sind für die Kosten des Verfahrens zwanzig Mark zu zahlen.

§. 21.

Die Anmeldung unterliegt einer Vorprüfung durch ein Mitglied der Anmeldeabtheilung.

Erscheint hierbei die Anmeldung als den vorgeschriebenen Anforderungen (§. 20) nicht genügend, so wird durch Vorbescheid der Patentsucher aufgefordert, die Mängel innerhalb einer bestimmten Frist zu beseitigen.

Insoweit die Vorprüfung ergiebt, daß eine nach §§. 1, 2, 3 Absatz 1 patentfähige Erfindung nicht vorliegt, wird der Patentsucher hiervon unter Angabe der Gründe mit der Aufforderung benachrichtigt, sich binnen einer bestimmten Frist zu äußern.

Erklärt sich der Patentsucher auf den Vorbescheid (Absatz 2 und 3) nicht rechtzeitig, so gilt die Anmeldung als zurückgenommen; erklärt er sich innerhalb der Frist, so faßt die Anmeldeabtheilung Beschluß.

§. 22.

Ist durch die Anmeldung den vorgeschriebenen Anforderungen (§. 20) nicht genügt, oder ergiebt sich, daß eine nach §§. 1, 2, 3 Absatz 1 patentfähige Erfindung nicht vorliegt, so wird die Anmeldung von der Abtheilung zurückgewiesen. An der Beschlußfassung darf das Mitglied, welches den Vorbescheid erlassen hat, nicht theilnehmen.

Soll die Zurückweisung auf Grund von Umständen erfolgen, welche nicht bereits durch den Vorbescheid dem Patentsucher mitgetheilt waren, so ist demselben vorher Gelegenheit zu geben, sich über diese Umstände binnen einer bestimmten Frist zu äußern.

§. 23.

Erachtet das Patentamt die Anmeldung für gehörig erfolgt und die Ertheilung eines Patents nicht für ausgeschlossen, so beschließt es die Bekanntmachung der Anmeldung. Mit der Bekanntmachung treten für den Gegenstand der Anmeldung zu Gunsten des Patentsuchers einstweilen die gesetzlichen Wirkungen des Patents ein (§§. 4 und 5).

Die Bekanntmachung geschieht in der Weise, daß der Name des Patentsuchers und der wesentliche Inhalt des in seiner Anmeldung enthaltenen Antrags durch den Reichsanzeiger einmal veröffentlicht wird. Mit der Veröffentlichung ist die Anzeige zu verbinden, daß der Gegenstand der Anmeldung einstweilen gegen unbefugte Benutzung geschützt sei.

Gleichzeitig ist die Anmeldung mit sämmtlichen Beilagen bei dem Patentamt zur Einsicht für jedermann auszulegen. Auf dem durch §. 17 des Gesetzes bestimmten Wege kann angeordnet werden, daß die Auslegung auch außerhalb Berlins zu erfolgen habe.

Die Bekanntmachung kann auf Antrag des Patentsuchers auf die Dauer von höchstens sechs Monaten, vom Tage des Beschlusses über die Bekanntmachung an gerechnet, ausgesetzt werden. Bis zur Dauer von drei Monaten darf die Aussetzung nicht versagt werden.

Handelt es sich um ein im Namen der Reichsverwaltung für die Zwecke des Heeres oder der Flotte nachgesuchtes Patent, so erfolgt auf Antrag die Patentertheilung ohne jede Bekanntmachung. In diesem Falle unterbleibt auch die Eintragung in die Patentrolle.

§. 24.

Innerhalb der Frist von zwei Monaten nach der Veröffentlichung (§. 23) ist die erste Jahresgebühr (§. 8 Absatz 1) einzuzahlen. Erfolgt die Einzahlung nicht binnen dieser Frist, so gilt die Anmeldung als zurückgenommen.

Innerhalb der gleichen Frist kann gegen die Ertheilung des Patents Einspruch erhoben werden. Der Einspruch muß schriftlich erfolgen und mit Gründen versehen sein. Er kann nur auf die Behauptung gestützt werden, daß der Gegenstand nach §§. 1 und 2 nicht patentfähig sei, oder daß dem Patentsucher ein Anspruch auf das Patent nach §. 3 nicht zustehe. Im Falle des §. 3 Absatz 2 ist nur der Verletzte zum Einspruch berechtigt.

Nach Ablauf der Frist hat das Patentamt über die Ertheilung des Patents Beschluß zu fassen. An der Beschlußfassung darf das Mitglied, welches den Vorbescheid (§. 21) erlassen hat, nicht theilnehmen.

§. 25.

Bei der Vorprüfung und in dem Verfahren vor der Anmeldeabtheilung kann jederzeit die Ladung und Anhörung der Betheiligten, die Vernehmung von Zeugen und Sachverständigen, sowie die Vornahme sonstiger zur Aufklärung der Sache erforderlicher Ermittelungen angeordnet werden.

§. 26.

Gegen den Beschluß, durch welchen die Anmeldung zurückgewiesen wird, kann der Patentsucher, und gegen den Beschluß, durch welchen über die Ertheilung des Patents entschieden wird, der Patentsucher oder der Einsprechende innerhalb eines Monats nach der Zustellung Beschwerde einlegen. Mit der Einlegung der Beschwerde sind für die Kosten des Beschwerdeverfahrens zwanzig Mark zu zahlen; erfolgt die Zahlung nicht, so gilt die Beschwerde als nicht erhoben.

Ist die Beschwerde an sich nicht statthaft oder ist dieselbe verspätet eingelegt, so wird sie als unzulässig verworfen.

Wird die Beschwerde für zulässig befunden, so richtet sich das weitere Verfahren nach §. 25. Die Ladung und Anhörung der Betheiligten muß auf Antrag eines derselben erfolgen. Dieser Antrag kann nur abgelehnt werden, wenn die Ladung des Antragstellers in dem Verfahren vor der Anmeldeabtheilung bereits erfolgt war.

Soll die Entscheidung über die Beschwerde auf Grund anderer als der in dem angegriffenen Beschlusse berücksichtigten Umstände erfolgen, so ist den Betheiligten zuvor Gelegenheit zu geben, sich hierüber zu äußern.

Das Patentamt kann nach freiem Ermessen bestimmen, inwieweit einem Betheiligten im Falle des Unterliegens die Kosten des Beschwerdeverfahrens zur Last fallen, sowie anordnen, daß dem Betheiligten, dessen Beschwerde für gerechtfertigt befunden ist, die Gebühr (Absatz 1) zurückgezahlt wird.

§. 27.

Ist die Ertheilung des Patents endgültig beschlossen, so erläßt das Patentamt darüber durch den Reichsanzeiger eine Bekanntmachung und fertigt demnächst für den Patentinhaber eine Urkunde aus.

Wird die Anmeldung nach der Veröffentlichung (§. 23) zurückgenommen oder wird das Patent versagt, so ist dies ebenfalls bekannt zu machen. Die eingezahlte Jahresgebühr wird in diesen Fällen erstattet. Mit der Versagung des Patents gelten die Wirkungen des einstweiligen Schutzes als nicht eingetreten.

§. 28.

Die Einleitung des Verfahrens wegen Erklärung der Nichtigkeit oder wegen Zurücknahme des Patents erfolgt nur auf Antrag.

Im Falle des §. 10 Nr. 3 ist nur der Verletzte zu dem Antrage berechtigt.

Im Falle des §. 10 Nr. 1 ist nach Ablauf von fünf Jahren, von dem Tage der über die Ertheilung des Patents erfolgten Bekanntmachung (§. 27 Absatz 1) gerechnet, der Antrag unstatthaft.

Der Antrag ist schriftlich an das Patentamt zu richten und hat die Thatsachen anzugeben, auf welche er gestützt wird. Mit dem Antrage ist eine Gebühr von fünfzig Mark zu zahlen. Erfolgt die Zahlung nicht, so gilt der Antrag als nicht gestellt. Die Gebühr wird erstattet, wenn das Verfahren ohne Anhörung der Betheiligten beendet wird.

Wohnt der Antragsteller im Auslande, so hat er dem Gegner auf dessen Verlangen Sicherheit wegen der Kosten des Verfahrens zu leisten. Die Höhe der Sicherheit wird von dem Patentamt nach freiem Ermessen festgesetzt. Dem Antragsteller wird bei Anordnung der Sicherheitsleistung eine Frist bestimmt, binnen welcher die Sicherheit zu leisten ist. Erfolgt die Sicherheitsleistung nicht vor Ablauf der Frist, so gilt der Antrag als zurückgenommen.

§. 29.

Nachdem die Einleitung des Verfahrens verfügt ist, fordert das Patentamt den Patentinhaber unter Mittheilung des Antrags auf, sich über denselben innerhalb eines Monats zu erklären.

Erklärt der Patentinhaber binnen der Frist sich nicht, so kann ohne Ladung und Anhörung der Betheiligten sofort nach dem Antrage entschieden und bei dieser Entscheidung jede von dem Antragsteller behauptete Thatsache für erwiesen angenommen werden.

§. 30.

Widerspricht der Patentinhaber rechtzeitig, oder wird im Falle des §. 29 Absatz 2 nicht sofort nach dem Antrage entschieden, so trifft das Patentamt, und zwar im ersteren Falle unter Mittheilung des Widerspruchs an den Antragsteller, die zur Aufklärung der Sache erforderlichen Verfügungen. Es kann die Vernehmung von Zeugen und Sachverständigen anordnen. Auf dieselben finden die Vorschriften der Civilprozeßordnung entsprechende Anwendung. Die Beweisverhandlungen sind unter Zuziehung eines beeidigten Protokollführers aufzunehmen.

Die Entscheidung erfolgt nach Ladung und Anhörung der Betheiligten.

Wird die Zurücknahme des Patents auf Grund des §. 11 Nr. 2 beantragt, so muß der diesem Antrage entsprechenden Entscheidung eine Androhung der Zurücknahme unter Angabe von Gründen und unter Festsetzung einer angemessenen Frist vorausgehen.

§. 31.

In der Entscheidung (§§. 29, 30) hat das Patentamt nach freiem Ermessen zu bestimmen, zu welchem Antheile die Kosten des Verfahrens den Betheiligten zur Last fallen.

§. 32.

Die Gerichte sind verpflichtet, dem Patentamt Rechtshülfe zu leisten. Die Festsetzung einer Strafe gegen Zeugen und Sachverständige, welche nicht erscheinen oder ihre Aussage oder deren Beeidigung verweigern, sowie die Vorführung eines nicht erschienenen Zeugen erfolgt auf Ersuchen durch die Gerichte.

§. 33.

Gegen die Entscheidung des Patentamts (§§. 29, 30) ist die Berufung zulässig. Die Berufung geht an das Reichsgericht. Sie ist binnen sechs Wochen nach der Zustellung bei dem Patentamt schriftlich anzumelden und zu begründen.

Durch das Urtheil des Gerichtshofs ist nach Maßgabe des §. 31 auch über die Kosten des Verfahrens zu bestimmen.

Im Uebrigen wird das Verfahren vor dem Gerichtshof durch ein Regulativ bestimmt, welches von dem Gerichtshof zu entwerfen ist und durch Kaiserliche Verordnung unter Zustimmung des Bundesraths festgestellt wird.

§. 34.

In Betreff der Geschäftssprache vor dem Patentamt finden die Bestimmungen des Gerichtsverfassungsgesetzes über die Gerichtssprache entsprechende Anwendung. Eingaben, welche nicht in deutscher Sprache abgefaßt sind, werden nicht berücksichtigt.

Vierter Abschnitt.

Strafen und Entschädigung.

§. 35.

Wer wissentlich oder aus grober Fahrlässigkeit den Bestimmungen der §§. 4 und 5 zuwider eine Erfindung in Benutzung nimmt, ist dem Verletzten zur Entschädigung verpflichtet.

Handelt es sich um eine Erfindung, welche ein Verfahren zur Herstellung eines neuen Stoffes zum Gegenstand hat, so gilt bis zum Beweise des Gegentheils jeder Stoff von gleicher Beschaffenheit als nach dem patentirten Verfahren hergestellt.

§. 36.

Wer wissentlich den Bestimmungen der §§. 4 und 5 zuwider eine Erfindung in Benutzung nimmt, wird mit Geldstrafe bis zu fünftausend Mark oder mit Gefängniß bis zu einem Jahre bestraft.

Die Strafverfolgung tritt nur auf Antrag ein. Die Zurücknahme des Antrags ist zulässig.

Wird auf Strafe erkannt, so ist zugleich dem Verletzten die Befugniß zuzusprechen, die Verurtheilung auf Kosten des Verurtheilten öffentlich bekannt zu machen. Die Art der Bekanntmachung, sowie die Frist zu derselben ist im Urtheil zu bestimmen.

§. 37.

Statt jeder aus diesem Gesetze entspringenden Entschädigung kann auf Verlangen des Beschädigten neben der Strafe auf eine an ihn zu erlegende Buße bis zum Betrage von zehntausend Mark erkannt werden. Für diese Buße haften die zu derselben Verurtheilten als Gesammtschuldner.

Eine erkannte Buße schließt die Geltendmachung eines weiteren Entschädigungsanspruchs aus.

§. 38.

In bürgerlichen Rechtsstreitigkeiten, in welchen durch Klage oder Widerklage ein Anspruch auf Grund der Bestimmungen dieses Gesetzes geltend gemacht ist, wird die Verhandlung und Entscheidung letzter Instanz im Sinne des §. 8 des Einführungsgesetzes zum Gerichtsverfassungsgesetze dem Reichsgericht zugewiesen.

§. 39.

Die Klagen wegen Verletzung des Patentrechts verjähren rücksichtlich jeder einzelnen dieselbe begründenden Handlung in drei Jahren.

§. 40.

Mit Geldstrafe bis zu eintausend Mark wird bestraft:

1. wer Gegenstände oder deren Verpackung mit einer Bezeichnung versieht, welche geeignet ist, den Irrthum zu erregen, daß die Gegenstände durch ein Patent nach Maßgabe dieses Gesetzes geschützt seien;
2. wer in öffentlichen Anzeigen, auf Aushängeschildern, auf Empfehlungskarten oder in ähnlichen Kundgebungen eine Bezeichnung anwendet, welche geeignet ist, den Irrthum zu erregen, daß die darin erwähnten Gegenstände durch ein Patent nach Maßgabe dieses Gesetzes geschützt seien.

Artikel II.

Die Bestimmung im §. 28 Absatz 3 des Artikels 1 findet auf die zur Zeit bestehenden Patente mit der Maßgabe Anwendung, daß der Antrag mindestens bis zum Ablauf von drei Jahren nach dem Tage des Inkrafttretens dieses Gesetzes statthaft ist.

Artikel III.

Dieses Gesetz tritt mit dem 1. Oktober 1891 in Kraft.

Urkundlich unter Unserer Höchsteigenhändigen Unterschrift und beigedrucktem Kaiserlichen Insiegel.

Gegeben Kiel, den 7. April 1891.

(L. S.) **Wilhelm.**

von Boetticher.

Gesetz, betreffend den Schutz von Gebrauchsmustern.

Vom 1. Juni 1891.

(Reichs-Gesetzbl. 1891 Nr. 18 S. 290—298.)

Wir Wilhelm, von Gottes Gnaden Deutscher Kaiser, König von Preußen 2c.

verordnen im Namen des Reichs, nach erfolgter Zustimmung des Bundesraths und des Reichstags, was folgt:

§. 1.

Modelle von Arbeitsgeräthschaften oder Gebrauchsgegenständen oder von Theilen derselben werden, insoweit sie dem Arbeits- oder Gebrauchszweck durch eine neue Gestaltung, Anordnung oder Vorrichtung dienen sollen, als Gebrauchsmuster nach Maßgabe dieses Gesetzes geschützt.

Modelle gelten insoweit nicht als neu, als sie zur Zeit der auf Grund dieses Gesetzes erfolgten Anmeldung bereits in öffentlichen Druckschriften beschrieben oder im Inlande offenkundig benutzt sind.

§. 2.

Modelle, für welche der Schutz als Gebrauchsmuster verlangt wird, sind bei dem Patentamt schriftlich anzumelden.

Die Anmeldung muß angeben, unter welcher Bezeichnung das Modell eingetragen werden und welche neue Gestaltung oder Vorrichtung dem Arbeits- oder Gebrauchszweck dienen soll.

Jeder Anmeldung ist eine Nach- oder Abbildung des Modells beizufügen.

Ueber die sonstigen Erfordernisse der Anmeldung trifft das Patentamt Bestimmung.

Gleichzeitig mit der Anmeldung ist für jedes angemeldete Modell eine Gebühr von fünfzehn Mark einzuzahlen.

§. 3.

Entspricht die Anmeldung den Anforderungen des §. 2, so verfügt das Patentamt die Eintragung in die Rolle für Gebrauchsmuster.

Die Eintragung muß den Namen und Wohnsitz des Anmelders, sowie die Zeit der Anmeldung angeben.

Die Eintragungen sind durch den Reichs-Anzeiger in bestimmten Fristen bekannt zu machen.

Aenderungen in der Person des Eingetragenen werden auf Antrag in der Rolle vermerkt.

Die Einsicht der Rolle sowie der Anmeldungen, auf Grund deren die Eintragungen erfolgt sind, steht jedermann frei.

§. 4.

Die Eintragung eines Gebrauchsmusters im Sinne des §. 1 hat die Wirkung, daß dem Eingetragenen ausschließlich das Recht zusteht, gewerbsmäßig das Muster nachzubilden, die durch Nachbildung hervorgebrachten Geräthschaften und Gegenstände in Verkehr zu bringen, feilzuhalten oder zu gebrauchen.

Das durch eine spätere Anmeldung begründete Recht darf, soweit es in das Recht des auf Grund früherer Anmeldung Eingetragenen eingreift, ohne Erlaubniß des letzteren nicht ausgeübt werden.

Wenn der wesentliche Inhalt der Eintragung den Beschreibungen, Zeichnungen, Modellen, Geräthschaften oder Einrichtungen eines Anderen ohne Einwilligung desselben entnommen ist, so tritt dem Verletzten gegenüber der Schutz des Gesetzes nicht ein.

§. 5.

Soweit ein nach §. 4 begründetes Recht in ein Patent eingreift, dessen Anmeldung vor der Anmeldung des Modells erfolgt ist, darf der Eingetragene das Recht ohne Erlaubniß des Patentinhabers nicht ausüben.

Imgleichen darf, soweit in ein nach §. 4 begründetes Recht durch ein später angemeldetes Patent eingegriffen wird, das Recht aus diesem Patent ohne Erlaubniß des Eingetragenen nicht ausgeübt werden.

§. 6.

Liegen die Erfordernisse des §. 1 nicht vor, so hat jedermann gegen den Eingetragenen Anspruch auf Löschung des Gebrauchsmusters.

Im Falle des §. 4 Absatz 3 steht dem Verletzten ein Anspruch auf Löschnng zu.

§. 7.

Das durch die Eintragung begründete Recht geht auf die Erben über und kann beschränkt oder unbeschränkt durch Vertrag oder Verfügung von Todeswegen auf andere übertragen werden.

§. 8.

Die Dauer des Schutzes ist drei Jahre; der Lauf dieser Zeit beginnt mit dem auf die Anmeldung folgenden Tage. Bei Zahlung einer weiteren Gebühr von sechszig Mark vor Ablauf der Zeit tritt eine Verlängerung der Schutzfrist um drei Jahre ein. Die Verlängerung wird in der Rolle vermerkt.

Wenn der Eingetragene während der Dauer der Frist auf den Schutz Verzicht leistet, so wird die Eintragung gelöscht.

Die nicht in Folge von Ablauf der Frist stattfindenden Löschungen von Eintragungen sind durch den Reichs-Anzeiger in bestimmten Fristen bekannt zu machen.

§. 9.

Wer wissentlich oder aus grober Fahrlässigkeit den Bestimmungen der §§. 4 und 5 zuwider ein Gebrauchsmuster in Benutzung nimmt, ist dem Verletzten zur Entschädigung verpflichtet.

Die Klagen wegen Verletzung des Schutzrechtes verjähren rücksichtlich jeder einzelnen dieselbe begründenden Handlung in drei Jahren.

§. 10.

Wer wissentlich den Bestimmungen der §§. 4 und 5 zuwider ein Gebrauchsmuster in Benutzung nimmt, wird mit Geldstrafe bis zu fünftausend Mark oder mit Gefängniß bis zu einem Jahre bestraft.

Die Strafverfolgung tritt nur auf Antrag ein. Die Zurücknahme des Antrags ist zulässig.

Wird auf Strafe erkannt, so ist zugleich dem Verletzten die Befugniß zuzusprechen, die Verurtheilung auf Kosten des Verurtheilten öffentlich bekannt zu machen. Die Art der Bekanntmachung, sowie die Frist zu derselben ist im Urtheil zu bestimmen.

§. 11.

Statt jeder aus diesem Gesetze entspringenden Entschädigung kann auf Verlangen des Beschädigten neben der Strafe auf eine an ihn zu erlegende Buße bis zum Betrage von zehntausend Mark erkannt werden. Für diese Buße haften die zu derselben Verurtheilten als Gesammtschuldner.

Eine erkannte Buße schließt die Geltendmachung eines weiteren Entschädigungsanspruchs aus.

§. 12.

In bürgerlichen Rechtsstreitigkeiten, in welchen durch Klage oder Widerklage ein Anspruch auf Grund der Bestimmungen dieses Gesetzes geltend gemacht ist, wird die Verhandlung und Entscheidung letzter Instanz im Sinne des §. 8 des Einführungsgesetzes zum Gerichtsverfassungsgesetze dem Reichsgericht zugewiesen.

§. 13.

Wer im Inlande einen Wohnsitz oder eine Niederlassung nicht hat, kann nur dann den Anspruch auf den Schutz dieses Gesetzes geltend machen, wenn in dem Staate, in welchem sein Wohnsitz oder seine Niederlassung sich befindet, nach einer im Reichs-Gesetzblatt enthaltenen Bekanntmachung deutsche Gebrauchsmuster einen Schutz genießen.

Wer auf Grund dieser Bestimmung eine Anmeldung bewirkt, muß gleichzeitig einen im Inlande wohnhaften Vertreter bestellen. Name und Wohnsitz des Vertreters werden in die Rolle eingetragen. Der eingetragene Vertreter ist zur Vertretung des Schutzberechtigten in den das Gebrauchsmuster betreffenden Rechtsstreitigkeiten und zur Stellung von Strafanträgen befugt. Der Ort, wo der Vertreter seinen Wohnsitz hat, und in Ermangelung eines solchen der Ort, wo das Patentamt seinen Sitz hat, gilt im Sinne des §. 24 der Civilprozeßordnung als der Ort, wo der Vermögensgegenstand sich befindet

§. 14.

Die zur Ausführung dieses Gesetzes erforderlichen Bestimmungen über die Einrichtung und den Geschäftsgang des Patentamts werden durch Kaiserliche Verordnung unter Zustimmung des Bundesraths getroffen.

§. 15.

Dieses Gesetz tritt mit dem 1. Oktober 1891 in Kraft.

Urkundlich unter Unserer Höchsteigenhändigen Unterschrift und beigedrucktem Kaiserlichen Insiegel.

Gegeben an Bord Meines Aviso „Greif" den 1. Juni 1891.

(L. S.) Wilhelm.

von Boetticher.

Patentgesetz.

Vom 7. April 1891.

Entstehungsgeschichte des Patentgesetzes.

„Die deutsche Technik und Industrie haben sich allein das Gesetz zu danken" (v. Bojanowski Ueber die Entwickelung des deutschen Patentwesens S. 4).

Seit der zweiten Londoner Weltausstellung machte sich in Frankreich und England, wie auch in Deutschland eine lebhafte Bewegung für Aufhebung des Patentschutzes geltend. Als der preußische Handelsminister 1863 die Handelskammern zu Aeußerungen über die fernere Beibehaltung dieses Schutzes aufforderte, erklärte sich die Mehrheit für seine Abschaffung, noch im Jahre 1872 beantragte die preußische Regierung bei dem Bundesrathe die Prüfung der Frage, ob nicht von einem Patentschutze überhaupt Abstand zu nehmen sei. Diesen Bestrebungen traten hauptsächlich der Verein deutscher Ingenieure und der im Anschlusse an den Wiener internationalen Patentkongreß von 1873 begründete deutsche Patentschutzverein entgegen; ihren rastlosen Anstrengungen vor Allem gelang es, einen Umschwung der öffentlichen Meinung und damit der maßgebenden Regierungskreise herbeizuführen. Der Patentschutzverein legte im Jahre 1876 den Entwurf eines Patentgesetzes, welchem er einen vom Ingenieurverein ausgearbeiteten Entwurf zu Grunde gelegt hatte, dem Bundesrathe in einer Petition vor und übergab ihn gleichzeitig der Oeffentlichkeit.

Auf Beschluß des Bundesraths fand darauf in der Zeit vom 29. August bis 2. September 1876 unter Theilnahme von 22 durch die Regierungen bezeichneten Sachverständigen eine Enquete behufs Erörterung derjenigen Verhältnisse statt, welche bei der gesetzlichen Regelung des Patentwesens in Betracht zu ziehen sind. Auf der Grundlage der Vernehmung der Sachverständigen arbeitete das Reichskanzleramt noch in demselben Jahre einen

Entwurf eines Patentgesetzes aus, den es im Reichsanzeiger vom 21. und 22. November 1876 veröffentlichte. Nach einer umfassenden Umarbeitung dieses Entwurfes wurde er am 6. Februar 1877 dem Bundesrathe vorgelegt. Dieser änderte ihn nur in wenigen Punkten, worauf er unter dem 24. Februar 1877 an den Reichstag gelangte (Drucksachen des Reichstags 1877 Nr. 8).

Die erste Berathung im Reichstage fand am 2. März 1877 statt; sie schloß mit der Verweisung der Vorlage an eine Kommission (Verhandlungen des Reichstags 1877 S. 25—29). Diese arbeitete den Entwurf in zwei Lesungen durch, bereits am 22. April 1877 lag der Bericht ihres Referenten Dr. Hammacher vor (Drucksachen des Reichstags 1877 Nr. 144). Der Entwurf hatte in der Kommission zahlreiche einschneidende Abänderungen erfahren. Die zweite und dritte Lesung im Plenum des Reichstags am 1. und 3. Mai 1877 brachte nur wenige Aenderungen (Verhandlungen des Reichstags 1877 S. 915—944, S. 1011—1014). Der Bundesrath ertheilte dem vom Reichstage beschlossenen Gesetzesentwurf am 9. Mai 1877 seine Zustimmung, die Kaiserliche Verkündigung erfolgte unter dem 25. Mai 1877 (R.G.Bl. 1877 S. 501), am 1. Juli 1877 trat das Patentgesetz in Kraft.

Unter dem befruchtenden Einflusse, welchen das Gesetz auf die deutsche Technik und Industrie ausgeübt hat (vergl. namentlich v. Bojanowski S. 45—64), ist der Streit über die Räthlichkeit eines Erfindungsschutzes verstummt, dagegen erhoben sich bald lebhafte Klagen über Mängel des Gesetzes, namentlich über die Organisation des P.A. Die Bewegung wurde auch jetzt wieder von technischen Verbänden, insbesondere dem Verein deutscher Ingenieure und dem Verein zur Wahrung der Interessen der chemischen Industrie Deutschlands, getragen. Im März 1885 richtete der erstgenannte Verein an den Reichskanzler ein Gesuch um Revision des Patentgesetzes, das von Abänderungsvorschlägen begleitet war. Auch jetzt wurde wieder zunächst vom Bundesrathe eine Enquete über die Lage des Patentgesetzes im Deutschen Reiche beschlossen. An den Verhandlungen, welche vom 22. bis 27. November 1886 dauerten, nahmen 33 vom Reichskanzler berufene Sachverständige Theil, der Bericht über diese Verhandlungen bietet ein erschöpfendes Material über die Wünsche und Ansichten der Sachkenner und Interessenten. Nachdem die Vorschläge der Sachverständigen in den Interessentenkreisen und in der Literatur diskutirt worden, veröffentlichte die Reichsregierung im Reichsanzeiger vom 17. März 1890 den Entwurf eines Gesetzes betreffend die Abänderung des Patentgesetzes. Derselbe erfuhr im Bundesrathe nur geringfügige Aenderungen und wurde von diesem am 25. November 1890 dem Reichstage zur Beschlußfassung vorgelegt (Drucksachen des Reichstags 1890 Nr. 152). Der Reichstag berieth ihn am 4. Dezember 1890 in erster Lesung und überwies ihn nach Schluß derselben einer Kommission (Verhandlungen des Reichstags 1890 S. 781). Diese unterzog nicht blos den ihr vorgelegten Gesetzentwurf einer Durchberathung, sondern unterzog in Uebereinstimmung mit den Vertretern der verbündeten Regierungen auch die durch den Entwurf nicht berührten Bestimmungen des Patentgesetzes ihrer Beschlußfassung. So kam es, daß, während der Gesetzentwurf nur die Abänderung von 23 Paragraphen dieses Gesetzes vorgeschlagen hatte, die Kommission deren 32 abänderte, und nicht blos numerisch, sondern auch inhaltlich gingen ihre Anträge erheblich über die Abänderungsvorschläge des Gesetzentwurfes hinaus. Der Kommissionsbericht vom 26. Februar 1891 (Drucksachen des Reichstags 1890/91 Nr. 322; Berichterstatter: Abgeordneter Goldschmidt) fand im Reichstage derartigen Anklang, daß der Reichstag von jeder Diskussion Abstand nahm und den Gesetzentwurf in der Fassung der Kommission am 12. und 16. März 1891 in zweiter und dritter Berathung en bloc annahm (Verhandlungen S. 2016, 2110). Die Schlußabstimmung am 17. März 1891 ergab einstimmige Annahme.

Nachdem am 24. März 1891 der Bundesrath dem Entwurfe seine Zustimmung ertheilt hatte, wurde er als Patentgesetz vom 7. April 1891 im R.G.Bl. (S. 79) verkündigt.

Patentgesetz.

1. Reichsgesetz. 2. Geltungsgebiet. 3. Bürgerliches Gesetzbuch.

Reichsgesetz. 1. Das Patentgesetz ist ein Reichsgesetz. Die Reichsgesetzgebung war zur Regelung dieser Materie zuständig, weil nach Art. 4 Nr. 5 der Verfassung des Deutschen Reichs die Erfindungspatente der Beaufsichtigung seitens des Reichs und der Gesetzgebung desselben unterliegen.

Da nach Art. 2 der Verfassung die Reichsgesetze den Landesgesetzen vorgehen, so sind durch das Patentgesetz, welches eine abschließende Kodifikation des Patentrechts bezweckte und enthält, alle früheren landesgesetzlichen Vorschriften über diesen Gegenstand aufgehoben und neue unzulässig.

Aus Art. 11 Abs. 3 der Verfassung ergiebt sich, daß Verträge mit fremden Staaten über den Schutz von Erfindungen, also etwa betreffend den Beitritt Deutschlands zur Staatenkonvention zum Schutze des gewerblichen Eigenthums vom 20. März 1883, nicht vom Kaiser selbständig geschlossen werden dürfen, sondern, daß zu ihrem Abschluß die Zustimmung des Bundesraths und zu ihrer Gültigkeit die Genehmigung des Reichstags erforderlich ist.

Geltungsgebiet. 2. Da das Patentgesetz ein Reichsgesetz ist, so sind die auf Grund desselben ertheilten Patente im ganzen Reichsgebiet, nicht blos in dem Bundesstaat, welchem der Patentinhaber angehört, wirksam, andererseits erstreckt sich ihre Wirksamkeit nicht über die Grenzen des Deutschen Reichs hinaus. Nachdem in Helgoland durch die Kaiserl. Verordnung vom 22. März 1891 (R.G.Bl. S. 21) Artikel I Nr. VII die Reichsgesetze über den Schutz von Erfindungen mit dem 1. April 1891 in Kraft getreten sind, bildet diese Insel auch in Bezug auf den Patentschutz einen Bestandtheil des Reichs. Daß Inland im Sinne des Patentgesetzes auch die Freihafengebiete Hamburgs und Bremens sind, ist selbstverständlich, denn ihr Ausschluß aus dem Zollverein gewährt nur Befreiung vom Eingangszoll (R.G. Straff. 21, 205, im P.Bl. 1891 S. 163)

Früher war es streitig, ob das Patentgesetz in den deutschen Schutzgebieten Geltung hat oder nicht (Dafür: Seligsohn in Gewerbl. Rechtsschutz 4, 137, Kohler Handbuch S. 69; dagegen: Damme im Archiv für öffentl. Recht 15, 50). Diese Frage ist jetzt erledigt, seitdem die Kaiserl. Verordnung, betr. die Rechtsverhältnisse in den deutschen Schutzgebieten vom 9. November 1900 (R.G.Bl. S. 1005), welche am 1. Januar 1901 in Kraft trat, im §. 4 bestimmt:

Die Vorschriften der Gesetze über den Schutz von Werken der Literatur und Kunst, von Photographien, von Erfindungen, von Mustern und Modellen, von Gebrauchsmustern und von Waarenbezeichnungen finden Anwendung.

Das Wort „Inland", welches im Patentgesetz wiederholt vorkommt, deckt sich regelmäßig (insbesondere in den §§. 2, 5, 11) mit dem Geltungsbereiche des Gesetzes, schließt also auch die Schutzgebiete ein. Nur bezüglich des §. 12 ist dies aus dem in N. 2 zu §. 12 angegebenen Grunde nicht der Fall; vgl. auch N. 10 zu §. 9 „im Gebiete des Deutschen Reichs". (Seligsohn a. a. O., a. M. Damme a. a. O.; vgl. auch Gewerbl. Rechtsschutz 4, 167.)

Die Gouverneure von Kamerun und Deutsch-Ostafrika haben im Jahre 1891 für ihre Schutzgebiete einzelnen Personen Patentrechte ertheilt (P.Bl. 1891 S. 520, Industrie-Schutz 1, 19). Diese Verordnungen sind ungültig, denn der §. 11 des Reichsgesetzes vom 15. März 1888, auf welchen dieselben sich stützen, giebt dem Gouverneur nur die Befugniß, „polizeiliche und sonstige die Verwaltung betreffende Vorschriften" zu erlassen; darunter fällt aber nicht die Schaffung von Vermögensrechten (a. M. Damme a. a. O., insbesondere S. 83).

In den Konsulargerichtsbezirken (Türkei, China, Persien u. s. w.) gilt trotz §. 3 des Reichsgesetzes über die Konsulargerichtsbarkeit vom 10. Juli 1879 (R.G.Bl. S. 197) unser Patentgesetz nicht, weil es bei seinem Territorialitätsprinzip (N. 12 zu §. 4) nicht in Ländern zur Anwendung gebracht werden kann, welche einer fremden Staats-Souveränität unterworfen sind.

3. Art. 32 des Einführungsgesetzes zum B.G.B. bestimmt: Bürgerliches Gesetzbuch.

Die Vorschriften der Reichsgesetze bleiben in Kraft. Sie treten jedoch insoweit ausser Kraft, als sich aus dem Bürgerlichen Gesetzbuch oder aus diesem Gesetze die Aufhebung ergiebt.

Durch Satz 1 sind zunächst sowohl die öffentlich-, wie die privatrechtlichen Bestimmungen des Patentgesetzes aufrecht erhalten. Was die Bedeutung des Satzes 2 betrifft, so ist weder in dem B.G.B. noch in dem Einführungsgesetze zu demselben ausdrücklich ausgesprochen, daß eine Bestimmung des Patentgesetzes außer Kraft tritt. Eine derartige ausdrückliche Vorschrift ist allerdings zur Anwendung des Satzes 2 nicht nothwendig, vielmehr ist mit allen zuläßigen Auslegungsmitteln zu prüfen, ob nach dem Inhalt und der Absicht des älteren Reichsgesetzes oder des B.G.B. eine Aenderung des älteren Gesetzes anzunehmen ist. Eine solche Prüfung führt bezüglich des Patentgesetzes zu dem Resultate, daß zwar keine ausdrückliche Vorschrift desselben aufgehoben ist, daß aber in Folge des Art. 4 des Einführungsgesetzes zum B.G.B. sein Inhalt mehrfach abgeändert ist.

Der Art. 4 bestimmt:

Soweit in Reichsgesetzen oder in Landesgesetzen auf Vorschriften verwiesen ist, welche durch das Bürgerliche Gesetzbuch oder durch dieses Gesetz ausser Kraft gesetzt werden. treten an deren Stelle die entsprechenden Vorschriften des Bürgerlichen Gesetzbuchs oder dieses Gesetzes.

Die Verweisung, von welcher Art. 4 spricht, kann auch stillschweigend geschehen „durch Aufstellung einer Vorschrift ohne äußerlich wahrnehmbare Bezugnahme, aber innerlich doch im Hinblick auf gewisse bestehende Vorschriften. So findet sich namentlich häufig eine stillschweigende Bezugnahme auf die allgemeinen civilrechtlichen Grundsätze über die Rechts- und Geschäftsfähigkeit, Vertretung, Verjährung u. s. w.“ (Neumann Handausgabe des B.G.B. zu Art. 4).

Die Vorschrift des Art 4 bezieht sich entsprechend dem Charakter der durch das B.G.B. bewirkten Kodifikation nur auf das Privatrecht (Neumann a. a. O.). Trotzdem ist ihm auch eine Bedeutung für die öffentlichrechtlichen Bestimmungen des Patentgesetzes nicht abzusprechen Dieselben bedürfen in mehrfacher Hinsicht der Ergänzung durch Vorschriften des Privatrechts. Es sei z. B. an die zahlreichen Fristen des Patentgesetzes (§§. 2, 3, 7, 8 u. s w.) erinnert. Unzweifelhaft ist, daß die gesetzgebenden Faktoren, wenn sie bei Schaffung des Patentgesetzes bezüglich der Berechnung dieser Fristen nichts vorschrieben, mit der Ergänzung dieser Lücke durch die privatrechtlichen Normen einverstanden waren. Es entsteht aber die weitere Frage, ob sie zur Ergänzung die jeweiligen privatrechtlichen Vorschriften zulassen wollten, oder ob sie Werth darauf legten, daß gerade die zur Zeit des Inkrafttretens des Patentgesetzes geltenden Normen zur Anwendung kämen. Da für die zweite Alternative nicht der geringste Anhalt vorliegt, so wird man die Vorschriften des B.G.B. auch zur Ergänzung der öffentlichrechtlichen Bestimmungen des Patentgesetzes heranziehen dürfen. Die Vorschrift des §. 222 C.P.O. enthält kein argumentum e contrario — Das P.A. hat ohne weitere Begründung die Bestimmungen des B.G.B. auf die Berechnung der Fristen gemäß §. 8 des Patentgesetzes für anwendbar erklärt (Bl. 6, 260).

Erster Abschnitt.

Patentrecht.

1. Patentrecht ist hier im objektiven Sinne gebraucht und bedeutet den Inbegriff der Normen über Entstehung, Inhalt, Dauer und Endigung des Patents. Daß es hier nicht im subjektiven Sinne, also als der durch das Patent ertheilte Schutz, aufzufassen ist, ergiebt ein Vergleich der Systematik des Patentgesetzes mit anderen Gesetzen, insbesondere mit der die Schriftstücke behandelnden Abtheilung des Urhebergesetzes vom 11. Juni 1870, welches für alle späteren Gesetze des Autor- und Industrierechts vorbildlich war, und mit der ziemlich zu derselben Zeit, wie das erste Patentgesetz, verfaßten und erschienenen Konkursordnung vom 10. Februar 1877.

§. 1.

Patente werden ertheilt für neue Erfindungen, welche eine gewerbliche Verwerthung gestatten.

Ausgenommen sind:

1. Erfindungen, deren Verwerthung den Gesetzen oder guten Sitten zuwiderlaufen würde;
2. Erfindungen von Nahrungs-, Genuß- und Arzneimitteln, sowie von Stoffen, welche auf chemischem Wege hergestellt werden, soweit die Erfindungen nicht ein bestimmtes Verfahren zur Herstellung der Gegenstände betreffen.

Abs. 1 (N. 1—18).

1. Patent.
2. Rechtsakt.
3—13. Erfindung.
   3. Definition.
   4. Benutzung.
   5. Naturkräfte.
   6—8. Schöpfung
   6. Schöpfung.
   7. Verfahren. Körperlicher Gegenstand.
   8. Körperliches Substrat.
   9. Wesentlicher Fortschritt.
   9a. Bedürfniß.
   10. Geistige Arbeit.
   11. Aequivalent.
   12. Kombination.
   13. Neu.

14—17. Gewerblich verwerthbar.
   14. Gewerblich verwerthbar.
   15. Verwerthung.
   16. Gewerblich.
   17. Möglichkeit der Verwerthung.
18. Musterschutz.

Abs. 2 (N. 19—25)

19. Wider Gesetz oder gute Sitten.
20—25. Nr. 2.
   20. Oeffentliches Interesse.
   21. Nahrungs-, Genußmittel.
   22. Arzneimittel.
   23. Thiere, Pflanzen.
   24. Chemische Stoffe.
   25. Bestimmtes Verfahren.

Abs. 1.

1. Patente sind subjektive Rechte, welche einem Individuum durch das Reich ertheilt werden. Das Gesetz stellt nicht gewisse Erfordernisse des Patents mit der Wirkung auf, daß jeder, welcher dieselben erfüllt, ohne weiteres ein Patent hat, wie etwa jeder, welcher die Erfordernisse des Eigenthumserwerbs oder des Urheberrechts in seiner Person erfüllt, damit das Eigenthum oder das Vervielfältigungsrecht erhält — vielmehr muß beim Patent, auch wenn alle Voraussetzungen desselben vorhanden sind, noch ein besonderer Akt der Reichsgewalt ergehen, welcher dasselbe „ertheilt". Das Reich konstatirt nicht blos, daß die Voraussetzungen des Patents vorhanden sind und daß damit ein Patent existirt, sondern es verleiht erst dasselbe. Der Akt wirkt nicht deklarativ, sondern konstitutiv; vergl. namentlich Schanze Die Patentertheilung im Arch. f. öffentl. Recht 9, 173 ff., insbesondere S. 188—195. **Patent.**

Das Gesetz erwähnt nur zwei Arten von Patenten: Hauptpatente, welche es schlechtweg Patente nennt, und Zusatzpatente (§ 7). Einführungspatente für Einführung von im Auslande gemachten Erfindungen giebt es bei uns nicht. Wegen der Abhängigkeitspatente vergl. N. 16, 17 zu § 3, wegen der Verbesserungspatente N. 11 zu §. 7.

Durch den Wortsinn des Ausdrucks „Patent" könnte man veranlaßt werden, unter ihm den urkundlich fixirten Akt selbst zu verstehen. Dies würde aber dem Sprachgebrauche des Gesetzes nicht entsprechen, denn letzteres könnte nicht von der „Dauer des Patents" (§ 7) oder dem „Patentinhaber" (§§ 8, 9) sprechen, wenn es unter Patent den Akt der Reichsgewalt selbst, nicht das durch ihn verliehene Recht verstehen würde.

Den Inhalt des Rechts bestimmt §. 4.

Rechtsakt. 2. Laband Staatsrecht §. 79 und G. Meyer Verwaltungsrecht 1883. 1, 417 nennen die Ertheilung des Patents einen Verwaltungsakt. Dies ist unzutreffend (Schanze a. a. O S. 176—179, Damme in Gewerbl. Rechtsschutz 3, 264).

Laband sieht den materiellrechtlichen Unterschied zwischen Verwaltungsakt und rechtlicher Entscheidung darin, daß bei der letzteren der Richter lediglich nach allgemeinen Denkgesetzen den gegebenen Thatbestand unter die Rechtsregel zu subsumiren hat, nie denselben Fall nach seinem Belieben verschieden entscheiden, nie an Stelle der logischen Operation seinen freien Willen setzen darf: der Verwaltungsakt dagegen sei die Herbeiführung eines gewollten Erfolges, in seinem Wesen liege die rechtliche Freiheit der Entschließung, wende er einen Rechtssatz an, so verwende er nur die durch den Rechtssatz ihm gewährte Befugniß als Machtmittel zur Erreichung eines bestimmten Erfolges (S. 676). In diesem Sinne ist aber die Ertheilung des Patents kein Verwaltungsakt, sondern eine rechtliche Entscheidung, denn das P.A. ist, wenn die gesetzlichen Voraussetzungen vorliegen, zu der Ertheilung verpflichtet. Für die Ertheilung oder die Versagung dürfen nie Opportunitäts-, sondern nur Rechtsgründe maßgebend sein. Daß das P.A., welches mit der Entscheidung betraut ist, neben seiner rechtsprechenden Thätigkeit auch Verwaltungsgeschäfte zu erledigen hat, stempelt seine Rechtsakte nicht zu Verwaltungsakten, denn auch die ordentlichen Gerichte üben, z. B. bei der freiwilligen Gerichtsbarkeit, eine Reihe von Verwaltungsgeschäften aus, ohne daß deshalb ihre Urtheile den Charakter von Rechtsakten verlieren. Vergl. N 2 zum dritten Abschnitt „Verfahren in Patentsachen" (Vorbemerkungen vor § 20).

Definition. 3. Das Gesetz definirt den Begriff „Erfindung" nicht. Da aus den Kreisen der Interessenten vielfach Klagen darüber laut wurden, daß durch diesen Mangel eine Rechtsunsicherheit entstehe, so wurde der Enquete von 1886 die Frage vorgelegt, ob das Fehlen einer gesetzlichen Begriffsbestimmung erhebliche praktische Nachtheile mit sich gebracht und ob sich diese durch Aufnahme einer Begriffsbestimmung in das Gesetz verhüten ließen. Die Frage wurde nach eingehender Berathung mit großer Mehrheit verneint (Enqu. 1886 S 12—37).

Klostermann (S. 112) definirt die Erfindung als „Geisteserzeugniß, welches entweder in einem neuen Gegenstande des Gebrauches oder in einem neuen Hülfsmittel zur Herstellung von Gebrauchsgegenständen besteht", Dambach (S. 2) als „Schaffung und Hervorbringung eines neuen, bisher noch nicht vorhandenen Gegenstandes oder Produktionsmittels zu materiellen Gebrauchszwecken", Gareis (S. 27) als „Entdeckung einer vorher noch nicht bekannten Thatsache, daß durch eine konkrete technische Einwirkung auf einen Stoff der Außenwelt ein der Wiederholung an sich unterziehbarer Erfolg erzeugt wird", Kohler (Handbuch S. 83) als „eine zum technischen Ausdruck gebrachte Ideenschöpfung des Menschengeistes, die der Natur eine neue Seite abgewinnt und hierdurch mit Erfolg darauf abzielt, durch Benutzung von Naturkräften menschliche Postulate zu erfüllen", Quenstedt (im P.Bl. 1880 S. 61) als „Ermittelung eines Verfahrens, wodurch die Herstellung eines Gebrauchsgegenstandes mit weniger oder anderer als der bisher nothwendigen Arbeit oder eines bisher ganz oder theilweise nicht bekannten Gebrauchsgegenstandes ermöglicht wird", Staub (im P.Bl. 1888 S. 37) als „die auf Erkenntniß beruhende Erzeugung einer neuen Wirkung der Naturkräfte", Reuleaux (Enqu. 1886 S. 24) als „eine Einrichtung oder ein Erzeugniß auf gewerblichem Gebiete, welches bezüglich eines Stoffes oder eines Werkzeuges oder eines Verfahrens oder der Zusammensetzung der zur technischen Wirkung vereinigten Theile von bestehenden Einrichtungen und Erzeugnissen durch weitergehende Wirkung abweicht", Hartig (ebenda S. 30) als „Lösung eines technischen Problems, die nach ihrem technologischen Begriff neu und nach der Art ihrer Verwirklichung in mindestens einer Ausführungsform vollständig dargelegt ist", Knoop (ebenda S. 35) als „gewerblich verwerthbare Erzeugnisse und Verfahren, durch welche eine neue technische Wirkung, oder eine bekannte technische Wirkung auf neue Weise angestrebt wird". Der Pariser Internationale Kongreß für gewerblichen Rechtsschutz von 1900 definirte die Erfindung indirekt, indem er die Resolution annahm „Patentfähig ist jede Schöpfung, welche eine gewerbliche Wirkung hat".

Keine dieser Definitionen, von denen einige die Thätigkeit, andere das Produkt des Erfindens zu bestimmen versuchen, kann als völlig gelungen angesehen werden. Die Ursache hiervon ist der zu definirende Begriff selbst, denn die Erfindung im patentrechtlichen Sinne läßt sich überhaupt nicht so scharf abgrenzen, daß man an der Hand ihrer Begriffsbestimmung ohne weiteres entscheiden könnte, ob im einzelnen Falle eine Erfindung vorliegt oder nicht. Es handelt sich hier um die Abschätzung des Produktes einer Geistesarbeit, insbesondere um die Abwägung, ob dieses Produkt gegenüber dem bereits Vorhandenen einen so erheblichen technischen Fortschritt bedeutet, daß es sich rechtfertigt, seinem Urheber ein die allgemeine Gewerbefreiheit in dem Maße einschränkendes Recht, wie es der Patentschutz ist, zu gewähren. Denn daß dieser Schutz nicht jeder Neuerung zu Theil werden soll, sondern nur derjenigen, welche über die stetigen Fortschritte der Technik durch ihren geistigen Inhalt und ihre technische Wirkung hinausragt, darüber besteht keine Verschiedenheit der Meinung. Bei dieser Relativität des Erfindungsbegriffes ist es unmöglich, ihn in eine allgemeine Formel zu bannen; vielmehr kann allein die Praxis im einzelnen Falle die Grenze ziehen, welche ihn von der patentunfähigen Neuerung scheidet. Man wird deshalb der Behörde, welche bei der Patentertheilung über den Erfindungscharakter zu befinden hat, eine gewisse Freiheit bei ihrer Entscheidung zugestehen müssen.

Will man dies Moment in der Definition berücksichtigen, so verzichtet man damit auf eine eigentliche Definition. Man könnte dann allenfalls eine Erfindung im Sinne des Patentgesetzes umschreiben als eine durch Benutzung der Naturkräfte hergestellte Schöpfung, welche gegenüber dem bisherigen Zustande einen wesentlichen Fortschritt darstellt und ein wesentliches Bedürfniß befriedigt.

Ueber Vorstehendes vergl. noch: Engelmayer im Civilingenieur 1895 S. 289, Hausding Die Erfordernisse einer patentfähigen Erfindung Berlin 1900.

Benutzung. 4. Es muß eine Benutzung der Naturkräfte stattgefunden haben Ein zufälliges In-Bewegung-Setzen derselben genügt nicht, vielmehr muß der Zusammenhang zwischen Ursache und Wirkung gekannt werden, so daß die Möglichkeit der beliebigen Wiederholung vorliegt. Auf Erkenntniß der Naturgesetze, welche die Wirkung hervorbringen, kommt es nicht an (R.G. im Bl. 5, 131). Ebenso ist es unerheblich, wenn der Erfinder die von ihm erreichte Wirkung zu Unrecht einem Bestandtheile seiner Erfindung zuschreibt, welcher in Wirklichkeit nebensächlich ist (R.G. im P.Bl. 1891 S. 373, G. 9, 177; abweichend Kohler Forschungen aus dem Patentrecht S. 13). Vergl. auch zum Folgenden Wirth in Zeitschrift f. gewerbl. Rechtsschutz 1, 53, Kohler ebenda 2, 98 u 127. Schanze im gewerbl. Rechtsschutz 1, 388.

Daraus, daß der Erfinder sich des Kausalzusammenhangs bewußt sein muß, ergiebt sich, daß er auf Wirkungen, welche er bei Anmeldung des Patents nicht erkannt oder nicht zum Ausdruck gebracht hat, nicht den Patentschutz verlangen kann (R.G. im P.Bl. 1881 S. 15, G. 2, 151, R.G. im Bl. 1, 89). Insoweit ist, wenn er bei der Anmeldung das Wesen seiner konkreten Erfindung präcisirt hat, diese Angabe bei der Beurtheilung, ob eine Erfindung vorliegt, maßgebend. Sollte das P.A. auch erkennen, daß die Erfindung eine größere, als die angemeldete Tragweite hat, so ist dasselbe doch nicht ermächtigt, dies von Amtswegen zu berücksichtigen (R.G. im P.Bl. 1888 S. 65, G. 6, 18, im Bl. 3, 69 u 70) Das R.G. (im Bl. 5, 128) hält es zur Aufrechterhaltung eines Patents nicht für genügend, daß der Erfinder zu einer gewissen Erkenntniß gelangt war, sondern verlangt noch, daß er für den erkannten Gedanken auch den Patentschutz nachgesucht und erhalten hatte.

Naturkräfte. 5. Den Gegensatz zu den Naturkräften bilden menschliche Fähigkeiten, seien es geistige oder körperliche. Siehe darüber insbesondere Kohler Handbuch S. 106.

Aus dem Ausschlusse der geistigen Fähigkeiten ergiebt sich die Nichtpatentirbarkeit der Stenographie, der Einrichtung eines Adreßbuchs, einer Methode der Reklame (P.A. im Bl. 4, 121), eines Systems der

Buchführung, eines Etikettirungssystems (P.A. im Bl. 4, 251), eines Kontrollsystems, einer Erziehungsmethode u. s. w.

Aus dem Ausschlusse der körperlichen Fähigkeiten ergiebt sich die Versagung des Patentschutzes für alle Verfahren, welche eine Einwirkung auf den menschlichen Körper zum Gegenstande haben, z. B. einer Entfettungskur, einer Terrainkur u. s. w.

In allen diesen Fällen wird außerdem noch der Gesichtspunkt in Betracht kommen, daß es an einem technischen Ergebnisse (N. 6) mangelt. Dagegen können Apparate und Einrichtungen, welche zur Förderung der eben genannten Methoden und Kuren dienen, Patentschutz genießen (Kohler a. a. O.).

Der thierische Körper steht dem menschlichen nicht gleich. Man wird deshalb ein bestimmtes Mästungsverfahren für Thiere oder ein Verfahren zur Vertilgung von Feldmäusen, Hamstern oder Rebläusen, welches in der Landwirthschaft Anwendung finden kann (N. 16), prinzipiell nicht vom Patentschutze ausschließen dürfen.

6. In dem Erforderniß der Schöpfung liegt der wesentliche Unterschied von der Entdeckung. Letztere bereichert nicht die Welt um ein neues Verkehrsgut, sondern konstatirt nur die, bisher unbekannte, Existenz von etwas bereits Vorhandenem, z. B. die Entdeckung des Broms, der einschläfernden Wirkung des Chloralhydrats, der Bakterien tödtenden Wirkung von Agentien, des Gesetzes der Schwere. Die Entdeckung kann demnach bisher unbekannte Körper, bisher unbekannte Eigenschaften bekannter Gegenstände, bisher unbekannte Naturgesetze offenbaren, aber erst, wenn durch menschliche Arbeit nach Feststellung des Körpers, der Eigenschaft, des Naturgesetzes unter Benutzung derselben etwas geschaffen wird, liegt eine Erfindung vor (P.A. im P.Bl. 1882 S. 41, G. 3, 65; R.G. im P.Bl. 1889 S. 209, G. 7, 47, im P.Bl. 1890 S. 369, G. 8, 194, R.G. im Bl. 4, 22, in Jurist. Wochenschrift 1898 S. 79, im Bl. 4, 169, in Jurist. Wochenschrift 1898 S. 513; Kohler Forschungen aus dem Patentrecht S. 20 und Handbuch S. 89, Quenstedt im P.Bl. 1880 S. 61). Schanze Das Recht der Erfindungen S. 24 und im Gewerbl. Rechtsschutz 5, 73: Das Entdecken sei receptiven, das Erfinden produktiven Charakters; gegen ihn Bauke (Gewerbl. Rechtsschutz 4, 153; 5, 158). Schöpfung.

Weil jede Erfindung die Herstellung eines Ergebnisses erfordert, fallen bloße Prinzipien, Lehrsätze, spekulative Ideen nicht darunter, patentirt kann nur eine konkretisirte Anwendung derselben werden. „Nicht für die Lösung mathematischer Aufgaben, die Entwickelung physikalischer Gesetze und dergl. werden Patente ertheilt, sondern dafür, daß das Fazit solcher Erkenntniß in technischer Weise verwerthet, in das Leben eingeführt und dazu hergerichtet wird, ein wirthschaftliches Bedürfniß zu befriedigen" (P.A. im P.Bl. 1889 S. 59, G. 6, 2). Unerheblich ist es, ob der Lehrsatz vorher bekannt war und wer ihn aufgestellt hatte: auch die auf längst bekannten Lehrsätzen Anderer beruhenden praktischen Konstruktionen können patentfähig sein (P.A. im P.Bl. 1880 S. 167, G. 2, 1; R.G. im P.Bl 1881 S. 219, G. 3, 36). In dem Nichtigkeitsstreite über das Schlick'sche

Patent N. 80974 erachtete das R.G., trotzdem vorher bereits die Lösbarkeit der Aufgabe theoretisch erkannt war, es für ausreichend, daß der Erfinder, welcher sich nur bekannt gewesener Mittel bedient hatte, als Erster den bisher bezweifelten Werth der Ausführung erkannt und praktisch dargethan hatte (R.G. im Bl. 4, 169, in Jurist. Wochenschrift 1898 S. 513). An diese Entscheidung, welche sich an frühere Entscheidungen des R.G. anschließt (vergl. Jurist. Wochenschrift 1895 S. 508), hat sich eine heftige litterarische Fehde angeschlossen, vergl. Zeitschr. des Vereins deutscher Ingenieure 1898 S. 1313, 1899 S 234, 992, 1024, Schanze in Glaser's Annalen Bd. 47 S. 9, 58, 103, 126, 160; Kohler Handbuch S 102.

Bisweilen wird der Erfindungsgedanke schon in der Stellung der Aufgabe liegen. Das Verdienstliche liegt dann in dem Erkennen eines technischen Bedürfnisses und in dem durch diese Erkenntniß bedingten Stellen der Aufgabe. Dies ist aber nur dann der Fall, wenn die gestellte Aufgabe durch Anwendung bekannter Hülfsmittel von jedem Fachmanne gelöst werden konnte (R.G im P.Bl. 1890 S. 551, G. 8, 31; R.G im Bl. 2, 5, G. 11, 19, in Jurist. Wochenschrift 1896 S. 39; Riedler in Zeitschr des Vereins deutscher Ingenieure 1898 S. 1313)

Zum Begriffe der Erfindung gehört, daß der Erfinder das technische Ergebniß erkennt. Er braucht aber nicht alle möglichen Verwendungsweisen seines Produkts zu überschauen; wenn sich später herausstellt, daß das Produkt auch zu Zwecken oder in Industriezweigen Anwendung finden kann, an welche der Erfinder bei der Anmeldung nicht gedacht hatte, so erfaßt sein Patentschutz auch diese Anwendungsfälle (Kohler Forschungen aus dem Patentrecht S. 14).

Aus dem Erfordernisse des technischen Ergebnisses folgt, daß keine Erfindung vorliegt, wenn der Eintritt des beabsichtigten Erfolges nach den Naturgesetzen unmöglich ist (Perpetuum mobile, Aufhebung des Gesetzes der Schwerkraft, Erzeugung eines Etwas aus nichts u. dergl.).

Verfahren. Körperlicher Gegenstand.

7. Die Schöpfung kann entweder ein Verfahren oder ein körperlicher Gegenstand oder beides zugleich sein; der körperliche Gegenstand ist entweder Arbeitsmittel oder Arbeitserzeugniß (vergl. N. 4 zu § 4). Das Verfahren kann auch in einem unkörperlichen Resultat auslaufen, z B. ein Heil-, ein Trocknungsverfahren oder ein Verfahren, Margarine von Naturbutter zu unterscheiden. Ein solches Resultat, dem die Körperlichkeit mangelt, kann nicht patentirt werden (Kohler Aus dem Patent- und Industrierecht II S. 5), nur dem Verfahren kommt der Schutz zu.

Durch das Patent auf das Verfahren sind die durch das Verfahren unmittelbar hergestellten Erzeugnisse mitgeschützt (N. 15—19 zu §. 4). Andererseits schließt der Schutz des Produkts sämmtliche Herstellungsarten desselben ein, so daß derjenige, welchem das Produkt patentirt ist, alle Anderen an der Herstellung desselben, auch nach neuen Methoden, hindern kann. Es könnte überflüssig erscheinen, daß man sich außer dem neuen Produkte auch noch die neue Methode schützen läßt Dies ist aber nicht der Fall: die Bedeutung des letzteren Schutzes besteht darin, daß der Berechtigte die Anwendung dieser Methode auch zur Erzeugung anderer Produkte regelmäßig verbieten kann.

8. Man darf den Gegenstand der Erfindung nicht mit dem körperlichen Substrat, in oder an welchem sich zufällig die Erfindung bethätigt, verwechseln. Körperliches Substrat.

Man kann hier vier verschiedene Stufen unterscheiden (vergl. Kohler Aus dem Patent- und Industrierecht II S. 8): a) das Problem d. h. die konkrete Aufgabe, welche sich der Erfinder gestellt hat b) den Erfindungsgedanken d. h. die Lösung des Problems c) die Ausführungsform, in welcher sich dieser Gedanke verwirklicht d) das einzelne körperliche Substrat, in oder an welchem sich der Erfindungsgedanke offenbart. Die erste Stufe wird nie patentirt, (P.A. im P.Bl. 1890 S. 381, G. 8, 46: Die bloße Stellung einer Aufgabe ohne gleichzeitige Angabe des Mittels der Lösung ist niemals eine Erfindung; ebenso R.G. im Bl. 2, 98, in Jurist. Wochenschrift 1896 S. 134); wohl aber die zweite, jedoch erst dann, wenn der Erfinder die dritte Stufe erreicht hat, denn sonst würde es an einem technischen Ergebniß fehlen; die dritte kann selbstständig patentirbar sein, wenn sich in der Ausführungsform ein neuer Erfindungsgedanke bethätigt, sonst ist sie durch die zweite mitgeschützt (vergl. N. 11); die vierte ist nie patentirbar. Wenn auch die erste Stufe nicht patentirbar ist, so kann doch, nachdem der Erfinder eine konkrete Lösung des Problems gefunden hat, das die Erfindung begründende Moment in der Stellung der Aufgabe gefunden werden (vergl. N. 6).

Ueber eine andere Genealogie der Erfindung (Spekulation; Problem oder Resultat; Lösungsidee; Durchführungsidee I, II u. s. w.) vergl. jetzt Kohler Handbuch S. 133.

Ein beachtenswerthes Hülfsmittel für die Scheidung zwischen dem ideellen Kern der Erfindung und ihrer äußeren Darstellungsform bieten Schütze's Ausführungen über die Struktur der Erfindung (Gewerbl Rechtsschutz Bd. 5 S. 36, 113).

Es kann nicht dringend genug vor der Verwechslung des einzelnen körperlichen Substrats mit der patentirbaren zweiten oder dritten Stufe gewarnt werden. Wenn Jemand z. B. eine von ihm erfundene Maschine herstellt, so ist niemals dieses Exemplar der Erfindungsgegenstand; dieses bildet nur die Form, in welche er seine Erfindung einkleidet. Diese Form ist vergänglich und geht unter, ohne daß bei dem Vorhandensein der Reproduktionsmöglichkeit dadurch der Bestand der Erfindung in Frage gestellt wird. Daß man das körperliche Substrat nicht mit der ideellen Erfindung, der technologischen Idee verwechseln darf, springt bei der Erfindung eines Verfahrens noch mehr in die Augen, da das Verfahren sich nimmermehr mit dem einzelnen Gegenstande, bei welchem es angewendet wird, deckt und in ihm sich erschöpft: das Verfahren ist unvergänglich, während seine jeweiligen Darstellungsmittel vergehen können

9. Die Schöpfung muß gegenüber dem bisherigen Zustande einen Wesentlicher Fortschritt.

wesentlichen Fortschritt darstellen (vergl. insbesondere Hausding Die Erfordernisse einer patentfähigen Erfindung. Berlin 1900).

Bei der ständigen Entwickelung der Technik ist es naturgemäß, daß sie stets Neues und gegenüber der früheren Produktion Besseres hervorbringt. Die Erzeugnisse dieses aus der natürlichen Fortentwickelung ohne Weiteres sich ergebenden, allmählichen Fortschritts bilden keine Erfindungen, letztere verlangen vielmehr einen erheblichen Fortschritt. Wo aber das Erheblichere anfängt und das Allmähliche aufhört, wo der „Erfinder" den „Konstrukteur" hinter sich läßt, dafür läßt sich keine allgemeine Formel geben, sondern dies muß in jedem einzelnen Falle gefunden werden. Entscheidend ist dabei weniger, daß die Neuerung von dem Wege, welchen die Technik in ihrer naturgemäßen Entwickelung zurückgelegt, weitab liegt, als der durch die Neuerung hervorgerufene technische Erfolg gegenüber dem bisher Geleisteten (Ephraim in Ahrens Sammlung chemischer Vorträge 3, 297). Nicht auf die Größe des Schritts vom Bekannten zum Neuen kommt es vorwiegend an, sondern ebenso auf die Verwerthbarkeit der Neuerung zu wirthschaftlichen Zwecken (P.A. im P.Bl. 1889 S. 59, G. 6, 2, im P.Bl. 1891 S. 63).

Wenn z. B. bei dem Gebrauche einer Maschine sich Mängel herausstellen, so wird man in der Zukunft diese Mängel vermeiden, indem man die Konstruktion ändert und damit bessert. Diese Verbesserung mag noch so zweckmäßig sein, sie wird dennoch regelmäßig, wenn sie nur in konstruktiven Abänderungen, Ausflüssen einer technischen Geschicklichkeit, besteht, nicht patentirbar sein. Wenn aber in diesen Abänderungen sich eine schöpferische Idee derart bethätigt, daß durch sie eine Wirkung erzeugt wird, welche nicht blos in einer gewissen Potenzirung der früheren besteht, sondern als eine eigenartige gegenüber derselben anzusehen ist, dann ist eine Erfindung vorhanden.

Diese Grundsätze finden auch Anwendung bei der Nutzbarmachung eines von einem Anderen gefundenen Prinzips für das Gewerbe. Wer nur mit handwerksartiger Geschicklichkeit die von einem Anderen ersonnene Lösung des Problems ausführt, ist regelmäßig kein Erfinder (vergl. aber N. 6).

Ob das eine oder das andere, ob Erfindung oder Konstruktion vorliegt, ist oft Thatfrage und im einzelnen Falle schwer zu entscheiden (vergl. P.A. im P.Bl. 1879 S. 275, G. 1, 355, im P.Bl. 1881 S. 131, G. 2, 71; Bolze, 2, 314; 2, 315; 6, 152; P.A. und R.G. im P.Bl. 1891 S. 63; R.G. in Jurist. Wochenschrift 1895 S. 484). Da der technische Erfolg der Neuerung maßgebend ist, so kann es vorkommen, daß Aenderungen, welche einander äußerlich sehr ähnlich sehen, in dem einen Falle als Erfindung, in dem anderen als Konstruktion bezeichnet werden (Bolze 12, 113); man muß sich deshalb vor einer Generalisirung der bezüglichen Entscheidungen hüten. So ist z. B. unter Umständen in der Verschiedenheit der Abmessungen und Verhältnisse (Bolze 12, 107; R.G. im Bl. 2, 237, P.A. im Bl. 5, 190) oder in der Vereinfachung einer Einrichtung (R.G. im P.Bl. 1894 S. 143, G. 10, 60; R.G. in Jurist.

Wochenschrift 1896 S. 110) ein Erfindungsgedanke zu erblicken (Kohler Industrierechtliche Abhandlungen I, 196). Der technische Fortschritt kann auch in der billigeren Herstellung liegen (R.G. in Jurist. Wochenschrift 1896 S. 110, im Bl. 5, 199), vorausgesetzt daß die Billigkeit nicht durch mindere Qualität des Gegenstandes erzielt wird (R.G. im Bl. 4, 234).

Gar zu rigoros wird man bei dieser Prüfung nicht vorgehen dürfen. Aenderungen, welche ex post sehr leicht aussehen und nur als Ausflüsse einer bloßen Geschicklichkeit erscheinen, brauchen vorher gar nicht so nahe gelegen zu haben, und selbst wenn sie nahe lagen, so spricht doch der Umstand, daß sie trotzdem bisher noch nicht vorgenommen waren, zu Gunsten des Ersten, welcher sie vornimmt (P.A. im P.Bl. 1889 S. 59, G. 6, 2, im P.Bl. 1891 S. 63, R.G. im Bl. 5, 286 u. 288; vergl. auch Witt Chemische Homologie und Isomerie in ihrem Einflusse auf Erfindungen aus dem Gebiet der organischen Chemie. Berlin 1889. S. 67). Andererseits ist nicht außer Augen zu lassen, daß, wenn die Neuerung lediglich in einer den Gebrauchszweck fördernden Formgebung besteht, zu ihrem Schutze das Gesetz über Gebrauchsmuster bestimmt ist (R.G. in Jurist. Wochenschrift 1898 S. 514, in Gewerbl. Rechtsschutz 3, 369).

Ueber „Erfindung und Konstruktion" vergl. Kohler Forschungen aus dem Patentrecht S. 29 und Handbuch S. 95.

Patentfähig, sagt ein Erkenntniß des R.G. (P.Bl. 1891 S. 63), ist nur dasjenige neue Ergebniß, welches einen gewissen, nicht nothwendig für jeden Sachverständigen ohne weiteres gegebenen geistigen Inhalt hat, zugleich gewerbliche Vortheile bietet und mit diesen einen qualitativen Fortschritt enthält. Ist die Erfindung für das Gewerbe ohne Nutzen, so ist sie nicht patentfähig (R.G. im Bl. 5, 192) Es wird also z. B. regelmäßig keine Erfindung vorliegen, wenn Jemand zur Herstellung von Elektrodenplatten ein neues Bindemittel anwendet, ohne eine größere Leistungsfähigkeit, Festigkeit, Geschmeidigkeit der Masse zu erreichen oder ohne einen anderen Vortheil, etwa geringere Herstellungskosten, zu erzielen. Ebenso liegt regelmäßig in der Auffindung eines zweiten Verfahrens zur Herstellung eines chemischen Produkts keine Erfindung, wenn das neue Verfahren weniger Ausbeute, als das bekannte Verfahren, liefert und auch sonst diesem gegenüber keinen Fortschritt bietet (vergl. N. 11) Unter Umständen (Hausding a. a O.) kann allerdings der Vortheil bereits darin liegen, daß zur Erreichung desselben Zwecks es fortan außer dem bekannten Mittel noch ein zweites giebt (Kohler Handbuch S. 123 hält dies stets für genügend)

Man darf aber bei Anmeldung einer Erfindung vom Anmelder nicht gleich den strikten Nachweis des Fortschritts verlangen. Es genügt, wenn die Erreichung des von ihm angestrebten technischen Effekts nicht ausgeschlossen erscheint (P.A. im P.Bl. 1879 S. 465, G. 1, 27, im P.Bl. 1880 S. 55, G. 1, 16, im P.Bl. 1881 S. 115, G. 2, 6; ebenso Erklärung des Präsidenten des P.A. im Bl 6, 360). Die Unvollkommenheit erster Erfindungen in Bezug auf ihre praktische Brauchbarkeit schließt ihre Patentfähigkeit nicht aus (P.A. im P.Bl. 1881 S. 211, G. 3, 1). Diese

Beweiserleichterung im Ertheilungsverfahren ändert aber am Prinzipe nichts. Stellt sich nachher der Mangel jeglichen Fortschritts heraus, so unterliegt das Patent der Vernichtung; ebenso darf dasselbe nicht ertheilt werden, wenn die Werthlosigkeit desselben von vornherein feststeht. Derselben Ansicht: R.G. im P.Bl. 1890 S. 581, G. 8, 2, im P.Bl. 1890 S. 167, G. 8, 112, im Bl. 5, 192; Bolze 10, 162; 15, 106. A. M.: P.A. im P.Bl. 1883 S. 101, G. 4, 1, im P.Bl. 1890 S. 581, G. 8, 2, im P.Bl. 1890 S. 167, G. 8, 112; Neesen in Glaser's Annalen 1891 S. 75.

Ein Verfahren zur Herstellung von Zwischenprodukten ist selbständig schutzfähig, wenn das Zwischenprodukt an sich einen neuen technischen Effekt erzielt (R.G. im P.Bl. 1893 S. 687, G. 10, 2).

Bedürfniß. **9a.** Das menschliche Bedürfniß, welchem die Erfindung Rechnung trägt (Kohler Handbuch S. 121), braucht kein nothwendiges oder löbliches zu sein. Luxusmittel sind ebenso patentirbar, wie Vorrichtungen für Salonmagie (P.A. im Bl. 3, 225), Spielzeuge und dergl. Man darf nicht übersehen, daß auch Zerstreuung und Unterhaltung innerhalb vernünftiger Grenzen menschliche Bedürfnisse sind.

Dagegen sind Gegenstände, welche keinem sozialen Bedürfnisse entsprechen, sondern nur der unvernünftigen Laune des Erfinders entspringen, vom Patentschutz ausgeschlossen. Die Absatzfähigkeit eines Artikels darf, wie Kohler a. a. O. mit Recht hervorhebt, kein Maßstab für das Bedürfniß sein, denn das Publikum kauft bisweilen die thörichtsten Sachen mit Vorliebe. Diese Gegenstände haben eine gewisse Berührung mit denjenigen, die deshalb nicht patentfähig sind, weil ihre Verwerthung den guten Sitten zuwiderlaufen würde (N. 19).

Geistige Arbeit. **10.** Es ist nicht nothwendig, daß die Erfindung daß Produkt einer außergewöhnlichen geistigen Arbeit ist. Wenn der Erfinder des Schießpulvers, als er anderen chemischen Experimenten oblag, durch das Losgehen eines Schusses gemerkt hätte, daß durch eine Mischung von Salpeter, Kohle und Schwefel Schießpulver entsteht, so würde er auch ohne geistige Anstrengung eine Erfindung gemacht haben, wofern er nur die Kenntniß von der Wiederholungsmöglichkeit hatte (R.G. im P.Bl. 1889 S. 209, G. 7, 47; R.G. im Bl. 4, 22, in Jurist. Wochenschrift 1898 S. 79; Schanze, Das Recht der Erfindungen S. 195). „Auch eine zufällige Entdeckung kann als Erfindung geltend gemacht werden, und es kann dem ein Patent Nachsuchenden nicht entgegengehalten werden, er habe auf die Erfindung seine Thätigkeit nicht gerichtet“ (R.G. im P.Bl. 1888 S. 65, G. 6, 18).

Es kommt darauf, ob die Erfindung leicht oder schwer zu machen war, nicht an (P.A. im P.Bl. 1891 S. 63). Insbesondere schließt der Umstand, daß ein technisches Erzeugniß, vom geometrischen Standpunkte aus betrachtet, sich als Lösung einer einfachen Rechen- oder Konstruktionsaufgabe darstellt, nicht aus, daß dieses Ergebniß im technischen und patentrechtlichen Sinne eine patentfähige Erfindung enthält. „Wissenschaftlich kann die Abänderung sehr harmlos sein, und gewerblich, also patentrechtlich, von der größten Bedeutung“ (R.G. in Jurist. Wochenschrift

1892 S. 431). Die Erkenntniß eines physikalischen Gesetzes kann nahe liegen, die Verwerthung desselben in einer bestimmten Form und auf einem bestimmten technischen Gebiete jedoch eine Leistung von besonderer Bedeutung sein (P.A. im P.Bl. 1889 S. 59, G. 6, 2; R.G. im Bl. 4, 169, in Jurist. Wochenschrift 1898 S. 513).

11. Da den Gegenstand der Erfindung die in dem Ergebnisse verkörperte Lösung des Problems, nicht des körperliche Substrat bildet, so folgt daraus, daß keine Erfindung darin liegt, daß Jemand nach Lösung des Problems dieselbe Wirkung durch Substituirung anderer, aber gleichwerthiger Mittel erzielt. Diesen Grundsatz nennt man die Lehre von den Aequivalenten (Kohler a. a. O. S. 55 und in Ihering's Jahrb. f. Dogmatik Bd. 26 S. 414, 424, Witt a. a. O. S. 25, Robolski S 217). Ueber den Zusammenhang zwischen Aequivalenz und der neuen Kohler'schen Genealogie der Erfindung (N. 8) siehe Kohler Handbuch S. 152 Aequivalent.

Die Lehre von der Aequivalenz basirt auf der Interpretation des Patentanspruchs. Man ermittelt die Bedeutung, welche das P.A. und der Anmelder bei der Formulirung des Patentanspruchs einem bestimmten Ausdrucke beilegen wollten, findet, daß der Ausdruck zu eng ist, und legt ihn deshalb ausdehnend aus. Im Patentanspruch steht z. B., daß ein gewisser Gegenstand aus „Eisen" ist. Nach dem Zwecke, zu dem der Gegenstand bestimmt ist, ist es im vorliegenden Falle klar, daß darauf kein Werth zu legen ist, daß er gerade aus Eisen ist, vielmehr kann er aus jedem anderen Stoffe sein, welcher die für den vorliegenden Zweck wesentlichen Eigenschaften des Eisens hat. Man interpretirt deshalb das Wort „Eisen" extensiv in diesem Sinne (Schütze im Gewerbl. Rechtsschutz 5, 115; Kohler Handbuch S. 84). Daraus folgt, daß der Schutz eines Patents sich auch auf solche Aequivalente erstreckt, welche zur Zeit der Patentanmeldung oder -ertheilung noch nicht bekannt waren (Kohler Handbuch S. 154).

Es liegt regelmäßig keine neue Erfindung vor, wenn man zur Darstellung des der Erfindung zu Grunde liegenden Prinzips sich anderer Materialien bedient, wenn man also z. B. eine in Holz hergestellte Maschine in Eisen konstruirt oder bei einer chemischen Reaktion eine Säure durch eine andere ebenso wirkende ersetzt. Ebenso liegt Aequivalenz vor, wenn Jemand dieselbe Methode an anderen Objekten wirksam werden läßt z. B ein Verfahren zur Konservirung von gewissen Nahrungsmitteln einfach auf andere Nahrungsmittel überträgt, oder wenn er ein bekanntes Material oder Arbeitsmittel bei einem Apparat oder Verfahren anwendet, für welches es bisher nicht in Gebrauch war, z. B. Wellblech zur Herstellung eines Zerstäubers oder einen Ofen von bekannter Konstruktion zur Herstellung von Walzdraht zuerst benutzt (Bolze 2, 316; 2, 317; 4, 215; 5, 182; R.G. im P.Bl. 1890 S. 49, G. 7, 65; P.A. und R.G. im P.Bl. 1891 S. 571, G. 9, 24; R.G. im P.Bl 1892 S. 2, G. 9, 96; R.G. in Jurist. Wochenschrift 1896 S. 110).

Wird aber durch die Anwendung des neuen Materials eine weitergehende technische Wirkung erzeugt, so ist das Mittel nicht mehr äquivalent. Auch die leichtere Beschaffbarkeit des neuen Mittels oder seine billigere Herstellung kann die Aequivalenz ausschließen (Bolze 5, 177, P.A. im P.Bl. 1890 S. 563, G. 8, 243, P.A. u. R.G. im P.Bl. 1892 S. 99, G 9, 62; R.G. im P.Bl. 1892, S. 255, G. 9, 54; R.G. im Bl. 3, 145; wegen Billigkeit vergl. N. 10). — Aequivalenz liegt auch dann nicht vor, wenn das bekannte Mittel bei seiner Anwendung in einem anderen Verfahren oder bei einer anderen Einrichtung als ein qualitativ neues Mittel mit neuem technischen Effekt erscheint (R.G. im P.Bl. 1890 S. 49, G 7, 65, im P.Bl. 1890 S. 261, G. 8. 98)

Ebenso liegt, wenn bei der Uebertragung des Arbeitsmittels oder der Methode auf andere Gegenstände aus der Beschaffenheit der letzteren Hindernisse entgegentreten, deren Ueberwindung besondere Schwierigkeiten verursacht, nicht mehr eine bloße Uebertragung vor (R.G. im P.Bl. 1891 S. 571, G. 9, 28), sondern es wird gleichzeitig ein neues Problem gestellt, dessen Lösung eine patentirbare Erfindung enthalten kann. Dies ist beispielsweise der Fall bei der Uebertragung von Webemaschinen für flache Gewebe auf strumpfförmige (röhrenförmige) Gewebe oder bei der Verwendung von Centrifugen zum Trocknen, zum Entrahmen, zum Buttern u s. w. Ebenso kann in der Verwerthung eines bekannten theoretischen Mischungsverhältnisses zur praktischen Darstellung des Stoffes eine Erfindung liegen, wenn sich der Umsetzung der theoretischen Formel in die Praxis besondere Schwierigkeiten entgegenstellen (R.G. im Bl. 5, 199).

Unter Umständen kann das die Erfindung begründende Moment schon darin gefunden werden, daß Jemand auf den Gedanken gekommen ist, eine bekannte Methode auf andere Objekte zu übertragen, nämlich dann, wenn das von ihm auf diesem Wege hergestellte Produkt ganz andere technische Eigenschaften besitzt, als die bisher auf diesem Wege gewonnenen Produkte (P.A. und R.G. im P.Bl. 1891 S. 173, R.G. im P.Bl. 1893 S. 687, G. 10, 2, in Jurist. Wochenschrift 1893 S. 565). So sagt das R.G. in dem Urtheile (P.Bl 1889 S 209, G 7, 47), in welchem es die Nichtigkeitsklage gegen das Congoroth-Patent abweist: „Wenn aber der Chemiker durch Anwendung der Methode auf einen Fall, auf welchen sie noch nicht angewendet ist, neue Bahnen erschließt, so hat er patentrechtlich ein neues Verfahren erfunden." Wird bei einer Kombination ein Element durch ein anderes ersetzt, so sind zur Entscheidung der Aequivalenz die beiden Elemente nicht an sich, sondern mit Rücksicht auf den Kombinationszweck mit einander zu vergleichen. Führt das Einsetzen des neuen Elements, welches dem ersetzten vielleicht technisch sonst sehr nahe steht, eine über den Effekt der früheren Kombination hinausgehende Wirkung herbei, so liegt keine Aequivalenz, sondern eine Erfindung vor (R.G. in Jurist Wochenschrift 1900 S. 554)

Die hier entwickelten Grundsätze treffen in der chemischen Technik insbesondere bei der Verwendung von homologen und isomeren Körpern zu: vergl. darüber die N. 9 a. E. erwähnte Schrift von Witt, sowie

Möller im P.Bl. 1879 S. 407, Ephraim in Ahrens Sammlung chemischer Vorträge III S. 297.

12. Eine Erfindung liegt nicht vor, wenn durch die Verbindung oder Vermehrung von Elementen eine nach den Grundsätzen der Summirung selbstverständliche Verstärkung der Wirkung erzeugt wird. Anders, wenn durch die Verbindung Effekte erzielt werden, welche stärker sind, als die Summe der Einzelwirkungen, oder sich sachlich von den letzteren unterscheiden, also neu und eigenartig sind: dann kann eine patentfähige Kombination vorliegen (P.A. im P.Bl. 1881 S. 151, G. 2, 22; Bolze 1, 299). Ob eine solche im einzelnen Falle anzunehmen ist, richtet sich nach dem Grade der Erheblichkeit der Abweichung des Neuen von dem bisher Bekannten (Bolze 2, 3 07—311: 5, 187). Aus der Thatsache daß mehrere Neuerungen in einem einzigen Patentanspruche zusammengefaßt sind, folgt nicht ohne Weiteres, daß es sich um ein Kombinationspatent handelt. Letzteres ist nur dann der Fall, wenn die mehreren Neuerungen sich gegenseitig zu einer erhöhten Gesammtleistung unterstützen (R.G. im Bl. 2, 112). Ueber einen Fall, wo es zweifelhaft war, ob ein Kombinationspatent vorlag, vergl. R.G. im Bl. 5, 33. Kombination.

Durch das Kombinationspatent sind an sich nicht die einzelnen Elemente geschützt, sondern nur ihre Verbindung mit einander: den Schutz genießt die originelle Konstellation, durch welche die eigenartige Wirkung bedingt und erzielt wird. Die Elemente der Kombination müssen in einer bestimmten Weise in einander eingreifen, um die Wirkung hervorzubringen: in dieser systematisch durchdachten Komposition liegt der geschützte Erfindergedanke. Es muß deshalb aus der Patentschrift hervorgehen, daß der Nachdruck nicht auf die einzelnen Theile der Kombination, sondern auf die Gesammtordnung, vermöge deren die Theile zu einem Ganzen zusammenwirken, gelegt wird (P.A. im P.Bl. 1881 S. 175, G. 3, 52). Ebenso verlangt die Bekanntmachung des P.A. vom 22. November 1898 unter Nr. 3 lit.b. (Bl. 4, 227), daß, wenn die Erfindung in der Vereinigung von bekannten Einzelheiten zu einem neuen Ganzen besteht, die Beschreibung zum Ausdruck bringen muß, daß die Einzelheiten weder als neu noch für sich als schutzfähig angesehen werden und daß der Schutz sich nur auf die neue Gesammtheit beziehen soll.

Die einzelnen Elemente, gesondert oder in einer anderen Verbindung, können des Schutzes entbehren; dies gilt um so mehr, als auch die Kombination von bereits bekannten Mitteln patentfähig ist (R.G. im P.Bl. 1880 S. 87, G. 1, 33, im P.Bl. 1880 S. 153, G. 2, 85, im P.Bl. 1881 S. 219, G 3, 26). Sie können aber auch patentirt sein, wenn sie auch einzeln, von jener Zusammenwirkung abgesehen, einen originellen technischen Effekt hervorbringen.

Der Inhaber des Patents auf die Einzelelemente kann mit dem Inhaber des Kombinationspatents identisch sein, braucht es aber nicht. In letzterem Falle ist das Kombinationspatent von dem Elementenpatente abhängig. Der erstere Fall bietet keine Schwierigkeit, wenn der Erfinder bereits früher das Elementenpatent hatte und später ihre Kombination schützen läßt, oder wenn er gleichzeitig beides anmeldet und in der Anmeldung hervorhebt, daß er für die Elemente und außerdem noch für ihre Kombination Schutz verlangt. Nur muß er bei der gleichzeitigen Anmeldung klar erkennen lassen, ob er die Elemente an sich d h. für alle möglichen Zwecke, oder nur für den von der Kombination erstrebten Zweck geschützt wissen will.

Wenn er dagegen bei der gleichzeitigen Anmeldung nur für die Kombination ausdrücklich Schutz verlangt und erhalten hat, so ist die Entscheidung schwierig, ob durch das Kombinationspatent auch die einzelnen neuen patentfähigen Bestandtheile desselben geschützt sind. Das P.A. hatte die Frage früher regelmäßig verneint, das R G. hat sie in beständiger Rechtsprechung bejaht (Bolze 2, 323; 2, 324; 6, 151; 7, 160; 10, 161; 11, 92; R G. in Gruchot's Beiträge 35, 138; R.G. im P.Bl. 1892 S. 520, G. 9. 552, im P.Bl. 1893 S. 489, G. 10, 85). Der letzteren Ansicht dürfte zuzustimmen sein, falls nicht etwa in dem speziellen Falle aus der Patentschrift oder, falls diese nichts ergiebt, aus den Ertheilungsakten, insbesondere dem Ertheilungsbeschlusse, ersichtlich ist, daß das P.A die Einzelelemente vom Schutz ausschließen wollte. In diesem Falle genießen diese selbst dann nicht Patentschutz, wenn das P A. sich bezüglich ihrer Neuheit oder Patentfähigkeit in einem Irrthum befunden hat (ähnlich: R.G. im Bl. 5, 33, in Jurist. Wochenschrift 1900 S. 446; R.G. im Bl. 5, 292, im Bl. 6, 176 a. E.). Das Einzelelement ist nicht für alle möglichen Zwecke, sondern nur für den mit der Kombination erstrebten Zweck patentirt, denn für diesen Zweck, aber auch nur für diesen, wird das Einzelelement als Glied in der Kette der Kombinationserfindung von dem für die Kombination ertheilten Schutze mit ergriffen (Robolski S. 216) Voraussetzung für den Schutz des Einzelelements ist selbstverständlich, daß dasselbe an sich neu und patentfähig ist (R.G. in Gruchot's Beiträge 35, 138; R.G. im Bl. 5, 109, in Jurist. Wochenschrift 1899 S. 186).

Die Frage, ob und inwieweit ein Einzelelement geschützt ist, ist eine Frage der Patentauslegung und steht deshalb nicht dem Nichtigkeitsrichter, sondern den ordentlichen Gerichten zu (R G. in Jurist. Wochenschrift 1894 S. 68). Diese Frage ist deshalb auch nach Ablauf der fünfjährigen Frist des §. 28 Abs. 3 zu prüfen (R G. im Bl 5, 109). Sie ist eine Rechts- und keine Thatfrage (R.G. im Bl. 6, 169).

Soll ein Einzelelement ganz selbständig ohne Beschränkung auf den Kombinationszweck geschützt werden, so muß in einem Nebenanspruche für dasselbe noch ein besonderer Schutz, und zwar in diesem Umfange, verlangt werden. Richtiger wäre es in diesem Falle, für das Einzelelement in einer besonderen Anmeldung ein selbständiges Patent nachzusuchen. Würde dieses Patent vor dem Kombinationspatent erlöschen, so würde damit das Einzelelement in das Freie fallen, soweit es nicht als Glied des Kombinationspatents Schutz genießt (R.G. im Bl. 5, 109). Von den Elementen der geschützten Kombination sind die nothwendigen Voraussetzungen für die Anwendung der Kombination zu unterscheiden, z. B.

ist bei dem patentirten Soxhlet-Flaschenverschluß die Flasche weder Gegenstand noch Theil des Patents (R.G. 32, 52, im P.Bl. 1894 S. 46, G. 10, 303; R.G. im Bl. 1, 201, G. 11, 27).

Kohler, welcher die Lehre vom Kombinationspatent am meisten gefördert hat (Forschungen aus dem Patentrecht S. 43—54), nennt das Kombinationspatent, bei welchem die einzelnen Elemente zwar Erfindungsideen darstellen, aber nur solche, die lediglich auf das Kombinationsresultat abzielen, Totalitätspatent.

13. Es ist nicht ausgeschlossen, daß eine Erfindung, die Jemand selbständig gemacht hat, nicht neu ist. Sie kann bereits früher objektiv dagewesen sein, ihre Existenz kann aber entweder der heutigen Zeit überhaupt oder doch dem Erfinder unbekannt geblieben sein. Deshalb ist es zutreffend, daß das Gesetz noch ausdrücklich das Erforderniß der Neuheit im §. 1 aufstellt (Kohler Handbuch S. 178, Schanze Das Recht der Erfindungen S. 306, Schiff in Gewerbl. Rechtsschutz 4, 45). Neu.

Da §. 2 bestimmt, wann eine Erfindung nicht als neu gilt, so war es früher streitig, ob dann, wenn einer der Fälle des §. 2 nicht vorliegt, die Erfindung stets als neu zu gelten hat oder ob §. 2 nur beispielsweise einige Fälle aufführt, in welchen eine Neuheit nicht anzunehmen ist (Literaturangabe in meiner ersten Auflage S. 13). Heute ist diese Streitfrage in Theorie und Praxis zu Gunsten der ersten Alternative erledigt (P.A. im P.Bl 1882 S. 41, G 3, 65; Kohler Handbuch S. 181; vergl. aber Schanze a. a. O.).

Eine Erfindung ist demnach neu, wenn keiner der Fälle des §. 2 Abs. 1 vorliegt.

14. Die Erfindung muß eine gewerbliche Verwerthung gestatten. Darin liegen drei Momente: Gewerblich verwerthbar.

a) Verwerthung,
b) Verwerthung in einem Gewerbe,
c) Gestattung, d. h. Möglichkeit der Verwerthung.

15. In dem Begriffe „Verwerthung" liegt nicht enthalten, daß die Erfindung von einem gewissen Werthe sein muß, denn dieses Erforderniß liegt schon ohne Weiteres in dem Begriffe der Erfindung (vergl. N. 9). Vielmehr ist das Wort Verwerthung gleichbedeutend mit „Anwendung" und will nur zum Ausdrucke bringen, daß die Erfindung geeignet sein muß, in einem Gewerbe verwendet oder angewendet zu werden. Das österreichische Patentgesetz vom 11. Januar 1897 gebraucht deshalb in seinem §. 1, welcher dem deutschen Patentgesetz nachgebildet ist, den Ausdruck „gewerbliche Anwendung", ohne damit inhaltlich sich von unserem Gesetze zu unterscheiden. Ebenso: Schanze Das Recht der Erfindungen S. 236, Damme in chemischer Industrie 1897 S. 465, Hausding (N. 9); a. M.: Wagner-Ephraim, Das österreichische Patentgesetz und die chemische Industrie S. 2, Stephan-Schmid S. 96. 128 Da die Anwendung im Gewerbe auch in der gewerblichen Herstellung bestehen kann, so kann die Erfindung entweder Produkt oder Mittel des Gewerbes oder beides zugleich sein. Die erste Beziehung wird, Verwerthung.

wenn ein körperlicher Gegenstand geschützt ist, wohl immer zutreffen, die zweite dagegen, wenn es sich um ein Verfahren handelt. Von den körperlichen Gegenständen sind einzelne, wie Maschinen, gleichzeitig auch gewerblich zu gebrauchen, während dies bei anderen, z. B. bei Spielzeugen, nicht der Fall zu sein braucht (Kohler Handbuch S. 172). Eine Verwerthung liegt auch in dem Zur-Schau-Stellen einer Erfindung gegen Eintrittsgeld.

Gewerblich

16. Unter einer gewerblichen Verwerthung ist nicht (wie in der ersten Auflage) eine gewerbsmäßige Verwerthung zu verstehen; dies geht schon aus der abweichenden Ausdrucksweise in §. 1 und §. 4 hervor. Vielmehr ist darunter die in N. 15 erörterte Beziehung zu einem Gewerbe zu verstehen. Gewerbe ist diejenige Thätigkeit, welche auf die Gewinnung, Bearbeitung oder Verarbeitung von Rohstoffen, einschließlich der Halbfabrikate und Zwischenprodukte, gerichtet ist (Hausding in der N. 9 citirten Schrift). Einzelne Schriftsteller (Landgraf S. 2, Schanze a. a. O., Damme a. a. O.) fassen den Begriff in einem engeren Sinne auf, indem sie die Thätigkeit, welche in der Gewinnung von Rohprodukten besteht, nicht unter ihn fallen lassen und deshalb die Erfindungen, welche auf einem Gebiete der Urproduktion, also der Landwirthschaft, Jagd, Fischerei oder des Bergbaues liegen, vom Patentschutz ausschließen. Für diese engere Auslegung spricht weder der Wortlaut des Gesetzes noch seine Begründung; das Bedürfniß der Praxis steht ihr direkt entgegen. Deshalb hält die Mehrzahl der Schriftsteller (Kohler Handbuch S. 172, Gierke, Deutsches Privatrecht I. S. 865, Stephan-Schmid S. 14, Hausding a. a. O.) an dem weiteren Begriff des Gewerbes fest, und die Praxis des P.A. hat auch in neuerer Zeit auf Erfindungen aus dem Gebiete der Landwirthschaft oder Fischerei wiederholt Patente ertheilt (Nachweise bei Hausding a. a. O.). In den Gründen eines Beschlusses der Beschwerdeabtheilung I (Bl. 5, 238) wird allerdings der engere Begriff adoptirt; für die damalige Entscheidung war dies aber ganz unerheblich.

Möglichkeit der Verwerthung.

17. Da die Möglichkeit der gewerblichen Verwerthung ausreicht, so kommt es nur darauf an, daß die Erfindung objektiv geeignet ist, in einem Gewerbe verwendet zu werden. (P.A. im P.Bl. 1879 S. 465, G. 1, 27, im P.Bl. 1880 S. 55, G. 1, 16, im P.Bl. 1881 S. 115, G. 2, 6). Deshalb schließt die Unvollkommenheit erster Erfindungen in Bezug auf ihre praktische Brauchbarkeit ihre Patentfähigkeit nicht aus (P.A. im P.Bl. 1881 S. 211, G. 3, 1).

Musterschutz.

18. Die Grenze zwischen dem Patentschutze und dem durch das Reichsgesetz vom 11. Januar 1876 den Geschmacksmustern gewährten Schutze liegt darin, daß letzteres Gesetz nur die äußere Erscheinung der Industrieerzeugnisse nach Zeichnung, Farbe und plastischer Form im Auge hat, also blos die Form schützen will, während das Patentgesetz auf die materielle Gebrauchsfähigkeit den Nachdruck legt (O.H.G. 24, 109, im P.Bl. 1878 S. 273). Bei der Erfindung ist der technische Effekt, bei dem Geschmacksmuster die Form die Hauptsache, ausgeschlossen ist

nicht, daß derselbe Gegenstand nach beiden Richtungen Schutz verdient und findet.

Wegen der Grenze zwischen Erfindung und Gebrauchsmuster siehe die Erläuterungen zu §. 1 des Gesetzes über den Schutz der Gebrauchsmuster.

Abs. 2.

19. Die durch Nr. 1 statuirte Ausnahme ist selbstverständlich, denn der Staat kann füglich nicht in dem Patent ein Monopol für Ausbeutung von solchen Erfindungen ertheilen, deren Verwerthung den von ihm selbst gegebenen Gesetzen zuwiderlaufen würde. Aehnliche Erwägungen treffen bei den gegen die guten Sitten verstoßenden Erfindungen zu. Wider Gesetz oder gute Sitten.

Gegen die Gesetze würde beispielsweise die Verwerthung eines Abtreibungsmittels, sowie eines Verfahrens zur Verfälschung von Nahrungsmitteln oder zur Herstellung von letzteren aus Giftstoffen verstoßen, deshalb wären derartige Erfindungen nicht patentirbar. Dagegen ist die Patentirung von Waffen oder Giften deshalb, weil sie zur Verübung von Verbrechen benutzt werden können, nicht ausgeschlossen. Es reicht nämlich nicht aus, daß eine Erfindung möglicherweise zu Zwecken, die den Gesetzen zuwiderlaufen, verwendet werden kann — denn dann würden nicht viele patentirbare Erfindungen übrig bleiben —, sondern es muß sich um Erfindungen handeln, deren Verwendung entweder ausdrücklich verboten ist oder bestimmungsgemäß zur Beförderung unerlaubter Handlungen dient. Demnach sind auch Methoden zur Herstellung von Sprengstoffen patentfähig, denn das Reichsgesetz vom 9. Juni 1884 verbietet nicht die Herstellung, den Vertrieb oder den Besitz von Sprengstoffen, sondern verlangt nur dazu polizeiliche Genehmigung; und daß Sprengstoffe von Hause aus regelmäßig zu anderen als verbrecherischen und gemeingefährlichen Zwecken hergestellt werden, bedarf keiner Ausführung.

Ob die Verwerthung einer Erfindung gegen die guten Sitten verstößt, ist Sache der Einzelentscheidung, allgemeine Grundsätze lassen sich dafür nicht aufstellen. Es dürfte dies beispielsweise bei Präservativs oder anderen zu gleichen Zwecken dienenden Gegenständen wohl der Fall sein (vergl. R.G. in Jurist. Wochenschrift 1900 S. 489). Aber nicht blos in geschlechtlicher, sondern auch in anderer Hinsicht, in religiöser, politischer, sozialer u. s. w., kann die Verwerthung einer Erfindung derart anstößig sein, daß sie den guten Sitten zuwiderläuft, man denke z. B. an eine Erfindung, welche die Beförderung des Hazardspiels bezweckt (vergl. insbesondere Kohler Handbuch S. 130). Auch hier muß die Erfindung ausschließlich oder doch bestimmungsgemäß zu dem anstößigen Zwecke verwendbar sein; es reicht nicht aus, daß sie neben anderen sittlichen Zwecken auch unsittlichen dienen kann.

20. Die Ausnahmestellung, welche das Gesetz den Nahrungs-, Genuß- und Arzneimitteln giebt, beruht auf zwei Gesichtspunkten: erstens will es verhüten, daß durch eine Monopolisirung dieser Artikel, welche für die Gesundheitspflege und Volkswohlfahrt von größter Wichtig- Oeffentliches Interesse.

keit sind, ihr Preis ein unverhältnißmäßig hoher wird, andrerseits liegt die Befürchtung vor, daß durch eine Patentirung dieser Artikel die Charlatanerie begünstigt werden könnte. Beide Bedenken schwinden, wenn nicht das Mittel selbst, sondern nur ein bestimmtes Verfahren für dessen Herstellung patentirt wird.

Nahrungs-, Genuß-mittel. 21. Bei der Frage, was unter Nahrungs- und Genußmitteln zu verstehen ist, ist davon auszugehen, daß der Entwurf zunächst nur Genuß- und Arzneimittel ausnahm, indem er unter ersteren die Nahrungsmittel mit einbegriff. Die Kommission nahm aber die heutige Fassung an, um dieselben Worte zu gebrauchen, welche das Str.G.B (§. 370 Nr. 5) anwendet. Daraus ergiebt sich, daß der Begriff, welchen das Str.G.B. mit den Worten „Nahrungs- und Genußmittel" verbindet, auch für die Auslegung des Patentgesetzes maßgebend ist. Erwähnt sei noch, daß auch das Reichsgesetz, betr. den Verkehr mit Nahrungsmitteln, Genußmitteln und Gebrauchsgegenständen, vom 14 Mai 1879 die Ausdrücke „Nahrungs- und Genußmittel" wiederholt anwendet, ohne daß ein Hinweis sich fände, daß dieselben hier in einem anderen Sinne, als im Str.G.B. oder Patentgesetz, zu verstehen seien: man muß deshalb in allen drei zeitlich nicht sehr auseinander liegenden Reichsgesetzen die Worte in demselben Sinne auffassen (Rosenthal S. 49, a. M. Gareis S. 40).

Nahrungsmittel sind Gegenstände, welche der Ernährung des Körpers, wenn auch erst nach vorheriger Zubereitung, dienen (R.G. Straff. 1, 224); Genußmittel sind solche Gegenstände, welche genossen werden d. h. dem menschlichen Körper durch seine Organe zugeführt und mit dem Genusse verbraucht werden, wobei es gleichgültig ist, durch welchen Sinn dieses Genießen stattfindet. Aus der Begriffsbestimmung geht hervor, daß eine scharfe Grenzlinie zwischen den Genuß- und den Nahrungsmitteln nicht besteht, daß letztere vielmehr regelmäßig auch Genußmittel sind In der strafgerichtlichen Praxis wurden zu den Genuß- und Nahrungsmitteln Cigarren, Tabake, zur Aussaat bestimmte Kartoffeln, welche noch nicht untergepflügt waren, Gefrorenes, aber nicht Blumen, Brennmaterial gerechnet (Olshausen zu §. 370 Nr. 5).

Parfüms und Essenzen sind Genußmittel, Schönheitsmittel sind es dagegen an und für sich nicht, sie können es aber sein (a. M. bezüglich der Parfüms, Essenzen Dambach und Gareis mit Rücksicht auf die ratio legis). Die Streitfrage ist unwichtig, da Parfüms, Essenzen, Schönheitsmittel regelmäßig auch schon deshalb, weil sie auf chemischem Wege hergestellt sind, unpatentirbar sein werden.

Arzneimittel. 22. Arzneimittel (Kohler Handbuch S. 174) sind Mittel, welche zum Zwecke der Heilung innerlich oder äußerlich angewendet und durch die Anwendung verbraucht werden. Die Kaiserl. Verordnung, betreffend den Verkehr mit Arzneimitteln, vom 27. Januar 1890, welche mit dem 1. Mai 1890 in Kraft getreten ist, erklärt, daß nur in Apotheken feilgehalten oder verkauft werden dürfen: 1. die in dem der Verordnung beigefügten Verzeichnisse A aufgeführten Zubereitungen, ohne Unterschied, ob sie heilkräftige Stoffe enthalten oder nicht, wenn sie als Heilmittel feilgehalten werden, 2. die in dem Verzeichnisse B aufgeführten Drogen und chemischen Präparate.

Indes diese Aufzählung ist für den Begriff der Arzneimittel nicht erschöpfend, denn in den Verzeichnissen sind nur diejenigen Arzneimittel aufgeführt, welche ausschließlich in den Apotheken feilgehalten oder verkauft werden dürfen, außer diesen giebt es noch andere; überdies werden sich gerade die neuen Stoffe, deren Patentirung vom Gesetze verboten wird, natürlich noch nicht in den Verzeichnissen befinden. Ob die als Arzneimittel angemeldeten Stoffe auch wirklich heilkräftig sind, ist für den Ausschluß der Patentirbarkeit unerheblich; ebenso ist die Angabe einflußlos, wenn es sich nach Ansicht des P A. in Wirklichkeit um ein Arzneimittel handelt, das unter falscher Bezeichnung des Zweckes durchgeschmuggelt werden soll. Dient das Mittel aber noch einem anderen Zwecke, so kann es zu diesem, aber nicht als Arzneimittel patentirt werden. Daß ein Arzneimittel gleichzeitig ein Genußmittel sein kann, darüber vergl. R.G. Straff. 4, 393 (Lebensbitter). Da zum Begriffe des Arzneimittels gehört, daß es durch die Anwendung verbraucht wird, so fallen Bruchbänder, Verbandstoffe, chirurgische Instrumente und dergl. nicht unter den Begriff und sind ebenso wie die künstlichen Gliedmaßen patentirbar.

23. Die im Gesetze offen gelassene, nicht sehr praktische (vergl. Robolski S. 41) Frage, ob unter Nahrungs-, Genuß- und Arzneimitteln auch solche für Thiere zu verstehen sind, wird von der herrschenden Meinung wegen der ratio legis bejaht. Aus Gründen des allgemeinen Sprachgebrauchs sind zwar unter Arzneimitteln, aber nicht unter Nahrungs- und Genußmitteln solche für Thiere zu verstehen. Für diese Unterscheidung spricht auch die Terminologie des Str.G.B. und des Nahrungsmittelgesetzes: ersteres begreift (vergl. Olshausen zu §. 367 Nr. 3) unter Arzneien auch solche für Thiere, dagegen verstehen sowohl §. 370 Nr. 5 Str.G.B., als auch das Nahrungsmittelgesetz unter Genuß- und Nahrungsmitteln zweifellos nur menschliche. **Thiere, Pflanzen.**

Dagegen wird man den Begriff „Arzneien" nicht auf Arzneimittel für Pflanzen ausdehnen können. Das verstößt zu sehr gegen den üblichen Sprachgebrauch.

Kohler Handbuch S. 173 will die Gesetzesbestimmung restriktiv auslegen und sie deshalb durchweg nur auf Mittel für Menschen anwenden.

24. Stoffe, welche auf chemischem Wege hergestellt sind, sind an sich nicht patentirbar (Reuling in Zeitschrift für gewerbl. Rechtsschutz 1, 22). Den Gegensatz der Herstellung auf chemischem Wege bildet das physikalische oder mechanische Verfahren. Letzteres umfaßt alle Veränderungen in den Formen und Beziehungen der unorganischen Körper, welche ohne einen Wechsel der stofflichen Zusammensetzung eintreten, das Wesen des chemischen Verfahrens besteht dagegen in der stofflichen Veränderung der Körper, also entweder in der Analyse d h. in der Trennung **Chemische Stoffe.**

der zusammengesetzten Körper oder in der Synthese d. h. in der Vereinigung der Elemente zu zusammengesetzten Körpern. Zweifelhaft ist es häufig bei der Mischung der Stoffe, ob ein mechanisches oder ein chemisches Verfahren vorliegt; man wird letzteres nur dann annehmen, wenn durch die Mischung eine chemische Reaktion eintritt, so daß also das Resultat der Verbindung ein chemisches Produkt ist (Robolski S. 46); werthvolle Einzelausführungen bei Kohler Handbuch S. 86. Wegen der Schwierigkeit der Entscheidung im Einzelfall und weil die Trennung der chemischen von anderen Erfindungen nicht selten geradezu unmöglich ist, z. B in der Hütten- und Zuckerindustrie, der Keramik u. s. w., hatte die Regierungsvorlage eine Ausnahme für chemische Erfindungen nicht enthalten, erst in der zweiten Lesung der Kommission wurde dieselbe in der jetzigen Fassung beschlossen. Als Grund für die Nichtpatentirbarkeit der chemischen Stoffe wurde das Interesse der Industrie, denselben Stoff auf neuem und vortheilhafterem Wege herzustellen, angeführt (Komm.-Ber I S. 7).

Bestimmtes Verfahren. 25. Patentfähig sind die Erfindungen, welche ein bestimmtes Verfahren zur Herstellung von Nahrungs-, Genuß- und Arzneimitteln zum Gegenstande haben, also beispielsweise die Verfahren zur Herstellung des Fleischmehls, des Antipyrins, des Lanolins oder eines Farbstoffes. Es muß aber den Gegenstand der Erfindung ein bestimmtes Verfahren zur Herstellung bilden.

In dieser Hinsicht ist es von Wichtigkeit, auf den Unterschied zwischen dem chemischen Verfahren und der chemischen Methode hinzuweisen (Ephraim in Ahrens Sammlung chemischer Vorträge 3, 297). Unter der letzteren versteht man den Vorgang, nach welchem sich gewisse Gruppen von chemischen Reaktionen abspielen, z. B. die Reduktion (Wasserstoffzuführung), die Oxydation (Wasserstoffentziehung), die Kondensation (Wasserabspaltung), die Hydrolyse (Wasserzuführung). Diese Methoden sind auf zahllose Körper anwendbar und lassen sich in dieser allgemeinen Anwendbarkeit auch durch allgemeine Gleichungen ausdrücken Die Art und Weise dagegen, wie diese Methoden angewendet werden, muß je nach der Natur der zu bearbeitenden Substanzen vielfach abgeändert werden, und in der Feststellung der Art und Weise, wie eine bekannte chemische Methode in einem gegebenen Falle anzuwenden ist, liegt die Ausarbeitung des chemischen Verfahrens (Witt a. a. O. S. 13).

Aus dem Requisite der Bestimmtheit des Verfahrens ergiebt sich, daß eine allgemein gehaltene Angabe der Methode nicht genügt, sondern daß letztere genau individualisirt sein muß. Unter einem bestimmten Verfahren ist die Anwendung einer oder mehrerer mit einander verbundenen chemischen Reaktionen auf einen bestimmten Fall zur Erreichung eines bestimmten gewerblichen Zwecks mit bestimmten Mitteln oder deren Ersatzmitteln zu verstehen (Chemische Industrie 1884 S. 314). Eine andere Definition siehe bei Möller im P.Bl. 1879 S. 407; gegen diese Ephraim a a O. Der

Patentsucher muß im Speziellen angeben, welches seine Ausgangsprodukte sind und vermöge welcher einzelnen Maßnahmen er von diesen zu dem Endprodukte gelangt. Er muß deshalb auch unter Umständen die Gewichts-, Lösungs-, Temperaturverhältnisse anführen.

Des letzteren bedarf es nicht immer, sondern es kann auch dem Konstrukteur überlassen werden, das richtige Verhältniß ein für alle Male oder in jedem einzelnen Falle durch Ausprobiren zu finden. Maßgebend ist, ob die Angabe so unvollständig ist, daß danach eine Benutzung durch andere Sachverständige nicht möglich ist und es erst der ergänzenden Erfindung eines Anderen bedarf, die näheren Bedingungen zu finden, welche der Erfindung eine gewerbliche Verwerthung sichern, oder ob die Angabe einem Durchschnittssachverständigen die Benutzung der Erfindung ermöglicht. (Bolze 2, 318.)

Bei der Prüfung, ob ein chemisches Verfahren patentirbar ist, ist auch der Natur und Neuheit des nach ihm hergestellten Produktes Rechnung zu tragen; namentlich ist ein Verfahren auch dann patentfähig, wenn es einem schon bekannten ähnlich oder sogar absichtlich nachgebildet ist, aber in einem mit anderen Eigenschaften begabten Endprodukte ausläuft. Insbesondere bilden die Neuheit und die gewerbliche Verwerthbarkeit des Stoffes einen Beweis für die Patentfähigkeit des Verfahrens. Das neue Produkt braucht kein chemisches Individuum zu sein, es kann auch ein Gemisch aus zweien oder mehreren Individuen sein. Es ist auch nicht nothwendig, daß die erzeugte Substanz ihrer chemischen Natur nach erkannt worden ist, es genügt, wenn sie nur in ihren Eigenschaften ausreichend gekennzeichnet wird. (Witt a. a. O. S. 16.)

Andrerseits kann aber ein Verfahren, über welches nichts weiter angegeben ist, als das Produkt, zu welchem es führt, nicht mehr als Verfahren bezeichnet werden. Da das Gesetz nicht will, daß die chemischen Erzeugnisse an sich patentirt werden, sondern nur das bestimmte Verfahren, durch welches das Erzeugniß gewonnen wird, so ist damit klar ausgesprochen, daß das Verfahren nicht durch das Endziel allein charakterisirt werden darf. Nicht jedes denkbare Verfahren, weil und sofern es zu diesem Ziele führt, ist patentirbar, sondern nur das als solches beschriebene und bezeichnete Verfahren. (R.G. im P.Bl. 1890 S. 369, G. 8, 194.)

Der Charakterisirung des Endproduktes nach seinen Eigenschaften und seinem Zwecke bedarf es nicht, wenn dasselbe bereits bekannt ist. Es ist nämlich nicht Voraussetzung für die Patentfähigkeit eines neuen Verfahrens, daß es auch ein neues Produkt liefert; Herstellungsarten von bekannten Mitteln und Stoffen sind auch patentfähig, sofern nur das Verfahren selbst neu, gewerblich verwerthbar ist, ihm auch der Erfindungscharakter nicht fehlt. Es kann sich also Niemand Stoffe oder Mittel, welche unter §. 1 Nr. 2 fallen, als solche, d. h. losgelöst von einem bestimmten Herstellungsverfahren patentiren lassen, so daß er Anderen die Herstellung dieses Stoffes oder Mittels untersagen könnte.

Umgekehrt bestimmt aber Satz 2 des §. 4: „Ist das Patent für ein Verfahren ertheilt, so erstreckt sich die Wirkung auch auf die durch das Verfahren unmittelbar hergestellten Erzeugnisse." Ueber die Bedeutung dieser Bestimmung vergl. N. 15—19 zu §. 4.

§. 2.

Eine Erfindung gilt nicht als neu, wenn sie zur Zeit der auf Grund dieses Gesetzes erfolgten Anmeldung in öffentlichen Druckschriften aus den letzten hundert Jahren bereits derart beschrieben oder im Inlande bereits so offenkundig benutzt ist, daß danach die Benutzung durch andere Sachverständige möglich erscheint.

Die im Auslande amtlich herausgegebenen Patentbeschreibungen stehen den öffentlichen Druckschriften erst nach Ablauf von drei Monaten seit dem Tage der Herausgabe gleich, sofern das Patent von demjenigen, welcher die Erfindung im Auslande angemeldet hat, oder von seinem Rechtsnachfolger nachgesucht wird. Diese Begünstigung erstreckt sich jedoch nur auf die amtlichen Patentbeschreibungen derjenigen Staaten, in welchen nach einer im Reichs-Gesetzblatt enthaltenen Bekanntmachung die Gegenseitigkeit verbürgt ist.

1 Entstehungsgeschichte

Abs. 1 (N. 2—20).

2 Andere Fälle der Neuheit
3—6 Anmeldung
 3 Anmeldung.
 4. Eingang beim P. A.
 5. Zeitpunkt
 6 Tag.
7—11 Druckschriften
 7. Druckschrift
 8 Oeffentlich
 9. Ausländisch
 10 Hundert Jahre
 11. Patentschriften.
12—17 Benutzung
 12 Benutzung
 13. Versuche
 14 Nicht gewerblich
 15 Offenkundig.
 16 Inland
 17 Ausstellung
18. Veröffentlichung durch Dritte
19 Sachverständige
20 Wissenschaft

Abs. 2 (N. 21—25).

21 Ausland
22 Patentbeschreibung
23 Frist
24 Patentsucher
25. Gegenseitigkeit.

Entstehungsgeschichte.

1. Der § 2 lautete in der Fassung des Patentgesetzes von 1877:

Eine Erfindung gilt nicht als neu, wenn sie zur Zeit der auf Grund dieses Gesetzes erfolgten Anmeldung in öffentlichen Druckschriften bereits derart beschrieben oder im Inlande bereits so offenkundig benutzt ist, dass danach die Benutzung durch andere Sachverständige möglich erscheint

Das Gesetz von 1891 hat ihn demnach nach zwei Richtungen abgeändert,

a) indem es nur die Beschreibung in einer Druckschrift aus den letzten hundert Jahren für patenthindernd erklärte,

b) indem es den Abs. 2 neu hinzufügte.

Der Entwurf des Gesetzes von 1891 hatte den §. 2 unverändert gelassen, erst die Kommission des Reichstages fügte die beiden Aenderungen ein.

Die erste Aenderung, gegen welche sich sowohl bei der Enqu. 1876 (S. 74), als bei der Enqu. 1886 (S. 66) die Mehrheit der Sachverständigen ausgesprochen hatte, soll verhindern, daß eine Erfindung des Schutzes nicht theilhaftig wird, weil sie zufällig bereits in einer alten, kaum bekannten Druckschrift beschrieben ist. Die Frist, welche in der ersten Lesung der Kommission auf fünfzig Jahre bestimmt war, wurde bei der zweiten Lesung verdoppelt, damit nicht die Ergebnisse der wichtigen Erfindungsperioden aus der Mitte des neunzehnten Jahrhunderts bereits jetzt zum Gegenstande neuer Patente gemacht werden könnten (Komm.-Ber. II S. 4).

Der zweiten Aenderung entsprach bereits nachstehende Bestimmung im Entwurfe des früheren Gesetzes: „Die im Auslande amtlich herausgegebenen Patentbeschreibungen stehen den öffentlichen Druckschriften erst nach Verlauf von drei Monaten seit dem Tage der Herausgabe gleich." Dieselbe wurde aber vom Reichstage in Uebereinstimmung mit dem Gutachten der Enqu. 1876 (S. 77) gestrichen, weil das, was einmal Gemeingut geworden, auf dem Wege einer künstlichen Beschränkung dem Volke nicht wieder entzogen werden solle, insbesondere aber mit Rücksicht darauf, daß eine internationale Regelung durch die Streichung einer Bestimmung, welche für das Ausland eine große Begünstigung gewähre, erleichtert werde. Bei der Enqu. 1886 (S. 70, 129) wurde dem gegenüber von fast allen Sachverständigen auf die Schwierigkeiten hingewiesen, welche das gleichzeitige Nachsuchen eines Patents im In- und Auslande mit sich brächte; um diese zu beseitigen, fügte die mit der Vorberathung des Gesetzes von 1891 betraute Kommission den Abs. 2 in den §. 2 ein, indem sie durch eine Fassung den oben erwähnten internationalen Bedenken Rücksicht trug (Komm.-Ber. II S. 25).

Abs. 1.

2. Der §. 2 regelt abschließend die Fälle, in welchen eine Erfindung nicht als neu anzusehen ist (N. 13 zu §. 1). In Folge dessen vermag z. B. der Umstand, daß eine Erfindung im Auslande offenkundig benutzt oder im Inlande durch öffentliche Vorträge zur Kenntniß größerer Kreise gebracht worden ist, die Neuheit der Erfindung nicht zu beseitigen (vergl. aber N. 21 zu §. 3). Andere Fälle der Neuheit?

3. Die Erfindung muß zur Zeit der Anmeldung neu sein. Es reicht also einerseits nicht aus, wenn sie zur Zeit der Konzeption neu war, andrerseits kommt es nicht darauf an, ob sie es noch in einem späteren Zeitpunkte, als dem der Anmeldung, insbesondere dem der Patentertheilung ist; demnach hindern Veröffentlichungen oder Benutzungen, welche nach der Anmeldung stattfanden, die Patentierung nicht. Genießt Anmeldung.

aber der Anmelder auf Grund einer früheren Anmeldung in einem **Vertragsstaate** (Oesterreich-Ungarn, Schweiz, Italien) ein Prioritätsrecht, so soll durch Umstände, welche nach dem Zeitpunkt der ausländischen Anmeldung eintreten, dem Gegenstande derselben die Neuheit in Deutschland nicht entzogen werden; vergl Art. 3, 4 der am Schlusse dieses Buches mitgetheilten Verträge.

Das Gesetz sagt aber nicht schlechtweg „zur Zeit der Anmeldung", sondern „zur Zeit der auf Grund dieses Gesetzes erfolgenden Anmeldung". Rosenthal S. 61, 97 und Gareis S. 61 halten dies für identisch mit einer „den Normen des Gesetzes und der hierzu vom P.A gemäß §. 20 Abs. 2 erlassenen Bestimmungen entsprechenden Anmeldung", so daß also bei Anmeldungen, welche den Erfordernissen des §. 20 nicht genügen und bei denen deshalb das P.A. gemäß §. 21 Beseitigung der Mängel verlangt, nicht der Zeitpunkt der ersten Anmeldung, sondern derjenige, in welchem durch Beseitigung der Mängel eine richtige Anmeldung hergestellt wird, in Betracht käme (ebenso: Mot. I S. 32, R.G. Strafs. 7, 414). Dies erscheint nicht richtig. Vielmehr muß, wenn die Beseitigung der Mängel innerhalb der vom P.A gestellten Frist erfolgt, der Zeitpunkt der ursprünglichen Anmeldung maßgebend sein (Kohler, Forschungen aus dem Patentrecht S. 91); andernfalls würden die Setzung einer Frist und deren Einhaltung fast ohne rechtliche Bedeutung sein. Auch die Praxis des P.A. steht auf dem hier vertretenen Standpunkte (Vergl. Rhenius in Zeitschrift für gewerbl. Rechtsschutz 2, 204, sowie die Bekanntmachung des P.A vom 17. Mai 1882 bei Robolski S. 81)

Vorstehend wurde vorausgesetzt, daß es sich um Mängel handelte, welche das Wesen der Erfindung unberührt ließen Ein unheilbarer Mangel liegt dagegen vor, wenn in der Anmeldung die Erfindung nicht so beschrieben ist, daß ihr wesentlicher Inhalt für einen Sachverständigen erkennbar ist. Die Beschreibung braucht nicht ganz klar und zweifelsfrei zu sein, man muß der Unbeholfenheit mancher Erfinder im schriftlichen Ausdrucke Rechnung tragen, aber der Kern der Erfindung muß, wenn auch unter Beiwerk verhüllt, bereits in der Anmeldung vorhanden sein. Es ist dann Pflicht des Vorprüfers, dem Anmelder zu helfen, den patentfähigen Kern herauszuschälen (N. 2 zu §. 21). Wenn dagegen im Laufe des Ertheilungsverfahrens sich herausstellt, daß diejenige Erfindung, auf welche der Anmelder den Patentschutz verlangt, in der ursprünglichen Anmeldung überhaupt nicht enthalten war, so darf das P.A. als Anmeldetag erst denjenigen Zeitpunkt ansehen, zu welchem diese Erfindung ihm zum ersten Male unterbreitet wurde. (R.G im Bl 2, 240; Bolze 22, 130; P.A. und R.G. im Bl. 3, 240.) Das Entscheidende ist also, an welchem Tage die Erfindung dergestalt zur Kenntniß des P.A. gebracht ist, daß ihre Identität festgestellt werden kann Wäre also z B. ein durch bestimmte Ausgangsstoffe bedingtes chemisches Verfahren bereits durch die ursprüngliche Anmeldung für die Technik festgelegt, so bleibt der Tag dieser Anmeldung selbst dann maßgebend, wenn die Patentfähigkeit der Anmeldung sich erst im Laufe des Ertheilungsverfahrens durch eine veränderte wissenschaftliche Erkenntniß oder durch den Nachweis eines nicht ohne Weiteres ersichtlichen technischen Effektes herausstellt (P.A. im Bl. 2, 279). Eine reiche Kasuistik der Fälle, in welchen eine Anmeldung trotz ihrer Unzulänglichkeit ihre Priorität nicht einbüßt, giebt Kohler Handbuch S. 286 ff.; vergl. auch Rhenius a. a. O.

Wenn das P.A. eine vom ursprünglichen Anmeldedatum abweichende Priorität festsetzt, so kann dies nicht selbständig, sondern nur zusammen mit dem über die Zurückweisung der Anmeldung oder über die Ertheilung des Patents ergehenden Beschlusse auf Grund des §. 26 angefochten werden

Der vom P.A festgesetzte Anmeldetag ist aus der Patenturkunde ersichtlich, da letztere den Beginn der Patentdauer, welcher mit dem auf die Anmeldung folgenden Tage eintritt (§. 7 Abs. 1), angiebt.

4. Bezüglich des Zeitpunktes, zu welchem eine Anmeldung als erfolgt anzusehen ist, bestimmt §. 27 der Verordnung vom 11. Juli 1891: Eingang beim P.A.

Sämmtliche eingehende Geschäftssachen werden, ohne Rücksicht auf ihren verschiedenen Inhalt, nach der Zeit ihres Eingangs mit einer laufenden Nummer, als Geschäftsnummer, und mit dem Datum bezeichnet.

Geschäftssachen, welche während der Dienststunden eingehen, sind alsbald, andere Geschäftssachen bei dem Wiederbeginn der Dienststunden von dem dazu bestimmten Beamten hiernach zu bezeichnen. Wenn die Reihe des Eingangs nicht feststeht, so sind sie nach der Reihe, in welcher sie von dem Beamten übernommen werden, mit der Bezeichnung zu versehen.

Von zwei an demselben Tage an das Patentamt gelangten Geschäftssachen gilt diejenige als später eingegangen, welche die höhere Geschäftsnummer trägt.

Die Vorschrift entspricht der Praxis des P.A. und des R.G., wie sie sich bereits auf Grund des §. 16 der Verordnung vom 18. Juni 1877 entwickelt hatte, daß nämlich bei den in dem Geschäftsgebäude des P.A. außerhalb der Dienststunden eintreffenden Eingaben als Zeitpunkt des Eingangs der Wiederbeginn der Dienststunden zu gelten hat, daß also insbesondere die an Sonn- und Feiertagen eingehenden Schriftstücke so zu beurtheilen sind, als ob sie zu Beginn der Geschäftsstunden am nächsten Werktage eingegangen wären (R.G. im P.Bl. 1880 S. 81, G. 1, 158; P.A. im P.Bl. 1882 S. 61, G. 3, 165). Gegen ein unrichtiges Datum in dem Präsentationsvermerke ist der Gegenbeweis zulässig (O.H.G. 2, 29; R.G. im P.Bl. 1880 S. 81, G. 1, 158).

5. Da in Ermangelung entgegenstehender Vorschriften der Tag rechtlich der kleinste in Betracht kommende Zeittheil ist, so kommt es in §. 2 auf Stunde und Minute des Eingangs nicht an. Die Ertheilung des Patents wird also dadurch nicht ausgeschlossen, daß die Erfindung an demselben Tage, aber zu einer früheren Stunde, als die Anmeldung beim P.A. geschah, im Inlande offenkundig benutzt wurde (P.A. im P.Bl. Zeitpunkt.

1886 S. 69, G. 5, 115; **Kohler** Handbuch S. 277). Vergl. dagegen N. 3 zu §. 3.

Tag. **6.** Das vom P.A. bei Ertheilung des Patentes festgesetzte Anmeldedatum ist nach verschiedenen Richtungen von Bedeutung. Nach §. 7 Abs. 1 bestimmt sich nach ihm der Beginn der Patentdauer und gemäß §. 8 Abs. 2, 3 auch der Fälligkeitstermin der Jahresgebühren. Außerdem ist er z. B. nach §. 2 wesentlich für die Frage der Neuheit, nach §. 3 für den Anspruch auf Ertheilung des Patentes, nach §. 5 für das Recht des Vorbenutzers. Es tritt nun die Frage auf, ob nach allen diesen Richtungen die im Ertheilungsverfahren erfolgte Festsetzung des Anmeldetages unabänderlich ist. Bei Beantwortung derselben wird man von folgender Erwägung auszugehen haben:

Wenn eine Behörde zur Prüfung und Entscheidung eines Thatbestandes berufen ist, so hat sie alle Merkmale des Thatbestandes selbstständig zu prüfen und festzustellen. Ist eins der Merkmale bereits früher Gegenstand der Erörterung einer anderen Behörde gewesen, so hat deren Entscheidung für die jetzt damit befaßte Behörde regelmäßig keine bindende Kraft, es sei denn, daß dies im Gesetze ausdrücklich vorgeschrieben wäre. Eine solche Vorschrift fehlt im Patentgesetz bezüglich der Festsetzung des Anmeldetages durch die mit der Ertheilung befaßten Abtheilungen. Folglich ist diese Festsetzung ohne bindende Kraft gegenüber Behörden, die bei der ihnen zugewiesenen Prüfung eines Thatbestandes auch über das Anmeldedatum als eins der Thatbestandselemente zu entscheiden haben. Soweit aber eine derartige Nachprüfung nicht in Betracht kommt, ist die Festsetzung unabänderlich.

Eine Nachprüfung findet danach hauptsächlich statt,

a) wenn im Nichtigkeitsprozesse die Neuheit des Patentes unter dem Gesichtspunkte angefochten wird, daß das Anmeldedatum unrichtig festgesetzt und daß die Erfindung vor dem wirklichen Anmeldetage bereits antizipirt worden sei;

b) wenn bei Kollision einer angemeldeten Erfindung mit einer früher angemeldeten oder in einem auf Grund des §. 10 Nr. 2 anhängigen Nichtigkeitsstreite die Richtigkeit des bei der Ertheilung festgesetzten Anmeldedatums in Zweifel gezogen wird;

c) wenn im Civil- oder Strafprozeß gelegentlich des §. 5 die Richtigkeit des vom P.A. festgesetzten Anmeldetages bestritten wird.

In allen diesen Fällen wird man dem Nichtigkeits-, Civil- oder Strafrichter oder im Falle des §. 3 Abs. 1 der Anmeldeabtheilung das Nachprüfungsrecht zugestehen. In Folge dessen ist es möglich, daß das Datum von den verschiedenen Behörden verschieden festgesetzt wird, aber eine jede solche Festsetzung wirkt nur für den betreffenden einzelnen Fall. Dies entspricht im Großen und Ganzen der herrschenden Meinung (R.G. im Bl. 2, 240, P.A. u. R.G. im Bl. 3, 240, vergl. auch R.G. Straff. 7, 414; **Rhenius** in Zeitschr. für gewerbl Rechtsschutz 2, 274; **Kohler** Handbuch S. 341) Dieselbe wird von **Damme** (Gewerbl. Rechtsschutz

Bd. 3 S. 1, 257) insbesondere aus Zweckmäßigkeitsgründen angefochten gegen ihn Springer (ebenda 3, 59).

Dagegen bleibt für den Beginn der Patentdauer und den Fälligkeitstag der Jahresgebühren das ursprünglich festgesetzte Anmeldedatum unabänderlich maßgebend (dadurch erledigen sich manche der Damme'schen Argumente). Dasselbe gilt für die Bescheinigung über den Tag der Anmeldung, welche die Anmeldeabtheilung demjenigen ertheilt, der auf Grund eines Staasvertrags in einem fremden Staate für seine spätere, dortige Anmeldung die deutsche Priorität beanspruchen will.

Analog den vorstehenden Ausführungen ist auch der Fall zu entscheiden, wenn in einem Nichtigkeitsverfahren der Patentinhaber die gefährdete Neuheit seines Patents dadurch retten will, daß er die Priorität einer in Oesterreich-Ungarn, Italien u. s. w. angemeldeten Erfindung auf Grund der Staatsverträge in Anspruch nimmt. Auch hier wird die Nichtigkeitsabtheilung selbständig zu prüfen haben, ob die Anmeldung der Erfindung in Deutschland innerhalb drei Monaten nach der ausländischen Anmeldung bewirkt worden ist.

7. Druckschriften sind alle Erzeugnisse der Buchdruckerpresse, sowie alle anderen, durch mechanische oder chemische Mittel bewirkte Vervielfältigungen von Schriften und bildlichen Darstellungen (§. 2 des Reichsgesetzes über die Presse vom 7. Mai 1874). Photographien und Zeichnungen fallen demnach auch unter den Begriff der Druckschriften (P.A. im P.Bl. 1880 S. 167, G. 2, 1, im P.Bl. 1883 S. 41, G. 4, 210; R.G in Jurist. Wochenschrift 1896 S. 109); dagegen nicht Vervielfältigungen durch Schreibmaschine oder Hektographen (Kohler Handbuch S. 183) Da die Beschreibung in der Druckschrift erfolgt sein muß, so ergiebt sich daraus, daß es nicht genügt, wenn ein erheblicher Theil der Beschreibung an einem anderen Orte, auf welchen in der Druckschrift hingewiesen wird, sich befindet. Dies folgt auch aus der ratio legis, denn als Grund, weshalb bei den Druckschriften die Unterscheidung in aus- und inländische nicht gemacht wird, während die offenkundige Benutzung nur erheblich ist, wenn sie im Inlande geschieht, wird in den Motiven die leichte und ausgedehnte Verbreitung der Druckschriften angegeben. Dieser Grund der allgemeinen unmittelbaren Zugänglichkeit trifft aber nicht auf schriftliche Urkunden zu, auf welche in der Druckschrift nur verwiesen wird (P.A. im P.Bl. 1879 S. 561, G. 1, 144, im P.Bl. 1879 S. 656, G. 1, 151, im Bl. 1, 197; a. M. Kohler Handbuch, S. 188 und in seinen „Forschungen" S. 83 ff.). Druckschrift.

8. Die Druckschrift muß eine öffentliche sein Die Motive verstehen unter öffentlichen Druckschriften „solche, welche nach der Absicht des Verfassers dem gesammten Publikum zugänglich gemacht, also nicht, wie beispielsweise die nur als Manuskript gedruckten Schriften, einem beschränkten Kreise von Personen vorbehalten bleiben sollen" (Mot. I S. 18 Dem gegenüber sind indes alle Ausleger des Gesetzes einig, daß es auf die Absicht des Verfassers nicht ankommt und daß insbesondere die Thatsache, ob die Schrift als Manuskript gedruckt ist, nicht entscheidet, indem Oeffentlich.

dieser Ausdruck von den Schriftstellern aus den verschiedenartigsten Gründen nicht selten auf Werke gesetzt wird, welche dem Publikum durchaus zugänglich sind. Vielmehr kommt es allein darauf an, ob die Druckschrift thatsächlich nur auf einen engen Kreis von bestimmten Personen, z. B. von Fach- oder Standesgenossen, beschränkt geblieben ist oder ob sie der Kenntnißnahme Seitens des Publikums im Allgemeinen oder doch Seitens größerer Kreise offen gestanden hat. Dies letztere ist stets dann anzunehmen, wenn sie, für Jedermann käuflich, im Buchhandel erschienen war: aber auch durch die unentgeltliche (a. M. Dambach S. 9) Verbreitung innerhalb eines größeren Kreises wird die Druckschrift zu einer öffentlichen. Es ist demnach eine Thatfrage, ob man im einzelnen Falle eine Oeffentlichkeit der Druckschrift annimmt oder nicht. Das P.A. hat sie z. B. in einem Falle verneint, wo jemand seine Erfindung durch Cirkular nur einzelnen bestimmten französischen und deutschen Eisenwerken mittheilte, um Bestellungen zu erhalten, ohne geeignete Maßnahmen zur Herbeiführung einer möglichst allgemeinen Verbreitung zu treffen (P.Bl. 1882 S. 37, G. 3, 99), in einem anderen Falle bejaht, wo Jemand das Cirkular, in welchem seine Erfindung beschrieben war, in fünfhundert Exemplaren hatte drucken lassen und an alle Zuckerfabrikanten der österreichisch-ungarischen Monarchie versendet hatte (P.Bl. 1883 S. 85, G. 4, 21). Ebenso hat das R.G. sie in einem Falle bejaht, wo eine Firma ihren gedruckten Katalog je in etwa 1000 Exemplaren an ihre Kunden im In- und Auslande geschickt hatte (R.G. in Jurist. Wochenschrift 1892 S. 542).

Ausländisch. 9. Ob die Druckschrift im In- oder Auslande veröffentlicht oder verbreitet ist, ist unerheblich. Insbesondere macht die Auslegung eines Druckexemplars in einer öffentlichen Bibliothek des Auslandes die Druckschrift stets zu einer öffentlichen; der von dem P.A. (P.Bl. 1882 S. 67, G. 3, 138) für die gegentheilige Ansicht angeführte Grund, daß bei einem solchen Exemplar die gesetzliche Fiktion der Verbreitung im Inlande ausgeschlossen sei, erscheint gegenüber dem Wortlaut des §. 2 nicht überzeugend. Sonst müßte man auch bei einer Druckschrift, welche ganz kurze Zeit vor der Anmeldung im Auslande erschienen ist, stets erst prüfen, ob die Kunde von der in ihr veröffentlichten Erfindung schon auf postalischem oder telegraphischem Wege zur Zeit der Anmeldung in Deutschland verbreitet sein konnte, — eine Prüfung, welche das P.A. mit Recht stets ablehnt. Daß aber die Auslegung in einer öffentlichen Bibliothek an und für sich die Druckschrift zu einer öffentlichen macht, darüber vergl. R.G. im P.Bl. 1886 S. 21, G. 5, 135. — In welcher Sprache die Druckschrift abgefaßt ist, ist ebenfalls unerheblich (a. M. Kohler Handbuch S. 182).

Hundert Jahre. 10. Die Beschreibung in einer öffentlichen Druckschrift ist nach einer Bestimmung des Gesetzes von 1891 (vergl. N. 1) nicht patenthindernd, wenn die Druckschrift von dem Tage der Anmeldung zurückgerechnet, älter als hundert Jahre ist. Erfolgte also z. B. die Anmeldung am 1. April

1893, so ist es unerheblich, ob die Erfindung in einer Druckschrift, welche vor dem 1. April 1793 erschienen, beschrieben war.

Patentschriften. 11. Die in- oder ausländischen Patentschriften oder Bekanntmachungen von Patentanmeldungen nehmen, abgesehen von der Bestimmung des Abs. 2, unter den Druckschriften keine besondere Stellung ein, vielmehr sind sie nach den in Vorstehendem entwickelten Grundsätzen zu beurtheilen. Es kommt also darauf an, ob zur Zeit der Anmeldung die Erfindung bereits in einer Patentschrift oder Bekanntmachung erschöpfend beschrieben war und ob diese Druckschriften öffentliche waren.

Bei deutschen Patentschriften ist eine genaue Beschreibung der Erfindung stets als vorhanden anzunehmen, da dieselben die vollständigen Beschreibungen und Zeichnungen, auf Grund deren die Ertheilung der Patente erfolgt ist, enthalten. Da Jedermann sie kaufen kann, so ist der Charakter der Oeffentlichkeit um so weniger in Zweifel zu ziehen, als sie, wenn eine Auflage vergriffen ist, immer wieder neu gedruckt werden; außerdem werden sie auch bei Behörden und Anstalten des In- und Auslandes zur öffentlichen Einsichtnahme ausgelegt. Sie enthalten einen besonderen Vermerk über den Tag ihrer Ausgabe, so daß dadurch der Anfangstermin ihrer Publizität feststeht. Dagegen kann in der gemäß §. 23 erfolgten Veröffentlichung durch den Reichsanzeiger ein Hinderniß gegen eine Patentertheilung auf eine spätere Anmeldung regelmäßig nicht gefunden werden, denn „der wesentliche Inhalt des in der Anmeldung enthaltenen Antrages" wird fast ausnahmslos in einer derartigen Kürze mitgetheilt (vergl. Erläuterungen zu §. 23 Abs. 2), daß danach eine Benutzung der Erfindung nicht möglich ist; die gleichzeitige Auslegung der Anmeldung mit sämmtlichen Beilagen ändert daran nichts, weil der §. 2 die Veröffentlichung in der Druckschrift selbst verlangt (vergl. P.A. im P.Bl. 1879 S. 656, G. 1, 151; P.A. und R.G im P.Bl. 1881 S. 213, G. 3. 90; a. M. Kohler Handbuch S. 188 und in seinen „Forschungen" S. 83). Aus der Rechtsprechung bezüglich fremder Patentschriften ist zu erwähnen: Die amerikanischen Patentschriften aus der Zeit vor Ausführung des Gesetzes vom 11. Januar 1871 sind nicht ohne Weiteres als öffentliche Druckschriften im Sinne des §. 2 anzusehen (P.A. und R.G. im P.Bl. 1883 S. 297, G. 4, 331); die amerikanischen Patentschriften enthalten grundsätzlich eine so genaue Beschreibung der patentirten Erfindung, daß danach die Benutzung durch andere Sachverständige möglich erscheint (P.A. und R.G. im P.Bl 1880 S. 137, G. 2, 40); ob die in Belgien übliche auszugsweise Veröffentlichung der Beschreibung im Récueil spécial des brevets d'invention den Thatbestand des §. 2 erfüllt, ist nach dem konkreten Falle zu beurtheilen (P.A. im P.Bl. 1879 S. 561, G. 1, 144); nach den Grundsätzen des in den Jahren 1866 und 1867 geltenden englischen Patentrechts war es nothwendig, daß der Patentsucher in der Patentschrift das erfundene Verfahren in verständlicher Weise vollkommen klar legte und alle zur Erreichung des erstrebten nützlichen Zwecks vortheilhaften Momente angab (R.G. im P.Bl. 1888 S. 319, G. 6, 37).

Die Vorbehalte, wie sie namentlich in englischen Patentschriften häufig vorkommen, daß der Patentsucher sich nicht auf die beschriebene und gezeichnete Form beschränke, sondern auch alle anderen passenden Konstruktionen und Formen beanspruche (N. 17 zu §. 20) sind nicht zu beachten, denn hier kommt es nicht darauf an, was patentirt, sondern was beschrieben war (O.H.G. im P.Bl. 1879 S 307, G. 1, 125).

Ueber das Publikationsdatum britischer und amerikanischer Patentschriften vergl. P Bl. 1889 S 69, 77, 373; Bolze 10, 165.

Die Veröffentlichung der Bezeichnung eines Gebrauchsmusters im Reichsanzeiger gemäß §. 3 des Gebrauchsmustergesetzes kann die Ertheilung eines auf denselben Gegenstand später angemeldeten Patents ausschließen, nämlich dann, wenn sich aus der Veröffentlichung das Wesen der Erfindung deutlich erkennen läßt (R.G in Jurist. Wochenschrift 1898 S. 673)

Benutzung. 12. Benutzung der Erfindung (Schrey in Zeitschrift für gewerbl. Rechtsschutz 1, 296, Schanze im Archiv für bürgerl Recht 11, 26, v. Boehmer Offenkundiges Vorbenutztsein von Erfindungen Berlin 1901) deckt nach einer Ansicht sich mit nutzbarer Anwendung oder Verwerthung der Erfindung und soll nur vorliegen, wenn das Verfahren angewendet, das Produkt gebraucht wurde und zwar nutzbar d. h. zur Erzielung eines technischen Resultats (So: Kohler Forschungen S. 37, Handbuch S. 190 und in Grünhuts Zeitschrift 25, 224)

Dieser Begriff der Benutzung ist indes nicht der des Patentgesetzes. Hier wird von der Benutzung einer Erfindung in den §§. 2, 5, 11 Nr 2, 20, 35, 36 gesprochen Nach allen Interpretationsgrundsätzen muß man davon ausgehen, daß in diesen Bestimmungen der Begriff stets in einem und demselben Sinne gebraucht wird, wofern man nicht dadurch zu einem dem Zwecke der betr. Gesetzesbestimmung widersprechenden Resultate gelangt

Klar ist es nun, was das Gesetz in den §§. 35, 36 unter dem „Inbenutzungnehmen einer Erfindung" versteht: es will hier zweifellos denjenigen treffen, welcher eine der vier Handlungen, die der §. 4 als Wirkungen des Patentes aufzählt, vornimmt, d h. jeden, der unbefugt den Gegenstand der Erfindung herstellt, in Verkehr bringt, feilhält oder gebraucht. In den §§. 35, 36 ist also das „Benutzen der Erfindung" identisch mit dem Herstellen, Inverkehrbringen, Feilhalten oder Gebrauchen ihres Gegenstandes. Dies ist auch die Bedeutung des Begriffs in § 2 (R.G. in P.Bl 1892 S 427, G. 9, 194, Jurist. Wochenschrift 1892, S. 302; R.G. Straff. 25, 61, Bl. 1, 229); es ist deshalb die Erörterung dieser vier Begriffe in N. 6—10 zu §. 4 auch hier zutreffend. Die dort behandelte Streitfrage, ob in dem bloßen Versenden von Cirkularen oder Offerten, welche eine Zeichnung des geschützten Erzeugnisses enthalten, ein Inverkehrbringen desselben liegt, ist hier um so unbedenklicher zu verneinen, als der §. 2 die Beschreibung der Erfindung der Benutzung gegenüberstellt und erstere als patenthindernd nur ansieht, wenn sie in öffentlichen Druckschriften erfolgt (Schanze a. a O.).

Die neuere Praxis des P.A. und des R.G. stimmt mit Vorstehendem im Wesentlichen überein. Daß in dem Herstellen des Gegenstandes der Erfindung eine Benutzung derselben im Sinne des §. 2 liegt, darüber siehe P.A. im P.Bl. 1881 S. 128, G. 2, 169, P.A. im Bl. 6, 230 (a. M.: P.A im P.Bl. 1878 S. 283. G. 1, 187); R.G. 33, 163 im Bl. 1, 93, R.G. im Bl. 2, 97, Jurist. Wochenschrift 1896 S. 39, R.G. ebenda S. 110, R.G. im Bl. 4, 207, R.G. im Bl. 6, 21. Unter den Begriff des Inverkehrbringens bezw. Feilhaltens fallen folgende Thatbestände, welche in der Praxis als Benutzungsfälle im Sinne des §. 2 aufgefaßt werden: Vorlegung und Erläuterung des erfundenen Apparats in einer Versammlung von Gewerbsgenossen zu Reklamezwecken (P.A. nach Robolski S. 34, Bolze 20, 121), Schaustellung des Erfindungsobjekts auf Ausstellungen (P.A. im P.Bl. 1879 S. 499, G. 1, 166, im P.Bl. 1882 S. 61, G 3, 165; Bolze 2, 329) Daß die Vorbenutzung eines geschützten Erzeugnisses nicht vor der Herstellung des Erfindungsgegenstandes erfolgen kann, insbesondere also auch nicht durch die dieser vorausgehende Anfertigung von General- oder Werkstattzeichnungen oder von Modellen, darüber siehe R.G. im Bl. 6, 21, P.A. im Bl. 6, 230 Anders bei einem patentirten Verfahren; vergl. R.G. im Bl. 6, 197).

In der Anmeldung oder Eintragung eines Gebrauchsmusters liegt keine Vorbenutzung der Erfindung (R.G. im Bl. 6, 21; a. M. Schrey a. a. O.).

Eine Erfindung ist übrigens dann nicht vorbenutzt, wenn die durch sie geschützte Einrichtung früher zwar bei der Fabrikation hin und wieder regellos vorkam, aber als ein Fehler angesehen wurde (Urtheil des R.G. vom 19. April 1899 in Sachen M. contra L. I 70/99).

13. Bei den Versuchen, welche der Erfinder anstellt, ist zu unterscheiden, ob er sie zu einer Zeit vornahm, wo er den Gegenstand der Erfindung bereits fertig hergestellt, die Erfindung also bereits abgeschlossen hatte, oder ob diese Versuche erst auf den Abschluß der Erfindung hinzielten. Zu dem Abschlusse der Erfindung gehört die Kenntniß des Kausalzusammenhangs zwischen der Thätigkeit des Erfinders und dem technischen Ergebniß. Hatte der Erfinder unter Kenntniß dieses Zusammenhanges das Erfindungsobjekt fertig hergestellt, so hatte er die Erfindung benutzt; spätere Experimente mit dem Objekte, die er gewöhnlich vor Dritten anstellt, stellen ein Gebrauchen, also ein Benutzen der Erfindung dar. In Versuchen dagegen, welche vor dem Abschlusse der Erfindung stattfanden und die Herstellung des Erfindungsobjekts bezweckten, liegt keine Benutzung (Aehnlich: P.A. im P.Bl. 1881 S. 19; P.A. im P.Bl. 1881 S. 143, G. 2, 179; P.A. und R.G. 2, 137, im P.Bl. 1881 S. 29, G. 2, 97; P.A. und R.G. im P.Bl. 1884 S. 101, G. 4, 65; P.A. im Bl. 2, 97; R.G. im P.Bl. 1891 S. 373, G. 9, 186; R.G. Strafs. 30, 240, im Bl. 3, 208.) Versuche.

Versuche eines Dritten, die nicht fortgesetzt wurden und die zu einer gewerblichen Anwendung des Verfahrens nicht führten, können ebenfalls nicht als Benutzung gelten (P.A. im P.Bl. 1890 S. 563, G. 8, 243).

Nicht gewerblich.

14. Patenthindernd ist nicht blos die gewerbliche Benutzung, sondern auch die häusliche, wofern sie nur offenkundig ist.

Offenkundig.

15. Die Offenkundigkeit der Benutzung (Schanze a. a. O., Schmid in Zeitschrift für gewerbl. Rechtsschutz 4, 241, Schrey a. a. O., v. Boehmer a. a. O.) entspricht nicht ganz der „Oeffentlichkeit" der Druckschrift (R.G. im P.Bl. 1892 S. 427, G. 9, 194, Jurist. Wochenschrift 1892 S. 302; R.G. Straff. 28, 158, im Bl. 3, 56). Eine Benutzung in einem kleinen geschlossenen Kreise kann dadurch, daß die Mitglieder desselben von der Benutzung dem großen Publikum oder weiten Kreisen desselben oder einer größeren Zahl von Sachverständigen Kenntniß geben, zu einer offenkundigen werden.

Offenkundigkeit liegt regelmäßig dann vor, wenn die Benutzung der Erfindung über den Kreis der Betheiligten hinaus in die Außenwelt gedrungen ist. Wo der Kreis der Betheiligten aufhört und wo die Außenwelt beginnt, ist Thatfrage. Die zu der Anfertigung der Zeichnungen und Modelle, der Herstellung oder Bedienung einer Maschine verwendeten Beamten, Handwerker und Arbeiter sind Betheiligte (P.A. im Bl. 1878 S. 283, G. 1, 187; R.G. im Bl. 3, 258), ebenso der Patentagent, der die Erfindung anmelden soll (Oesterreich. Handelsministerium in der Oesterreich. Zeitschrift für gewerbl. Rechtsschutz 4, 17), der Kapitalist, der sie finanziren soll, der Käufer u. s. w.

Der Benutzer muß alles thun, um zu verhindern, daß durch diese Personen die Erfindung weiteren Kreisen bekannt wird. Dazu gehört, daß ihnen die Geheimhaltung der Erfindung zur Pflicht gemacht wird, unter Umständen unter Androhung von Konventionalstrafen (R.G. im P.Bl. 1892 S. 427, G. 9, 197, Jurist. Wochenschrift 1892 S. 302; R.G. im Bl. 2, 97, Jurist. Wochenschrift 1896 S. 39). Die ausdrückliche Auferlegung der Verschwiegenheit erübrigt sich, wenn dieselbe sich aus den begleitenden Umständen, insbesondere aus dem Dienstverhältniß der Betheiligten, von selbst ergiebt (P.A. im Bl. 1, 221). Das Bekanntsein der Erfindung in dem bisher beschriebenen Kreise ist nicht patenthindernd, wenn und solange die Pflicht zur Geheimhaltung besteht. Anders wird es, wenn der Erfinder nicht mehr Werth auf die Geheimhaltung legte (R.G. im Bl. 4, 153; R.G. in Jurist. Wochenschrift 1897 S. 473). Dabei macht es keinen Unterschied, ob dies während des Betriebes der Maschine oder nach ihrer Außerbetriebsetzung erfolgt.

Im Gegensatze zu dem bisher erörterten Kreise steht die Außenwelt, in welcher die Erfindung nicht bekannt werden darf (P.A. im P.Bl. 1881 S. 223, G. 3, 155). Dies Bekanntsein tritt ein, wenn eine verhältnißmäßig erhebliche Zahl von Personen Kenntniß von der Erfindung erlangt (P.A. im P.Bl. 1891 S. 373, G. 9, 177, R.G. im Bl. 1, 229, R.G. im P.Bl. 1884 S. 101, G. 4, 70). Handelt es sich dagegen nur um einige wenige Personen, so muß noch hinzukommen, daß durch die Kenntniß dieser eine weitere Verbreitung der Erfindung zu erwarten ist (P.A. im P.Bl. 1890 S. 527, G. 8, 224). Dies ist z. B. regelmäßig dann nicht anzunehmen, wenn ihnen ausdrücklich Geheimhaltung auferlegt war oder wenn sich diese Verpflichtung aus den begleitenden Umständen ergab. Dagegen genügt zur Offenkundigkeit die vor der Anmeldung erfolgte Benutzung weniger Exemplare oder auch nur eines einzigen Exemplars der erfundenen Maschine, wenn diese Benutzung in einer Fabrik ohne jede Absperrungs- oder Vorsichtsmaßregel während einer längeren Zeit erfolgte (R.G. im P.Bl. 1890 S. 563, G. 8, 258, R.G. im Bl. 4, 252). Ob das Hinaustreten in die Außenwelt mit oder wider Willen des Urhebers oder Benutzers der Erfindung erfolgte, ist unerheblich; auch ein Treubruch eines Angestellten vermag Offenkundigkeit herbeizuführen (vergl. P.A. im P.Bl. 1880 S. 194; P.A. und R.G. im P.Bl. 1892 S. 427, G. 9, 194; R.G. im P.Bl. 1894 S. 1, G. 10, 101; R.G. im Bl. 4, 153; Urtheil des R.G. vom 28. 5. 1900 in Sachsen L. wider T. I 447/99; a. M.: P.A. im P.Bl. 1883 S. 125, G. 4, 30; P.A. im Bl. 1, 221; R.G. Strafs. 28, 158, im Bl. 3, 56). Bei der Benutzung in einer Fabrik wird der Besitzer darauf zu sehen haben, daß weder die beim Betriebe der Maschine oder der Anwendung des Verfahrens nicht verwendeten Arbeiter, noch fremde Besucher der Fabrik in der Lage sind, die Erfindung kennen zu lernen. Er wird die in Betracht kommenden Maschinen und Apparate in einem abgesonderten Raume aufstellen, zu dem die Nichtbetheiligten nicht zugelassen werden. Die bloße Aufschrift an der Thür „Unbefugten ist der Eintritt verboten" genügt nicht (R.G. im P.Bl. 1890 S. 563, G. 8, 258), wenn sie thatsächlich nicht befolgt wird. Dagegen wird der Arbeitsraum in einem Gefängnisse ohne weiteres als ein Ort gelten können, zu dem der Zutritt nicht Jedermann frei steht (R.G. Strafs 28, 185, Bl. 2, 137).

Ob in dem **Verkaufe** eine offenkundige Benutzung liegt, hängt von den konkreten Umständen ab; beim Verkaufe im offenen Laden an jeden Beliebigen wird sie anzunehmen sein, ebenso wenn ein Verkauf erfolgt, ohne daß den Käufern die Geheimhaltung zur Pflicht gemacht wird (P.A. im P.Bl. 1880 S. 193, R.G. im Bl. 5, 113). Aber selbst diese Verpflichtung fällt nicht ins Gewicht, wenn eine große Zahl von Exemplaren an verschiedene Personen verkauft wird. Wenn Licenzen auf das geschützte Verfahren unter näherer Beschreibung desselben vor der Anmeldung mehreren Firmen ohne Pflicht zur Geheimhaltung angeboten wurden, liegt ein offenkundiges Feilhalten vor.

Daß die **Zeit der offenkundigen Benutzung** sehr lange zurückliegt, ist gleichgültig, so daß in diesem Punkte eine Verschiedenheit zwischen den beiden Fällen des §. 2 Abs. 1 vorliegt. Der Ansicht **Kohler's** (Handbuch S. 195), daß die Offenkundigkeit der Benutzung in unserem Kulturleben vorhanden gewesen sein müsse und daß deshalb Erfindungen, welche nach handschriftlicher Mittheilung im Alterthum oder Mittelalter auf deutschem Boden offen benutzt worden seien, nicht in Betracht kämen, kann, zumal nach der jetzigen Fassung des §. 2 Abs. 1, nicht beigetreten werden. Es hätte für den Gesetzgeber, wenn er den **Kohler**'schen Standpunkt getheilt hätte, nahe gelegen, bei der Benutzung ebenso, wie bei der Druckschrift, die patenthindernde Wirkung zeitlich zu beschränken. Dagegen kann es unter Umständen von Erheblichkeit sein, daß die offenkundige Benutzung erst unmittelbar vor Beginn des Anmeldetages stattfand; vergl. N. 19.

Die **geheime** Benutzung der Erfindung zur Zeit der Anmeldung hindert zwar nicht die Patentirung, ist aber nicht unerheblich; sie bewirkt gemäß §. 5 die Wirkungslosigkeit des Patents gegenüber dem Benutzer.

Inland. **16.** **Inland** ist das Deutsche Reich einschließlich der deutschen Schutzgebiete (vergl. oben S. 23).

Es kommt nur darauf an, daß der Ort, an welchem die Benutzung stattfand, zur Zeit der Anmeldung zum Inlande gehört; ob dies schon zur Zeit der Benutzung der Fall war, ist gleichgültig.

Ausstellung. **17.** Da das Gesetz für internationale oder beschränktere gewerbliche **Ausstellungen** keine Spezialbestimmung enthält (vergl. z. B. §. 39 des englischen Patentgesetzes von 1883), so kommen die oben N. 12, 15 entwickelten Grundsätze zur Anwendung, wenn es sich darum handelt, ob in dem Ausstellen eines Gegenstandes bei einer solchen Gelegenheit eine offenkundige Benutzung zu finden ist Das R.G. hat deshalb mit Recht in der Vorführung der mit einer Vorrichtung zur Nutzbarmachung der Bremsarbeit versehenen elektrischen Eisenbahn auf der Berliner Gewerbeausstellung von 1879 eine offenkundige Benutzung erblickt (Bolze 2, 329)

Die Benutzung auf ausländischen Ausstellungen ist für Erlangung des Reichspatents unerheblich. Bisher ist übrigens regelmäßig bei den Weltausstellungen durch Spezialgesetz des betreffenden Staates, in welchem sie stattfand, ausgesprochen worden, daß die ausgestellten Gegenstände bei späterer Anmeldung nicht als veröffentlicht gelten sollen (P.Bl. 1879 S. 382; Bl. 5, 163)

Veröffentlichung durch Dritte. **18.** Es kommt nur auf die Thatsache der Beschreibung oder Benutzung an. Unerheblich ist es, ob der Anmelder selbst oder ein **Dritter** die Erfindung vorher beschrieben bezw. benutzt hatte; ebenso ist es gleichgültig, ob es der Dritte mit, ohne oder wider Willen des Anmelders gethan hatte (N. 15) Wenn also ein Dritter in der Absicht, die Patentirung einer Erfindung zu verhindern, sich durch eine strafbare Handlung in ihren Besitz setzt und sie auf eine der beiden in §. 2 bestimmten Arten zu einer öffentlichen oder offenkundigen macht, so macht er sich zwar strafbar und dem Erfinder gegenüber schadenersatzpflichtig, seinen Zweck erreicht er aber jedenfalls, indem ein Patent nicht mehr ertheilt werden darf. Besteht das Hinderniß gegen die Patentertheilung in einer früheren Patentschrift, so nützt es dem Anmelder nicht, wenn jene auch von ihm herrührte oder wenn er die Rechte aus dem früheren Patent erworben hat (P.A. im P.Bl. 1880 S. 181).

Sachverständige. **19.** Als Maßstab für den Grad der Publizität, welchen das Gesetz zum Ausschluß der Patentirbarkeit verlangt, dient der Umstand, ob **danach die Benutzung durch andere Sachverständige möglich erscheint**

Das Wort „**danach**“ soll nicht blos die Zeit bezeichnen, sondern ausdrücken, daß die Beschreibung oder Benutzung so beschaffen sein muß, daß nach Anleitung und Maßgabe derselben unter Benutzung der zur Zeit bekannten technischen Hülfsmittel die Ausführung der Benutzung der Erfindung durch andere Sachverständige erfolgen kann. Bedurfte es hierzu noch erst einer Erfindung, z. B. der Kombination bekannter Mittel zur Erzielung eines neuen technischen Erfolges, so liegt ein Fall des §. 2 nicht vor (R.G im P.Bl. 1880 S. 153, G. 2, 85).

Es genügt, daß die Beschreibung oder Benutzung einem Sachverständigen die Benutzung ermöglichte; es kommt nicht darauf an, ob einer diese Möglichkeit ausgenutzt und die Erfindung wirklich benutzt hat R.G. im P.Bl. 1892 S. 427, G. 9, 197; R.G. 37, 38), selbst nicht darauf, ob ein dritter Sachverständiger die Erfindung benutzen durfte, etwa, weil sie eine zusätzliche Erfindung zu einer durch Patent geschützten war (P.A. im P.Bl. 1889 S. 39). Es ist sogar nicht einmal nothwendig, daß die Druckschrift in die Hände eines Sachverständigen gelangt ist oder die Benutzung in Gegenwart eines solchen stattgefunden hat. In letzterer Hinsicht reicht die Möglichkeit aus, daß ein solcher dabei sein kann oder daß einem solchen durch die Mittheilungen der anwesenden Laien ermöglicht wird, das Wesen der Erfindung so zu erkennen, daß er sie benutzen kann.

Die Benutzung der Erfindung muß dem Sachverständigen einen Einblick in ihren Organismus gewähren; es genügt nicht, daß er nur sieht, daß und was produzirt wird, sondern er muß auch erkennen können, wie es geschieht: sonst fehlt ihm die Reproduktionsmöglichkeit. Deshalb genügt nicht eine Benutzung, bei welcher wesentliche Theile einer Maschine verhüllt blieben; es reicht auch nicht aus, wenn Sachverständige eine komplizirte Maschine nur im Betriebe gesehen haben (P.A. und R.G. im P.Bl. 1880 S 193). Hier kommt vieles auf den konkreten Fall an: bei Erfindungen, welche der Erfinder aus der Hand giebt, insbesondere in größerer Zahl verkauft, ist es viel eher möglich, daß ein Sachverständiger sich die nöthige Kenntniß verschafft, als bei denen, welche der Erfinder nur einmal vor einem größeren Kreise funktioniren läßt. Im ersten Falle hat der Sachverständige die Möglichkeit, durch nähere Besichtigung und Untersuchung die Eigenthümlichkeit der Konstruktion zu entdecken, eine Möglichkeit, welche mit der größeren Zahl der verbreiteten Gegenstände zunimmt; das Gesetz verlangt nicht, daß der Sachverständige die Erfindung ohne Weiteres d. h. ohne jede Untersuchung benutzen konnte (R.G. 1, 42, im P.Bl. 1880 S. 53, G. 1, 179; P.A. im P.Bl. 1881 S. 73; R.G. in Jurist. Wochenschrift 1887 S. 69).

Wenn das Gesetz verlangt, daß die Benutzung durch andere Sachverständige möglich „erscheint", so kann sich diese Präsenzform nur auf die Zeit der Anmeldung beziehen, d. h. die Möglichkeit der Nachbenutzung durch andere Sachverständige muß spätestens am Schlusse des Tages vor der Anmeldung gegeben gewesen sein. Das P.A. hat deshalb in einem Falle, wo die Vorführung eines Zauber-Apparates zwei Stunden vor Beginn des Anmeldetages erfolgte, die offenkundige Vorbenutzung verneint, weil in dem betreffenden Falle selbst Sachverständige sich ohne

Erklärung nicht binnen zwei Stunden ein richtiges Bild von dem Vorgange machen konnten (P.A. im Bl. 3, 225).

Aus den Worten „andere Sachverständige“ darf nicht, wie es in einer Entscheidung des P.A. geschehen ist, e contrario auf einen Kreis von Sachverständigen geschlossen werden, dessen Kenntnißnahme der Patentirung nie im Wege steht; vielmehr ist aus dem oben in N. 15 erörterten Begriffe der Offenkundigkeit die Frage zu entscheiden, ob eine die Patentirung ausschließende Kenntnißnahme vorliegt (R.G. im P.Bl. 1887 S. 379, G. 6, 96).

Wissenschaft. **20.** Bezüglich der Veröffentlichung durch eine Druckschrift ist noch hervorzuheben, daß es genügt, wenn in derselben in einer für Sachverständige ausreichenden Weise die Erfindung beschrieben ist; der Verfasser braucht nicht das Bewußtsein gehabt zu haben, daß er eine Erfindung, die technisch verwerthbar ist, beschreibt. Wenn aber die technische Verwerthbarkeit des beschriebenen Apparats oder Verfahrens nicht nahe lag, sondern wenn erst ein erfinderischer Gedanke dazu gehörte, den bisher nur für Lehrzwecke bestimmten Apparat der Technik dienstbar zu machen oder die praktische Verwerthbarkeit einer wissenschaftlichen Methode zu erkennen, dann ist jene Veröffentlichung nicht patenthindernd (Bolze 21, 123; Urtheil des R.G. vom 21. Februar 1900 in Sachen A. contra S. I 448/99; Urtheil des P.A. vom 15. März 1900 in Sachen M. contra M. 11664 adh. I 22/99).

Aehnlich lag der Fall in der Entscheidung des R.G. betreffend das Schlick'sche D.R.P. 80974, in welcher eine Veröffentlichung für unerheblich erklärt wird, weil ihr Verfasser „wenngleich er die theoretische Möglichkeit, durch entsprechende Gestaltung und Anordnung der Gestängetheile die schädlichen Massenwirkungen aufzuheben, überblickt haben mag, es doch für unausführbar gehalten hat, diese Erkenntniß in die Praxis zu übersetzen, weil nach seiner Meinung andere Rücksichten dieser Art der Ausgleichung entgegenstanden“ (Bl. 4, 169); vergl. dagegen Lüders in Zeitschrift Deutscher Ingenieure 1899 S. 1031.

Die frühere Publizität eines Prinzips oder Lehrsatzes hindert nie, daß eine gewerblich verwerthbare Konkretisirung derselben eine patentfähige Erfindung darstellt (N. 6 zu §. 1).

Hieraus folgt, daß die, insbesondere in der französischen Praxis häufig vertretene (Pouillet Brevets d'invention. No. 413—418), Ansicht, daß Berichte eines Gelehrten über eine wissenschaftliche Entdeckung nie patenthindernd seien, in dieser Allgemeinheit zwar unrichtig ist (vergl. auch Witt Chemische Homologie und Isomerie S. 20), daß aber bei solchen Veröffentlichungen stets sorgsam zu prüfen ist, ob sie die gewerbliche Benutzung durch Sachverständige ermöglichen.

Abs. 2.

Ausland. **21.** Der durch das Gesetz von 1891 neu hinzugefügte Abs. 2 bezweckt, den Wünschen der Industrie nach einer Erleichterung gleichzeitigen Nachsuchens von Patenten im In- und Auslande

Rechnung zu tragen (N. 1). Demselben Zwecke dient die Vorschrift in §. 23 Abs. 4. Beide Bestimmungen ergänzen sich: die des §. 2 Abs. 2 will verhüten, daß die frühere amtliche Veröffentlichung des ausländischen Staates die Erlangung eines deutschen Patentes unmöglich macht, die des §. 23 Abs. 4, daß die vorzeitige Bekanntmachung der deutschen Anmeldung die Erlangung ausländischer Patente hindert.

22. Die Bestimmung bezieht sich nur auf die amtlich herausgegebenen Patentbeschreibungen Jede andere Veröffentlichung der Erfindung in einer Druckschrift schließt demnach die Ertheilung eines Patents aus, sollte auch der Anmelder nachweisen, daß sie der amtlichen ausländischen Beschreibung entnommen ist; ebenso wirkt jede Benutzung der Erfindung im Inlande patenthindernd, selbst wenn sie auf Grund jener Patentbeschreibung erfolgt ist. **Patentbeschreibung.**

Der Abs. 2 will nicht die amtlichen ausländischen Patentbeschreibungen nach Ablauf der drei Monate ohne Weiteres den öffentlichen Druckschriften gleichstellen, vielmehr ist auch bei jenen Beschreibungen stets zunächst zu prüfen, ob sie erschöpfend sind und ob die Publikation als eine öffentliche anzusehen ist (N. 11); erst wenn beides zutrifft, tritt der Abs. 2 in Kraft, welcher unter der Voraussetzung, daß die in Abs 1 aufgestellten Requisite vorhanden sind, die patenthindernde Wirkung während der ersten drei Monate seit dem Tage der Herausgabe der Beschreibung suspendirt.

Ueber das Publikationsdatum britischer und amerikanischer Patentschriften vergl. P.Bl. 1889 S. 69, 77, 373.

23. Die dreimonatliche Frist, welche mit dem Beginne des auf die Herausgabe folgenden Tages anfängt, endigt gemäß §. 187 Abs. 2, §. 188 Abs. 2 B.G.B. mit Ablauf desjenigen Tages des letzten Monats, welcher durch seine Zahl dem Tage der Herausgabe entspricht; fehlt dieser Tag in dem letzten Monate, so endigt die Frist mit Ablauf des letzten Tages dieses Monats. Fällt der letzte Tag der Frist auf einen Sonn- oder Feiertag, so endigt die Frist, da innerhalb derselben das Patent nachzusuchen d. h. eine Willenserklärung abzugeben ist, gemäß §. 193 B.G.B. am nächstfolgenden Werktage. **Frist.**

Ist demnach die ausländische Patentschrift am 31. Januar 1903 veröffentlicht worden, so kann sie einer Anmeldung erst hinderlich werden, welche nach dem 30. April 1903, vorausgesetzt, daß dieser Tag ein Werktag ist, bei dem P.A. einläuft.

24. Da die Bestimmung des Abs. 2 zu Gunsten des Erfinders gegeben ist, so ist es richtig, daß die Suspendirung der patenthindernden Wirkung davon abhängig gemacht ist, daß der Patentsucher mit demjenigen, welcher die Erfindung im Auslande angemeldet hat (dies wird regelmäßig der Erfinder sein), identisch ist oder von ihm den Anspruch auf Ertheilung des deutschen Patents — unmittelbar oder mittelbar — erworben hat. Würde diese Bedingung fehlen (vergl. die Bestimmung des Entwurfes in N. 1), so wäre eine Prämie auf Patenträuberei gesetzt worden. **Patentsucher.**

Auf die Staatsangehörigkeit des Patentsuchers kommt es nicht an.

Gegenseitigkeit. 25. Die Prüfung, ob in dem ausländischen Staate die Gegenseitigkeit verbürgt ist, steht ausschließlich dem Reichskanzler zu, die Patentertheilungs- und die Nichtigkeitsinstanz haben darüber nicht zu befinden, für sie ist die Bekanntmachung des Reichskanzlers im Reichs-Gesetzblatt maßgebend. Daraus ergiebt sich, daß die Bekanntmachung die das Gesetz anwendenden Behörden bindet, auch wenn nach Ansicht dieser Behörden die Gegenseitigkeit mit dem betreffenden Staate nicht verbürgt wäre, und daß andrerseits Mangels einer Bekanntmachung diese Behörden Gegenseitigkeit nicht annehmen dürfen.

Die durch den Ausdruck „verbürgt ist" erforderte Sicherstellung der Gegenseitigkeit kann der Reichskanzler nicht blos in Staatsverträgen, sondern auch in dem Bestehen entsprechender Gesetze des fremden Staates (vergl. Art. 24 des Belgischen, Art. 4 des Italienischen, §. 3 des Schwedischen Patentgesetzes) finden (R.G. 7, 406).

Bisher ist noch keine Bekanntmachung des Reichskanzlers auf Grund dieser Bestimmung ergangen. Dagegen sind Art. 3, 4 der mit Oesterreich-Ungarn, Italien und der Schweiz geschlossenen Staatsverträge zu beachten (vergl. die in der Anlage abgedruckten Verträge). Danach ist, wenn eine Erfindung zuerst in einem dieser Staaten angemeldet ist und wenn binnen einer Frist von drei Monaten seit der Ertheilung des ausländischen Patents die Anmeldung auch in Deutschland bewirkt wird, eine Druckschrift, welche nach dem Zeitpunkt der ersten Anmeldung veröffentlicht worden ist, nicht patenthindernd. Diese Verträge sind im R.G.Bl. in den Jahren 1892 und 1894 publizirt und deshalb anzuwenden.

§. 3.

Auf die Ertheilung des Patents hat derjenige Anspruch, welcher die Erfindung zuerst nach Maßgabe dieses Gesetzes angemeldet hat. Eine spätere Anmeldung kann den Anspruch auf ein Patent nicht begründen, wenn die Erfindung Gegenstand des Patents des früheren Anmelders ist. Trifft diese Voraussetzung theilweise zu, so hat der spätere Anmelder nur Anspruch auf Ertheilung eines Patents in entsprechender Beschränkung.

Ein Anspruch des Patentsuchers auf Ertheilung des Patents findet nicht statt, wenn der wesentliche Inhalt seiner Anmeldung den Beschreibungen, Zeichnungen, Modellen, Geräthschaften oder Einrichtungen eines Anderen oder einem von diesem angewendeten Verfahren ohne Einwilligung desselben entnommen und von dem letzteren aus diesem Grunde Einspruch erhoben ist. Hat der Einspruch die Zurücknahme oder Zurückweisung

der Anmeldung zur Folge, so kann der Einsprechende, falls er innerhalb eines Monats seit Mittheilung des hierauf bezüglichen Bescheides des Patentamts die Erfindung seinerseits anmeldet, verlangen, daß als Tag seiner Anmeldung der Tag vor Bekanntmachung der früheren Anmeldung festgesetzt werde.

1. Im Patentgesetz von 1877 lautete §. 3: **Entstehungsgeschichte.**

Auf die Ertheilung des Patentes hat derjenige Anspruch, welcher die Erfindung zuerst nach Massgabe dieses Gesetzes angemeldet hat.

Ein Anspruch des Patentsuchers auf Ertheilung des Patentes findet nicht statt, wenn der wesentliche Inhalt seiner Anmeldung den Beschreibungen, Zeichnungen, Modellen, Geräthschaften oder Einrichtungen eines Anderen oder einem von diesem angewendeten Verfahren ohne Einwilligung desselben entnommen, und von dem letzteren aus diesem Grunde Einspruch erhoben ist

Das Gesetz von 1891 hat dem ersten Absatze zwei Sätze, dem zweiten einen Satz neu hinzugefügt.

a) Durch die Zusätze zu dem ersten Absatze wollte es die Zweifel erledigen, welche bezüglich der Kollision von Anmeldungen mit anderen Anmeldungen oder mit Patenten oder von Patenten unter einander, insbesondere bezüglich der Frage der Abhängigkeitserklärung, entstanden waren. Nach der einen Ansicht (P.A. und R.G. im P.Bl. 1883 S. 171, G. 4, 235; P.A. im P.Bl. 1883 S. 405, G. 4, 243; L.G. Elberfeld und R.G. im P.Bl. 1883 S. 413, G 4, 253; Rommel im P.Bl. 1885 S. 23, Hartig S. 259, Robolski S. 114) war es Aufgabe des

Patentamts, im Ertheilungsverfahren zu prüfen, ob der Gegenstand einer Anmeldung mit dem einer früheren Anmeldung sich ganz oder theilweise deckt oder doch wenigstens den Inhalt einer früher angemeldeten Erfindung ganz oder theilweise verwerthet, und im Bejahungsfalle festzustellen, welchem der Betheiligten oder in welchem Umfange jedem derselben der Anspruch auf Patentertheilung zusteht und inwieweit die Benutzung des Patents des späteren Anmelders von der Zustimmung des kraft früherer Anmeldung Berechtigten abhängig ist. Dieser Ansicht trat die neuere Praxis des R.G. (R.G. 12, 123, im P.Bl 1885 S. 20, G. 5, 283; vergl. R.G im P.Bl. 1883 S. 217, G 4, 265, im P Bl 1885 S. 19, G. 5, 277, Gareis und Laubenheimer in Busch's Archiv Bd. 46 S 94, Kohler Forschungen S 111) entgegen, welche die Entscheidung über die Beziehung zweier Patente zu einander ausschließlich den ordentlichen Gerichten zugewiesen wissen wollte. Gemäß dem einstimmigen Votum der Enqu. 1886 (S. 83) wollte das Gesetz die ältere Ansicht adoptiren, weil es im Interesse der Erfinder und der Industrie liege, daß gleich bei der Ertheilung eines Patents sein Verhältniß zu anderen Patenten geklärt und abgegrenzt werde. Inwiefern diese Absicht im Gesetze zum Ausdrucke gelangt ist, darüber vergl. N. 16.

b) Der Zusatz zu dem zweiten Absatze, welcher von der mit der Vorberathung des Gesetzes beauftragten Kommission eingeführt wurde, bezweckt, gegenüber dem bisherigen Rechtszustande die Rechte des durch die unerlaubte Entnahme Verletzten zu erweitern, indem derselbe nicht blos, wie bisher, berechtigt sein soll, die Ertheilung des Patents an einen Anderen zu verhindern, sondern auch binnen einer bestimmten Frist trotz einer inzwischen erfolgten Publizirung selbst das Patent zu beanspruchen.

Abs. 1.

Anspruch. 2. Der Anspruch auf Ertheilung des Patents (Schanze im Archiv für öffentl. Recht 9, 173, Piloty in Annalen des Deutschen Reichs 30, 409) ist öffentlich-rechtlicher Natur, da er gegen eine Behörde auf Vornahme einer Amtshandlung gerichtet ist, er entspricht dem Anspruch, welchen die Partei gegen das Gericht auf Fällung des Urtheils, noch mehr dem Anspruch, welchen der Muthende gegen die Bergbehörde auf Verleihung des Bergwerkeigenthums hat (a. M. Kohler Handbuch S. 248).

Die publizistische Natur des Anspruchs hindert nicht, daß er ein Vermögensrecht des Anmelders ist, denn es giebt publizistische Vermögensrechte, wie den Anspruch des Beamten auf Gehalt. Der §. 6 enthält die Konsequenzen der vermögensrechtlichen Natur des Anspruchs.

Da mehrere andere, gleichfalls aus öffentlich-rechtlichen Verhältnissen hervorgegangene, subjektive Rechte im Wege des Prozesses geltend gemacht und geschützt werden können, z. B die Gehaltsforderung des Beamten (§. 149 des Reichsbeamtengesetzes vom 31. März 1873), so hätte der Gesetzgeber auch dem Anmelder ein Klagerecht gegen das Reich auf Verleihung des Patents gewähren können. Da er dies nicht gethan hat, so kann der Anspruch nur im **Verwaltungswege** gemäß §§. 20 ff. geltend gemacht werden.

3. Der Anspruch auf Patentertheilung steht dem **ersten Anmelder**, nicht dem Erfinder zu. Die Motive (Mot. I S. 18) rechtfertigen dies mit dem Interesse, welches die Allgemeinheit an der möglichst schnellen Anmeldung einer Erfindung hat, und mit der Schwierigkeit des Nachweises, wer der geistige Urheber einer solchen ist. **Erster Anmelder.**

Da das Patent aber eine Prämie für die Erfindung, nicht für die Anmeldung ist, so beugt das Gesetz durch die Bestimmung des zweiten Absatzes des §. 3 der Gefahr vor, welche der erste enthält. Aus dem Zusammenhalten beider Absätze geht klar hervor, daß mit der Bestimmung des Abs. 1 nur ein primafacie-Anspruch des ersten Anmelders aufgestellt wird; der Anspruch fällt weg, wenn derjenige, dessen Beschreibungen u. s. w. der Inhalt der Anmeldung zu Unrecht entnommen ist, aus diesem Grunde Einspruch erhebt.

Das Gesetz fingirt weder, noch präsumirt es, daß der erste Anmelder der Erfinder ist, es ignorirt vielmehr völlig die Beziehungen zwischen Anmelder und Erfinder. Wenn man überhaupt von einer Vermuthung, die es aufstellt, sprechen will, so ist es die, daß der erste Anmelder den Inhalt der Anmeldung nicht einem Anderen ohne dessen Erlaubniß entlehnt habe (**Rosenthal** S. 77); die Rüge der Unrichtigkeit dieser Vermuthung und der Gegenbeweis gegen dieselbe steht aber nur dem Verletzten zu. Demnach darf das P.A. deshalb, weil der Anmelder in der Anmeldung erklärt, er habe einem Anderen ohne dessen Erlaubniß die Erfindung entlehnt, das Patent von Amtswegen nicht versagen.

4. Da die Vorschrift, daß der erste Anmelder den Anspruch auf Ertheilung des Patents hat, ein etwa bestehendes **Recht des Erfinders** nicht verneint, sondern nur nicht berücksichtigt, so bedarf es noch einer Untersuchung, ob ein solches überhaupt besteht (**Schanze** in Glaser's Annalen für Gewerbe und Bauwesen 38, woselbst die einschlägige Literatur angegeben ist; **Alexander-Katz** im Polytechn. Centralblatt 1896 S. 211). Dies ist zu bejahen. Schon vor der Anmeldung zur Patentirung hat der Erfinder ein Vermögensrecht, dem nur der vollkommene Rechtsschutz insofern fehlt, als es dem Erfinder kein ausschließliches Recht gewährt. Dieses erlangt er erst durch die Patentertheilung. Die Rechtswirkungen, welche das Erfinderrecht vor derselben gewährt, sind nach dem Patentgesetz folgende. **Erfinderrecht.**

Nach §. 3 Abs. 2 hat er gegenüber demjenigen, welcher seine Erfindung entnommen und zum Patent angemeldet hat, das Recht des Einspruchs; dringt er mit demselben durch, so wird er, falls er selbst die Erfindung anmeldet, bevorzugt. Nach §. 5 ist ein Patent, welches einem Dritten auf seine Erfindung ertheilt wird, ohne Wirkung gegen ihn. Nach § 10 steht ihm gegen das Patent, welches auf die ihm widerrechtlich entnommene Erfindung ertheilt worden ist, die Nichtigkeitsklage zu.

Mit diesen Bestimmungen ist indes der Kreis seiner Gerechtsame nicht erschöpft. Er kann von demjenigen, welcher sein Individualrecht vorsätzlich oder fahrlässig verletzt, nach den Grundsätzen des bürgerlichen Rechts Schadloshaltung verlangen (§. 823 B.G.B.). Hatte also Jemand, der zur Wahrung des Fabrikgeheimnisses verpflichtet war, dieses unbefugt Dritten verrathen, so ist er dem Fabrikbesitzer zum Schadensersatz verpflichtet. Dieser umfaßt, wenn in Folge der Mittheilung die Erlangung eines Patentes gemäß §. 2 unmöglich geworden ist, auch den hieraus erwachsenden Schaden und entgangenen Gewinn. Hatte der Fabrikbesitzer ohne Kenntniß von dem Verrathe seine Erfindung zum Patent angemeldet und das Patent erhalten, wird dieses aber später vernichtet, weil es in Folge des Verrathes offenkundig benutzt oder in öffentlicher Druckschrift beschrieben worden ist, so erstreckt sich die Ersatzverpflichtung auch auf den Schaden, welcher durch die Vernichtung des Patentes entsteht.

Nach §§. 249 ff. B.G.B. hat der Verletzer des Erfinderrechts den Zustand herzustellen, der bestehen würde, wenn die Verletzung nicht vorgenommen wäre. Hätte der Dritte inzwischen auf die Erfindung ein Patent genommen, so ist die Zurückgabe der Erfindung in ihren früheren Zustand nicht angängig, weil der Entnehmer sie durch das Nachsuchen des Patentes zu einem voll wirksamen Ausschließungsrecht ausgestaltet hatte. Deshalb muß er das Entnommene in dem derzeitigen Zustande zurückgewähren, d. h. das Patent auf den Erfinder übertragen. Die Klage auf Uebertragung ist bei den ordentlichen Gerichten anzustellen. (R.G. 29, 49, P.Bl. 1892 S. 577, G. 9, 219; R.G. im Bl. 2, 115, Jurist. Wochenschrift 1896 S. 192; R.G. 37, 41); vergl. N. 30.

Wenn keine Verletzung des Individualrechts vorliegt, so steht dem Inhaber einer nicht patentirten Erfindung ein Rechtsschutz gegen Dritte nicht zu. Er kann also nicht hindern, daß ein Dritter, der die Erfindung selbständig macht oder sie von einem selbständigen Erfinder direkt oder indirekt erwirbt, die Erfindung ausnutzt oder zum Patente anmeldet (Kohler Handbuch S. 262).

Die Uebertragung des Erfinderrechts geschieht nach den Grundsätzen der Uebertragung von Rechten (Kohler Handbuch S. 262, R.G. in Jurist. Wochenschrift 1896 S. 192); sie kann unter Lebenden oder von Todeswegen erfolgen. Insbesondere ist es auch zulässig, ein derartiges Recht in eine Aktiengesellschaft als Einlage einzubringen (vergl. R.G. in Jurist. Wochenschrift 1893 S. 359, im P.Bl. 1893 S. 481, G. 10, 190). Ueber die Sicherung der Rechte durch einstweilige Verfügung und Arrest vergl. Kammergericht im Bl. 1, 56.

Nahm der Käufer irrthümlich an, es liege eine patentirte Erfindung vor, so kann er den Vertrag wegen Irrthums gemäß §. 119 B.G.B. anfechten (R.G. in Jurist. Wochenschrift 1899 S. 169, Gewerbl. Rechtsschutz 4, 246). Wegen der Haftung des Verkäufers vergl. N. 4 lit. b. zu §. 6. Ueber die Rechtsfolgen, wenn der Verkäufer nachträglich Erfindung oder Patent an einen Dritten abtritt, siehe Bolze 22, 124. Ueber den Fall, wenn ein Geheimmittel den Gegenstand der verkauften Erfindung bildet, vergl. R.G. in Jurist. Wochenschrift 1899 S. 189, Gewerbl. Rechtsschutz 4, 246). Ein Vertrag, durch welchen Jemand sich nicht zur Abtretung der Erfindung, sondern nur zu ihrer Mittheilung verpflichtet, ist als Dienstvertrag nach den Grundsätzen des §. 611 ff. B.G.B. zu behandeln (O.L.G. Colmar in Gewerbl. Rechtsschutz 3, 369; R.G. im P.Bl. 1893 S. 343, G. 10, 186). Wird damit aber, wie wohl gewöhnlich, die gewerbliche Ausnutzung der Erfindung eingeräumt, so sind die Grundsätze über Licenzen analog anzuwenden; dabei kann die Wahrung des Geheimnisses durch Vertragsstrafen gesichert werden (vergl. R.G. im Gewerbl. Rechtsschutz 4, 247).

Eine Verpfändung des Erfinderrechts ist nach §§. 1273 ff. B.G.B. zulässig, dagegen ist eine Pfändung unstatthaft (Kohler Handbuch S. 263).

5. Das Erfinderrecht ist unter Umständen sogar mit einem strafrechtlichen Schutze versehen, nämlich dann, wenn die Voraussetzungen der §§. 9 und 10 des Gesetzes zur Bekämpfung des unlauteren Wettbewerbes vom 27. Mai 1896 vorliegen. **Unlauterer Wettbewerb.**

Diese Bestimmungen lauten:

§. 9. Mit Geldstrafe bis zu dreitausend Mark oder mit Gefängniss bis zu einem Jahre wird bestraft, wer als Angestellter, Arbeiter oder Lehrling eines Geschäftsbetriebes Geschäfts- oder Betriebsgeheimnisse, die ihm vermöge des Dienstverhältnisses anvertraut oder sonst zugänglich geworden sind, während der Geltungsdauer des Dienstverhältnisses unbefugt an Andere zu Zwecken des Wettbewerbes oder in der Absicht, dem Inhaber des Geschäftsbetriebes Schaden zuzufügen, mittheilt.

Gleiche Strafe trifft denjenigen, welcher Geschäfts- oder Betriebsgeheimnisse, deren Kentniss er durch eine der im Absatz 1 bezeichneten Mittheilungen oder durch eine gegen das Gesetz oder die guten Sitten verstossende eigene Handlung erlangt hat, zu Zwecken des Wettbewerbes unbefugt verwerthet oder an Andere mittheilt.

Zuwiderhandlungen verpflichten ausserdem zum Ersatze des entstandenen Schadens. Mehrere Verpflichtete haften als Gesammtschuldner.

§ 10. Wer zum Zwecke des Wettbewerbes es unternimmt, einen Anderen zu einer unbefugten Mittheilung der im §. 9 Absatz 1 bezeichneten Art zu bestimmen, wird mit Geldstrafe bis zu zweitausend Mark oder mit Gefängniss bis zu neun Monaten bestraft.

Der §. 9 Absatz 1 kommt zur Anwendung, wenn die Erfindung ein Geschäfts- oder Betriebsgeheimniß war, wenn der Verrath durch einen Angestellten, Arbeiter oder Lehrling während der Geltungsdauer des Dienstverhältnisses erfolgte und wenn endlich diese Mittheilung zum Zwecke des Wettbewerbes oder in der Absicht, dem Inhaber des Geschäftsbetriebes Schaden zuzufügen, geschah. In der Anmeldung der Erfindung zum Patente kann eine unbefugte Mittheilung gefunden werden.

Der §. 9 Absatz 2 trifft nicht den Angestellten, sondern den Dritten, welcher das Betriebsgeheimniß, dessen Kenntniß er auf die dort angegebene Art erlangt hat, zum Zwecke des Wettbewerbes unbefugt verwerthet oder an Andere mittheilt. Daß in der Anmeldung des Geheimnisses zum Patent eine unbefugte Verwerthung liegt, ist klar.

Der §. 10 trifft denjenigen, welcher, wenn auch ohne Erfolg, versucht, einen Angestellten zu einer unbefugten Mittheilung der Erfindung zu bestimmen.

Für den Schadensersatz auf Grund des §. 9 gilt das in N. 4 Erörterte.

Zeitpunkt. **6.** Bezüglich der Anmeldung, insbesondere in Betreff der Frage wann eine nachträglich ergänzte Anmeldung als eingegangen anzusehen ist, vergl. N. 3 zu §. 2, die auch hier zutrifft.

Da das Gesetz den Anspruch demjenigen giebt, welcher die Erfindung zuerst angemeldet hat, so hat es damit zu erkennen gegeben, daß es mehrere an demselben Tage eingehende Anmeldungen auf dieselbe Erfindung nicht als gleichzeitig eingegangen behandelt wissen will; dies gilt um so mehr, als ein gegentheiliger bei der Enqu. 1876 (S. 77) gemachter Vorschlag abgelehnt wurde. Demnach kommt es hier (vergl. dagegen N. 6 zu §. 2) auf Stunde und Minute des Eingangs an.

Bezüglich des Zeitpunktes, zu welchem eine Anmeldung als eingegangen zu gelten hat, vergl. N. 4 zu §. 2.

Gleichzeitig. **7.** Gehen mehrere Anmeldungen gleichzeitig ein, so sind sie nach der Reihe, in welcher sie von dem Beamten des P.A. übernommen werden, mit der laufenden Nummer zu versehen (N. 4 zu §. 2). Trotzdem gelten rechtlich sämmtliche Anmeldungen, welche mit derselben Briefbestellung bei dem P.A. eingehen, als gleichzeitig eingegangen; entscheidend ist nicht, ob sie mit derselben Post in Berlin angekommen sind, sondern nur, ob sie gleichzeitig bei dem P.A. bestellt werden. Die Vorschrift des §. 27 Abs. 3 der Ausführungsordnung (N. 4 zu §. 2), nach welcher von zwei an demselben Tage an das P.A. gelangten Geschäftssachen diejenige als später eingegangen gilt, welche die höhere Geschäftsnummer trägt, ist nur eine Vermuthung, welche durch Gegenbeweis entkräftet wird (Kohler Handbuch S. 277).

Bei gleichzeitigen Anmeldungen derselben Erfindung ist nicht jedem der Patentsucher ein selbständiges Patent zu ertheilen, sondern sie erhalten ein gemeinsames Patent (Staub im P.Bl. 1888 S. 74; a. M. Rosenthal S. 97).

Rechts- und Handlungsfähig. **8.** Der Anmelder muß rechts- und handlungsfähig sein. Nach der letzteren Richtung ist hervorzuheben, daß der Anmelder durch das Patent nicht blos Rechte erwirbt, sondern auch die Verbindlichkeit zur Gebührenzahlung übernimmt (Gareis S. 73).

Ausländer. **9.** Auch Ausländer haben als erste Anmelder den Anspruch auf Ertheilung, es sei denn, daß gegen sie gemäß § 12 Abs 2 ein Vergeltungsrecht zur Anwendung zu bringen ist.

Wer nicht im Inlande wohnt, kann, gleichviel ob er In- oder Ausländer ist, den Anspruch nur geltend machen, wenn er gemäß §. 12 Abs. 1 einen Vertreter bestellt hat.

10. Mitglieder und Beamte des Patentamts sind nicht unfähig, Patente nachzusuchen und zu erhalten. Im Verwaltungswege ist Vorsorge getroffen, daß Unzuträglichkeiten und dienstliche Konflikte aus einer solchen Anmeldung nicht entstehen (Robolski S. 58). Mitglieder des P.A.

11. Nicht blos physische, sondern auch juristische Personen und solche Gesellschaften, denen das Gesetz Vermögensfähigkeit beilegt, können Erfindungen zur Patentirung anmelden. Dies ist um so unbedenklicher, als sie sogar durch ihre Organe und Beamten Erfindungen machen können (N. 24); außerdem braucht der Anmelder nicht einmal Erfinder gewesen zu sein (N. 3). Ein nicht rechtsfähiger Verein (§. 54 B.G.B.) kann nicht anmelden. Juristische Personen.

Reichs- und Landesfiskus, sowie ausländische Staaten können ebenfalls beim P.A. Erfindungen anmelden; dies ist für die Reichsverwaltung noch ausdrücklich in §. 19 Abs. 3, §. 23 Abs. 5 anerkannt.

12. Mehrere Personen können gemeinsam eine Erfindung anmelden; in diesem Falle wird nicht jedem von ihnen, sondern nur allen zusammen ein Patent verliehen. Mehrere.

Zieht einer der mehreren Anmelder die Anmeldung zurück, so kann das P.A. das Patent nicht ertheilen, denn das ursprüngliche Gesuch besteht nicht mehr zu Recht, nachdem einer der Anmelder erklärt hat, er nehme seine Anmeldung zurück: weder kann das P.A. dem Zurücknehmenden wider seinen Willen das Patent mitertheilen, noch darf es auf die von diesem mitunterschriebene Anmeldung nur den anderen Mitunterzeichnern das Patent gewähren. Letztere sind nicht gehindert, die Erfindung nachher nochmals anzumelden, um für sich allein das Patent zu erhalten, setzen sich dann aber unter Umständen dem Einspruche des ursprünglichen Mitanmelders auf Grund des §. 3 Abs. 2 aus. Kohler Handbuch S. 307 scheint Akkrescenz zu Gunsten der Mitanmelder annehmen zu wollen; diese kann aber aus dem angegebenen formalen Momente hier nicht zur Anwendung kommen. Dagegen unterliegt es natürlich keinem Bedenken, dieses Rechtsinstitut dort, wo es nach allgemeinen Rechtsgrundsätzen Platz greift, wie bei Miterben oder Kollegataren (§§. 2094, 2158 B.G.B.) zur Anwendung zu bringen.

Der Antheil, welchen jeder der Anmelder am Anspruche hat, ist ebenso wie der Antheil an einem Patent, sein Sondereigenthum. Nach den Bestimmungen des Civilrechts über Miteigenthum ist zu entscheiden, ob der Einzelne berechtigt ist, über seinen Antheil Verfügungen zu treffen und welche Befugnisse den anderen Theilnehmern gegenüber solchen Verfügungen zustehen, insbesondere auch, ob sie ein Vorkaufsrecht haben. Ebenso ist nach diesen Normen zu entscheiden, nach welchen Grundsätzen der gemeinschaftliche Gegenstand verwaltet und benutzt wird, ferner, ob und wann die Aufhebung der Gemeinschaft herbeigeführt werden kann (vergl. Schmid in Gewerbl. Rechtsschutz 3, 193).

Für das heutige deutsche Recht greifen insbesondere §§. 741 ff. B.G.B. Platz. Danach ist jeder Theilhaber befugt, über seinen Antheil zu verfügen, ihn zu veräußern oder zu verpfänden. Licenzen können nur alle gemeinsam ertheilen, wobei nach §. 745 Stimmenmehrheit, die nach der Größe der Antheile zu berechnen ist, entscheidet.

Verletzungen des Patents kann jeder einzelne gerichtlich verfolgen (L.G. Elberfeld und R.G. im P.Bl. 1883 S. 413, G. 4, 253; Oesterreich. Handelsministerium im Bl. 5, 206). Jeder Theilhaber hat die Kosten für die Ertheilung, Erhaltung und Verwerthung des Patents nach dem Verhältnisse seines Antheils zu tragen. Jeder Mitberechtigte kann jederzeit die Aufhebung der Gemeinschaft verlangen; das Nähere siehe §§. 749 bis 751 B.G.B.

Findet eine Verständigung unter den Mitberechtigten nicht statt, so erfolgt die Aufhebung der Gemeinschaft durch Verkauf des gemeinschaftlichen Gegenstandes nach den Vorschriften über den Pfandverkauf und durch Theilung des Erlöses (§. 753 B.G.B.).

Wegen des Verzichts vergl. N. 4 zu §. 9.

Identität.

13. Der durch das Gesetz von 1891 neu eingefügte Satz 2 des Abs. 1 regelt einen Fall der Identität zweier Anmeldungen, indem er bestimmt, daß durch eine Anmeldung der Anspruch auf ein Patent nicht entsteht, wenn nachstehende Voraussetzungen zutreffen:

a) die angemeldete Erfindung bereits vorher beim P.A. zur Anmeldung gelangt war,
b) die frühere Anmeldung zur Ertheilung eines Patents führt,
c) dieses Patent zur Zeit der Beschlußfassung über die neue Anmeldung noch besteht.

Zu a. Die später angemeldete Erfindung muß mit der früher angemeldeten entweder sich völlig decken oder letztere muß als weitergehende sie einschließen; ist nur ein Theil der später angemeldeten mit der früheren identisch, so trifft nicht Satz 2, sondern Satz 3 zu. Wenn die spätere Anmeldung ein Einzelelement einer früher angemeldeten Kombination enthält, so liegt weder der Fall des Satzes 2 noch des Satzes 3 vor, da dem P.A. die Prüfung nicht zusteht, ob die Elemente einer Kombinationserfindung unter Patentschutz stehen. — Von wem die frühere Anmeldung ausgegangen war, ob von demselben, welcher die spätere Anmeldung eingereicht hat, oder von einem Anderen, ist unerheblich. Es kommt nur auf die Priorität der Anmeldung (N. 6, 7), nicht der Erfindung an. Eine spätere Anmeldung hat nur in dem Falle das Vorrecht vor einer früheren, wenn der spätere Anmelder auf Grund einer Anmeldung in einem Vertragsstaate (Oesterreich-Ungarn, Schweiz, Italien) ein Prioritätsrecht genießt, vergl. Art 3, 4 der am Schlusse des Buches mitgetheilten Verträge

Zu b. Ist die frühere Anmeldung zurückgenommen oder endgültig zurückgewiesen worden, so steht sie einer späteren Anmeldung nicht entgegen (P.A. im Bl. 2, 279, R.G. im Bl. 6, 148). Das P.A. wird deshalb die Beschlußfassung über letztere aussetzen, bis das Schicksal der früheren feststeht (N. 5 zu §. 24).

Zu c. War das auf die ältere Anmeldung ertheilte Patent zur Zeit der Beschlußfassung über die neue Anmeldung erloschen, für nichtig erklärt oder zurückgenommen, so gewährt letztere einen Anspruch auf Ertheilung eines Patents (ebenso Schanze in Zeitschr. für gewerbl. Rechtsschutz 3, 289 und 305 und die bisherige Praxis des P.A.). Nach Bolze „Der Entwurf einer Patentnovelle" 1890 S. 41 ff. kommt es nur darauf an, ob zur Zeit der späteren Anmeldung das frühere Patent noch bestand oder nicht. Eine dritte Ansicht, welche vom R.G. vertreten wird (R.G. 33, 149, im P.Bl. 1894 S. 184 und besonders R.G. im Bl. 6, 148), erklärt es für unerheblich, ob das ältere Patent zur Zeit der späteren Anmeldung überhaupt noch bestand; maßgebend sei allein, ob jemals dieselbe Erfindung bereits früher in Deutschland patentirt worden ist, denn eine Erfindung, die einmal patentirt gewesen, habe dadurch aufgehört, in demselben Rechtsgebiete ferner patentirbar zu sein. Gegen diese Ansicht Damme im Gewerbl. Rechtsschutz 5, 106; dem R.G. stimmen zu Alexander-Katz ebenda S. 193 (vergl. auch ebenda S. 216) und Kohler Handbuch S. 279. Zu beachten ist, daß, wenn die Erfindung in Folge der älteren Anmeldung bereits in öffentlichen Druckschriften, insbesondere in der Patentschrift ausreichend beschrieben war, die zweite Anmeldung nach §. 2 nicht zu einem Patent führen kann; diese Publizität wird aber, wenn die Nichtigkeit oder Zurücknahme eines Patents ausgesprochen wird, regelmäßig schon stattgefunden haben.

Die volle Bedeutung der Bestimmung des Abs. 1 Satz 2 ergiebt sich aus §. 10 Nr. 2, §. 21 Abs. 3, §. 22 Abs. 1, §. 24 Abs. 2, nach welchen das P.A. verpflichtet ist, wenn die obigen Voraussetzungen vorliegen, die spätere Anmeldung auf Einspruch oder von Amtswegen zurückzuweisen und ein auf sie versehentlich ertheiltes Patent für nichtig zu erklären.

14. Der Satz 3 des Abs. 2, welcher durch das Gesetz von 1891 neu eingefügt ist, regelt zunächst unzweifelhaft den Fall der theilweisen Identität der angemeldeten Erfindung mit dem Gegenstande des auf eine frühere Anmeldung ertheilten Patents. Die Voraussetzungen sind die in N. 13 aufgeführten, nur daß hier die neue Anmeldung außer dem, worin sie mit der früher angemeldeten Erfindung übereinstimmt, noch einen originellen Bestandtheil haben muß, der an sich eine neue gewerblich verwerthbare Erfindung repräsentirt. **Theilweise Identität.**

Liegen diese Voraussetzungen vor, so kann der Patentsucher nur auf den originellen Bestandtheil seiner Anmeldung ein Patent beanspruchen, er wird also weder mit seiner Anmeldung vollständig zurückgewiesen, noch erhält er das Patent im ganzen Umfange der Anmeldung, sondern es ist Sache des P.A., aus der letzteren den originellen Kern herauszuschälen und auf diesen das Patent zu ertheilen.

Der Schlußsatz der N. 13 findet auch hier Anwendung, nur daß die Nichtigkeitserklärung hier nicht das ganze Patent, sondern nur den nicht neuen Theil desselben trifft; in Folge dessen geschieht sie durch Einschränkung des Patents auf den originellen Theil (§. 10 Abs. 2).

15. Hat das P.A. versehentlich ein Patent ertheilt, welches mit einem älteren ganz oder theilweise übereinstimmt, so kann der Inhaber **Identische Patente.**

des älteren Patents dem Inhaber des jüngeren, so lange das letztere nicht auf Grund des §. 10 für nichtig erklärt ist, weder die Ausnutzung der geschützten Erfindung untersagen, noch gegen ihn wegen Patentverletzung civil- oder strafrechtlich vorgehen. Bis zur Nichtigkeitserklärung stehen beide gleichberechtigt nebeneinander. Jeder hat das Recht des Anderen und derjenigen, welche von diesem Rechte ableiten, z. B. der Licenzträger, zu respektiren. Wird durch die Nichtigkeitserklärung vermöge der rückwirkenden Kraft derselben (Note 15 zu §. 10) dargethan, daß der jüngere Anmelder von vornherein kein Patent hatte, so ist der ältere Patentinhaber nicht mehr gehindert, gegen ihn wegen Patentverletzung gerichtlich vorzugehen; für die Vergangenheit wird er dies allerdings nur mit Erfolg thun können, wenn er gemäß §§. 35, 36 ihm grobe Fahrlässigkeit oder Wissentlichkeit bezüglich der Kenntniß der Identität beider Patente nachzuweisen vermag.

So lange das neue Patent nicht für nichtig erklärt ist, kann sein Inhaber gegen Dritte sowohl civilrechtlich als strafrechtlich wegen Patentverletzung vorgehen. Behauptet der Beklagte die Nichtigkeit des Patents, so steht dem Gerichte nicht das Recht zu, selbst über die Gültigkeit oder Nichtigkeit des Patents zu entscheiden; dies ist Sache des P.A. und in der Berufungsinstanz des R.G. Ueber die Befugniß des Gerichts, den Rechtsstreit bis zur Entscheidung des Nichtigkeitsverfahrens auszusetzen, vergl. N. 3 zu §. 10.

Abhängigkeit.

16. Nach der Absicht der gesetzgebenden Faktoren bei Schaffung des Gesetzes von 1891 (Mot. II S. 13, Komm.-Ber. II S. 5) sollten Satz 2 und 3 des Abs. 1 nicht blos den Fall der gänzlichen und theilweisen Identität der angemeldeten Erfindung mit dem Gegenstande des auf eine frühere Anmeldung ertheilten Patents, sondern auch gleichzeitig die Frage der Abhängigkeit einer Erfindung von einer anderen regeln. Man versteht darunter allgemein das Verhältniß, daß eine Erfindung in eine andere, früher angemeldete, derart eingreift, daß sie nicht ohne Beeinträchtigung der Rechte des früheren Anmelders benutzt werden kann, und ist darin einig, daß die Benutzung der neuen Erfindung nicht ohne die Erlaubniß des aus dem früheren Patent Berechtigten stattfinden darf.

Abhängigkeit liegt z. B. vor, wenn Jemandem ein Patent auf ein mechanisches Produkt ertheilt war, und nun ein Anderer eine neue Maschine zur Herstellung dieses Produktes erfindet und anmeldet.

Der Zweite darf ohne Erlaubniß des Ersten, solange dessen Patent besteht, seine Maschine zwar bauen und verkaufen, aber sie darf nicht zu jenem Verfahren angewendet werden. Umgekehrt kann Jemand, nachdem eine Maschine patentirt ist, welche zu einem bestimmten Zwecke gebraucht werden soll, ein ganz neues Verfahren erfinden, jene Maschine zu einem anderen Zwecke anzuwenden. Hier darf der Zweite seine Erfindung, solange das ältere Patent besteht, überhaupt nicht ausbeuten, da ein Gebrauch der Maschine das ältere Patentrecht verletzen würde. Fällt das ältere Patent aus irgend einem Grunde weg, so wird das jüngere voll wirksam. Andererseits darf aber auch der Inhaber des älteren Patents die Erfindung des Zweiten nicht ohne dessen ausdrückliche Zustimmung benutzen. Eine Abhängigkeit kann nicht blos zwischen Verfahren und Produkt bestehen, sondern es können Verfahren, Apparat und Produkt in jeder möglichen Kombination von einander abhängen.

Die abhängige Erfindung muß ebenfalls eine patentfähige Erfindung sein, darf also nicht in einer blos konstruktiven Abänderung der Haupterfindung bestehen. Sie kann eine Verbesserung derselben, eine Steigerung ihrer technischen Wirkung enthalten; dann liegt ein sog. Verbesserungspatent vor (N. 11 zu §. 7). Sie kann in technischer, wie in wirthschaftlicher Bedeutung der Haupterfindung gleichstehen, ja diese noch weit überragen — dies hindert nicht, daß sie patentrechtlich von ihr abhängig ist. Die Erfindung der Lokomotive wäre von dem für die Dampfmaschine ertheilten älteren Patent abhängig (Enqu. 1886 S. 84). Bei chemischen Patenten, bei denen nach §. 1 nur ein bestimmtes Verfahren den Gegenstand des Schutzes bildet, gilt dieser Grundsatz nicht in vollem Umfange (siehe unten).

Wenn im öffentlichen Interesse es geboten erscheint, daß der Patentinhaber A dem B die Erlaubniß zur Benutzung der Erfindung ertheilt, A aber gleichwohl sich weigert, diese Erlaubniß gegen angemessene Vergütung und genügende Sicherstellung zu ertheilen, so kann sein Patent zurückgenommen werden. (N. 11 zu §. 11).

Auch zwischen chemischen Erfindungen kann ein Abhängigkeitsverhältniß bestehen, trotzdem bei ihnen nur das Herstellungsverfahren geschützt wird. Wenn nämlich B auf der Grundlage des dem A geschützten Verfahrens unter Anbringung von Modifikationen und Abänderung von Einzelheiten ein neues Verfahren ausarbeitet, so ist seine Erfindung von der des A abhängig. Allerdings ist dabei Voraussetzung, daß die Abweichungen des B nicht ganz unbedeutend sind und nicht blos in Einfügung von ganz gleichwertigen Elementen bestehen, denn sonst wäre es mit dem ersten Verfahren patentrechtlich identisch. Vielmehr muß bei ihm ein Erfindungsgedanke vorliegen, durch den das früher erfundene Verfahren fortgebildet wird. Schreitet aber das neue Verfahren durch seinen hervorragenden Erfolg soweit über den Wirkungskreis des älteren hinaus, daß es, wenngleich es sich auf demselben Gebiete bewegt, dennoch nicht als eine bloße Verbesserung und Steigerung des alten, sondern als etwas im Wesentlichen Anderes anzusehen ist, dann liegt nicht mehr eine abhängige, sondern eine selbständige Erfindung vor. (Urtheil des R.G. in den Auer-Prozessen im Bl. 5, 24, in Jurist. Wochenschrift 1898 S. 543; vergl. auch R.G. im Bl. 2, 291).

Ein Abhängigkeitsverhältniß wird bei chemischen Erfindungen regelmäßig nur vorliegen, wenn die ältere Erfindung nicht blos in einer durch praktische Versuche und Erfahrungen verbesserten fabriktechnischen Anwendung und Handhabung bekannter chemischer Prozesse besteht, sondern wenn es sich bei ihr um eine grundlegende Erfindung handelt, etwa um die epochemachende Auffindung eines neuen Stoffes oder einer neuen Methode, welche ungeahnte neue Bahnen erschließt. (R.G. im Bl. 4, 4).

Ein Patent kann auch von einem Gebrauchsmuster abhängig sein, nämlich wenn es nicht ausgeübt werden kann, ohne in das auf Grund einer früheren Anmeldung eingetragene Muster einzugreifen. Darüber handelt §. 5 Abs. 2 des Gesetzes betr. den Schutz von Gebrauchsmustern, während Abs. 1 des §. 5 den Fall der Abhängigkeit des Gebrauchsmusters von einem Patent behandelt.

Nach dem Patentgesetz von 1877 war es streitig, ob das P.A. befugt war, bei der Ertheilung eines Patents seine Abhängigkeit von einem älteren Patent mit der Wirkung auszusprechen, daß seine Abgrenzung der in einander greifenden Patentrechte für die Gerichte bindend war. Das Gesetz von 1891 sollte diese Frage in bejahendem Sinne entscheiden (vergl. N. 1). So unzweifelhaft diese Absicht vorhanden war, so wenig ist sie im Gesetze selbst zum Ausdrucke gelangt. Dieses behandelt nur die gänzliche oder theilweise Identität, nicht aber die Abhängigkeit. Wenn Jemand z. B. in dem oben erwähnten Falle ein Patent auf ein mechanisches Produkt hat und nun ein Anderer eine neue Maschine zur Herstellung dieses Produktes erfindet, so ist dieser Fall weder unter Satz 2, noch unter Satz 3 des §. 3 zu subsumiren, denn die Maschine ist weder ganz, noch theilweise Gegenstand des Produktenpatents. Die abhängige Erfindung schließt die Haupterfindung nicht ein, sondern setzt sie voraus Satz 2 und 3 sprechen aber nur aus, daß man ein Patent nicht auf einen Gegenstand erhalten kann, welcher bereits durch ein anderes Patent geschützt ist; ergänzend bestimmt §. 10, daß gegen Verletzung dieser Vorschrift Remedur im Nichtigkeitsverfahren geschaffen werden kann.

Insbesondere ist vor einer Verwechslung der Abhängigkeit mit der Theilnichtigkeit zu warnen. Eine Maschine kann so zusammengesetzt sein, daß sie ohne einen in bestimmter Weise gestalteten Theil nicht gebaut werden kann. War dieser Theil zur Zeit der Anmeldung der Maschine im Sinne des §. 2 bereits bekannt, so kann dem Erfinder der Maschine das Patent nur auf die Maschine im Ganzen ertheilt werden. Würde er einen besonderen Patentanspruch auch auf jenen bekannten Theil formulirt haben, so würde derselbe zu streichen und ihm das Patent „mit Beschränkung" auf das Ganze zu ertheilen sein. Dies ist ein Fall der theilweisen Identität. Bestand dagegen zu der Zeit seiner Anmeldung bereits ein älteres Patent auf jenen Theil, so ist das auf die Maschine im Ganzen ihm ertheilte Patent von jenem älteren Patent abhängig, so daß er trotz des ihm ertheilten Patents die Maschine nicht ohne Zustimmung des älteren Patentinhabers herstellen, in Verkehr bringen oder gebrauchen darf. Dies ist der Fall der Abhängigkeit. (R.G. 33, 149, im P.Bl. 1894 S. 481). Vergl. über Vorstehendes aus der Zeit vor dem Gesetz von 1891 namentlich Rommel im P.Bl. 1885 S. 23 und gegen ihn Bolze Der Entwurf einer Patentnovelle S. 129, sowie R.G. 12, 123, im P.Bl. 1885 S. 20, G. 5, 283.

17. Hat die Absicht des Gesetzgebers im Gesetze selbst keinen Ausdruck gefunden, so kann sie auf Berücksichtigung keinen Anspruch machen, folglich ist die Frage, wer über die Abhängigkeit zu entscheiden hat, auch nach dem Gesetze von 1891 eine offene geblieben und nach allgemeinen Rechtsgrundsätzen zu entscheiden. Da aus der Patentertheilung ein Privatrecht entsteht, so gehört der Streit zweier Patentinhaber über die Abhängigkeit ihrer Rechte zu den bürgerlichen Rechtsstreitigkeiten. Zur Entscheidung derselben sind nach §. 13 G.V.G. die ordentlichen Gerichte berufen. Das P.A. ist insbesondere nicht berechtigt, im Nichtigkeitsverfahren sich über die Abhängigkeit auszusprechen. Dies ist jetzt die allgemeine Ansicht und wird in ständiger Praxis ebenso vom R.G. (R.G. 33, 149, im P.Bl. 1894 S. 481; R.G. 45, 72; Bl. 3, 70; Bl. 6, 60; Bl. 6, 195; Jurist. Wochenschrift 1897 S. 636, 1898 S. 610, 1900 S. 135), wie vom P.A. (Bl. 6, 20; Bl. 6, 301) anerkannt. Aus der Literatur vergl. Häuser in Zeitschrift für gewerbl. Rechtsschutz 2, 10, Kohler ebenda 2, 276, Katz ebenda 2, 393, Reuling Zur Frage der Zuständigkeit des P.A. zur Ertheilung sog. abhängiger Patente. Berlin 1898, Wirth Gewerbl. Rechtsschutz 5, 79. Ordentliche Gerichte.

Da der Ausspruch des P.A. bei der Patentertheilung über die Abhängigkeit ohne rechtliche Bedeutung ist, so nimmt jetzt das P.A. davon Abstand, in den Anspruch des jüngeren Patents eine Bezugnahme auf das ältere aufzunehmen (vergl. N. 16 zu §. 20).

Die Abhängigkeitsklage bezweckt die Feststellung des Rechtsverhältnisses zwischen zwei Patenten. Sie kann demnach gemäß §. 256 C.P.O. erhoben werden, wenn der Kläger ein rechtliches Interesse daran hat, daß das Rechtsverhältniß alsbald festgestellt werde. Kläger wird regelmäßig der Inhaber des älteren Patentes oder derjenige sein, welchem ein ausschließliches Nutzungsrecht an demselben zusteht. Die Klage ist gegen den Inhaber des jüngeren Patents oder gegen denjenigen, welcher das jüngere Patent ausüben will, zu richten. Wohnt der Inhaber eines Patents nicht im Inlande, so ist sein gemäß §. 12 bestellter Vertreter befugt, ihn im Rechtsstreite zu vertreten (R.G. 42, 92, im Bl. 5, 30; a. M. bezüglich des Vertreters des Beklagten Kohler Handbuch S. 416). Die Klage ist auch zulässig, wenn die Patente noch nicht ertheilt sind, aber durch die Bekanntmachung gemäß §. 23 ein einstweiliger Patentschutz begründet ist. Ein Antrag, ein verfallenes Patent für abhängig zu erklären, ist unzulässig (Bolze 19, 122). Das Interesse an der alsbaldigen Feststellung des Rechtsverhältnisses wird regelmäßig vorliegen, wenn der Beklagte die Abhängigkeit bestreitet und von ihm nach der konkreten Sachlage zu erwarten ist, daß er dem entsprechend auch ohne Erlaubniß des älteren Patentinhabers sein Patent ausnützen wird (R.G. im Bl. 4, 144, Jurist. Wochenschrift 1898 S. 439). Der Antrag der Klage geht auf Feststellung, daß das Patent Nr. . . . nicht ohne Erlaubniß des Inhabers des Patents Nr. . . . . ausgeübt werden darf.

Umgekehrt kann auch der Inhaber des jüngeren Patents gegen den des älteren die Klage auf Unabhängigkeit seines Patents anstellen.

Die eben entwickelten Grundsätze gelten analog auch für diese Klage. Hier ist das rechtliche Interesse des Klägers schon dann vorhanden, wenn das P.A. bei Ertheilung des jüngeren Patents die Abhängigkeit desselben durch Aufnahme eines Vermerks in den Anspruch ausgesprochen hatte. Die Klage darf aber nicht Beseitigung des bezüglichen Vermerks verlangen, denn die Gerichte können nicht ein Patent ändern, sondern nur auf Feststellung des Rechtsverhältnisses zwischen den Parteien gerichtet sein (R.G. im Bl. 6, 60; vergl. auch R.G. im Bl. 6, 64). Nach allgemeinen Rechtsgrundsätzen (R.G. 9, 337) trifft den Beklagten die **Beweislast** für die Abhängigkeit. Der Beklagte kann widerklagend Feststellung der Abhängigkeit verlangen, auch wenn er Abhängigkeit von einem anderen Patent, als dem im Klageantrage genannten behauptet, vorausgesetzt, daß auch dies andere Patent ihm gehört (R.G. im Bl. 6, 64).

Abs. 2.

Widerrechtliche Entnahme.

18. Der Abs. 2 will den Gefahren vorbeugen, welche die Bestimmung des Abs. 1, daß dem **ersten Anmelder** der Anspruch auf das Patent zusteht, mit sich bringen kann (vergl. N. 3). Er schließt deshalb im Satz 1 den Anspruch aus, wenn folgende **Voraussetzungen** zusammen vorliegen:

a) der wesentliche Inhalt der Anmeldung (N. 19)
b) ist entnommen (N. 20)
c) den Beschreibungen u. s. w. (N. 21)
d) eines Anderen (N. 22—25)
e) ohne dessen Einwilligung (N. 26)
f) der Verletzte erhebt deshalb Einspruch (N. 27).

Ist das Patent ertheilt worden, weil die letzte Voraussetzung fehlte oder unter Verwerfung des Einspruchs, so kann der Verletzte nach §§. 10, 28 Abs. 2 die Nichtigkeitsklage anstellen.

Wesentlicher Inhalt.

19. Welches der **wesentliche Inhalt** einer Anmeldung ist und welche Bestandtheile derselben nicht wesentlich sind, für diese Scheidung lassen sich nicht allgemeine Grundsätze aufstellen, sondern dies kann nur im einzelnen Falle bestimmt werden. Anhaltspunkte giebt **Kohler** Handbuch S. 313. Auszugehen ist davon, daß einerseits nicht die Erfindung so, wie sie angemeldet ist, entlehnt zu sein braucht, denn sonst würde jede Konstruktionsänderung ausreichen, um die Bestimmung illusorisch zu machen (**Bolze** 10, 178), daß aber andrerseits auch dem Erfindergeiste nicht dadurch Fesseln angelegt werden dürfen, daß kein Element seiner Erfindung anderswoher entlehnt sein darf. Bleibt nach Subtraktion des Entlehnten genug übrig, um einen patentfähigen Erfindergedanken in der Anmeldung zu erblicken, so muß dem Anmelder auf den originellen Theil der Anmeldung das Patent ertheilt werden. Die Entlehnung eines Elementes hindert z. B. nicht die Patentirung der Kombination (P.A. im P.Bl. 1890 S. 527, G. 8, 224). Hat Jemand ein Prinzip den Beschreibungen u. s. w. eines Anderen entnommen und meldet eine auf diesem Prinzip beruhende Erfindung an, so kann er den in seiner Erfindung konkretisirten allgemeinen Gedanken nicht geschützt verlangen, wohl aber

seine spezielle Konstruktion, falls in dieser ein Erfindergedanke liegt (P.A. und R.G. im P.Bl. 1882 S. 77, G. 4, 127).

Die Zulässigkeit der theilweisen Patentertheilung in diesem Falle folgt auch daraus, daß §. 10 Abs. 2 im Nichtigkeitsverfahren eine Einschränkung des Patents vorschreibt, wenn die Entlehnung nur einen Theil der Anmeldung betraf.

20. Die Entnahme liegt nicht schon dann vor, wenn der Gegenstand der Anmeldung mit den Beschreibungen u. s. w. übereinstimmt, denn diese Uebereinstimmung kann eine zufällige sein, sondern es ist nothwendig, daß in der Anmeldung der Inhalt der Beschreibung u. s. w. verwerthet worden ist. Dieser innere Vorgang wird sich regelmäßig nicht stringent nachweisen lassen; man wird aber eine Verwerthung dann annehmen dürfen, wenn der Anmelder oder sein Vorgänger den Inhalt jener Beschreibung u. s. w. gekannt hat. Unerheblich ist es, ob er die Beschreibung u. s. w. selbst gekannt hat, es ist ausreichend, wenn eine Mittelsperson von ihr Kenntniß genommen und darauf ihren Inhalt ihm mitgetheilt hat, sollte er ihm dabei auch verschwiegen haben, woher seine Kenntniß stammt. Denn das Gesetz verlangt nur das objektive Moment der Entnahme, ohne daß es auf eine widerrechtliche Absicht des Anmelders oder irgend einer anderen Person ankäme (R.G. 2, 137, im P.Bl. 1881 S. 29, G. 2, 97; P.A. im P.Bl. 1882 S. 27, G. 3, 184; Bolze 10, 178). **Entnommen.**

21. Was die Auslegung der Worte „Beschreibungen, Zeichnungen, Modelle, Geräthschaften, Einrichtungen, Verfahren" anlangt, so ist zu berücksichtigen, daß das Gesetz jede objektiv widerrechtliche Aneignung wirkungslos machen will. In Folge dessen ist eine ausdehnende Auslegung gerechtfertigt, mündliche Beschreibungen gehören beispielsweise auch hierher. Während also die Beschreibung der Erfindung in einem Vortrage den Vortragenden regelmäßig nicht hindert, sich dieselbe nachher noch patentiren zu lassen (N. 2 zu §. 2), so kann doch ein Dritter ohne Einwilligung des Vortragenden auf jene Erfindung kein Patent nehmen, wenn der wesentliche Inhalt der Anmeldung dem Vortrage entnommen war. **Beschreibungen u. s. w.**

Die Vorschrift des §. 3 Abs. 2 kommt nicht zur Anwendung, wenn die Erfindung zur Zeit der Anmeldung nicht mehr neu im Sinne des §. 2 war, denn auf eine Erfindung, welche im Inlande offenkundig benutzt oder in öffentlichen Druckschriften beschrieben war, hat Niemand ein derartiges Exklusivrecht, daß nur er durch ihre Aneignung verletzt würde. Folglich steht bei der Anmeldung einer solchen Erfindung Jedem das Einspruchsrecht zu, auch hat ihr das P.A. von Amtswegen das Patent zu versagen.

22. Die Beschreibungen u. s. w. dürfen nicht dem Patentsucher gehört haben. Dem steht der Fall gleich, wenn der Anmelder zwar Urheber der neuen Konzeption ist, aber nicht den Anspruch auf Ertheilung des Patents hat. Der Abs. 2 ist anwendbar, wenn die Beschreibungen u. s. w. bezw die Erfindungen dem Patentsucher und einem Anderen **Verletzter.**

gemeinschaftlich gehören, was insbesondere bei gemeinsamen Erfindungen, bei Miterben, bei Miteigenthümern einer Fabrik vorkommen wird (Kohler Handbuch S. 258). Meldet hier einer der Berechtigten ohne die Einwilligung aller die Erfindung an, so kann jeder, der nicht eingewilligt hat, Einspruch erheben (P.A. im P.Bl. 1879 S. 475, G. 1, 210 will mit Unrecht die Miterfinder ausschließlich auf den Rechtsweg verweisen). Ob die Beschreibungen u. s. w. oder die Erfindungen einem In- oder Ausländer gehören, ist unerheblich.

Durch die Entnahme verletzt ist nicht blos der Eigenthümer und der Besitzer der Beschreibungen u. s. w., sondern auch derjenige, welcher vermöge seines Gewahrsams an ihnen über sie thatsächlich zu verfügen im Stande war, nicht minder der Erfinder, selbst wenn ihm das Verfügungsrecht über die Beschreibungen u. s. w. nicht zustehen sollte (O.H.G. 25, 186, im P.Bl. 1879 S. 307, G. 1, 114; R.G. 2, 137, im P.Bl. 1881 S. 29, G. 2, 97; P.A. im P.Bl. 1879 S. 231, G. 1, 195, im P.Bl. 1882 S. 27, G. 3, 184, im P.Bl. 1883 S. 189, G. 4, 83, im P.Bl. 1887 S. 53, G. 6, 127). Bei mündlichen Beschreibungen würden der Verfasser derselben, sowie der Redner als Verletzte anzusehen sein.

Dienstherr. **23.** Sehr wichtig ist die Frage, wem der Anspruch auf die Ertheilung eines Patents für die Erfindung eines Beauftragten, Angestellten, Beamten zusteht (P.A. im P.Bl. 1879 S. 231, G. 1, 195, im P.Bl. 1880 S. 97, G. 1, 359, im P.Bl. 1883 S. 189, G. 4, 83; P.A. und R.G. im P.Bl. 1883 S. 465, G. 4, 89, im P.Bl. 1887 S. 53, G. 6, 127; L.G. zu H., R.G. und O.L.G. zu N. im P.Bl. 1889 S. 117, G. 7, 118; Dambach S. 14, Gareis S. 75 und in seiner Schrift „Ueber das Erfinderrecht von Beamten, Angestellten und Arbeitern", Rosenthal S. 82, Kohler Forschungen aus dem Patentrecht S. 5, Klostermann in Endemann's Handbuch Bd. 2 S. 327, Reuling Die Anrechte der Auftraggeber und Dienstherren an den Erfindungen ihrer Beauftragten und Angestellten. Berlin 1892; Damme in Deutsche Juristenzeitung 1898 S. 399; Erlaß des Preuß. Ministers für Handel, Gewerbe und öffentliche Arbeiten im P.Bl. 1878 S. 171, P.Bl. 1879 S. 23; vergl. P.Bl. 1879 S. 79).

Auf dem Gebiete der Geschmacksmuster ist die Frage durch § 2 des Gesetzes vom 11. Januar 1876 ausdrücklich zu Gunsten des Eigenthümers der gewerblichen Anstalt entschieden. Im Patentgesetz fehlt es an einer Bestimmung. Hier ist zu unterscheiden. Hat Jemand von einem Anderen den Auftrag erhalten, für ihn eine bestimmte Erfindung zu machen, und macht er in Ausführung dieses Auftrags die Erfindung, so gehört sie dem Auftraggeber (P.A. im P.Bl. 1883 S. 189, G. 4, 83; R.G. im P.Bl. 1889 S. 117, G. 7, 118). Es ist aber im einzelnen Falle zuzusehen, ob die Parteien wirklich die Intention hatten, daß der Auftraggeber Herr der Erfindung werden sollte, oder ob sie nur die Lieferung einer bestimmt gearteten Sache beabsichtigten (vergl. Bolze 23, 144). Unzweifelhaft ist es, daß, wenn durch Vertrag bestimmt ist, daß alle oder gewisse Erfindungen eines Kontrahenten ohne Weiteres Eigenthum des Andern werden sollen, Letzterer den Anspruch auf Ertheilung des Patents hat. Die Abmachung kann aber auch dahin gehen, daß A seine Erfindungen dem B zu offeriren hat, der sich dann darüber entscheiden muß, ob er sie erwerben und zum Patent anmelden oder ob er ihre Verwerthung dem A überlassen will (R.G. 31, 52, im P.Bl. 1893 S. 358, G. 10, 161). Hier hat B zunächst nur ein obligatorisches Recht gegen A auf Uebertragung der Erfindung; erst wenn die Uebertragung stattgefunden hat, erlangt B ein Recht an der Erfindung selbst und den Anspruch auf Ertheilung des Patents. Derartige Abmachungen kommen insbesondere als Bestandtheil eines Dienstvertrags vor, sie können aber auch selbstständig getroffen werden.

Wie ist es dagegen, wenn weder ein spezieller Auftrag, noch ein direktes Abkommen über die Erfindung vorliegt? Diese Frage kann überhaupt nur aufgeworfen werden, wenn der Erfinder in einem privat- oder öffentlichrechtlichen Dienstverhältniß steht. Ausschlaggebend für ihre Beantwortung ist, ob der Angestellte zufolge seines Dienstvertrages verpflichtet war, auf Erfindungen der in Rede stehenden Art, und zwar au, Erfindungen für den Dienstherrn bedacht zu sein (R.G. im Bl. 4, 142, Jurist. Wochenschrift 1898 S. 365; R.G. Straff. 32, 216; R.G. im Bl 6, 337, im Bl. 6, 338). War es der Fall, so gehört sie dem Dienstherrn sonst dem Erfinder. Letzteres wird z. B. regelmäßig zutreffen, wenn der Angestellte nicht in einer Produktionsstätte beschäftigt ist. Ferner dann, wenn es sich um Erfindungen handelt, welche nicht in die gewerbliche Sphäre des Etablissements, dem der Erfinder angehört, fallen. Ebenso ist zu entscheiden, wenn die Erfindung zwar in die Sphäre des Etablissements, aber nicht in den Berufskreis, welcher dem Erfinder innerhalb desselben angewiesen ist, fällt, beispielsweise, wenn der Handlungsreisende oder der nur zu mechanischen Nachzeichnungen engagirte Zeichner einer Maschinenfabrik eine Verbesserung an den in der Fabrik konstruirten Maschinen erfindet (O.L.G. zu N. im P.Bl. 1889 S. 117, G. 7, 118). Scheidet man diese beiden Fälle aus, so hat man das Gebiet vor sich, auf welchem man einen Anspruch des Dienstherrn auf die Erfindung annehmen kann, aber nicht annehmen muß, denn es bedarf nun noch in jedem einzelnen Falle einer besonderen Untersuchung, ob das Machen der Erfindung in den Rahmen der Obliegenheiten fiel, die sich für den Angestellten aus dem Engagementsvertrage oder aus der ihm in dem Etablissement zugewiesenen Thätigkeit nach der Absicht der Parteien oder nach den in dem betreffenden Industriezweige allgemein geltenden Gepflogenheiten ergaben. Man wird dies bei technisch gebildeten Angestellten, die in dem Etablissement eine superiore Stellung bekleiden, eher annehmen können als bei gewöhnlichen Arbeitern oder bei solchen Technikern, deren Stellung eine untergeordnete ist. Bei Ingenieuren, welche im Konstruktionsbureau, Chemikern, welche im Versuchslaboratorium der Fabrik beschäftigt sind, wird man es fast stets annehmen dürfen. Es wäre unrichtig, wenn man zwischen außergewöhnlichen Erfindungen und normalen konstruktivischen Verbesserungen scheiden wollte, denn derjenige welcher seine Kenntnisse in den Dienst eines Anderen stellt, schuldet diesem innerhalb des ihm übertragenen Berufskreises sein ganzes Können und Wissen, er kann nicht durch eine Mentalreservation das allerbeste desselben sich vorbehalten.

Nicht ausschlaggebend ist es, ob die Erfindung in oder außerhalb der Dienststunden, in oder außerhalb des Etablissements des Dienstherrn, mit oder ohne Benutzung der zu demselben gehörigen Werkzeuge und Arbeitskräfte gemacht worden ist. Andernfalls könnte das ganze Recht des Dienstherrn illusorisch gemacht werden. Der Techniker brauchte blos, wenn er beim Experimentiren und Nachdenken in der Fabrik merkt, daß er im Begriffe steht, eine bedeutende Erfindung zu machen, abzubrechen und Abends in seiner Privatwohnung den Faden der Gedanken und Experimente wieder aufzunehmen, um sich die Vortheile der Erfindung zu sichern oder mindestens die Rechte des Dienstherrn zweifelhaft zu machen. Und Zweifel werden fast stets entstehen, wenn es sich um zeitliche oder örtliche Lokalisirung eines inneren geistigen Vorganges, wie es das Erfinden ist, handelt. Wer will mit Sicherheit bestimmen, wann und wo die Erfindung perfekt geworden ist? Höchstens der bei dieser Frage sehr interessirte Erfinder, und selbst dieser nicht immer. Auch mit welchen Mitteln die Erfindung gemacht worden ist, wird regelmäßig dann zweifelhaft sein, wenn der Erfinder noch außerhalb der Fabrik sich mit seiner Erfindung beschäftigt hat. Wenn diese Unterscheidungen aber auch nicht den Ausschlag geben, so können sie unter Umständen Anhaltspunkte bei der Frage nach den Dienstobliegenheiten des Erfinders bilden. Hatte er sich in der Fabrik während der Dienststunden unter Benutzung des Fabrikpersonals und -materials mit der Lösung des Problems beschäftigt, so wird man daraus in Verbindung mit anderen Umständen bisweilen schließen können, daß seine Thätigkeit eine ihm beruflich obliegende war. Trifft dieser Schluß aber im einzelnen Falle nicht zu, so hat der Dienstherr vielleicht einen Anspruch auf Entschädigung für die Benutzung seiner Einrichtungen oder der ihm geschuldeten Arbeitszeit zu Privatzwecken, aber nicht auf die Erfindung (P.A. und R.G. im Bl. 4, 140). Umgekehrt gehört ihm die letztere auch dann, wenn der Erfinder sie ausschließlich Abends in seiner Privatwohnung mit seinen Privatmitteln gemacht hat, wofern sie in die Berufssphäre des Erfinders einschlug.

Wenn der Angestellte erst nach Aufhebung des Dienstverhältnisses mit der Erfindung hervortritt, so ist festzustellen, ob er sie bereits während der Dauer desselben gemacht hat. Es ist aber nicht nothwendig, daß die Erfindung während dieser Dauer bereits vollkommen abgeschlossen war, denn sonst brauchte der Angestellte nur, bevor er die Konstruktion des Erfindungsgegenstandes in allen Einzelheiten durchdacht hat, die Lösung des Dienstverhältnisses herbeizuführen, um sich die Verwerthung zu sichern. Vielmehr kommt es darauf an, ob während jenes Verhältnisses die Lösung des Problems im Großen und Ganzen gelungen war oder ob es noch einer weiteren schöpferischen Idee bedurfte, um ein patentfähiges technisches Ergebniß herzustellen Ein stringenter Beweis wird sich meistens nicht führen lassen, es wird dann Sache der Parteien sein, der Behörde die Ueberzeugung von der Richtigkeit ihrer Behauptungen durch Indizien zu verschaffen (P.A. und R.G. im P.Bl. 1887 S. 53, G. 6, 127).

Die vorstehend entwickelten Grundsätze sind im Wesentlichen die jetzt in der Rechtsprechung herrschenden, wie die angeführten Erkenntnisse ergeben. In der Entsch. im P.Bl. 1879 S. 231, G. 1, 195 hatte das P.A. noch zu viel Werth auf die oben als Anhaltspunkte charakterisirten Unterscheidungen gelegt.

24. Das Rechtsverhältniß, welches in Gemäßheit der Ausführungen in der vorigen Note entsteht, ist nicht so zu denken, daß der Beauftragte oder Angestellte die Erfindung macht und der Auftraggeber oder Dienstherr sie sodann von ihm, nach Analogie der cessio legis, derivativ erwirbt, vielmehr erfindet der Beauftragte oder Angestellte sofort unmittelbar für den Anderen, so daß dessen Anspruch auf Ertheilung des Patents ein originärer ist. Staat.

Die in der vorigen Note entwickelten Grundsätze treffen zu, gleichviel ob der Auftraggeber oder Dienstherr eine physische oder juristische Person ist. Letztere kann also nicht blos eine Erfindung anmelden, sondern sie auch machen, beides selbstverständlich nur durch ihre Organe. Das Reich und die Bundesstaaten nehmen keine ausnahmsweise Stellung ein, vielmehr sind jene Grundsätze auch auf die von ihren Beamten gemachten Erfindungen anwendbar. Demnach wird es bei einer von einem Telegraphenbeamten erfundenen Verbesserung eines Telegraphenapparats oder bei einer von einem Offizier auf dem Gebiete des Torpedowesens gemachten Erfindung erheblich sein, ob der Beamte lediglich am Schalter bezw. der Offizier nur im Frontdienst thätig ist, oder ob sie in der Telegraphen-Apparat-Werkstatt bezw. in dem Konstruktionsbureau der Admiralität beschäftigt sind.

25. Die in N. 23 entwickelten Grundsätze finden entsprechende Anwendung, wenn es sich um Entscheidung der Frage handelt, ob die von einem Gesellschafter gemachte Erfindung ihm oder der Sozietät gehört. Es ist aber zu berücksichtigen, daß ein Gesellschafter nicht blos in demjenigen Zweige des gesellschaftlichen Unternehmens, in welchem er gerade thätig ist, die gesellschaftlichen Zwecke zu fördern hat, sondern daß er weit mehr, als der Angestellte, seine ganze Person in den Dienst des gemeinsamen Unternehmens stellen muß. In Folge dessen werden zwar Erfindungen, welche außerhalb des Gegenstandes des gesellschaftlichen Unternehmens liegen, dem Gesellschafter, dagegen solche, die in den Rahmen dieses Unternehmens fallen, stets der Gesellschaft gehören, sollten sie auch im letzteren Falle beispielsweise von dem ausschließlich mit kaufmännischen Arbeiten befaßten Theilhaber der Maschinenfabrik gemacht sein. Eine Ausnahme würde nur eintreten, wenn der erfindende Gesellschafter durch Gesetz (Kommanditist) oder Vertrag von jeder Thätigkeit für die Gesellschaft befreit war. Sozietät.

Einwilligung. **26.** Die Einwilligung bedarf keiner bestimmten Form, sie kann sowohl ausdrücklich, als auch durch konkludente Handlungen ertheilt werden. In der bloßen Mittheilung der Erfindung an einen Andern liegt regelmäßig noch keine Einwilligung (R.G. 2, 137, im P.Bl. 1881 S. 29, G. 2, 97). Anders, wenn der Erfinder wußte, daß sein Dienstherr mit dem Gegenstande der Erfindung sich beschäftigte und durch seine Arbeiter Versuche anstellen ließ, und trotz dieser Kenntniß demselben seine Erfindung mittheilt, ohne einen Vorbehalt zu machen und ohne die Rückgabe der ihm übergebenen Zeichnungen auszubedingen (R.G. im P.Bl. 1883, S. 465, G. 4, 89), oder wenn der Erfinder, welcher für den Patentanmelder die zum Patent angemeldeten Gegenstände anfertigt, in Kenntniß der Patentanmeldung auf Bestellung des Anmelders die Gegenstände mit dem Vermerk „D.R.P. angemeldet" versieht (P.A. im Bl. 1, 186).

Wenn der Erfinder von dem Anmelder ein Entgelt für seine Mühewaltung sich ausbedungen oder auch ohne Abrede angenommen hat, so spricht die Vermuthung dafür, daß er ihm die Einwilligung ertheilt hat (P.A. im P.Bl 1883 S. 189, G. 4, 83). Leistet der Anmelder nicht das versprochene Entgelt, so kann der Erfinder, wenn es in bindender Weise versprochen ist, es im ordentlichen Rechtswege einklagen, dagegen kann er nicht die einmal unbedingt gegebene Einwilligung zurückziehen und mit Einspruch oder Nichtigkeitsklage den Anderen bekämpfen (P.A im P.Bl. 1883 S. 53, G. 4, 53).

Hatte der Berechtigte zu der Anmeldung des Anderen seine Einwilligung ertheilt, so ist eine Sinnesänderung nach erfolgter Anmeldung unerheblich (P.A. im Bl. 1, 186).

Einspruch. **27.** Das P.A. darf die Entlehnung nicht von Amtswegen berücksichtigen, sondern nur, wenn der Verletzte aus diesem Grunde Einspruch erhebt.

Der Verletzte (N. 22) oder sein Rechtsnachfolger (N. 5) muß den Einspruch erheben, der Einspruch eines Anderen wegen der Entlehnung ist wirkungslos

Der Verletzte muß Einspruch erheben. Genügt letzterer nicht den Erfordernissen des §. 24 Abs. 2, ist er insbesondere nicht rechtzeitig eingelegt, so darf das P.A. die in ihm behauptete Entlehnung nicht berücksichtigen.

Der Einspruch muß wegen der Entnahme eingelegt sein; es reicht also nicht hin, daß in dem Einspruch, der vielleicht auf andere Gründe gestützt ist, beiläufig die Entnahme behauptet ist, vielmehr muß es aus dem Einspruch klar hervorgehen, daß er auf die Entnahme, wenn auch neben anderen Thatsachen, gegründet wird.

Personen, welche nicht im Inlande wohnen, können Einspruch erheben, ohne einen Vertreter gemäß §. 12 bestellt zu haben.

Rückziehung. **28.** Der Schlußsatz des §. 3, welcher die Rechte des Verletzten gegenüber dem früheren Rechtszustand erweitert (N. 1 unter b), knüpft die Erweiterung an folgende Voraussetzungen.

a) Der Einspruch muß die Zurücknahme oder Zurückweisung der Anmeldung zur Folge gehabt haben. Es genügt nicht, daß die Anmeldung zurückgewiesen ist, sondern sie muß gerade wegen der Entnahme zurückgewiesen sein; da der zurückweisende Beschluß nach §§. 24 Abs. 3, 15 mit Gründen versehen sein muß, so wird aus diesen stets zu ersehen sein, weshalb die Zurückweisung erfolgt ist. Dagegen ist der Grund, aus welchem der Patentsucher die Anmeldung zurücknimmt, regelmäßig nicht ersichtlich, so daß das P.A. oder der Einsprechende meistens nicht wissen wird, ob er dies in Folge des Einspruchs gethan hat oder weil er die erste Jahresgebühr nicht zu zahlen vermochte (§. 24 Abs. 1) oder weil er sich inzwischen von der Werthlosigkeit der Erfindung überzeugt hat oder aus einem anderen Grunde. In Folge dessen wird man bei der Zurücknahme von dem Motiv ganz absehen müssen und die Voraussetzung für vorliegend annehmen, wenn die Zurücknahme erfolgte, nachdem Einspruch wegen Entnahme erhoben war.

b) Der Einsprechende bezw. sein Rechtsnachfolger (N. 5) muß die Erfindung nochmals anmelden. Er kann also nicht auf Grund der zurückgewiesenen oder zurückgenommenen Anmeldung (Enqu. 1886 S. 76) die Ertheilung des Patents verlangen, sondern er muß seine Erfindung nochmals anmelden. In Folge dessen ist er durch die, vielleicht schlechte, Redaktion der früheren Anmeldung nicht gefesselt, sondern kann seiner Anmeldung die Fassung geben, welche ihm geeignet dünkt. Diese Freiheit betrifft aber nur die Form der Anmeldung, inhaltlich muß sie dagegen mit der vorigen sich decken.

c) Die Anmeldung muß erfolgen innerhalb eines Monats seit Mittheilung des Bescheides des P.A. Da nur die Mittheilung an die Einsprechenden gemeint sein kann, so ergiebt sich daraus, daß ihm nicht nur gemäß §§. 24 Abs. 3, 15 der Zurückweisungsbeschluß zugestellt werden muß, sondern daß ihm das P.A. auch von der Rechtskraft desselben, sowie von der Zurücknahme des Einspruchs Mittheilung zu machen und diese Mittheilung formell zuzustellen hat.

Bezüglich des Zeitpunktes, zu dem die Anmeldung als erfolgt anzusehen ist, vergl. N. 3--5 zu §. 2

Die Frist zur Anmeldung endigt nach §. 187 Abs. 1, §. 188 Abs. 2 B.G.B. mit dem Ablaufe desjenigen Tages, welcher durch seine Zahl dem Tage der Zustellung des Bescheides entspricht Fehlt dieser Tag im nächsten Monat, so endigt die Frist mit dem Ablaufe des letzten Tages des Monats (§. 188 Abs 3 B.G.B.). Fällt der letzte Tag der Frist auf einen Sonntag oder einen in Preußen staatlich anerkannten allgemeinen Feiertag (N. 3 zu §. 8), so endigt die Frist erst am nächstfolgenden Werktage (§. 193 B.G.B.)

d) Der Anmelder muß die Vordatirung des Zeitpunktes seiner Anmeldung verlangen, von Amtswegen darf dieselbe nicht geschehen. Das Verlangen kann gleich mit der Anmeldung verbunden, es kann aber auch noch bis zur endgültigen Beschlußfassung gestellt werden.

Wirkung.

29. Liegen die in N. 28 aufgeführten Voraussetzungen vor, so tritt die gesetzliche Fiktion ein, daß die Anmeldung bereits am Tage vor der Bekanntmachung (§. 23) der früheren Anmeldung bei dem P.A. erfolgt ist. Die Bekanntmachung geschieht durch die im §. 23 Abs. 2 vorgeschriebene Veröffentlichung und die in §. 23 Abs. 3 angeordnete Auslegung; erfolgen beide nicht an demselben Tage, so ist die zuerst erfolgende Publikationsart maßgebend, so daß der ihr vorhergegangene Tag als Anmeldetag gilt. Das P.A. muß den maßgebenden Tag „festsetzen" (Damme in Gewerbl. Rechtsschutz 3, 257).

Die Wirkung der Fiktion ist, daß Beschreibung und Benutzung der Erfindung (§. 2) die Ertheilung des Patents nicht hindern, wenn sie an dem fingirten Anmeldungstag oder später erfolgen. Erfolgten sie aber vorher, wenn auch Seitens des unberechtigten ersten Anmelders, so bewirken sie die Zurückweisung der Anmeldung; dies kann insbesondere bei Reklamen, welche der erste Anmelder unmittelbar nach seiner Anmeldung veröffentlichte, praktisch werden. Die Klage auf Uebertragung des Patents (N. 30) ist für den Verletzten vortheilhafter, weil sie ihm das Patent mit der ursprünglichen Priorität verschafft.

Uebertragung des Patents.

30. Das Gesetz läßt die Frage offen, ob der Verletzte (N. 22), wenn die unbefugte Anmeldung zur Ertheilung eines Patents geführt hat, auf die Nichtigkeitsklage aus §. 10 Nr. 3 beschränkt ist oder ob er auch das Recht hat, anstatt diese Klage anzustellen, gegen den Patentinhaber auf Uebertragung des Patents zu klagen (Kohler Aus dem Patent- und Industrierecht III S. 1, Robolski S. 51, Bolze Der Entwurf einer Patentnovelle S. 151, v. Meibom Bemerkungen zum Entwurfe eines Gesetzes betreffend die Abänderungen des Patentgesetzes S. 35, Gierke Deutsches Privatrecht I S. 874, Mot. I S. 25, Enqu. 1886 S. 76, Komm.-Ber. II S. 6, R.G. im P.Bl. 1889 S. 117, G. 7, 118; R.G. 29, 49, im P.Bl. 1892 S. 577, G. 9, 219; R.G. 37, 41; R.G. im Bl. 2, 115, Jurist. Wochenschrift 1896 S. 192).

Die herrschende Ansicht, wie sie insbesondere in den Entscheidungen des R.G. ihren Ausdruck gefunden hat, geht dahin, daß dem Verletzten eine Klage mit dinglichem Charakter, also eine Art Patentvindikation gegen jeden Dritten nicht zusteht, daß er aber aus dem Vertragsverhältniß oder aus dem Rechtsgrunde der unerlaubten Handlung eine obligatorische Klage hat.

Mit der Vertragsklage kann er die Abtretung durchsetzen, wenn die Thätigkeit, deren Produkt die Erfindung ist, vertragsmäßig zu seinen Gunsten zu verwenden war und wenn trotzdem der andere Vertragstheil die Erfindung für sich hatte patentiren lassen (N. 23—25). Wegen der Klage aus der unerlaubten Handlung vergl. N. 4. Da diese Klagen nur persönlich sind, so versagen sie, wenn ein gutgläubiger Dritter Inhaber des Patents ist. Aus dem in N. 9 zu §. 6 entwickelten Grunde kann der Kläger im Falle des Obsiegens gegen den Patentinhaber die durch Letzteren mit gutgläubigen Dritten abgeschlossenen Licenzverträge nicht aufrufen.

Die Klage ist vor den ordentlichen Gerichten anzustellen, sie geht auf Uebertragung des Patents und Einwilligung in die Umschreibung desselben in der Patentrolle. Außerdem kann der Kläger gemäß §§. 292, 987—990 B.G.B. Herausgabe aller Früchte und Nutzungen verlangen; die Gegenansprüche des Beklagten wegen der Auslagen behufs Erwirkung und Aufrechterhaltung des Patents regeln sich in entsprechender Anwendung der §§. 994—996 B.G.B. (Kohler Handbuch S. 268).

Die Klage ist nicht davon abhängig, daß der Kläger Einspruch auf Grund des §. 3 Abs. 2 erhoben hat; andererseits steht die Zurückweisung des Einspruchs der Klage nicht entgegen.

§. 4.

Das Patent hat die Wirkung, daß der Patentinhaber ausschließlich befugt ist, gewerbsmäßig den Gegenstand der Erfindung herzustellen, in Verkehr zu bringen, feilzuhalten oder zu gebrauchen. Ist das Patent für ein Verfahren ertheilt, so erstreckt sich die Wirkung auch auf die durch das Verfahren unmittelbar hergestellten Erzeugnisse.

1. Der §. 4 hatte nach dem Patentgesetz von 1877 folgende Fassung: **Entstehungsgeschichte.**

Das Patent hat die Wirkung, dass niemand befugt ist, ohne Erlaubniss des Patentinhabers den Gegenstand der Erfindung gewerbsmässig herzustellen, in Verkehr zu bringen oder feilzuhalten.

Bildet ein Verfahren, eine Maschine oder eine sonstige Betriebsvorrichtung, ein Werkzeug oder ein sonstiges Arbeitsgeräth den Gegenstand der Erfindung, so hat das Patent ausserdem die Wirkung, dass niemand befugt ist, ohne Erlaubniss des Patentinhabers das Verfahren anzuwenden oder den Gegenstand der Erfindung zu gebrauchen.

Die Aenderungen des Gesetzes von 1891 bestehen in Folgendem:

a) Als Wirkung des Patentes ist jetzt die ausschließliche Befugniß des Patentinhabers zur Herstellung u. s. w. des Gegenstandes hingestellt, während sie früher als Verbietungsrecht gegenüber Dritten definirt war (N. 3).

b) Jetzt steht an allen patentirten Gegenständen der gewerbsmäßige Gebrauch ausschließlich dem Patentinhaber zu, früher nur an den Betriebsvorrichtungen und Arbeitsgeräthen (N. 10).

c) Der Schlußsatz der jetzigen Fassung ist neu hinzugefügt (N. 15 bis 19).

Provisorischer Schutz. 2. Die Wirkungen, welche § 4 dem Patent verleiht, treten schon vor der Patentertheilung mit der Bekanntmachung für den Gegenstand der Anmeldung einstweilen ein (§. 23 Abs. 1, §. 27 Abs. 2). Daraus, daß die Wirkungen an das „Patent" geknüpft sind (vergl. dagegen §. 4 des Ges., betr. den Schutz von Gebrauchsmustern), folgt, daß das Gericht die Rechtsgültigkeit der Patentertheilung nicht nachzuprüfen hat (R.G. Strafs. 3, 253; 6, 224; 14, 261; 26, 129).

Ausschließliche Befugniß. 3. Der Inhalt des Patentrechts besteht in der Ausschließlichkeit des Gewerbebetriebs („das durch die Patentertheilung erworbene Verbietungsrecht" R.G. 20, 128, im P.Bl. 1888 S. 141, G. 6, 224; das durch das Patent gegebene „Ausschließungsrecht" R.G. 9, 128, im P.Bl. 1883 S. 247, G. 4, 107). Durch Strafandrohung und Statuirung einer Schadensersatzpflicht schützt das Gesetz den Berechtigten gegen Jeden, welcher ihm gegenüber das Prinzip der Gewerbefreiheit bethätigen will.

Aber das Untersagungsrecht des Patentinhabers erschöpft nicht die ihm zustehenden Befugnisse: er ist nicht blos berechtigt, Anderen die Benutzung der Erfindung zu verbieten, sondern ihm selbst steht auch das Benutzungsrecht derselben zu. Dies folgt nicht schon aus dem Untersagungsrecht, denn es giebt Untersagungsrechte, welche dem Berechtigten nicht zugleich ein affirmatives Recht einräumen, z. B. die servitus altius non tollendi. Die Duplizität der im Patent liegenden Befugnisse entspricht den affirmativen und negativen Bestandtheilen des Eigenthumsrechtes. Das Gesetz von 1891 hat deshalb dem ersten Satze des §. 4 eine Fassung gegeben (N. 1), welche auch diese zweite Seite des Patentrechtes klar zum Ausdruck bringt und die Definition dieses Rechtes in Einklang mit der Fassung der verwandten Reichsgesetze (§. 1 der Gesetze über das Urheberrecht vom 11. Juni 1870, 9., 10., 11. Januar 1876, §. 8 des Markenschutzgesetzes vom 30 November 1874 — ebenso jetzt §. 12 des Waarenzeichengesetzes vom 12. Mai 1894 —) setzt. Aus der früheren Fassung hatten Theorie und Rechtsprechung (vergl. R.G. 9, 128, im P.Bl 1883 S. 247, G. 4, 107) zu Unrecht vielfach hergeleitet, daß §. 4 ausschließlich ein Untersagungsrecht gewähre, während die affirmative Befugniß unabhängig vom Patent, aus dem Grundsatze der Gewerbefreiheit folge.

Das Untersagungsrecht ist eingeschränkt durch § 5. Dem Benutzungsrecht können Schranken durch entgegenstehende Rechte Dritter (ältere Patente, Gebrauchsmuster) oder durch das öffentliche Recht (Telegraphenregal, Verbot des Verkehrs mit Sprengstoffen u. s. w.) gesetzt sein. Dies folgt aus allgemeinen Rechtsgrundsätzen. Ihnen gegenüber allein aus dem Wortlaute des §. 4 argumentiren zu wollen, würde zu den absurdesten Resultaten führen. Es könnte der Einbrecher, welchem ein Patent auf ein Verfahren, Schlösser zu öffnen, ertheilt worden ist, das Erbrechen fremder Thüren damit entschuldigen, daß er berechtigt sei, jenes Verfahren gewerbsmäßig zu gebrauchen, derjenige, der einen ihm patentirten Sprengstoff herstellt oder vertreibt, könnte trotz des Reichsgesetzes vom 9. Juni 1884 (R.G.Bl. S. 61) sich auf §. 4 berufen u. s. w. Es bedarf keiner Ausführung, daß in diesen Fällen die Kraft des §. 4 versagen muß und zwar deshalb, weil seine Bestimmung ihre Schranke in den Vorschriften des öffentlichen Rechts findet. Aber nicht blos in diesen, sondern, wie gesagt, auch in den Rechten Dritter. Ebensowenig wie der Erwerber eines Grundstücks gegenüber dem älteren Servitutberechtigten sich darauf stützen kann, daß das Eigenthum nach seiner Definition das Recht zur Ausschließung anderer verleihe, kann ein Patentinhaber die Rechte Dritter deshalb ignoriren, weil §. 4 seine Befugnisse, wie geschehen, definirt. Die Befugnisse des Patentinhabers finden ihre Grenze an den durch ein früheres Patent einem Anderen ertheilten Rechten (Bolze 7, 162; R.G. in Jurist. Wochenschrift 1890 S. 162).

4. Den Gegenstand der Erfindung kann ein Verfahren oder ein körperlicher Gegenstand oder beides zusammen bilden; der körperliche Gegenstand ist entweder ein Arbeitsmittel oder ein Arbeitserzeugniß. Danach kann Gegenstand der Erfindung sein (Hartig S. 136): **Gegenstand der Erfindung.**

1. ein Verfahren, welches mit schon bekannten Arbeitsmitteln durchführbar ist,
2. ein Arbeitsmittel (Werkzeug, Geräth, Waffe, Instrument, Maschine),
3. ein Arbeitserzeugniß (Fabrikat, Waare),
4. ein Verfahren mit zugehörigen, zu seiner Ausführung erforderlichen neuen Arbeitsmitteln,
5. ein Verfahren nebst dem durch dasselbe erlangten neuen Erzeugniß,
6. ein Verfahren, einschließlich der neuen Arbeitsmittel und des neuen Erzeugnisses.

Der Schutz des Gegenstandes der Erfindung würde illusorisch sein, wenn er sich nur auf den Gegenstand in seiner Totalität erstreckte und eine Nutzung seiner einzelnen Bestandtheile jedem gestattet wäre. Vielmehr sind auch die einzelnen Abschnitte des geschützten Verfahrens oder die einzelnen Theile des geschützten Gegenstandes, sofern sie neu und für den Totaleffekt wesentlich sind, Gegenstand der Erfindung. Daraus folgt für den Fall der Nachahmung, daß, wenn letztere von mehreren charakteristischen Merkmalen des Gegenstandes der Erfindung ein einzelnes wegläßt, die Identität doch nur dann ausgeschlossen ist, wenn das fehlende allein durch das Patent als neu anerkannt und geschützt werden sollte (R.G. im P.Bl. 1884 S. 225, G. 5, 301; L.G. Halberstadt im P.Bl. 1881 S. 114, G. 2, 253; R.G. im Bl. 6, 197).

Auch der verletzt ein Patent, welcher sich mit einer verschlechterten oder unvollkommenen Ausführung des geschützten Erfindergedankens begnügt. Dies trifft allerdings nur dann zu, wenn nicht die im Patent beschriebene, konkrete Konstruktion, sondern der in ihr verkörperte allgemeine Lösungsgedanke des Problems unter Patentschutz steht (Bolze 10, 171; 11, 87; 19, 133; Reuling in Zeitschrift für gewerbl. Rechtsschutz 2, 218; Kohler Industrierechtliche Abhandlungen und Gutachten I, 196).

Ein Patent auf ein Verfahren, welches sich auf die Herstellung eines an sich gewerblich nicht verwerthbaren Zwischenprodukts und dessen Umwandlung in das Endprodukt erstreckt, wird auch durch den verletzt, welcher es bis zum Zwischenprodukt anwendet (R.G. im Bl. 5, 8, Jurist. Wochenschrift 1898 S. 391). Das R.G. hat in einer Entscheidung vom 16. Oktober 1900, welche in derselben Sache erging (I 169/1900), diesen Grundsatz auf den Fall eingeschränkt, daß der Nachahmer auch zu demselben Endprodukt gelangt.

Kombinationspatent. 4a. Die in N. 4 entwickelten Grundsätze kommen bei Verletzung von Kombinationspatenten zur Anwendung. Man muß hier unterscheiden (N. 12 zu § 1):

a) ob nur die Kombination geschützt ist,
b) ob außer ihr noch einzelne Elemente geschützt sind und zwar
α) nur für den Kombinationszweck,
β) auch für andere mögliche Zwecke.

Zu a. Eine Nachbildung der Gesammtkonstruktion enthält in allen Fällen eine Patentverletzung. Dabei ist es nicht nothwendig, daß die Gesammtkonstruktion in allen ihren Theilen wiedergegeben wird; es genügt, wenn der ihr zu Grunde liegende Erfindergedanke im großen und ganzen benutzt ist, sollte auch ein einzelnes Element durch ein anderes gleichwerthiges ersetzt oder einfach weggelassen worden sein (Bolze 2, 323; 2, 324; 6, 151; 7, 162; 11, 92; 12, 112, R.G. in Jurist. Wochenschrift 1891 S. 19, 1892 S. 395; R.G. im P.Bl 1891 S. 2, G. 9, 87). Es begeht also auch der eine Patentverletzung, welcher ein oder mehrere Elemente durch äquivalente ersetzt (R.G in Jurist. Wochenschrift 1891 S. 423, R.G. im P.Bl. 1891 S. 426, G. 9, 512). Es genügt aber zur Annahme der Aequivalenz nicht, daß das Ersatzmittel und der ersetzte Theil an sich gleichwerthig sind, vielmehr müssen sie auch im Rahmen der Kombination einander gleichwerthig sein, indem sie hier denselben technischen Effekt hervorbringen (R.G. in Jurist. Wochenschrift 1900 S. 554).

Ein Kombinationspatent wird nicht blos von demjenigen verletzt, der die wesentlichen Theile der Kombination benutzt (R.G. im Bl. 5, 127), sondern auch von dem, welcher Theile, die an sich nicht schutzfähig sind, zu dem Zwecke herstellt oder in Verkehr bringt, damit sie als Glieder der Kombination dienen (R.G. 22, 165, im P.Bl. 1888 S. 201, G. 6, 339; zu Unrecht verlangt in diesem Falle R.G. im P.Bl. 1891 S. 20, G. 9, 504 zur objektiven Patentverletzung noch das Bewußtsein des Herstellers, daß der Zusammenfügende keine Erlaubniß des Patentinhabers hatte). Eine Ausnahme findet nur bezüglich derjenigen Theile statt, welche jeder besonderen Beziehung zur Kombination ermangeln; dies gilt insbesondere für Rohstoffe, welche auch nach ihrer ersten Verarbeitung von so allgemeiner Verwendbarkeit und so allgemein ersetzbar sind, daß in ihnen ein irgend wie spezieller Werth für die geschützte Kombination sich nicht verkörpert (R.G. 40, 78, im Bl. 3, 229).

Zu b. Im Falle α liegt in der Nachbildung geschützter Elemente eine Patentverletzung nur dann, wenn sie in der Nachbildung demselben Zwecke, wie im Kombinationspatent dienstbar gemacht werden; im Falle β liegt dagegen stets, wenn geschützte Elemente ganz oder theilweise nachgebildet werden, eine Patentverletzung vor (vergl. Bolze 2, 323; 2, 324; 6, 151; 9, 95).

5. Nur die gewerbsmäßige Nutzung ist Anderen untersagt. „Gewerbsmäßig" ist nicht identisch mit „gewerblich" im §. 1. Auch deckt sich jener Begriff insofern nicht mit dem im H.G.B. wiederholt (§§. 383, 407, 416, 425) vorkommenden Ausdrucke „gewerbsmäßig", als in §. 4 des Pat.Ges. nicht die Absicht des Geldgewinnes vorausgesetzt wird. Anderenfalls würde man zu dem Resultate kommen, daß z. B. der Fiskus beim Bau von Kriegsschiffen oder bei der Gewehrfabrikation Erfindungen ohne weiteres benutzen darf, auch wenn sie für Andere geschützt sind. Daß dies aber nicht der Absicht des Gesetzes entspricht, zeigt §. 5 Abs. 2. Für die Auslegung des Begriffes ist der Zweck der Bestimmung des §. 4 maßgebend. Sie wollte die Benutzung der geschützten Erfindung zu Studienzwecken oder für den persönlichen oder häuslichen Bedarf frei geben (R.G. 39, 32, im Bl. 3, 148), und bezeichnete den Gegensatz zu dieser Benutzung mit „gewerbsmäßig". Unter letzteren Begriff fällt demnach jede Benutzung, welche nach Zweck, Art oder Umfang des Betriebes über die freigelassene Nutzung hinaus geht. Feste Kriterien lassen sich nicht aufstellen. Gewerbsmäßigkeit wird zunächst stets bei der Benutzung in einem Erwerbsgeschäft vorliegen, außerdem regelmäßig aber auch dann, wenn eine physische oder juristische Person Anstalten von einer gewissen Dauer für einen Betrieb errichtet hat (vergl. R.G. 5, 68) und in diesem Betriebe die Erfindung benutzt. Demnach darf der Staat weder in kaufmännischen Betrieben (Brauereien, Porzellanmanufakturen u. s. w.), noch auch z. B. in Münzen, Gewehrfabriken, Werften, Telegraphen-Anstalten, Erfindungen benutzen, welche für Andere geschützt sind, ebenso wenig dürfen dies Städte in Schlachtanstalten, Markthallen, Gasanstalten u. s. w. thun. Der Rechtsanwalt darf den patentirten Gegenstand (Gasselbstzünder, Federhalter, Tisch) zwar in seiner Privatwohnung, nicht aber in seinem Bureau gebrauchen. Der Arzt darf den patentirten Verband für die Zwecke seiner Praxis weder herstellen noch verwenden. Gewerbsmäßig.

Vergl. über diese bestrittene Frage: Zeitschr. für gewerbl. Rechtsschutz 1894 S. 169; O.L.G. Naumburg im P.Bl. 1893 S. 230, G. 10, 118; Schanze im Sächsischen Archiv für bürgerl. Recht 5, 509; Kohler Handbuch S. 432. Das R.G. hatte bisher noch nicht Gelegenheit, die Frage ex professo zu entscheiden; in den Urtheilen, in welchen sie nebenher beantwortet wird (R.G. im Bl. 1, 231, Jurist. Wochenschrift 1895 S. 291; R.G. 39, 32, im Bl. 3, 148) fand die Benutzung im Betriebe eines Gewerbes statt. Die Praxis des Fiskus steht, soweit bekannt, mit der diesseitigen Anschauung im Einklange.

Für die Gewerbsmäßigkeit der Benutzung ist nicht nothwendig, daß eine besondere Beziehung der Erfindung zu dem Gewerbebetriebe, in dem sie benutzt wird, besteht, daß sie also auf eine Förderung oder Erleichterung gerade dieses Betriebes abzielt; es genügt, wenn sie nur in dem Betriebe gebraucht wird (R.G. 39, 32). Demnach wird das auf einen Gasglühlichtbrenner ertheilte Patent von Jedem verletzt, welcher sein Betriebslokal mit diesem Brenner beleuchtet, gleichviel ob es sich um den Laden eines Gas-Installations-Geschäftes, um eine Wurstfabrik oder um ein Sanatorium handelt.

Da nicht die Person des die Erfindung Benutzenden, sondern der Zweck der Benutzung für die Frage der Gewerbsmäßigkeit maßgebend ist, so kann auch ein Gewerbetreibender den in sein Gewerbe einschlagenden Gegenstand der Erfindung herstellen oder gebrauchen, ohne gegen die Vorschrift des §. 4 zu verstoßen, nämlich dann, wenn die Herstellung oder der Gebrauch nicht zu gewerblichen Zwecken erfolgt. Natürlich wird die Vermuthung regelmäßig für das Gegentheil sprechen, aber diese Vermuthung kann für den einzelnen Fall widerlegt werden (R.G. im P.Bl. 1887 S. 65, G. 6, 145).

Herstellung. 6. Die ausschließliche Befugniß zur Herstellung bezieht sich nur auf körperliche Gegenstände. Die gewerbliche Herstellung als solche ist verboten, gleichviel ob die Benutzung des hergestellten Gegenstandes eine erlaubte ist oder nicht, also auch dann, wenn der Verkauf oder der Gebrauch desselben erst nach Erlöschen des Patents stattfinden soll. Es ist auch unzulässig, den geschützten Gegenstand auf eine andere Weise, als die vom Patentinhaber beschriebene, herzustellen, es sei denn, daß nicht der Gegenstand an sich, sondern nur als Erzeugniß eines bestimmten Verfahrens unter Schutz steht (R.G. 14, 76).

Ueber die Herstellung einzelner Theile des geschützten Gegenstandes vergl. N. 4a.

Ist die Reparatur des geschützten Gegenstandes anderen, insbesondere demjenigen, welcher den Gegenstand vom Patentinhaber erworben hat, gestattet? Dies ist für eigentliche Ausbesserungen zu bejahen, und zwar steht es dem Inhaber des geschützten Gegenstandes frei, solche selbst oder durch jeden Dritten vornehmen zu lassen. Gehen die Maßnahmen aber über eine Ausbesserung hinaus und bilden sie in Wirklichkeit eine Neuherstellung des Gegenstandes der Erfindung, so dürfen sie nur vom Patentinhaber oder mit seiner Erlaubniß vorgenommen werden (R.G. im P.Bl. 1892 S. 43, G. 9, 270). Man wird deshalb im einzelnen Falle prüfen, zumal wenn mehrere Reparaturen hintereinander vorgenommen werden, ob nicht eine Herstellung anstatt einer Ausbesserung vorliegt (Pouillet n. 295, 670—672; Schanze im Archiv für bürgerl. Recht 11, 43; Kohler Handbuch S. 545).

7. Das Inverkehrbringen schließt jeden Akt ein, durch welchen der geschützte Gegenstand in den Verkehr gebracht wird, also nicht blos den Verkauf, sondern auch die Vermiethung, ja sogar die Vorlegung und Erläuterung in einer Versammlung von Gewerbsgenossen, die Schaustellung auf Ausstellungen, die Auslegung im Laden oder Schaufenster, das mündliche oder schriftliche Angebot zum Ankauf unter Bereithaltung des Gegenstandes (vergl. N. 12 zu §. 2). Bei einem Patent, welches nicht auf ein Verfahren, sondern auf ein Erzeugniß gerichtet ist, kann vor Fertigstellung des geschützten Gegenstandes von einem Inverkehrbringen desselben nicht die Rede sein, insbesondere erfüllen Annoncen, Cirkulare, Kaufofferten diesen Thatbestand nicht, bevor ein körperliches Substrat in Veräußerungsbereitschaft vorhanden ist (R.G. Straff. 11, 241; vergl. R.G. im Bl. 6, 21, P.A. im Bl. 6, 230). Dagegen gehört zum Thatbestande nicht, daß der Erwerber die Verfügungsgewalt über den Gegenstand erhält. Die Literatur über diese vielumstrittenen Fragen siehe bei Schanze in Chemische Industrie 1899 S. 189. Inverkehrbringen.

Bildet ein Verfahren den Gegenstand des Patents, so liegt ein Inverkehrbringen auch dann vor, wenn Jemand das Rezept des durch die Patentschrift bekannt gewordenen Verfahrens an Interessenten weitergiebt (R.G. im Bl. 4, 144, im Bl. 6, 197). Mit dem Inverkehrbringen eines Apparats kann unter Umständen gleichzeitig das Verfahren, zu dem der Apparat dient, in Verkehr gebracht sein, nämlich dann, wenn der Apparat jedem Sachverständigen die Kenntniß des Verfahrens unzweideutig vermittelt (R.G. im P.Bl. 1892 S. 305, G. 9, 206, Bolze 14, 108; a. M.: P.A ebenda, Schanze im Archiv für bürgerl. Recht 11, 45; R.G. im Bl. 4, 144).

Die vermittelnde Thätigkeit des Maklers oder des Annoncenbureaus kann ebenso den Thatbestand des Inverkehrbringens erfüllen, wie die Spedition, Versendung, Verfrachtung des Gegenstandes.

Da das Inverkehrbringen ein gewerbsmäßiges sein muß, so verstößt eine Vorlegung, Erläuterung, Ausstellung zu Studien- oder Lehrzwecken nicht gegen §. 4, ebenso regelmäßig nicht ein Verschenken des Gegenstandes.

Das Inverkehrbringen bezeichnet nicht blos den Akt, durch welchen der Gegenstand zum ersten Male in den Verkehr eingeführt wird, sondern auch jedes Weiterbringen der Waare in einen neuen Verkehrskreis (Preuß. Obertribunal in Oppenhoff Rechtsprechung 15, 85; Kohler Markenschutz 1884 S. 338; ein O.L.G. im P.Bl. 1889 S. 231, G. 7, 201).

Ob die Herstellung der in Verkehr gebrachten Waare eine berechtigte war oder nicht, ist gleichgültig; in Folge dessen darf man geschützte Waaren, welche im Auslande hergestellt sind, im Inlande nicht in Verkehr bringen. An sich ist danach auch der Vertrieb von geschützten Waaren, welche vom Patentinhaber hergestellt sind, dann nicht gestattet, wenn er Seitens eines Unberechtigten erfolgt (H. A. in Goltdammer's Archiv 41, 351); waren die Waaren aber von dem Patentinhaber ursprünglich bezogen, so wird regelmäßig eine stillschweigende Licenz desselben anzunehmen sein (N. 7 zu §. 6).

Unerheblich ist es, ob die Waaren nach vorgängiger Be- oder Verarbeitung oder ohne solche in den Verkehr gebracht werden; deshalb ist es unstatthaft, Kleidungsstücke, welche aus einem geschützten Gewebe ganz oder theilweise hergestellt sind, überhaupt Fabrikate, in oder an welchen der geschützte Gegenstand vorhanden ist, in Verkehr zu bringen. Dies gilt auch dann, wenn dieser Gegenstand im Verhältniß zum Fabrikat nur eine ganz nebensächliche Rolle spielt (sog. Zuthaten: Lack zum Holz, Nähseide und Knöpfe zum Rock). Jedenfalls muß aber der geschützte Gegenstand nach den Anschauungen des Verkehrs auch nach der Be- oder Verarbeitung noch seine Identität bewahrt haben. Es ist dies insbesondere dann nicht der Fall, wenn er zur Fruchterzeugung verwendet wird; es lebt beispielsweise weder das Viehfutter in dem Schafe, der Milch, dem Dünger, noch der Dünger in der Pflanze oder den Früchten fort (Goldschmidt Handbuch des Handelsrechts 2. Aufl. I S. 568, Kohler Handbuch S. 459)

Feilhalten. 8. Eine Art des Inverkehrbringens ist das Feilhalten (vergl. „feilhält oder sonst in Verkehr bringt" in §. 12 des Nahrungsmittelgesetzes). Dazu gehört als subjektives Moment die Absicht des Verkaufes und als objektives das äußerlich erkennbare Zugänglichmachen zum Verkaufe (R.G. Straff. 4, 274). Regelmäßig wird sich aus dem letzteren Merkmal ein Schluß auf das erstere machen lassen; diese Vermuthung kann aber durch die besonderen Umstände des einzelnen Falles entkräftet werden. So kann, wenn auch regelmäßig in dem Aufstellen von Waaren in einem offenen, zum Verkaufe gleichartiger Gegenstände bestimmten Laden ein Feilhalten zu finden ist, doch im einzelnen Falle mit Rücksicht auf den Platz, auf welchen der Gegenstand hingestellt wird, oder wegen des Gebrauchszwecks, dem er offensichtlich in dem Laden dient, das subjektive Moment verneint werden müssen (R.G. im P.Bl. 1887 S. 65, G. 6, 145).

Auch ein Verfahren kann feilgehalten werden, insbesondere dadurch, daß man die Gestattung der Benutzung gegen Entgelt öffentlich ausbietet. Deshalb darf kein Dritter unter Erweckung des Scheins, als stände das Verfahren zu seiner Verfügung, dasselbe zu eigenem Nutzen behufs Licenzertheilung ausbieten (R.G. im P.Bl. 1892 S. 305, G. 9, 211; R.G. im Bl. 4, 144, Jurist Wochenschrift 1898 S. 439, R.G. im Bl. 6, 197; a. M. Kohler Handbuch S. 449). Daß unter Umständen im Feilhalten des Apparats ein Feilhalten des Verfahrens liegen kann, darüber siehe N. 7.

Kauf. 9. Der Kauf oder anderweite Erwerb der patentirten Gegenstände ist gestattet. In Folge dessen ist einem Jeden erlaubt, sich dieselben aus dem Auslande kommen zu lassen; gesetzwidrig handelt aber der ausländische Verkäufer, welcher die Waare hierher sendet (N. 12), sowie sein Agent, welcher den inländischen Konsumenten die Waare anbietet, verkauft oder übergiebt. In der Regel wird der Inländer, welcher Sachen aus dem Auslande bezieht, sich selbst darüber orientiren müssen, ob sie hier geschützt sind; über die Frage, ob er einen Gewährleistungsanspruch gegen den ausländischen Verkäufer hat, vergl. R.G. in Jurist. Wochenschrift 1900 S. 137, sowie jetzt auch §. 434 B.G.B.

10. Nach dem Patentgesetz von 1877 stand, abgesehen von dem geschützten Verfahren, der Gebrauchsschutz nur den Betriebsvorrichtungen und Arbeitsgeräthen, nicht den anderen Gebrauchsmitteln zu (N. 1). Da dieser Unterschied in der Praxis Schwierigkeiten machte, auch innerlich nicht begründet erschien, hat das Gesetz von 1891 ihn fallen lassen und den Gebrauchsschutz auf sämmtliche Gebrauchsmittel, also z. B. auch auf Kleidungsstücke, Uhren, Pfropfenzieher u. s. w. ausgedehnt. Gebrauch.

Durch die jetzige Fassung ist die frühere Streitfrage, ob jeder Gebrauch oder nur der gewerbsmäßige Anderen, als dem Patentinhaber untersagt ist, zu Gunsten der zweiten Alternative entschieden worden. In Folge dessen ist Gebrauch des Gegenstandes oder Verfahrens für das private Bedürfniß, zu häuslichen oder Studienzwecken gestattet.

11. Der Patentberechtigte kann, da seine ausschließliche Befugniß ein veräußerliches Vermögensrecht ist, gewissen Personen die Befugniß zur Nutzung der Erfindung ertheilen. Er kann die Erlaubniß der Ausübung auch auf eine oder mehrere der vier Nutzungsarten, welche ihm §. 4 gewährt, einschränken. Licenz.

Man spricht in einem solchen Falle von Licenzen, welche der Berechtigte ertheilt; vergl. darüber N. 6 ff. zu §. 6.

12. Im Patentrecht gilt das Territorialitätsprinzip. Es ist so streng durchgeführt, daß die Wirkungen des Patents sich ausnahmslos (vergl. dagegen §. 4 Str.G.B.) nur auf das Deutsche Reich erstrecken, innerhalb desselben aber alle Personen erfassen. Demnach darf im Inlande Niemand, auch nicht ein Ausländer, den Gegenstand der Erfindung gewerbsmäßig herstellen u. s. w., während andrerseits im Auslande Jeder, auch ein Deutscher, diese Befugniß hat (R.G. 30, 52, im P.Bl. 1892 S. 754, G. 9, 569; R.G. im Bl. 1, 1). Will der Patentinhaber seinen Schutz über die Grenzen des Deutschen Reiches erstrecken, so muß er sich seine Erfindung auch in anderen Staaten patentiren lassen. Territorialitätsprinzip.

Die Wirksamkeit des deutschen Patentrechts tritt erst ein, wenn der geschützte Gegenstand in eine örtliche Beziehung zu dem Inlande tritt. Solange dies nicht der Fall ist, wird das Patent durch Verfügung über den Gegenstand nicht verletzt, auch nicht wenn diese verfügenden Handlungen innerhalb des Deutschen Reichs vorgenommen werden. Kohler Handbuch S. 448). „Der Patentinhaber ist nicht berechtigt, einem Ausländer oder Deutschen zu verbieten, über die Herstellung chemischer Produkte, welche mittelst eines im Deutschen Reiche patentirten Verfahrens im Auslande gewonnen werden, innerhalb des Deutschen Reichs Verträge abzuschließen, wenn diese Verträge den Zweck verfolgen, die so gewonnenen Produkte vom Auslande nach dem Auslande zu vertreiben" (R.G. 30, 52, im P.Bl. 1892 S. 754, G. 9, 569; R.G. 45, 147, im Bl. 6, 167).

Ueber den Begriff des Inlandes vergl. oben S. 23.

Die gewerbliche **Herstellung** im Inlande ist auch dann untersagt, wenn die Produkte im Auslande verbreitet werden sollen (R.G. Strafs. 10, 349; **Kohler** Handbuch S. 443). Ferner ist es unzulässig, im Inlande die Herstellung zu beginnen, auch wenn sie erst im Auslande vollendet werden soll; deshalb darf man bei einer geschützten Gesammtkonstruktion auch nicht die einzelnen Elemente im Inlande herstellen, wenn man weiß, daß diese Herstellung zum Zwecke der Produktion des Ganzen erfolgt, oder wenn für die Elemente eine andere Verwendung ausgeschlossen ist. Die Herstellung von solchen Elementen dagegen, bei denen eine Beziehung zu einer bestimmten Kombination nicht erkennbar ist, z. B. von Kohlen oder Salpetersäure, ist regelmäßig erlaubt, auch wenn sie für eine ausländische Betriebsstätte geschieht, in der die Patentverletzung erfolgt; eine Ausnahme findet nur statt, wenn der inländische Produzent dadurch, daß er ausschließlich für diese Betriebsstätte produzirt, seine Produktion zu einem Bestandtheil der ausländischen Fabrikation macht, oder wenn er an den Erträgnissen der ausländischen Produktion partizipirt (**Kohler** Aus dem Patent- und Industrierecht I S. 12).

Die Herstellung des geschützten Gegenstandes im Auslande ist zulässig, ebenso seine Veräußerung daselbst; der Ersteher ist auch nicht gehindert, ihn nach Deutschland **einzuführen** und hier für sein privates Bedürfniß zu gebrauchen. Schickt aber der ausländische Fabrikant oder ein Anderer den Gegenstand aus dem Auslande an eine in Deutschland lebende Person, damit diese ihn hier gewerbsmäßig gebrauche, feilhalte oder weiterverbreite, so bringt er den Gegenstand dadurch in den deutschen Verkehr (**Kohler** Handbuch S. 445); anders wäre es, wenn er ihn dem Adressaten nur zu seinem privaten Gebrauche übermittelte (R.G. Strafs. 10, 349). Daß das Eigenthum schon mit der Absendung, also im Auslande auf den Käufer übergeht, ist für die Frage des Inverkehrbringens unerheblich (R.G. im P.Bl. 1887 S. 235, G. 6, 157; vergl. auch R.G. 13, 424); a. M. das englische Oberhaus in Sachen Badische Anilin *contra* Bindschedler im Gewerbl. Rechtsschutz 3, 20, Zeitschrift für Handelsrecht 48, 346 (vergl. die Entscheidungen der Vorinstanzen: Gewerbl. Rechtsschutz 2 S. 104, 210, Zeitschrift für Handelsrecht 50, 233). Diese Fragen interessiren namentlich für chemische Stoffe, welche mittelst eines durch ein Patent geschützten Verfahrens im Auslande hergestellt und nach dem Patentlande eingeführt werden. Derjenige, welcher Nachbildungen patentirter Gegenstände aus dem Auslande nach Deutschland zu gewerblichen Zwecken kommen läßt, verletzt das deutsche Patent auch dann, wenn er beabsichtigt, sie sofort ohne Verzollung in der Originalverpackung weiter in das Ausland zu senden (R.G. 45, 147, im Bl. 6, 167).

Das **Feilhalten** im Inlande liegt vor, wenn in Deutschland die Stätte sich befindet, an welcher der feilgehaltene Gegenstand dem kauflustigen Publikum zum Ankaufe bereit gehalten oder zugänglich gemacht wird, gleichviel ob der Inhaber des Ladens oder des Lagers seine Waaren an in- oder ausländische Käufer absetzt (R.G. Strafs. 10, 349; R.G. Strafs. 21, 205, im P.Bl. 1891 S. 163). Ebenso ist zu entscheiden, wenn die Waare zwar im Auslande bereit gehalten wird, gleichzeitig aber im Inlande (z. B. in inländischen Zeitungen) ein Angebot derselben zum Kauf erfolgt (Schanze in Chemische Industrie 1899 S. 189).

Ein geschütztes Verfahren wird im Inlande feilgehalten, wenn jemand vom Inlande aus nach dem Auslande das Rezept desselben gegen Entgelt mittheilt (R.G. im Bl. 6, 197).

Aus dem Territorialitätsprinzip folgt auch, daß, wenn Jemand auf die in Deutschland geschützte Erfindung noch in einem anderen Lande ein Patent genommen hat, es eine Verletzung seines Reichspatents enthält, wenn die Patentprodukte des anderen Landes gegen seinen Willen in Deutschland eingeführt werden. Dies hat insbesondere für den Fall Bedeutung, wenn der Erfinder in dem ausländischen Staate die Erfindung nicht selbst oder allein ausübt, sondern das dortige Patent auf einen Anderen übertragen hat oder in Gemeinschaft mit einem Anderen ausübt. Aber auch in dem Falle, daß beide Patente in einer Hand sind, kann die Ausfuhr der geschützten Gegenstände über die Landesgrenze für den Patentinhaber sehr unangenehm sein, erstens weil nach gewissen Gesetzen (z. B. art. 32 des Französischen Patentgesetzes) der Import patentirter Gegenstände, welche im Auslande hergestellt sind, den Verlust des Patents nach sich zieht und sodann, weil der Veräußerung eines der mehreren Patente die Existenz von fremden Waaren, welche in dem betreffenden Lande ein Verbreitungsrecht genießen, hinderlich sein wird (Kohler in Busch's Arch. Bd. 47 S. 209, Bd. 48 S. 258, woselbst auch eine entsprechende Entscheidung des Appelhofs Douai vom 15. Mai 1885 mitgetheilt ist).

13. Es war streitig, ob die gewerbsmäßige Ausfuhr geschützter Gegenstände in die Rechte des Patentinhabers eingreift: Kohler Deutsches Patentrecht S. 111 verneinte es, weil kein Einbringen in den inländischen Verkehr stattfinde; Gareis S. 97, Klostermann S. 156, Rosenthal S. 124, R.G. Straff. 10, 349, R.G. Straff. 21, 205, im P.Bl. 1891 S. 163 bejahen es, weil die Ausfuhr mit der Versendung und Verfrachtung der Waare beginne und darin ein Inverkehrbringen im Inlande liege. Das letztcitirte Erkenntniß erklärt es für allein entscheidend, ob die Waare bei Ausführung von Handelsgeschäften auf deutschem Boden bewegt wird, da sie schon hiermit äußerlich erkennbar zum Objekt von Verkehrsoperationen wird. So jetzt auch Kohler Handbuch S. 445 **Ausfuhr.**

Der bejahenden Ansicht dürfte auch deshalb zuzustimmen sein, weil der inländische Verkehr sich nicht mit dem Absatze im Inlande deckt, sondern auch den Export aus dem Inlande und die zu demselben nothwendigen Maßnahmen einschließt. Es wird im konkreten Falle auch regelmäßig ein Feilhalten im Inlande vorliegen, weil der Exporteur an einem Orte in Deutschland die Waare zum Zwecke des Ankaufs zugänglich zu machen oder bereit zu halten pflegt (N. 12). Daß der Export von einem deutschen Freihafengebiet aus erfolgt, ist unerheblich (R.G. Straff. 21, 205, im P.Bl. 1891 S. 163).

14. Die Durchfuhr geschützter Waaren ist nicht gestattet, wenn **Durchfuhr.**

sie in Verfolg von gewerblichen Veräußerungsgeschäften geschieht. Der Verkehr ist ein inländischer, da die Waare bei Ausführung dieser Geschäfte auf deutschem Boden transportirt wird (**Garcis** S. 98, **Klostermann** S. 156, **Rosenthal** S. 124; a. M. **Kohler** Handbuch S. 444, 556, **Dambach** S. 23, **Landgraf** S. 46, **Robolski** S. 214). Auf dem hier vertretenen Standpunkte stehen die Entscheidungsgründe in R.G. Strafs. 21, 205, P.Bl. 1891 S. 163 — (vergl. N. 13); die Frage wird offen gelassen in R.G. 45, 147, im Bl. 6, 167

Ausland. 15. Satz 2 ist durch Gesetz von 1891 hinzugefügt Vor dem Gesetz von 1891 war es **streitig**, ob durch das auf ein Verfahren ertheilte Patent auch das **Produkt als letztes Glied des Verfahrens** mitgeschützt sei Dafür: Rundschreiben des Reichskanzlers vom 16 August 1886 im P.Bl. 1886 S. 339 und in **Busch's** Archiv Bd. 47 S. 346; R.G. 22, 8, im P.Bl. 1888 S. 187, G. 6, 165, R.G. Strafs. 21, 205; **Kohler** Aus dem Patent- und Industrierecht I S. 24 und in **Busch's** Archiv Bd. 47 S. 349. Dagegen: O.L.G. Dresden in **Kohler** Aus dem Patent- und Industrierecht I S. 17. Vergl. außerdem Verhandlungen des chemischen Patentkongresses zu Baden-Baden (Separat-Abdruck aus „Die chemische Industrie", November 1879) Berlin 1880 S 31--37 (**Klostermann, Kohler, Caro**), sowie Enqu. 1886 S. 89.

Insbesondere für die chemische Industrie war die Frage von großer Wichtigkeit, weil nach §. 1 bei chemischen Produkten nicht das Produkt an sich, sondern das Herstellungsverfahren geschützt ist. Verneinte man jene Frage, so war es zulässig, Produkte, welche im **Auslande** mittelst des geschützten Verfahrens hergestellt waren, im Deutschen Reich gewerblich zu vertreiben und zu gebrauchen; das Aushülfsmittel, auch im Auslande das Verfahren sich patentiren zu lassen, verfing nicht gegenüber den Ländern, welche keinen Patentschutz hatten, wie Niederlande und Schweiz. (Das in der Schweiz seit dem 15. November 1888 geltende Bundesgesetz betr. die Erfindungspatente vom 29. Juni 1888 läßt eine Patentirung chemischer Erfindungen, es handle sich um Verfahren oder Stoffe, auch jetzt noch nicht zu.) In Folge dessen hat das Gesetz von 1891 den berechtigten Wünschen der chemischen Industrie dadurch Rechnung getragen, daß es die Frage ausdrücklich in bejahendem Sinne entschied.

Verfahren. 16. Die Vorschrift des Satz 2 des §. 4 setzt voraus, daß für ein **Verfahren** ein Patent ertheilt ist. In Folge dessen findet sie keine Anwendung, wenn das Patent auf einen körperlichen Gegenstand, er sei Arbeitsmittel oder -erzeugniß, ertheilt ist Es wird deshalb im Interesse des Anmelders liegen, wenn angängig, das Patent auf das Verfahren, nicht blos auf die Arbeitsmittel zu erhalten. Dies wird auch bei **Arbeitsmaschinen** regelmäßig das allein Richtige sein; denn es wäre verkehrt, sie in ihre einzelnen Bestandtheile zu zerlegen und auf diese Bestandtheile bezw. ihre Kombinationen den Patentanspruch zu richten, vielmehr kann man, da vor allem die ganz bestimmte Wechselwirkung, welche die einzelnen Bestandtheile auf einander ausüben, das Wesen der

Erfindung ausmacht, diesem Wesen nur gerecht werden, wenn man das Verfahren im Anschlusse an die zugehörigen Werkzeuge patentirt verlangt (Hartig S. 163).

Wie der Wortlaut der Bestimmung ergiebt, ist es unerheblich, ob das Verfahren ein chemisches oder ein mechanisches ist.

17. Die in Satz 1 des §. 4 angegebenen Wirkungen kommen nicht blos dem Verfahren, sondern auch seinen Erzeugnissen zu Gute. Es ist aber nicht das Produkt an sich geschützt, sondern nur sofern es durch das geschützte Verfahren hergestellt ist. Wenn ich z. B. einen neuen Farbstoff erfinde und mir das Verfahren zu seiner Herstellung schützen lasse, so ist Niemand gehindert, den Stoff auf eine andere Weise herzustellen und dieses Produkt in den Verkehr zu bringen u. s. w. Bei einem mechanischen Produkte könnte ich dies verhindern, wenn ich nicht blos auf das Verfahren, sondern außerdem noch auf das Produkt ein Patent nehme: mit dem Produktenpatent habe ich alle möglichen Herstellungsarten des Produktes belegt. Chemische Stoffe sind aber an sich nach §. 1 nicht patentirbar, folglich können sie nur in Verbindung mit einem bestimmten Verfahren und zwar nur, wenn sie gerade durch dieses Verfahren hergestellt sind, geschützt werden. Dasselbe gilt für die ebenfalls in Nr. 2 des §. 1 genannten Nahrungs-, Genuß- und Arzneimittel: auch sie stehen als Erzeugnisse eines geschützten Verfahrens unter dem Schutze desselben (R.G. Strafs. 21, 205, im P.Bl. 1891 S. 163). Erzeugniß.

Da aber dem Stoffe regelmäßig nicht anzusehen ist, wie er hergestellt ist, so stellt das Gesetz zu Gunsten des Patentinhabers bei einem Verfahren zur Herstellung eines neuen Stoffes in §. 35 Abs. 2 die Vermuthung auf, daß jeder Stoff von gleicher Beschaffenheit durch das patentirte Verfahren hergestellt ist; es ist Sache des von dem Patentinhaber in Anspruch Genommenen, das Gegentheil nachzuweisen (vergl. die Erläuterungen zu §. 35 Abs. 2). Diese gesetzliche Präsumtion gilt nur für den Civilprozeß, nicht bei der Strafverfolgung aus §. 36, indessen auch in diesem Falle wird der Richter in der Lage sein, mit Hülfe des §. 260 Str.P.O. die Patentverletzung zu ahnden. Er wird, wenn ihm der Angeklagte nicht eine andere Herstellungsart, als die patentirte, angiebt, auch Sachverständige das Bekanntsein einer solchen nicht bestätigen, auf Grund der freien Beweistheorie annehmen können, das Produkt sei durch das geschützte Verfahren hergestellt (vergl. N. 22).

18. Der Schutz, den das Verfahren genießt, kommt nur den durch dasselbe unmittelbar, nicht aber allen mit Hülfe des Verfahrens hergestellten Erzeugnissen zu Gute. Man muß hier streng unterscheiden, ob das Verfahren nur eines von mehreren zur Herstellung des Produktes erforderlich gewesenen Hülfsmitteln gewesen ist oder ob es allein und direkt das Produkt hervorgebracht hat: nur im letzteren Falle deckt der Schutz des Verfahrens auch das Erzeugniß, im ersteren dagegen nicht (Hagens in Enqu. 1886 S. 96). In Folge dessen scheiden zunächst alle Verfahren bezw. Maschinen hier aus, welche kein bestimmtes Unmittelbar.

körperliches Produkt erzeugen, z. B. die Dynamomaschinen. Aber auch wenn sie ein bestimmtes Produkt hervorbringen, muß im einzelnen Falle untersucht werden, ob sich dasselbe mit der Erfindung so deckt, daß es sich als nothwendiges und ausschließliches Erzeugniß derselben darstellt. Dies kann natürlich nicht bis zu der absurden Forderung getrieben werden, daß das Verfahren jenes Produkt aus nichts hervorgebracht hat, denn etwas muß vorher gewesen sein: selbst das genialste Verfahren kann nicht etwas aus nichts erzeugen. Aber dasjenige, was vorher vorhanden war und zum Substrat des Verfahrens gemacht wird, muß entweder ein Rohstoff oder ein solches Fabrikat gewesen sein, das nach der Anschauung des Verkehrs mit dem späteren Produkte des Verfahrens nicht der Art nach identisch war. Aus diesem Substrate muß dann das Verfahren allein, ohne Hinzukommen anderer Faktoren, das Erzeugniß hergestellt haben, auf welches sich der Schutz erstrecken soll. Es gehören z. B. weder die Semmel, welche aus dem mittelst einer patentirten Maschine getheilten Teige hergestellt ist, noch der Zucker, welcher aus einer mittelst eines patentirten Messers zerkleinerten Rübe gewonnen ist, noch das Brett, welches mit einem patentirten Hobel bearbeitet worden ist, hierher (Enqu. 1886 S. 95), wohl aber der Farbstoff, welcher durch Kombination von Salzen oder Säuren dargestellt ist, oder die Mannesmann'schen Röhren.

Wird ein Gegenstand, der für sich allein genommen, ein unmittelbares Erzeugniß eines geschützten Verfahrens ist, nicht in diesem Zustande Gegenstand des Verkehrs oder Gebrauches, sondern erst, nachdem er zu einem unselbständigen Bestandtheile eines neuen Ganzen geworden ist, so wird weder das neue Ganze, noch sein Bestandtheil von dem Patentschutz ergriffen. Denn das Ganze ist kein unmittelbares Erzeugniß des geschützten Verfahrens, und der Bestandtheil hat, so lange die Verbindung dauert, rechtlich keine selbständige Existenz.

Ist ein Verfahren zur Herstellung von Nägeln geschützt, so begeht der Tischler, der die Nägel bei Herstellung eines Schranks verwendet eine Patentverletzung. Sind die Nägel aber einmal mit dem Schranke verbunden, so ist sowohl das Feilhalten, als das Gebrauchen des Schrankes gestattet. Ebenso darf der Baumeister bei Herstellung eines Waarenhauses nicht ein einem Anderen geschütztes Verfahren zur Herstellung von feuersicheren Eisenbalkendecken anwenden; sind diese Decken aber einmal Bestandtheile des Hauses geworden, so kann der gewerbsmäßige Gebrauch des Waarenhauses dem Eigenthümer nicht verwehrt werden (R.G. 39, 32, im Bl. 3, 148).

Die vorstehende Auslegung des Satz 2 des §. 4 enthält eine Stütze durch seine Entstehungsgeschichte. Er lautete in dem dem Reichstage vorgelegten Entwurfe:

> Ist das Patent für ein Verfahren ertheilt, so erstreckt sich die Wirkung auch auf die mittelst des Verfahrens hergestellten Erzeugnisse.

Die Kommission des Reichstags wählte die jetzige Fassung um den

Schutz nicht zu weit auszudehnen (Komm.-Ber. II S. 10). Durch diese Aenderung sind auch die Bedenken von Bolze (Der Entwurf einer Patentnovelle S. 165) gegen diese Bestimmung größtentheils erledigt; vergl. Bolze im Sächsischen Arch. f. Bürgerl. Recht und Prozeß Bd. 1 S. 240; Kohler Handbuch S. 466.

Chemische Erfindung.

19. Der Satz 2 bedarf noch einer Einschränkung. In der chemischen Industrie, insbesondere auf dem Gebiete der Farbstoffe, kann man durch ein einziges Verfahren nur durch Einsetzen verschiedener Materialien in dasselbe eine Unzahl, bisweilen Tausende von neuen Stoffen hervorbringen, welche nach keinem anderen Verfahren darstellbar sind. Sind alle diese Stoffe, deren Zahl und Eigenschaft der Anmelder oft gar nicht übersehen kann, durch das Verfahren mitgeschützt, oder erstreckt sich der Schutz nur auf diejenigen, welche er ausdrücklich in seinem Gesuche aufführt und deren Proben er in Gemäßheit des §. 5 der patentamtlichen Bekanntmachung vom 22. November 1898 (N. 2 zu §. 20) dem Gesuche beigefügt hat? Keins von beiden ist richtig, vielmehr erstreckt sich der Schutz auf diejenigen nach dem Verfahren darstellbaren Stoffe, deren verwerthbare Eigenschaften der Anmelder nach seinem Gesuche im Voraus erkannt hatte, sollte er auch diese Stoffe nicht im Einzelnen aufgeführt und durch Proben dargestellt haben. Allerdings wird der Umstand, daß er letzteres unterlassen hat, gewöhnlich ein Beweis dafür sein, daß er die Eigenschaften dieser Stoffe oder ihre Darstellbarkeit durch sein Verfahren nicht erkannt hatte. Zeigen sich in dem Aufsuchen neuer Körper, welche durch das geschützte Verfahren darstellbar sind, die Merkmale einer neuen Erfindung (N. 11 zu §. 1), so kann auf die Darstellung dieser Körper ein neues Patent nachgesucht werden (Enqu. 1886 S. 97, 104, 108; R.G. im P.Bl. 1889 S. 209, G. 7, 47; R.G. im Bl. 6, 366).

Auslegung des Patents.

19a. Bei Civil- und Strafprozessen, welche ein Patent betreffen, steht die Frage nach dem Umfange des Schutzbereichs des Patentes im Vordergrunde (Wirth in Zeitschrift für gewerbl. Rechtsschutz 2, 298). Die Grundlage für ihre Beantwortung bildet der Patentanspruch (N. 14—17 zu §. 20): er bezeichnet die Grenzen, innerhalb deren der Patentschutz vom P.A. ertheilt worden ist (Reuling in Zeitschrift für gewerbl. Rechtsschutz 2, 130).

Das, was der Anmelder als erfunden erkannt hat, und was in dem Patentanspruch, wenn auch nicht ausdrücklich, enthalten ist, steht unter Schutz (Bolze 4, 210). Die Feststellung des Inhalts und Umfanges eines Patents ist keine Thatfrage, sondern im eigentlichen Sinne eine Rechtsfrage (R.G. im Bl. 6, 169). Sie liegt dem ordentlichen Richter, also im Strafverfahren dem Strafrichter ob (R.G. im P.Bl. 1894 S. 250, G. 10, 311). Gemäß §. 549 C.P.O. und §. 376 Str.P.O. unterliegt sie der Nachprüfung des Revisionsgerichts. Für die Auslegung sind die in der Rechtswissenschaft anerkannten allgemeinen Grundsätze über Auslegung von Willenserklärungen und Urkunden maßgebend. Die in veralteten Rechtsanschauungen wurzelnde Ansicht, ein Patent müsse als Privileg eng ausgelegt werden, ist irrig (Bolze in Zeitschrift für gewerbl. Rechtsschutz 2, 7).

Bei der Auslegung des Patentanspruchs sind die technischen Ausdrücke in dem Sinne aufzufassen, welchen sie zur Zeit der Anmeldung des Patents hatten (Bolze 23, 137). Besteht ein Unterschied zwischen der Sprache der exakten Wissenschaft und der des Verkehrs, so kommt für die Auslegung der Sprachgebrauch des Verkehrs in erster Reihe in Betracht.

Man darf aber den Anspruch nicht blos nach seinem Wortlaute auslegen (Bolze a. a. O., Stort in Zeitschrift des Vereins Deutscher Ingenieure 1899 S. 342; a. M. Fischer ebenda S. 536; gegen ihn Wirth ebenda S. 632). Der Erfindung kommt häufig eine über den Wortlaut hinausgehende Bedeutung zu, indem sie in der konkreten Gestalt, auf welche der Anspruch allein gerichtet ist, eine in verschiedenen Gestalten darstellbare Idee ausdrückt. Hier darf der Richter nicht an dem logischen Sinne des Anspruchs haften, sondern er muß wie bei der Anwendung von Gesetzen, zur Analogie greifen (N. 11 zu §. 1) und mittelst derselben den wahren Umfang des Patentschutzes zu ermitteln suchen (Bolze 7, 162).

Man darf nicht übersehen, daß der Anspruch einen Theil der Patentschrift bildet. Folglich sind zu seiner Interpretirung auch die anderen Theile derselben, d. h. Titel, Beschreibung und Zeichnung heranzuziehen (R.G. im P.Bl. 1894 S. 49, G 10, 253; R.G. im P.Bl. 1894 S. 317, G 10, 263); vergl. N. 10 zu § 20 Dies ist insbesondere dann wichtig, wenn der Anspruch nur ein Prinzip ausspricht, während die zur Durchführung des Prinzips erforderlichen konstruktiven Regeln in der Beschreibung stehen (R.G. im Bl. 4. 169). Ferner werden bei einem nicht ganz klar gehaltenen Patentanspruch ein wichtiges Interpretationsmittel die Ertheilungsakten des P.A. (N. 17 zu §. 19) bilden (Bolze in Zeitschrift für gewerbl. Rechtsschutz 1, 156); aus ihnen wird sich in vielen Fällen ergeben, daß das P.A. den Schutz nicht in einem so weiten Umfange hat ertheilen wollen, wie ihn der Patentinhaber bei Verletzungsprozessen seinem Patent beilegen möchte. Eine gleiche Bedeutung haben Urtheile der Nichtigkeitsinstanz, durch welche ein Patent eingeschränkt wurde; auch Urtheile, durch welche Nichtigkeitsklagen abgewiesen wurden, können ein werthvolles Auslegungsmaterial enthalten.

Endlich muß man den Stand der Technik zur Zeit der Patentanmeldung berücksichtigen, denn im Zweifel kann man davon ausgehen, daß das P.A. bei der Ertheilung den damaligen Stand der Technik kannte und daß es etwas bereits Bekanntes nicht noch einmal unter Schutz stellen wollte. Auf Grund des früher Bekannten wird man zusehen, ob eine neue grundlegende Lösung eines Problems, eine sog. Pioniererfindung oder nur eine neue Ausgestaltung eines bereits bekannten Lösungsprinzips vorliegt (vergl. R.G. im Bl. 4, 4). Im ersteren Falle wird man nicht die im Patentanspruch angegebene spezielle Konstruktion nebst ihren Aequivalenten schützen, sondern mittelst der Analogie auch andere Ausführungsformen der Erfindungsidee in den Schutzbereich des Patents fallen lassen.

Bisweilen lassen der Patentanspruch und der sonstige Inhalt der Patentschrift keinen Zweifel darüber, daß das P.A. sich geirrt und etwas, was bereits in der Technik bekannt war, noch einmal unter Schutz gestellt hat. In diesem Falle steht eine Korrektur des P.A. dem Gerichte nicht zu (R.G. im Bl. 5, 195).

Ueber die Anwendung dieser Auslegungsregeln auf Kombinationspatente vergl. N. 12 zu §. 1.

20. Der Patentinhaber kann gemäß §. 256 C.P.O. auf Feststellung des Bestehens des Patentrechts bezw. des Umfangs desselben klagen, wenn er ein rechtliches Interesse an der alsbaldigen Feststellung darthut. Dies Interesse ist vorhanden, wenn der Patentinhaber eine Entschädigungsklage aus §. 35 dadurch vorbereiten will, daß er durch die vorherige rechtskräftige Feststellung der Existenz und Tragweite des Rechts sich den Nachweis der Wissentlichkeit oder groben Fahrlässigkeit der Verletzung im Entschädigungsprozeß sichern will, oder wenn er den Schaden, den er auf Grund des §. 35 verlangen will, noch nicht ziffermäßig berechnen kann (R.G. im Bl. 3, 148, Jurist. Wochenschrift 1897 S. 247). Es kann vorliegen, wenn Jemand die Nichtigkeit des Patents behauptet, ohne die Nichtigkeitsklage gegen den Patentinhaber anzustrengen, oder wenn Jemand zwar nicht die Rechtsbeständigkeit des Patents in Abrede stellt aber demselben eine viel geringere Tragweite, als es in Wirklichkeit hat, zugesteht. **Feststellungsklage des Patentinhabers.**

Bei der Prüfung des Interesses darf man nicht die strengen Grundsätze anwenden, welche das R.G. für privatrechtliche Verhältnisse im Allgemeinen aufgestellt hat (R.G. 4, 437; 5, 392; 8, 71; 10, 368). Die bezügliche Rechtsprechung des R.G. will hauptsächlich verhindern, daß der Kläger willkürlich der Leistungsklage die Klage auf Feststellung vorausschickt und so den Gegner unnöthig wiederholt in Prozesse verwickelt — ein Moment, das auf unserem Rechtsgebiete seltener zutreffen wird. Außerdem darf nicht außer Acht gelassen werden, daß zur Ausbeutung der patentirten Erfindung regelmäßig erhebliche Geldsummen verwendet werden sollen oder verwendet worden sind, so daß der Inhaber des Patents gewöhnlich ein berechtigtes Interesse an der Feststellung der bestrittenen Gültigkeit oder Tragweite desselben hat. Endlich ist das mittelbare Interesse zu berücksichtigen, welches eine alsbaldige Feststellung der Gültigkeit und Tragweite des Patents insofern für dessen Inhaber hat, als damit zukünftigen Verletzungen seitens Dritter vorgebeugt wird. „Wo es sich um ein zeitlich begrenztes, ausschließliches Recht handelt, kann auch ein solches mittelbares Interesse den Anspruch auf Rechtsschutz in ausreichender Weise begründen.“ (R.G. im Bl. 3, 148.)

Das R.G. hat den Patentinhaber für berechtigt erklärt, gegen denjenigen, welcher objektiv zu Unrecht (wenn auch in dem guten Glauben, daß seine zu enge Auffassung der Tragweite des Patents die richtige sei), sich berühmt, ein bestimmtes Verhalten ohne Verletzung des Patents einhalten zu dürfen, und nach der konkreten Sachlage mit diesem Berühmen auch den Willen verknüpft, dementsprechend zu handeln, auf Verurtheilung zur Anerkennung der bestrittenen Bedeutung und Tragweite des Patents zu klagen (Jurist. Wochenschrift 1889 S. 367, Bolze, 8, 146; R.G. im Bl. 4, 144, Jurist. Wochenschrift 1898 S. 439). Hat Jemand das Patent verletzt, so kann der Berechtigte stets auf Feststellung klagen, daß der Verletzer zu seiner Handlung nicht berechtigt ist; er braucht damit nicht den Antrag auf Untersagung zu verbinden (R.G. im Bl. 3, 148, Jurist. Wochenschrift 1897 S. 247).

Die Klage steht auch einem von mehreren Mitinhabern, sowie dem beschränkten Erwerber des Patents zu, Letzterem natürlich nur, sofern das Verhalten des Gegners in seine Rechtssphäre eingreift (N. 5 zu §. 6), auch dem Licenzträger (N. 9 zu §. 6). Der nicht im Inlande wohnende Kläger muß gemäß §. 12 Abs. 1 einen Vertreter bestellen.

Die bona oder mala fides des Beklagten ist für den Feststellungsprozeß unerheblich.

Will der Beklagte die gänzliche oder theilweise Nichtigkeit des Patentes geltend machen, so muß er bei dem P.A. darauf klagen und die Aussetzung des Feststellungsprozesses bis zur Entscheidung über die Nichtigkeit beantragen (N. 3 zu §. 10).

Das Urtheil in dem Feststellungsprozeß stellt zwischen den Parteien die Gültigkeit und Tragweite fest; Dritten gegenüber ist es ohne Wirkung.

Die Feststellungsklage ist bei dem Gerichte, bei welchem der Beklagte seinen allgemeinen Gerichtsstand hat oder bei welchem der Gerichtsstand der Niederlassung oder des Vermögens nach §§. 21, 23 C.P.O. begründet ist, zu erheben, die Kammern für Handelssachen sind nicht zuständig (§. 101 G.V.G.), die Revision geht an das Reichsgericht (§. 38). Wohnt der Gegner im Auslande und ist keiner der beiden erwähnten besonderen Gerichtsstände gegeben, so kann die Klage überhaupt nicht angestrengt werden, denn der letzte Satz des §. 12 Abs. 1 trifft hier nicht zu. Die Klage muß ein deutsches Patent betreffen; es gelten hier die in N. 22 für die negatorische Klage angegebenen Grundsätze.

Die preußischen Gerichte müssen die Entscheidung dem P.A mittheilen (J.M.Bl. 1877 S. 222, 1889 S. 7, 1893 S. 69); ähnliche Bestimmungen sind auch in den anderen Bundesstaaten ergangen.

Warnungen. **21.** Der Patentinhaber hat häufig ein Interesse daran, vor Verletzung seines Patents zu warnen. Erstens hält er dadurch Leute von zukünftigen Patentverletzungen ab, zweitens wird durch die Warnung meistens Wissentlichkeit oder grobe Fahrlässigkeit bezüglich späterer Verletzungen begründet (§§. 35, 36). Die Warnung geschieht durch eingeschriebenen Brief, Circulare, Annoncen u. s. w. Der Weg der Annonce wird sich für den Patentinhaber dann empfehlen, wenn er die einzelnen Verletzer nicht kennt oder wenn er seine Warnungen nicht an die Verletzer, sondern an deren Kunden richten will.

An und für sich läßt sich gegen derartige außergerichtliche Maßnahmen des Patentinhabers nichts sagen, zumal wenn sie nur in einer brieflichen Verwarnung des angeblichen Patentverletzers bestehen. Letzterer kann in diesem Falle, wenn er die Warnung für unberechtigt erachtet, die negative Feststellungsklage erheben (N. 23). Wendet sich der Patentinhaber mündlich oder schriftlich an die Kunden des angeblichen Patentverletzers oder durch Inserate an das große Publikum, so greift er durch die Behauptung der Patentverletzung in den Gewerbebetrieb des Anderen ein und tritt außerdem seiner Ehre zu nahe. Daraus ergiebt sich, daß der Andere gegen den Patentinhaber negatorisch auf Unterlassung solcher Behauptungen und, falls er ein Verschulden des Patentinhabers nachweist, auf Schadensersatz klagen kann. Es wäre unrichtig, aus §. 35 zu folgern, daß der Patentinhaber nur für Vorsatz und grobes Versehen haftet (R.G. in Jurist. Wochenschrift 1901 S. 40). Der Beweis der Patentverletzung liegt dem Patentinhaber ob. (Bolze 8, 147; 11, 112; 20, 113; R.G. 22, 93; R.G. im Bl. 1, 114, Jurist. Wochenschrift 1895 S. 69; R.G. in Jurist. Wochenschrift 1899 S. 749).

Dies gilt insbesondere auch in dem Falle, wenn der Patentinhaber A behauptet, daß das jüngere Patent des B von seinem Patent abhängig ist, und deshalb die von B in den Verkehr gebrachten Gegenstände als patentverletzend bezeichnet. Hier hat A die Beweispflicht für die Abhängigkeit (R.G. im Bl. 2, 179; 2, 340; L.G. Görlitz im P.Bl. 1893 S. 412, G. 10, 138).

Da dem Gewerbetreibenden durch die weitere Verbreitung von Warnungen während der Dauer des Rechtsstreits regelmäßig wesentliche Nachtheile entstehen, so kann er auf Grund des §. 940 C.P.O. gleichzeitig mit der Klage oder auch vor Anstellung derselben die Erlassung einer einstweiligen Verfügung beantragen, durch welche dem Patentinhaber die Verbreitung derartiger Warnungen untersagt wird (N. 24). Die Verfügung ist zu erlassen, sofern der Patentinhaber die Patentverletzung nicht glaubhaft machen kann (R.G. im Bl. 1, 114, Jurist. Wochenschrift 1895 S. 69; R.G. im Bl. 2, 179; 2, 340). Daraus ergiebt sich, daß der Patentinhaber solche Warnungen nur in den — nicht häufigen — Fällen erlassen soll, wenn er dem Richter die Patentverletzung in dem summarischen Verfahren der einstweiligen Verfügung glaubhaft machen kann.

Auf Grund der §§. 6, 7 des Gesetzes zur Bekämpfung des unlauteren Wettbewerbes vom 27. Mai 1896 wird man gegen solche Warnungen regelmäßig nicht vorgehen können, weil diese gesetzlichen Bestimmungen die Aufstellung oder Verbreitung von „Behauptungen thatsächlicher Art" voraussetzen. „Behauptungen eines Patentinhabers, daß ein fremder Betrieb sein Patent verletzt, sind aber nicht thatsächliche Behauptungen, sondern sie enthalten ein Urtheil, und zwar ein Urtheil, zu dessen Nachprüfung Erwägungen technischer und rechtlicher Art anzustellen und die selten einfach sind, häufig dagegen besondere Schwierigkeiten bieten" (R.G. in Jurist. Wochenschrift 1899 S. 749). Außerdem würde auch

§. 6 Abs. 2 des angeführten Gesetzes dem Patentinhaber zur Seite stehen, weil er ein berechtigtes Interesse an derartigen Warnungen hat.

Untersagungsklage. **22.** Die Untersagungs- oder **negatorische Klage** wegen Störung des Patentrechts (§. 1004 B.G.B.) setzt einen **Eingriff** in dasselbe voraus (Kohler Handbuch S. 543). Der Hauptfall wird sein, daß ein unbefugter Dritter den Gegenstand der Erfindung gewerblich herstellt, in Verkehr bringt, feilhält oder gebraucht. Da jede einzelne dieser Handlungen unzulässig ist, so enthält z. B. das unbefugte Inverkehrbringen oder Gebrauchen einen Eingriff auch dann, wenn das Herstellen — etwa weil es im Auslande stattgefunden hatte — kein Zuwiderhandeln gegen das Gesetz nicht enthielt (R.G. Strafs. 10, 349; 21, 205; R.G. im Bl. 1, 231). Derjenige, welcher Gegenstände, die an sich in ein fremdes Patentrecht eingreifen, in Verkehr bringt, verletzt das Patent, auch wenn er in einer Gebrauchsanweisung eine bestimmte, das Patent nicht verletzende Verwendungsart empfohlen hatte; es sei denn, daß die Abnehmer auch wirklich dieser Anweisung gefolgt wären (O.L.G. Jena in Deutsche Juristenzeitung 1899 S. 468).

Die Benutzung der Erfindung muß **ohne oder wider den Willen** des Patentinhabers erfolgt sein. Eine Einwilligung desselben ist aber nicht darin zu finden, daß er, um Patentverletzungen festzustellen, durch Mittelspersonen bei Jemandem patentirte Gegenstände bestellen oder kaufen läßt (R.G. Strafs. 23, 363, im P.Bl. 1893 S. 61, G. 10, 287).

Die Antastung des Patentrechts kann auch durch einen weniger realen Eingriff in seine Sphäre geschehen, z. B. durch **Publikationen**, durch welche das Publikum zu dem Glauben veranlaßt werden kann, das Patent bestehe überhaupt nicht oder doch in einem geringeren Umfange (R.G. im Bl. 4, 144, Jurist. Wochenschrift 1898 S. 439). So hatte Jemand, welcher ein Patent auf einen Apparat zur Entfernung des Nikotins aus dem Tabak hatte und anwandte, gegen eine Handelsgesellschaft mit folgender Firma „Einzige Fabrik nikotinfreier Tabake, Patent, Dr. R. K. & Co." auf Streichung des Wortes „einzige" geklagt. Das R.G. entsprach diesem Antrage, indem es die Behauptung der Beklagten, sie sei die einzige Inhaberin eines Patents auf ein Verfahren zur Herstellung nikotinfreier Tabake, für unerheblich erklärte (R.G. 3, 164).

Ob der Störende selbst ein Recht für sich in Anspruch nimmt, ist ebenso gleichgültig, wie seine bona oder mala fides.

Das absolute Recht reagirt nur gegen **präsente Störungen**. Sind dieselben wieder gehoben, so kann nicht mehr die Klage aus dem absoluten Recht, sondern höchstens eine Entschädigungsklage angestrengt werden. Dies führt, auf das Patentrecht angewendet, dahin, daß die negatorische Klage im Allgemeinen dann nicht gegeben ist, wenn das Patent nicht mehr besteht oder wenn die Störung mit ihren Folgen der Vergangenheit angehört. Wird die Störung aber nicht durch einen vereinzelten Akt des Thäters bewirkt, sondern durch eine kontinuirliche Thätigkeit desselben, welche etwa dem Begriffe des fortgesetzten Verbrechens im Strafrecht entspricht, so entzieht eine zeitweilige Nichtstörung dem Berechtigten nicht den negatorischen Anspruch. Letzterer fällt in diesem Falle erst dann fort, wenn wegen der Länge der Zeit, welche seit der Störung verflossen ist, oder aus anderen Gründen die Besorgniß einer Wiederkehr der Störung unbegründet erscheint

Aus diesem Grunde darf, wenn das Patent während der Dauer des Rechtsstreits sein Ende erreicht, das Gericht über den negatorischen Anspruch nicht mehr sachlich entscheiden, sondern muß die Sache für erledigt erklären (R.G. in Jurist. Wochenschrift 1898 S. 169, 297, Gewerbl. Rechtsschutz 3, 268); über die Kosten ist unter dem Gesichtspunkte zu entscheiden, ob der Beklagte zur Erhebung der Klage Veranlassung gegeben hatte (R.G. in Jurist. Wochenschrift 1900 S. 857). War mit der negatorischen Klage zugleich die Klage auf Schadensersatz aus §. 35 erhoben, so ist über diese sachlich zu entscheiden. Kläger kann den negatorischen Anspruch nach Ablauf des Patents in einen Feststellungsanspruch, daß der Beklagte das Patent bis zu seinem Ablaufe verletzt habe, umwandeln, wenn er sein rechtliches Interesse an der alsbaldigen Feststellung gemäß §. 256 C.P.O. nachweist; dieses liegt z. B. vor, wenn die Feststellung für die Geltendmachung eines nicht unmittelbar verfolgbaren Anspruches erforderlich ist (R.G. in Jurist. Wochenschrift 1900 S. 555). Gemäß §. 264 C.P.O. kann jetzt (anders früher: R.G. ebenda 1898 S. 169) die negatorische Klage unter Umständen nachträglich in eine Schadensersatzklage geändert werden.

Die Störung muß sich gegen ein Reichspatent richten. Das hiesige Gericht darf, auch wenn es im einzelnen Falle aus §. 12 C.P.O. oder aus §. 23 C.P.O. zuständig wäre, nicht Klagen stattgeben, durch welche der Inhaber eines ausländischen Patents einen In- oder Ausländer wegen Störung seines Patents negatorisch belangt (R.G. 30, 52; R.G. in Jurist. Wochenschrift 1890 S. 280, 1894 S. 369, 1899 S. 444, im P.Bl. 1890 S. 366, R.G. im Bl. 1, 1, Bolze 18, 106, Kohler in Zeitschr. f. Deutschen Civilprozeß Bd. 10 S. 449), abweichend R.G. im Bl. 1, 3, vergl. auch Reuling in Gewerbl. Rechtsschutz 1, 33).

Dieselbe Konstruktion kann mehrere Patente verletzen. Sind dieselben in einer Hand, so kann der Berechtigte wegen Verletzung seiner Patente in derselben Klage oder in mehreren Klagen vorgehen. Im letzteren Falle wird durch die Verurtheilung in einem Rechtsstreite der andere Rechtsstreit nicht erledigt; dies gilt auch, wenn die Patente in einem Zusatzverhältnisse zu einander stehen (R.G. in Jurist. Wochenschrift 1899 S. 774)

Zur Klage ist der Inhaber des Patents, auch der einzelne Mitinhaber, aktiv legitimirt, sowie der beschränkte Erwerber des Patents (N. 5 zu §. 6), wenn er durch die Handlung des Dritten eine Schmälerung in seinen Befugnissen erleidet. Dem gewöhnlichen Licenzträger steht die Klage ebenso zu, wie dem Inhaber einer ausschließlichen Licenz (N 9 zu §. 6). Der nicht im Inlande Wohnende muß gemäß §. 12 Abs. 1 einen Vertreter bestellen (N. 2 zu §. 12).

Passiv legitimirt ist der Störende, nicht seine Erben, es sei denn, daß der Rechtsstreit schon vor dem Erbfall anhängig war. Hatte ein Organ oder ein Vertreter einer Handelsgesellschaft bezw. einer juristischen Person in dieser seiner Eigenschaft die Störung begangen, so geht die Klage gegen die Gesellschaft bezw. die juristische Person. Hatte der Störende im Auftrage eines Anderen gehandelt, so kann die Klage gegen Beide gerichtet werden. Behauptet der Beklagte, die Störung in Ausübung des Rechts eines Dritten vorgenommen zu haben, so findet die Vorschrift des §. 77 C.P.O. über nominatio auctoris entsprechende Anwendung.

Der Klageantrag darf nicht theoretisch allgemein lauten, sondern muß eine konkrete Gestaltung haben (R.G. in Jurist. Wochenschrift 1893 S. 429, P.Bl. 1893 S. 504, G. 10, 294) und sich nach der Art der Störung richten. In der Praxis ist es allerdings üblich, ohne Rücksicht auf die spezielle Art des Eingriffs den Klageantrag ganz allgemein im Anschlusse an den Patentanspruch zu formuliren. Dies ist fehlerhaft, weil ein solcher Antrag und das ihm entsprechende Urtheil nicht erkennen lassen, welche Handlungen des Beklagten als patentverletzend erachtet werden. Unter den Parteien ist fast nie streitig, daß der Beklagte das Patent des Klägers nicht verletzen darf, sondern ob eine konkrete, vom Beklagten herrührende Gestaltung unter das Patent fällt. Klageantrag und Urtheil müssen aber das streitige und nicht etwas Unstreitiges zum Ausdrucke bringen bezw. entscheiden. Das R.G. hat ein Urtheil, dessen Fassung gegen vorstehende Grundsätze verstieß, aufgehoben (Urtheil des R.G. C.S. I vom 18. November 1899 in Sachen E. contra J. I 280/99; vgl. R.G. im P.Bl. 1891 S. 20, G. 9, 494). Verstößt der Antrag gegen diese Forderung, so ist deshalb die Klage nicht abzuweisen, vielmehr wird das Gericht gemäß §. 139 C.P.O. auf eine sachgemäße Aenderung und Einschränkung des Antrages hinwirken (R.G. in dem eben citirten Urtheile E. contra J.) oder es wird selbständig die Aenderung bei der Formulirung des Urtheils vornehmen (R.G. in Jurist. Wochenschrift 1894 S. 25, P.Bl. 1894 S. 108, G. 10, 128, Bolze 17, 119); einen Einfluß auf die Kosten hat diese Aenderung regelmäßig nicht (R.G. in dem letztcitirten Urtheil).

Wenn der Beklagte auch nur eine der im Patentrecht liegenden Befugnisse verletzt hat, also entweder die geschützte Erfindung nur hergestellt oder sie nur gebraucht hat, so braucht der Kläger deshalb seinen Antrag nicht auf diese Alternative einzuschränken, wenn die Besorgniß gerechtfertigt ist, daß der Beklagte auch gegen die anderen Befugnisse verstoßen wird. Diesen, auch im §. 1004 B.G.B. ausgesprochenen Grundsatz hat das R.G. wiederholt auf die negatorische Klage wegen Zeichenverletzung angewendet. (Bl. 5, 154; Bl. 6, 291; Jurist. Wochenschrift 1899 S. 238, 1900 S. 301).

Der Klageantrag wird regelmäßig dahin gehen, dem Beklagten die gewerbliche Herstellung u. s. w. zu untersagen. Eine Strafandrohung für den Fall des Zuwiderhandelns gegen diese Untersagung kann in der Klage begehrt und im Urtheil ausgesprochen werden; ist dies unterblieben, so erfolgt die Strafandrohung gemäß §. 890 C.P.O. im Zwangsvollstreckungsverfahren; wegen einer jeden Zuwiderhandlung kann eine Geldstrafe bis zu fünfzehnhundert Mark oder eine Haftstrafe bis zu sechs Monaten angedroht werden. Bei einer juristischen Person würde die Strafandrohung gegen ihre Organe zu richten sein (Kohler Aus dem Patent- und Industrierecht II S. 13). Hatte der Beklagte ein Recht zur Vornahme der störenden Handlung, z. B. auf Grund des §. 5, für sich in Anspruch genommen, so kann der Antrag auch auf das Nichtbestehen dieses Rechts gerichtet sein. War der Beklagte zu Unrecht in der Rolle eingetragen, so wird der Antrag auf Einwilligung in die Umschreibung gehen. Für die Frage der Störung ist es unerheblich, wenn der Beklagte behauptet, daß er nach einem ihm ertheilten Patente arbeitet. Er kann deshalb auch Aussetzung des Verfahrens nicht beantragen, weil er sein Arbeitsverfahren zum Patent angemeldet hat (R.G. in Jurist. Wochenschrift 1897 S. 342) oder weil bezüglich seines Patents ein Nichtigkeitsverfahren anhängig ist (R.G. ebenda 1896 S. 710).

Was die Beweislast anlangt, so muß Kläger sein Recht und die Störung nachweisen. Sache des Beklagten ist es, sein Recht zur Vornahme der störenden Handlung, etwa auf Grund einer Licenz, darzuthun; behauptet er Nichtigkeit eines Patents, so gilt dasselbe, wie in N. 20 (vergl. N. 3 zu §. 10). Der §. 35 Abs. 2 stellt bei einer Erfindung, welche ein Verfahren zur Herstellung eines neuen Stoffes zum Gegenstande hat, zu Gunsten des Patentinhabers die Vermuthung auf, daß jeder Stoff von gleicher Beschaffenheit als nach dem patentirten Verfahren hergestellt gilt. Diese Vermuthung gilt auch für die negatorische Klage (N. 25 zu §. 35). Auch, wenn die Voraussetzungen des §. 35 Abs. 2 nicht vorliegen, genügt es unter Umständen nicht, wenn der Beklagte bloß behauptet, sein Verfahren sei ein anderes als das dem Kläger patentirte. Ist nämlich ein anderes Verfahren, als das patentirte, nicht bekannt, und ist aus dem Produkte eine andere Herstellungsart nicht ersichtlich, so kann das Gericht bei Gleichheit der Erzeugnisse in analoger Anwendung des §. 35 Abs. 2 auf Grund des §. 286 C.P.O. davon ausgehen, daß der Beklagte nach dem patentirten Verfahren arbeitet (R.G. im P.Bl. 1893 S. 504, G. 10, 294, Bolze 17, 111).

Bei der Formulirung des Beweisbeschlusses darf das Gericht nicht, wie es leider in der Praxis oft vorkommt (Katz in der Jurist. Wochenschrift 1893 S. 462, vergl. R.G. ebenda 1892 S. 430, im P.Bl. 1892 S. 690, G. 9, 596), dem Sachverständigen summarisch die Frage vorlegen, ob der Beklagte das klägerische Recht verletzt, denn dies ist eine Rechtsfrage, deren Entscheidung ausschließlich dem Gericht obliegt. Vielmehr muß es die technischen Punkte herausschälen, deren Beantwortung durch den Sachverständigen es für nöthig erachtet, um selbst zu einem Urtheile über die Verletzung zu gelangen.

Von den besonderen Gerichtsständen der C.P.O. kommen die des §. 21 C.P.O. (Niederlassung) und §. 23 (Vermögen) in Betracht. Das Gericht, in dessen Bezirk die das Patent verletzenden Handlungen begangen sind, ist nicht zuständig, weil die Störungsklage nicht eine Klage aus einer unerlaubten Handlung (§. 32 C.P.O.), sondern aus dem absoluten Recht ist; daran ändert es auch nichts, wenn dem Beklagten Wissentlichkeit der Verletzung vorgeworfen wird (R.G. 24, 394, im P.Bl. 1890 S. 47, G. 7, 192). In Folge dessen kann die Klage gegen eine im Auslande wohnende Person, bezüglich deren die Voraussetzungen der §§. 21, 23 C.P.O. nicht vorliegen, überhaupt nicht angestrengt werden, denn §. 12 Abs. 1 trifft hier nicht zu (Bolze Der Entwurf einer Patentnovelle S. 102). Das R.G. hat aber für den Fall, daß die Störungsklage mit der Entschädigungsklage aus § 35 verbunden wird, im Interesse der Erleichterung der Rechtsverfolgung das Gericht, in dessen Bezirk die subjektiv schuldhafte Handlung vorgenommen worden ist, für beide Ansprüche für zuständig erklärt (P.Bl. 1887 S. 235, G. 6, 157, vergl. R.G. 24, 394); diese Entscheidung erscheint bedenklich, da §. 260 C.P.O. Zuständigkeit des Gerichts für jeden einzelnen Anspruch verlangt, vergl. R.G. 27, 385 (Plenarbeschluß).

Durch Konkurs des Beklagten wird das Verfahren nicht unterbrochen, weil es nicht die Konkursmasse, sondern die Person des Beklagten betrifft (§. 240 C.P.O.); ebenso Kammergericht im Bl. 6, 394.

Für die Zwangsvollstreckung kommt §. 890 C.P.O. in Betracht. Die dort vorgeschriebene Strafandrohung bezieht sich aber nicht auf jede Verletzung des klägerischen Patents, welche der Beklagte nach Erlassung des Urtheils begeht, sondern nur auf diejenige, welche durch Benutzung der in der Urtheilsformel beschriebenen konkreten Gestaltung besteht. Die Identität braucht allerdings nicht in allen Punkten vorhanden zu sein, aber doch in den wesentlichen Bestandtheilen (R.G. im Bl. 4, 102).

Bei der Zweifelhaftigkeit des endgültigen Ausganges mancher Patentverletzungsprozesse ist zu beachten, daß nach §. 717 Abs. 2 C.P.O. bei Aufhebung oder Abänderung eines für vorläufig vollstreckbar erklärten Urtheils der Kläger zum Ersatze des Schadens verpflichtet ist, der dem Beklagten durch die Vollstreckung des Urtheils oder durch eine zur Abwendung der Vollstreckung gemachte Leistung entstanden ist.

Wird das Patent nach Rechtskraft des den Beklagten verurtheilenden Erkenntnisses für nichtig erklärt, so trifft die Erörterung in N. 3 zu §. 35 zu.

Feststellungsklage gegen den Patentinhaber.

23. Wenn ein Patentinhaber für sein Patent eine ihm objektiv oder subjektiv (vergl. z. B. §. 5 Abs. 1) nicht zukommende Tragweite beansprucht und auf Grund dieser ungerechtfertigten Auslegung entweder das gewerbliche Verhalten Anderer als ein auch nur objektiv patentverletzendes bezeichnet oder Anderen die Vornahme von erlaubten Handlungen untersagt, so steht den in ihrer gewerblichen Ehre oder Freiheit Bedrohten eine negative Feststellungsklage des Inhalts zu, daß ihr Verhalten das Patent nicht verletze, vergl. N. 21. Das rechtliche Interesse an der alsbaldigen Feststellung liegt hier ohne Weiteres in dem ehrverletzenden Vorwurfe (§. 256 C.P.O. setzt nicht stets ein privatrechtliches Interesse voraus: R.G. 16, 390) und in der unberechtigten Störung der rechtlich erlaubten gewerblichen Verfügungen (R.G. in Jurist. Wochenschrift 1889

S. 367, vergl. auch die für das Markenrecht ergangene Entsch. des R.G. 22, 93).

Wegen der Beweislast vergl. R.G. 9, 337.

Wegen der Zuständigkeit gilt das N. 20 a. E. Gesagte.

Ueber diese Feststellungsklage und über ihre Verbindung mit der Entschädigungsklage vergl. Kohler in Busch's Arch. Bd. 47 S. 335.

Einstweilige Verfügung.

24. In den Patentprozessen kommt den einstweiligen Verfügungen eine große Bedeutung zu (O.L.G. Dresden im P.Bl. 1881 S. 235, G. 3 271). Diese sind nach §. 940 C.P.O. zum Zwecke der Regelung eines einstweiligen Zustandes in Bezug auf ein streitiges Rechtsverhältniß zulässig, sofern diese Regelung zur Abwendung wesentlicher Nachtheile oder aus anderen Gründen nöthig erscheint. Diese Voraussetzung wird häufig vorliegen, denn die Patentprozesse dauern dadurch, daß meistens umfassende Beweisaufnahmen zu erheben, insbesondere schwierige Gutachten bezw. Obergutachten einzufordern sind, regelmäßig längere Zeit; strengt der Beklagte inzwischen die Nichtigkeitsklage an und erwirkt er bis zur Entscheidung über sie eine Aussetzung des Verfahrens, so können Jahre vergehen, bis letzteres rechtskräftig erledigt ist. Unterdessen produzirt oder verkauft der Verletzer ruhig fort; wird der Prozeß auch zu seinen Ungunsten entschieden, so ist sein Risiko nicht groß, denn zur Entschädigung ist er nur verpflichtet, wenn ihm Vorsatz oder grobe Fahrlässigkeit nachgewiesen wird (§. 35). Ob dem Patentinhaber dieser schwierige Nachweis gelingen und ob er im Falle des Gelingens von dem, vielleicht nicht solventen, Gegner hinreichende Entschädigung erhalten wird, ist stets zweifelhaft; gewiß ist dagegen, daß sein Patent durch die längere Konkurrenz des Gegners an Werth beträchtlich verliert, ja oft werthlos wird (Bolze Der Entwurf einer Patentnovelle S. 66). Es wird deshalb zur Abwendung wesentlicher Nachtheile häufig eine interimistische Regelung geboten sein, sie wird regelmäßig darin bestehen, daß der Richter auf Antrag des Patentinhabers dem Gegner unter Androhung der in §. 890 C.P.O. angegebenen Strafen verbietet, bis zur rechtskräftigen Entscheidung des Prozesses die — näher zu bezeichnende — Gestaltung gewerbsmäßig herzustellen u. s. w.

Die frühere Praxis des R.G. hat die Erlassung einstweiliger Verfügungen sehr beschränkt. Sie verlangt vom Patentinhaber die Glaubhaftmachung, daß der Verletzende dolos oder grobfahrlässig handele und daß der Erlaß der Verfügung nothwendig sei, um dem Patentinhaber den Beweis seines Schadens zu sichern (vergl. die Urtheile v. 22. Januar 1887 in Bolze 4, 1555, in Gruchot's Beiträgen 33, 1209, P.Bl. 1892 S. 491, G. 9, 523 und vom 20. Januar 1894 in Jurist. Wochenschrift 1894, S. 126). Diese Praxis war unrichtig, weil eine interimistische Regelung auch zum Schutze des absoluten Rechts zulässig und oft geboten ist, und unzweckmäßig, weil die Verweisung auf den Schadensersatzprozeß dem Patentinhaber häufig nichts nützt (Seligsohn Kommentar zum Waarenzeichengesetz S. 126, Katz im Bl. 1, 266). Das R.G. hat auch seine Praxis, der viele Untergerichte nicht folgten, in neuerer Zeit aufgegeben und jene früheren Entscheidungen nicht als grundsätzliche hingestellt. So erklärt es in einem Urtheil vom 29. Mai 1897 (C.S. I in Sachen A. contra A. I. 442/96) den Erlaß der einstweiligen Verfügung für gerechtfertigt „und zwar ohne Rücksicht darauf, ob ein auf eine Schadensersatzpflicht begründendes Verhalten seitens der Beklagten dargethan ist." Zumal jetzt, seitdem der §. 945 C.P.O. den Patentinhaber für den Fall, daß sich die einstweilige Verfügung als von Anfang an ungerechtfertigt erweist, unbedingt zum Ersatze des Schadens für verpflichtet erklärt, welcher dem Beklagten aus der Vollziehung der Verfügung entsteht, werden die Gerichte sich Anträgen auf Erlaß von einstweiligen Verfügungen gegenüber nicht allzu ablehnend verhalten dürfen.

Für das Verfahren sind die Vorschriften der §§. 916—945 C.P.O., insbesondere der §§. 937 ff. maßgebend. Mit dem Antrage wird der Patentinhaber regelmäßig die Patent-Urkunde vorlegen, um sein Patentrecht glaubhaft zu machen, außerdem eidesstattliche Versicherungen bezw. Gutachten, aus denen die Verletzung des Patents hervorgeht; endlich wird er die besonderen Momente hervorzuheben bezw. glaubhaft zu machen haben, welche im vorliegenden Falle die Erlassung der Verfügung rechtfertigen, denn der Umstand, daß der Gegner bis zu dem Urtheil in der Hauptsache im Genuß des Geschäftsbetriebs bleibt, kann nicht allgemein als ein wesentlicher Nachtheil im Sinne des §. 940 C.P.O. angesehen werden. Der nicht im Inlande wohnende Patentinhaber muß gemäß §. 12 Abs. 1 einen Vertreter bestellt haben und dies nachweisen. Einer Vorlegung der Zahlungsbelege über die Patentgebühren, um das Nochbestehen des Patents darzuthun, bedarf es nicht (N. 13 zu §. 9). Da die einstweilige Verfügung in die gewerbliche Existenz desjenigen, an den sie ergeht, oft sehr tief eingreift, so wird das Gericht bei nicht ganz klarer Sachlage, bevor es sie erläßt, mündliche Verhandlung anordnen. Außerdem wird es bei Antragstellern, deren Zahlungsfähigkeit nicht außer Zweifel steht, im Hinblick auf §. 945 C.P.O. häufig gemäß §. 921 Abs. 2 C.P.O. die Erlassung der Verfügung von der Leistung einer Sicherheit abhängig machen.

Ein neues Gutachten, welches eine Partei in der mündlichen Verhandlung überreicht, giebt dem Gegner kein Recht auf Vertagung (R.G. in Jurist. Wochenschrift 1899 S. 338); vergl. auch O.L.G. Hamburg im Bl. 5, 4; 5, 6, woselbst außerdem die Frage erörtert wird, ob neue Gutachten als veränderte Umstände im Sinne des §. 927 C.P.O. anzusehen sind.

Die Beschaffung von Privatgutachten zur Einreichung bei Gericht wird häufig zur zweckentsprechenden Rechtsverfolgung oder Rechtsvertheidigung nothwendig sein, die unterliegende Partei hat in diesem Falle die Kosten derselben gemäß §. 91 C.P.O. zu erstatten (R.G. in Jurist. Wochenschrift 1897 S. 542; vgl. ebenda S. 303).

Der Antrag auf Erlassung der Verfügung kann nicht blos mit der Störungs- und Entschädigungsklage verbunden, sondern auch im Feststellungsprozeß gestellt werden; die Verfügung kann sogar erlassen werden, bevor ein Hauptprozeß anhängig ist (R.G. 4, 399). Durch die Aussetzung des Verfahrens verliert sie nicht ihre Kraft.

§. 5.

Die Wirkung des Patents tritt gegen denjenigen nicht ein, welcher zur Zeit der Anmeldung bereits im Inlande die Erfindung in Benutzung genommen oder die zur Benutzung erforderlichen Veranstaltungen getroffen hatte. Derselbe ist befugt, die Erfindung für die Bedürfnisse seines eigenen Betriebes in eigenen oder fremden Werkstätten auszunutzen. Diese Befugniß kann nur zusammen mit dem Betriebe vererbt oder veräußert werden.

Die Wirkung des Patents tritt ferner insoweit nicht ein, als die Erfindung nach Bestimmung des Reichskanzlers für das Heer oder für die Flotte oder sonst im Interesse der öffentlichen Wohlfahrt benutzt werden soll. Doch hat der Patentinhaber in diesem Falle gegenüber dem Reich oder dem Staate, welcher in seinem besonderen Interesse die Beschränkung des Patents beantragt hat, Anspruch auf angemessene Vergütung, welche in Ermangelung einer Verständigung im Rechtswege festgesetzt wird.

Auf Einrichtungen an Fahrzeugen, welche nur vorübergehend in das Inland gelangen, erstreckt sich die Wirkung des Patents nicht.

1. Entstehungsgeschichte.
2. Einschränkungen.

Abs. 1 (N. 3—12).

3—6. Voraussetzungen.
3. Anmeldung.
4. Inland.
5. Benutzung.
6. Veranstaltungen.
7—12. Recht des Vorbenutzers.
7. Klagbarkeit.
8. Ausdehnung.
9. Produkte geschützt.
10. Uebertragbarkeit.
11. Betrieb.
12. Inserirung.

Abs. 2 (N. 13—15).

13. Beschränkung.
14. Reichskanzler.
15. Vergütung.

Abs. 3 (N. 16).

16. Fahrzeuge.

1. Das Gesetz von 1891 hat die beiden letzten Sätze des Abs. 1 hinzugefügt, um Zweifel, die bezüglich der in ihnen geregelten Punkte bestanden hatten, zu beseitigen (N. 8, 10 ff.). **Entstehungsgeschichte.**

2. Der affirmative Bestandtheil des Patentrechts wird durch §. 5 Abs. 2 des Gesetzes über den Schutz von Gebrauchsmustern eingeschränkt. **Einschränkungen.**

Dem im Patentrecht liegenden Verbietungsrecht werden in §. 5 drei Schranken gesetzt. Abs. 1 und 3 dieses Paragraphen stellen einen Thatbestand auf, bei dessen Vorhandensein das Verbietungsrecht relativ d. h. gegenüber einzelnen Personen oder Gegenständen unwirksam ist; ob dem Patent im Falle des Abs. 2 die Wirkung vollständig oder theilweise entzogen wird, hängt von der Bestimmung des Reichskanzlers ab. Die

Ausnahme des ersten Absatzes ist im Interesse des Vorbenutzers einer Erfindung, die des zweiten im öffentlichen Interesse, die des dritten im Interesse des internationalen Verkehrs geschaffen.

Außer den im §. 5 behandelten Fällen sind auch noch andere Einschränkungen des Untersagungsrechts möglich. Denken wir an folgenden Fall. Der Patentinhaber hatte sich zur Lieferung des patentirten Gegenstandes verpflichtet, kommt in Verzug und wird vom Gericht zur Lieferung verurtheilt. Wie ist das Urtheil zu vollstrecken? Die Antwort hängt nach §§. 887, 888 C.P.O. davon ab, ob hier eine Handlung des Verurtheilten in Frage steht, deren Vornahme durch einen Dritten erfolgen kann. Dieses „kann“ ist nicht mit „darf“ identisch, es soll hier nur darauf ankommen, ob es für den wirthschaftlichen Werth der Leistung gleichgültig ist, wer die Handlung vornimmt. Daraus ergiebt sich, daß der Patentschutz kein Hinderniß für die Anwendung des §. 887 C.P.O. bildet, welcher dem Gläubiger gestattet, auf Kosten des Schuldners die Handlung vornehmen zu lassen. Darin, daß das Gericht den Gläubiger dazu ermächtigt, liegt eine wider den Willen des Patentinhabers ertheilte Licenz.

Abs. 1.

Literatur: Schanze in Wiener „Juristische Blätter“ 25, 37 ff.; Schanze in Gewerbl. Rechtsschutz 1, 157 ff., 189 ff. (nachstehend als Schanze citirt); ebenda 1, 215; Zoll in Grünhuts Zeitschr. 22, 562.

Anmeldung. 3. Ueber die Zeit der Anmeldung vergl. N. 3 ff. zu §. 2. Wenn auch der Patentschutz erst mit der Bekanntmachung der Anmeldung beginnt, so muß doch die Vorbenutzung schon zur Zeit der Anmeldung stattgefunden haben. Die Priorität, welche ein Patentinhaber auf Grund der früheren Anmeldung in einem Vertragsstaate (Oesterreich-Ungarn, Italien, Schweiz) genießt, kommt hier nicht in Betracht. Es kann sich demnach auch derjenige auf §. 5 berufen, welcher die Erfindung vor der in Deutschland erfolgten Anmeldung in Benutzung genommen hat, sollte dies auch erst nach der Anmeldung in einem Vertragsstaate geschehen sein (Rhenius in Zeitschrift für gewerbl. Rechtsschutz 2, 250, Kohler Handbuch S. 291); vergl. die Erörterungen zu Art. 3 der am Schlusse dieses Buches abgedruckten Verträge.

Die Vorbenutzung braucht nicht bis zur Patentanmeldung fortgedauert haben; a. M. Kohler Handbuch S. 474.

Inland. 4. Ueber Inland vergl. oben S. 23.

Bildete eine Maschine den Gegenstand der Erfindung und hatte Jemand vor der Patentanmeldung von Deutschland aus die Herstellung derselben im Auslande in Auftrag gegeben, so war weder die Erfindung im Inlande in Benutzung genommen, noch waren hier die zur Benutzung erforderlichen Veranstaltungen getroffen (R.G. 45, 116, im Bl. 6, 172).

Benutzung. 5. Es genügt nicht, daß Jemand sich vor der Anmeldung im Besitze der Erfindung befunden hat. Das Gesetz verlangt, daß er sie auch in Benutzung genommen, oder doch wenigstens die dazu erforderlichen Veranstaltungen getroffen hatte (Schanze a. a. O.)

Die Worte „in Benutzung nehmen" entsprechen der Benutzung der Erfindung im §. 2. Es treffen deshalb auch hier die Erörterungen in N. 12 zu §. 2 zu, wonach die Benutzung durch jede der vier in §. 4 aufgeführten Befugnisse sich vollzieht, d. h. es genügt, wenn Jemand den Gegenstand der Erfindung entweder hergestellt oder in den Verkehr gebracht oder feilgehalten oder gebraucht hatte (R.G. Straff. 27, 51, im Bl. 1, 147; a. M. Schanze S. 191, Kohler Handbuch S. 474). Es ist hier, wo bereits das Treffen der erforderlichen Veranstaltungen genügt, nicht nothwendig daß der Vorbenutzer die Erfindung in größerem Maßstabe ausgeführt hatte. Versuche, welche er in der Absicht anstellte, im Falle des Erfolges das Produkt in irgend einer Weise zu verwerthen, genügen, wenn die Versuche zum Ziele führten und er durch sie die Bedingungen des Erfolges erkannte (R.G. im Bl. 5, 131); vergl. Kohler Handbuch S. 476.

Das Gesetz unterscheidet nicht, ob die Benutzung eine gewerbsmäßige war, oder ob sie nur zu privaten Zwecken erfolgte. In der Reichstagskommission war der Antrag gestellt worden, das Wort „gewerbsmäßig" in Satz 1 des §. 5 einzufügen, dieser Antrag wurde auf Einspruch des Regierungsvertreters wieder zurückgezogen. Es ergiebt sich daraus, daß die Vorbenutzung nicht eine gewerbsmäßige gewesen sein muß (R.G. Straff. 5, 364, O.L.G. Köln in Zeitschrift für gewerbl. Rechtsschutz 1, 185, Robolski S. 223; a. M. Schanze S. 189, Kohler Handbuch S. 473, L.G. Berlin I im P.Bl. 1880 S. 202).

Das Gesetz unterscheidet ferner nicht, ob die Benutzung eine offenkundige war oder nicht. Das Gesetz hat in erster Reihe unzweifelhaft den Schutz der nicht offenkundigen Benutzung im Auge gehabt; denn, wenn eine offenkundige Benutzung im Inlande vorlag, so war nach §. 2 die Ertheilung des Patentes ausgeschlossen, außerdem nach §. 10 die Nichtigkeitsklage gegen dasselbe zulässig. Trotzdem wird man bei dem ganz allgemeinen Wortlaute des Gesetzes auch einem offenkundigen Vorbenutzer das Recht aus §. 5 einräumen. Erstens wird ihm dieses Recht regelmäßig werthvoller sein als die Möglichkeit, das Patent in das Freie fallen zu lassen, zweitens ist die Erhebung der Nichtigkeitsklage nur während der fünfjährigen Frist des §. 28 Abs. 3 zulässig, während das Recht aus §. 5 während der ganzen Dauer des Patentes wirksam ist (a. M. Schanze S. 189, Schmid S. 143).

Die Erfindung muß vorbenutzt sein, d. h. dasjenige, was vor der Anmeldung in Benutzung genommen worden ist, muß sich seinem Inhalte nach ganz oder doch in der Hauptsache mit der patentirten Erfindung decken. So kann sich einem reinen Kombinationspatent gegenüber derjenige nicht auf §. 5 berufen, welcher vorher zwar die einzelnen Elemente, aber nicht in der geschützten Kombination benutzt hatte.

Nach dem Wortlaute und dem Zwecke der Bestimmung ist es zweifellos, daß der Vorbenutzer ein Anderer sein muß, als der Anmelder. Am häufigsten wird der Fall der Doppelerfindung vorliegen. Es ist aber nicht zutreffend, wenn das R.G. in verschiedenen Entscheidungen diesen als den einzigen hinstellt (R.G. Straff. 6, 107, im P.Bl. 1882

S. 65, G. 3, 172; R.G. 26, 64 im P.Bl. 1890 S. 365, G. 8, 288; R.G. Straff. 28, 27, im Bl. 2, 3; R.G. 45, 116, im Bl. 6, 172; ebenso Robolski S. 223, Gierke Privatrecht I S. 884). Vielmehr kommt der §. 5 Abs. 1 auch demjenigen zu Gute, welcher vor der Anmeldung mit Einwilligung des Erfindungsberechtigten die Erfindung in Benutzung genommen hatte (Schanze S. 164, Kohler Handbuch S. 471; vergl. auch R.G. 37, 41); es sei denn, daß aus den Beschränkungen, unter denen diese Erlaubniß ertheilt wurde (auf bloßen Widerruf, auf gewisse Zeit) sich eine gegentheilige Absicht der Parteien ergiebt.

Die Beweislast dafür, daß die Vorbenutzung ohne Einwilligung des Erfindungsberechtigten erfolgt ist, trifft den Patentinhaber. Er kann die mangelnde Einwilligung nur geltend machen, wenn er mit dem Erfindungsberechtigten identisch oder dessen Rechtsnachfolger ist (vergl. N. 7).

Der Veräußerer eines Patentes kann sich seinem Rechtsnachfolger gegenüber nicht auf den §. 5 Abs. 1 berufen; ob die Veräußerung freiwillig, oder im Wege der Zwangsvollstreckung stattgefunden hat, macht keinen Unterschied (R.G. im P.Bl. 1882 S. 101, G. 4, 120).

Das Inbenutzungnehmen Seitens eines Dritten liegt nicht vor, wenn dieser nur im Auftrage des Patentinhabers als dessen industrielles Organ Benutzungshandlungen vorgenommen hatte; es ist nothwendig, daß der Dritte für eigene Zwecke und im eigenen Interesse die Erfindung benutzt hatte (R.G. im P.Bl. 1885 S. 177, G. 5, 161). Wenn Jemand die Herstellung einer neuen, ihm zweckmäßig scheinenden Sache von dem Fabrikanten verlangt, dieser die neue Gestaltung konstruirt und die Sache herstellt, so liegt eine Benutzung der Erfindung durch den Fabrikanten vor. Wer dagegen lediglich eine ihm aufgetragene mechanische Thätigkeit für einen Andern ausübt, benutzt die Erfindung nicht (R.G. Straff. 27, 51, im Bl. 1, 147).

Veranstaltungen. 6. Nach dem Wortlaute könnte es erforderlich erscheinen, daß der Vorbenutzer sämmtliche zur Benutzung erforderlichen Veranstaltungen getroffen hatte. Dies würde aber nicht dem Willen des Gesetzes entsprechen, denn der Bericht der Reichstagskommission, welcher diese Bestimmung ihre Entstehung verdankt, rechtfertigte dieselbe damit, daß dem Erfinder, welcher Kraft, Zeit und Kapital für die Erfindung aufgewendet habe, das Benutzungsrecht aus dem Grunde, weil zufällig die Erfindung noch nicht ausgeführt sei, nicht entzogen werden solle, und fährt dann fort, daß es im einzelnen Falle oft sehr schwierig sein mag, die Grenze genau zu bestimmen, bis zu welcher die Veranstaltungen getroffen sein müssen. „Der Richter dürfte dabei das Richtige treffen, wenn er als das entscheidende Moment das Vorhandensein solcher Thatsachen und Handlungen annimmt, welche die Ueberzeugung feststellen, daß die betreffende Person die Erfindung in ihren wesentlichen Theilen auszuführen beschäftigt ist" (Komm.-Ber. I S. 14). Dementsprechend sind diejenigen zur Benutzung erforderlichen Veranstaltungen erforderlich und ausreichend, welche die Erfindung im Wesentlichen auszuführen bestimmt sind und den ernstlichen Willen, die Erfindung sofort zu benutzen, kundgeben (R.G. Straff. 16, 414, im P.Bl. 1887 S. 387, G. 6, 196; R.G. 30, 63, im P.Bl. 1893 S. 102, G. 10, 147; R.G. in Jurist. Wochenschrift 1896 S. 110). Ob dies im Einzelfalle zutrifft, ist Thatfrage. Der Kommissionsbericht fährt an der eben citirten Stelle fort: „Die Ausfertigung der Zeichnungen oder die theoretische Darstellung des Verfahrens allein wird also nicht genügen, während, wenn auf Grund der angefertigten Zeichnungen bereits die Modelle angefertigt werden, die Bauten begonnen sind, oder das Verfahren praktisch angefangen hat, im Zweifelsfalle angenommen werden müßte, daß der durch den Zusatzantrag zutreffende Fall vorliegt." Wenn man auch im Allgemeinen diesen Ausführungen beitreten kann (ebenso bezüglich der Anfertigung eines Modells: R.G. 10, 94; a. M. O.L.G. Colmar im Bl. 1, 304), so kommt es doch stets so sehr auf den Einzelfall an, daß sich allgemeine Regeln nicht aufstellen lassen (vergl. Enqu. 1886 S. 112). Kohler Handbuch S. 476 operirt mit dem Versuchsbegriffe des Strafrechts.

7. Der Vorbenutzer kann das ihm zustehende Recht (N. 4 zu §. 3) nicht blos durch Einrede, sondern auch durch Klage geltend machen, insbesondere wird er gegen den Patentinhaber auf Feststellung der Wirkungslosigkeit des Patents gemäß N. 23 zu §. 4 klagen können (R.G. in Jurist. Wochenschrift 1890 S. 258, im P.Bl. 1890 S. 365, G. 8, 288). Die Berufung auf sein formales Recht versagt aber dann, wenn die exceptio oder replica doli gegen ihn vom Patentinhaber mit Fug erhoben werden kann, insbesondere wenn Letzterer nachweist, daß der Vorbenutzer sich arglistig in den Besitz seiner Erfindung gesetzt hat (N. 5). Dies wird anerkannt in dem Kommissionsberichte, welcher nur vom Schutze des redlichen Unternehmers und Erfinders spricht (Komm.-Ber. I S. 14) und ergiebt sich aus allgemeinen Rechtsgrundsätzen; hatte der Vorbenutzer aber nicht gegen den Patentinhaber, sondern gegen einen Dritten arglistig gehandelt, so kann sich jener nicht darauf berufen, weil dies ein Einwand aus dem Rechte eines Dritten wäre. Wegen des Werths des Streitgegenstandes vergl. R.G. in Jurist. Wochenschrift 1896 S. 30. Klagbarkeit.

8. Vor dem Gesetze von 1891 war es streitig, ob der Vorbenutzer die Erfindung nur in dem Umfange und nur in dem Etablissement, in welchem er sie zur Zeit der Patentanmeldung benutzte, weiter benutzen oder ob er den Betrieb beliebig vergrößern, beliebig neue Fabrikationsstätten errichten, auch von einer häuslichen Benutzung der Erfindung zu einer gewerblichen übergehen darf. Das R.G. hatte unter Widerspruch von Kohler und Klostermann in ständiger Praxis (R.G. Strafs. 5, 362, R.G.Strafs. 6, 107, im P.Bl. 1882 S. 65, G. 3, 172; R.G. 7, 52; R.G. 26, 64, im P.Bl. 1890 S. 365, G. 8, 288) sich für die zweite Ansicht ausgesprochen: der Vorbenutzer sei ohne Beschränkung zur gewerbsmäßigen Herstellung u. s. w. des Gegenstandes der Erfindung befugt, nur nicht ausschließlich, sondern neben dem Patentinhaber, Dritten gegenüber habe er weder das Untersagungsrecht noch die Befugniß zur Licenzertheilung. Diese Praxis wollte das Gesetz von 1891 mit dem neu eingefügten Satz 2 sanktioniren und damit aussprechen, daß dem Vorbe- Ausdehnung.

nutzer „eine beliebige Erweiterung der Ausnutzung für die Zwecke seines Betriebes, aber auch nur für diese Zwecke gestattet ist“ (Mot. II S. 17).

Ohne Kenntniß dieser Entstehungsgeschichte ist die Bedeutung des Satz 2 aus seinem nicht klaren Wortlaute nur schwer zu erkennen. Er will ausdrücken, daß der Vorbenutzer die Erfindung in unbeschränktem Maße ausnutzen kann und zwar nicht blos in den ursprünglichen, sondern auch in neuen Fabriketablissements. Wenn das Gesetz auch die Nutzung in fremden Werkstätten gestattet, so will es damit sagen, daß diese Stätten nicht im Eigenthum des Vorbenutzers zu stehen brauchen, es können auch andere Fabrikanten oder Hausindustrielle mit seiner Erlaubniß die Erfindung benutzen, wofern diese Benutzung ausschließlich für die Bedürfnisse des Betriebes des Vorbenutzers geschieht

Es ist nicht ganz klar, was unter Betrieb zu verstehen ist. Nach der Entstehungsgeschichte deckt sich dieser Begriff zunächst mit Gewerbebetrieb, da letzterer dem Vorbenutzer gestattet werden sollte, er schließt also jede auf Erwerb gerichtete berufsmäßige Thätigkeit, insbesondere auch diejenige im Bereiche der Land- und Forstwirthschaft, des Bergbaues und Verkehrswesens ein (N. 16 zu §. 1). Demnach kann z. B. der Vorbenutzer, der Gutsbesitzer ist, den patentirten Dampfpflug für seinen landwirthschaftlichen Betrieb selbst herstellen oder bei irgend einem Maschinenfabrikanten herstellen lassen, ohne daß einer von den Beiden sich einer Patentverletzung schuldig macht. Der Begriff des Betriebes muß aber hier noch weiter gehen. Wenn eine Erfindung in Frage steht, welche auch zu nicht gewerblichen Zwecken benutzt wird, z. B eine Uhr, so ist es unzweifelhaft, daß der Vorbenutzer ebenso, wie jeder Dritte, dieselbe zu persönlichem Gebrauche selbst herstellen und gebrauchen darf, er muß aber auch im Gegensatze zu jedem Dritten die Befugniß haben, sich die Uhr durch einen Uhrmacher herstellen zu lassen, ohne daß der Letztere durch die — gewerbsmäßige — Herstellung das Patent verletzt, denn es wäre absurd, wenn er zwar zu seinem Gewerbebetriebe in unzähligen fremden Werkstätten die Erfindung ausnutzen dürfte, sich aber zu seinem persönlichen Gebrauche nicht ein einzelnes Exemplar bei einem Dritten herstellen lassen könnte. Folglich ist „für die Bedürfnisse seines eigenen Betriebes“ identisch mit „für seine eigenen gewerblichen und nicht gewerblichen Bedürfnisse“. Was den Umfang des Bedürfnisses betrifft, so wird bei nicht gewerblichem Betriebe der Bedarf des Vorbenutzers und derjenigen Personen, für deren Unterhalt er gesetzlich zu sorgen verpflichtet ist, maßgebend sein, bei gewerblichem Betriebe kommt der Bedarf des Betriebes in Betracht. So viel er in letzterem herzustellen oder abzusetzen vermag, so weit darf er die Erfindung benutzen oder benutzen lassen. Er kann auch für Andere produziren, denn ohne dies wäre ein Geschäftsbetrieb undenkbar; nur darf er diese Produktion nicht ausschließlich im Interesse Anderer vornehmen, sondern vor allem in seinem eigenen. Ob seine Thätigkeit mittelbar Anderen zu Gute kommt, ist unerheblich.

Produkte geschützt. 9. Dürfen dritte Personen die von dem Vorbenutzer hergestellten Produkte gewerbsmäßig feilhalten, weiter vertreiben und gebrauchen?

Diese Frage ist zu bejahen, weil sonst der Abs. 1 fast ganz illusorisch wäre. Man denke z. B. an den Fall, daß die Erfindung in einer Maschine besteht: hier würde zwar der Vorbenutzer das Recht behalten, sie fernerhin herzustellen und zu veräußern, Niemand dürfte sie aber gewerblich gebrauchen! Was sollte dann die Veräußerungsbefugniß noch für einen Zweck oder Werth haben? Und fast ebenso hinfällig wäre das Recht des Vorbenutzers, wenn man die ganz ungerechtfertigte Unterscheidung machen wollte, daß Dritte zwar die von ihm gekauften Sachen gebrauchen, aber nicht feilhalten dürfen, denn das Verbot des Zwischenhandels würde ihn gegenüber dem Patentinhaber zweifellos konkurrenzunfähig machen. Bei der Berathung im Reichstage (Verhandlungen von 1877 Bd. 2 S. 926, 927) wurde deshalb auch ohne Widerspruch konstatirt, daß derjenige, welcher den vom Vorbenutzer hergestellten Gegenstand der Erfindung erwirbt, trotz des Patents ihn gebrauchen und weiter verkaufen dürfe (R.G. Strafs. 6, 10; 6, 107). Man wird deshalb nachfolgendem Resultate, zu welchem das R.G. in dem erstcitirten Urtheile kommt, im Allgemeinen zustimmen können:

> „Hieraus erhellt unzweideutig, daß der Schutz des §. 5 nur bezüglich der Herstellung und der Anwendung eines Verfahrens einen persönlichen, mit dem Besitzer verbundenen Charakter an sich trägt, bezüglich der Gegenstände der Erfindung aber zu Gunsten derselben eine derartige sachliche Exemtion von den Patentwirkungen schafft, daß dieselben, wenn vom Besitzer redlich erworben, in der Hand dieser Dritten hinsichtlich des Gebrauchs und der Weiterveräußerung dem freien Verkehr und der freien Verfügungsgewalt uneingeschränkt unterliegen."

Nur ist davor zu warnen, daß man in dem Requisite des „redlichen" Erwerbes etwa ein Nichtkennendürfen des Patents findet, vielmehr kommt es auf die bona fides bezüglich des Patents Seitens desjenigen, welcher sein Recht von dem Vorbenutzer mit Fug ableitet (etwas anderes soll wohl der „dritte redliche Erwerber" in demselben Erkenntnisse auch nicht bedeuten) nicht an.

10. Da das Recht des Vorbenutzers ein Vermögensrecht ist, so würde es an sich frei übertragbar sein. Der Satz 3 des Abs. 1 schränkt die Uebertragbarkeit ein, indem er das Recht nur zusammen mit dem Betriebe vererben oder veräußern läßt. **Uebertragbarkeit.**

Die Worte „vererbt oder veräußert" schließen jeden derivativen Erwerb unter Lebenden und von Todeswegen ein. Das Recht des Vorbenutzers kann aber nur gänzlich — translativ — veräußert werden; eine konstitutive Uebertragung, so daß der Vorbenutzer selbst die Erfindung weiter ausnutzt und gleichzeitig durch Licenzertheilungen Anderen die Ausnutzung gestattet, ist unzulässig.

Die Worte „nur zusammen mit dem Betriebe" erwecken den Anschein, als ob das Recht des Vorbenutzers stets einen Gewerbebetrieb auf seiner Seite voraussetzte. Daß dies nicht richtig ist, darüber vergl. N. 8. Folglich fragt es sich, ob z. B. der Gelehrte, welcher ein wissen=

schaftliches Instrument angewandt hatte, bevor sich ein Anderer dasselbe hat patentiren lassen, nicht an sich befugt sein soll, das ihm auf Grund des Abs. 1 zustehende Recht zu vererben, zu verschenken, zu verkaufen, sondern erst dann, wenn er etwa eine Fabrik zur Herstellung solcher Instrumente errichtet hat. Dies kann das Gesetz nicht wollen, denn es wäre eine unerklärliche Bevorzugung des begüterten Vorbenutzers gegenüber dem armen; die Vorschrift wäre auch leicht zu umgehen, indem der private Vorbenutzer, wenn er das Recht abtreten wollte, eigens ad hoc, vielleicht mit den Mitteln des zukünftigen Cessionars, einen gewerblichen Betrieb einrichten könnte. Aus diesen Gründen kann die Bestimmung nur so aufgefaßt werden, daß, falls der Vorbenutzer die Erfindung nicht gewerblich ausnutzt, er in ihrer Uebertragung nicht gehindert ist: im Falle des Uebergangs ist dann der Erwerber nicht gehindert, ebenso wie der ursprünglich Berechtigte es durfte, von der privaten Benutzung zu der gewerblichen überzugehen.

Fand dagegen eine gewerbliche Benutzung statt, so ist die Uebertragung nur zusammen mit dem Betriebe möglich. Es kann der Betrieb ohne das Recht veräußert werden, dann bleibt letzteres bei dem Vorbenutzer zurück und geht etwa nicht unter. Dagegen kann das Recht nicht ohne den Betrieb veräußert werden; eine gegentheilige Disposition würde wirkungslos sein und den Uebergang des Rechts nicht bewirken. Ob bei einer Uebertragung des Betriebes auch das Recht mit übergeht, hängt von der Absicht der Kontrahenten ab und ist Interpretationsfrage: im Zweifel wird es zu bejahen sein. Eine Theilung des Betriebes in der Weise, daß ein Theil, z. B. eine Filiale, veräußert wird, während die Hauptniederlassung bei dem ursprünglichen Vorbenutzer verbleibt, oder umgekehrt, kann nie die Wirkung haben, daß das Recht aus §. 5 zwei verschiedenen Rechtssubjekten zusteht. Aus dem Vertrage ist zu entscheiden, wer von beiden es hat.

Betrieb. **11.** Für die Entscheidung der Frage, ob der Betrieb durch Erbgang oder Vertrag auf einen Anderen übertragen ist, können die Kommentare zu §§. 22, 23 H.G.B., in denen von der Veräußerung des Handelsgeschäfts die Rede ist, sowie die Entscheidungen zu diesen Artikeln (O.H.G. 6, 246; R.G. 1, 260; 3, 120; 9, 1; 9, 81; 25, 4; Bolze 6, 169; 8, 156) verwerthet werden. Danach wird man unter Betrieb den Komplex alles dessen, was zur Ausübung des betreffenden Gewerbes gehört, verstehen, insbesondere die beweglichen und unbeweglichen Gegenstände, die zugehörigen Rechte und die sog. Chancen des Geschäfts, d. h. die thatsächlichen Beziehungen, welche die Ausübung ermöglichen oder befördern, mögen sie nun in Fabrikationsgeheimnissen oder in der Kenntniß von Bezugs- oder Absatzquellen oder in dem durch reelles Geschäftsgebahren oder hervorragende Leistungen erworbenen geschäftlichen Vertrauen oder Rufe bestehen, andrerseits auch die Verbindlichkeiten des betreffenden Gewerbes. Zum Erwerb des Betriebes gehört aber nicht der Uebergang aller dieser Bestandtheile, also aller Aktiva und Passiva. Es können einzelne derselben ausgeschieden sein, wenn nur ein Erwerb im Ganzen und Großen vorliegt und zwar dergestalt, daß diejenigen Bestandtheile übergehen, auf denen die Fortführung des Betriebes wesentlich beruht (Staub Kommentar zu §. 22 H.G.B. Anm. 2, 4).

12. Nach den Grundsätzen der N. 10, 11 ist auch die Frage zu entscheiden, ob der Vorbenutzer sein Recht in eine Handelsgesellschaft, insbesondere eine Aktiengesellschaft inferiren kann. Inferirung.

Abs. 2.

13. Wie weit die Wirkungslosigkeit des Patents geht, hängt von der Bestimmung des Reichskanzlers ab. Derselbe kann es sowohl nach seiner negativen, als nach seiner affirmativen Seite (N. 3 zu §. 4) einschränken oder aufheben. Er kann also das Patent zeitlich, örtlich bestimmten physischen oder juristischen Personen gegenüber odr gleichzeitig nach mehreren dieser Richtungen einschränken, es völlig aufheben, er kann statt dessen oder außerdem auch den Patentinhaber oder dessen Rechtsnachfolger in dem Rechte der Ausnutzung der Erfindung beschränken oder es ihnen ganz nehmen. Allerdings wird die Einschränkung nach der affirmativen Seite des Rechts nie vorkommen, weil Voraussetzung der Bestimmung ist, daß die Benutzung der Erfindung im öffentlichen Interesse liegt. Jede Einschränkung der Benutzung könnte der Patentinhaber auch dadurch illusorisch machen, daß er durch Verzicht auf das Patent die Erfindung in das freie fallen läßt. Beschränkung.

Der Reichskanzler hat das Recht von der Bekanntmachung der Anmeldung an bis zum Erlöschen des Patents.

Wegen der im Namen der Reichsverwaltung für die Zwecke des Heeres oder der Flotte nachgesuchten Patente vergl. §. 19 Abs. 3, §. 23 Abs. 5.

14. Dem Reichskanzler ist die Bestimmung übertragen, ob und in wie weit er die Beschränkung eintreten lassen will. Folglich kann weder der Kaiser noch der Bundesrath, wohl aber ein nach Maßgabe des Reichsgesetzes vom 17. März 1878 ernannter Stellvertreter des Reichskanzlers die Verordnung erlassen. Die Entziehung oder Einschränkung des Patents ist formell- und materiellrechtlich (N. 2 zu §. 1) ein Verwaltungsakt; als solcher bedarf die Verordnung des Reichskanzlers zu ihrer Gültigkeit nicht der Verkündigung im Reichs-Gesetzblatte gemäß Art. 2 der Reichsverfassung. Der Reichskanzler hat ganz nach freiem Ermessen zu bestimmen, ob der Fall des Abs. 2 vorliegt, d. h. ob die Erfindung im Interesse der öffentlichen Wohlfahrt benutzt werden soll; Heer und Flotte sind, wie das „sonst" zeigt, nur Beispiele, so daß z. B. auch Hungersnoth, Epidemieen ihn zur Erlassung der Bestimmung veranlassen können. Ebenso hängt es von seinem Ermessen ab, ob und nach welcher Richtung er das Patent aufheben oder einschränken und wie weit er letzteres thun will. Der Antrag des Bundesstaates, welchen das Gesetz erwähnt, ist für ihn nicht maßgebend. Reichskanzler.

Weder der Bundesstaat, dessen Antrag nicht berücksichtigt wurde, noch der Patentinhaber, gegen welchen eine Verordnung des Reichskanzlers ergangen, noch sonst Jemand hat ein Beschwerderecht gegen den Reichskanzler, denn weder der Kaiser noch der Bundesrath sind befugt, diesen zur Erlassung oder zur Zurücknahme der Verordnung zu zwingen oder an seiner Stelle sie zu erlassen oder zurückzunehmen (a. M. Garcis S. 108); natürlich würde aber der Kaiser einen ihm nicht willfährigen Reichskanzler durch einen willfährigen jeder Zeit ersetzen können. Daß der Rechtsweg ausgeschlossen ist, bedarf kaum der Hervorhebung.

Vergütung. 15. Nicht jeder, dessen Patentschutz durch die Bestimmung des Reichskanzlers verkümmert wird, hat Anspruch auf angemessene Vergütung. Das Gesetz giebt dies Recht nur dem Patentinhaber: dies wird man erst durch Ertheilung des Patents, während die Wirkung des Patents und in Folge dessen auch ihre Entziehbarkeit schon vorher mit der Bekanntmachung der Anmeldung eintreten können In diesem Falle entsteht aber der Entschädigungsanspruch erst mit der Ertheilung des Patents, da es noch nicht feststeht, ob nicht das Patent versagt wird, und es in diesem Falle nach §. 27 Abs. 2 so angesehen werden soll, als ob die Wirkungen des einstweiligen Schutzes überhaupt nicht eingetreten wären.

Verpflichtet zur Zahlung der Vergütung ist nie ein Privatmann, auch wenn der Reichskanzler auf Antrag oder zu Gunsten eines solchen die Verordnung erlassen hätte, sondern regelmäßig nur das Reich, ausnahmsweise ein Bundesstaat, nämlich dann, wenn derselbe in seinem besonderen Interesse die Beschränkung beantragt hatte. Liegt der letztere Fall vor, so haftet nur der Bundesstaat, nicht das Reich (arg. „oder“), deshalb muß der Reichskanzler es in seiner Verordnung hervorheben, daß dieser Fall vorliegt, damit der Berechtigte nicht erst einen Unrichtigen verklagt.

Ueber die Höhe der Vergütung, welche auch den entgangenen Gewinn einschließt, entscheiden die ordentlichen Gerichte, also in der ersten Instanz je nach der Höhe des Werthes des Streitgegenstandes das Amts- oder Landgericht. Die örtliche Zuständigkeit bestimmt sich nach §. 18 C.P.O.:

> Der allgemeine Gerichtsstand des Fiskus wird durch den Sitz der Behörde bestimmt, welche berufen ist, den Fiskus in dem Rechsstreite zu vertreten.

Da andere Behörden zur Vertretung des Reichs in diesem Falle nicht bestimmt sind, so vertritt der Reichskanzler den Reichsfiskus: folglich ist das Amts- oder Landgericht I in Berlin zuständig, wenn das Reich der Entschädigungspflichtige ist.

Darüber, welche Behörde in den einzelnen Bundesstaaten den Landesfiskus vertritt, vergl. die Kommentare zu §. 18 C.P.O. und für Preußen insbesondere: Fritze Zusammenstellung der Behörden, welche den preuß. Landesfiskus und den deutschen Reichsfiskus im Prozesse zu vertreten befugt sind. Berlin 1891.

Die Beschreitung des Rechtswegs ist an keine Frist gebunden, der Entschädigungsanspruch unterliegt aber der Verjährung.

Die Wirkung der Verordnung des Reichskanzlers ist von der vorherigen Feststellung oder Zahlung der Vergütung nicht abhängig; sie tritt, falls nicht ein anderer Termin in der Verordnung bestimmt ist, sofort mit der Bekanntmachung der Verordnung ein. Der Patentinhaber kann klagen, auch ohne vorher eine Verständigung versucht zu haben; es können ihm dann aber gemäß §. 93 C.P.O. die Kosten zur Last fallen.

In Preußen sind die Gerichte angewiesen, eine Abschrift des Erkenntnisses, sobald gegen dasselbe ein Rechtsmittel nicht mehr zulässig ist, dem P.A. mitzutheilen (Justiz-Minist.-Bl. 1877 S. 222).

Abs. 3.

16. „Durch den letzten Absatz des §. 5 soll der internationale Verkehr gegen etwaige mit seinen Bedürfnissen unverträgliche Belästigungen geschützt werden; er bezieht sich insbesondere auf Schiffe, Lokomotiven und sonstige Eisenbahnfahrzeuge, welche in häufigem Wechsel das Gebiet bald des einen, bald des anderen Landes berühren.“ (Mot. I S. 22.) Fahrzeuge.

Es ist nach der ratio legis selbstverständlich, daß nicht blos Einrichtungen an den Fahrzeugen von der Patentwirkung ausgeschlossen sind, sondern auch das Fahrzeug selbst, sofern das Patent in der Kombinirung der einzelnen Theile besteht. Ebenso ist aus demselben Grunde klar, daß die Bestimmung sich nicht auf das Herstellen, Inverkehrbringen und Feilhalten der Fahrzeuge, zu denen natürlich auch Luftballons, Fahrräder, Automobilen u. s. w. gehören, sondern nur auf den Gebrauch derselben im Inlande, einschließlich der zur Fortsetzung der Reise erforderlichen Reparaturen, bezieht. Denn die Bestimmung bezweckt nur, festzustellen, daß Fahrzeuge, welche im Auslande, wo unser Patent nicht respektirt zu werden braucht, erbaut und stationirt sind, vorübergehend das Inland passiren oder seine Küste anlaufen dürfen. In Folge dessen kommt sie Schiffen, welche ihre Heimath in Deutschland haben und von einem deutschen Hafen regelmäßige Fahrten nach ausländischen Häfen und zurück unternehmen, nicht zu Gute (R.G. im P.Bl. 1887 S. 371, G. 6, 205). Ob die Schiffe einem Deutschen oder einem Ausländer gehören, ist unerheblich.

§. 6.

Der Anspruch auf Ertheilung des Patents und das Recht aus dem Patent gehen auf die Erben über. Der Anspruch und das Recht können beschränkt oder unbeschränkt durch Vertrag oder durch Verfügung von Todeswegen auf andere übertragen werden.

1. Anspruch und Recht.	6. Licenz.
2. Erbgang.	7. Stillschweigende L.
3. Vertrag.	8. Territorialität.
4. Gewährleistung.	9. Absolutes Recht.
5. Beschränkte Uebertragung.	10. Gewährleistung.
6–10. Licenz.	11. Nichtigkeitserklärung.

12. Pfändbarkeit.
13. Konkurs.
14. Vermächtniß
15. Mehrere Erwerber.

Anspruch und Recht. 1. Es werden hier der Anspruch auf die Ertheilung des Patents (N. 2 zu §. 3) und das Recht aus dem Patent (N. 3 zu §. 4) einander gegenüber gestellt. Der erstere entsteht durch die erste Anmeldung und endet mit der Ertheilung oder Versagung des Patents; das Recht aus dem Patent beginnt einstweilen mit der Bekanntmachung der Anmeldung, definitiv mit der Ertheilung des Patents und endet mit dem Ablauf der Dauer, dem Erlöschen, der Nichtigkeitserklärung oder der Zurücknahme des Patents. Anspruch und Recht bestehen also gleichzeitig, das letztere allerdings resolutiv bedingt, während der Frist von der Bekanntmachung der Anmeldung bis zu der Ertheilung oder definitiven Versagung des Patents.

Erbgang. 2. Der Anspruch und das Recht gehen auf die Erben über und zwar sowohl auf die Intestat- als auch auf Testaments- und Vertragserben. Der Uebergang vollzieht sich nach den Vorschriften des betreffenden Civilrechts. Zweifel sind nur bezüglich der Frage angeregt worden, ob das Recht des Fiskus auf erblose Verlassenschaften (§. 1936 B.G.B.) sich auch auf den Anspruch und das Patentrecht erstreckt. Die Frage ist zu bejahen (ebenso Damme im Gewerbl. Rechtsschutz 5, 1; a. M. Gareis S. 118, Kohler Deutsches Patentrecht S. 183). Dafür spricht, daß der Fiskus unzweifelhaft sowohl originär, als derivativ Patente erwerben kann (vergl. N. 11 zu §. 3), daß sein Sukzessionsrecht in den erblosen Nachlaß die Regel bildet und daß der Gesetzgeber, wenn er eine Ausnahme von der Regel bestimmen wollte, dies ebenso ausdrücklich hätte thun können und müssen, wie er es in den zeitlich vorangegangenen Urhebergesetzen vom 11. Juni 1870 (§. 17) und 9. Januar 1876 (§. 14) gethan hatte.

Vertrag. 3. Das Gesetz spricht ausdrücklich die Zulässigkeit der unbeschränkten Uebertragung des Anspruchs und des Rechts durch Vertrag aus. In der Vereinbarung, ein noch nicht ertheiltes Patent zu übereignen, wird regelmäßig die Uebernahme der Verpflichtung liegen, den Anspruch auf die Patentertheilung zu übertragen (R.G. im Bl. 4, 72).

Man muß gemäß §§. 398 ff. B.G.B., welche nach §. 413 B.G.B. auch auf die hier in Frage kommenden Rechte Anwendung finden, zwischen dem abstrakten Uebertragungsvertrage und dem zu Grunde liegenden materiellen Rechtsgeschäfte unterscheiden. Die Uebertragung geschieht durch Vereinbarung des bisherigen Inhabers und des Erwerbers über den Uebergang des Anspruchs oder des Rechts. Sie kann formlos geschehen, der Erwerber kann aber auf seine Kosten von dem Veräußerer die Ausstellung einer öffentlich beglaubigten Urkunde über die Abtretung verlangen. Dies wird hier regelmäßig der Fall sein, da es einer solchen Urkunde zur Umschreibung in der Rolle bedarf.

Das zu Grunde liegende Rechtsgeschäft kann entweder Kauf (R.G. 20, 128, im P.Bl. 1888 S. 141, G. 6, 224, R.G. in Gruchot's Beiträge 31, 1020; ebenso — aus unzutreffenden Gründen — O.Tr. in Zeitschr. f. Handelsrecht Bd. 25 S. 252), Tausch, Schenkung oder irgend ein anderes Veräußerungsgeschäft sein. Auch wenn das zu Grunde liegende Rechtsgeschäft ungültig ist, so wird dadurch regelmäßig die Gültigkeit des Uebertragungsgeschäfts nicht beeinträchtigt.

In der Praxis wird allerdings nicht so scharf zwischen der Abtretung und dem Rechtsgrunde derselben unterschieden. Meist vollzieht sich mit dem Verkaufe oder der sonstigen Veräußerung gleichzeitig unmittelbar und stillschweigend auch die Abtretung (Dernburg Das bürgerl. Recht des Deutschen Reichs II §. 134). Es wird deshalb regelmäßig mit Abschluß des Veräußerungsgeschäfts Anspruch oder Recht auf den Erwerber übergehen, ohne daß außer dem Vertrage noch ein besonderer Uebertragungsakt nothwendig ist. Auch die Eintragung in die Rolle ist zur Perfektion der Uebertragung nicht erforderlich. (R.G. im Bl. 5, 239.) Es bleibt nur, so lange der neue Patentinhaber in der Rolle nicht vermerkt und durch den Reichsanzeiger nicht bekannt gemacht ist, der frühere „nach Maßgabe des Patentgesetzes“ berechtigt und verpflichtet; vergl. darüber N. 11 zu §. 19. Personen, die nicht im Inlande wohnen, können auch ohne Vertreter Patente veräußern und erwerben. Darüber, daß der Veräußerer sich nicht auf den Schutz des §. 5 Abs. 1 berufen kann, vergl. N. 5 zu §. 5.

Die Anschaffung und die Weiterveräußerung von Patenten können nicht die Grundlage eines Handelsgewerbes bilden, weil Patente weder zu den beweglichen Sachen, noch zu den Werthpapieren gehören (§. 1 Nr. 1 H.G.B.).

Die Frage, welchem Stempel der Uebertragungsvertrag unterliegt, ist grundsätzlich nach den Gesetzen des Staats zu beantworten, in welchem der Vertrag abgeschlossen ist. In Preußen kommt das Stempelsteuergesetz vom 31. Juli 1895 (G.S. 413) zur Anwendung. Der Rechtszustand auf Grund dieses Gesetzes ist folgender: (Heinitz Kommentar 2. Aufl. S. 252 ff., 409). Die einseitige Erklärung des Veräußerers, daß er Anspruch oder Recht abtritt, unterliegt nur dem Abtretungsstempel, auch dann, wenn gleichzeitig über den Empfang der Valuta quittirt wird. Ebenso ist ein zweiseitiger Vertrag, in welchem nur der Uebergang von Anspruch oder Recht, nicht aber das zu Grunde liegende Rechtsgeschäft beurkundet wird, nur dem Abtretungsstempel unterworfen. Dagegen unterliegt die Beurkundung des Kausalgeschäfts dem für das betreffende Geschäft vorgeschriebenen Stempel selbst dann, wenn gleichzeitig der Uebergang des Rechts oder des Anspruchs beurkundet wird. Den Hauptfall in der Praxis bildete bisher die Frage, ob bei Uebertragung eines Patents gegen eine Geldvergütung der Cessions- oder der Kaufstempel zu lösen ist. Die preußische Praxis hatte sich auf Grund des Allgemeinen Landrechts ständig für die zweite Alternative ausgesprochen (R.G. im J.M.Bl. 1887 S. 53, R.G. in Gruchot's Beiträge 35, 962; R.G. im P.Bl. 1892 S. 357, G. 9, 275; R.G. 28, 251, R.G. 34, 302); sie hatte den Kaufstempel auch für Uebertragung von ausschließlichen Licenzen erfordert (R.G. 31, 295); nach einem Reskripte des preußischen Finanzministers vom 8. Februar 1897 (Bl. für Rechtspflege im Bezirke des Kammergerichts 1898 S. 91) unterliegt auch die Uebertragung von nichtpatentirten

Erfindungen (N. 4 zu §. 3) gegen Geld dem Kaufstempel. Diese Grundsätze sind nach Inkrafttreten des B.G.B. anwendbar. (Heinitz a. a. O., welcher allerdings das letzterwähnte Reskript nur bezüglich der patentfähigen Erfindungen für zutreffend hält.)

Gewährleistung.

4. Die Frage der Gewährleistung ist nach allgemeinen Grundsätzen je nach der Natur des zu Grunde liegenden Rechtsgeschäfts zu entscheiden. Sie kommt in der Praxis hauptsächlich beim Kaufe zur Erörterung, weshalb im Nachstehenden auf diesen Fall näher einzugehen ist. Nach §. 493 B.G.B. finden übrigens die Vorschriften über die Verpflichtung des Verkäufers zur Gewährleistung wegen Mängel der Sache auch auf andere Verträge, die auf Veräußerung einer Sache gegen Entgelt gerichtet sind, entsprechende Anwendung.

a) Ist eine Sache verkauft, ohne daß beim Abschluß des Vertrages von einem dem Vertriebe oder Gebrauche der Sache entgegenstehenden Patent die Rede war, so ist nach §. 434 B.G.B. der Verkäufer verpflichtet, dem Käufer dafür aufzukommen, daß dieser nicht durch Patente in der Verfügung über den verkauften Gegenstand gehindert wird; über einen Fall, in welchem ein Ausländer vom Auslande aus einen in Deutschland patentirten Gegenstand hierher verkaufte, vergl. R.G. in Jurist. Wochenschrift 1900 S. 137. Verkauft Jemand eine Sache unter der Zusicherung, sie sei patentirt, so haftet er nach §. 459 B.G.B. dafür, daß dies zur Zeit des Ueberganges der Gefahr (§§. 446, 447 B.G.B.) der Fall ist.

b) Wird der Anspruch oder das Recht verkauft, so haftet nach §. 437 Abs. 1 B.G.B. der Verkäufer für deren rechtlichen Bestand. Bei dem Verkaufe des Anspruchs wird sich die Haftung regelmäßig auf die Neuheit der Erfindung und auf die Ertheilung des Patents erstrecken (vergl. R.G. im Bl. 5, 202; R.G. in Jurist. Wochenschrift 1900 S. 555). Bei dem Verkaufe eines Patents wird der Veräußerer dafür aufkommen, daß keine Vorbenutzung im Sinne des §. 2 stattgefunden hat und daß auch kein sonstiger Nichtigkeitsgrund vorliegt; unerheblich ist es dagegen, ob nach der Patentirung ein Dritter das Verfahren widerrechtlich benutzt hat (R.G. in Jurist. Wochenschrift 1896 S. 362). Der Verkäufer kann von dem Erwerber nicht verlangen, daß dieser erst abwarten soll, bis Jemand die Nichtigkeitsklage mit Erfolg durchgeführt haben wird, denn er haftet für den „rechtlichen" Bestand des Patents. Gemäß § 434 B.G.B. hat der Verkäufer für die Unabhängigkeit des Patents von einem älteren Patent oder Gebrauchsmuster einzustehen. Dagegen haftet er für die Rentabilität der Erfindung mangels besonderer Zusage nicht (R.G. in Jurist. Wochenschrift 1896 S. 362, Deutsche Juristen-Zeitung 1, 261). Sind besondere Kunstgriffe zur Anwendung des übertragenen Verfahrens nothwendig, so muß der Verkäufer diese mittheilen (Bolze 17, 109; R.G. im P Bl 1893 S. 481, G. 10, 190). Erfüllt der Verkäufer die ihm obliegenden Verpflichtungen nicht, so bestimmen sich gemäß §. 440 B.G.B. die Rechte des Käufers nach den Vorschriften der §§. 320—327 B.G.B. - Hatte der Verkäufer eines Patents eine Jahresgebühr nicht bezahlt, waren aber zur Zeit des Vertragsschlusses die Nachfristen des

§. 8 Abs. 3 noch nicht abgelaufen, so bestand damals das Patent an sich noch zu Recht (N. 9 zu §. 9). Der Verkäufer haftet aber, wenn er die Nichtzahlung verschwieg, aus seinem Verschulden (O.L.G. Dresden im P.Bl. 1892 S. 675, G. 9, 299); liegt ein konkurrirendes Verschulden des Käufers vor, so ist §. 254 B.G.B. anzuwenden. Die Auseinandersetzung zwischen dem Verkäufer und Käufer wegen der im Voraus gezahlten Jahresgebühr erfolgt gemäß §. 103 B.G.B.

Nach §. 119 B.G.B. kann der Kaufvertrag wegen Irrthums angefochten werden, wenn der Irrthum solche Eigenschaften des verkauften Gegenstandes betrifft, die im Verkehr als wesentlich angesehen werden. Dazu wird insbesondere die Abhängigkeit des verkauften Patentes von einem älteren gehören. (R.G. 20, 94; vergl. O.Tr in Zeitschrift f. Handelsrecht 25, 252).

5. Anspruch und Recht können auch beschränkt übertragen werden. Beschränkte Uebertragung.

Dies kann geschehen, indem der Patentinhaber die im Patent liegenden Befugnisse auf einen Anderen in örtlicher Beschränkung überträgt, also z. B. nur für Bayern und Württemberg. Hier kann die Intention dahin gehen, daß die Kontrahenten Miteigenthümer des Patents werden. Dann kommen die Grundsätze über ein mehreren Personen zustehendes Patent (N. 15) zur Anwendung, die Verabredung der territorialen Beschränkung erzeugt zwar unter den Kontrahenten obligatorische Rechte, ist aber nach außen unerheblich. In der Rolle wird deshalb zwar der neue Mitinhaber des Patents, aber nicht die Beschränkung eingetragen (§. 19 Abs. 1). Das Patent ist und bleibt trotz derselben ein einheitliches, eine territorial begrenzte Beendigung desselben ist ausgeschlossen. Die Parteien können aber auch intendiren, daß der ursprüngliche Patentinhaber weiter Alleininhaber bleibt und dem Anderen nur die ausschließliche Ausübung des Patentrechts in einem bestimmten Theile des Reichs zustehen soll.

Bei einer zeitlich beschränkten Uebertragung, z. B. für die nächsten beiden Jahre, ist ebenfalls zuzusehen, ob das Patentrecht oder nur die Ausübung übergehen soll; im ersteren Falle ist ferner zu unterscheiden, ob der neue Erwerber Alleininhaber des Patents werden soll, so daß dem jetzigen Inhaber nur ein persönlicher Anspruch auf Rückübertragung nach Ablauf der zwei Jahre zusteht, oder ob Beide Mitinhaber des Patents werden sollen. Alles was bei der örtlichen Beschränkung über die Einheitlichkeit des Patents gesagt ist, trifft auch hier zu.

Die Beschränkung kann qualitativ sein, indem der Patentinhaber nur einzelne der Befugnisse des §. 4, z. B. das Herstellungsrecht oder das Gebrauchsrecht, auf einen Anderen überträgt. Hier gilt ganz dasselbe, was bei der territorialen Beschränkung gesagt ist: der Erwerber wird entweder — nach außen unbeschränkter — Mitinhaber des Patents oder er erhält nur die ausschließliche Ausübung der einen Befugniß übertragen.

Die Beschränkungen (örtliche, zeitliche, qualitative) können mit einander kombinirt werden.

Eine beschränkte Uebertragung liegt auch dann noch vor, wenn der Patentinhaber einem Anderen die ausschließliche Ausübung seines Rechts ohne jede Beschränkung überläßt, sich selbst aber das Proprietätsrecht vorbehält.

Das Recht der ausschließlichen Ausbeutung der Erfindung wird im Verkehr meistens als ausschließliche Licenz bezeichnet Dieselbe kann nach Vorstehendem unbeschränkt oder — territorial, zeitlich, qualitativ — beschränkt ertheilt werden; am häufigsten ist die territoriale Beschränkung Innerhalb des Umfanges seiner ausschließlichen Licenz hat der Berechtigte die Befugniß: einfache oder ausschließliche Licenzen zu ertheilen (a. M. O.L.G. Dresden im P.Bl. 1892 S 724, G. 9, 287), auf Feststellung des Bestehens und der Tragweite des Patents, sowie auf Unterlassung der Patentverletzung zu klagen, Entschädigung wegen Eingriffs in sein Recht zu fordern, Strafantrag zu stellen. Er kann civil- und selbst strafrechtlich gegen den Patentinhaber und denjenigen, welchem dieser nachträglich Licenzen ertheilt hat, vorgehen.

Liegt die Gefahr vor, daß der Patentinhaber durch weitere Ertheilung von Licenzen oder durch Veräußerung des Patents unter Verschweigung der ausschließlichen Licenz Rechtsverwirrungen oder Weiterungen herbeiführt, so kann der ausschließliche Licenzträger sich dagegen durch einstweilige Verfügung sichern (R.G. im P Bl. 1893 S. 376, G. 10, 133).

Ob neben dem Inhaber einer ausschließlichen Licenz auch der Patentinhaber auf Grund der §§. 35 ff gegen den Verletzer vorgehen kann, hängt davon ab, ob auch er „verletzt" oder „beschädigt" ist. Dies wird dann stets der Fall sein, wenn er ein vermögensrechtliches Interesse an der Ausbeutung behalten hat, indem er z. B. gewisse Prozente von ihr erhält (R.G. im P.Bl. 1884 S 155, G 5, 294, R.G. Straff. 11, 266, Kohler Markenrecht S. 232, Robolski S. 230, P.Bl. 1880 S. 161; vergl. dagegen auch O H.G. 21, 221). Die negatorische Klage steht in jedem Falle auch dem Patentinhaber zu; dem P.A. gegenüber ist dieser stets der allein Berechtigte (N. 11 zu §. 19).

Die ausschließliche Licenz ist ein Vermögensrecht, das sowohl unter Lebenden, wie von Todeswegen auf Andere übergehen kann; war es Jemandem nur für eine bestimmte Betriebsstätte eingeräumt worden, so kann es nur zusammen mit dieser übertragen werden

Der Patentinhaber kann an seinem Patent nach Analogie der jura in re aliena Anderen Rechte einräumen, indem er z. B an demselben einen Nießbrauch oder ein Pfandrecht bestellt oder das Patent in eine Gesellschaft quoad usum inferirt. Da die Bestellung des Nießbrauchs und des Pfandrechts gemäß §§. 1069, 1274 B.G.B. nach den für die Uebertragung geltenden Vorschriften erfolgt, so genügt nach N 3 ein formloser Vertrag (Dernburg Das bürgerliche Recht des Deutschen Reichs III, §. 278) Ein solches Pfandrecht gewährt nach §. 48 K.O.

dem Gläubiger im Konkurse des Patentinhabers ein Recht auf abgesonderte Befriedigung aus dem Patent. Näheres siehe bei Herrmann Nießbrauch und Pfandrecht an einem Patentrechte nach dem B.G.B. Berlin 1900 und Kohler Handbuch S. 498, 528.

6. Charakteristisch dem Patentrecht ist die Licenzertheilung (Bolze in Gruchot's Beiträge 38, 75 und 39, 1; Kloeppel Der Licenzvertrag Berlin 1896; Munk Die patentrechtliche Licenz Berlin 1897 (nachstehend nur als „Munk" citirt); Munk im Jahrbuch der Internat. Vereinigung für vergl. Rechtswissenschaft 5, 112; Kohler Handbuch S. 508 und im Jurist. Literaturblatt 9, 125). Man versteht darunter die Verwerthung des Patents dadurch, daß der Patentinhaber Dritten die gewerbliche Benutzung der Erfindung gestattet. Diese Erlaubniß wird regelmäßig gegen ein Entgelt gegeben. Letzteres kann entweder in der einmaligen Zahlung oder in periodisch wiederkehrenden Zahlungen einer bestimmten Summe bestehen, regelmäßig besteht es aber in einer fixirten Abgabe von jedem nach dem patentirten Verfahren oder mit dem patentirten Arbeitsmittel hergestellten Stücke oder von jedem verkauften patentirten Produkte. Licenz.

Ueber die Wirkungen einer an die Allgemeinheit gerichteten Licenzofferte vergl. Kohler Aus dem Patent- und Industrierecht II S. 22; dagegen Munk S. 39.

Zur Licenzertheilung ist nicht blos der Patentinhaber, sondern auch der Nießbraucher, sowie derjenige, welchem eine ausschließliche Licenz zusteht, befugt. Sie können beliebig viele Licenzen ertheilen; haben sie sich einem Licenzträger gegenüber verpflichtet, nicht unter anderen Bedingungen oder überhaupt nicht weitere Licenzen zu ertheilen, und verstoßen sie gegen diese Verpflichtung, so machen sie sich zwar schadensersatzpflichtig, die von ihnen zu Unrecht ertheilten Licenzen bestehen aber zu Recht. Ebenso werden sie dem Licenzträger zum Ersatze des Schadens verpflichtet, wenn sie der von ihnen übernommenen Verbindlichkeit, gegen Patentverletzungen vorzugehen, nicht nachkommen.

Ob der Licenznehmer zur Herstellung und zum Vertriebe des geschützten Gegenstandes verpflichtet ist, muß nach der Absicht der Kontrahenten beim Vertragsschluß entschieden werden. Man wird es regelmäßig für den Fall bejahen können, wenn das Entgelt in einer Abgabe von jedem Stücke besteht. Der Licenzträger wird der Verpflichtung aber ledig, wenn er nachweist, daß eine Möglichkeit zum lohnenden Absatze des Gegenstandes nicht vorliegt (vergl. R.G. in Jurist. Wochenschrift 1897 S. 371).

Der Licenzträger, welcher eine Abgabe nach der Stückzahl zu entrichten hat, ist gemäß §. 259 B.G.B. verpflichtet, dem Patentinhaber Rechnung zu legen und die Belege mitzutheilen.

Mangels gegentheiliger Abrede hat der Licenzträger keinen Anspruch auf die Benutzung von Neuerungen, Verbesserungen und Zusatzerfindungen, welche dem Patentinhaber gehören; falls das Gegentheil vereinbart ist, was sehr häufig geschieht, vergl. R.G. im P.Bl. 1892 S. 520, G. 9, 552.

Daß die Licenz ein vererbliches Recht ist, ist jetzt wohl zweifellos (a. M. Klostermann S. 163, vergl. auch Munk S. 107), streitig ist dagegen, ob sie veräußerlich ist. Man muß in dieser Hinsicht unterscheiden, ob die Licenz unbeschränkt oder nur für ein bestimmtes Etablissement ertheilt ist. Im ersten Falle kann der Licenznehmer ohne Weiteres sein Recht veräußern (a. M. Munk S. 99, Kohler Handbuch S. 516), im zweiten nur in Verbindung mit dem Etablissement. Diese beschränkte Ertheilung von Licenzen ist sehr üblich; ob sie im einzelnen Falle intendirt ist, ist Thatfrage. Ist die Ertheilung gegen eine bestimmte Summe für ein bestimmtes Etablissement erfolgt, so hat der Licenzträger im Zweifelsfalle zwar das Recht, dasselbe umzubauen, aber nicht derart, daß er den Betrieb erheblich vergrößert Ob der Licenzträger sein Etablissement an einen anderen Ort verlegen darf, ist Thatfrage

Eine Licenz kann auch nach anderer Richtung in beschränktem Umfange ertheilt werden, indem sie nur auf eine gewisse Zeit, für ein gewisses Territorium oder nur für eine oder einige der in §. 4 aufgezählten Wirkungen des Patents gewährt wird; der Gebrauch kann für einen Zweck gestattet, für einen anderen untersagt sein u. s. w. Eine zeitlich beschränkte Licenz liegt z B. dann vor, wenn bei einem Rechtsstreite wegen Patentverletzung die Parteien dahin übereinkommen, daß der Beklagte bis zur rechtskräftigen Entscheidung des Prozesses unter der Verpflichtung weiter fabriziren darf, daß er bei einer ihm ungünstigen Entscheidung für die inzwischen hergestellten Gegenstände eine Entschädigung an die Patentinhaber zahlt. Solche Vereinbarungen kommen insbesondere zur Erledigung von Anträgen auf Erlassung einstweiliger Verfügungen vor.

Von Nebenabreden, welche häufig in Licenzverträgen vorkommen, sei erwähnt die Verpflichtung des Patentinhabers, den Licenzträger „anzulernen" d. h. ihn in der Ausführung der Erfindung zu unterweisen. Dieselbe ist namentlich von Bedeutung, wenn die Herstellungsart in der Patentschrift nicht klar beschrieben ist, oder wenn nur ein Theil der Erfindung patentirt ist. In letzterem Falle hat nämlich ohne eine bezügliche Vereinbarung der Licenzträger keinen Anspruch darauf, daß der Patentinhaber ihm auch den nicht patentirten Theil, sein Fabrikgeheimniß, mittheilt (Bolze 4, 743) Ueber die bei einer Theilpatentirung entstehenden Rechtsverhältnisse, insbesondere über den Einfluß der Nichtigkeitserklärung auf die Verträge behufs Ueberlassung eines theils patentirten, theils geheim gehaltenen Verfahrens vergl. die Abhandlung von Schall „Die Prozesse des Prof. Dr. A. Mitscherlich gegen die Käufer seines Celluloseverfahrens" Stuttgart 1892 und im Archiv f. civ. Praxis 72, 128, sowie Bolze 6, 577—579. Ueber die Wirkung der Nichtigkeit auf Licenzverträge überhaupt vergl. N. 11.

Eine Licenz kann unter Umständen wider Willen des Patentberechtigten ertheilt werden; vergl. N. 2 zu §. 5. Ist die Ertheilung einer Licenz im öffentlichen Interesse geboten und verweigert der Patentinhaber ihre Ertheilung, so kann sein Patent zurückgenommen werden (§. 11 Nr. 2)

7. Im praktischen Leben spielen die stillschweigenden Licenzertheilungen (Munk S. 45) eine große Rolle. So liegt nach der vernünftiger Weise zu vermuthenden Absicht der Kontrahenten in dem Verkaufe eines patentirten Arbeitsgeräthes, insbesondere einer Maschine, durch den Patentinhaber oder Licenzträger regelmäßig eine Gebrauchserlaubniß für den Käufer und die späteren Erwerber. Hatte der erste Käufer der Maschine nur eine beschränkte Licenz, z. B. in zeitlicher oder örtlicher Hinsicht, so müßte er nach starrer Rechtskonsequenz mit der Maschine auch nur eine entsprechend beschränkte Gebrauchsbefugniß übertragen können; der Verkehr drängt aber dahin, daß einem Käufer, welcher die Beschränkung nicht kennt, dieselbe auch nicht entgegensteht, vorbehaltlich natürlich der Entschädigungspflicht desjenigen, welcher beim Verkauf dem Käufer von der Beschränkung Mittheilung zu machen unterließ (Kohler Aus dem Patent- und Industrierecht I S. 70); dafür läßt sich jetzt auch die Analogie des §. 936 B.G.B. verwerthen. „Der gutgläubige Erwerb einer Sache, deren naturgemäße Anwendung einen Eingriff in das Patentrecht enthält, gewährt mit dem Eigenthum zugleich dieses Eingriffsrecht" (Kohler im Jurist. Literaturblatt 9, 130). Eine stillschweigende Licenz ist deshalb bei Sachen, welche dem Patentberechtigten gestohlen, verloren gegangen oder sonst abhanden gekommen waren, auch in der Hand eines späteren redlichen Erwerbers ausgeschlossen, weil an solchen Sachen ein Eigenthumserwerb nicht eintritt (§. 935 Abs. 1 B.G.B.). Eine Ausnahme findet nach §. 935 Abs. 2 B.G.B. statt, wenn diese Sachen im Wege öffentlicher Versteigerung veräußert werden. **Stillschweigende Licenz.**

Verkauft der Patentberechtigte den geschützten Gegenstand (Arbeitsmittel oder Arbeitsprodukt), so wird man ferner, wenn er nicht das Gegentheil klar ausgesprochen hat, sein Einverständniß damit annehmen dürfen, daß die Waare von seinem unmittelbaren Rechtsnachfolger und allen ferneren Erwerbern weiter veräußert und in den Verkehr gebracht werden darf (vergl. dagegen §. 8 des Gesetzes betr. das Urheberrecht an Werken der bildenden Künste vom 9. Januar 1876). Für diese stillschweigende Licenz gilt alles das, was vorstehend von der Gebrauchsgestattung ausgeführt worden ist.

In der Erlaubniß zur Herstellung wird regelmäßig auch die zum Gebrauche und zum Inverkehrbringen liegen; im Uebrigen ist es Thatfrage, ob in einer Erlaubniß noch eine andere enthalten ist.

Kann der Patentinhaber einer bestimmten Person A verbieten, patentirte Gegenstände, welche von ihm herrühren, zu gebrauchen oder zu verkaufen (ein O.L.G. im P.Bl. 1889 S. 231, G. 7, 201; ein L.G. im P.Bl. 1889 S. 242, G. 7, 331)? Diese Frage muß bezüglich derjenigen Gegenstände, welche A vor dem Verbote direkt oder indirekt vom Patentinhaber erworben hatte, verneint werden. Bezüglich der später erworbenen ist zu unterscheiden: Hatte der Patentinhaber sie ohne Beschränkung in Verkehr gesetzt, so kann er die dadurch seinem Abnehmer und dessen Nachfolger ertheilte stillschweigende Licenz nachträglich nicht mehr einschränken. Hatte er dagegen seinem Abnehmer beim

Verkaufe mitgetheilt, daß die stillschweigende Licenz sich auf A nicht erstrecke, so ist diese Beschränkung für A, der sie kennt, **patentrechtlich** (a. M. **Kohler** Handbuch S. 453) wirksam; selbst dann, wenn die Waare durch mehrere Hände gegangen war und sein unmittelbarer Vormann sie nicht kannte.

Dasselbe gilt von anderen **Einschränkungen der stillschweigenden Licenz**, z. B. daß die Waare nicht unter einem bestimmten Preise oder nicht nach einem bestimmten Orte (vergl. dagegen L.G. Hagen im P.Bl. 1892 S. 709, G. 9, 282) verkauft werden darf; ebenso ist es anwendbar, wenn das Verbot sich nicht gegen eine bestimmte Person, sondern gegen eine Mehrheit von Personen, gegen ganze Klassen u. s. w. richtet.

Territorialität. 8. Aus dem im Patentrecht geltenden **Territorialitätsprinzip** (N. 12 zu §. 4) folgt, daß, wenn Jemand eine Erfindung in mehreren Ländern hat patentiren lassen und nur in einem der Länder Jemandem eine Licenz ertheilt, der Licenzträger nur das Recht erlangt, in dem betreffenden Lande den Gegenstand der Erfindung zu nutzen, ihn aber nicht in das andere Land, für welches die Erfindung auch geschützt ist, importiren darf. Dies gilt natürlich auch für die stillschweigenden Licenzen (**Kohler** in Busch's Archiv Bd. 48 S. 259).

Absolutes Recht. 9. Der Licenzvertrag ähnelt, wenn ein Entgelt vereinbart ist, am meisten dem **Pachtvertrage**, denn es wird dem Licenzträger der Gebrauch der Erfindung, sowie ihre Nutzung durch Gewinnung von Einkommen aus ihr gestattet. Abweichungen von dem Pachtvertrage ergeben sich insbesondere daraus, daß den Gegenstand des Vertrages nicht ein körperliches Substrat, sondern die Erfindungsidee bildet. Dadurch ist die Möglichkeit gewährt, daß der Patentinhaber einer unbeschränkten Zahl von Personen Licenzen ertheilen kann, sodann fehlt die Einwirkungsmöglichkeit des Pächters auf den Vertragsgegenstand. Mit dem letzteren Momente fällt die Bedeutung weg, welche nach einzelnen Gesetzgebungen die Individualität des Pächters für den anderen Vertragschließenden hat: die Licenz kann unter Lebenden und von **Todeswegen** auf Andere übertragen werden, der Tod des Licenzträgers giebt kein Kündigungsrecht u. s. w. Auch die sonstigen Bestimmungen über Kündigung sind nicht anwendbar: die Licenz dauert im Zweifel so lange, wie das Patent dauert.

Damit ist noch nicht die Frage erledigt, ob der Licenzvertrag nur Beziehungen zwischen den Kontrahenten erzeugt oder ob die Licenz absolut wirkt, denn auch dem Pachtvertrage sind dingliche Wirkungen nach germanischem Recht und theilweise auch nach B.G.B. nicht fremd. Da die Frage im Gesetze selbst keine Entscheidung gefunden hat, so ist bei ihrer Beantwortung vor allem auf die Interessen der Industrie und des Verkehrs Rücksicht zu nehmen. Diesen hat die juristische Konstruktion sich anzupassen (l. 1 D. de R. J.).

Wirkt die Licenz auch gegen den **dritten Erwerber des Patents**, oder kann dieser dem Licenzträger die weitere Nutzung der Erfindung verbieten? Bei der Frage, wer von diesen Beiden aus wirthschaftlichen Gründen dem anderen vorgehen soll, lassen wir den Fall, daß der Erwerber beim Erwerb von der Licenz wußte, außer Betracht, weil in diesem Falle die Entscheidung natürlich zu Gunsten des Licenzträgers ausfallen wird. Der bona fide-Erwerber hat den Kaufpreis für das Patent in der Erwartung gezahlt, der einzige Ausbeuteberechtigte zu sein, und sieht sich darin später durch die von seinem Vorgänger ertheilten Licenzen getäuscht; hätte er das früher gewußt, so würde er weniger für das Patent gezahlt, vielleicht auch vom Kaufe Abstand genommen haben, letzteres allerdings seltener, weil er meistens die Absicht hat, die Erfindung selbst durch Ertheilung von Licenzen zu verwerthen, und es deshalb für ihn nicht von so schwerwiegender Bedeutung ist, wenn auch sein Vorgänger einige — die Existenz vieler wäre ihm nicht unbekannt geblieben — ertheilt hat. Der Licenzträger dagegen hatte in Folge der Erlaubniß zu produziren angefangen, seine Fabrikation mit Rücksicht auf die Licenz eingerichtet, im Hinblick auf sie Fabriken gebaut, Lieferungsverträge abgeschlossen, Gesellschaften begründet — alles dies wird hinfällig, wenn der Patentinhaber sein Patent veräußert. Bei Abwägung der beiderseitigen Nachtheile dürfte der des Licenzträgers als der weit bedeutendere und in seine wirthschaftliche Existenz einschneidendere erscheinen; dazu kommt, daß dem Patenterwerber bei gehöriger Umsicht das Vorhandensein der Licenzen regelmäßig nicht hätte verborgen bleiben brauchen. Auch das allgemeine Interesse spricht für die Bevorzugung des Licenzträgers. Die normale und für die Allgemeinheit ersprießlichste Verwerthung eines Patents ist die durch Licenzertheilung. Entscheidet man die vorliegende Frage aber zu Gunsten des Patenterwerbers, so wird Jedermann bei der prekären Stellung, welche dann ein Licenzträger haben würde, Bedenken tragen müssen, Licenzen zu erwerben, während bei der Entscheidung im entgegengesetzten Sinne höchstens die für die Allgemeinheit gleichgültige Veräußerung des Patents unterbleibt. Unter den Interessenten des Patentschutzes gilt, soviel diesseits bekannt, das Fortbestehen der Licenz auch nach der Veräußerung des Patents als selbstverständlich.

Aus Vorstehendem folgt, daß die Licenz gemäß den Forderungen des Verkehrs und den Intentionen der Betheiligten regelmäßig ein absolutes Recht gewährt. Ebenso Bolze, Kloeppel, Munk Kohler (vergl. N. 6), Gierke Deutsches Privatrecht I, 890.

Aus der absoluten Natur der Licenz folgt nicht bloß, daß der Licenzträger einem späteren Erwerber des Patentes nicht zu weichen braucht, sondern auch daß er gegen Patentverletzer, welche seine Licenz beeinträchtigen, ein selbständiges Klagerecht hat. Man kann dagegen nicht den Grund anführen, daß der Patentinhaber auch Dritten Licenzen ertheilen könne und daß deshalb der Licenzträger nicht darauf rechnen darf, in der alleinigen Benutzung der Erfindung zu bleiben. Allerdings kann der Patentinhaber Mangels besonderer Abreden noch weitere Licenzen gewähren und dadurch den wirthschaftlichen Werth der zuerst ertheilten Licenz schmälern. Auf diese Befugniß können sich aber nur diejenigen berufen, denen er thatsächlich eine weitere Licenz ertheilt hat. Ebenso Bolze, Munk (N. 6); a. M. Kohler Handbuch S. 511.

Die Parteien können natürlich beim Abschluß des Licenzvertrages vereinbaren, daß nur der Patentinhaber berechtigt sein soll, gegen den Patentverletzer vorzugehen, ebenso können sie auch festsetzen, daß die Licenz Rechtswirkungen überhaupt nur zwischen den Vertragschließenden, nicht gegen deren Nachfolger erzeugen soll. Aber derartige Einschränkungen sind nicht zu vermuthen.

Die herrschende Praxis der Gerichte läßt allerdings durch den Licenzvertrag nur obligatorische Beziehungen zwischen den Parteien entstehen. Sie sieht als Inhalt des Vertrages den Verzicht des Patentinhabers auf sein Verbietungsrecht gegenüber dem Licenzträger an. (O.H.G. 19, 403, im P.Bl. 1879 S. 538, G. 1, 230; R.G. 17, 53, im P.Bl. 1887 S. 101, G. 6, 208; R.G. 33, 103. Schall im Arch. f. civ. Praxis 72, 128). Vergl. aber auch R.G. Straff. 31, 392, im Bl. 5, 35, wo die Richtigkeit dieses Standpunktes als zweifelhaft hingestellt wird.

Gewährleistung. **10.** Der Patentinhaber hat dem Licenzträger dafür aufzukommen, daß das Patent besteht bezw. ertheilt werden wird. Wenn der Licenzträger auch davon ausgehen darf, daß die patentirte Erfindung gemäß §. 1 auf ihre gewerbliche Verwerthbarkeit geprüft worden ist, und daß diese Prüfung zur Bejahung der Verwerthbarkeit geführt hat, so hat ihm doch trotz §§. 536, 581 Abs. 2 B.G.B. der Patentinhaber nicht dafür aufzukommen, daß die Erfindung bereits eine verwerthbare Gestalt gewonnen hat, so daß sie für den gewerblichen Zweck, welchem sie dienen soll, ohne Weiteres praktisch brauchbar hergestellt werden kann. Denn es ist eine Erfahrungsthatsache, mit der jeder Licenzträger rechnen muß, daß Erfindungen trotz der voraufgegangenen Prüfung im gewerblichen Leben häufig, zumal Anfangs, nicht mit Erfolg verwerthet werden können. Der Patentinhaber muß daher zwar dafür aufkommen, daß die Erfindung für den gewerblichen Zweck nicht vollkommen unbrauchbar ist, aber nicht dafür, daß sie sofort praktisch verwerthbar oder gar daß sie rentabel ist. (Munk a. a. O.) Vorstehendes kann aber nur als Auslegungsregel in zweifelhaften Fällen dienen, in erster Reihe ist die Absicht der Kontrahenten beim Vertragsschlusse zu erforschen. Eine hohe Licenzabgabe spricht für eine weitgehende Gewährleistung (R.G. im P.Bl. 1893 S. 245, G. 10, 157); nach Obigem ist auch das Alter des Patents von Einfluß.

Die Rechtsprechung des R.G. ist bezüglich der Gewährleistung bei Licenzen nicht einheitlich. Einzelne Entscheidungen (R.G. 33, 103, R.G. in Jurist. Wochenschrift 1894 S. 67, R.G. ebenda S. 437, R.G. ebenda 1898 S. 19) befreien den Patentinhaber von jeder Gewähr für gewerbliche Verwerthbarkeit; andere (Bolze 7, 598; 16, 444; R.G. im P.Bl. 1893 S. 245, G. 10, 157) legen ihm eine solche Gewährleistung auf.

Nach §§. 541, 581 Abs. 2 B.G.B. in Verbindung mit §§. 434, 445 B.G.B. muß der Patentinhaber dem Licenzträger dafür aufkommen, daß dieser in der Benutzung der patentirten Erfindung nicht durch die Rechte eines Dritten beeinträchtigt wird. Letzteres ist insbesondere dann der

Fall, wenn die Erfindung von einem älteren Patent oder Gebrauchsmuster abhängig ist (Bolze in Gruchot's Beiträge 39, 8).

11. Welchen Einfluß hat die Nichtigkeitserklärung eines Patents auf die Patentübertragungs- und Licenzverträge? Nach der einen Ansicht (Kohler im Jurist. Literaturblatt 9, 125, Staub im P.Bl. 1888 S. 55) bewirkt sie wegen ihrer rückwirkenden Kraft die Nichtigkeit des Vertrages von Anfang an, so daß der Patentinhaber das auf Grund desselben Empfangene zurückgeben muß, denn es habe, wie durch die Nichtigkeitserklärung nachträglich festgestellt sei, von vornherein dem Vertrage an einem Gegenstande gefehlt. Die zweite Ansicht (O.H.G. 19, 403, im P.Bl. 1879 S. 538, G. 1, 230; R.G. 17, 53, im P.Bl. 1887 S. 101, G. 6, 208; R.G. 20, 128, im P.Bl. 1888 S. 141, G. 6, 224; Bolze 4, 745; 6, 578; 11, 414; vergl. R.G. in Gruchot's Beiträge 44, 1049 und R.G. in Gewerbl. Rechtsschutz 4, 247; Schmid S. 148) berücksichtigt dagegen, daß der Patentinhaber für die Zeit bis zur Nichtigkeitserklärung thatsächlich seine Verpflichtung gegenüber dem anderen Kontrahenten erfüllt hat, indem dieser bis dahin in Folge seiner Uebertragung von dem thatsächlich bestehenden Verbietungsrechte befreit war und von dem ihm eingeräumten Nutzungsrecht Gebrauch machte, folglich müsse für diese Zeit auch ein entsprechender Theil des vereinbarten Aequivalentes geleistet werden. Nichtigkeitserklärung.

Die letztere Ansicht ist die zutreffendere. Daß die Nichtigkeitserklärung einen Zustand herstellt, wie wenn das Patent nie bestanden hätte, ist zwar richtig, aber doch nur insofern, als die rechtliche Gültigkeit des Patents in Frage kommt. Dagegen hieße es, vor den Thatsachen die Augen verschließen, wenn man nach jeder Richtung ignoriren wollte, daß bis zum Nichtigkeitsurtheil ein Patentschutz, sei es auch per nefas, bestanden hat. Wenn Jemand ein Patent kauft oder eine Licenz erhält, so liegt ihm regelmäßig im ersten Falle nur daran, daß er unter dem Schutze des Patents von nun ab allein die Erfindung ausbeuten kann, im zweiten nur daran, daß ihm der Patentinhaber die Benutzung der Erfindung gestattet. Ist dies bis zum Tage des Urtheils der Fall gewesen, so kann sie das für die verflossene Zeit nicht von der Gegenleistung befreien, daß jener Schutz ihnen von Rechtswegen eigentlich nicht zugekommen wäre. Die strenge Rechtskonsequenz allein kann nicht den Ausschlag geben (dies gegen H. Lehmann in Zeitschr. f. Handelsrecht 41, 630): sonst müßten auch Kinder aus nichtigen Ehen durchweg als uneheliche behandelt werden.

Aus dem Vorstehenden folgt, daß der Erwerber für die Zeit bis zur Nichtigkeitserklärung das vereinbarte Aequivalent bezahlen muß. Die Nichtigkeit ist aber erst endgültig, wenn das sie aussprechende Urtheil die Rechtskraft beschritten hat: wird gegen ein die Nichtigkeit aussprechendes Urtheil des P.A. die Berufung eingelegt, so ist das Entgelt auch für die Zeit bis zur Bestätigung des Urtheils durch das R.G. zu zahlen (R.G. im P.Bl. 1890 S. 117; vergl. R.G. im P.Bl. 1892 S. 333, G. 9, 278).

Das Aequivalent kann laut Abrede in Rente oder Kapital bestehen. In letzterem Falle darf das bei einer Nichtigkeitserklärung zu zahlende Entgelt nicht einfach pro rata temporis unter Zugrundelegung der gesetzlichen Schutzfrist berechnet werden, denn bei vielen Patenten, z. B. bei dem auf einen Modeartikel ertheilten, werden die Kontrahenten bei der Normirung des Aequivalents nie von einer fünfzehnjährigen Patentdauer, sondern von einer kürzeren Frist ausgegangen sein, außerdem werden häufig die behufs Ausnutzung des Patents dem Erwerber vom Patentinhaber Anfangs geleisteten Dienste zu berücksichtigen sein, endlich können auch andere Umstände, z. B. Verschulden einer Partei, bei der Normirung der Gegenleistung von Erheblichkeit sein Die Ansicht von Klostermann S. 166, daß im Falle einer Licenzertheilung nur bei fortlaufenden Prämien die Zahlungspflicht vom Tage der Nichtigkeit ab aufhöre, ist ungerechtfertigt, denn es ist rechtlich unerheblich, ob die Parteien Prämien- oder Kapitalszahlung vereinbart haben: im letzteren Falle kann eventuell ein entsprechender Theil zurückgefordert werden. Ueber den Fall der Theilnichtigkeit des Patents vergl. Bolze 13, 111.

Komplizirter wird die Rechtslage, wenn Jemand, welcher nur auf einen Theil eines Verfahrens ein Patent nimmt und den anderen Theil unter dem Schutze des Fabrikgeheimnisses verwerthet, einem Anderen die Anwendung des ganzen Verfahrens gegen Entgelt gestattet hat und wenn darauf der patentirte Theil des Verfahrens für nichtig erklärt wird Welchen Einfluß hat die Nichtigkeitserklärung auf den Ueberlassungsvertrag? Diese Frage hat im Anschluß an das Mitscherlich'sche Patent Nr. 4179 die Gerichte vielfach beschäftigt; vergl darüber Schall (N. 6), sowie Bolze 6, 577—579.

Pfändbarkeit. 12. Anspruch und Recht sind pfändbar gemäß den Vorschriften des §. 857 C.P.O. Die Pfändung geschieht in der Weise, daß das zuständige Amtsgericht (§. 828 C.P.O.) an den Patentsucher oder -inhaber das Gebot erläßt, sich jeder Verfügung über den Anspruch bezw. das Patent zu enthalten, und daß der Gläubiger dieses Gebot dem Patentsucher oder -inhaber zustellen läßt. Mit dieser Zustellung ist für den Gläubiger ein Pfandrecht begründet (§. 857 Abs. 2 C.P.O.). Das P.A. ist nicht Drittschuldner des §. 829 C.P.O., deshalb hat es keine Erklärungen gemäß §. 840 C.P.O. abzugeben, auch kann ihm keine Vorpfändung gemäß §. 845 C.P.O. zugestellt werden. Dagegen ist es zweckmäßig, wenn der Gläubiger, nachdem er den Pfändungsbeschluß seinem Schuldner zugestellt hat, den mit Zustellungs-Urkunde versehenen Beschluß dem P.A. überreicht, damit es von der Pfändung Kenntniß erhält. Die Pfändung wird vom P.A. nicht in der Rolle, sondern nur in den Akten vermerkt.

Da der Pfändungsbeschluß dem Patentinhaber gebietet, sich jeder Verfügung über das Patent zu enthalten, so ist, wenn dieser trotzdem eine Veräußerung vornimmt, dieselbe nach §§. 135, 136 dem Gläubiger gegenüber unwirksam. Zwischen dem Veräußerer und dem Erwerber, sowie in allen anderen Beziehungen wird dagegen die Wirksamkeit der Veräußerung durch den Pfändungsbeschluß nicht beeinträchtigt. Daraus ergiebt sich, daß das P.A. nicht befugt ist, die Eintragung des Patentüberganges auf den neuen Erwerber abzulehnen (a. M. Stephan zu §. 6); es wird aber von derselben dem Pfandgläubiger Mittheilung machen. Die Rechte desselben werden durch die Abtretung oder die Umschreibung nicht verkürzt, das Patent geht, mit dem Pfandrecht belastet, auf den Erwerber über.

Dagegen wird das P.A. auf den Verzicht des Patentinhabers hin das Patent nicht löschen dürfen, es sei denn, daß er die Zustimmung des Gläubigers beibringt N. 4 zu §. 9.

Nachdem der Gläubiger vom P.A. den Pfändungsbeschluß zurückerhalten, wird er unter Ueberreichung desselben beim zuständigen A.G. die Realisirung des Pfandrechts betreiben.

Die Art und Weise der Realisirung wird, da Ueberweisung gemäß §. 835 C.P.O. ausgeschlossen ist, gemäß §. 844 C.P.O. vom Gericht im Einzelfalle anzuordnen sein, und zwar kann dasselbe je nach dem Antrage des Gläubigers Veräußerung oder Licenzertheilung anordnen; Veräußerung wird das Uebliche sein. Da das Gericht regelmäßig vor dem Beschlusse, durch welchen es dem Antrage stattgiebt, den Schuldner hören muß (§. 844 Abs. 2), so ist diesem Gelegenheit geboten, seine Bedenken gegen die vorgeschlagene Verwerthung vorzubringen. Er kann z. B., um die Veräußerung abzuwenden, nachweisen, daß durch Licenzertheilungen der Gläubiger befriedigt werden kann.

Ordnet der Richter Veräußerung an, so hat der Gläubiger einen Gerichtsvollzieher mit der öffentlichen Versteigerung zu beauftragen. Der Ersteher würde auf Grund des Versteigerungsprotokolls beim P.A. die Umschreibung des Patents in der Rolle gemäß §. 19 Abs. 2 nachzusuchen haben (vergl. Seligsohn im P.Bl. 1886 S. 59).

Wohnt der Patentsucher oder -inhaber nicht im Inlande, so ist nach §. 12 Abs. 1 dasjenige Amtsgericht zuständig, in dessen Bezirke der Vertreter seinen Wohnsitz hat, und in Ermangelung eines solchen das Amtsgericht 1 in Berlin. Durch diese Bestimmung ist eine frühere Lücke des Gesetzes (Seligsohn a. a. O., Komm.-Ber. II S. 17; dagegen Kohler in Busch's Archiv, 47, 339) beseitigt.

Steht einem im Deutschen Reiche wohnenden Schuldner ein ausländisches Patent zu, so erfolgt die Pfändung desselben nach obigen Grundsätzen und zwar gemäß §. 828 C.P.O. durch das A.G., bei welchem der Schuldner seinen allgemeinen Gerichtsstand hat. Kohler (Aus dem Patent- und Industrierecht I S. 35 und im Handbuch S. 65) hält in diesem Falle ein deutsches Gericht überhaupt nicht für zuständig zur Pfändung, weil das Patent in dem Lande, für welches es ertheilt ist, lokalisirt sei, deshalb allein dieses Land bestimmen könne, in welcher Weise es von der Exekution ergriffen werden könne und deshalb auch allein die Organe dieses Landes Exekutionsmaßnahmen treffen könnten, ebenso: Ungarisches P.A. im Bl. 2, 358. Diese Begründung erscheint nicht zutreffend. Zunächst gehören die Patente als Rechte zu dem Mobiliarvermögen, so daß nach den Gesetzgebungen, in welchen der Satz mobilia ossibus inhaerent gilt, das Gericht des Wohnsitzes des Patentinhabers auch zur Pfändung ausländischer Patente befugt ist (so: Oberster Gerichtshof in Wien unter dem 1. Dezember 1886 in Geller, Oesterr. Centralbl. f. d. Jurist. Praxis V S. 309). Aber selbst wenn man annehmen wollte, das einem Deutschen ertheilte ausländische Patent habe stets im Auslande seinen „Sitz“, so würde daraus höchstens folgen, daß die Frage, ob das Patent übertragbar und exequirbar sei, nach dem betreffenden Gesetze des Auslandes zu entscheiden sei. Dagegen darf die Frage, wie und durch welche Organe die Pfändung zu erfolgen hat, als prozeßrechtliche stets nur nach dem Rechte des Landes, wo die Vollstreckungshandlung vorgenommen wird, beurtheilt werden. Darüber, daß Patentrechte der Zwangsvollstreckung unterliegen, stimmen aber wohl alle Gesetzgebungen überein, so daß diese Frage nicht in Betracht kommt. Bezüglich der anderen Frage ist zu beachten, daß nach der C.P.O. die Zwangsvollstreckung in Patente durch Zustellung des gerichtlichen Gebots an den Schuldner erfolgt, also im Inlande stattfindet, folglich fehlt es an jedem Grunde, weshalb ein deutsches Gericht zu dieser Maßnahme nicht zuständig sein soll (ebenso Schanze in Zeitschrift f. Internationales Recht 3, 229). Dies ist um so unbedenklicher, als das R.G. selbst bei einer Forderungspfändung, wo die Pfändung durch die Zustellung an den Drittschuldner geschieht, das deutsche Gericht auch in dem Falle für zuständig erklärt hat, wenn der Drittschuldner im Auslande seinen Wohnsitz hat (Jurist. Wochenschrift 1885 S. 261; vergl. auch R.G. 22, 404).

Konkurs. **13.** Da Anspruch und Recht der Zwangsvollstreckung unterliegen, so gehören sie, falls sie dem Gemeinschuldner zur Zeit der Eröffnung des Konkursverfahrens zustanden, ebenso, wie seine ausländischen Patente zur Konkursmasse. Daraus folgt, daß, wenn der Gemeinschuldner, wozu er befugt ist, nach der Eröffnung eine Erfindung angemeldet hat, Anspruch und Recht nicht der Masse, sondern ihm zustehen; hatte er vor der Eröffnung angemeldet, so gehört nicht blos der Anspruch, sondern auch das Recht zur Masse. In diesem Falle steht das Verwaltungs- und Verfügungsrecht über Anspruch und Patent, also auch das Recht der Licenzertheilung, dem Verwalter, in jenem Falle dem Gemeinschuldner zu.

Dies gilt bei einem in Deutschland eröffneten Konkursverfahren. Wird aber der Konkurs im Auslande eröffnet, so kommen die dortigen konkursrechtlichen Bestimmungen zur Anwendung. Hat jemand, über dessen Vermögen im Auslande Konkurs eröffnet ist, deutsche Patente, so ist nach §. 237 K.O. in Verbindung mit §. 12 Abs 1 Satz 3 des Patentgesetzes auch während des Konkurses die Zwangsvollstreckung in diese Patente zulässig.

Vermächtniß. **14.** Anspruch und Recht können auch auf Andere, als die Erben durch Verfügung von Todeswegen übertragen werden; dabei ist insbesondere an das Vermächtniß zu denken. Auf den Legatar kann das Recht, ebenso wie es bei Verfügungen unter Lebenden statthaft ist, unbeschränkt oder beschränkt übertragen werden, auch kann Jemandem durch Legat eine Licenz eingeräumt werden.

Ob der Vermächtnißnehmer ohne Weiteres befugt ist, das ihm vermachte Recht auszuüben und geltend zu machen, oder ob er dazu der Einwilligung des Erben bedarf, richtet sich nach dem einschlägigen Civilrechte. Nach §. 2174 B.G.B. ist die Einwilligung des Erben nothwendig.

13. Anspruch und Recht können sowohl unter Lebenden, als von Todeswegen auf Mehrere übertragen werden; dieselben werden dann Mitträger eines einheitlichen einzigen Anspruchs oder Rechts. Ueber die Rechtsverhältnisse unter ihnen vergl. N 12 zu §. 3. Mehrere Erwerber.

§. 7.

Die Dauer des Patents ist fünfzehn Jahre; der Lauf dieser Zeit beginnt mit dem auf die Anmeldung der Erfindung folgenden Tage. Bezweckt eine Erfindung die Verbesserung oder sonstige weitere Ausbildung einer anderen, zu Gunsten des Patentsuchers durch ein Patent geschützten Erfindung, so kann dieser die Ertheilung eines Zusatzpatents nachsuchen, welches mit dem Patent für die ältere Erfindung sein Ende erreicht.

Wird durch die Erklärung der Nichtigkeit des Hauptpatents ein Zusatzpatent zu einem selbständigen Patent, so bestimmt sich dessen Dauer und der Fälligkeitstag der Gebühren nach dem Anfangstage des Hauptpatents. Für den Jahresbetrag der Gebühren ist der Anfangstag des Zusatzpatents maßgebend. Dabei gilt als erstes Patentjahr der Zeitabschnitt zwischen dem Tage der Anmeldung des Zusatzpatents und dem nächstfolgenden Jahrestage des Anfangs des Hauptpatents.

1. Das Gesetz von 1891 hat in dem Abs. 1 die Worte „oder sonstige weitere Ausbildung" eingeschoben und den Abs. 2 neu hinzugefügt; beide Abänderungen beruhen auf Beschlüssen der Reichstagskommission. Mit der ersten wollte die Kommission den Rahmen für die Zusatzpatente gegenüber dem bisherigen Verfahren des P.A. erweitern (N. 5), mit der zweiten wollte sie die bisherige Streitfrage, ob bei einer Nichtigkeitserklärung des Hauptpatents das Zusatzpatent bestehen bleibt, in Uebereinstimmung mit der Praxis des P.A. in bejahendem Sinne entscheiden und gleichzeitig Entstehungsgeschichte.

die Zweifel über die Dauer und die Gebührenpflichtigkeit des ehemaligen Zusatzpatents beseitigen (N. 12).

Abs. 1.

Patentdauer. **2.** Da der Patentschutz erst mit der Bekanntmachung der Anmeldung beginnt (§. 23 Abs 1), die fünfzehnjährige **Patentdauer** aber schon von dem auf die Anmeldung folgenden Tage gerechnet wird, so ergiebt sich daraus, daß der Patentschutz nie volle fünfzehn Jahre dauert. Ueber den Zeitpunkt der Anmeldung vergl. N. 3—6 zu §. 2. Die Patentdauer beginnt stets mit dem auf diesen Zeitpunkt folgenden Tage Das P.A. darf den Zeitpunkt der Anmeldung nie willkürlich verlegen, um einen anderen Beginn der Patentdauer herbeizuführen; auch nicht, wenn der Anmelder eine spätere Festsetzung des Anmeldetages beantragt (P.A. im Bl. 1, 55; vergl. Bl. 1, 62). Die fünfzehnjährige Frist endigt mit dem Tage, welcher durch seine Benennung oder Zahl dem Tage der Anmeldung entspricht (§. 187 Abs. 2, §. 188 Abs. 2 B.G.B.); fehlt dieser Tag in dem betreffenden Jahre (29. Februar), so endigt die Frist mit Ablauf des letzten Tages des entsprechenden Monats (28 Februar). Ist der letzte Tag der Frist ein Sonn- oder Feiertag, so endigt dennoch die Frist an demselben.

Wegen der Zeit der Anmeldung vergl. N. 3 ff zu §. 2.

Voraussetzungen. **3.** Die **Motive** rechtfertigen die Zusatzpatente damit, daß es im Interesse einer raschen Entwickelung der Erfindungen liegt, dem Patentinhaber die Befugniß zu geben, eine durch Patent geschützte Erfindung durch Abänderungen zu vervollkommnen, welche einfach als Zusatz zu dem Inhalte des alten Patents erscheinen, demgemäß auf dessen Dauer nur einen Schutz genießen und nicht die Gebühren eines neuen Patents zu tragen haben (Mot. 1 S 23).

Das Zusatzpatent hat folgende **Voraussetzungen**:

a) eine durch Patent geschützte Erfindung (N 4),
b) eine weitere Erfindung, welche die Ausbildung der geschützten bezweckt (N. 5),
c) Anmeldung der neuen Erfindung durch den Inhaber des Hauptpatents (N. 6),
d) ausdrückliches Nachsuchen eines Zusatzpatents (N. 7).

Einschlägige **Abhandlungen**: **Reuling** im P.Bl. 1883 S. 451, **Hartig** S. 244, **Kohler** Forschungen aus dem Patentrecht S. 64, **Biedermann** in Gewerbl. Rechtsschutz 1, 131, **Schanze** in Oesterr. Zeitschrift für gewerbl. Rechtsschutz 3, 27, **Klöppel** in Zeitschrift für angewandte Chemie 1898 S. 407, **Ephraim** ebenda S. 600, **Damme** ebenda S. 625.

Hauptpatent. **4.** Nach dem Wortlaute ist es zweifelhaft, ob es zur Nachsuchung des Zusatzpatents genügt, daß die Haupterfindung gemäß §. 22 **einstweiligen Patentschutz** genießt, oder ob das Hauptpatent definitiv ertheilt sein muß. Die erste Alternative ist die richtigere, weil durch die Veröffentlichung der Bekanntmachung die Erfindung bereits einen — allerdings resolutiv bedingten — Patentschutz genießt, sie ist auch die zweckmäßigere, weil das Gesetz im Interesse einer rascheren Entwicklung der Erfindungen die Zusatzpatente begünstigen will und man deshalb den Erfinder während der oft sehr langen Dauer des Patentertheilungsverfahrens nicht vor die Wahl stellen darf, entweder statt des Zusatzpatents ein Hauptpatent zu nehmen oder zu gewärtigen, daß ein Anderer, durch die Veröffentlichung angeregt, ihm mit der Anmeldung der neuen Erfindung zuvorkommt. Die Kontroverse ist aber praktisch nicht wichtig, weil einerseits die Anhänger der anderen Ansicht die Anmeldung eines Zusatzpatents, welche vor der definitiven Ertheilung des Hauptpatents beim P.A. einläuft, nicht zurückweisen lassen möchten (Robolski S. 119), andrerseits auch die Anhänger unserer Ansicht das Zusatzpatent nicht vor der Ertheilung des Hauptpatents ertheilt wissen wollen (Rosenthal S. 147). Vorbedingung für das Zusatzpatent ist nämlich stets die Existenz eines Hauptpatents, deshalb kann ersteres nie ertheilt werden, wenn letzteres versagt wird. Es fragt sich, ob in diesem Falle für die neue Erfindung statt des beantragten Zusatzpatents vom P.A. ohne weiteres ein Hauptpatent ertheilt werden darf; dies ist zu verneinen, weil für den Patentsucher die Verbesserungserfindung ohne die Haupterfindung vielleicht nicht den Werth der Patentgebühren hat.

Es ist in der Regel zweckmäßig, wenn das P.A. die geschäftliche Behandlung der Zusatzanmeldung nicht bis zur Ertheilung des Hauptpatents sistirt, sondern beide Anmeldungen möglichst gemeinsam erledigt (Robolski S. 119).

3. Die durch das Zusatzpatent zu schützende Erfindung muß zunächst gemäß §§. 1, 2 patentfähig sein. Der **Erfindungsbegriff** beim Zusatzpatent ist kein anderer, als beim Hauptpatent; eine mildere Prüfung beim Zusatzpatent entbehrt nicht blos der gesetzlichen Grundlage, sondern widerspricht sogar direkt der Bestimmung, daß bei Nichtigkeitserklärung des Hauptpatents das Zusatzpatent zu einem selbständigen Patent wird (ebenso: Schanze, Ephraim, Damme; a. M. Biedermann, Klöppel). Auf demselben Standpunkte stehen die Entscheidungen des R.G. (vergl. Bl. 2, 148; 3, 145) und die neuere Praxis des P.A. Außerdem muß die Zusatzerfindung noch die **Verbesserung** oder sonstige weitere **Ausbildung** der bereits geschützten bezwecken. Dadurch, daß die Reichstagskommission die Worte „oder sonstige weitere Ausbildung" einschob (N. 1), erübrigt jetzt die Untersuchung, ob die Ausbildung der ersten Erfindung als eine Verbesserung derselben anzusehen ist. Zusatzerfindung.

Das Verhältniß zwischen den Gegenständen der beiden Patente darf nie logisch das der bloßen Nebenordnung sein, denn sonst könnte jede beliebige Erfindung als Zusatz zu einer schon patentirten angemeldet werden, um die Kosten eines selbständigen Patents zu sparen, vielmehr muß die zweite Erfindung der ersten untergeordnet sein, indem sich ihr Gegenstand aus dem des Hauptpatents entweder im Wege der technischen Durchführung oder dadurch, daß man durch Hinzufügung eines neuen charakteristischen Elements einen engeren Begriff erhält, oder durch beides zugleich herleiten läßt (Hartig a. a. O. S. 247). Es müssen die Resultate der Zusatzerfindung im Keime schon in der ersten enthalten sein.

Es genügt ferner nicht, daß die zweite Erfindung in der Sphäre der ersten liegt, sondern ihr Gegenstand muß auch in einem wirthschaftlichen Zusammenhange mit ihr stehen, sei es daß er ihren technischen Effekt steigern oder denselben Effekt unter Ersparung von Zeit und Mühe mit anderen bezw. weniger Elementen erreichen will. Die zweite Erfindung muß also nicht blos logisch, sondern auch ökonomisch der ersten untergeordnet sein, indem sie als Unterstützungserfindung den materiellen Zwecken der ersten zu dienen bestimmt ist. Eine Zusatzerfindung liegt deshalb auch dann vor, wenn der Inhaber eines Patents auf das Produkt eine neue Methode zur Herstellung desselben erfindet (Kohler a. a. O.). Wenn die Verbesserungserfindung durch ihren hervorragenden Erfolg aus dem Wirkungskreise der älteren Erfindung vollständig hinaustritt, so kann sie die Natur einer selbständigen Erfindung haben (R.G. im Bl. 2, 291).

Weil das Zusatzpatent logisch und wirthschaftlich dem Hauptpatent untergeordnet sein muß, so folgt daraus, daß es nicht dazu benutzt werden kann, um Versehen, welche bei der Formulirung des Patentanspruchs des Hauptpatents begangen sind, nachträglich zu berichtigen, insbesondere um die Gültigkeitsgrenzen des Hauptpatents nachträglich zu erweitern (P.A. im P.Bl. 1881 S. 29, G. 2, 97).

Nach § 20 ist für jede Erfindung eine besondere Anmeldung erforderlich. Das Zusatzpatent, welches die neue Erfindung zu einem Theile der älteren erklärt, ist deshalb nur da zuläßig, wo die neue mit der früher patentirten Erfindung einen Gegenstand ausmacht, so daß bei gleichzeitiger Anmeldung für beide nur eine Anmeldung erforderlich gewesen sein würde (Klostermann S. 169, P.A. im P.Bl. 1880 S. 26, G. 1, 236, im P.Bl. 1881 S. 199, G. 3, 213). Wegen der Formulirung des Anspruchs eines Zusatzpatents vergl. N. 16 zu §. 20.

Ist eine Zusatzerfindung, welche eine Verbesserung der Haupterfindung enthält, zur Ausführung gekommen, so kann regelmäßig eine Zurücknahme der Haupterfindung wegen Nichtausführung nicht ausgesprochen werden (N. 9 zu §. 11), dagegen schützt die Ausführung der Haupterfindung nicht das Zusatzpatent.

Häufig wird der Fall sein, daß Jemand ein Hauptpatent verletzt, ohne gleichzeitig das Zusatzpatent zu verletzen; der umgekehrte Fall ist zwar denkbar, wird aber sehr selten vorkommen (du Bois-Reymond und Wagner im Gewerbl. Rechtsschutz 4, 202). Verletzt Jemand durch dieselbe Handlung gleichzeitig Haupt- und Zusatzpatent, so hat der Berechtigte die Wahl, ob er die Verletzungsklage wegen beider Patente oder nur wegen eines anstellen will. Im letzteren Falle kann er nachträglich auch wegen des anderen klagen, ohne daß ihm der Einwand der Rechtshängigkeit oder der rechtskräftig entschiedenen Sache gemacht werden könnte (R.G. in Jurist. Wochenschrift 1899 S. 774).

6. Der Inhaber des Hauptpatents oder, falls dasselbe noch nicht ertheilt ist, der Anmelder des Hauptpatents muß die Zusatzerfindung anmelden; ob er der Erfinder derselben ist, ist unerheblich, falls nicht der Fall des §. 3 Abs. 2 vorliegt. Sind mehrere Inhaber des Hauptpatents vorhanden, so kann nur auf die gemeinschaftliche Anmeldung aller ein Zusatzpatent ertheilt werden; ein einzelner Mitinhaber kann ebensowenig, wie ein Licenzträger oder Nutzungsberechtigter ein Zusatzpatent erhalten, sie können auf die Zusatzerfindung nur ein selbständiges Patent nachsuchen (ebenso Kohler Handbuch S. 334). Der gemäß §. 12 bestellte Vertreter ist zur Nachsuchung eines Zusatzpatents nicht legitimirt (N. 9 zu §. 12). Identität der Person.

Ob der Anmelder der Zusatzerfindung das Hauptpatent originär oder derivativ erworben hatte, ist gleichgültig. Für das P.A. ist nur maßgebend, wer nach dem Inhalte der Rolle (§. 19) zur Zeit der Anmeldung der neuen Erfindung der Inhaber des Hauptpatents ist; dies gilt ganz allgemein, also auch für die Frage, ob es mehrere Inhaber des Patents giebt. Durch diese aus Zweckmäßigkeitsgründen erfolgte formalistische Regelung wird selbstverständlich eine Geltendmachung des materiellen Rechts vor den ordentlichen Gerichten gegenüber dem — Inhalts der Rolle — Berechtigten nicht gehindert.

Wie ist es, wenn in der Zwischenzeit zwischen Anmeldung der Zusatzerfindung und Ertheilung des Hauptpatents in der Rolle vermerkt wird, daß das Hauptpatent in andre Hände übergegangen ist? Dann muß das Zusatzpatent dennoch ertheilt werden, denn das Gesetz verlangt die Personen-Identität blos zur Zeit der Anmeldung der Zusatzerfindung (a. M. Kohler Handbuch S. 333). Das Zusatzpatent wird seinem Anmelder, nicht dem Nachfolger desselben im Hauptpatent ertheilt; daß in Folge dessen Hauptpatent und Zusatzpatent sich in verschiedenen Händen befinden, ist unerheblich, weil auch die Uebertragung des einen ohne das andere zulässig ist (vergl. N. 10.)

7. Der Inhaber bezw. Anmelder des Hauptpatents, welcher ein Zusatzpatent für seine Zusatzerfindung nachsucht, muß dies ausdrücklich erklären, denn er hat die Wahl, ob er ein Zusatz- oder ein selbständiges Patent nehmen will, folglich muß ihm das P.A., wenn er schlechtweg ein Patent nachsucht, ein gewöhnliches, regelmäßiges d. h. ein selbständiges Patent ertheilen. Antrag.

Für den Nachsuchenden wird bei seiner Entscheidung maßgebend sein, ob die kürzere Schutzdauer und die Unselbständigkeit eines Zusatzpatents oder die größeren Kosten (vergl. N. 6, 7 zu §. 8) eines selbständigen Patents ihm das kleinere Uebel in dem einzelnen Falle zu sein scheinen. Hat er einmal seine Wahl getroffen und hat das P.A. seinem Antrage entsprochen, so kann er später nicht die Umwandlung seines selbständigen Patents in ein Zusatzpatent oder umgekehrt verlangen, ebensowenig ist das P.A. von Amtswegen dazu befugt. (Vergl. aber N. 9 a. E.)

8. Man kann zu einer Haupterfindung mehrere Zusatzpatente nehmen, vergl. P.Bl. 1884 S. 211. Ferner kann man zu einem Zusatzpatent ein weiteres Zusatzpatent nehmen; es ist aber mit Rücksicht auf Mehrere Zusatzpatente.

die Uebersichtlichkeit und Einfachheit der Sachlage rathsamer, jedes Zusatzpatent zu dem einen Hauptpatent zu nehmen (**Hartig** S. 253).

Endigung. 9. Da das Zusatzpatent zugleich mit dem Hauptpatent sein Ende erreichen soll, so ist es unzweifelhaft, daß, wenn dieses in Folge Ablaufs der fünfzehnjährigen Patentdauer endet, jenes stets gleichzeitig sein Ende erreicht; dasselbe gilt, wenn das Hauptpatent in Folge Verzichts (P.A im P.Bl. 1889 S. 87) oder wegen Nichtzahlung der Gebühren erlischt oder wenn es zurückgenommen wird (a. M. bezüglich des Verzichts und der Zurücknahme **Kohler** Handbuch S 335 f.). Dagegen berührt der Verzicht auf das Zusatzpatent oder seine Zurücknahme nicht das Hauptpatent.

Das Zusatzpatent kann für nichtig erklärt werden, wenn bei ihm die Voraussetzungen des §. 10 zutreffen, es bildet aber keinen Nichtigkeitsgrund, daß das Patent zu Unrecht als Zusatzpatent ertheilt wurde (P A. und R G. im P.Bl. 1884 S. 211, G. 5, 175). Die Nichtigkeitserklärung des Zusatzpatents hat keinen Einfluß auf das Bestehen des Hauptpatents. Vor dem Gesetz von 1891 war es sehr bestritten, ob umgekehrt durch die Nichtigkeitserklärung des Hauptpatents das Zusatzpatent ganz in Wegfall kommt oder ein selbständiges Patent wird. Die Streitfrage ist jetzt erledigt, da Abs. 2 des §. 7 die zweite Ansicht sanktionirt hat Wird das Hauptpatent theilweise für nichtig erklärt, so kommt es darauf an, ob das Zusatzpatent eine weitere Ausbildung des gültig gebliebenen oder des weggefallenen Theils bezweckte; in jenem Falle bleibt es ein Zusatzpatent, in letzterem wird es selbständig War das Zusatzpatent zu einem anderen Zusatzpatent ertheilt, so wird es durch die Nichtigkeitserklärung des Hauptpatents nicht berührt.

Uebertragbarkeit. 10. Das Zusatzpatent braucht mit dem Hauptpatent nicht ständig in einer Hand vereinigt zu sein (ebenso **Rosenthal** S 149; a. M. **Kohler** Handbuch S. 334, 491). Die Begünstigung der Erfinder, welche zur Schaffung der Zusatzpatente geführt hat, würde oft nur eine halbe sein, wenn man ihnen nicht gestattete, das eine ohne das andere zu übertragen; auch rechtlich steht nichts im Wege. **Robolski**'s Bedenken, daß bei einer Abtretung des Zusatzpatents letzteres in der Rolle auf den Namen des neuen Erwerbers umgeschrieben werden könnte, „womit sich für die das Verfahren vor dem P A. betreffenden Angelegenheiten eine Loslösung des Zusatzpatents von dem Hauptpatente vollzöge, welche mit der Natur des Zusatzpatents in Widerspruch steht" (S. 230), enthält in den letzten Worten eine petitio principii, außerdem ist es nicht klar, bei welchen Operationen vor dem P.A. die Schwierigkeiten entstehen sollen.

Demnach kann sowohl das Haupt-, als das Zusatzpatent selbständig übertragen werden; die Uebertragung kann das volle Recht aus dem Patent begreifen, sie kann auch nur bezüglich der Nutzung stattfinden Aber auch in einer anderen Hand ist das Zusatzpatent von dem Schicksale des Hauptpatents abhängig, eine Gefahr, welche sein Erwerber aus der Bezeichnung als Zusatzpatent erkennen konnte. Das P.A. giebt, wenn die Umschreibung blos des Haupt- oder blos des Zusatzpatents beantragt wird, diesem Antrage statt, macht aber die Betheiligten gleichzeitig darauf aufmerksam, daß die Umschreibung sich auf das andere Patent nicht miterstreckt. Einen Zwang behufs Umschreibung dieses Patents übt es aber nicht aus.

Der Licenzträger des Hauptpatents hat kein Recht auf Benutzung der Zusatzpatente, wenn dies nicht von den Parteien vereinbart ist.

11. Ein Anderer, als der Inhaber des Hauptpatents kann, wenn er eine Verbesserungserfindung zu derselben macht, nicht ein Zusatz-, sondern nur ein selbständiges Patent nehmen, ein sog. Verbesserungspatent (Kohler Forschungen S. 64). Der Unterschied zwischen diesem und dem Zusatzpatent liegt also in der Person des Anmelders, indem letzteres nur dem Inhaber des Hauptpatents, ersteres sowohl diesem, als einem Dritten ertheilt werden kann. **Verbesserungspatent.**

Die Verbesserungspatente werden im Gesetze nicht erwähnt, sie unterscheiden sich auch in ihren rechtlichen Schicksalen in nichts von den gewöhnlichen Patenten. Hervorzuheben ist nur, daß sie eine Unterart der Abhängigkeitspatente bilden (N. 16, 17 zu §. 3); vergl. R.G. im P.Bl. 1894 S. 121, G. 10, 41; R.G Straff. 25, 214.

Abs. 2.

12. Das P.A. hatte vor dem Gesetze von 1891 die Ansicht vertreten, das Alter des selbständig gewordenen Zusatzpatents richte sich durchweg d. h. sowohl in Betreff der Dauer, als der Gebührensätze nach dem Alter des ursprünglichen Hauptpatents (P.Bl. 1880 S. 26, G. 1, 236). Betreffs der Gebührensätze wurde dies als Härte empfunden (vergl. Robolski S. 125); deshalb hat die Reichstagskommission durch den von ihr hinzugefügten Abs. 2 diese Härte beseitigt (Komm.-Ber. II S. 13). Zur Erläuterung dieser Bestimmung diene folgendes Beispiel. Es meldet Jemand am 2. August 1892 eine Erfindung an und erhält auf sie ein Patent, am 5. März 1894 meldet er eine Zusatzerfindung an und erhält auf sie ein Zusatzpatent, am 28. September 1895 wird das Hauptpatent für nichtig erklärt. In diesem Falle läuft die Dauer des bisherigen Zusatzpatents am 2. August 1907 ab (N. 2); die Jahresgebühren für dasselbe sind stets am 3. August fällig (§. 8 Abs. 2) und zwar zuerst am 3 August 1896 die vierte Jahresgebühr mit 150 Mk., dann am 3. August 1897 die fünfte mit 200 Mk. u. s. f. bis zum 3 August 1906, wo als letzte die vierzehnte mit 650 Mk. fällig ist. **Gebühren.**

§. 8.

Für jedes Patent ist vor der Ertheilung eine Gebühr von dreißig Mark zu entrichten (§. 24 Absatz 1).

Mit Ausnahme der Zusatzpatente (§. 7) ist außerdem für das Patent mit Beginn des zweiten und jedes folgenden Jahres der Dauer eine Gebühr zu entrichten, welche das erste Mal fünfzig Mark beträgt und weiterhin jedes Jahr um fünfzig Mark steigt.

Diese Gebühr (Absatz 2) ist innerhalb sechs Wochen nach der Fälligkeit zu entrichten. Nach Ablauf der Frist kann die Zahlung nur unter Zuschlag einer Gebühr von zehn Mark innerhalb weiterer sechs Wochen erfolgen.

Einem Patentinhaber, welcher seine Bedürftigkeit nachweist, können die Gebühren für das erste und zweite Jahr der Dauer des Patents bis zum dritten Jahre gestundet und, wenn das Patent im dritten Jahre erlischt, erlassen werden.

Die Zahlung der Gebühren kann vor Eintritt der Fälligkeit erfolgen. Wird auf das Patent verzichtet oder dasselbe für nichtig erklärt oder zurückgenommen, so erfolgt die Rückzahlung der nicht fällig gewordenen Gebühren.

Durch Beschluß des Bundesraths kann eine Herabsetzung der Gebühren angeordnet werden.

Entstehungsgeschichte. 1. Das Gesetz von 1891 hat, weil häufig die erste Jahresgebühr von dreißig Mark nicht gezahlt wurde (Mot II S. 17), im §. 8 des Patentgesetzes den Abs. 1 dahin geändert, daß diese Gebühr nicht mehr, wie früher, bei, sondern vor der Ertheilung zu entrichten ist (N. 5), außerdem hat es Abs. 3, 5, 6 neu hinzugefügt (vergl. N. 8, 15, 17).

Gebühren. Kosten. 2. Das Gesetz erwähnt Gebühren und Kosten. Als Gebühren bezeichnet es: die Jahresgebühren (§§ 8, 9, 24 Abs. 1, 27 Abs. 2) und die Gebühr von fünfzig Mark, welche mit dem Antrage auf Zurücknahme oder Nichtigkeitserklärung zu zahlen ist (§ 28 Abs. 4), als Kosten: die des Anmeldeverfahrens (§. 20 Abs. 3) und die des Zurücknahme- und Nichtigkeitsverfahrens (§§. 28 Abs 5, 31, 33 Abs. 2); die zwanzig Mark, welche mit Einlegung der Beschwerde zu zahlen sind, werden in §. 26 Abs. 1 Kosten, in §. 26 Abs. 5 abwechselnd Kosten und Gebühr genannt. Wie schon die letztere Thatsache zeigt, fehlt es an einer grundsätzlichen Verschiedenheit zwischen den beiden Bezeichnungen, im Allgemeinen wiegt bei den „Kosten" mehr der Gesichtspunkt des Ersatzes, sei es für eine bestimmte Thätigkeit der Behörde, sei es für Auslagen, vor.

Im nationalökonomischen Sinne gehören sämmtliche Kosten und Gebühren, außer den Jahresgebühren, zu den Gebühren, d. h. zu den

Abgaben, welche von Einzelnen als spezielles Entgelt eines ihnen von der öffentlichen Gewalt geleisteten bestimmten Dienstes oder einer durch sie dem Staate verursachten Ausgabe erhoben werden. Die Jahresgebühren dagegen sind Ertragssteuern, erstens weil sie nicht einzelne Akte, sondern mittelst jährlich wiederkehrender Abgabe die sich in gleicher Weise durch die Zeiträume erstreckenden Wirkungen öffentlicher Einrichtungen, nämlich den Patentschutz, entgelten (Cohn System der Nationalökonomie Bd. 2 S. 132), zweitens weil sie bei ihrer Höhe nicht blos ein Entgelt für Leistungen des Staats sind, sondern darüber hinaus dem Staate noch einen Ueberschuß zu liefern bestimmt sind (Wagner Finanzwissenschaft Bd. 1 S. 312, Bd. 2 S. 5). Zu der Steuernatur der Jahresgebühr paßt zwar ihre jährliche Steigerung, aber nicht der Mangel einer Abstufung je nach dem Werthe der einzelnen Erfindung; eine solche Tarifirung wäre indessen kaum ausführbar. Die Jahresgebühren haben nicht blos den Zweck, eine Ertragsquelle für das Reich zu sein, sondern auch den, die Industrie von dem Banne werthloser Patente zu befreien, indem sie den Patentinhaber alljährlich zur Prüfung veranlassen, ob er die stets wachsenden Gebühren noch ferner entrichten will. Mit dem Vorstehenden im Ganzen übereinstimmend: Kohler Deutsches Patentrecht S. 140, Robolski S. 135, nur betonen Beide das Entgeltsmoment der Jahresgebühr nicht, Kohler leugnet es sogar.

3. Ueber die Form der Zahlung der Kosten und Gebühren hat das P.A. unter dem 11. Juli 1877 nachstehende Bekanntmachung erlassen (P.Bl. 1877 S. 9): Zahlung.

> Die Kosten und Gebührenbeträge, welche nach Bestimmung des Patentgesetzes vom 25. Mai d. J. an unsere Kasse zu entrichten sind, werden zweckmässig nicht mit dem Anschreiben, sondern mittelst Postanweisung unter der Adresse „Kasse des Kaiserlichen Patentamtes" eingesendet. Die Postanweisung muss jedoch, wenn es sich um die Ertheilung eines Patentes handelt, den Namen des Patentsuchers und den Gegenstand der Anmeldung, in Beschwerdefällen den Namen des Beschwerdeführers und die Beschwerdesache, in anderen Fällen den Namen des Patentinhabers, den Gegenstand des Patentes und die Nummer, welche dasselbe in der Patentrolle führt, ergeben. Empfangsbescheinigungen ertheilt die Kasse nur auf ausdrücklichen Wunsch; die Portokosten hat in diesem Falle der Empfänger der Bescheinigung zu tragen.

Ueber die Eröffnung eines Reichsbank-Girokontos für die Kasse des P.A. bestimmt die Bekanntmachung des P.A. vom 16. Mai 1899 (Bl. 5, 126):

1. Der Kasse des Kaiserlichen Patentamts ist bei der Reichsbank in Berlin ein Girokonto eröffnet, für das die allgemeinen Bestimmungen über den Reichsbank-Giroverkehr in Anwendung kommen.
2. Ausser den sonstigen Zahlungen können diesem Girokonto

auch die in die Patentamtskasse fliessenden gesetzlichen Gebühren zur Gutschrift gebracht werden.

3. Die Prüfung der zum Girokonto der Patentamtskasse bewirkten Gebührenzahlungen auf ihre gesetzlichen Erfordernisse erfolgt gemäss den bestehenden Bestimmungen durch das Patentamt.

4. Die Gefahr hinsichtlich der Richtigkeit, Rechtsgültigkeit und die sonstigen Erfordernisse der Zahlung verbleibt den Zahlenden.

Insbesondere ist zu beachten, dass befristete Gebühren innerhalb der Frist dem Girokonto zur Gutschrift gebracht sein müssen; auch ist gleichzeitig dem Patentamt eine besondere Erklärung über die Bestimmung des gutgeschriebenen Betrages vorzulegen.

Für dringende Fälle wird sich auch in Zukunft die Einzahlung der Gebühren unmittelbar bei der Patentamtskasse oder zur Ueberweisung an dieselbe bei einer Postanstalt im Gebiete des Deutschen Reiches empfehlen.

Ueber die Einzahlung von Guthaben bestimmt die Bekanntmachung des P.A. vom 4. November 1899 (Bl. 5, 282):

Zur Deckung der an die Kasse des Kaiserlichen Patentamts zu leistenden Zahlungen, insbesondere von Gebühren, können bis auf Weiteres Beträge als Guthaben im Voraus entrichtet werden.

Wer von dieser Einrichtung Gebrauch machen will, hat sich zunächst mit den hierzu vom Patentamt erlassenen Bestimmungen, von denen Abschriften auf Erfordern kostenfrei abgegeben werden, einverstanden zu erklären. Nach Abgabe der zustimmenden Erklärung erfolgt die Eröffnung des Kontos. Einzahlungen zu dem Konto dürfen geleistet werden, sobald Nummer und Seite des Kontos dem Antragsteller mitgetheilt sind.

Die „allgemeinen Bestimmungen des P.A. über die Zulässigkeit der Einzahlung von Guthaben zur fortlaufenden Verrechnung" lauten (Bl. 5, 313):

1. Zur Deckung der innerhalb grösserer Zeitabschnitte an die Kasse des Kaiserlichen Patentamts zu leistenden Zahlungen, insbesondere von Gebühren, können Gelder als Guthaben überwiesen werden.

2. Derartige Ueberweisungen dürfen nicht weniger betragen als 2000 Mark.

3. Die Geldbeträge werden zweckmässig entweder dem Reichsbank-Girokonto für die Kasse des Patentamts zugewiesen, oder durch Postanweisung eingesandt. Die Baarzahlung ist nicht erwünscht.

4. Die Zahlung durch ein Guthaben bezweckt eine Erleichterung des äusseren Zahlungsgeschäfts. Dagegen ist die Rechtzeitigkeit der Zahlung von Gebühren durch ein solches Guthaben allein noch nicht sicher gestellt, vielmehr durch die

Erfüllung der allgemeinen gesetzlichen Vorschriften bedingt. Die Verantwortlichkeit hierfür verbleibt dem Zahlenden.

5. Zur Begleichung von Gebühren aus einem Guthaben ist ein besonderes schriftliches Ersuchen vorzulegen, das an das Kaiserliche Patentamt (nicht an die Kasse) zu richten ist und ergeben muss:

   a) die Höhe des vorhandenen Guthabens,
   b) die Bezeichnung der Beträge, die aus dem Guthaben beglichen werden sollen, im Einzelnen und im Ganzen,
   c) den verbleibenden Betrag des Guthabens.

   Für die Form des Ersuchens ist das nachstehende Muster massgebend. Anträge, welche nicht lediglich die Verrechnung von Gebühren betreffen, dürfen mit dem Ersuchen nicht verbunden werden.

6. Ueber die Rechtzeitigkeit der Zahlung einer Gebühr entscheiden in den gesetzlich geordneten Verfahren, wie bisher die Abtheilungen des Patentamts. Der Zahlende wird insbesondere zu beachten haben, dass eine Gebühr nur dann als rechtzeitig gezahlt anzusehen sein wird, wenn

   a) das Ersuchen (Ziffer 5) spätestens am letzten Tage der Frist für die Gebührenzahlung gemäss §. 27 der Kaiserlichen Verordnung vom 11. Juli 1891 (Reichs-Gesetzbl. S. 849) mit dem Tagesstempel der Annahmestelle versehen ist und
   b) das Guthaben zur Begleichung der Gebühren ausreicht.

   Es bleibt hierbei zu berücksichtigen, dass die nach Schluss der Dienststunden eingehenden Sendungen erst am folgenden Werktage geöffnet und abgestempelt werden. In dringenden Fällen wird es sich deshalb empfehlen, zur Begleichung der Gebühren nicht das Guthaben heranzuziehen, sondern den Betrag zur Ueberweisung an die Patentamtskasse bei einer Postanstalt im Gebiete des Deutschen Reiches baar einzuzahlen.

7. Zur Rückzahlung angewiesene Gebührenbeträge werden künftig, sofern nicht im einzelnen Falle rechtzeitig ein anderer Antrag gestellt wird, nicht mehr baar zurückgezahlt, sondern bei dem Guthaben des Empfangsberechtigten in Einnahme nachgewiesen werden.

   Vor der Gutschrift der Beträge wird den Kontoinhabern seitens der Kasse zwecks Ergänzung ihres Kontos Nachricht gegeben werden.

8. Schreibgebühren, Rollgelder, Portokosten, sowie ähnliche vom Patentamt zu liquidirende, ihrer Höhe nach nicht ein für alle mal feststehende Kosten sollen von den Guthaben-Inhabern bis auf Weiteres nicht mehr durch Nachnahme erhoben, sondern, um die Begleichung aus dem Guthaben zu ermöglichen, eingefordert werden.

Die Beträge müssen aber innerhalb der für die Zahlung bestimmten Frist durch Aufnahme in ein Ersuchen gemäss Ziffer 5 zur Begleichung kommen. Geschieht dies nicht, so wird die Erhebung in der früheren Weise erfolgen.

9. In allen Fällen, in denen Patentjahres-Zuschlags-Gebrauchsmusterverlängerungs-Gebühren oder Waarenzeichenerneuerungs- und Zuschlagsgebühren verrechnet werden sollen, sind dem Ersuchen (Ziffer 5) die für den Einzelfall erforderlichen, von der Kasse des Patentamts unentgeltlich zu beziehenden Einzahlungsscheine beizufügen

10. Ein eingerichtetes Konto kann vom Kaiserlichen Patentamt jederzeit geschlossen werden

Muster.

Es wird ersucht, aus meinem Guthaben bei der Kasse des Kaiserlichen Patentamts die nachbezeichneten Gebühren zu begleichen:

Lfde. Nr	Bezeichnung der Gebühr	Vor- und Zuname der Zahlungspflichtigen	Aktenzeichen 2c.	Betrag der Gebühr ℳ	₰	Guthaben ℳ	₰	Vereinnahmt im Gegenbuch
		Höhe des Guthabens . .	—	—	—	5000	—	
		Davon sind zu verwenden.						
		A. In Patentsachen:						
1.	Anmeldegebühr	Friedrich Schulze . . .	—	20	-			
2.	Beschwerdegebühr	Heinrich Möller . . .	M 4060 II/21	20	—			
3	5. Jahresgebühr	Karl Lehmann laut Einzahlungsschein . .	Patent 75 672	200	—			
				240	--			
		B In Gebrauchsmustersachen:						
4	Anmeldegebühr	Gustav Bäcker	-	15	--			
5.	Verlängerungsgebühr	Wilhelm Schuster laut Einzahlungsschein .	Gebr.-Mstr 75672	60	—			
		C In Waarenzeichensachen:						
6.	Anmeldegebühr	Hermann Schneider . .	—	30	—			
7.	Beschwerdegebühr	Emil Koch . .	Sch 475 [31] Wz.	20	—			
				125				
		D. Für Patenschriften:						
8.		Auf Grund beiliegenden Bestellscheins . .	-	20	—			
		oder.						
		zur Verstärkung des Guthabens für zu liefernde Patentschriften laut Einzahlungsschein						
		E Sonstige Zahlungen:						
		Schreibgebühren . . .	Sch 4740 G M.	–	–			
			Zusammen	—	—	385		
			Verbleibendes Guthaben	—	—	4615	—	

Erfüllungs- oder Leistungsort für alle Zahlungen, welche an das P.A. zu erfolgen haben, ist stets der Sitz des P.A., also auch dann, wenn die Zahlung durch die Post oder durch Ueberweisung auf Girokonto erfolgt. Dies ist nach verschiedenen Richtungen wichtig, insbesondere für die Frage, in welcher Währung zu zahlen ist, und welche Feiertage eine Verlängerung der Zahlungsfrist herbeiführen u. s. w. Leistungsort.

Die vorstehende Regelung des Leistungsortes ergiebt sich aus der Natur des Rechtsverhältnisses. Außer dem Sitze des P.A. könnte nämlich nur noch der Wohnort des Zahlungspflichtigen oder bei Postsendungen der Absendungsort in Frage kommen. Der Wohnort des Zahlungspflichtigen ist ausgeschlossen, weil für die Währung oder die Feiertage unmöglich die in China, Persien oder einem anderen Lande des Erdballs existirenden Rechtsnormen maßgebend sein können; außerdem ist zu erwägen, daß die Zahlung nicht immer durch den Zahlungspflichtigen, sondern auch durch irgend einen Dritten erfolgen kann (N. 11 zu §. 9).

Gegen den Absendungsort spricht, daß die Willkür des Zahlungspflichtigen dann entscheiden würde. Es könnte z. B. der Preuße, welcher spätestens am 8. September eine Zahlung zu leisten hat, anordnen, daß dieselbe von München aus an das P.A. geschickt wird, weil der 8. September in Bayern allgemeiner Feiertag ist und deshalb die Absendung am 9. September noch rechtzeitig sein würde.

Die Zahlung muß in deutscher Währung erfolgen, natürlich in baar. Es ist eine Unsitte, wenn namentlich Ausländer dem P.A. Checks zur Begleichung der Gebühren einsenden. Da Anweisung keine Zahlung ist, so gelten die Gebühren dann erst als eingegangen, wenn das auf den Check erhobene Geld bei der Kasse des P.A. eingezahlt worden ist. Wenn auch das P.A. bei den auf Berlin lautenden Checks sich regelmäßig der Einziehung unterziehen wird, so hat dies für den Patentinhaber doch den Nachtheil, daß die Einziehung bei dem Geschäftsgange einer Behörde meistens mehrere Tage in Anspruch nimmt.

Außer den Sonntagen sind nur die in Preußen anerkannten Feiertage vom P.A. zu berücksichtigen. Es sind dies der Neujahrstag, der Charfreitag, der Ostermontag, der Pfingstmontag, die beiden Weihnachtstage, der Buß- und Bettag (der Mittwoch vor dem letzten Trinitatistage) und der Himmelfahrtstag. Läuft also eine Zahlungsfrist am preußischen Buß- und Bettage ab, so kann auch ein Nichtpreuße am folgenden Tage die Zahlung leisten, selbst durch Einzahlung des Betrages bei einer im Gebiete des Deutschen Reichs belegenen nichtpreußischen Postanstalt.

4. Bei einigen der Abgaben knüpft das Gesetz an die Nichtzahlung die Wirkung, daß die Parteihandlung, welche den durch sie abzugeltenden Akt der Behörde veranlassen sollte, von Rechtswegen als nicht vorgenommen gilt; so bei der ersten Jahresgebühr, der Beschwerdegebühr und der Nichtigkeits- bezw. Zurücknahmestreitgebühr (§§. 24 Abs. 1, 26 Abs. 1, 28 Abs. 4). Werden die Kosten des Anmeldeverfahrens Wirkung der Nichtzahlung.

(§. 20 Abs. 3) nicht zur Zeit entrichtet, so erfolgt, wenn die Aufforderung ohne Erfolg verblieb, die Zurückweisung der Anmeldung (§§. 21, 22); vergl. N. 21 zu §. 20. Werden die Jahresgebühren von der zweiten an nicht rechtzeitig gezahlt, so erlischt das Patent (§. 9).

Streitig ist es, wie die für das erste und zweite Jahr gestundeten Gebühren (§ 8 Abs. 4), wenn sie nicht erlassen werden, einzuziehen sind (vergl. N. 14). Kohler Deutsches Patentrecht S. 146 und Klostermann S. 173 wollen sie durch Vermittelung der Verwaltungsbehörden des betreffenden Bundesstaates exekutivisch beitreiben lassen, während Dambach S. 31, Gareis S. 136, Rosenthal S. 159, Robolski S. 143 den Reichsfiskus auf den Weg der Civilklage verweisen. Die erste Ansicht ist die zutreffendere, denn es wäre eine Anomalie, wenn ein Staat Steuerforderungen gerichtlich einklagen müßte, vielmehr ist die unmittelbare Exequirbarkeit ein Privileg jeder Steuer. Es ist unrichtig, wenn man daraus, daß einzelne Reichsgesetze die exekutivische Beitreibung gewisser Leistungen aussprechen e contrario Schlüsse ziehen will, zumal es sich in einzelnen diese Gesetze nicht um Steuern handelt, z. B in §. 25 des Postgesetzes, und in den anderen nur das Verfahren bei der Einziehung geregelt wird, z B. §. 22 der Geschäftsordnung des R.G. — Centralbl. für das Deutsche Reich 1880 S. 190, Zeitschr. f. Deutsch. Civilprozeß Bd. 10 S. 442 — und die dazu ergangene Dienstweisung — Centrbl. 1879 S. 472, Preuß. Just.-Minist.-Bl 1884 S. 254 —. Da das P.A. keine Exekutivorgane hat, so muß es die mit der Einziehung der Steuern in den Bundesstaaten betrauten Organe um Beitreibung ersuchen. In derselben Weise hat es seine nicht durch die Gebühr von fünfzig Mark gedeckten Auslagen von der kostenpflichtigen Partei einzuziehen. (Zustimmend: Damme in Gewerbl Rechtsschutz 2, 122.) Die Streitfrage ist bisher nicht praktisch geworden (N. 14).

Abs. 1.

Erste Jahresgebühr.

5. Die dreißig Mark sind die erste Jahresgebühr, wie der angezogene §. 24 Abs. 1 ergiebt, der nachstehenden Wortlaut hat:

> Innerhalb der Frist von zwei Monaten nach der Veröffentlichung (§. 23) ist die erste Jahresgebühr (§. 8 Absatz 1) einzuzahlen. Erfolgt die Einzahlung nicht binnen dieser Frist, so gilt die Anmeldung als zurückgenommen.

Ergänzend bestimmt §. 27 Abs. 2, daß diese Gebühr erstattet wird, wenn die Anmeldung nach der Veröffentlichung zurückgenommen oder das Patent versagt wird

Die erste Jahresgebühr — anders die folgenden nach §. 8 Abs. 2 — ist für jedes Patent, also auch für Zusatzpatente zu entrichten. Sie kann nach §. 8 Abs. 4 gestundet und erlassen werden.

Abs. 2.

Jahresgebühren.

6. Als Jahresgebühr ist für ein Patent zu entrichten:

binnen zwei Monaten nach der Veröffentlichung .	30	Mk.
mit Beginn des 2. Jahres	50	„
„ „ „ 3. „	100	„
„ „ „ 4. „	150	„
„ „ „ 5. „	200	„
„ „ „ 6. „	250	„
„ „ „ 7. „	300	„
„ „ „ 8. „	350	„
„ „ „ 9. „	400	„
„ „ „ 10. „	450	„
„ „ „ 11. „	500	„
„ „ „ 12. „	550	„
„ „ „ 13. „	600	„
„ „ „ 14. „	650	„
„ „ „ 15. „	700	„
zusammen	5280	Mk.
Hierzu kommen noch die Anmeldekosten	20	„
so daß die Gesammtkosten sich belaufen auf .	5300	Mk.

Durch eine Beschwerde im Anmeldeverfahren kann sich dieser Betrag noch um 20 Mark vergrößern.

Wegen der Höhe der Gebühren vergl. unten N. 17.

Die Jahresgebühren für das zweite Jahr und die folgenden sind mit Beginn des Patentjahres, nicht des Kalenderjahres fällig. War also die Erfindung am 13. September 1892 beim P.A. angemeldet, so beginnt die Dauer des Patents nach §. 7 Abs. 1 am 14. September 1892; folglich ist die zweite Jahresgebühr am 14. September 1893, die dritte am 14. September 1894 u. s. f. fällig. Wird aber erst nach Beginn des zweiten oder eines folgenden Patentjahres das Patent ertheilt, so tritt die Fälligkeit der Gebühr für diese Jahre erst mit der Rechtskraft (aber nie vor der Zustellung; vergl. N. 2 zu §. 27) des Ertheilungsbeschlusses ein, für die Zukunft bewendet es aber bei der Regel. Wird also in unserem Beispiele, etwa in Folge eines langwierigen Einspruchsverfahrens, das Patent erst am 25. Oktober 1894 von der Anmeldeabtheilung ertheilt und der Beschluß dem Patentsucher am 6. November 1894 zugestellt, so werden, falls keine Beschwerde eingelegt wird, am 7. Dezember 1894 die Gebühren für das zweite und dritte Jahr fällig, während die für das vierte am 14. September 1895 fällig wird und auch alle späteren am 14. September fällig werden.

7. Für ein Zusatzpatent sind nur die Anmeldegebühr mit 20 Mark und die erste Jahresgebühr mit 30 Mark, im Ganzen also 50 Mark zu entrichten. **Zusatzpatent.**

Abs. 3.

8. Die Bedeutung der Vorschrift ergiebt sich aus der Bestimmung des §. 9, daß bei nicht rechtzeitiger Zahlung das Patent erlischt. Der Abs. 3 ist erst durch das Gesetz von 1891 eingefügt worden, vor demselben bestand aber bereits ein dem jetzigen ähnlicher Rechtszustand, indem §. 9 **Entstehungsgeschichte.**

früher bestimmte, daß das Patent erlöschen sollte, wenn die Gebühren nicht spätestens drei Monate nach der Fälligkeit gezahlt werden. Diese Nachfrist in §. 9 ist gestrichen und durch die zwei Fristen von je sechs Wochen in §. 8 Absatz 3 ersetzt. Dies geschah, um die Härte des bisherigen Zustandes, nach welchem das Patent durch den Ablauf der dreimonatlichen Frist erlosch, ohne daß eine Mahnung des P.A. voranging, zu beseitigen (Enqu. 1886 S. 135, Mot. II S. 17). Zur Ergänzung bestimmt §. 15 der Ausführungsverordnung:

> Ist eine Patentgebühr (§. 8 Absatz 2 des Patentgesetzes) nicht innerhalb sechs Wochen nach der Fälligkeit entrichtet, so benachrichtigt das Patentamt hiervon den Patentinhaber.
>
> Aus dem Umstande, dass der Patentinhaber eine Benachrichtigung nicht erhält, erwachsen Rechtsfolgen nicht.

Die Bedeutung des letzteren Absatzes besteht darin, daß der Nichtempfang der Benachrichtigung weder eine Verlängerung der Nachfrist, noch einen Regreßanspruch gegen ein Mitglied des P.A. begründet.

Die Bestimmung des §. 8 Abs. 3 findet auch auf die vor dem 1. Oktober 1891 ertheilten Patente Anwendung.

Jahresgebühren. **9.** Der Abs. 3 bezieht sich nur auf die Jahresgebühren für das zweite und die folgenden Jahre.

Fristen. **10.** Die erste sechswöchige Frist beginnt mit der Fälligkeit (N. 6), die zweite nicht mit der Mahnung, sondern mit dem Ablauf der ersten Frist. Jede der beiden Fristen endigt gemäß §. 187 Abs. 2, §. 188 Abs. 2 B.G.B. mit Ablauf desjenigen Tages der letzten Woche, welcher dem Tage vorhergeht, der durch seine Benennung dem Anfangstage der betreffenden Frist entspricht. Fällt das Ende einer der Fristen auf einen Sonntag oder einen in Preußen staatlich anerkannten allgemeinen Feiertag (N. 3), so endigt, weil es sich um Bewirkung einer Leistung binnen einer Frist handelt, letztere erst mit Ablauf des nächstfolgenden Werktages (§. 193 B.G.B.).

Beginnt also z. B. das zweite Patentjahr Mittwoch, den 3. Oktober, so endigt die erste Frist Dienstag, den 13. November, die zweite würde dann Mittwoch, den 14. November, anfangen und nicht Dienstag, den 25. Dezember, sondern wegen der beiden Weihnachtsfeiertage Donnerstag, den 27. Dezember, ablaufen.

Zu beachten ist, daß durch die Bestimmungen des B.G.B. seit dem 1. Januar 1900 gegenüber der früheren Berechnungsweise jede der beiden sechswöchigen Nachfristen um je einen Tag kürzer geworden ist. Dies gilt auch für die vor dem 1. Januar 1900 ertheilten Patente (P.A. im Bl. 6, 260).

Zuschlag. **11.** Der Zuschlag von zehn Mark ist keine Strafe und untersteht nicht den Grundsätzen, die von derselben gelten. Er ist vielmehr eine Gebühr und es finden die Bestimmungen über Jahresgebühren auf ihn Anwendung (N. 2, 3); in Folge dessen hat die innerhalb der zweiten Frist erfolgte Zahlung der Jahresgebühr ohne den Zuschlag das Erlöschen des Patents zur Folge.

Setzt sich in Folge der verzögerten Ertheilung des Patents der in einem bestimmten Zeitpunkte fällig gewordene Betrag aus mehreren Jahresgebühren zusammen, so liegt nur eine Säumniß vor und es ist daher die Zuschlagsgebühr nur einmal zu entrichten (P.A. im Bl. 1, 270).

Abs. 4.

Literatur: Damme in Gewerbl. Rechtsschutz 2, 122.

12. Eine Stundung oder ein Erlaß ist nur bezüglich der ersten Jahresgebühr von dreißig Mark und der zweiten von fünfzig Mark, nicht bezüglich der weiteren Jahresgebühren oder anderen Gebühren bezw. Kosten zulässig; natürlich kann auch eine der beiden ersten Jahresgebühren allein gestundet oder erlassen werden. Auch bei Zusatzpatenten ist die Stundung der ersten Jahresgebühr statthaft. Jahresgebühr.

13. Die Stundung erfolgt nur auf einen Antrag des in der Rolle eingetragenen (N. 11 zu §. 19) Patentinhabers. Ob der Antragsteller In- oder Ausländer ist, kommt nicht in Betracht. Sind mehrere Patentinhaber vorhanden, so müssen nach der Praxis des P.A. sämmtliche den Antrag stellen und ihre Bedürftigkeit nachweisen (Gewerbl. Rechtsschutz 4, 3; a. M. Damme a. a. O.). Der Ausdruck „Patentinhaber" im Abs. 4 des §. 8 ist bezüglich der ersten Jahresgebühr nicht korrekt, da diese nach §. 24 Abs. 1 schon vor Ertheilung des Patents fällig ist: hier würde es richtiger „Anmelder" heißen (Damme a. a. O.). Stundung.

Der Antrag auf Stundung der ersten Jahresgebühr muß vor Ablauf der in §. 24 Abs. 1 gesetzten zweimonatlichen Frist, der auf Stundung der zweiten vor Ablauf der in §. 8 Abs. 3 gesetzten zwei sechswöchentlichen Fristen beim P.A. gestellt werden. Es ist unerheblich, ob das P.A. — zuständig ist die Abtheilung, nicht der Vorsitzende — auch innerhalb dieser Fristen die Bewilligung ausspricht. Der Nachweis der Bedürftigkeit braucht ebenfalls nicht während dieser Fristen erbracht zu werden; es genügt, wenn er nur vor Beschlußfassung des P.A. eingeht (P.A. im Bl. 6, 17). Er kann nicht blos durch ein obrigkeitliches Attest, sondern auch durch alle anderen Beweismittel geführt werden und hat sich nicht etwa auf Armuth des Antragstellers zu erstrecken, sondern nur auf seine Bedürftigkeit, d. h. daß der Antragsteller nicht ohne Opfer in der Bestreitung seiner angemessenen Lebensbedürfnisse die Gebühren würde bestreiten können (Damme a. a. O.).

Wird dem Antrage stattgegeben, so treten die Wirkungen der Nichtzahlung (N. 4) nicht ein. Die gestundeten Gebühren sind zusammen mit der dritten Jahresgebühr fällig; werden sie nicht gezahlt, so erlischt das Patent.

Wird dem Antrage nicht stattgegeben, so treten die Wirkungen der Nichtzahlung selbst dann ein, wenn die Gebühren vor der Beschlußfassung, aber nach der Fälligkeit gezahlt wurden.

14. Die Stundung enthält noch nicht den Erlaß, vielmehr bedarf es dazu eines neuen Antrags des in der Rolle eingetragenen Patentinhabers (N. 11 zu §. 19) und regelmäßig eines neuen Nachweises der Erlaß.

Bedürftigkeit. Eine Frist für den Antrag ist nicht gegeben, es kann ihm aber nur stattgegeben werden, nachdem das Patent in Folge Verzichts oder Nichtzahlung erloschen ist (§. 9), also nicht, wenn es für nichtig erklärt worden. Das Erlöschen muß spätestens im dritten Jahre stattgefunden haben, der Wortlaut des Gesetzes ist nicht genau. Das P.A. entscheidet nach freiem Ermessen. Lehnt es den Antrag ab oder war ein solcher gar nicht gestellt worden, so sind die gestundeten Beträge fällig; wegen ihrer Einziehung vergl. N. 4. Die dort behandelte Streitfrage ist noch nie praktisch geworden, weil das P.A., wenn das Patent im dritten Jahre erlischt, die Gebühren ohne Antrag niederzuschlagen pflegt.

Abs. 5.

Grund. 15. Dieser Absatz ist durch das Gesetz von 1891 hinzugefügt worden, weil das Bedürfniß vorliegt, bei Ertheilung von Licenzen oder beim Abschluß sonstiger auf die Verwerthung des Patents abzielender Verträge durch Vorauszahlung der Gebühren das Fortbestehen des Patentrechts auf längere Zeit hinaus sicher zu stellen. Die Zurückzahlung der nicht fällig gewordenen Beträge erfolgt, um das im Interesse der Allgemeinheit wünschenswerthe Wegfallen werthloser Patente zu begünstigen (Enqu. 1886 S. 137). Schon früher hatte die Bekanntmachung des P.A. vom 12. Mai 1890 (P.Bl. 1890 S. 97) jenem Bedürfniß dadurch Rechnung getragen, daß sie eine der Vorschrift des Abs. 5 entsprechende Bestimmung traf; diese Bekanntmachung ist jetzt bedeutungslos.

Wie wenig von dieser Einrichtung Gebrauch gemacht wird, erhellt daraus, daß von den 3 439 730 Mark, welche im Jahre 1899 als Jahresgebühren vereinnahmt wurden, nur 7600 Mark auf Vorauszahlungen entfielen (Bl. 6, 146).

Vorauszahlung. 16. Die Bestimmung bezieht sich nur auf die Jahresgebühren, einschließlich der ersten. Die Vorauszahlung kann sich auf die ganze Patentdauer oder einen Theil derselben erstrecken; in letzterem Falle kann sie für die nächstfolgenden oder für spätere Jahre erfolgen. Wird bei der Einzahlung nicht Gegentheiliges angegeben, so wird der Betrag auf die zuerst fällig werdenden Jahresgebühren verrechnet.

Die Rückzahlung erfolgt ohne Antrag. Darüber, ob die Gebühren zur Zeit des Verzichts oder der Rechtskraft des Urtheils schon fällig waren, vergl. N. 6.

Abs. 6.

Herabsetzung. 17. Während die Enqu. 1886 (S. 131) sich mit großer Mehrheit für die Beibehaltung der bisherigen Gebührensätze ausgesprochen hatte, machte sich in der Reichstagskommission, welche das Gesetz von 1891 vorberieth, eine lebhafte Strömung für ihre Herabsetzung geltend (Komm.-Ber. II S. 13). Dieselbe fand ihren Ausdruck in dem von der Kommission hinzugefügten Abs. 6.

Der Bundesrath kann nur eine Herabsetzung, nicht eine Erhöhung der Gebühren d. h. der Jahresgebühren anordnen. Als Direktive für ihn nahm der Reichstag folgende von der Kommission vorgeschlagene Resolution an:

Der Reichstag wolle beschliessen, dass der Bundesrath die Patentgebühren herabsetzen solle, wenn die Einnahmen aus denselben die unmittelbaren und mittelbaren Ausgaben der Verwaltung dauernd und erheblich übersteigen.

§. 9.

Das Patent erlischt, wenn der Patentinhaber auf dasselbe verzichtet, oder wenn die Gebühren nicht rechtzeitig bei der Kasse des Patentamts oder zur Ueberweisung an dieselbe bei einer Postanstalt im Gebiete des Deutschen Reichs eingezahlt sind.

1. Entstehungsgeschichte.
2. Endigungsgründe.
3—7. Verzicht.
   3. Verzicht.
   4. Patentinhaber.
   5. Generell.
   6. Theilverzicht.
   7. Anspruch.
8—11. Nichtzahlung.
   8. Jahresgebühr.
   9. Rechtzeitig.
   10. Einzahlung.
   11. Objektiver Grund.
12. Patentamt.
13. Beweislast.
14. Regreßansprüche.
15. Anfechtbarkeit.
16. Strafbarkeit.

1. Nach dem Gesetz von 1877 hatte §. 9 folgende Fassung: Entstehungsgeschichte.

Das Patent erlischt, wenn der Patentinhaber auf dasselbe verzichtet, oder wenn die Gebühren nicht spätestens drei Monate nach der Fälligkeit gezahlt werden.

Das Gesetz von 1891 hat demnach die Einzahlung bei einer Postanstalt im Gebiete des Deutschen Reichs zur Ueberweisung an das P.A. der Zahlung an das letztere in Bezug auf die Wahrung der Frist gleichgestellt (N. 10) und außerdem mit Rücksicht auf §. 8 Abs. 3 die Worte „spätestens drei Monate“ durch „rechtzeitig“ ersetzt (N. 9).

2. Endigungsgründe des Patents sind (wegen der Zusatzpatente vergl. noch N. 9 zu §. 7): Endigungsgründe.

a) Ablauf der Patentdauer (§. 7).

b) Erlöschen des Patents (§. 9).

c) Nichtigkeitserklärung des Patents (§. 10).

d) Zurücknahme des Patents (§. 11).

Die Nichtigkeitserklärung wirkt ex tunc, so daß es im Allgemeinen (vergl. aber N. 11 zu §. 6) so angesehen wird, wie wenn das Patent von Anfang an nicht bestanden hätte, die anderen Gründe wirken dagegen ex nunc. In Folge dessen kann zwar bei einem durch Zeitablauf beendigten, erloschenen, zurückgenommenen Patent wegen einer während seines Bestehens verübten Verletzung auch nachträglich Entschädigung verlangt oder Strafantrag gestellt werden, aber nicht bei einem für nichtig erklärten. Damit hängt es eng zusammen, daß man noch ex post nach Ablauf der Patentdauer, nach dem Erlöschen oder der Zurücknahme des

Patents seine Nichtigkeitserklärung beantragen und herbeiführen kann (N. 4 zu §. 10, vergl. N. 13 zu §. 29); ebenso: O.H.G. im P.Bl. 1879 S. 239, G. 1, 248, R.G. in Jurist. Wochenschrift 1900 S. 261.

Verzicht. 3. Von den beiden Erlöschungsgründen ist der Verzicht der ungleich seltenere, weil der andere, die Nichtzahlung der Jahresgebühr, bequemer ist und ganz dasselbe bewirkt.

Da das B.G.B. für den Verzicht im Allgemeinen (vergl. dagegen §§. 1491, 1662, 2348 B.G.B.) keine besondere Form vorschreibt, so kann er in jeder beliebigen Form erklärt werden. Er muß gegenüber dem P.A. erklärt werden, einer Annahme des Verzichts bedarf es nicht. Vorstehendes gilt nach Art. 11 Abs. 1 Satz 1 des Einführungsgesetzes zum B.G.B. auch dann, wenn die Verzichtserklärung in einem ausländischen Staate, welcher besondere Formen für solche Erklärungen vorschreibt, erfolgt.

Patentinhaber. 4. Das Gesetz verlangt einen Verzicht des Patentinhabers.

Der Verzichtende muß dispositionsfähig sein. Nicht dispositionsfähig sind Kinder, Geisteskranke u. s. w. (§§. 104, 105 B.G.B.). Außerdem ist auch der Patentinhaber, dessen Patent mit einem Nießbrauch oder einem Pfandrecht belastet ist, unfähig, den Verzicht selbständig zu erklären, vielmehr bedarf er hierzu nach §§. 1071, 1276 B.G.B. der Zustimmung des Berechtigten. Löscht das P.A., weil es von der mangelnden Dispositionsfähigkeit oder dem Vorhandensein des Nießbrauchs oder Pfandrechts nichts weiß, auf den bloßen Verzicht des Patentinhabers das Patent, so muß es gemäß N. 6 zu §. 19 die Löschung wieder aufheben (Herrmann Nießbrauch und Pfandrecht an einem Patentrechte nach dem B.G.B. Berlin 1900 S. 29, 73).

Da in dem Verzicht keine Geltendmachung der Rechte aus dem Patent liegt, so kann auch der nicht im Inlande wohnende Patentinhaber ihn erklären, ohne einen Vertreter gemäß §. 12 Abs. 1 zu bestellen.

Sind mehrere Patentinhaber vorhanden, so können nur alle zusammen den Verzicht erklären; ein Mehrheitsbeschluß würde die anderen nicht binden (§. 745 Abs. 3 B.G.B.). Verzichten nur einzelne, so hat dies nicht das Erlöschen des Patents zur Folge, deswegen braucht der Verzicht nicht ganz unwirksam zu sein, vielmehr kann in ihm eine Aufgabe des Rechts zu Gunsten der Mitberechtigten liegen; in diesem Falle würde durch Annahme Seitens der Letzteren ein Uebertragungsvertrag bezüglich des Antheils der Verzichtenden zu Stande kommen.

Wenn eine Gesellschaft Inhaberin des Patents ist, so richtet sich die Frage, wer Namens derselben verzichten kann, nach allgemeinen Rechtsregeln, vergl. z. B. §§. 125, 231 H.G.B.; ebenso sind die allgemeinen gesetzlichen Bestimmungen bezüglich der Frage maßgebend, ob ein Vertreter den Verzicht erklären kann (vergl. z. B. §§. 49, 54 H.G.B.). Wegen eines Vereins vergl. §§. 26, 30 B.G.B.

Generell. 5. Der Verzichtende muß nicht blos Einzelnen, sondern der Allgemeinheit gegenüber auf das Patent verzichten. Thut er es nur Einzelnen gegenüber, so kann darin eine Licenz liegen.

6. Der Verzicht muß auf das ganze Patent, nicht blos einen Theil desselben gerichtet sein; Theilverzichte sind unstatthaft (P.A. im P.Bl. 1889 S. 87; a. M. Kohler Aus dem Patent- und Industrierecht II S. 22). Der Patentinhaber kann demnach, wenn er nachträglich bemerkt, daß der Patentanspruch zu weit gefaßt ist, denselben nur dadurch einschränken, daß er einen Anderen zu dem Antrage auf Theilnichtigkeit gemäß §. 10 Abs. 2 veranlaßt und den Antrag anerkennt (Robolski S. 200). Das P.A. muß aber trotz des Anerkenntnisses die Berechtigung des Klageantrages prüfen (N. 13 zu §. 29). Theilverzicht.

7. Da das Gesetz nur von einem Erlöschen des Patents und einem Verzicht auf das Patent spricht, so gehört der Verzicht auf den Anspruch (§. 3) nicht hierher; oft wird in einem solchen eine Zurücknahme der Anmeldung liegen. Ueber die Wirkung der Zurücknahme Seitens eines von mehreren Anmeldern vergl. N. 12 zu §. 3. Anspruch.

8. Das Erlöschen tritt nur ein, wenn die Jahresgebühren von der zweiten an nicht rechtzeitig gezahlt werden, denn bezüglich der ersten Jahresgebühr knüpft §. 24 Abs. 1 an die Nichtzahlung eine andere Wirkung (N. 4 zu §. 8). Falls die Zahlung der Jahresgebühr binnen der zweiten sechswöchigen Frist erfolgt, erhöht sich die Jahresgebühr um den Zuschlag, so daß dessen Nichtzahlung das Patent zum Erlöschen bringt (N. 11 zu §. 8). Jahresgebühr.

9. Wegen der Rechtzeitigkeit der Zahlung vergl. Abs. 3 des §. 8 und die Erläuterungen zu demselben. Rechtzeitig.

Wegen des Einflusses der Stundung und des Erlasses auf das Erlöschen vergl. N. 13, 14 zu §. 8.

Da das Patent erst erlischt, wenn die Gebühr nicht rechtzeitig gezahlt ist, eine rechtzeitige Zahlung aber noch vorliegt, wenn innerhalb der zwölf Wochen nach Fälligkeit gezahlt wird (§. 8 Abs. 3), so folgt daraus, daß das Patent nicht schon mit dem Beginn des neuen Patentjahres erlischt, sondern erst mit Ablauf des letzten Tages der Frist von zwölf Wochen (Damme in Gewerbl. Rechtsschutz 2, 3, woselbst auch Literaturangabe). Dies wird auch in der Praxis des P.A. angenommen (Gewerbl. Rechtsschutz 4, 3); a. M. ist L.G. Halberstadt in Bl. 6, 197.

10. Die Einzahlung muß innerhalb der Frist des §. 8 Abs. 3 entweder direkt bei der Kasse des P.A. oder — nach einem Zusatz des Gesetzes von 1891 — zur Ueberweisung an dieselbe bei einer Postanstalt im Gebiete des Deutschen Reichs erfolgt sein. Es ist also im letzteren Falle, um das Erlöschen zu verhindern, nicht nöthig, daß die Gebühr rechtzeitig beim P.A. eingeht, es genügt, daß sie nur rechtzeitig eingezahlt war. Der Tag der Einzahlung ergiebt sich für das P.A., vorbehaltlich des Gegenbeweises, regelmäßig durch den Post-Aufgabestempel, welcher sich auf der Postanweisung oder dem Geldbriefe befindet. Hier ist hervorzuheben: Einzahlung.

a) Die Einzahlung zur Ueberweisung muß bei einer Postanstalt stattgefunden haben; dabei ist nur an staatliche, nicht an Privatpostanstalten gedacht. Die Einzahlung auf Girokonto der Reichsbank oder einer anderen Bank hat nicht die Wirkung.

b) Die Postanstalt muß im Gebiete des Deutschen Reichs liegen. Ein fremdes oder deutsches Postamt, welches außerhalb dieses Gebiets liegt, fällt nicht darunter; ebenso wenig ein Postamt in einem deutschen Schutzgebiete. Für die letztere Frage kommt in Betracht, daß hier abweichend vom sonstigen Sprachgebrauche des Gesetzes nicht vom „Inland", sondern vom „Gebiete des Deutschen Reichs" die Rede ist (vergl. oben S. 23), sodann daß der postalische Verkehr mit den Schutzgebieten nicht die Zuverlässigkeit des innerdeutschen Verkehrs gewährt, endlich daß bei entgegengesetzter Entscheidung die Frage, ob das Patent erloschen ist, sehr geraume Zeit in Schwebe bleiben würde.

c) Eine Einzahlung bei der Post zur Ueberweisung findet eigentlich nur bei Aufgabe einer Postanweisung statt; die Praxis des P.A. dehnt aber aus Billigkeitsgründen die Bestimmung auch auf Absendung des Geldes in Geldbriefen aus.

d) Die Geldsendung muß an die Kasse des Patentamtes adressirt sein (N. 3 zu §. 8). Dies ist indes nicht so streng auszulegen, daß jede Abweichung, z. B. eine Adressirung an das P.A. oder an eine bestimmte Abtheilung desselben, das Erlöschen nach sich zieht, vielmehr muß es genügen, wenn die Anweisung an das P.A., eine Abtheilung oder einen Beamten desselben gerichtet wird, sollte auch die betreffende Abtheilung oder der betreffende Beamte nicht mit den Kassengeschäften betraut sein. Zweckmäßig ist es, auf dem Abschnitt der Postanweisung den Namen des Patentinhabers, den Gegenstand und die Nummer des Patents anzugeben (N. 3 zu §. 8), nothwendig ist es aber nicht, vielmehr genügt zur Abwendung des Erlöschens die Einzahlung allein, sollte es auch für das P.A. nicht erkennbar sein, auf welches Patent dieselbe erfolgt (N. 12).

Hier ist noch die Frage zu erörtern, ob auch in den anderen Fällen, wo das Gesetz eine Zahlung an das P.A. binnen bestimmter Frist verlangt (§. 20 Abs. 3, §. 24 Abs. 1, §. 26 Abs. 1, §. 28 Abs. 4), es genügt, wenn innerhalb der Frist die Einzahlung bei einer Postanstalt im Deutschen Reich zur Ueberweisung an das P.A. erfolgt ist. Wenn es auch in den angezogenen Gesetzesstellen an einer dem §. 9 entsprechenden Vorschrift fehlt, so dürfte die Frage doch zu bejahen sein, denn die für die Bestimmung in §. 9 maßgebende ratio legis trifft auch in den anderen Fällen zu. Es sollen nämlich Verzögerungen bei der Auszahlung Seitens der Post an das P.A. nicht dem Einzahlenden zum Nachtheil gereichen, außerdem soll die bisherige thatsächliche Bevorzugung der Berliner Zahlungspflichtigen, die noch am letzten Tage direkt an das P.A. zahlen konnten, wegfallen. Es muß deshalb dieser Bestimmung des §. 9 über ihren Wortlaut hinaus eine allgemeine Bedeutung zuerkannt werden, zumal auch die Reichstagskommission, welcher diese Bestimmung ihre Entstehung verdankt, sie für alle Zahlungen aus diesem Gesetze gelten lassen wollte (Komm.-Ber. II S. 25). Dem entspricht auch die Praxis des P.A. (Bl. 4, 122).

Die Bestimmung, daß die Einzahlung bei der Post zur Wahrung der Frist genügt, bezieht sich nur auf Zahlungen und kann nicht auf die Abgabe von Willenserklärungen ausgedehnt werden. Für diese ist der Zeitpunkt des Eingangs bei dem P.A. maßgebend. Wenn also z. B. die Einlegung der Beschwerde nur in der Weise erfolgt, daß auf dem Abschnitte der Postanweisung die übersandten 20 Mark als Beschwerdegebühr bezeichnet werden (vergl. N. 6 zu §. 16), so ist die Beschwerde nur rechtzeitig erhoben, wenn die Gebühr innerhalb der Beschwerdefrist bei dem P.A. eingeht (P.A. in Bl. 4, 122).

Wenn die Zahlung rechtzeitig gemäß a—d erfolgt ist, so trägt das P.A. auch die Gefahr des Untergangs der Sendung. Es würde zu einem unerträglichen Zustande führen, wenn das Patent zwar bestehen bliebe, der Zahlungspflichtige aber die von ihm rechtzeitig bei einer deutschen Postanstalt eingezahlte Gebühr noch einmal bezahlen müßte. Wie sollte es sein, wenn er inzwischen zahlungsunfähig geworden wäre?

Objektiver Grund.

11. Der objektive Thatbestand, daß die Gebühr nicht gezahlt ist, führt das Erlöschen des Patents ipso jure herbei. Auf die Gründe, aus denen die Zahlung unterblieben ist, kommt es nicht an. Dafür spricht der Umstand, daß das Gesetz eine Mitwirkung der Behörde bei dem Erlöschen, insbesondere die Abhängigkeit des Erlöschens von einer Feststellung des P.A. absichtlich nicht ausgesprochen hat. Auch die bei dem zweiten Erlöschungsgrunde des §. 9 geflissentlich gebrauchte Passivform („wenn die Gebühren nicht rechtzeitig eingezahlt sind") weist darauf hin, daß es auf subjektive Momente, insbesondere in der Person des Patentinhabers oder des Zahlenden, hier gar nicht ankommt. Wie deshalb das Patent bei Zahlung der Gebühr bestehen bleibt, ohne Rücksicht darauf, von wem oder unter welchen Umständen die Zahlung erfolgt ist, ja sogar, wenn der Patentinhaber der Zahlung durch einen Dritten widerspricht (§. 267 Abs. 2 B.G.B. findet keine Anwendung), so erlischt es, sobald die Gebühr nicht entrichtet worden ist, sollten auch Gründe entschuldbarer oder zwingender Art (Tod, Wahnsinn, Naturereignisse, andere unabwendbare Zufälle) die Unterlassung herbeigeführt haben. Selbstverständlich erlischt das Patent auch, wenn die Zahlung deshalb nicht rechtzeitig erfolgt, weil dem Patentinhaber die mit dem 1. Januar 1900 eingetretene Aenderung in der Berechnung der Fristen (N. 10 zu §. 8) unbekannt geblieben ist. Etwas Anderes könnte nur in dem Falle gelten, wenn das P.A. die Annahme der Zahlung verweigerte oder an der Empfangnahme verhindert wäre.

Ein Rechtsbehelf, die Folgen der Nichtzahlung rückgängig zu machen, ist in dem Gesetze nicht vorgesehen, die analoge Anwendung anderer gesetzlichen Bestimmungen oder Rechtsgrundsätze, z. B. der Wiedereinsetzung in den vorigen Stand, ist unstatthaft.

Allgemeine Zusätze bei der Zahlung, z. B. daß die Zahlung unter Vorbehalt geschieht, werden bei der Frage, ob eine rechtzeitige und rechtsgültige Zahlung vorliegt, nicht berücksichtigt.

Patentamt.

12. Wird der Verzicht zur Kenntniß des Patentamts gebracht

oder tritt das Erlöschen in Folge nicht rechtzeitiger Zahlung ein, so hat das P.A. nach §. 19 Abs. 1 das Erlöschen in der Rolle zu vermerken und durch den Reichsanzeiger bekannt zu machen. Diese Publikationen wirken nicht konstitutiv, sondern nur deklarativ. Bevor das P.A. zu diesen Publikationen schreitet, giebt es beim zweiten Erlöschungsgrunde dem Patentinhaber davon Nachricht, daß sein Patent wegen nicht rechtzeitiger Zahlung erloschen sei. Diese Benachrichtigung, welche nicht mit der Mahnung (N. 8 zu §. 8) zu verwechseln ist, soll dem Patentinhaber Gelegenheit geben, wenn er die Zahlung rechtzeitig geleistet hatte, ihre Buchung aber aus irgend einem Umstande, z. B. weil er auf dem Postabschnitt das Patent nicht richtig oder gar nicht bezeichnet hatte (N. 10 unter d), unterblieben ist, dem P.A. die rechtzeitige Zahlung nachzuweisen.

Das P.A. darf den Verzicht nur berücksichtigen, wenn er von dem in der Rolle eingetragenen Inhaber erklärt ist; auch bezüglich der Frage, ob ein oder mehrere Inhaber des Patents vorhanden sind, ist für das P.A. nur der Inhalt der Rolle maßgebend (vergl. N. 11 zu §. 19). Ebenso P.A. im Bl. 6, 16.

Beweislast. 13. Bezüglich der Beweislast ist es beim Verzicht unzweifelhaft, daß demjenigen, welcher die Existenz dieses Erlöschungsgrundes behauptet, der Beweis obliegt. Nicht so zweifellos ist es bei dem anderen Erlöschungsgrunde. Dafür daß dem Patentinhaber die Beweislast zufällt, könnte einmal die Thatsache angeführt werden, daß es ihm leichter ist, die rechtzeitige Zahlung nachzuweisen, als der anderen Partei, die Negative darzuthun, ferner der Umstand, daß nur ein minimaler Bruchtheil der ertheilten Patente diesem Erlöschungsgrunde nicht verfällt, so daß die Vermuthung eher für, als gegen denselben spricht. Trotzdem muß auch hier der allgemeine Satz gelten, daß derjenige, welcher ein Recht in Anspruch nimmt, nur die Entstehungsthatsachen, nicht die Existenz der Erlöschungsthatsachen zu beweisen hat. Daran ändert es auch nichts, daß der Patentinhaber eine positive, der Gegner eine negative Thatsache zu beweisen hat, denn darüber, daß Negativen nie bewiesen zu werden brauchen, ist man heute längst hinweg, und die Häufigkeit des Erlöschens durch Nichtzahlung giebt keinen Anhalt für den Zeitpunkt, zu welchem das Patent erloschen ist. In der Praxis wird die Frage gewöhnlich (vergl. aber N 24 zu §. 4) keine große Rolle spielen, weil es jeder Partei ein Leichtes ist, durch eine Bescheinigung des P.A. ihre Behauptung zu erweisen.

Regreßansprüche. 14. Mit dem Erlöschen des Patents hören auch die an dem Patent bestellten dinglichen Rechte auf (a M. Kohler Deutsches Patentrecht S. 226, Schmid S. 153). Ob und welche Ansprüche der Berechtigte wegen des Aufhörens seines Rechts gegen den Patentinhaber geltend machen kann, hängt von dem Rechtsverhältnisse ab, welches der Bestellung des Rechts zu Grunde lag.

Mit dem Erlöschen des Patents erlischt auch die früher eingeräumte Licenz, da der Licenznehmer mit Bezug auf die Ausbeutung der Erfindung von nun an nicht mehr Rechte als jeder Dritte hat Ob ein

Regreßanspruch vorhanden ist, wird sich nach dem Licenzvertrage richten. Ein solcher wird häufig zu verneinen sein, weil der Patentinhaber an sich auch berechtigt war, durch Ertheilung von Licenzen an unzählige Andere die Benutzung der Erfindung zu verallgemeinern. Anders, wenn der Patentinhaber sich verpflichtet hatte, keine weiteren Licenzen zu ertheilen und der Licenzvertrag auf eine bestimmte Zeit abgeschlossen war; beim zweiten Erlöschungsgrunde muß noch hinzukommen, daß nicht etwa der Licenzträger zur Zahlung der Patentgebühr verbunden war.

Hatte der, welcher ein Patent gegen eine Pauschalsumme verkaufte, sich verpflichtet, dafür zu sorgen, daß das Patent während der gesetzlichen Dauer nicht verfällt, so kann der Käufer, falls das Patent nach einigen Jahren dadurch erlischt, daß der Verkäufer eine Jahresgebühr nicht zahlt, von ihm nicht ohne Weiteres einen der Zeit, für welche das Patent noch zu laufen hatte, entsprechenden Theil der Kaufsumme zurück verlangen, sondern nur den ihm durch das vorzeitige Erlöschen des Patents verursachten Schaden beanspruchen (O.L.G. Stuttgart in Gewerbl. Rechtsschutz 4, 249). Dabei kann unter Umständen gemäß §. 254 B.G.B. das konkurrirende Verschulden des Käufers in Betracht kommen.

Ueber die Frage, wann ein Patentanwalt für den Verfall des Patents wegen unterlassener Gebührenzahlung haftbar gemacht werden kann, vergl. L.G. Berlin und Kammergericht im Bl. 5, 164.

Anfechtbarkeit. 15. Eine Anfechtung des Erlöschens auf Grund der Konkursordnung oder des Reichsgesetzes vom $\frac{\text{21. Juli 1879}}{\text{20 Mai 1898}}$ ist ausgeschlossen, weil sie eine bestimmte Person, welche durch die anzufechtende Handlung begünstigt ist und gegen welche die Anfechtungsklage zu richten ist, voraussetzt.

Strafbarkeit. 16. Wenn ein Patentinhaber bei einer ihm drohenden Zwangsvollstreckung in der Absicht, die Befriedigung des Gläubigers zu vereiteln, auf das Patent verzichtet, so macht er sich aus §. 288 Str.G.B. strafbar, denn in der Bewirkung des Erlöschens des Patents liegt ein Beiseiteschaffen eines Vermögensstücks (vergl. R.G. Straff. 19, 25). Ebenso liegt ein nach §. 137 Str.G.B. strafbarer Arrestbruch vor, wenn er auf das gepfändete Patent verzichtet.

Der Fall der Nichtzahlung der Gebühr steht dem Verzicht nicht gleich, weil der Patentinhaber nicht verpflichtet ist, im Interesse seiner Gläubiger materielle Aufwendungen zu machen.

§. 10.

Das Patent wird für nichtig erklärt, wenn sich ergiebt:

1. daß der Gegenstand nach §§. 1 und 2 nicht patentfähig war,
2. daß die Erfindung Gegenstand des Patents eines früheren Anmelders ist,
3. daß der wesentliche Inhalt der Anmeldung den Be-

schreibungen, Zeichnungen, Modellen, Geräthschaften oder Einrichtungen eines Anderen oder einem von diesem angewendeten Verfahren ohne Einwilligung desselben entnommen war.

Trifft eine dieser Voraussetzungen (1 bis 3) nur theilweise zu, so erfolgt die Erklärung der Nichtigkeit durch entsprechende Beschränkung des Patents.

1. Entstehungsgeschichte.
2. Motive.
3. Rechtsweg.

Abs. 1 (N. 4–16).

4. Patent.
5. Richterliche Thätigkeit.
6.–10. Nr. 1.
6. Gründe.
7. Erfindung.
8. Neuheit.
9. Gewerbliche Verwerthbarkeit.
10. Ausnahme des §. 1.
11. Identisches Patent.
12. Widerrechtliche Entnahme.
13. Andere Nichtigkeitsgründe?
14. Zusatzpatent.
15. Rückwirkung.
16. Verfahren.

Abs. 2 (N. 17–20).

17. Theilnichtigkeit.
18. Beschränkung.
19. Zusatzpatent.
20. Abhängigkeitspatent.

Entstehungsgeschichte. 1. Der §. 10 hatte in der Fassung des Gesetzes von 1877 folgenden Wortlaut:

Das Patent wird für nichtig erklärt, wenn sich ergiebt:

1. dass die Erfindung nach §§. 1 und 2 nicht patentfähig war,
2. dass der wesentliche Inhalt der Anmeldung den Beschreibungen, Zeichnungen, Modellen, Geräthschaften oder Einrichtungen eines Anderen oder einem von diesem angewendeten Verfahren ohne Einwilligung desselben entnommen war.

Das Gesetz von 1891 hat ihn in drei Punkten abgeändert:

a) In Nr. 1 hat es das Wort „Erfindung" durch „Gegenstand" ersetzt, um den Zweifel zu beseitigen, ob der Nichtigkeitsrichter den Gegenstand auch auf den Erfindungscharakter zu prüfen habe (Robolski S. 151). Dies ist nach der jetzigen Fassung unbedenklich der Fall (N. 7).

b) Durch die neue Bestimmung unter Nr 2 hat es außer Zweifel stellen wollen, daß in den Fällen, in welchen ein Patent entgegen der Vorschrift des §. 3 Abs. 1 ertheilt ist, die Herstellung des dieser Vorschrift entsprechenden Zustandes im Wege des Nichtigkeitsverfahrens zu erfolgen hat (N 11). Die Frage war früher streitig, indem die Praxis zuerst (P.A im P.Bl. 1879 S. 649, G. 1, 287, im P.Bl. 1879 S. 656, G. 1, 151, im P.Bl. 1881 S. 213; P.A. und R.G. im P.Bl. 1881 S 107 G 2, 194; R.G 7, 62, im P.Bl. 1882 S. 71, G. 3, 194 R.G. 12, 129) die Entscheidung der Kollisionen den ordentlichen Gerichten zuwies, während das R.G. in späteren Entscheidungen (Bolze 18, 102; Jurist. Wochenschrift 1895 S. 70, Bl. 1, 187; Bl. 6, 148) in Uebereinstimmung mit Kohler Forschungen aus dem Patentrecht S. 89 die Nichtigkeitsklage zuließ.

c) Der neu hinzugefügte Abs. 2 sanktionirt die frühere Praxis, welche theilweise Nichtigkeitserklärung durch Beschränkung des Patents stets zuließ (P.A. und O.H.G. im P.Bl. 1879 S. 307, G. 1, 114, O.H.G. 25, 186; vergl. z. B. P.A. im P.Bl. 1882 S. 67, G. 3, 138, P.A. und R.G. im P.Bl. 1882 S. 31, G. 3, 226, R.G. im P.Bl. 1890 S. 369, G. 8, 194); vergl. N. 17, 18.

War ein Patent unter der Herrschaft des Patentgesetzes von 1877 ertheilt worden, so kann es nur auf Grund der Bestimmungen des älteren Gesetzes für nichtig erklärt werden. Da aber, wie gezeigt, der §. 10 des jetzigen Gesetzes sachlich von den Bestimmungen des früheren §. 10 nach der neueren Auffassung des R.G nicht abweicht, so ist es nicht rechtsirrthümlich, wenn der Nichtigkeitsrichter auch die Anfechtung älterer Patente auf Grund des Wortlauts des neueren Gesetzes entscheidet (R.G. in Bl. 1, 187; 6, 148).

2. Ueber die Berechtigung der Nichtigkeitsklage lassen sich die Motive zum Patentgesetz, wie folgt, aus: „Die Ertheilung des Patents soll die nachträgliche Anfechtung seiner Gültigkeit niemals ausschließen. Ob die Voraussetzungen vorliegen, welche nach §§. 1 und 2 die Ertheilung eines Patents für einen bestimmten Gegenstand bedingen, oder ob Umstände vorhanden sind, welche nach §. 3 die Abweisung einer bestimmten Anmeldung rechtfertigen, ist nach der Natur der in Betracht kommenden Verhältnisse vor der Ertheilung des Patents nur selten erschöpfend zu prüfen. Im öffentlichen Interesse ist daher geboten, diese Prüfung auch noch nachträglich eintreten zu lassen und zwar ohne Rücksicht darauf, ob die Fragen, welche den Gegenstand der nachträglichen Prüfung bilden, bereits vor Ertheilung des Patents in derselben Art oder sogar von derselben Seite zur amtlichen Erörterung gebracht worden sind" (Mot. 1 S. 25). Vergl. Schanze in Zeitschrift für gewerbl. Rechtsschutz 3, 11. Motive.

3. Nach §§. 28 ff. erfolgt die Erklärung der Nichtigkeit nicht durch die ordentlichen Gerichte, sondern durch das Patentamt bezw. Reichsgericht. Dies entspricht der öffentlichrechtlichen Bedeutung des Verfahrens, denn es wird in demselben darum gestritten, ob die Erfindung einem Einzelnen oder der Allgemeinheit gehören soll (Kohler Forschungen aus dem Patentrecht S. 112). Es ist demnach der Rechtsweg ausgeschlossen, wenn im Wege der Klage oder Widerklage von den ordentlichen Gerichten die Feststellung der Nichtigkeit eines Patents verlangt wird. Rechtsweg.

Wie ist es aber, wenn in einem anhängigen Civil- oder Strafverfahren als Präjudizialpunkt Nichtigkeit eines Patents behauptet wird? In der Kommissionssitzung vom 16 April 1877 gaben darüber die Regierungskommissarien unter Zustimmung sämmtlicher Komissionsmitglieder nachstehende Erklärung ab:

„Wird in einem über eine Verletzung des Patentrechts anhängigen Strafverfahren oder Civilprozesse die Einrede erhoben, daß das Patent nichtig sei oder für nichtig erklärt werden müsse, so kann das Gericht über die Nichtigkeitserklärung nicht befinden. Die Erklärung der Nichtigkeit steht vielmehr ausschließlich zur

Entscheidung des Patentamts Das Gericht kann aber nach Maßgabe der Strafprozeß- resp. Civilprozeßordnung das Verfahren aussetzen, bis auf Antrag des Belangten in Gemäßheit der §§. 27 (jetzt 28) ff dieses Gesetzes die Entscheidung des Patentamts ergangen ist" (Komm.-Ber. I S. 43).

Diese Erklärung ist zutreffend. Den ordentlichen Gerichten steht das Recht nicht zu, über die Gültigkeit oder Nichtigkeit eines Patents zu entscheiden, gleichviel ob diese Frage ihnen ex professo unterbreitet wird, oder ob sie im Laufe eines Civil- oder Strafprozesses als Incidentpunkt auftaucht. (So die allgemeine Ansicht, insbesondere jetzt auch Kohler Handbuch S. 363.)

Das Gericht ist auf Grund des §. 148 C.P.O. und des §. 261 Abs. 2 Str.P.O. wegen einer schwebenden Nichtigkeitsklage zur Aussetzung des Verfahrens berechtigt, aber nicht verpflichtet (unrichtig R.G. Strafs. 7, 146, im P.Bl. 1882 S. 97, G. 4, 271). Für die Frage, ob von der Befugniß Gebrauch zu machen sei, ist der Umstand von Bedeutung, daß der Patentinhaber bis zur Nichtigkeitserklärung ein die Dritten bindendes formelles Recht hat (R.G. Strafs. 30, 187), dessen Ausnutzung durch die Konkurrenz beeinträchtigt und dessen Werth dadurch gemindert wird. Deshalb kann die bloße Anstellung der Nichtigkeitsklage keinen hinreichenden Anlaß für die Aussetzung bieten; erforderlich ist vielmehr, soll die einstweilige Versagung des berechtigten Patentschutzes bis zu dem ungewissen Ausgange des Nichtigkeitsverfahrens gerechtfertigt erscheinen, mindestens die Glaubhaftmachung oder die Wahrscheinlichkeit, daß die Nichtigkeitsklage Erfolg haben werde. Insbesondere wird dies zu verlangen sein, wenn es sich um Aussetzung des Verfahrens betr. Erlassung einer einstweiligen Verfügung handelt. Dieser Standpunkt, welcher bereits früheren Entscheidungen des R.G. zu Grunde lag (Jurist. Wochenschrift 1897 S 532, 1898 S 4; Bolze 19, 427), ist dann vom R.G. in dem ungedruckten Beschlusse vom 13. August 1898 I 77/98 — in voller Schärfe ausgesprochen worden (ebenso: Beschluß des R.G C.S. I vom 14. Juni 1899 in Sachen B. contra W & G.) und ist jetzt in der Praxis der Obergerichte wohl allgemein anerkannt; vergl. die ungedruckten Beschlüsse des Kammergerichts zu Berlin vom 29. Juni 1898 — 10 X 759/98 — und vom 10. Februar 1900 — 10 X 139/00 —, des O.L.G. Colmar C.S. III vom 30. September 1899 in Sachen B contra A.G. für T.J., des O.L.G. Cöln C.S. II vom 22. September 1899 in Sachen B. contra H., des O.L.G Dresden vom 11. März 1899 — V C 62/99 — und vom 19. April 1899 — II C 41/99 —, des O.L.G. Hamburg vom 4. März 1899 — Bs.C III 20/99 —, des O.L.G. Karlsruhe C.S. III vom 6. März 1899 in Sachen B. contra M., des O.L.G. Kassel vom 13. April 1899 in Sachen B. contra A.

Derjenige, welcher den Antrag auf Aussetzung stellt, hat demnach nicht bloß nachzuweisen, daß eine Nichtigkeitsklage schwebt, sondern muß auch die Klageschrift und die Beweismittel dem Gerichte zur Prüfung vorlegen. Ob die Nichtigkeitsklage von dem Antragsteller oder von einem Dritten erhoben ist, ist gleichgültig. Das Gericht wird regelmäßig den Patentinhaber über die Begründetheit der Nichtigkeitsklage hören; im Civilprozeß ist es dazu verpflichtet, weil es über die Aussetzung nicht ohne vorherige mündliche Verhandlung entscheiden darf (R.G. in Jurist. Wochenschrift 1897 S. 629). Die Erörterung über die Aussichten der Nichtigkeitsklage darf nur eine summarische sein, etwa wie bei einem Antrage auf Erlassung einer einstweiligen Verfügung. Liegt Verjährung gemäß §. 28 Abs. 3 vor oder war auf Grund desselben oder ähnlichen Materials eine frühere Nichtigkeitsklage bereits ohne Erfolg angestrengt worden, so wird dem Antrage nicht stattgegeben werden dürfen.

Ueber Rechtsmittel gegen den Beschluß des Gerichts siehe §. 252 C.P.O. und §. 347 Str.P.O. Falls das Gericht bis zur rechtskräftigen Entscheidung des Nichtigkeitsprozesses die Verhandlung ausgesetzt hat und falls darauf die Nichtigkeitsklage in erster Instanz abgewiesen ist, so kann der Patentinhaber unter Vorlegung der patentamtlichen Entscheidung beim Gericht die Wiederaufhebung der Aussetzung beantragen (§. 150 C.P.O.).

Wenn die Nichtigkeitsklage noch nicht eingeleitet ist, so kann das Gericht auf Antrag einer Partei, die sich zur Erhebung der Klage erbietet (R.G. in Jurist. Wochenschrift 1893 S. 123), eine Frist zum Nachweise der Erhebung gewähren, wofern die Partei den Erfolg der anzustrengenden Nichtigkeitsklage glaubhaft macht.

Wenn der Patentinhaber wegen einer gegen ihn schwebenden Nichtigkeitsklage Aussetzung beantragt, so ist dem regelmäßig nicht stattzugeben (Beschluß des R.G. vom 4. April 1900 — I. 30/1900 —).

Abs. 1.

4. Das Patent, dessen Nichtigkeitserklärung verlangt wird, braucht weder zur Zeit des Antrags, noch des Urtheils mehr zu bestehen, es genügt, daß es einmal bestanden hat. Auch erloschene, zurückgenommene oder durch Ablauf der Patentdauer beendigte Patente können nachträglich für nichtig erklärt werden (N. 2 zu §. 9). Das Patent muß ein deutsches Reichspatent sein. Die Nichtigkeit ausländischer Patente untersteht weder der Kognition des P.A. noch der der ordentlichen Gerichte; bezüglich der letzteren a. M. Reuling in Gewerbl. Rechtsschutz 1, 33. Patent.

5. Im Gegensatze zu §. 11, wo es heißt „Das Patent kann . . . . zurückgenommen werden“, sagt §. 10 „Das Patent wird für nichtig erklärt“. Daraus ergiebt sich klar, daß die über die Nichtigkeit entscheidende Behörde lediglich zu prüfen hat, ob einer der Thatbestände des §. 10 vorliegt, und im Bejahungsfalle die Nichtigkeit aussprechen muß. Richterliche Thätigkeit.

6. Der Gegenstand des Patents war nach §§. 1, 2 nicht patentfähig, wenn Gründe.

a) er keine Erfindung war (N. 7),
b) er nicht neu war (N. 8),
c) er nicht gewerblich verwerthbar ist (N. 9),
d) eine der Ausnahmen des §. 1 Abs. 2 vorliegt (N. 10).

In allen diesen Fällen ist nach §. 28 Abs. 3 der Antrag auf Nichtigkeitserklärung nicht mehr statthaft, wenn seit dem Tage der über die Patentertheilung erfolgten Bekanntmachung (§. 27 Abs. 1) fünf Jahre verflossen sind.

Erfindung. 7. Bei der früheren Fassung (vergl. N. 1) war der Zweifel angeregt worden, ob der Erfindungscharakter in der Nichtigkeitsinstanz nochmals zu prüfen sei; die Praxis (vergl. z. B P.A. und R.G. im P.Bl. 1889 S. 313, G. 7, 17) bejahte dies. Nach der heutigen Fassung ist die Bejahung zweifellos.

Ueber den Begriff der Erfindung vergl N 3- 12 zu §. 1.

Der Nichtigkeitsrichter hat bei der Prüfung, ob eine patentfähige Erfindung vorliegt, nur das in Betracht zu ziehen, was der Erfinder zur Veröffentlichung in der Patentschrift niedergelegt hat (P.A. im P.Bl 1880 S 58, G. 1, 323, R.G. im P.Bl. 1889 S. 491, G. 7, 78). Sollte der Nichtigkeitsrichter auch erkennen, daß die angemeldete Erfindung eine größere als die angemeldete Tragweite hatte, so darf er dieses Moment doch nicht berücksichtigen (R.G. 20, 40) Vorzüge, welche der Anmelder thatsächlich gefunden hatte, bleiben außer Betracht, wenn er nicht für dieselben den Patentschutz nachgesucht und erhalten hatte (R.G. im Bl. 1, 89, im Bl. 5, 128; in Jurist. Wochenschrift 1896 S. 613).

Lautet der Patentanspruch auf etwas ganz anderes, als was der Anmelder in der Beschreibung als seine Erfindung bezeichnet und als solche angemeldet hat, so würde ein solcher Anspruch zu vernichten sein, weil damit etwas anderes als die angemeldete Erfindung unter Schutz gestellt wäre Ist aber der Patentanspruch weiter gefaßt, als die Erfindung reicht, so liegt soweit, als der Anspruch über das, was sich nach der Patentbeschreibung als die Erfindung darstellt, hinausgeht, keine neue Erfindung vor und der Anspruch ist einzuschränken (Bolze 19, 139. vergl. N. 13). Da zum Begriffe der Erfindung ein Ergebniß gehört, so genügt es demnach nicht, wenn die Patentschrift nur das Problem erkennen läßt, sie muß auch eine konkrete Lösung desselben geben, das Finden der Lösung darf nicht ausschließlich dem ausführenden Konstrukteur überlassen werden (P.A. im P.Bl. 1890 S. 381, G. 8, 46; P.A. und R.G. im Bl. 6, 52). Bei chemischen Erfindungen, bei denen das Gesetz nicht das Produkt an sich, sondern nur ein bestimmtes Herstellungsverfahren geschützt wissen will, muß das Verfahren nicht durch das Endziel allein charakterisirt, sondern genügend spezialisirt sein (N. 25 zu §. 1). Verstöße gegen diese Anforderungen ziehen die Nichtigkeit des Patents nach sich (R.G. im P.Bl. 1889 S. 491, G 7, 78, im P.Bl. 1890 S. 369, G. 8, 194, im P.Bl. 1891 S. 181). Insbesondere führt es zur Vernichtung des Patents, wenn ein Moment, welches zur Herbeiführung des im Patentanspruche hervorgehobenen Erfolges wesentlich ist, in der Patentschrift nicht erwähnt ist (R.G. im Bl. 6, 55). Andererseits brauchen z. B. Quantitäts- und Temperaturverhältnisse nicht immer ganz genau angegeben zu sein. Es genügt, wenn sie durch Probiren gefunden werden können, wofern der Anstellung der erforderlichen Proben nicht solche

Schwierigkeiten entgegen stehen, daß zu ihrer Beseitigung wieder eine erfinderische Thätigkeit erforderlich ist (R.G. im Bl. 4, 22, in Jurist. Wochenschrift 1898 S. 79). Anders bei Unklarheit in der Fassung des Anspruchs oder der Beschreibung; vergl. unten N. 13.

Der Nichtigkeitsrichter muß bei seiner Prüfung auf die Zeit der Anmeldung der Erfindung zurückgehen. Er hat bei der Beurtheilung des in dem Anmeldungsgegenstande zum Ausdruck gebrachten technischen Fortschritts und der Erfinderthätigkeit nicht die Summe der technischen Kenntnisse, welche das Ergebniß der Zeit nach der Anmeldung sind und ihre Existenz vielleicht gerade der Einwirkung der in Rede stehenden Erfindung verdanken, sondern das Verstehen und Können zur Zeit der Anmeldung in Betracht zu ziehen (P.A. im P.Bl. 1889 S. 313, G. 7, 17). Die Schwierigkeit der hiermit gestellten Aufgabe wächst mit der Länge des Zeitraums, der seit der Anmeldung verflossen ist; dies war ein Hauptgrund zur Einführung der in N. 6 a. E. erwähnten Frist.

Bei der Prüfung der Erfindungsqualität wird man sich stets gegenwärtig halten müssen, daß je weiter die Technik fortschreitet, — und ihre Fortschritte können auf einem Gebiete während eines fünfjährigen Zeitraums sehr erheblich sein — desto mehr sich das Gefühl für die Schwierigkeit, mit welcher der Erfinder seiner Zeit zu kämpfen hatte, und für den in seiner Erfindung liegenden Fortschritt abstumpft. Es empfiehlt sich deshalb, zumal der Erfindungsbegriff nicht fest formulirbar ist und dadurch Schwankungen in Betreff der Beurtheilung, ob eine Erfindung vorliegt, leicht vorkommen, bei der Nachprüfung nicht zu rigoros zu sein und nur beim Vorliegen der gewichtigsten Gründe den im Ertheilungsverfahren einmal anerkannten Erfindungscharakter nachträglich zu verneinen.

8. Der Nichtigkeitsgrund der mangelnden Neuheit ist in der Praxis sehr häufig; über den Begriff der Neuheit vergl. N. 13 zu §. 1 und die Erläuterungen zu §. 2. — Der Nachweis, daß die einzelnen Elemente einer Kombination nicht neu sind, genügt nicht zur Anfechtung des Kombinationspatents (R.G. im Bl. 1, 126, Jurist. Wochenschrift 1895 S. 18). Trotzdem werden häufig so begründete Nichtigkeitsklagen angestellt, weil der Kläger, welcher ein Einzelelement der Kombination für ein anderes Verfahren benutzen will oder benutzt hat, vom Nichtigkeitsrichter den Ausspruch wünscht, daß dieses Einzelelement nicht unter Patentschutz steht. In solchen Fällen hat der Nichtigkeitsrichter ein Eingehen auf diese Frage, deren Erörterung vor die ordentlichen Gerichte gehört (N. 12 zu §. 1) abzulehnen und die Klage abzuweisen (P.A. und R.G. im P.Bl. 1892 S. 203, G. 9, 116; R.G. in Jurist. Wochenschrift 1894 S. 400). Neuheit.

9. Wegen der gewerblichen Verwerthbarkeit vergl N. 14—17 zu §. 1. Gewerbl. Verwerthbarkeit.

10. Wegen der Frage, ob eine der Ausnahmen des §. 1 Abs. 2 vorliegt, vergl. N. 19—25 zu §. 1. Ausnahme des § 1.

Identisches Patent.

11. Den unter Nr. 2 gegebenen Grund, daß die Erfindung Gegenstand des Patents eines früheren Anmelders ist, hat das Gesetz von 1891 neu eingefügt (vergl. N. 1). Er korrespondirt mit Satz 2 des §. 3 Abs. 1, vergl. deshalb N. 13 zu §. 3.

Aus der Entstehungsgeschichte und dem Wortlaute der Nr. 2 des §. 10 ergiebt sich, daß das auf Grund der früheren Anmeldung ertheilte Patent noch zu der Zeit der Nichtigkeitserklärung des späteren in Kraft sein muß. Denn während in dem im Reichsanzeiger vom 17. März 1890 veröffentlichten Vorentwurfe des Gesetzes vom 7 April 1891 in allen drei Nummern des §. 10 das Imperfektum gebraucht wurde, hat man in dem definitiven Entwurfe, welcher der jetzigen Fassung entspricht, in der Nr 2 absichtlich die Präsensform gewählt, weil, wie die Mot II S. 18 hervorheben, „das auf Grund der früheren Anmeldung ertheilte Patent in dem Zeitpunkte noch bestehen muß, in welchem mit Rücksicht auf dasselbe ein späteres Patent für nichtig erklärt werden soll.“ Im Gegensatz zu dieser bisher allgemeinen Ansicht (P.A. im Bl 2, 110, im Bl. 3, 68; Schanze in Zeitschrift für gewerbl. Rechtsschutz 3, 289 und 305, Robolski Kommentar S. 20, Stephan-Schmid S. 61) vertritt das R.G. (im Bl. 6, 148) im Anschluß an seine Auslegung des §. 3 Abs. 1 (N. 13 zu §. 3) den Standpunkt, daß die Nichtigkeitsklage aus Nr. 2 in jedem Falle zuläßig ist, wenn die Erfindung jemals Gegenstand eines früheren Patents gewesen ist. Gegen diese Entscheidung: Damme in Gewerbl. Rechtsschutz 5, 105; für dieselbe Kohler Handbuch S. 279, P. Alexander-Katz in Gewerbl. Rechtsschutz 5, 193, vergl. auch ebenda S. 216.

Das ältere Patent muß ein Deutsches Reichspatent sein, nicht ein früheres Patent eines deutschen Bundesstaates oder ein ausländisches.

Es genügt nicht, daß die Erfindung in der älteren Patentschrift bereits enthalten ist, sondern sie muß den Gegenstand des älteren Patents bilden d. h. in seinem durch die Beschreibung nach Inhalt und Tragweite zu erläuternden Patentanspruche wiedergegeben sein (R.G. im Bl. 5, 28). So ist auf Grund des §. 10 Nr. 2 z B. ein patentiertes Verfahren nicht nichtig, weil in einem älteren Patente ein Apparat zur Ausführung des Verfahrens geschützt ist, sollte auch in der älteren Patentbeschreibung das damals bereits bekannte Verfahren eingehend beschrieben sein

Die Nichtigkeitsklage auf Grund des §. 10 Nr. 2 unterliegt nicht der Fristbestimmung des §. 28 Abs. 3. Daraus ergiebt sich folgender Rechtszustand: Auf Grund eines ausländischen oder eines deutschen Landespatents kann die Nichtigkeitsklage nur aus §. 10 Nr. 1 innerhalb der Frist des §. 28 Abs. 3 erhoben werden; ebenso auf Grund eines deutschen Reichspatents, wenn die Erfindung in der älteren Patentschrift beschrieben war, ohne gleichzeitig den Gegenstand des älteren Patents zu bilden; dagegen kann sie nach der oben wiedergegebenen Ansicht des R.G. zeitlich unbeschränkt aus Nr. 2 erhoben werden, wenn die Erfindung einmal den Gegenstand eines deutschen Reichspatents gebildet hat.

12. Der unter Nr. 3 angeführte Grund der widerrechtlichen Entnahme entspricht dem Satz 1 des §. 3 Abs. 2. Es finden deshalb N. 18—26 zu §. 3 hier Anwendung, insbesondere auch die von den Erfindungen der Angestellten, Beauftragten, Beamten, Gesellschafter handelnden N. 23—25. Die vorliegende Bestimmung weicht nur insofern von der Vorschrift des §. 3 Abs. 1 ab, daß letztere im Ertheilungsverfahren die Zurückweisung der Anmeldung wegen widerrechtlicher Entnahme davon abhängig macht, daß der Verletzte Einspruch erhebt, während die Nichtigkeitsklage anstellbar ist, gleichviel ob Einspruch eingelegt war oder nicht (N. 2). Das Prinzip aber, welches jener Bestimmung des §. 3 Abs. 1 zu Grunde liegt, nämlich daß ein öffentliches Interesse an der Frage, ob eine widerrechtliche Entnahme vorliegt, nicht bestehe, kehrt auch bei der Nichtigkeitsklage auf Grund der Nr. 3 des §. 10 wieder, indem zu deren Erhebung nach der Vorschrift des §. 28 Abs. 2 ausschließlich der Verletzte befugt ist. **Widerrechtliche Entnahme.**

Es bedarf kaum der Hervorhebung, daß diese Bestimmung das Recht des Verletzten nicht berührt, Schadensersatzansprüche, welche ihm nach den Vorschriften des bürgerlichen Rechts wegen der Entnahme zustehen, vor den ordentlichen Gerichten geltend zu machen. Ein Antrag, dies noch ausdrücklich im Gesetze auszusprechen, wurde in der Kommission als selbstverständlich abgelehnt (Komm.-Ber. II S. 16).

13. Der §. 10 führt die Nichtigkeitsgründe abschließend auf, andere giebt es nicht. **Andere Nichtigkeitsgründe?**

Insbesondere kann die Nichtigkeitsklage nicht darauf gestützt werden, daß das Patent nicht hätte ertheilt werden dürfen, weil die Anmeldung den formellen Vorschriften des §. 20 oder den zu diesem erlassenen patentamtlichen Bestimmungen nicht entsprochen habe. Es ist also beispielsweise kein Nichtigkeitsgrund, wenn die Anmeldung keinen Antrag enthielt, wenn mehrere selbständige Erfindungen gemeinsam angemeldet und patentirt wurden, wenn die zur völligen Klarstellung erforderlichen Zeichnungen oder Modelle nicht beigefügt waren (R.G. in Jurist. Wochenschrift 1896 S. 252). Ebenso wenig kann die Nichtigkeitsklage darauf gestützt werden, daß das P.A. etwas anderes patentirt habe, als angemeldet war, denn die mangelnde Identität des angemeldeten mit dem patentirten Gegenstande ist als Nichtigkeitsgrund nicht anerkannt (P.A. im P.Bl. 1882 S. 41, G. 3, 65, im P.Bl. 1883 S. 125, G. 4, 30); a. M. R.G. in Zeitschr. für gewerbl. Rechtsschutz 3, 364, Jurist. Wochenschrift 1894 S. 520 (gegen dieses Urtheil: Schanze in Zeitschr. für gewerbl. Rechtsschutz 3, 375), R.G. im Bl. 6, 389.

Aus dem Vorstehenden folgt, daß auch unklare Fassung der Beschreibung oder des Patentanspruchs kein Nichtigkeitsgrund ist (P.A. im P.Bl. 1880 S. 17, G. 1, 62, im P.Bl. 1882 S. 41, G. 3, 65, im P.Bl. 1883 S. 125, G 4, 30; P.A und R.G. im P.Bl. 1882 S. 31, G. 3, 226, im P.Bl. 1884 S. 211, G. 5, 175). Es ist aber im konkreten Falle stets zu prüfen, ob die Unklarheit wirklich nur in dem Ausdrucke liegt oder ob es etwa in der Patentschrift an der bestimmten Angabe fehlt, wie die gestellte Aufgabe zu lösen ist. In letzterem Falle ist das Patent für nichtig zu erklären (N. 7); vergl. Bolze 8, 143; R.G. im P.Bl. 1891 S. 173, G 9, 358. Ebenso verfällt es der, regelmäßig theilweisen, Nichtigkeit, wenn der an sich unzweideutige Patentanspruch zu weit gefaßt ist und dem Patentinhaber etwas gewährt, was nicht patentfähig war (N. 18), hier genügt nicht eine einschränkende Auslegung in den Gründen des die Nichtigkeitsklage abweisenden Urtheils (R.G. in den beiden zuletzt citirten Erkenntnissen). Wird die Klage abgewiesen, weil nur eine Unklarheit in der Fassung vorliegt, trifft aber den Patentsucher die Schuld an dieser Unklarheit, so kann der Nichtigkeitsrichter dies bei der Kostenentscheidung berücksichtigen (vergl. P.A und R.G. in den beiden zuletzt citirten Entscheidungen).

Nichtigkeitsgrund ist es auch nicht, wenn der Erfinder nur einen Theil seiner Erfindung sich hat patentiren lassen, vorausgesetzt, daß dieser Theil für sich eine patentfähige Erfindung darstellt. Niemand ist verpflichtet, auf seine Erfindungen Patente zu nehmen und sie dadurch der Oeffentlichkeit preiszugeben: gilt das für die Erfindung im Ganzen, so trifft es auch für ihre Theile zu. In diesem Falle nutzt also der Erfinder theils unter dem Schutze des Patentgesetzes, theils unter dem des Fabrikgeheimnisses seine Erfindung aus (vergl. N. 6 zu §. 6).

Zusatzpatent. **14.** Zusatzpatente werden ebenso, wie andere Patente, für nichtig erklärt, wenn bei ihnen die Voraussetzungen des §. 10 zutreffen (N. 5 zu §. 7). Dagegen bildet es keinen Nichtigkeitsgrund, daß das Patent zu Unrecht als ein Zusatzpatent, nicht als selbständiges ertheilt wurde (P.A und R.G. im P.Bl. 1884 S. 211, G. 5, 175, R.G. im Bl. 5, 27). Ueber die Wirkung der Nichtigkeitserklärung des Zusatzpatents auf das Hauptpatent und umgekehrt siehe N. 9 zu § 7.

Rückwirkung. **15.** Ueber die Wirkung der Nichtigkeitserklärung führen die Motive aus: „Die Rechtslage ist in diesem Falle so anzusehen, als ob überhaupt für die Erfindung ein gesetzlicher Schutz nicht vorhanden gewesen wäre. Die Erklärung hat demnach rückwirkende Kraft" (Mot I S. 25); vergl. N. 2 zu §. 9.

Diese Ausführung ist zutreffend, sofern die rechtliche Gültigkeit des Patents in Frage kommt. Die rückwirkende Kraft äußert sich deshalb z. B. darin, daß Verstöße gegen ein Patent, das nachher für nichtig erklärt wird, nicht Patentverletzungen sind, daher weder Entschädigungspflicht, noch Strafe nach sich ziehen (N. 3 zu §. 35).

Dagegen darf andrerseits nicht übersehen werden, daß thatsächlich bis zur Nichtigkeitserklärung ein Patentschutz, wenn auch per nefas, bestanden hat. Das Aequivalent für diesen Schutz kann derjenige, welcher das Patent oder eine Licenz erworben hat, deshalb, weil das Patent später für nichtig erklärt wird, für die Zeit bis zur Nichtigkeitserklärung nicht verweigern (N. 11 zu §. 6).

Aus demselben Grunde kann nach der herrschenden Ansicht der Inhaber eines Patents, welches für nichtig erklärt wird, nicht mit der condictio indebiti die Rückzahlung der Patentgebühren verlangen, denn auch diese Gebühren waren das Entgelt für den Patentschutz (N. 2 zu §. 8). Dem entsprechend bestimmt auch der vorletzte Abs. des §. 8:

Die Zahlung der Gebühren kann vor Eintritt der Fälligkeit erfolgen. Wird auf das Patent verzichtet oder dasselbe für nichtig erklärt oder zurückgenommen, so erfolgt die Rückzahlung der nicht fällig gewordenen Gebühren.

16. Ueber das Verfahren in Nichtigkeitssachen vergl. §§. 28 ff. Verfahren.

Abs. 2.

17. Der durch das Gesetz von 1891 neu hinzugefügte (N. 1) Abs. 2 Theil-nichtigkeit. gestattet eine theilweise Nichtigkeitserklärung, wenn ein Nichtigkeitsgrund nur einen Theil der patentirten Erfindung trifft. Außerdem ist Voraussetzung, daß die Erfindung ihrem Inhalte nach theilbar ist. „Stellt sich dieselbe als ein untrennbares Ganze dar, indem die einzelnen Bestandtheile der patentirten Vorrichtung oder die einzelnen Abschnitte des patentirten Verfahrens so wesentlich zusammenhängen, daß einzelne Theile weder beseitigt, noch durch anders beschaffene Theile ersetzt werden können, so kann das Patent nur im Ganzen entweder aufrecht erhalten oder für nichtig erkärt werden" (O.H.G. 25, 186, im P.Bl. 1879 S. 307, G. 1, 122). Endlich muß der Theil des Gegenstandes des Patents, welcher durch die Nichtigkeit nicht betroffen wird, für sich noch eine patentfähige Erfindung ausmachen und sich als ein minus des ursprünglichen Anspruchs, nicht als ein aliud darstellen.

18. Bei einer Theilnichtigkeit hat der Richter nicht blos die Be-schränkung. Nichtigkeit auszusprechen, sondern er muß für den bestehen bleibenden Theil der Erfindung den Anspruch neu formuliren, indem er den früheren Anspruch entsprechend beschränkt.

Daraus ergiebt sich, daß der neue Anspruch bereits in dem alten enthalten gewesen sein muß. Der Richter kann demnach, wenn eine Kombination und einzelne Elemente derselben geschützt waren, entweder die Kombination oder Elemente derselben aufrecht erhalten, dagegen darf er nicht, wenn nur die Elemente geschützt waren, den Schutz auf die Kombination übertragen. Er kann, wenn ein Produkt und ein bestimmtes Verfahren zur Herstellung desselben geschützt waren, eins von beiden aufrecht erhalten, dagegen kann er, wenn nur das Produkt patentirt war, bei der Nichtigkeitserklärung dieses Patents nicht ein bestimmtes Verfahren zur Herstellung des Produktes unter Schutz stellen, ebenso wenig darf er trotz des Schlußsatzes des §. 4, wenn nur ein Verfahren geschützt war, bei Vernichtung des Patents das Produkt schützen, denn dasselbe war bisher nicht an sich geschützt, sondern genoß nur als Erzeugniß jenes Verfahrens den diesem gewährten Schutz mit. (Kohler Forschungen aus dem Patentrecht S. 109; R.G. im Bl. 5, 128).

In Folge dessen ist der Antrag auf theilweise Vernichtung ausgeschlossen, wenn der übrig bleibende Theil nicht weniger, sondern etwas Anderes als das Ganze ist (R.G. im P.Bl. 1891 S. 144: die geschützte Konstruktionsform sollte freigegeben und statt dessen die Verwendung eines bestimmten Materials zu einem bestimmten Zwecke geschützt werden).

Aus der Vorschrift des zweiten Absatzes folgt ferner, daß es nicht genügt, wenn der Richter blos in den Entscheidungsgründen den Anspruch als zu weitgehend bezeichnet und die ihm zukommenden Grenzen angiebt, vielmehr muß er, wenn er wirklich zu weit geht, also wenn nicht blos eine Unklarheit im Ausdrucke vorliegt, auf Beschränkung des Patents erkennen (N. 13).

Wenn der Nichtigkeitsrichter auch findet, daß der von der Nichtigkeit nicht betroffene Theil eine patentfähige Erfindung ausmacht, so darf er dennoch gemäß N. 4 zu §. 1 eine Theilnichtigkeit nicht aussprechen, wenn dieser Theil nicht Gegenstand des Patentertheilungsverfahrens gewesen ist noch hat sein sollen (Bolze 13, 116; R.G. im Bl. 5, 199 und in dem ungedruckten Urtheile vom 31. Januar 1900 in Sachen J. contra Sch.)

Zusatzpatent. **19.** Ueber die Wirkung der Theilnichtigkeitserklärung eines Hauptpatents auf das Zusatzpatent vergl. N. 9 a. E. zu §. 7.

Abhängigkeitspatent. **20.** Der Nichtigkeitsrichter ist nicht berechtigt, die Abhängigkeit eines Patents von einem anderen auszusprechen, wenigstens würde einer bezüglichen Erklärung keine maßgebende Bedeutung zukommen. Der letzte Satz des §. 3 Abs. 1, welcher von der theilweisen Identität zweier Anmeldungen handelt, behandelt nicht die Frage der Abhängigkeit zweier Patente, deshalb bezieht sich der Abs. 2 des §. 10, welcher auch im Ausdrucke mit jener Gesetzesvorschrift korrespondirt, nicht auf die Abhängigkeitserklärung, denn dieselbe unterscheidet sich von der Theilnichtigkeit ebenso, wie die Abhängigkeit von der theilweisen Identität. Die Befugniß, das Verhältniß zweier Patente zu einander zu regeln, also auch das eine von dem anderen abhängig zu erklären, steht ausschließlich den ordentlichen Gerichten zu. Vergl. darüber N. 1, 16, 17 zu §. 3. Ebenso: R.G. 33, 149, im P.Bl. 1894 S. 481; im Bl. 3, 70.

§. 11.

Das Patent kann nach Ablauf von drei Jahren, von dem Tage der über die Ertheilung des Patents erfolgten Bekanntmachung (§. 27 Absatz 1) gerechnet, zurückgenommen werden:

1. wenn der Patentinhaber es unterläßt, im Inlande die Erfindung in angemessenem Umfange zur Ausführung zu bringen, oder doch alles zu thun, was erforderlich ist, um diese Ausführung zu sichern;
2. wenn im öffentlichen Interesse die Ertheilung der Erlaubniß zur Benutzung der Erfindung an andere geboten erscheint, der Patentinhaber aber gleichwohl sich weigert, diese Erlaubniß gegen angemessene Vergütung und genügende Sicherstellung zu ertheilen.

1. Entstehungsgeschichte.
2. Oeffentliches Interesse.
3. Schuldhaftes Verhalten.
4. Frist.
5—10. Nr. 1.
5. Erfindung.
6. Inland.
7. Angemessener Umfang.
8. Sicherung der Ausführung.
9. Unbrauchbarkeit.
10. Zusatzerfindung.
11. Zwangslicenz.
12, 13. Theilweise Zurücknahme
12. Theilrücknahme.
13. Zusatzpatent.
14. Wirkungen der Zurücknahme.
15. Verfahren.

1. Das Gesetz von 1891 hat den §. 11 nur insofern abgeändert, als es in den ersten Satz die Worte „von dem Tag der über die Ertheilung des Patents erfolgten Bekanntmachung (§. 27 Abs. 1) gerechnet" eingefügt hat. Nach dem Patentgesetz von 1877 war es nämlich streitig, mit welchem Tage der Lauf der dreijährigen Frist beginne, ob mit dem auf die Anmeldung der Erfindung folgenden Tage oder mit dem Tage der endgültigen Ertheilung des Patents (P.A. im P.Bl. 1885 S. 335, G. 5, 210, im P.Bl. 1890 S. 581, G. 8, 2). Die Reichstagskommission trat der zweiten Ansicht bei, beschloß aber, durch den jetzigen Wortlaut den Beginn der Frist genauer zu bestimmen (Komm.-Ber. 11 S. 16). Die jetzige Fassung enthält aber gegenüber der zweiten Ansicht eine materielle Aenderung, da der Tag der Ertheilung sich nie mit dem Tage der Bekanntmachung im Reichsanzeiger decken wird. Entstehungsgeschichte.

2. Durch das „kann" ist ausgedrückt, daß das Gericht, auch wenn sämmtliche in §. 11 aufgeführten Voraussetzungen vorliegen, nicht gezwungen ist, die Zurücknahme auszusprechen. Es wird dies nur thun, wenn außerdem das öffentliche Interesse die Zurücknahme fordert und wenn es ein schuldhaftes Verhalten des Patentinhabers annimmt (R.G. 22, 130, im P.Bl. 1889 S. 137, G. 7, 270; vergl. dagegen die neueren Entscheidungen des R.G. in N. 9). Ueber das Vorhandensein dieser beiden Momente befindet das Gericht ganz nach freiem Ermessen; kommt es zu einem bejahenden Resultate, so darf es sich der Zurücknahme nicht entziehen. Oeffentliches Interesse.

Die Zurücknahme des Patents (vergl. du Bois-Reymond und Wagner in Gewerbl. Rechtsschutz 4, 201 und über die Zweckmäßigkeit des Ausführungszwanges von Schütz ebenda 1, 377) ist ein Mittel gegen „eine dem Gemeinwohl des Landes nachtheilige" Ausbeutung der Patente (Mot. I S. 28). Daraus ergiebt sich, daß von ihr nur Gebrauch zu machen ist, wenn das öffentliche Interesse es erheischt; zwar ist das „öffentliche Interesse" nur in Nr. 2 als Vorbedingung der Zurücknahme ausdrücklich erwähnt, aber nach der Entstehungsgeschichte des Paragraphen ist kein Zweifel, daß auch im Falle der Nr. 1 dieselbe Vorbedingung für die Zurücknahme zu verlangen ist (P.A. im P.Bl. 1883 S. 73, G. 4, 165), nur wird es in der Regel, falls der Thatbestand der Nr. 1 vorliegt, eines besonderen Nachweises des öffentlichen Interesse nicht erst bedürfen (R.G. 9, 131, im P.Bl. 1883 S. 330, G 4, 182; vergl. auch R.G. im Bl. 4, 19). Unter dem öffentlichen Interesse ist das für die gemeine Wohlfahrt wesentliche Interesse der Gewerbsamkeit des Inlandes in dem

Sinne zu verstehen, daß darunter die Interessen der inländischen Gewerbetreibenden, der in Gewerben beschäftigten inländischen Abnehmer gewerblicher Erzeugnisse begriffen werden (P.A. und R.G. im P.Bl. 1889 S. 137, G. 7, 270; R.G. in Jurist. Wochenschrift 1891 S. 95). Da das Patentgesetz in erster Reihe aber den Schutz der heimischen Produktion bezweckt, so kommt es vor allem auf deren Interessen an, sollten auch andere, an sich ebenfalls schutzberechtigte Interessen, wie die des Zwischenhandels zurücktreten müssen (P.A. im P.Bl. 1889 S. 25, G. 6. 288; R.G. in Jurist. Wochenschrift 1891 S 95). Das öffentliche Interesse fällt, wenn sich die inländische Industrie auf einem bestimmten Gebiete in den Händen eines einzigen Fabrikanten konzentrirt hat, mit dem Interesse dieses Fabrikanten zusammen (R.G im Bl. 5, 290).

Nie ist unter den Begriff des öffentlichen Interesse das fiskalische Interesse an der Einnahme von Patentgebühren zu subsumiren (R.G. im P.Bl. 1889 S. 137, G 7, 270).

Schuldhaftes Verhalten. 3. Der Regel nach wird ein schuldhaftes Verhalten ohne Weiteres anzunehmen sein, wenn ein Patentinhaber die Ausführung der Erfindung im Inlande, sei es im eigenen Betriebe, sei es durch Andere, völlig unterläßt. Sache des Patentinhabers ist es dann, darzuthun, daß ihm eine Schuld nicht zur Last fällt, er hat die Beweispflicht dafür (vergl. P.A. im P.Bl. 1887 S. 169, G. 6, 269), daß seine ernstlichen und nachhaltigen Bemühungen, die Erfindung zur Ausführung zu bringen, infolge von Umständen, die außerhalb seiner Person lagen, ergebnißlos geblieben sind. (R.G. im P.Bl 1891 S. 345, G. 9, 415, Jurist. Wochenschrift 1891 S. 356; P.A. im P.Bl. 1891 S. 531, G. 9, 435; R.G. im Bl 5, 290; R.G. in Jurist Wochenschrift 1899 S. 543.) Irrthümer des Patentinhabers über die gesetzlichen Vorschriften oder über die Tragweite seines Patentes haben außer Betracht zu bleiben, da nur äußere Umstände als Entschuldigungsgründe dienen können. (R.G. im P.Bl. 1893 S. 205, G. 10, 242; R.G. im Bl. 5, 98.)

Ebenso ist es kein Entschuldigungsgrund, daß die Fabrikation im Inlande sofort größere Geldmittel erfordert hätte, während ein lohnender Absatz erst nach Jahren zu erhoffen war Der Patentinhaber muß, selbst unter Hintansetzung seines eigenen Vortheiles, die Erfindung im Inlande ausführen und darf nicht warten, bis die Fabrikation lohnend wird; denn es ist das Schicksal sehr vieler Erfindungen, daß sie erst nach längerer Zeit sich Bahn brechen und rentabel werden (R.G. im P.Bl. 1891 S. 345 G. 9, 415, Jurist. Wochenschrift 1891 S. 356; Bolze 4, 199; 7, 161; 8, 139; 12, 108; R.G. im Bl. 4, 19). Etwas anderes ist es, wenn die inländische Industrie oder die Behörden, ohne deren Mitwirkung die Erfindung sich nicht ausführen läßt, sich vollständig ablehnend gegen dieselbe verhalten. Doch muß in diesem Falle der Patentinhaber nachweisen, daß er seinerseits alles gethan hat, was zur Bekanntmachung und Einführung der Erfindung, sowie zur Aufklärung der Interessenten und Behörden dienen konnte (R.G. im P.Bl. 1891 S. 345, G. 9, 415, Jurist. Wochenschrift 1891

S. 356; R.G. in Jurist. Wochenschrift 1896 S. 109; P.A. im Bl. 2, 148; R.G. im Bl. 2, 152, Jurist. Wochenschrift 1896 S. 208).

Handelt es sich dagegen nicht um eine Erfindnng zu deren Ausführung im Inlande der Patentinhaber auf die Mitwirkung inländischer Kreise angewiesen ist, so genügt der Patentinhaber seiner Pflicht nicht, wenn er blos nachweist, daß er das ernstliche Bestreben gehabt hat, Licenzverträge mit Inländern abzuschließen, daß aber die Verhandlungen erfolglos geblieben sind; vielmehr muß er noch darthun, warum er nicht selbst zur Ausführung im Inlande geschritten ist (P.A. im P.Bl. 1883 S. 73, G. 4, 165; R.G. in Jurist. Wochenschrift 1899 S. 397).

Bisweilen kann zu Gunsten des Patentinhabers ins Gewicht fallen, daß das Interesse der inländischen Industrie an der Erfindung ein ganz geringes ist, aber dieser Umstand allein kann nicht die Nichtausführung der Erfindung rechtfertigen. (R.G. im P.Bl. 1891 S. 53, G. 9, 402 Jurist. Wochenschrift 1891 S. 95.)

4. Wegen des Beginns der dreijährigen Frist vergl. N. 1. Frist.

Es ist nicht nothwendig, daß die Ausführung oder die Licenzgewährung in diese Frist fällt, vielmehr hat die Frist nur die Bedeutung, daß mit dem Ablaufe derselben die Zurücknahme beantragt werden kann. Wird dieselbe aber erst später beantragt, so reicht es zur Zurückweisung der Klage aus, daß vor Erhebung derselben, wenn auch nach dem Ablaufe der Frist, den Anforderungen des Paragraphen Seitens des Patentinhabers Genüge geleistet worden ist (P.A. im P.Bl. 1883 S. 73, G. 4, 165; P.A. und R.G. im P.Bl. 1889 S. 421, G. 7, 232, P.A. im P.Bl. 1891 S. 173). Ausführungshandlungen, welche nach Erhebung der Klage vorgenommen werden, sind regelmäßig nicht zu berücksichtigen (R.G. im P.Bl. 1893 S. 205, G. 10, 242); anders, wenn der Ausführung der Erfindung vorher objektive Hindernisse entgegenstanden (R.G. im Bl. 5, 98). Handelt es sich um mehrere Patente die technologisch miteinander zusammenhängen, von denen insbesondere das spätere eine Verbesserung des früheren schützt, so kann die Zurücknahme der früheren Patente trotz Ablauf der Frist unterbleiben, wenn der Patentinhaber nach Ertheilung der späteren ernstlich zur Ausführung geschritten ist (vergl. P.A. im Bl. 2, 148; R.G. im Bl. 4, 19). Wird die Klage bereits während der dreijährigen Frist angestellt, läuft letztere aber vor der Urtheilsfällung ab, so kann auf Zurücknahme erkannt werden, sofern hierdurch die Vertheidigung des Beklagten nicht beschränkt wird (P.A. im P.Bl. 1887 S. 39, G. 6, 247)

5. Der Patentinhaber muß die Erfindung zur Ausführung bringen. Erfindung.

Es genügt aber, wenn er den patentirten Gegenstand nur im Wesentlichen zur Ausführung gebracht hat, sollte er auch in konstruktiven Einzelheiten von der Patentbeschreibung abgewichen sein (P.A. und R.G. im P.Bl 1884 S. 25, G. 4, 193; P.A. im P.Bl. 1884 S. 321, G. 5, 219; Oesterreich. Handelsministerium in Oesterreich. Zeitschr. für gewerbl. Rechtsschutz 6, 77). Bildet ein Verfahren den Gegenstand der Erfindung, so muß dieses Verfahren im Inlande ausgeführt werden, unerheblich ist es, daß die zur Ausübung des Verfahrens nothwendigen Rohmaterialien aus dem Auslande bezogen werden (P.A. in der ungedruckten Entscheidung vom 7. November 1895 betr die Auerpatente) Umgekehrt kann der Patentinhaber, welcher den geschützten Apparat nur im Auslande herstellt, sich nicht damit vertheidigen, daß er die Rohprodukte aus Deutschland bezieht (P.A. im P.Bl. 1886 S. 49, G. 5, 238, R.G. im P.Bl. 1891 S 53, G. 9, 402)

Die Ausübung der Erfindung im Inlande braucht nicht durch den Patentinhaber selbst zu geschehen, es genügt, wenn sie mit seinem Wissen und Willen durch dritte Personen, insbesondere durch Licenznehmer erfolgt In Bezug auf den Umfang der Ausführung muß es dem Patentinhaber auch zu Gute kommen, wenn die Erfindung wider seinen Willen und unter Verletzung seiner Patentrechte durch unberechtigte Dritte in großem Umfange zur Ausführung gebracht wird, vorausgesetzt, daß er bestrebt ist, diesen Dritten gegenüber seine Patentrechte zur Geltung zu bringen (R.G. im Bl. 5, 98; a. M. von Beck-Mannagetta Das österr. Patentrecht 1893 S. 161, 431).

Ausführungshandlungen dürfen nicht deshalb unberücksichtigt bleiben, weil die zu ihrer Vornahme aus Gründen der öffentlichen Sicherheit oder aus anderen Gründen vorgeschriebene behördliche Genehmigung nicht ertheilt war (a. M. Oesterreich. Handelsministerium im Bl. 4, 83).

Inland. **6.** Die Ausführung muß im Inlande (vergl. oben S. 23) stattgefunden haben, damit die mit der Herstellung verbundenen mannigfachen industriellen und volkswirthschaftlichen Vortheile (R.G. 9, 131, im P.Bl. 1883 S 330, G. 4, 182) dem Inlande zu Gute kommen. Daraus folgt, daß regelmäßig der Patentinhaber seiner Verpflichtung nicht nachgekommen ist, wenn er im Auslande die Fabrikation betreibt und die Produkte derselben nach Deutschland importirt (P.A. und R.G. im P.Bl 1883 S. 329, G 4, 176, P.A und R.G im P.Bl. 1887 S 39, G. 6, 247, P.A. im P.Bl. 1889 S. 25, G. 6, 288, R.G im Bl. 4, 19) Eine Ausnahme würde in dem Falle angenommen werden können, wenn die Bedeutung einer Erfindung für das Inland überwiegend darin beruht, daß sie den Konsumenten zugänglich gemacht wird, während das Interesse der an der Produktion betheiligten Kreise der inmischen Industrie ein relativ geringes ist (P.A. im P.Bl. 1884 S 321, G. 5, 219). Bei dem diskretionären Ermessen, welches dem P.A. bezüglich der Zurücknahme zusteht, wird es auch berücksichtigen dürfen, wenn die Herstellungspreise im Inlande sich ungleich höher gestaltet hätten, als im Auslande, sowie andere unverhältnißmäßige Schwierigkeiten, welche sich der Großziehung der neuen Industrie im Inlande entgegenstellen, so daß diese Momente in Verbindung mit anderen die Behörde zur Zurückweisung der Klage bestimmen können (R.G. im P.Bl. 1890 S. 71, G 7, 258).

Ob die Ausübung in einem Vertragsstaate (Oesterreich-Ungarn, Schweiz, Italien) genügt, darüber vergl. die Ausführungen zu Art. 5 der am Schlusse dieses Buches abgedruckten Verträge.

7. In Bezug auf den Umfang der Ausführung im Inlande hatte der Regierungsentwurf verlangt, daß die Erfindung im Inlande „in einer dem inländischen Bedarfe genügenden Weise“ ausgeführt wird. Nachdem statt dessen die Ausführung „in angemessenem Umfange“ getreten ist, ist es in Anbetracht des in N. 2, 3 Ausgeführten klar, daß die Behörde unter Berücksichtigung des öffentlichen Interesse ganz frei ermessen soll, ob ihr der Umfang angemessen erscheint. Sie kann Angemessenheit annehmen, auch wenn der Patentinhaber zur Deckung des inländischen Bedarfs außer in inländischen Werkstätten in ausländischen arbeiten läßt, sie kann in einem anderen Falle (R.G. im Bl. 5, 290) verlangen, daß die inländische Produktion nicht blos den inländischen Bedarf deckt, sondern auch den ausländischen Markt mit versorgt. Feste Normen lassen sich nicht aufstellen. In der Regel wird sie aber davon ausgehen können, daß die Ausübung dann im angemessenen Umfange erfolgt, wenn der Bedarf des Inlandes an Gegenständen der patentirten Art in der Hauptsache durch Fabrikation im Inlande gedeckt wird (du Bois-Reymond und Wagner a. a. O.). Der Patentinhaber hat deshalb im Streitfalle die Pflicht, darzulegen, wie groß der Bedarf des Inlandes ist und welchen Bruchtheil desselben er durch Herstellung im Inlande befriedigt (P.A. im P.Bl. 1887 S. 169, G. 6, 269, R.G. im P.Bl. 1889 S. 421, G. 7, 232, P.A. und R.G. im P.Bl. 1889 S. 137, G. 7, 270, R.G. im P.Bl. 1891 S. 53, G. 9, 402, P.A. und R.G. im P.Bl. 1891 S. 531, G. 9, 435). Angemessener Umfang.

8. Das sehr unbestimmte Postulat, daß der Patentinhaber wenigstens alles gethan haben müsse, was erforderlich ist, um die Ausführung zu sichern, ermöglicht unter Umständen die Zurückweisung der Klage schon dann, wenn der Berechtigte die Fabrikräumlichkeiten hergerichtet und die Maschinen aufgestellt hat, um mit der Ausführung ernstlich zu beginnen (Robolski S. 188), vergl. auch P.A. und R.G. im P.Bl. 1891 S. 173, G. 9, 311. Der bloße Erwerb eines Grundstücks behufs späterer Errichtung einer Fabrik dürfte dagegen kaum je ausreichen (vergl. P.A. und R.G. im P.Bl. 1883 S. 329, G. 4, 176). In der Praxis spielt die Frage eine große Rolle, ob das Angebot oder die Ertheilung von Licenzen als eine genügende Maßnahme zu erachten ist. Hier ist zu unterscheiden (du Bois-Reymond und Wagner a. a. O.). Das bloße Angebot von Licenzen durch Inserate, Cirkulare und dergl. ist regelmäßig nicht als genügend anzusehen (P.A. im P.Bl. 1889 S. 255, G. 7, 228; R.G. im P.Bl. 1891 S. 531, G. 9, 435; P.A. im P.Bl. 1891 S. 597, G. 9, 452; R.G. im P.Bl. 1893 S. 205, G. 10, 242). Lagen bereits Verhandlungen des Patentinhabers mit inländischen Produzenten wegen Abgabe von Licenzen vor, führten dieselben aber zu keinem Resultate, weil der Patentinhaber unbillige Bedingungen stellte, so hat er seiner Ausführungspflicht nicht genügt (P.A. und R.G. im P.Bl. 1887 S. 39, G. 6, 247; R.G. im Bl. 4, 19). Bestand der Grund des Scheiterns der Verhandlungen in dem mangelnden Interesse der betheiligten gewerblichen Kreise des Inlandes und hatte der Patentinhaber alles aufgewendet, um Sicherung der Ausführung.

dieses Interesse zu wecken, so kann dies in den Fällen genügen, wo man dem Patentinhaber eine eigene fabrikatorische Ausführung im Inlande nicht zumuthen kann (vergl. N. 3). Definitive Licenzertheilungen können als genügend erachtet werden, wenn sie die Gewähr bieten, daß auf Grund derselben eine wirthschaftliche Verwerthung und Nutzbarmachung der Erfindung für das Inland erfolgen wird (P.A. im P.Bl. 1889 S. 255, G. 7, 229, im P.Bl. 1892 S. 189, G. 9, 462). In den Licenzvertrag dürfen also keine Bestimmungen aufgenommen werden, welche die inländische Fabrikation zu Gunsten des Imports vom Auslande erheblich beschränken (R.G. im P.Bl. 1891 S. 531, G. 9, 435). Zur Aufrechterhaltung eines Patents reicht es nicht aus, wenn Jemandem ganz allgemein die Berechtigung zur Ausnutzung aller Patente des Patentinhabers, ohne spezielle Bezugnahme auf das in Rede stehende Patent, übertragen war (P.A. im P.Bl. 1881 S. 167, G. 3, 200). Unter Umständen kann trotz einer ausreichenden Licenzertheilung die Zurücknahme erfolgen, nämlich wenn der Licenzträger die Ausführung im Inlande unterläßt und von dem Patentinhaber, der dies weiß, nicht zur Ausführung angehalten wird (R.G. im Bl. 5, 98).

Unbrauchbarkeit.

9. Ist die Erfindung praktisch nicht brauchbar oder überhaupt nicht ausführbar, so kann die unterlassene Ausübung nicht die Zurücknahme des Patents zur Folge haben, denn weder erfordert hier ein öffentliches Interesse die Ausführung, noch liegt hier eine schuldhafte Unterlassung des Patentinhabers vor; Remedur in solchen Fällen kann nur die Nichtigkeitsklage schaffen (P.A. und R.G. im P.Bl 1889 S. 137, G. 7, 270, R.G. 22, 130) Mit Rücksicht darauf, daß seit 1891 nach §. 28 Abs. 3. die Nichtigkeitsklage wegen Mangels der Neuheit oder des Erfindungscharakters nach Ablauf von fünf Jahren nicht mehr zulässig ist, hat das R.G. in neueren Entscheidungen (Bl 4, 19, Bl. 5, 290) die Zurücknahme auch ausgesprochen, wenn die Erfindung nicht brauchbar oder ausführbar war.

Zusatzerfindung.

10. Ist eine zusätzlich geschützte Erfindung, welche eine wirkliche Verbesserung der Haupterfindung darstellt, zur Ausführung gelangt, so kann regelmäßig eine Zurücknahme nicht deshalb ausgesprochen werden, weil die Konstruktionen und besonderen Anordnungen des Hauptpatents nicht ausgeführt worden sind, denn es wird ein öffentliches Interesse an der Ausführung der letzteren nicht mehr vorhanden sein: mit der Zusatzerfindung ist die Haupterfindung ausgeführt (P.A. im P.Bl. 1889 S. 39, G. 6, 294; Reuling im P.Bl 1883 S. 455). Dagegen schützt die Ausführung der Haupterfindung nicht das Zusatzpatent.

Zwangslicenz.

11. Die — in der Praxis sehr seltene — Zurücknahmeklage auf Grund der Nr. 2 führt den Licenzzwang ein. Sie setzt voraus, daß die Erlaubniß unter dem Angebot einer angemessenen Vergütung und Sicherstellung nachgesucht, daß sie von dem Patentinhaber verweigert wurde und endlich, daß die Ertheilung der Erlaubniß an den darum Nachsuchenden im öffentlichen Interesse geboten gewesen ist (P.A. im P.Bl. 1884 S. 193, G. 5, 227). Daß die Benutzung im Inlande stattfinden soll,

ist nicht vorgeschrieben; regelmäßig wird aber das öffentliche Interesse (wobei nur an das des Inlandes gedacht werden darf) eine Benutzung im Auslande nicht erfordern.

Im öffentlichen Interesse wird häufig die Licenzgewährung zu Gunsten anderer Patente, insbesondere zu Gunsten von Abhängigkeitspatenten liegen, nämlich dann, wenn das Patent des die Licenz Nachsuchenden Mängel des anderen Patents beseitigt und sich so als eine wirkliche Verbesserung desselben darstellt. Dies ist aber nicht unbedingt bei allen Abhängigkeitspatenten der Fall (R.G. im P.Bl. 1889 S. 137, G. 7, 283; P.A. im P.Bl. 1890 S. 285, G. 8, 371). Wird die Zurücknahme auf Grund der Nr. 2 beantragt, so muß das P.A. gemäß §. 30 Abs. 3 eine Androhung derselben an den Patentinhaber erlassen, bevor es auf sie erkennen darf.

12. Betraf die Nichtausführung oder die Nichtertheilung von Licenzen nur einen Theil der Erfindung, so kann die Zurücknahme nur bezüglich dieses Theils ausgesprochen werden, es sei denn, daß die Erfindung sich ihrem Inhalte nach als ein untheilbares Ganze darstellt (N. 17 zu §. 10). Auch hier muß der Richter, wie bei der Nichtigkeitsklage, für den bestehen bleibenden Theil den Anspruch neu formuliren; vergl. N. 18 zu §. 10. Theilrücknahme.

13. Ueber die Wirkung der Theilzurücknahme eines Hauptpatents auf das Zusatzpatent vergl. N. 9 a. E. zu §. 7. Zusatzpatent.

14. Die Wirkung der Zurücknahme besteht im Gegensatz zur Nichtigkeit darin, daß das Patent mit der rechtskräftigen Zurücknahmeerklärung aufhört; von nun an steht die Benutzung der Erfindung Jedermann frei. Da die Zurücknahme nur ex nunc wirkt, so sind alle vor ihrer rechtskräftigen Erklärung stattgehabten Eingriffe in die Patentsphäre Verletzungen des Patents, welche auch trotz der Zurücknahme die Konsequenzen der §§. 35ff. nach sich ziehen. Andererseits kann die Zurücknahme nicht ausgesprochen werden, wenn das Patent bei Erhebung der Klage nicht mehr bestand oder vor der Entscheidung erlischt (R.G. in Jurist. Wochenschrift 1900 S. 397). Wirkungen der Zurücknahme.

15. Wegen des Verfahrens in den Zurücknahmesachen vergl. §§. 28ff. Verfahren.

§. 12.

Wer nicht im Inlande wohnt, kann den Anspruch auf die Ertheilung eines Patents und die Rechte aus dem Patent nur geltend machen, wenn er im Inlande einen Vertreter bestellt hat. Der Letztere ist zur Vertretung in dem nach Maßgabe dieses Gesetzes stattfindenden Verfahren, sowie in den das Patent betreffenden bürgerlichen Rechtsstreitigkeiten und zur Stellung von Strafanträgen befugt. Der Ort, wo der Vertreter seinen Wohnsitz hat, und in Ermangelung eines solchen der Ort, wo das Patent=

amt seinen Sitz hat, gilt im Sinne des §. 24 der Civilprozeßordnung als der Ort, wo sich der Vermögensgegenstand befindet.

Unter Zustimmung des Bundesraths kann durch Anordnung des Reichskanzlers bestimmt werden, daß gegen die Angehörigen eines ausländischen Staates ein Vergeltungsrecht zur Anwendung gebracht werde.

1. Entstehungsgeschichte.

Abs. 1 (N. 2—14).

2. Ausland.
3. Mehrere
4. Veränderung des Wohnsitzes.
5. Vertreter
6. Anspruch.
7. Rechte aus dem Patent
8. Geltendmachung.
9. Befugnisse des Vertreters.
10. Vollmacht. Rolle.
11. Ausschließlichkeit?
12. Patentanwälte.
13. Gerichtsstand.
14. Inländischer Patentinhaber.

Abs. 2 (N. 15, 16).

15. Vergeltungsrecht.
16. Staatsverträge.

Entstehungsgeschichte. 1. Der § 12 hatte nach dem Patentgesetz von 1877 folgende Fassung:

Wer nicht im Inlande wohnt, kann den Anspruch auf die Ertheilung eines Patentes und die Rechte aus dem letzteren nur geltend machen, wenn er im Inlande einen Vertreter bestellt hat. Der letztere ist zur Vertretung in dem nach Maſsgabe dieses Gesetzes stattfindenden Verfahren, sowie in den das Patent betreffenden bürgerlichen Rechtsstreitigkeiten befugt. Für die in solchen Rechtsstreitigkeiten gegen den Patentinhaber anzustellenden Klagen ist das Gericht zuständig, in dessen Bezirk der Vertreter seinen Wohnsitz hat, in Ermangelung eines solchen das Gericht, in dessen Bezirk das Patentamt seinen Sitz hat.

Das Gesetz von 1891 hat ihn demnach in drei Punkten abgeändert:

a) Es hat die Befugniß des Vertreters erweitert, indem es ihn zur Stellung von Strafanträgen für berechtigt erklärt (N. 9).

b) Es hat die Zuständigkeit des Gerichts, in dessen Bezirk der Vertreter seinen Wohnsitz bezw. das P.A. seinen Sitz hat, ausgedehnt. Dieses Gericht war früher nur für die das Patent betreffenden bürgerlichen Rechtsstreitigkeiten (N. 9 zu b) zuständig: über die heutige Kompetenz vergl. N. 13.

c) Es hat den Abs. 2 neu hinzugefügt und dadurch die Anwendbarkeit eines Vergeltungsrechts gegen Ausländer zugelassen (N. 15).

Abs. 1.

Ausland. 2. Die Pflicht, einen Vertreter zu bestellen, hat, wenn er nicht im Inlande wohnt, nicht blos der Patentsucher oder -inhaber, sondern jeder, welcher den Anspruch auf die Ertheilung des Patents und die Rechte aus dem Patent geltend macht. Der Patentsucher deckt sich allerdings mit dem, welcher den Anspruch geltend macht, aber die Rechte aus dem Patent können auch von Anderen, als von dem Patentinhaber geltend gemacht werden. Insbesondere ist hierzu derjenige befugt, welchem diese Rechte beschränkt übertragen worden sind (N. 5 zu §. 6). Die Ausübung der Rechte Seitens eines solchen Erwerbers darf nicht davon abhängig gemacht werden, daß der Patentinhaber einen Vertreter bestellt hat, denn sonst würde in dem Falle, wenn der beschränkte Erwerber gegen den Patentinhaber selbst wegen Patentverletzung vorgehen will, Letzterer dies dadurch vereiteln können, daß er die Bestellung seines Vertreters widerruft.

Während der zweite Absatz von den Angehörigen eines ausländischen Staates handelt, spricht der erste von den nicht im Inlande Wohnenden; jener berücksichtigt also nur die Staatsangehörigkeit, dieser ausschließlich den Wohnsitz. Letzteren hat der Mensch an dem Orte, wo der Mittelpunkt seiner Verhältnisse und seiner Thätigkeit ist; Korporationen, Gesellschaften, Vereine domiziliren, wenn nichts Gegentheiliges bestimmt ist, an dem Orte, wo die Verwaltung geführt wird (§. 17 C.P.O.). Eine gewerbliche Niederlassung steht dem Wohnsitze nicht gleich (Kohler Handbuch S. 414). Die deutschen Schutzgebiete gehören im Sinne dieser Vorschrift (vgl. dagegen S. 23) zum Auslande, weil der Vertreterzwang dem P.A. und Dritten den Verkehr mit den auswärts wohnenden Patentinhabern und die Rechtsverfolgung zu erleichtern bezweckt. Maßgebend ist also die räumliche Entfernung des Patentinhabers vom Sitze des P.A. und vom Deutschen Reiche überhaupt. Dies trifft auch für den in einem Schutzgebiete wohnenden Patentinhaber zu (Seligsohn in Gewerbl. Rechtsschutz 4, 137; ebenso Kohler Handbuch S. 414).

Wer einen Wohnsitz im Inlande und einen anderen im Auslande hat, auf den findet Abs. 1 keine Anwendung, wohl aber auf denjenigen, welcher keinen Wohnsitz hat.

3. Bei mehreren Patentsuchern oder -inhabern liegt der Fall des Abs. 1 schon vor, wenn nur einer von ihnen nicht im Inlande wohnt. Mehrere.

4. Wenn der Berechtigte sein inländisches Domizil aufgiebt, ferner wenn der Anspruch oder das Recht auf einen nicht im Inlande Wohnenden — sei es auf ihn allein, sei es neben Anderen — übergeht, so wird die nachträgliche Bestellung eines Vertreters nothwendig; im umgekehrten Falle fällt die frühere Nothwendigkeit weg. Ist die unbeschränkte Uebertragung nicht in der Rolle vermerkt worden, so ist die Nothwendigkeit der Bestellung lediglich nach der Person des in der Rolle Eingetragenen, nicht des Erwerbers zu beurtheilen (N. 11 zu §. 19). Veränderung des Wohnsitzes.

5. Vertreter. Derselbe muß im Inlande (N. 2) wohnen. Weiter bestimmt §. 28 der Ausführungsverordnung vom 11. Juli 1891: Vertreter.

Vertreter in Patentangelegenheiten und in Angelegenheiten des Gebrauchsmusterschutzes haben dem Patentamt gegenüber ihre Bevollmächtigung durch eine Vollmacht nachzuweisen.

Die Vollmachten müssen auf prozessfähige, mit ihrem bürgerlichen Namen bezeichnete Personen lauten.

Sind mehrere Personen bevollmächtigt, so gelten dieselben für befugt, sowohl gemeinschaftlich als auch einzeln die Vertretung wahrzunehmen. Eine abweichende Bestimmung dürfen die Vollmachten nicht enthalten.

Ob der Vertreter Deutscher ist, ist gleichgültig. Der Vertreter deckt, soweit seine Befugnisse reichen, nach außen vollständig die Person des Patentinhabers. Deshalb braucht z. B., wenn der eingetragene Vertreter einer ausländischen Aktiengesellschaft wegen Patentverletzung klagt, nicht die Legitimation der Organe der Gesellschaft geprüft zu werden (R.G. im Bl. 5, 30, Jurist. Wochenschrift 1899 S. 11); die Gültigkeit eines Nichtigkeits- oder Zurücknahmeverfahrens wird dadurch nicht berührt, daß der in die Rolle eingetragene Patentinhaber zur Zeit der Anstellung der Klage bereits verstorben war, sofern die Klage dem eingetragenen Vertreter behändigt worden ist (R.G. im P.Bl. 1886 S. 49, G. 5, 238), vergl N. 14 zu §. 19.

Anspruch. 6. Die Geltendmachung des Anspruchs hat nicht mit der Anmeldung ihr Ende erreicht, vielmehr setzt sie sich in dem ganzen Ertheilungsverfahren, einschließlich der Ertheilung selbst, fort (vergl. N. 1 zu §. 6), ebenso wie im Civilprozeß der Kläger nicht bloß in dem Augenblicke, wo er die Klage einreicht oder in der mündlichen Verhandlung plaidirt, sondern während der ganzen Dauer des Rechtsstreits seinen Anspruch geltend macht. Es ist zu eng, wenn Rosenthal diesen Begriff nur auf die vom Patentsucher unmittelbar ausgehenden Rechtshandlungen (Anmeldung, Einlassung auf die Beschwerde) beschränken will; er gelangt dadurch zu unhaltbaren Konsequenzen (S. 196). Reicht ein nicht im Inlande Wohnender ein Patentgesuch ein, ohne gleichzeitig einen Vertreter zu bestellen, oder wird in einem späteren Stadium des Ertheilungsverfahrens die Bestellung eines Vertreters nothwendig, so hat der Vorprüfer gemäß §. 21 Abs. 2 einen Vorbescheid zu erlassen. Ist die Anmeldung bereits bei der Abtheilung anhängig, so hat diese dem Anmelder eine Frist zur Bestellung eines Vertreters zu stellen und, wenn die Frist verstrichen ist, die Ertheilung des Patents zu versagen.

Rechte aus dem Patent. 7. Die Rechte aus dem Patent sind: das Recht, die Feststellungsklage oder die Störungsklage zu erheben, einstweilige Verfügungen zu beantragen, wegen Patentverletzung eine Entschädigung oder Buße zu fordern, den Strafantrag zu stellen, im Nichtigkeits- und Zurücknahmeverfahren das Patent zu vertheidigen (ebenso bezüglich des letzteren Rechts: R.G. im P.Bl. 1886 S. 49, G. 5, 238; vgl. R.G. 42, 92, im Bl. 5, 30). Dagegen gehören nicht hierher: das Recht auf Vergütung im Falle des § 5 Abs. 2 (a. M. Kohler Handbuch S. 415), Einspruch und Beschwerde bei Ertheilung eines Patents an Dritte (a. M. Klostermann S. 198), der Antrag auf Nichtigkeitserklärung oder Zurücknahme eines anderen Patents, der Anspruch auf das Aequivalent für Uebertragung eines Patents oder Ertheilung einer Licenz (a. M. Rosenthal S. 198), die Erhebung der Theilungsklage gegen den Mitinhaber des Patents (a. M. Rosenthal S. 199), ebensowenig die Gebührenzahlung, der Verzicht auf das Patent, ein Antrag auf Eintragung eines Vermerks in die Rolle (Rosenthal

S. 198). In dem Fallenlassen des Anspruches auf Entschädigung oder Buße und in der Zurücknahme des Strafantrages liegt ebenfalls keine Geltendmachung der Rechte.

Entgegen den vorstehenden Ausführungen will R.G. Straff. 6, 119 (II Str.-Senat) in einem unter dem Patentgesetze von 1877 erlassenen Urtheil die Bestimmung nicht auf den Antrag auf Strafverfolgung oder auf Zuerkennung einer Buße beziehen. Diese Ansicht widerspricht dem Wortlaute des Gesetzes, da in den beiden letzteren Anträgen ein Geltendmachen der Rechte aus dem Patent liegt. In einer anderen Entscheidung des R.G. Straff. 6, 10 (III Str.-Senat) wird auch zutreffend aus dem ersten Satze des §. 12 gefolgert, daß der strafrechtliche Schutz des Patentgesetzes objektiv abhängig ist von der Existenz eines gehörig bestellten Patentvertreters.

8. An die Nichtbestellung des Vertreters knüpft das Gesetz nicht den Rechtsnachtheil des Verlustes des Anspruchs auf das Patent bezw. der Rechte aus dem Patent, sondern nur den, daß man Anspruch oder Recht nicht geltend machen kann. **Geltendmachung.**

In Folge dessen erlangen Dritte durch die Nichtbestellung nicht die Befugniß, den Gegenstand der Erfindung herzustellen, feilzuhalten, in Verkehr zu bringen oder zu gebrauchen, sie würden sich dadurch strafbar und entschädigungspflichtig machen; der Berechtigte könnte aber den Strafantrag erst stellen oder die Entschädigung erst fordern, nachdem er einen Vertreter bestellt hat. Andrerseits ist der Berechtigte durch die Nichtbestellung nicht gehindert, das Patent zu übertragen oder Licenzen zu ertheilen. Hatte er das Patent übertragen, nachdem sich Jemand einer Verletzung desselben schuldig gemacht hatte, so ist nach allgemeinen Regeln zu entscheiden, ob er oder der neue Erwerber die Rechte aus jener Verletzung geltend zu machen befugt ist; ist, wofür im Zweifel zu vermuthen ist (a. M. Rosenthal S. 199), ihm die Befugniß verblieben, so muß er, um sie geltend zu machen, zunächst ex post einen Vertreter bestellen. Ein im Auslande Wohnender kann ohne Vertreter ein Patent derivativ erwerben.

9. Der Vertreter ist kraft Gesetzes zur Vertretung des Patentinhabers legitimirt **Befugnisse des Vertreters.**

a) in einem nach Maßgabe dieses Gesetzes stattfindenden Verfahren d. h. in dem Ertheilungs-, Nichtigkeits- und Zurücknahmeverfahren (§§. 20—34), sowie überhaupt dem Patentamt gegenüber (vergl. N. 11, 14 zu §. 19, N. 1 der Vorbemerkungen zum dritten Abschnitt). Er kann Stundung und Erlaß der Gebühren beantragen, auch auf das Patent verzichten. Zweifelhaft kann sein, ob er zur Nachsuchung von Zusatzpatenten befugt ist; das P.A. hat die Frage — wohl mit Recht — verneint (Robolski S. 148). An ihn haben alle Zustellungen zu erfolgen.

b) in allen bürgerlichen Rechtsstreitigkeiten, welche das Patent betreffen.

α) Die Rechtsstreitigkeit endigt mit dem rechtskräftigen Urtheil, die Zwangsvollstreckung aus dem Urtheil gehört zwar zum Civilprozeß, aber nicht zur Rechtsstreitigkeit. Demnach kann, wenn Jemand auf Grund eines gegen den ausländischen Patentinhaber ergangenen Wechselerkenntnisses das Patent pfänden will, das Gebot (N 7 zu §. 6) nicht dem gemäß §. 12 bestellten Vertreter zugestellt werden (Seligsohn im P.Bl. 1886 S. 59; a. M. Kohler in Busch's Arch. Bd. 47 S. 339). Zur Vertretung außerhalb eines Rechtsstreits ist der Vertreter nicht befugt: er kann weder Licenzen ertheilen noch das Patent übertragen.

β) Die Rechtsstreitigkeit muß eine bürgerliche sein.

γ) Die Rechtsstreitigkeit muß das Patent betreffen. Dieser Ausdruck begreift nicht blos die „Rechtsstreitigkeiten, durch welche ein Anspruch auf Grund der Bestimmungen dieses Gesetzes geltend gemacht wird" (Erläuterungen zu §. 38), sondern auch solche, welche aus Uebertragungen des Patents oder wegen Licenzgebühren entstehen sowie solche, welche die Abhängigkeit des Patents von einem anderen oder umgekehrt betreffen (R.G. 42, 92, im Bl. 5, 30).

c) zur Stellung von Strafanträgen wegen Patentverletzung (N. 1). Die gerichtliche Praxis dehnt diese Befugniß mit Recht dahin aus, daß der Vertreter auch als Nebenkläger auftreten und Buße fordern kann.

Eine Beschränkung der Vollmacht hat Dritten gegenüber keine Bedeutung; der Vertreter kann sich aber, wenn er die Einschränkungen nicht beachtet, dem Besteller gegenüber schadensersatzpflichtig machen.

Der Vertreter kann sich für alle seine Befugnisse oder einzelne derselben Andere substituiren, wenn der Besteller nicht ausdrücklich in der Vollmacht das Gegentheil bestimmt hat.

Durch den Tod des Patentinhabers erlischt die Vollmacht des Vertreters nicht (§. 19 Abs. 2); auch das der Vollmacht zu Grunde liegende Rechtsverhältniß wird durch den Tod des Patentinhabers regelmäßig nicht aufhören (§§. 672, 675 B.G.B.).

Vollmacht. Rolle. **10.** Die Vollmacht muß schriftlich ertheilt sein, sie bedarf, auch wenn sie in die Rolle eingetragen werden soll, keiner weiteren beweisenden Form; anders bei einem Wechsel in der Person des Vertreters (N. 10 zu §. 19). Wegen der Sprache, in der die Vollmacht abzufassen ist, vergl. N. 3 zu §. 34; wegen des Inhalts der Vollmacht siehe Bl 1, 265 und 302. Nach der Praxis der preußischen Verwaltungsbehörden und Gerichte unterliegen Vollmachten, auch wenn sie außerhalb Preußens von In- oder Ausländern ausgestellt werden, auf Grund des §. 2 des preußischen Stempelsteuergesetzes vom 31. Juli 1895 der preußischen Stempelsteuer, wenn die von dem Bevollmächtigten vorzunehmenden Geschäfte in Preußen auszuführen sind (a. M. Heinitz Kommentar zum Stempelsteuergesetz 2. Aufl. S. 30). Danach würden alle für das P.A bestimmten Vollmachten zu stempeln sein und zwar nach Nr. 73 des Stempelsteuertarifs, wenn der Werth des Gegenstandes der Vollmacht nicht schätzbar ist, mit 1 Mk. 50 Pf. In der Praxis wird diese Stempelpflicht meistens nicht beachtet.

In die Rolle wird nur der vom Patentinhaber bestellte Vertreter eingetragen, und zwar Name und Wohnort des Vertreters, sowie das Erlöschen der Vollmacht. Die Eintragung ist für die Entstehung oder die Beendigung des Vertretungsverhältnisses im allgemeinen rechtlich bedeutungslos (N. 5 zu §. 19). Nur wenn eine Aenderung in der Person des Vertreters nicht eingetragen und durch den Reichsanzeiger veröffentlicht wird, ist es nach §. 19 Absatz 2 erheblich (vergl. N. 14 §. 19).

11. Die Bestellung eines Vertreters gemäß §. 12 hindert den Machtgeber weder, die Akte, zu denen jener befugt ist, selbst vorzunehmen, noch zu deren Vornahme Spezialbevollmächtigte zu bestellen, denn der §. 12 spricht im Gegensatz zu §. 23 Abs. 2 des Waarenzeichengesetzes nicht von einer ausschließlichen Befugniß des Vertreters (R.G. Strafs. 6, 10; R.G. im Bl. 5, 239, Jurist. Wochenschrift 1899 S. 543; a. M.: P.A. im P.Bl. 1879 S. 649, G. 1, 287). Ausschließlichkeit?

12. Zu Vertretern werden häufig Personen bestellt, welche sich gewerbsmäßig mit der Vertretung vor dem P.A. befassen. Auf dieselben findet die Bestimmung des §. 35 der Gewerbeordnung Anwendung, daß Personen, welche die gewerbsmäßige Besorgung fremder Rechtsangelegenheiten und bei Behörden wahrzunehmender Geschäfte beginnen, hiervon bei Eröffnung ihres Gewerbebetriebes der zuständigen Behörde Anzeige zu machen haben; nach Abs. 3 desselben §. 35 ist ihnen ihr Gewerbebetrieb zu untersagen, wenn Thatsachen vorliegen, welche ihre Unzuverlässigkeit in Bezug auf diesen Gewerbebetrieb darthun. Patentanwälte.

Diejenigen berufsmäßigen Vertreter, welche in die bei dem P.A. geführte Liste als Patentanwalt eingetragen sind, nehmen eine bevorzugte Stellung ein. Sie unterstehen nicht der Vorschrift des §. 35 Abs. 3 der Gewerbeordnung und dürfen sich als Patentanwalt bezeichnen. Ihre Rechtsverhältnisse sind durch das Reichsgesetz betreffend die Patentanwälte vom 21. Mai 1900 geregelt; zur Ausführung dieses Gesetzes hat der Bundesrath unter dem 25. Juli 1900 eine Prüfungs-Ordnung für Patentanwälte erlassen (vergl. die systematische Bearbeitung des Gesetzes von Damme, sowie die Kommentare von Schmid, Stephan, Leander, ferner M. Seligsohn in Gewerbl. Rechtsschutz 5, 293). Personen, welche der Präsident des P.A. auf Grund des §. 17 des Gesetzes betr. die Patentanwälte vom Vertretungsgeschäft ausgeschlossen hat, können zu Vertretern nicht bestellt werden (Damme in Gewerbl. Rechtsschutz 6, 1).

13. Nach dem früheren Wortlaut des §. 12 (N. 1) bezog sich die Bestimmung des Gerichtsstandes im dritten Satze des Abs. 1 nur auf die im vorhergehenden Satze erwähnten „das Patent betreffenden bürgerlichen Rechtsstreitigkeiten"; durch die jetzige Fassung ist diese Beschränkung fallen gelassen. Der §. 24 (nach dem Texte der Bekanntmachung vom Gerichtsstand.

20. Mai 1898: §. 23) C.P.O., auf welchen Bezug genommen wird, lautet nämlich in seinem ersten Satze, welcher hier allein in Betracht kommt:

> Für Klagen wegen vermögensrechtlicher Ansprüche gegen eine Person, welche im Deutschen Reiche keinen Wohnsitz hat, ist das Gericht zuständig, in dessen Bezirke sich Vermögen derselben oder der mit der Klage in Anspruch genommene Gegenstand befindet.

Folglich ist das Gericht, in dessen Bezirke der Vertreter seinen Wohnsitz hat, und in Ermangelung eines solchen das Königl. Amts- bezw. Landgericht I zu Berlin für alle Klagen, welche wegen vermögensrechtlicher Ansprüche gegen den nicht im Inlande wohnenden Machtgeber angestrengt werden, zuständig, auch wenn diese Klagen mit dem Patent in gar keinem Zusammenhange stehen. Auf §. 23 C.P.O. nehmen die §§. 797, 828 C.P.O. Bezug. Dadurch ist dieses Gericht und zwar das A.G. z. B. auch zuständig, um das Reichspatent oder das durch die beschränkte Uebertragung entstandene Recht der nicht im Inlande wohnenden Person zu pfänden (N. 12 zu § 6); vergl. über den früheren Rechtszustand: Seligsohn im P.Bl. 1886 S. 59, Kohler in Busch's Arch. Bd. 47 S. 339, Komm.-Ber. II S. 17. Mit dem Erlöschen des Patents hört der Gerichtsstand des §. 23 C.P.O. auf (Komm.-Ber. II S. 17).

Das A.G. I zu Berlin ist ferner nach §. 2369 B.G.B. und §§. 72, 73 des Reichsgesetzes über die Angelegenheiten der freiwilligen Gerichtsbarkeit vom 17. Mai 1898 zuständig für die Ausstellung eines Erbscheins in Ansehung eines Patents oder des Anspruchs auf Ertheilung eines Patents, welche einem Ausländer gehören, wofern dieser zur Zeit des Erbfalls im Inlande weder Wohnsitz noch Aufenthalt hatte.

Inländischer Patentinhaber. 14. Auch ein im Inlande wohnender Berechtigter kann einen Vertreter bestellen. Auf denselben finden aber die Bestimmungen des § 12 keine Anwendung, seine Befugnisse insbesondere richten sich nach dem Inhalte der Vollmacht. Ein solcher Vertreter wird in der Rolle nicht vermerkt.

Abs. 2.

Vergeltungsrecht. 15. Das Patentgesetz macht in Bezug auf die Erlangung und Verwerthung der Patente keinen Unterschied zwischen Reichsangehörigen und Ausländern. Die fremden Patentrechte stehen nicht durchweg auf demselben Standpunkte. Um die anderen Staaten zur Annahme des deutschen Standpunktes zu veranlassen und, bis dies geschehen, die deutschen Interessen wirksamer schützen zu können, hat das Gesetz von 1891 zwar nicht den Beschluß der Enquete von 1886 adoptirt, daß die Ertheilung von Patenten an Ausländer von der Voraussetzung abhängig zu machen ist, daß in dem Staate, welchem sie angehören, auch dem Inländer Patentschutz gewährt wird (Enqu. 1886 S. 141), aber doch die Anwendung eines Vergeltungsrechts zugelassen.

Nach der Erklärung des Staatssekretärs des Innern in der Reichstagskommission finden die verbündeten Regierungen in dem Abs. 2 noch nicht ein Mandat zur Anwendung desselben, sondern sie werden im

Einzelfalle erst nach sorgfältigster Prüfung aller Umstände und nur im Falle dringlicher Nothwendigkeit von demselben Gebrauch machen, so daß sie in diesem Absatz eine Vollmacht erblicken, von der sie Gebrauch machen können, aber nicht müssen (Komm.-Ber. II S. 18). Bisher ist von der Vorschrift noch kein Gebrauch gemacht worden.

Die Anordnung des Reichskanzlers darf nicht für einen einzelnen Fall ein Vergeltungsrecht einführen, sondern muß alle Angehörigen eines ausländischen Staates gleichmäßig treffen; sie kann je nach dem Grunde, welcher zur Vergeltung den Anlaß giebt, diesen Angehörigen den deutschen Patentschutz entweder völlig versagen oder nur mit Einschränkungen gewähren.

Die Anordnung des Reichskanzlers, welche im Reichsgesetzblatt verkündigt werden muß und mit dem vierzehnten Tage nach dem Ablauf desjenigen Tages, an welchem das betreffende Stück des Reichsgesetzblattes in Berlin ausgegeben worden ist, in Kraft tritt (Art. 2 der Reichsverfassung), bindet sämmtliche Behörden und Betheiligten.

Vergl. jetzt Art. 31 des Einführungsgesetzes zum B.G.B.

16. Mit einzelnen Staaten hat das Deutsche Reich durch Verträge die Gleichstellung der beiderseitigen Angehörigen in Bezug auf Erlangung des Patentschutzes ausdrücklich vereinbart, so daß gegen die Angehörigen dieser Staaten ein Vergeltungsrecht nicht angeordnet werden darf. Dies ist der Fall mit Oesterreich-Ungarn, Italien und der Schweiz; die Verträge werden weiter unten mitgetheilt und erörtert werden. Staatsverträge.

Zweiter Abschnitt.

Patentamt.

1. Zweiter Abschnitt.
2. Geschäftskreis des P.A.
3. Reichsbehörde.
4. Dienstaufsicht.
5. Vertretung des Reichsfiskus.

1. Der zweite und dritte Abschnitt des Gesetzes stehen in enger Beziehung zu einander; der zweite behandelt die Verfassung und Zuständigkeit des Patentamts, der dritte das Verfahren vor demselben. Der zweite entspricht daher etwa dem G.V.G., der dritte der C.P.O. Beide Abschnitte stehen ebenso, wie diese beiden Gesetze, in einer gewissen Abhängigkeit von einander, indem die Verfassung eines Gerichts durch das bei demselben geltende Verfahren bedingt ist und umgekehrt. Zweiter Abschnitt.

Der zweite Abschnitt behandelt die Verfassung und die Zuständigkeit des P.A. nicht erschöpfend, für diese kommen insbesondere noch §. 9 (Kasse), §§. 23, 27 (Publikationen), §. 27 (Ausfertigung der Patent-Urkunde), für jene noch die in Gemäßheit des §. 17 zu erlassende Kaiserliche Verordnung in Betracht.

In Betreff der Organisation der Patentbehörden gingen die Reformvorschläge sehr weit (Enqu. 1886 S. 142 ff.); das Gesetz von 1891 hat denselben nur beschränkt entsprochen, insbesondere die Bildung eines besonderen Patentgerichtshofs neben dem P.A. abgelehnt.

Geschäftskreis des P.A.

2. Zu dem Geschäftskreis des P.A. gehören:

a) die Ertheilung, die Erklärung der Nichtigkeit und die Zurücknahme der Patente (§. 13 Abs. 1);

b) die Herbeiführung der im Gesetze (§§. 19, 23, 27) vorgeschriebenen Veröffentlichungen; vergl. N. 1 zu §. 19;

c) die Einziehung der Gebühren und Kosten (§§. 8, 9, 20 Abs. 3, 24 Abs. 1, 26 Abs. 1, 28 Abs. 4);

d) die Ausfertigung der Patent-Urkunde (§. 27 Abs. 1);

e) die Abgabe von Gutachten (§ 18 Abs. 1).

Die Hauptfunktion ist die unter a aufgeführte Thätigkeit, welche dem P.A. unter den Verwaltungsgerichten des Reichs neben dem Bundesamt für Heimathswesen u. a. seine Stellung anweist.

Reichsbehörde.

3. Das P.A. ist eine ständige Reichsbehörde, welche auf einem Reichsgesetze beruht, daher nur durch Reichsgesetz aufgehoben oder bezüglich der durch das Patentgesetz geregelten Punkte abgeändert werden kann. Es führt den Titel „Kaiserliches Patentamt“ und übt seine Funktionen im Namen des Reichs aus.

Es ressortirt direkt von dem Reichsamt des Innern Im Sinne des Reichsbeamtengesetzes ist letzteres die oberste Reichsbehörde, während das P.A. eine höhere, der obersten Reichsbehörde unmittelbar untergeordnete Reichsbehörde ist (R.G.Bl. 1899 S. 730)

Dienstaufsicht.

4. Die Dienstaufsicht über das P.A. steht dem Reichskanzler zu, (vergl §. 18 Abs. 2).

Sie ist insoweit beschränkt, als das P.A. richterliche Funktionen ausübt, also in Betreff der in N. 2 unter a aufgeführten Thätigkeit, sowie hinsichtlich der von ihm abzugebenden Gutachten. Hier haben die Mitglieder des P.A. nur ihrer unabhängigen individuellen Ueberzeugung zu folgen; der Reichskanzler — dasselbe gilt natürlich auch für den Präsidenten des P.A. — darf ebensowenig diese Thätigkeit beeinflussen, wie er für sie verantwortlich ist.

Vertretung des Reichsfiskus.

5. Der §. 26 der Verordnung vom 11. Juli 1891 bestimmt:

> Die Leitung und Beaufsichtigung des gesammten Geschäftsbetriebes steht dem Präsidenten zu. Er verfügt in allen Verwaltungsangelegenheiten.

Nicht unzweifelhaft ist es, wer den Reichsfiskus in den Prozessen, welche aus der Verwaltung des Präsidenten des P.A. entspringen, vertritt, wenn nicht, wie im § 151 des Reichsbeamtengesetzes, die Vertretung durch eine besondere gesetzliche Bestimmung geregelt ist. Laband (Deutsches Staatsrecht §. 112) weist subsidiär, d. h. soweit nicht durch besondere Anordnung einer anderen Behörde die Vertretungsbefugniß ertheilt ist, stets dem Reichskanzler die Vertretung des Reichsfiskus zu, eine andere Ansicht (Fritze Zusammenstellung der Behörden, welche den preußischen Landesfiskus und den deutschen Reichsfiskus im Prozesse zu vertreten befugt sind. Berlin 1891. S. 190) erachtet wegen der selbständigen Verwaltungsbefugniß des Präsidenten des P.A. diesen zur Vertretung legitimirt Der letzteren Ansicht, welcher auch die Praxis entspricht, dürfte zuzustimmen sein, weil die selbständige Verwaltung eines bestimmten Zweiges der Staatshoheitsrechte nicht blos das Recht zum Abschluß von Rechtsgeschäften, welche für die Zwecke der Verwaltung erforderlich sind, sondern auch das Recht zur Prozeßführung in sich schließt (R.G. 20, 148; vergl. dagegen Pfizer in Gruchot's Beiträge Bd. 34 S. 854).

§. 13.

Die Ertheilung, die Erklärung der Nichtigkeit und die Zurücknahme der Patente erfolgt durch das Patentamt.

Das Patentamt hat seinen Sitz in Berlin. Es besteht aus einem Präsidenten, aus Mitgliedern, welche die Befähigung zum Richteramt oder zum höheren Verwaltungsdienst besitzen (rechtskundige Mitglieder), und aus Mitgliedern, welche in einem Zweige der Technik sachverständig sind (technische Mitglieder). Die Mitglieder werden, und zwar der Präsident auf Vorschlag des Bundesraths, vom Kaiser ernannt. Die Berufung der rechtskundigen Mitglieder erfolgt, wenn sie im Reichs- oder Staatsdienst ein Amt bekleiden, auf die Dauer dieses Amts, anderenfalls auf Lebenszeit. Die Berufung der technischen Mitglieder erfolgt entweder auf Lebenszeit oder auf fünf Jahre. In letzterem Falle finden auf sie die Bestimmungen im §. 16 des Gesetzes, betreffend die Rechtsverhältnisse der Reichsbeamten, vom 31. März 1873 keine Anwendung.

1. Nach dem Patentgesetz von 1877 hatte §. 13 folgenden Wortlaut: **Entstehungsgeschichte.**
Die Ertheilung, die Erklärung der Nichtigkeit und die Zurücknahme der Patente erfolgt durch das Patentamt.

Das Patentamt hat seinen Sitz in Berlin. Es besteht aus mindestens drei ständigen Mitgliedern, einschliesslich des Vorsitzenden, und aus nicht ständigen Mitgliedern. Die Mitglieder werden vom Kaiser, die übrigen Beamten vom Reichskanzler ernannt. Die Ernennung der ständigen Mitglieder erfolgt auf Vorschlag des Bundesraths, und zwar, wenn sie im Reichs- oder Staatsdienste ein Amt bekleiden, auf die Dauer dieses Amtes, anderen Falls auf Lebenszeit; die Ernennung der nicht ständigen Mitglieder erfolgt auf fünf Jahre. Von den ständigen Mitgliedern müssen mindestens drei die Befähigung zum Richteramte oder zum höheren Verwaltungsdienste besitzen, die nicht ständigen Mitglieder müssen in einem Zweige der Technik sachverständig sein. Auf die nicht ständigen Mitglieder finden die Bestimmungen in §. 16 des Gesetzes, betreffend die Rechtsverhältnisse der Reichsbeamten, vom 31. März 1873, keine Anwendung.

Das Gesetz von 1891 hat ihn mehrfach abgeändert.

a) Es geht nicht von der Eintheilung der Mitglieder in ständige (lebenslänglich oder auf die Dauer eines Hauptamts ernannte) und nicht ständige (auf fünf Jahre ernannte) aus, sondern von der in rechtskundige und technische Mitglieder.

b) Es läßt die Bestimmung fallen, daß unter den ständigen Mitgliedern mindestens drei rechtskundige sein müssen.

c) Es läßt die Berufung technischer Mitglieder nicht auf die Dauer eines Hauptamts zu.

d) Des Vorschlags des Bundesraths bedarf es nur bei der Besetzung der Stelle des Präsidenten (dieser Ausdruck wird an Stelle des bisherigen „Vorsitzenden" im Gesetze gebraucht), während er früher bei allen ständigen Mitgliedern nöthig war.

Abs. 1.

Verfahren. 2. Das Verfahren bei der Ertheilung der Patente wird in den §§. 20—27, das bei der Nichtigkeitserklärung und Zurücknahme in den §§. 28 ff. geregelt (vergl. Vorbemerkungen zu dem dritten Abschnitt).

Abs. 2.

Sitz. 3. Das P.A. befindet sich in Berlin NW., Luisenstr. 33/34.

Personal. 4. Das Personal des P.A. besteht aus dem Präsidenten, den Direktoren, den Mitgliedern, den Hülfsarbeitern, den Subaltern- und Unterbeamten.

Präsident; Direktoren. 5. Der Präsident wird vom Kaiser auf Vorschlag des Bundesraths ernannt und zwar gemäß dem Reichsbeamtengesetz auf Lebenszeit Das Gesetz bestimmt nichts darüber, daß er Rechtskundiger oder Techniker sein muß. Aus dem Schlußsatz des §. 7 der Ausführungsverordnung geht aber hervor, daß er rechtskundig sein muß (N. 6 zu §. 14).

Seine Befugnisse sind in der Ausführungsverordnung vom 11. Juli 1891 geregelt.

Hervorzuheben ist daraus, daß ihm die Leitung und Beaufsichtigung des gesammten Geschäftsbetriebes zusteht (§. 26) und daß ihm obliegt, auf eine gleichmäßige Behandlung der Geschäfte und auf die Beobachtung gleicher Grundsätze hinzuwirken. Zu diesem Behufe ist er befugt, den Berathungen aller Abtheilungen beizuwohnen, auch sämmtliche Mitglieder zu Plenarversammlungen zu vereinigen und die Berathung des Plenums über die von ihm vorgelegten Fragen herbeizuführen (§. 9). Ihm steht die Geschäftsleitung in der Nichtigkeitsabtheilung und in den Beschwerdeabtheilungen zu, er bezeichnet in diesen Abtheilungen für jede Klasse im Voraus zwei Berichterstatter (§. 6). Weitere Befugnisse sind in den

§§. 3—7, 10, 17, 19, 21, 24—26 der Verordnung aufgezählt. Die Vertretung des Präsidenten erfolgt durch die Direktoren im Patentamt, deren es zur Zeit 3 giebt; sie werden vom Kaiser ernannt.

6. Die Mitglieder werden vom Kaiser ernannt. Sie zerfallen in: Mitglieder.

a) Rechtskundige Mitglieder. Dieselben müssen entweder zum Richteramt oder zum höheren Verwaltungsdienst befähigt sein. Wegen der Befähigung zum Richteramt vergl. §§. 2, 4 G.V.G.; die Befähigung zum höheren Verwaltungsdienst ist landesgesetzlich geregelt, in Preußen z. B. durch das Gesetz vom 11. März 1879. Die rechtskundigen Mitglieder werden, wenn sie im Reichs- oder Staatsdienst ein Amt bekleiden, auf die Dauer dieses Amts, sonst auf Lebenszeit ernannt; eine Berufung auf bestimmte Jahre ist unzuläſſig.

b) Technische Mitglieder. Dieselben müssen in einem Zweige der Technik sachverständig sein, der Darlegung ihrer Sachkunde durch eine Prüfung bedarf es nicht. Sie werden auf Lebenszeit oder auf fünf Jahre ernannt, in letzterem Falle ist eine Wiederberufung nach Ablauf der Zeit zuläſſig. In den Anmeldeabtheilungen dürfen nach §. 14 Abs. 2 nur auf Lebenszeit Berufene mitwirken. Eine Berufung auf die Dauer eines Hauptamts ist bei den technischen Mitgliedern unzuläſſig.

7. Die Hülfsarbeiter werden im Gesetze nicht erwähnt. Sie dienen zur Unterstützung der Mitglieder, sind Techniker oder Rechtskundige. Sie werden entweder etatsmäßig angestellt oder diätarisch beschäftigt. Hülfsarbeiter.

8. Die Subaltern- und Unterbeamten werden im Gesetze nicht erwähnt; sie unterstehen durchweg dem Reichsbeamtengesetz. Subaltern- und Unterbeamte.

9. Die Mitglieder und Beamten des P.A. sind Reichsbeamte Es findet deshalb das Gesetz, betr. die Rechtsverhältnisse der Reichsbeamten, vom 31. März 1873 auf sie durchweg Anwendung. Nur bezüglich derjenigen technischen Mitglieder, welche auf fünf Jahre berufen sind, ist eine Ausnahmebestimmung getroffen worden. Um nämlich die Auswahl derselben durch Beschränkung ihrer freien privatwirthschaftlichen Thätigkeit nicht zu erschweren, ist auf sie §. 16 jenes Gesetzes für nicht anwendbar erklärt. Derselbe hat folgenden Wortlaut: Reichsbeamte; richterliche Beamte.

Kein Reichsbeamter darf ohne vorgängige Genehmigung der obersten Reichsbehörde ein Nebenamt oder eine Nebenbeschäftigung, mit welcher eine fortlaufende Remuneration verbunden ist, übernehmen oder ein Gewerbe betreiben. Dieselbe Genehmigung ist zu dem Eintritt eines Reichsbeamten in den Vorstand, Verwaltungs- oder Aufsichtsrath einer jeden auf Erwerb gerichteten Gesellschaft erforderlich. Sie darf jedoch nicht ertheilt werden, sofern die Stelle mittelbar oder unmittelbar mit einer Remuneration verbunden ist.

Die ertheilte Genehmigung ist jederzeit widerruflich.

Auf Wahlkonsuln und einstweilen in den Ruhestand versetzte Beamte finden diese Bestimmungen keine Anwendung.

Der Präsident, die Direktoren und die Mitglieder des P.A., auch die technischen, sind richterliche Beamte, gleichviel in welcher Abtheilung des P.A. sie beschäftigt sind, da ihnen die Erfüllung richterlicher Funktionen obliegt (Damme in Gewerbl. Rechtsschutz 3, 257). Daraus folgt, daß sie zu Schöffen nicht berufen werden sollen (§. 34 G.V.G.), daß sie nicht Stadtverordnete, Mitglieder des Magistrats oder Gemeindeverordnete sein können (§§. 17, 30 der Städteordnung vom 30. Mai 1853 und §. 53 der Landgemeindeordnung vom 3. Juli 1891), daß sie für Versehen, welche sie in ihrer Eigenschaft als Spruchrichter begehen, der milderen Haftpflicht des §. 839 Abs. 2 B.G.B. unterstehen, daß aber andererseits auf Vergehen, welche sie in ihrer Eigenschaft als Spruchrichter begehen, die strengen Vorschriften der §§. 334, 336 Str.G.B. Anwendung finden (Damme a. a. O.).

Zweifelhaft ist, ob die Mitglieder des P.A. wider ihren Willen in ein anderes Amt versetzt oder ihres Amtes enthoben werden können. Zu Unrecht verneint Klostermann S. 203 diese Frage ohne Weiteres auf Grund des §. 8 G.V.G., weil die Mitglieder des P.A. als Richter zu betrachten seien; denn der §. 8 G.V.G. bezieht sich nicht auf Mitglieder von Verwaltungsgerichten. Auch ist nicht zu übersehen, daß man bei Schaffung des Patentgesetzes unterlassen hat, den §. 158 des Reichsbeamtengesetzes vom 31. März 1873, welcher die Mitglieder des Reichs-Oberhandelsgerichts, des Bundesamts für das Heimathswesen und des Rechnungshofes des Deutschen Reiches, sowie die richterlichen Militär-Justizbeamten von den Bestimmungen des Gesetzes über die Versetzung in ein anderes Amt u. s. w. ausnimmt, auf die Mitglieder des P.A. auszudehnen. Trotzdem wird man die Vorschrift des §. 158 nicht als eine Singularität ansehen dürfen, sondern als den Niederschlag des dem modernen Rechtsbewußtsein entsprechenden Grundsatzes, daß die Unabsetzbarkeit der Richter eine nothwendige Voraussetzung für die Unabhängigkeit der Rechtsprechung ist. Dieser Satz gilt, wie §. 158 zeigt und wie auch z. B. in den Preußischen Gesetzen über die Verwaltungsgerichte anerkannt ist, heutzutage auch für die Mitglieder der Verwaltungsgerichte und kann deshalb trotz des Fehlens einer ausdrücklichen Bestimmung auch auf die Mitglieder des P.A. angewendet werden.

§. 14.

In dem Patentamt werden

1. Abtheilungen für die Patentanmeldungen (Anmeldeabtheilungen),
2. eine Abtheilung für die Anträge auf Erklärung der Nichtigkeit oder auf Zurücknahme von Patenten (Nichtigkeitsabtheilung),

3. Abtheilungen für die Beschwerden (Beschwerdeabtheilungen)

gebildet.

In den Anmeldeabtheilungen dürfen nur solche technische Mitglieder mitwirken, welche auf Lebenszeit berufen sind. Die technischen Mitglieder der Anmeldeabtheilungen dürfen nicht in den übrigen Abtheilungen, die technischen Mitglieder der letzteren nicht in den Anmeldeabtheilungen mitwirken.

Die Beschlußfähigkeit der Anmeldeabtheilungen ist durch die Anwesenheit von mindestens drei Mitgliedern bedingt, unter welchen sich zwei technische Mitglieder befinden müssen.

Die Entscheidungen der Nichtigkeitsabtheilung und der Beschwerdeabtheilungen erfolgen in der Besetzung von zwei rechtskundigen und drei technischen Mitgliedern. Zu anderen Beschlußfassungen genügt die Anwesenheit von drei Mitgliedern.

Die Bestimmungen der Civilprozeßordnung über Ausschließung und Ablehnung der Gerichtspersonen finden entsprechende Anwendung.

Zu den Berathungen können Sachverständige, welche nicht Mitglieder sind, zugezogen werden; dieselben dürfen an den Abstimmungen nicht theilnehmen.

1. Entstehungsgeschichte

Abs. 1 (N. 2).

2. Abtheilungen.

Abs. 2 (N. 3, 4).

3. Anmeldeabtheilungen.
4. Beschäftigung in mehreren Abtheilungen.

Abs. 3 (N. 5).

5. Beschlußfähigkeit.

Abs. 4 (N. 6).

6. Nichtigkeits-, Beschwerdeabtheilung.

Abs. 5 (N. 7).

7. Ablehnung.

Abs. 6 (N. 8).

8. Sachverständige.

Entstehungsgeschichte.

1. In diesen Vorschriften liegt der Schwerpunkt der Aenderungen, welche das Gesetz von 1891 in Betreff der Organisation des P.A. getroffen hat. Früher hatte nämlich §. 14 folgenden Wortlaut:

> Das Patentamt besteht aus mehreren Abtheilungen. Dieselben werden im Voraus auf mindestens ein Jahr gebildet. Ein Mitglied kann mehreren Abtheilungen angehören.
>
> Die Beschlussfähigkeit der Abtheilungen ist, wenn es sich um die Ertheilung eines Patentes handelt, durch die Anwesenheit von mindestens drei Mitgliedern bedingt, unter welchen sich zwei nicht ständige Mitglieder befinden müssen.
>
> Für die Entscheidungen über die Erklärung der Nichtigkeit und über die Zurücknahme von Patenten wird eine besondere Abtheilung gebildet. Die Entscheidungen derselben erfolgen in

der Besetzung von zwei Mitgliedern, einschliesslich des Vorsitzenden, welche die Befähigung zum Richteramte oder zum höheren Verwaltungsdienste besitzen, und drei sonstigen Mitgliedern. Zu anderen Beschlüssen genügt die Anwesenheit von drei Mitgliedern.

Die Bestimmungen der Civilprozessordnung über Ausschliessung und Ablehnung der Gerichtspersonen finden entsprechende Anwendung.

Zu den Berathungen können Sachverständige, welche nicht Mitglieder sind, zugezogen werden; dieselben dürfen an den Abstimmungen nicht theilnehmen.

Das Gesetz von 1891 wollte bei den mit der Ertheilung der Patente befaßten Abtheilungen durch anderweite Regelung der Zusammensetzung und des Instanzenzuges die Garantien für eine sachverständige und unbefangene Vorprüfung verstärken.

a) Früher gab es außer der Nichtigkeitsabtheilung nur eine einzige Kategorie von Abtheilungen, indem jede der sechs anderen Abtheilungen nicht blos in erster Instanz über Anmeldungen entschied, sondern auch Beschwerden über eine andere Abtheilung zu erledigen hatte. Je zwei Abtheilungen waren einander gegenseitig als Beschwerdeinstanz übergeordnet, so daß z. B. Abtheilung I auf die Beschwerden über Abtheilung II entschied und Abtheilung II auf die über Abtheilung I. Das Gesetz von 1891 trennt dagegen prinzipiell die Anmeldeabtheilungen von den Beschwerdeabtheilungen, schafft also drei Kategorien von Abtheilungen.

b) In Zusammenhang damit steht, daß, während früher ein Mitglied unbeschränkt mehreren Abtheilungen angehören durfte, jetzt die technischen Mitglieder der Anmeldeabtheilungen nicht in den übrigen Abtheilungen, die technischen Mitglieder der letzteren nicht in den Anmeldeabtheilungen mitwirken dürfen.

c) Während früher Techniker auf Lebenszeit überhaupt in das P.A. nicht berufen worden waren, dürfen jetzt in den Anmeldeabtheilungen nur solche technische Mitglieder mitwirken, welche auf Lebenszeit berufen sind.

d) Die Beschwerdeabtheilungen müssen in derselben Weise besetzt sein, wie die Nichtigkeitsabtheilung (Komm.-Ber. II S. 21).

Abs. 1.

Abtheilungen.

2. Während das Gesetz die Bildung mehrerer Anmelde- und mehrerer Beschwerdeabtheilungen zuläßt (es giebt zur Zeit 8 Anmelde- und 2 Beschwerdeabtheilungen), gestattet es nur die Bildung einer Nichtigkeitsabtheilung.

Der Reichskanzler bestimmt, für welche Gebiete der Technik eine jede der Anmeldeabtheilungen zuständig ist; zu dem Geschäftskreise jeder Abtheilung gehören auch für das ihr zugewiesene Gebiet der Technik die Beschlüsse über Eintragungen und Löschungen in der Patentrolle (§. 1 der Verordnung vom 11. Juli 1891). Die Beschwerdeabtheilung I ist zuständig für Beschwerden gegen Beschlüsse der Anmeldeabtheilungen I, II,

VII und VIII, sowie für Beschwerden gegen Beschlüsse der Nichtigkeitsabtheilung. Die Beschwerdeabtheilung II ist zuständig für Beschwerden gegen Beschlüsse der Anmeldeabtheilungen III bis VI. Innerhalb ihres Geschäftskreises ist außerdem jede Beschwerdeabtheilung zuständig für die vom P.A. abzugebenden Gutachten (§. 2 der genannten Verordnung). Der §. 3 der Verordnung bestimmt ferner:

> Meinungsverschiedenheiten zwischen mehreren Abtheilungen über die Zuständigkeit werden von dem Präsidenten entschieden.
>
> Für Anträge oder Gesuche, welche andere, als die in den §§. 1 und 2 bezeichneten Angelegenheiten betreffen, wird die Zuständigkeit von dem Präsidenten bestimmt.

Die Beschwerdeabtheilungen und die Nichtigkeitsabtheilung stehen durch ihre Besetzung und dadurch, daß bei ihnen mündliches Verfahren regelmäßig stattfindet, in einem Gegensatze zu den Anmeldeabtheilungen. Der Kommissionsbericht nennt letztere Verwaltungsabtheilungen, die beiden ersteren dagegen gerichtliche Abtheilungen; diese Bezeichnung ist insofern irreführend, als auch die Anmeldeabtheilungen richterliche Funktionen zu erfüllen haben und ihre Mitglieder ganz ebenso wie die der anderen Abtheilungen ihre Entscheidungen ausschließlich auf Grund ihrer Rechtsüberzeugung zu treffen haben.

Abs. 2.

3. Bei der Nichtigkeitsabtheilung und bei den Beschwerdeabtheilungen ist es unerheblich, ob ihre Mitglieder auf Lebenszeit, nebenamtlich oder auf fünf Jahre berufen sind. Bei den **Anmeldeabtheilungen** ist dies aber nur bezüglich der rechtskundigen Mitglieder der Fall, bei den *technischen* Mitgliedern ist dagegen vorgeschrieben, daß sie auf *Lebenszeit* berufen sein müssen. In Folge dessen werden die auf fünf Jahre berufenen technischen Mitglieder ausschließlich in den anderen Abtheilungen zu beschäftigen sein. Es steht aber gesetzlich nichts im Wege, auch lebenslängliche technische Mitglieder in diesen Abtheilungen zu verwenden; dies geschieht in den Beschwerdeabtheilungen jetzt immer mehr und mehr (unrichtig: der anonyme Aufsatz „Das neue Patentgesetz" in *Glaser's* Annalen für Gewerbe und Bauwesen 1891 S. 179, zu §§. 13—17). **Anmeldeabtheilungen.**

Zum *Vorsitzenden* einer Anmeldeabtheilung konnte nach der Verordnung vom 11. Juli 1891 nur ein rechtskundiges Mitglied berufen werden, nach der Verordnung vom 25. Oktober 1899 (Bl. 5, 281) auch ein technisches. Dem Vorsitzenden steht die Geschäftsleitung zu, er trifft die für den Fortgang der Sachen erforderlichen Verfügungen, bezeichnet für jede Klasse der Anmeldungen im Voraus den Vorprüfer, sowie einen weiteren Berichterstatter für das Verfahren nach Erlaß des Vorbescheides, prüft die von den Berichterstattern entworfenen Beschlüsse und Entscheidungen und stellt sie fest; über sachliche Meinungsverschiedenheiten beschließt die Abtheilung (§§. 4, 6 der Verordnung vom 11. Juli 1891).

Beschäftigung in mehreren Abtheilungen.

4. Die gleichzeitige Beschäftigung von Mitgliedern in mehreren Abtheilungen ist bezüglich der rechtskundigen unbeschränkt zulässig, nur dürfen sie nicht an der Beschlußfassung in einer höheren Instanz Theil nehmen, wenn sie bei der angefochtenen Entscheidung mitgewirkt haben (§. 16).

Die technischen Mitglieder dürfen zwar in der Nichtigkeitsabtheilung und in den Beschwerdeabtheilungen gleichzeitig mitwirken, ebenfalls mit der Einschränkung aus §. 16, dagegen ist es unzulässig, daß ein technisches Mitglied einer Anmeldeabtheilung in einer den beiden anderen Kategorien angehörenden Abtheilung mitwirkt oder umgekehrt. Gestattet ist es dagegen, daß ein technisches Mitglied in mehreren Anmeldeabtheilungen beschäftigt ist.

Abs. 3.

Beschlußfähigkeit.

5. Für die Beschlußfähigkeit der Anmeldeabtheilungen ist die Anwesenheit von drei Mitgliedern nur das minimale Erforderniß, demnach können auch mehr an der Beschlußfassung Theil nehmen. Jedenfalls müssen zwei von den Beschließenden technische Mitglieder sein; ob der oder die übrigen technische oder rechtskundige sein sollen, ist nicht gesagt. Danach steht gesetzlich nichts im Wege, daß kein rechtskundiges Mitglied an der Beschlußfassung Theil nimmt. Dem entspricht die Thatsache, daß seit der Verordnung vom 25. Oktober 1899 (N. 3) mehrere Anmeldeabtheilungen nur aus technischen Mitgliedern bestehen. Erwägt man aber, daß die Frage, ob ein Patent zu ertheilen ist, stets eine Rechtsfrage, oft eine recht schwierige, ist, und daß die Anmeldeabtheilung auch sonst (vergl. N. 8, 11, 12 zu §. 3, N. 12 zu §. 6, N. 10 zu §. 19 u. s. w.) Fragen aus den verschiedensten Rechtsgebieten zu entscheiden hat, so kann man einen derartigen Zustand nicht als erwünscht bezeichnen.

Die Bestimmung des Abs. 3 gilt für alle Beschlüsse und Anordnungen (vergl. §. 25), welche die Anmeldeabtheilungen als solche, im Gegensatze zu den Verfügungen und Anordnungen eines einzelnen Mitgliedes derselben, zu treffen haben.

Ergänzend bestimmt die Verordnung vom 11. Juli 1891:

> §. 7 Abs. 1. In den Anmeldeabtheilungen bedarf es der Berathung und Abstimmung in einer Sitzung für Beschlüsse über die Bekanntmachung der Anmeldung, sowie für Beschlüsse durch welche die Anmeldung oder ein Einspruch ganz oder theilweise zurückgewiesen wird.
>
> §. 8. Bei den Abstimmungen entscheidet die absolute Mehrheit der Stimmen, bei Stimmengleichheit die Stimme des Vorsitzenden.
>
> Ist eine Anhörung der Betheiligten (Patentgesetz §. 25, §. 26 Absatz 3, §. 30 Absatz 2) vorhergegangen, so kann ein Mitglied, welches hierbei nicht zugegen gewesen ist, an der Abstimmung nicht theilnehmen.

Wegen der Verfügungen ist zu unterscheiden. Die für den Fortgang der Sache erforderlichen, welche einen mehr administrativen Charakter tragen, erläßt der Vorsitzende (N. 3), die rein technischen im Vorprüfungsverfahren der Vorprüfer, die über den Rahmen des technischen hinausgehenden unter Mitwirkung des Vorsitzenden, während die später bis zur Beendigung des Verfahrens ergehenden Verfügungen vom Berichterstatter, Vorprüfer und Vorsitzenden erlassen werden (Stephan-Schmid S. 24).

Abs. 4.

6. Hinsichtlich der Beschlußfähigkeit der Nichtigkeitsabtheilung und der Beschwerdeabtheilungen ist zwischen Entscheidungen und Beschlüssen zu unterscheiden. Nichtigkeits-, Beschwerdeabtheilung.

a) Für Entscheidungen ist die Besetzung von zwei rechtskundigen und drei technischen Mitgliedern Vorschrift; folglich dürfen weder mehr, noch weniger an ihnen theilnehmen.

Unter Entscheidungen sind bei der Nichtigkeitsabtheilung die Urtheile zu verstehen, durch welche sie über den Antrag auf Zurücknahme oder Nichtigkeitserklärung eines Patents gemäß §§. 29, 30 erkennt (vergl. §§. 31, 33), bei den Beschwerdeabtheilungen die Beschlüsse auf Grund des §. 26.

b) Beschlüsse sind hier in demselben Sinne, wie in N. 5 gebraucht und umfassen alle von den Abtheilungen, im Gegensatze zu ihren einzelnen Mitgliedern, zu treffenden Beschlüsse und Anordnungen (vergl. §§. 28 Abs. 5. 30 Abs. 1), soweit sie nicht Entscheidungen sind, nicht minder die von der Abtheilung zu treffenden Verfügungen (§§. 29 Abs. 1, 30 Abs. 1). An den Beschlußfassungen müssen mindestens drei, können aber auch mehr Mitglieder Theil nehmen. Die Mitwirkenden können ausschließlich rechtskundige oder ausschließlich technische oder theils rechtskundige, theils technische Mitglieder sein.

Ergänzend bestimmt §. 7 Abs. 2 der Verordnung vom 11. Juli 1891:

> Für die Beschlüsse der Beschwerdeabtheilungen, durch welche eine auf Grund des §. 16 des Patentgesetzes erhobene Beschwerde erledigt wird, sowie für die nach §§. 26, 29 und 30 des Patentgesetzes ergehenden Entscheidungen der Beschwerdeabtheilungen und der Nichtigkeitsabtheilung bedarf es der Berathung und Abstimmung in einer Sitzung. An den Entscheidungen nehmen ausser dem Präsidenten und dem weiteren rechtskundigen Mitgliede die beiden für die Sache bestellten Berichterstatter und ein drittes von dem Präsidenten vorher bestimmtes technisches Mitglied theil.

Wegen des Vorsitzes und der Berichterstatter vergl. N. 5 zu §. 13; hinsichtlich der Abstimmung gilt §. 8 der genannten Verordnung (N. 5).

Abs. 5.

7. Die in Bezug genommenen Bestimmungen der C.P.O. über Ausschließung und Ablehnung der Gerichtspersonen sind: Ablehnung.

§. 41. Ein Richter ist von der Ausübung des Richteramts kraft Gesetzes ausgeschlossen:

1. in Sachen, in welchen er selbst Partei ist, oder in Ansehung welcher er zu einer Partei in dem Verhältnisse eines Mitberechtigten, Mitverpflichteten oder Regresspflichtigen steht;
2. in Sachen seiner Ehefrau, auch wenn die Ehe nicht mehr besteht;
3. in Sachen einer Person, mit welcher er in gerader Linie verwandt, verschwägert oder durch Adoption verbunden, in der Seitenlinie bis zum dritten Grade verwandt oder bis zum zweiten Grade verschwägert ist, auch wenn die Ehe, durch welche die Schwägerschaft begründet ist, nicht mehr besteht;
4. in Sachen, in welchen er als Prozessbevollmächtigter oder Beistand einer Partei bestellt oder als gezetzlicher Vertreter einer Partei aufzutreten berechtigt ist oder gewesen ist;
5. in Sachen, in welchen er als Zeuge oder Sachverständiger vernommen ist;
6. in Sachen, in welchen er in einer früheren Instanz oder im schiedsrichterlichen Verfahren bei der Erlassung der angefochtenen Entscheidung mitgewirkt hat, sofern es sich nicht um die Thätigkeit eines beauftragten oder ersuchten Richters handelt.

§. 42. Ein Richter kann sowohl in den Fällen, in welchen er von der Ausübung des Richteramts kraft Gesetzes ausgeschlossen ist, als auch wegen Besorgniss der Befangenheit abgelehnt werden.

Wegen Besorgniss der Befangenheit findet die Ablehnung statt, wenn ein Grund vorliegt, welcher geeignet ist, Misstrauen gegen die Unparteilichkeit eines Richters zu rechtfertigen.

Das Ablehnungsrecht steht in jedem Falle beiden Parteien zu.

§. 43. Eine Partei kann einen Richter wegen Besorgniss der Befangenheit nicht mehr ablehnen wenn sie bei demselben, ohne den ihr bekannten Ablehnungsgrund geltend zu machen, in eine Verhandlung sich eingelassen oder Anträge gestellt hat

§. 44. Das Ablehnungsgesuch ist bei dem Gerichte, welchem der Richter angehört, anzubringen; es kann vor dem Gerichtsschreiber zu Protokoll erklärt werden

Der Ablehnungsgrund ist glaubhaft zu machen; zur Versicherung an Eidesstatt darf die Partei nicht zugelassen werden. Zur Glaubhaftmachung kann auf das Zeugniss des abgelehnten Richters Bezug genommen werden.

Der abgelehnte Richter hat sich über den Ablehnungsgrund dienstlich zu äussern.

Wird ein Richter, bei welchem die Partei in eine Verhandlung sich eingelassen oder Anträge gestellt hat, wegen

Besorgniss der Befangenheit abgelehnt, so ist glaubhaft zu machen, dass der Ablehnungsgrund erst später entstanden oder der Partei bekannt geworden sei.

§. 45. Ueber das Ablehnungsgesuch entscheidet das Gericht, welchem der Abgelehnte angehört, wenn dasselbe durch Ausscheiden des abgelehnten Mitgliedes beschlussunfähig wird, das im Instanzenzuge zunächst höhere Gericht.

Wird ein Amtsrichter abgelehnt, so entscheidet das Landgericht. Einer Entscheidung bedarf es nicht, wenn der Amtsrichter das Ablehnungsgesuch für begründet hält.

§. 46. Die Entscheidung über das Ablehnungesuch kann ohne vorgängige mündliche Verhandlung erfolgen.

Gegen den Beschluss, durch welchen das Gesuch für begründet erklärt wird, findet kein Rechtsmittel: gegen den Beschluss, durch welchen das Gesuch für unbegründet erklärt wird, findet sofortige Beschwerde statt.

§. 47. Ein abgelehnter Richter hat vor Erledigung des Ablehnungsgesuchs nur solche Handlungen vorzunehmen, welche keinen Aufschub gestatten.

§. 48. Das für die Erledigung eines Ablehnungsgesuchs zuständige Gericht hat auch dann zu entscheiden, wenn ein solches Gesuch nicht angebracht ist, ein Richter aber von einem Verhältnisse Anzeige macht, welches seine Ablehnung rechtfertigen könnte, oder wenn aus anderer Veranlassung Zweifel darüber entstehen, ob ein Richter kraft Gesetzes ausgeschlossen sei.

Die Entscheidung erfolgt ohne vorgängiges Gehör der Parteien.

§. 49. Die Bestimmungen des Titels finden auf den Gerichtsschreiber entsprechende Anwendung; die Entscheidung erfolgt durch das Gericht, bei welchem der Gerichtsschreiber angestellt ist.

Diese Bestimmungen finden nicht blos in dem Nichtigkeits- und Zurücknahmeverfahren, sondern auch in dem Ertheilungsverfahren Anwendung (Rosenthal S. 214, a. M. Klostermann S. 210). Auf den Vorprüfer (§. 21) findet nicht die für den Amtsrichter in §. 45 Abs. 2 C.P.O. gegebene Bestimmung Anwendung, denn er ist Mitglied der Anmeldeabtheilung (§. 21 Abs. 1, §. 24 Abs. 3), so daß auf ihn §. 45 Abs. 1 C.P.O. anwendbar ist. Die Abtheilung, welche ein Patent ertheilt hat, ist der Nichtigkeitsabtheilung gegenüber nicht eine „frühere Instanz" im Sinne des §. 41 Nr. 6 C.P.O., so daß dem Wortlaute nach die Mitglieder des P.A., welche ein Patent ertheilt haben, kraft Gesetzes nicht unfähig wären, über die Nichtigkeitsklage gegen dieses Patent zu entscheiden. Berücksichtigt man aber die ratio legis, welche der Bestimmung des §. 41 Nr. 6 und der entsprechenden Bestimmung in §. 16 des Patentgesetzes zu Grunde liegt, so wird man der neuern Praxis des P.A. nur zustimmen können, welche jene Mitglieder von der Mitwirkung in der Nichtigkeitsinstanz ausschließt. Sollte in einem Einzelfalle von dieser Praxis abgewichen werden, so wäre das betreffende Mitglied gemäß §. 42 C.P.O. abzulehnen. Wird die Nichtigkeitsabtheilung durch Ablehnung mehrerer Mitglieder beschlußunfähig, so ist nicht das R.G., sondern die Beschwerdeabtheilung I zur Entscheidung berufen.

Wegen der entsprechenden Anwendung des §. 43 C.P.O. auf das Nichtigkeitsverfahren vergl. R.G. im P.Bl. 1884 S. 211, G. 5, 197.

Zu §. 46 C.P.O. ist zu bemerken, daß die sofortige Beschwerde nach §. 577 Abs. 2 C.P.O. binnen einer Nothfrist von zwei Wochen, welche mit der Zustellung des Beschlusses beginnt, einzulegen ist.

Abs. 6.

Sachverständige. 8. Die Zuziehung von **Sachverständigen, welche nicht Mitglieder des P.A.** sind, ist bei sämmtlichen Abtheilungen zulässig, sie gewährt die Möglichkeit, die erschöpfende technische Beurtheilung einzelner Fälle durch die Heranziehung anderweiter Sachverständiger sicherzustellen. Eine entsprechende Bestimmung findet sich in §. 9 der Verordnung, betreffend das Berufungsverfahren beim Reichsgericht in Patentsachen vom 6. Dezember 1891 (in N. 2 zu §. 33). Das P.A. macht von dieser Bestimmung sehr selten Gebrauch (Stephan-Schmid S. 23).

§. 15.

Die Beschlüsse und die Entscheidungen der Abtheilungen erfolgen im Namen des Patentamts; sie sind mit Gründen zu versehen, schriftlich auszufertigen und allen Betheiligten von Amtswegen zuzustellen.

1. Entstehungsgeschichte.
2. Entscheidungen; Beschlüsse.
3. Mündliche Verkündigung.
4. Gründe.
5. Ausfertigung; Zustellung.

Entstehungsgeschichte. 1. In dem Patentgesetz von 1877 bildete der jetzige §. 15 nur den ersten Absatz dieses Paragraphen; es folgten ihm noch nachstehende zwei Absätze:

> Zustellungen, welche den Lauf von Fristen bedingen, erfolgen durch die Post mittels eingeschriebenen Briefes gegen Empfangschein. Kann eine Zustellung im Inlande nicht erfolgen, so wird sie von den damit beauftragten Beamten des Patentamtes durch Aufgabe zur Post nach Massgabe der §§. 161, 175 der Civilprozessordnung bewirkt
>
> Gegen die Beschlüsse des Patentamtes findet die Beschwerde statt.

Die im Abs. 2 vorgesehene Art der Zustellung verursachte in den meisten Fällen unnöthige Umstände und führte besonders dann zu Weiterungen, wenn der Adressat die Vollziehung des Empfangsscheines verweigerte. Es erschien eine Aenderung der Vorschrift angezeigt (Mot. II S. 20).

Die Bestimmung des Abs. 3 ist, in etwas veränderter Fassung, in den §. 16 übernommen worden.

2. Entscheidungen kommen nur bei der Nichtigkeitsabtheilung und bei den Beschwerdeabtheilungen vor; vergl. N. 6 unter a zu §. 14. Entscheidungen; Beschlüsse.

Zweifelhaft ist der Begriff der Beschlüsse in §. 15. Klar ist, daß darunter weder die Entscheidungen (N. 2) fallen, noch die Verfügungen eines einzelnen Mitgliedes der Abtheilung, wie der Vorbescheid des Vorprüfers, die Anberaumung des Termins durch den Vorsitzenden der Abtheilung u. s. w. Für das, was zwischen diesen beiden liegt, fehlt es im Gesetze an einer ständigen technischen Bezeichnung. Bisweilen wird es „Beschluß" genannt, bisweilen kommt dafür der Ausdruck „Anordnung" (§§. 25, 26 Abs. 5, 28 Abs. 2, 30 Abs. 1) vor, letzterer gewöhnlich für Beschlüsse, die mehr formeller Natur sind; auch der Ausdruck „Verfügung" wird für Abtheilungsbeschlüsse gebraucht (§§. 29 Abs. 1, 30 Abs. 1). Auf alle diese „Beschlußfassungen" beziehen sich zwar die Bestimmungen in Abs. 3, 4 des §. 14, auf sie alle kann aber §. 15 nicht Anwendung finden. Ja selbst auf die im Gesetze ausdrücklich als Beschlüsse bezeichneten kann er nicht durchweg bezogen werden, denn es wäre zum mindesten ebenso überflüssig und geschäftshindernd, wenn das P.A. den „Beschluß", eine korrekte Anmeldung bekannt zu machen (§. 23 Abs. 1), mit Gründen versehen, schriftlich ausfertigen und allen Betheiligten zustellen müßte, wie wenn man ihm diese Pflicht bei dem als „Verfügung" oder „Anordnung" bezeichneten Beweisbeschluß (§. 30 Abs. 1) auferlegte.

Man muß deshalb hier den Begriff einschränken, indem man die Vorschrift nur auf solche Beschlüsse anwendet, bei welchen sie aus innerlichen Gründen gerechtfertigt ist. Dies ist bei denjenigen erstinstanzlichen Beschlüssen der Fall, welche durch Beschwerde anfechtbar sind. Für eine solche Auslegung spricht noch, daß §. 16 in unmittelbarem Anschluß an den §. 15 vorschreibt, daß gegen die Beschlüsse der Anmeldeabtheilungen und der Nichtigkeitsabtheilung die Beschwerde stattfindet, denn das Wort „Beschlüsse" in den beiden aufeinander folgenden Paragraphen soll füglich dasselbe bedeuten. Darüber, gegen welche Beschlüsse die Beschwerde zulässig ist, vergl. N. 4, 5 zu §. 16. Bei den Beschwerdeabtheilungen fallen sämmtliche endgültigen Beschlüsse unter §. 15.

3. Die Vorschrift bezieht sich auch auf diejenigen Entscheidungen und Beschlüsse, welche mündlich verkündet werden. Mündliche Verkündigung. Gründe.

4. In Bezug auf die „Begründung" der Entscheidung kann die reichsgerichtliche Rechtsprechung, welche sich im Anschlusse an §. 286 und an §. 551 Nr. 7 C.P.O. gebildet hat, verwerthet werden. Daraus ergeben sich folgende Grundsätze. Es genügt nicht, daß dem Beschlusse oder der Entscheidung formell Gründe beigefügt sind, vielmehr müssen diese auch sachlich auf die Ausführungen der Parteien eingehen und klar erkennen lassen, aus welchen thatsächlichen oder rechtlichen Gründen die Parteibehauptungen für zutreffend oder unzutreffend erachtet worden sind. Nur dann braucht nicht auf alle Anführungen eingegangen zu werden, wenn durch das Durchgreifen der einen die anderen unerheblich werden. Es

genügt nicht, wenn blos erklärt wird, die angemeldete Erfindung sei mit Rücksicht auf eine bestimmte Druckschrift nicht neu, sie gehe über das Durchschnittsmaß gewerblichen Könnens oder über handwerksmäßige Gepflogenheiten nicht hinaus und dergl.; denn dies sind Urtheile und keine „Gründe". Letztere verlangen die Mittheilung der logischen und technischen Unterlagen für dieses Urtheil behufs Ermöglichung einer Nachprüfung. Hat die Abtheilung eine beantragte Beweisaufnahme abgelehnt, so müssen die Gründe erkennen lassen, ob und weshalb das Beweisthema unerheblich oder das Beweismittel untauglich war. Hat eine Beweisaufnahme stattgefunden, so muß das Resultat derselben im Einzelnen gewürdigt werden. — Die bloße Bezugnahme auf die Gründe der ersten Instanz oder des Vorbescheides kann die Angabe von selbständigen Gründen der Entscheidung der zweiten Instanz oder der Anmeldeabtheilung nicht ersetzen. Eine Ausnahme könnte nur dann eintreten, wenn die Partei in dem neuen Rechtszuge auch nicht ein einziges neues Moment vorgebracht hätte und wenn sämmtliche Gründe der ersten Entscheidung in vollem Umfange adoptirt würden.

Ist die Entscheidung nicht mit genügender Begründung versehen, so kann die zweite Instanz die Sache unter Aufhebung der Entscheidung an die erste Instanz zurückverweisen (§. 539 C.P.O.).

Ausfertigung; Zustellung.

5. Die Verordnung vom 11. Juli 1891 bestimmt:

§. 11. Die Ausfertigungen der Beschlüsse und Entscheidungen der Abtheilungen erhalten die Unterschrift:

Kaiserliches Patentamt

und zusätzlich die vorschriftsmässige Bezeichnung der Abtheilung

§. 12. Für das Zustellungswesen gelten folgende Vorschriften:

1. Zustellungen, welche den Lauf der im §. 26 Absatz 1 des Patentgesetzes bezeichneten Frist bedingen, sowie Zustellungen in dem Verfahren vor der Nichtigkeitsabtheilung erfolgen durch die Post. Auf diese Zustellungen finden die Vorschriften der Civilprozessordnung mit nachstehenden Massgaben Anwendung.

   Der vom Präsidenten bestimmte Beamte trägt für die Bewirkung der Zustellung Sorge und beglaubigt die zu übergebenden Abschriften. Er übergiebt die Schriftstücke in einem verschlossenen, mit der Adresse der Person, an welche zugestellt werden soll, sowie mit der Geschäftsnummer versehenen Briefumschlag der Post zur Zustellung. Auf den Briefumschlag wird der Vermerk gesetzt: „Vereinfachte Zustellung". Eine Bescheinigung der Uebergabe an die Post (Civilprozessordnung §§. 177, 179 — jetzt: 194, 196) ist nicht erforderlich.

   Die von dem Postboten aufzunehmende Zustellungsurkunde muss die Adresse und die Geschäftsnummer des Briefes, den Ort und die Zeit der Zustellung, sowie die Person, welcher zugestellt ist, und wenn die Zustellung nicht an den Adressaten persönlich erfolgt ist, den Grund hiervon angeben. Die Urkunde ist von dem Postboten zu unterschreiben. Abschrift der Zustellungsurkunde wird nicht übergeben. Der Tag der Zustellung ist von dem Postboten auf dem Briefumschlag zu vermerken.

2. Zustellungen, welche den Lauf sonstiger Fristen bedingen, erfolgen mittelst eingeschriebenen Briefes.

Kann in den Fällen der Nr. 1 und 2 eine Zustellung im Inlande nicht erfolgen, so wird sie durch Aufgabe zur Post nach Massgabe der §§. 161, 175 (jetzt: 175, 192) der Civilprozessordnung bewirkt.

Betheiligt sind alle diejenigen, welche ein Interesse an dem Beschlusse haben, insbesondere die, welchen die Beschwerde gegen ihn zusteht. Dazu gehören nicht blos der Patentsucher, der Einsprechende, der Patentinhaber und die Parteien im Nichtigkeits- und Zurücknahmeverfahren (Robolski Kommentar zu §. 15), sondern unter Umständen Nebenintervenienten (§. 71 C.P.O.), Zeugen (§§ 380, 387, 390 C.P.O.).

§. 16.

Gegen die Beschlüsse der Anmeldeabtheilungen und der Nichtigkeitsabtheilung findet die Beschwerde statt. An der Beschlußfassung über die Beschwerde darf kein Mitglied theilnehmen, welches bei dem angefochtenen Beschlusse mitgewirkt hat.

1. Entstehungsgeschichte
2—11. Beschwerde.
 2. Beschwerde.
 3—5. Wogegen findet sie statt?
 3. Beschlüsse.
 4. Auf Grund des Patentgesetzes.
 5. Nach Maßgabe der C.P.O.
 6. Form.
 7. Frist.
 8. Begründung.
 9. Suspensiveffekt.
 10. Devolutiveffekt
 11. Beschwerdeabtheilung.
12. Weitere Beschwerde?
13. Administrative Beschwerde.

1. Der §. 16 hatte nach dem Patentgesetz von 1877 folgende Fassung: **Entstehungsgeschichte.**

Wird der Beschluss einer Abtheilung des Patentamtes im Wege der Beschwerde angefochten, so erfolgt die Beschlussfassung über diese Beschwerde durch eine andere Abtheilung oder durch mehrere Abtheilungen gemeinsam.

An der Beschlussfassung darf kein Mitglied theilnehmen, welches bei dem angefochtenen Beschlusse mitgewirkt hat.

Der Abs. 1 ist weggefallen, weil das Gesetz von 1891 besondere Abtheilungen zur Erledigung der Beschwerden schuf (N. 1 unter a zu §. 14). Durch die gegenwärtige Fassung ist außer Zweifel gestellt, daß es gegen den Beschluß der Beschwerdeinstanz keine weitere Beschwerde giebt.

2. Die im patentrechtlichen Verfahren zulässige **Beschwerde** ist kein einheitliches Rechtsmittel. Sie umschließt sowohl die unmittelbar vom Patentgesetz gegen gewisse Beschlüsse des P.A. gewährte Beschwerde, **Beschwerde.**

als die Beschwerde der C.P.O., welche entweder auf Grund besonderer gesetzlicher Vorschrift oder per analogiam in Patentsachen anwendbar ist. Diese beiden Arten der Beschwerde sind ihrer Bedeutung nach von einander verschieden: die der C.P.O. geht regelmäßig nicht gegen eigentlich sachliche Entscheidungen, sondern gegen richterliche Anordnungen, welche die Einleitung oder Fortsetzung des Verfahrens betreffen, oder gegen Entscheidungen von mehr formellen Streitigkeiten zwischen den Parteien und dritten Personen, die des Patentgesetzes dagegen richtet sich vornehmlich gegen materielle Entscheidungen von einschneidendster Bedeutung, wie gegen den Beschluß der Anmeldeabtheilung über die Ertheilung des Patents.

Beschlüsse. 3. Die Beschwerde ist gegen die Beschlüsse der Anmeldeabtheilungen und der Nichtigkeitsabtheilung statthaft. Sie ist also gegen Entscheidungen (N. 6 unter a zu §. 14) ausgeschlossen: die Entscheidungen der Nichtigkeitsabtheilung sind durch Berufung anfechtbar (§. 33), die der Beschwerdeabtheilungen sind endgültig. Im Uebrigen ist zu beachten, daß Beschlüsse und Verfügungen, durch welche eine Entscheidung oder ein Beschluß vorbereitet wird, nicht selbständig, sondern nur mit der Entscheidung oder dem definitiven Beschlusse angefochten werden können; dahin gehören z. B. die Beweisbeschlüsse, sowie Mittheilungen, welche das P.A. einer Partei über seine vorläufige oder veränderte Stellungnahme zu einem Antrage macht, um eine Gegenerklärung der Partei herbeizuführen (P.A. im Bl. 6, 16) Ferner ist die Beschwerde ausgeschlossen in den Fällen des §. 21 Abs 4 und des §. 24 Abs. 1, d. h., wenn die Anmeldung wegen nicht rechtzeitiger Erklärung auf den Vorbescheid und wegen nicht rechtzeitiger Zahlung der ersten Jahresgebühr für zurückgenommen gilt, da es sich hier um den von der Verfügung des Patentamts unabhängigen Eintritt einer gesetzlichen Folge handelt. Wohl aber kann gegen die unrichtige Berechnung der Frist und wegen sonstiger unrichtiger Feststellung der Voraussetzungen, an welche der Eintritt der Rechtsfolge geknüpft ist, Beschwerde geführt werden (Robolski Kommentar zu §. 16).

Natürlich ist eine Beschwerde dann unzulässig, wenn es an einem durch den Beschluß Verletzten fehlt; dies wird insbesondere der Fall sein, wenn einem Antrage stattgegeben wird, ohne daß ein Gegner des Antragstellers vorhanden ist.

Auf Grund des Patentgesetzes. 4. Die Beschwerde auf Grund des Patentgesetzes ist zulässig

a) gegen diejenigen Beschlüsse der Anmeldeabtheilungen, durch welche die Anmeldung zurückgewiesen (§. 22), der Antrag auf Aussetzung oder Unterlassung der Bekanntmachung abgelehnt (§. 23 Abs. 4, 5), über die Ertheilung des Patents entschieden wird (§. 24 Abs. 3),

b) gegen denjenigen Beschluß der Nichtigkeitsabtheilung, durch welchen die Einleitung des Verfahrens abgelehnt wird (§ 29 Abs. 1), aber nicht gegen die gemäß §. 30 Abs 3 erfolgende Androhung der Zurücknahme (vergl. N. 11 zu §. 30)

Nach Maßgabe der C.P.O. 5. Die Beschwerde nach Maßgabe der C.P.O. findet statt

a) kraft ausdrücklicher Vorschrift der §§. 14 Abs 5, 30 Abs. 1:

gegen den Beschluß, durch welchen die Ablehnung einer Gerichtsperson oder eines Sachverständigen für unbegründet erklärt wird (§§. 46, 406 C.P.O.), über die Rechtmäßigkeit der Weigerung eines Zeugen oder Sachverständigen entschieden wird (§§. 387, 402 C.P.O.), eine Bestrafung des nicht erschienenen oder weigernden Zeugen erfolgt (§§. 380, 390, 409 C.P.O.), der Zeugnißzwang angeordnet wird (§. 390 C.P.O.),

b) gemäß N. 5 der Vorbemerkungen zum dritten Abschnitt hauptsächlich: gegen den Beschluß über Zurückweisung einer Nebenintervention (§. 71 C.P.O.), gegen den Kostenfestsetzungsbeschluß (§§. 105, 107 C.P.O.), gegen den Beschluß über Aussetzung des Verfahrens (§. 252 C.P.O.), gegen die Berichtigung offenbarer Unrichtigkeiten in einem Beschlusse oder einer Entscheidung (§. 319 C.P.O.).

6. Die Beschwerde ist an keine bestimmte Form gebunden. Das P.A. sieht z. B. im Falle des §. 26 die Einzahlung der Beschwerdegebühr unter Angabe der Bestimmung als eine genügende Beschwerdeeinlegung an (P.A. im Bl. 4, 122). Form.

7. Eine Frist zur Einlegung der Beschwerde ist in den Fällen der N. 4 regelmäßig nicht bestimmt; eine Ausnahme macht die innerhalb eines Monats einzulegende Beschwerde gegen den Beschluß, durch welchen die Anmeldung zurückgewiesen wird oder über die Ertheilung des Patents beschlossen wird. Frist.

In den Fällen der N. 5 ist die Beschwerde fristlos, außer wenn es sich um eine sofortige Beschwerde (§§. 406, 387, 402, 71, 105, 107, 252, 319) handelt: hier muß gemäß §. 577 C.P.O. die Beschwerde binnen zwei Wochen seit der Zustellung des Beschlusses eingelegt werden.

8. Der Beschwerdeführer ist in der Begründung der Beschwerde nicht beschränkt, er kann sie insbesondere auf neue Thatsachen und Beweismittel stützen. Begründung.

9. Die Beschwerde hat regelmäßig keinen Suspensiveffekt; die Abtheilung, deren Beschluß angefochten wird, kann aber anordnen, daß die Vollziehung des Beschlusses einstweilen ausgesetzt wird, z. B. im Falle der Beschwerde aus §. 23 Abs. 4. Suspensiveffekt.

In den Fällen der §§. 109, 380, 390, 409 C.P.O. hat die Beschwerde aufschiebende Wirkung (§. 572 C.P.O.).

10. Die Beschwerde hat stets Devolutiveffekt, indem zur Entscheidung über sie nicht die Abtheilung, deren Beschluß angefochten wird, sondern die Beschwerdeabtheilungen berufen sind. Die Beschwerde wird zweckmäßig nicht an die Beschwerdeabtheilung, sondern an die Abtheilung, deren Beschluß angefochten wird, gerichtet. Devolutiveffekt.

11. Wegen der Besetzung der Beschwerdeabtheilungen vergl. N. 3, 4, 6, 8 zu §. 14 Besetzung der Beschwerdeabtheilung.

12. Da nur gegen Beschlüsse der Anmeldeabtheilungen und der Nichtigkeitsabtheilung die Beschwerde stattfindet, so ist eine weitere Beschwerde gegen den Beschluß der Beschwerdeabtheilung unzulässig. Weitere Beschwerde.

Administrative Beschwerde. **13.** Verschieden von der in §. 16 behandelten Beschwerde ist die **Beschwerde gegen Verwaltungshandlungen oder den Geschäftsbetrieb** der Abtheilungen oder einzelner Mitglieder des P.A., z. B. die Beschwerde bezüglich der Angelegenheiten, welche in §. 25 der Verordnung vom 11. Juli 1891 aufgeführt sind, oder wegen Verzögerung in der Erledigung von Amtsgeschäften u. s. w. (**Robolski** Kommentar zu §. 16).

Ueber solche Beschwerden entscheidet der mit der Leitung und Beaufsichtigung des Geschäftsbetriebes betraute Vorgesetzte d. i. der Präsident des P.A. und in zweiter Instanz der Reichskanzler.

§. 17.

Die Bildung der Abtheilungen, die Bestimmung ihres Geschäftskreises, die Formen des Verfahrens, einschließlich des Zustellungswesens, und der Geschäftsgang des Patentamts werden, insoweit dieses Gesetz nicht Bestimmungen darüber trifft, durch Kaiserliche Verordnung unter Zustimmung des Bundesraths geregelt.

Die Ausführungsverordnung ist unter dem 11. Juli 1891 ergangen und im Anhange abgedruckt. Sie ist durch die Verordnung vom 25. Oktober 1899 in einem Punkte abgeändert worden (N. 3 zu §. 14).

§. 18.

Das Patentamt ist verpflichtet, auf Ersuchen der Gerichte über Fragen, welche Patente betreffen, Gutachten abzugeben, sofern in dem gerichtlichen Verfahren von einander abweichende Gutachten mehrerer Sachverständiger vorliegen.

Im Uebrigen ist das Patentamt nicht befugt, ohne Genehmigung des Reichskanzlers außerhalb seines gesetzlichen Geschäftskreises Beschlüsse zu fassen oder Gutachten abzugeben.

1. Entstehungsgeschichte.

Abs. 1 (N. 2–6).

2. Gutachten.
3. Gericht.
4. Hauptverhandlung.
5. Mitglieder des P.A.
6. Abtheilung des P.A.

Abs. 2 (N. 7).

7. Reichskanzler.

Entstehungsgeschichte. **1.** Nach dem Patentgesetz von 1877 lautete der erste Satz des §. 18:

Das Patentamt ist verpflichtet, auf Ersuchen der Gerichte über Fragen, welche Patente betreffen, Gutachten abzugeben.

Das Gesetz von 1891 fügte die Einschränkung hinzu „sofern u. s. w.“, erstens um zu verhindern, daß das P.A. über ein in thatsächlicher Beziehung noch nicht ausreichend geklärtes Material sich äußern müsse, sodann hauptsächlich, weil die Gepflogenheit der Gerichte, zunächst vom P.A. ein Gutachten einzuholen und letzteres dann zum Gegenstande der

Kritik durch andere Sachverständige zu machen, dem Ansehen der technischen Centralinstanz nicht förderlich sei (Mot. II S. 21). Dies entspricht einem mit großer Mehrheit gefaßten Beschlusse der Enquete von 1886 (Enqu. 1886 S. 162); dem ferneren Vorschlage derselben, das P.A. von der Verpflichtung zur Abgabe von Gutachten überhaupt zu entbinden, hat das Gesetz von 1891 nicht stattgegeben.

Abs. 1.

2. Die Voraussetzungen der Verpflichtung des P.A. sind:

a) ein gerichtliches Verfahren,

b) Gutachten mehrerer Sachverständiger,

c) Differenz zwischen diesen Gutachten über Fragen, welche Patente betreffen,

d) Ersuchen eines Gerichts.

Zu a. Der Ausdruck „gerichtliches Verfahren" zeigt klar, daß die Vorschrift sowohl auf Strafsachen, als auch auf bürgerliche Rechtsstreitigkeiten Anwendung findet (R.G. 6, 337, im P.Bl. 1882 S. 73, G. 3, 207). Sie ist auch auf die „Vorbereitung der öffentlichen Klage" (§§. 156—175 Str.P.O.) auszudehnen, weil der Staatsanwalt zur Entscheidung der Frage, ob er wegen Patentverletzung öffentliche Klage erheben soll, häufig zuverlässiger Gutachten bedarf und es im öffentlichen Interesse liegt, ihm die Möglichkeit, solche einzuholen, zu gewähren (vergl. unten zu d).

Zu b. Es müssen die Gutachten mehrerer Sachverständiger vorliegen, mehrere Gutachten desselben Sachverständigen genügen nicht. Ob die Gutachten mündlich zu Protokoll erklärt oder schriftlich ausgearbeitet worden sind, ist gleichgültig; jedenfalls müssen sie in Gemäßheit der Vorschriften der C.P.O. oder Str.P.O. dem Gerichte erstattet sein. Gutachtliche Aeußerungen, welche eine Privatperson zu den Akten überreicht, sind keine „Gutachten".

Zu c. Die Gutachten müssen von einander in technischen Fragen abweichen; eine Differenz in patentrechtlichen Fragen, z. B. darüber ob eine Patentverletzung vorliegt, ist nicht ausreichend, zumal das Gericht nach dem Satze jura novit curia über solche Fragen Sachverständige nicht zu hören hat (vergl. N. 22 zu §. 4). Das P.A. verlangt deshalb eine spezielle Angabe der einzelnen Punkte, über welche es sich obergutachtlich äußern soll, und lehnt die Beantwortung rechtlicher Fragen ab.

Die technischen Fragen, in welchen die Gutachten differiren, müssen ein Patent betreffen d. h. ein ertheiltes Patent, also beispielsweise nicht die Frage, ob ein gewisses, durch ein Patent noch nicht geschütztes, Erzeugniß, auf welches eine Partei zum Zwecke der Erlangung eines Patents Anspruch erhebt, eine neue und patentfähige Erfindung ist (Robolski S. 145). Die Fragen müssen sich auf ein Patent im Sinne dieses Gesetzes d. h. auf ein Reichspatent beziehen, nicht auf ein ausländisches oder ein Landespatent.

Zu d. Es muß das Ersuchen eines deutschen Gerichts, also nicht etwa einer Verwaltungsbehörde oder Privatperson, vorliegen Es war streitig, ob auch der Staatsanwalt zu solchem Ersuchen befugt ist. Um alle Zweifel zu beseitigen, ist das P.A. durch Erlaß des Reichskanzlers ausdrücklich ermächtigt worden, auch der Staatsanwaltschaft auf deren Ersuchen Gutachten in Gemäßheit des §. 18 zu erstatten (P.Bl. 1893 S. 673).

Gericht. 3. Das Gericht ist berechtigt, aber nicht verpflichtet, auch wenn die Voraussetzungen in N. 2 zu a, b und c vorliegen, vom P.A. ein Gutachten einzuholen, es kann einen anderen Gutachter zuziehen, sich auch ohne einen solchen schlüssig machen. §. 18 legt zwar dem P.A., aber nicht dem Gericht eine Verpflichtung auf; auch aus § 404 Abs. 2 C.P.O. oder §. 73 Abs. 2 Str.P.O. ist sie nicht zu begründen

Das Gericht hat dem P.A. außer den präcis formulirten Fragen auch die Gutachten der bereits vernommenen Sachverständigen zu übersenden, damit das P.A das Vorliegen der Voraussetzungen der N. 2 prüfen kann; außerdem wird es seinem Ersuchen regelmäßig die Akten beifügen (vergl. §. 6 der Instruktion über die Zusammensetzung und den Geschäftsbetrieb der Sachverständigen-Vereine, vom 12. Dezember 1870 im Bundes-Gesetzblatt S. 621).

Das Gericht ist nicht an die in dem Gutachten des P.A. vertretene Ansicht gebunden. Ein gegentheiliger Antrag wurde in der Reichstagskommission gestellt, aber vom Antragsteller zurückgenommen (Komm.-Ber. II S. 22).

Hauptverhandlung. 4. Das Gericht kann in Strafsachen das P.A. ersuchen, eines seiner Mitglieder mit der Vertretung des Gutachtens in der Hauptverhandlung zu beauftragen und dem Gerichte zu bezeichnen; eine Verpflichtung des P.A., diesem Ersuchen Folge zu leisten, besteht nicht (§. 255 Str.P.O. und Löwe Kommentar zu demselben). Das P.A. wird auch aus dem in N 5 angegebenen Grunde dem Ersuchen regelmäßig nicht stattgeben

Mitglieder des P.A. 5. Sowohl in Civil- als Strafsachen ist das Gericht an sich befugt, anstatt vom P.A. ein Gutachten einzuholen, ein Mitglied desselben als Sachverständigen zu vernehmen; die Vernehmung findet aber nicht statt, wenn die vorgesetzte Behörde des Mitgliedes d. h. der Reichskanzler erklärt, daß die Vernehmung den dienstlichen Interessen Nachtheile bereiten würde (§. 408 Abs. 2 C.P.O., §. 76 Abs. 2 Str.P.O.). In der Praxis wird die Erlaubniß zur Vernehmung nie ertheilt, weil das als Sachverständiger vernommene Mitglied nach §. 14 Abs. 5 des Patentgesetzes und §. 41 Nr. 5 C.P.O. von der Mitwirkung in einem dasselbe Patent betreffenden Verfahren ausgeschlossen sein würde (Stephan-Schmid S. 26).

Wegen der Vernehmung der Mitglieder des P.A. — auch ehemaliger — als Zeugen, sowie wegen ihrer außergerichtlichen Gutachten ist §. 12 des Gesetzes, betreffend die Rechtsverhältnisse der Reichsbeamten vom 31. März 1873 zu beachten:

Bevor ein Reichsbeamter als Sachverständiger ein aussergerichtliches Gutachten abgiebt, hat derselbe dazu die Genehmigung seiner vorgesetzten Behörde einzuholen.

Ebenso haben Reichsbeamte, auch wenn sie nicht mehr im Dienste sind, ihr Zeugniss in Betreff derjenigen Thatsachen, auf welche die Verpflichtung zur Amtsverschwiegenheit sich bezieht, insoweit zu verweigern, als sie nicht dieser Verpflichtung in dem einzelnen Falle durch die ihnen vorgesetzte oder zuletzt vorgesetzt gewesene Dienstbehörde entbunden sind.

Dem entsprechend lautet eine Bekanntmachung des P.A. (P.Bl. 1882 S. 17):

Berlin, den 6. Januar 1882.

Es ist vorgekommen, dass in Patentangelegenheiten Betheiligte sich darauf berufen haben, es sei ihnen über ihre Berechtigungen diese oder jene Auskunft im Patentamte ertheilt worden. Nach §. 18 des Patentgesetzes ist das Patentamt selbst zur Ertheilung von Gutachten an Privatpersonen nicht befugt. Noch weniger ist es zulässig, dass einzelne Beamte desselben gutachtliche Aeusserungen abgeben, durch welche leicht Missverständnisse und Unzuträglichkeiten herbeigeführt werden können. Sämmtliche Beamte des Patentamts sind mit strenger Anweisung in diesem Sinne versehen worden. Es wird hierauf mit dem Ausdrucke des Wunsches hingewiesen, dass auch aus den Kreisen des betheiligten Publikums Anfragen an die Beamten, auf welche eine Antwort ohne Pflichtverletzung nicht ertheilt werden kann, vermieden werden.

Das P.A. hat den Inhalt dieser Bekanntmachung den Betheiligten nochmals eingeschärft (P.Bl. 1890 S. 9).

6. Nach §. 2 Abs. 3 der Verordnung vom 11. Juli 1891 sind die Beschwerdeabtheilungen, und zwar jede innerhalb des durch §. 2 Abs. 2 festgesetzten Geschäftskreises, zuständig für die abzugebenden Gutachten. **Abtheilung des P.A.**

Abs. 2.

7. Das P.A. ist ohne Genehmigung des Reichskanzlers zur Abgabe von Gutachten nur in demselben Umfange befugt, wie es dazu verpflichtet ist, folglich darf es solche selbständig nur abgeben, wenn und so weit die Voraussetzungen, welche in N. 2 aufgeführt sind, vorliegen. Es darf demnach insbesondere sich nur über solche Punkte gutachtlich äußern, bezüglich deren divergirende Gutachten verschiedener Sachverständigen vorliegen, also nicht über Fragen, über welche sich nur einer der vernommenen Sachverständigen ausgelassen hat. Auch über Rechtsfragen darf es trotz der allgemeinen Fassung des §. 18 kein Gutachten erstatten (vergl. N. 2 zu c); ebenso wenig darf es solche an Privatpersonen ertheilen. **Reichskanzler.**

Das P.A. ist ohne Genehmigung des Reichskanzlers auch nicht befugt, wie die Sachverständigen-Vereine (§. 31 Abs. 2 des Urhebergesetzes vom 11. Juni 1870), auf Anrufen der Betheiligten Rechtsstreitigkeiten durch Schiedsspruch zu entscheiden.

§. 19.

Bei dem Patentamt wird eine Rolle geführt, welche den Gegenstand und die Dauer der ertheilten Patente, sowie den Namen und Wohnort der Patentinhaber und ihrer bei Anmeldung der Erfindung etwa bestellten Vertreter angiebt. Der Anfang, der Ablauf, das Erlöschen, die Erklärung der Nichtigkeit und die Zurücknahme der Patente sind, unter gleichzeitiger Bekanntmachung durch den Reichsanzeiger, in der Rolle zu vermerken.

Tritt in der Person des Patentinhabers oder seines Vertreters eine Aenderung ein, so wird dieselbe, wenn sie in beweisender Form zur Kenntniß des Patentamts gebracht ist, ebenfalls in der Rolle vermerkt und durch den Reichsanzeiger veröffentlicht. Solange dieses nicht geschehen ist, bleiben der frühere Patentinhaber und sein früherer Vertreter nach Maßgabe dieses Gesetzes berechtigt und verpflichtet.

Die Einsicht der Rolle, der Beschreibungen, Zeichnungen, Modelle und Probestücke, auf Grund deren die Ertheilung der Patente erfolgt ist, steht, soweit es sich nicht um ein im Namen der Reichsverwaltung für die Zwecke des Heeres oder der Flotte genommenes Patent handelt, jedermann frei.

Das Patentamt veröffentlicht die Beschreibungen und Zeichnungen, soweit deren Einsicht Jedermann freisteht, in ihren wesentlichen Theilen durch ein amtliches Blatt. In dasselbe sind auch die Bekanntmachungen aufzunehmen, welche durch den Reichsanzeiger nach Maßgabe dieses Gesetzes erfolgen müssen.

1. Publikationsmittel.
2. Kosten.

Abs. 1 (N. 3—7).

3. Rolle.
4. Reichsanzeiger.
5. Publikationsorgane.
6. Berichtigung.
7. Anmeldeabtheilung.

Abs. 2 (N. 8—14).

8—13. Aenderung in der Person des Patentinhabers.
8. Aenderung.
9. Antrag.
10. Form des Antrags.
11. Eintragung.
12. Erwerb des Patents.
13. Klage.
14. Vertreter.

Abs. 3 (N. 15—18).

15. Einsicht der Rolle.
16. Auslegung.
17. Ertheilungsakten.
18. Heer.

Abs. 4 (N. 19—20).

19. Patentblatt.
20. Patentschriften.

Publikationsmittel. 1. Das Gesetz kennt vier **Publikationsmittel** für die geschützten Erfindungen, sowie für Thatsachen und Rechtsverhältnisse, welche Patente betreffen:

a) die Rolle (N. 3),
b) den Reichsanzeiger (N. 4),
c) die Auslegung bei dem P.A. und den anderen Auslegungsstellen (N. 16),
d) das Patentblatt (N. 19).

Der Grund für die Publizität vor der Patentertheilung liegt in dem Bestreben, weiten Kreisen die Möglichkeit zu Einsprüchen zu gewähren, der Grund für die spätere Publizität vornehmlich in dem Wunsche, eine rasche Vervollkommnung der Technik dadurch zu fördern, daß jede technische Verbesserung, welche durch die Ertheilung eines Patents als solche anerkannt wird, unverzüglich zum Gemeingut gemacht und somit als Anregungsmittel für neue Verbesserungen benutzt wird (Mot. 1 S. 31).

Von der Publizität vor der Ertheilung handelt §. 23, von der späteren §. 19.

2. Die Kosten, welche durch die Eintragungen und Veröffentlichungen entstehen, hat das P.A. zu tragen, ohne daß es sie von den Betheiligten einziehen darf. **Kosten.**

Abs. 1.

3. Ist ein Patent ertheilt, so wird es in die bei dem P.A. geführte Rolle eingetragen (wegen der zu militärischen Zwecken genommenen Patente vergl. N. 18). Da die Eintragung erst nach Rechtskraft des Ertheilungsbeschlusses erfolgt und zwar unter fortlaufender Nummer, so kann ein früher angemeldetes Patent, dessen Ertheilung in Folge von Zwischenverfügungen, Einsprüchen u. s. w. sich verzögerte, eine höhere Nummer als ein später angemeldetes tragen. **Rolle.**

Die Rolle ist folgendermaßen eingetheilt:

Laufende Nr	Gegenstand des Patents.	Inhaber des Patents. Name und Wohnort.	Vertreter des Patentinhabers. Name und Wohnort.	Dauer des Patents. Tag Mon Jahr	Erlöschen, Erklärung der Nichtigkeit. Zurücknahme des Patents.	Bemerkungen

In die Spalte „Vertreter des Patentinhabers" werden nach der Praxis des P.A. nur die gemäß §. 12 bestellten Vertreter eines Patentinhabers, welcher im Inlande nicht wohnt, eingetragen.

In der Spalte „Bemerkungen" werden vornehmlich vermerkt: die Klasse, zu welcher das Patent gehört, das Zeichen der Akten, in denen die Ertheilung des Patents verfügt worden ist, Abänderungen des Patentanspruchs durch Theilnichtigkeitserklärung, Urtheile auf Nichtigkeitserklärung, Aenderungen in der Person des Patentinhabers oder seines Vertreters unter Angabe der Urkunde, auf Grund deren die Eintragung der Aenderung erfolgt.

Andere Vermerke als die vorstehend angegebenen, dürfen in die Rolle nicht eingetragen werden. Insbesondere dürfen, da nach §. 19 nur ertheilte Patente Gegenstand der Eintragung sind, weder in Bezug auf schwebende Patentanmeldungen, noch auf Erfinderrechte Eintragungen stattfinden. Einem Ersuchen eines Gerichts, welches vorstehende Grundsätze verletzt, darf das P.A. nicht stattgeben. Letzterem steht insofern sowohl gegenüber einstweiligen Verfügungen, als auch gegenüber Urtheilen ein selbständiges Prüfungsrecht zu (P.A. im Bl. 5, 3; vergl. auch Bl. 5, 86).

Reichsanzeiger. 4. Im **Reichsanzeiger** werden außer den in §. 19 erwähnten, gleichzeitig in die Rolle einzutragenden Vermerken noch veröffentlicht: die Anmeldung der Erfindung nebst der Anzeige, daß der Gegenstand der Anmeldung einstweilen gegen unbefugte Benutzung geschützt ist (§. 23), die Zurücknahme der Anmeldung nach der Veröffentlichung, die Ertheilung oder Versagung des Patents (§. 27).

Publikationsorgane. 5. Im Allgemeinen (vergl. aber N. 11, 14) haben die Eintragungen in die Rolle und die Veröffentlichung im Reichsanzeiger **rechtlich keine Bedeutung**, insbesondere ist weder die Entstehung noch die Endigung des Patents oder des Vertretungsverhältnisses davon abhängig.

Die Rolle ist ebenso wie der Reichsanzeiger — und das Patentblatt — nur **Publikationsorgan** und ergänzt diese beiden Blätter, indem sie noch nach Jahren, wo die Beschaffung eines bestimmten Zeitungsblattes, dessen Nummer bezw. Datum man nicht weiß, Schwierigkeiten verursacht, über die Verhältnisse des Patents bequem zu Rathe gezogen werden kann, während andrerseits die Blätter den Vorzug haben, daß sie auch den außerhalb Berlins Wohnenden leicht zugänglich sind. Dem entsprechend sagen auch die Mot. I S. 30: „Der Inhalt der Rolle ist bestimmt, über die rechtlichen Verhältnisse eines jeden Patentes **Auskunft zu gewähren**" (**Seligsohn** im P.Bl. 1886 S. 59).

Ein Antrag in der Enquete von 1886, den Eintragungen in die Rolle nach Analogie des Grundbuchs materiellrechtliche Wirkungen beizulegen, wurde abgelehnt (Enqu. 1886 S. 162).

Berichtigung. 6. Das P.A. ist befugt, wenn es einen Vermerk in der Rolle **versehentlich** eingetragen oder gelöscht hat, denselben **von Amtswegen** zu löschen bezw. wiedereinzutragen. Dies muß um so eher gelten, als materiellrechtliche Wirkungen von der Löschung oder Eintragung nicht abhängen. Wenn Jemand aber thatsächlich durch das Versehen geschädigt worden, z. B. der Inhaber des aus Versehen gelöschten Patents, welcher wegen der Löschung den Verletzern seines Patents Vorsatz oder grobe Fahrlässigkeit nicht nachweisen kann, so hat er gemäß §. 839 B.G.B einen Schadensersatzanspruch gegen den Beamten, welcher das Versehen begangen hat.

Trifft das P.A. kein Versehen, sondern hatte der Patentinhaber etwa durch eine in Folge eines Betruges, Zwanges, Irrthums ausgestellte formell gültige Erklärung die Umschreibung des Patents auf einen anderen herbeigeführt, so darf das P.A., auch wenn ihm der **Willensmangel** dar=

gethan wird, die Eintragung nicht löschen, sondern muß es dem früheren Patentinhaber überlassen, im Wege des Civilprozesses seine Wiedereintragung herbeizuführen. Schwieriger gestaltet sich die Sache, wenn in Folge einer Unkorrektheit des Patentinhabers oder eines Dritten das Patent in der Rolle gelöscht worden, z. B. wenn der Patentinhaber aus Versehen auf ein anderes Patent, als er beabsichtigte, Verzicht geleistet und das P.A. in Folge dieses Verzichts gelöscht hat: hier ist weder eine Remedur durch das P.A. möglich, weil es an einem Verfahren gebricht, in welchem das Versehen festgestellt werden könnte, noch kann Mangels eines bestimmten Gegners auf civilprozessualem Wege Abhülfe geschaffen werden. Die Löschung bleibt demnach bestehen, ohne daß dadurch der Bestand des Patents selbst erschüttert würde (N. 5); nur seine Geltendmachung gegen Dritte wird thatsächlich erschwert.

Zu demselben Resultat gelangt man, wenn der in der Rolle Eingetragene, welcher das Patent bereits an einen Anderen veräußert hatte, durch seinen Verzicht die Löschung des Patents herbeigeführt hat. Zwar wäre gegen ihn eine Klage auf Feststellung, daß zur Zeit des Verzichts nicht er, sondern ein Anderer der Patentinhaber gewesen, an sich zulässig, sie würde aber zu nichts führen, da das P.A. auf den Antrag des Eingetragenen, auch wenn dieser nicht mehr Patentinhaber ist, das Patent zu Recht gelöscht hat (N. 12 zu §. 9, N. 11 zu §. 19). Ist aber der Eingetragene nicht dispositionsfähig, oder war das Patent mit einem Nießbrauch oder Pfandrecht belastet und hatte der Berechtigte nicht in die Löschung gewilligt, so muß das P.A. das zu Unrecht gelöschte Patent wieder eintragen (N. 4 zu §. 9).

7. Die Verordnung vom 11. Juli 1891 bestimmt in §. 1 Abs. 3: Anmeldeabtheilung.

> Zu dem Geschäftskreis der Anmeldeabtheilungen gehören auch die Beschlüsse über Eintragungen und Löschungen in der Patentrolle (§. 19 des Patentgesetzes) für das einer jeden Abtheilung zugewiesene Gebiet der Technik.

Abs. 2.

8. Eine Aenderung in der Person des Patentinhabers Aenderung. liegt vor, wenn das ganze Patentrecht oder ein quotitativer Theil desselben, mit anderen Worten, wenn das Eigenthum oder Miteigenthum des Patents auf einen Anderen übergeht, nicht dagegen, wenn das Patentrecht in qualitativer Beschränkung übertragen wird (N. 5 zu §. 6). In Folge dessen wird weder der beschränkte Erwerber, noch der von ihm bestellte Vertreter (N. 2 zu §. 12) in die Rolle eingetragen.

Wird das Patent in eine Gesellschaft eingebracht, so kommt es darauf an, ob sein Eigenthum dem einbringenden Gesellschafter verbleiben und nur das Ausnutzungsrecht der Gesellschaft zustehen soll oder ob das ganze Patentrecht gemeinschaftliches Eigenthum der Gesellschafter werden soll. Die letztere Alternative ist im Zweifel anzunehmen, wenn das Patent nach einer Schätzung, die nicht blos für die Gewinnvertheilung bestimmt ist, beizutragen ist (§. 706 Abs. 2 B.G.B.).

Nießbrauch und Pfandrecht, gleichviel ob letzteres durch Vertrag oder durch Pfändung begründet worden ist, bewirken keine Aenderung in der Person des Patentinhabers und sind daher nicht einzutragen (a. M. Kohler Handbuch S. 537); ebenso wenig Licenzen.

Antrag. 9. Die Aenderung in der Person des Patentinhabers oder seines Vertreters ist in die Rolle nur auf den Antrag eines Legitimirten einzutragen. Nach dieser Richtung führt die Bekanntmachung des P. A. vom 18. Mai 1881 (P.Bl. 1881 S. 135) aus:

Der §. 19 des Patentgesetzes vom 25. Mai 1877 bestimmt: „Tritt in der Person des Patentinhabers oder seines Vertreters eine Aenderung ein, so wird dieselbe, wenn sie in beweisender Form zur Kenntniss des Patentamtes gebracht ist, ebenfalls in der Rolle vermerkt und durch den Reichsanzeiger veröffentlicht.“ . . .

Neuerdings sind Zweifel darüber entstanden, in welcher Weise solche Aenderungen „zur Kenntniss des Patentamts“ zu bringen sind, um letzteres zur Eintragung in die Patentrolle in den Stand zu setzen. Dritte Personen haben die betreffenden Urkunden vorgelegt und ohne Nachweis ihrer Legitimation die Eintragung verlangt, indem sie meinten, es genüge, dass die Thatsache der Besitzübertragung urkundlich „zur Kenntniss“ des Patentamts gekommen sei. Von wem diese Kenntniss vermittelt sei, erscheine gleichgültig; es sei im Gesetz nicht vorgeschrieben, dass überhaupt ein Antrag gestellt werden müsse, und könne deshalb auch eine Vollmacht zur Stellung eines Antrages nicht gefordert werden

Das Patentamt hat dieser Auffassung nicht folgen können. Die Aenderung soll nicht nur zur Kenntniss des Patentamts gelangen, sondern gebracht werden. Hierin liegt das Erforderniss eines Antrags, welcher ohnehin der Regel nach die Voraussetzung einer die privaten Interessen berührenden amtlichen Thätigkeit bildet. Ohne Antrag lässt sich gar nicht entnehmen, dass der betreffende Rechtsakt das zeitige Rechtsverhältniss wirklich darstellt und dass es der Wille der Betheiligten ist, auf Grund des Rechtsakts alsbald eine Aenderung des Vermerks in der Patentrolle vornehmen zu lassen. Es kommen Aenderungen vor, an welche die Betheiligten überhaupt oder wenigstens zur Zeit diese Folge nicht knüpfen wollen.

Ist aber ein Antrag Erforderniss, so muss derselbe auch von dem bisherigen Patentinhaber oder von dessen Rechtsnachfolger gestellt werden. Wird der Antrag von einem Dritten eingebracht, so muss derselbe von einer Vollmacht begleitet sein, sonst liegt nur eine unlegitimirte Mittheilung vor, es ist der Wille und der Antrag der wirklich Betheiligten nicht konstatirt.

Die Umschreibung in Folge gerichtlicher Requisitionen, welche auf Grund von Erkenntnissen oder von gerichtlich abgeschlossenen Verträgen u. s. w. ergehen, wird hierdurch nicht berührt.

10. **Bezüglich der Frage, was unter der beweisenden Form zu verstehen ist, fährt die in N. 9 citirte Bekanntmachung des P.A. fort:** Form des Antrags.

Hinsichtlich der beweisenden Form der Uebertragung ist das nachstehende Gesetz vom 1. Mai 1878 zu beachten:

WIR WILHELM, von Gottes Gnaden Deutscher Kaiser, König von Preussen etc, verordnen im Namen des Reichs, nach erfolgter Zustimmung des Bundesraths und Reichstags, was folgt:

§. 1. Urkunden, die von einer inländischen öffentlichen Behörde oder von einer mit öffentlichem Glauben versehenen Person des Inlandes aufgenommen oder ausgestellt sind, bedürfen zum Gebrauch im Inlande einer Beglaubigung (Legalisation) nicht.

§. 2. Zur Annahme der Echtheit einer Urkunde, welche als von einer ausländischen öffentlichen Behörde oder von einer mit öffentlichem Glauben versehenen Person des Auslandes ausgestellt oder aufgenommen sich darstellt, genügt die Legalisation durch einen Konsul oder Gesandten des Reichs.

Urkundlich etc.

Ist die Uebertragung durch eine Privaturkunde erfolgt, so müssen die Unterschriften gerichtlich oder notariell bezw. durch einen Konsul oder Gesandten des Reichs beglaubigt sein. Ist die Beglaubigung durch eine ausländische öffentliche Behörde erfolgt, so muß noch gemäß §. 2 des Gesetzes vom 1. Mai 1878 die Legalisation hinzutreten. Durch die Legalisation wird festgestellt, daß die von der ausländischen Behörde (Notar) aufgenommene Urkunde oder ihr Beglaubigungsvermerk wirklich von dem Aussteller herrühren, daß dieser die amtliche Eigenschaft besitzt, welche er sich in der Urkunde beilegt, und endlich, daß er sie in dieser amtlichen Eigenschaft unterschrieben hat. Dagegen wird durch die bloße Legalisation nicht ohne Weiteres die Zuständigkeit des ausländischen Beamten für die vorliegende Art der Beurkundung festgestellt (Entsch. des Kammergerichts im Bl. 5, 159).

Urkunden, die in Oesterreich-Ungarn, in der Herzegowina oder in Bosnien von einem Gericht aufgenommen oder beglaubigt sind, bedürfen keiner weiteren Legalisation, ebenso Urkunden, welche dort von einem Notar aufgenommen oder beglaubigt sind, falls die Unterschrift des Notars vom Gericht beglaubigt ist (R.G.Bl. 1881 S. 4, 253).

Wenn trotz des Beglaubigungsvermerks es zweifelhaft bleibt, ob der Erklärende mit dem zur Abgabe der Erklärung Berechtigten identisch ist, wenn also z. B. Vornamen oder Wohnung differiren, so darf das P.A. vor Aufklärung des Widerspruchs die Eintragung nicht vornehmen (P.A. im Bl. 6, 300).

Für die erste Bestellung eines Vertreters genügt einfache privatschriftliche Form, ebenso für die Anzeige von der Beendigung der Vertretung, wofern damit nicht die Bestellung eines neuen Vertreters verknüpft ist.

Bezüglich der Frage, ob bei der Uebertragung des Patents die Erklärung beider Kontrahenten oder nur eines derselben in beglaubigter Form dem P.A. behufs Umschreibung vorzulegen ist, werden die Grundsätze des Grundbuchrechts vom P.A. analog angewendet

Eine Bekanntmachung desselben bestimmt nämlich (P.Bl. 1890 S. 215):

> Zur Eintragung einer Aenderung in der Person des Patentinhabers in die Patentrolle genügt der einfache schriftliche Antrag des Erwerbers oder bisherigen Patentinhabers, welchem die beglaubigte, auf Eintragung gerichtete Erklärung des bisherigen Patentinhabers beigefügt ist.
>
> Ausreichend ist auch der blosse beglaubigte Antrag des Patentinhabers, sobald aus demselben zu entnehmen ist, dass der Wille des Patentinhabers auf Eintragung des neuen Erwerbers in die Patentrolle gerichtet ist.
>
> Der Beibringung einer beglaubigten Annahmeerklärung des neuen Erwerbers bedarf es in keinem Falle.

Ebenso reicht es in dem Falle, wenn Jemand zur Einwilligung in die Umschreibung des Patents auf einen Anderen verurtheilt ist oder wenn der Uebergang des Patents auf Grund von Erbverträgen, letztwilligen Verfügungen und Erbtheilungsurkunden geschieht, aus, wenn das rechtskräftige Urtheil oder die betreffende Urkunde (§§. 36, 37 der Grundbuchordnung vom 24. März 1897) mit dem privatschriftlichen Antrage des Erwerbers eingereicht wird. War das Patent durch Vermächtniß übertragen worden, so ist nach dem einschlägigen Civilrechte zu beurtheilen, ob die Einwilligung des Erben zur Umschreibung des Patents auf den Namen des Legatars erforderlich ist; nach §. 2174 B.G.B. ist die Einwilligung nöthig.

Die Rechtsgültigkeit des Rechtsgeschäfts, auf Grund dessen der Patentinhaber den Antrag auf Umschreibung gestellt oder die Abtretung erklärt hatte, hat das P.A. nicht zu prüfen.

Eintragung. **11.** Welche Wirkungen es hat, wenn eine Aenderung in der Person des Patentinhabers nicht in der Rolle vermerkt und durch den Reichsanzeiger veröffentlicht ist d. h. wenn nicht beide Publikationen erfolgt sind, ist, hauptsächlich in früherer Zeit, streitig gewesen.

Einige Schriftsteller (Rosenthal S. 236, Klostermann S. 159, 165) lassen in diesem Falle den bisherigen Inhaber Dritten gegenüber berechtigt und verpflichtet bleiben: das an sich gültige Uebertragungsgeschäft sei ohne Eintragung und Veröffentlichung nicht wirksam, deshalb entscheide bei mehreren Uebertragungen Seitens desselben Patentinhabers zwischen den mehreren — Rosenthal: gutgläubigen — Erwerbern die

Priorität der Eintragung und Veröffentlichung. Rosenthal will daneben dem ersten Erwerber das Recht wahren, im ordentlichen Rechtswege die Gültigkeit der ersten Uebertragung geltend zu machen und auf Grund des Urtheils die Eintragung zu begehren (es ist nicht klar, ob Rosenthal dies Recht nur bei mala fides des zweiten Erwerbers gewähren will); habe aber mittlerweile eine Weiterübertragung und deren Eintrag in die Rolle stattgefunden, so bleibe das Recht des neuen gutgläubigen Erwerbers in Kraft und nur ein Anspruch auf Schadensersatz zu Gunsten des früheren Erwerbers übrig. Klostermann begründet seine Ansicht damit, daß die Uebertragung des Patents nach den Grundsätzen der Cession zu beurtheilen sei, daß das P.A. die debitores cessi, die Gewerbetreibenden, vertrete und daß in der Anzeige an das P.A. und in der Veröffentlichung die denuntiatio liege.

André „Die rechtliche Bedeutung der Eintragung der Person des Patentinhabers in die Rolle und der in dieser Beziehung eintretenden Aenderungen (§. 19 des Patentgesetzes)" im P.Bl. 1879 S. 354 führt aus, der §. 19 spreche nur von der Geltendmachung der durch das Patentgesetz konstituirten Rechte und Pflichten d. h. von der Befugniß, Verletzungen des Patents zu verfolgen und Licenzen zu ertheilen, sowie von der Möglichkeit, gegen den eingetragenen Patentinhaber Anträge auf Nichtigkeitserklärung und Zurücknahme zu stellen. Nur nach diesen Richtungen sei der eingetragene Patentinhaber berechtigt und verpflichtet, ohne daß es auf seine bona oder mala fides ankomme, jede Einrede eines Dritten aus dem der Eintragung zu Grunde liegenden Rechte sei eine exceptio ex jure tertii. Darüber hinaus habe die Eintragung keine Bedeutung.

Dambach sieht in dem Vermerk in der Rolle lediglich einen nachrichtlichen Vermerk.

Kohler (Handbuch S. 529) läßt das Patentrecht auch ohne Eintrag in die Rolle auf den Erwerber übergehen, hält aber nur den Eingetragenen für legitimirt, das Patent im Nichtigkeits- und Zurücknahmeverfahren zu vertheidigen, sowie vor Gericht in Verletzungs-, Feststellungs- und Strafprozessen, welche das Patent betreffen, aufzutreten.

Gegen Dambach's Ansicht spricht der klare Wortlaut des §. 19 Abs. 2. Rosenthal, Klostermann legen im Gegensatze zu ihm der Bestimmung eine zu große Bedeutung bei, indem sie die Worte „nach Maßgabe dieses Gesetzes" in §. 19 Abs. 2 übersehen und die Bemerkung der Motive, daß Eintragungen, welche eine Aenderung in der Person des Patentinhabers oder seines Vertreters bekunden, für die Gültigkeit oder Ungültigkeit des der Aenderung zu Grunde liegenden rechtlichen Aktes nicht entscheidend sind, nicht genügend würdigen (gegen Klostermann's Begründung insbesondere vergl. noch André a. a. O. und Seligsohn im P.Bl. 1886 S. 59). André hat zwar richtig erkannt, daß die Worte „nach Maßgabe dieses Gesetzes" die Bedeutung der Vorschrift einschränken, er ist aber in der Einschränkung nicht weit genug gegangen. Wenn er beispielsweise das Recht, Patentverletzungen zu verfolgen, nur dem eingetragenen Patentinhaber zugestehen will, so übersieht er ebenso wie Kohler, bezüglich der strafrechtlichen Verfolgung, daß §§. 36, 37 dieses Recht dem Verletzten bezw. Beschädigten gewähren, daß diese Ausdrücke dem in §. 65 Str.G.B. für den Antragsberechtigten gebrauchten entsprechen und daß die Motive zu §§. 31—34 (jetzt §§. 35—40) noch hervorheben, es solle in den Voraussetzungen der Strafbarkeit bei den allgemeinen Rechtsgrundsätzen sein Bewenden behalten: aus diesen Momenten folgt, daß jenes Recht nicht dem eingetragenen Patentinhaber als solchem, d. h. gleichviel ob er der Verletzte ist, zustehen kann (R.G. Strafs. 11, 266, R.G. im Bl. 3, 204 u. 205). Bezüglich der Verfolgung im Civilprozeß übersieht er andrerseits, daß der §. 12 Abs. 1 das „nach Maßgabe des Gesetzes" stattfindende Verfahren den das Patent betreffenden bürgerlichen Rechtsstreitigkeiten, zu welchen der Entschädigungsprozeß wegen Patentverletzung sicherlich gehört, gegenüberstellt. Kohler's Einwand, daß in §. 12 nur von dem nach Maßgabe des Gesetzes stattfindenden Verfahren die Rede sei, erscheint nicht überzeugend. Daß die Befugniß, Klagen wegen Patentverletzung anzustellen, nicht von der Eintragung in die Rolle abhängt, ist heute in der Praxis der Gerichte kaum zweifelhaft (R.G. in Jurist. Wochenschrift 1899 S. 543, im Bl. 5, 239)

Die Vorschrift des Abs. 2 ist dahin auszulegen, daß in einem nach Maßgabe des Patentgesetzes stattfindenden Verfahren und überhaupt dem P.A. gegenüber der eingetragene Patentinhaber aktiv und passiv legitimirt sein soll ohne Rücksicht auf eine nicht eingetragene und publizirte Veränderung (R.G. Strafs. 11, 266, Robolski S. 130, P.A. im Bl. 5, 3). Das Verfahren nach Maßgabe des Patentgesetzes ist ausschließlich das des dritten Abschnitts „Verfahren in Patentsachen", Patentverletzungen sind keine Patentsachen und werden deshalb im vierten Abschnitt behandelt (N. 1 zum dritten Abschnitt). In Folge dessen werden auch, wie erwähnt, die Entschädigungsprozesse wegen Verletzungen dem nach Maßgabe dieses Gesetzes stattfindenden Verfahren in §. 12 gegenübergestellt; die Heranziehung dieses Paragraphen ist um so mehr gerechtfertigt, als §. 19 Abs. 2 nicht blos von der Berechtigung und Verpflichtung des Patentinhabers, sondern auch seines Vertreters handelt und für Beide die gleiche Bestimmung trifft.

Die Eintragung und Veröffentlichung ist demnach ausschließlich, ohne Zulassung eines Gegenbeweises, maßgebend für die Befugniß, ein Zusatzpatent nachzusuchen (N. 6 zu §. 7), und Stundung oder Erlaß der Gebühren zu beantragen (N. 13 zu §. 8), für die Möglichkeit, durch eine Verzichtserklärung die Löschung des Patents herbeizuführen (N. 12 zu §. 9), für die Verpflichtung, einen Vertreter zu bestellen (N. 3 zu §. 12), für die Passivlegitimation in dem Nichtigkeits- und Zurücknahmeverfahren (N. 8 zu §. 28), endlich für die Frage, wen das P.A. in allen das Patent betreffenden Angelegenheiten als Patentinhaber zu behandeln hat.

Erwerb des Patents.

12. Die Eintragung und Veröffentlichung hat, wie sich aus N. 11 ergiebt, keine Bedeutung für den Erwerb des Patents. Wer dasselbe von dem Patentinhaber zuerst erwirbt, dem gehört es, auch wenn er sich nicht eintragen läßt; der noch eingetragene Veräußerer vermag nach dem Grundsatze nemo plus juris transferre potest, quam ipse habet keinen Dritten, gleichviel, ob dieser bona oder mala fide ist, zum Patentinhaber zu machen. Hieran ändert es auch nichts, daß der Dritte auf den Antrag des Veräußerers in die Rolle eingetragen wird, demnächst seinerseits das Patent an einen anderen Gutgläubigen veräußert und nun den Letzteren als Erwerber in der Rolle vermerken läßt: durch alle diese Operationen wird das Patentrecht des ersten Erwerbers nicht aufgehoben. Dies gilt auch dann, wenn der Veräußerungsvertrag im Auslande geschlossen ist (R.G. 31, 52, im P.Bl. 1893 S. 358, G. 10, 161).

Eine derartige Regelung kann zwar dem Verkehr mit Patenten insofern hinderlich sein, als es für jeden Erwerber eines Patents unmöglich ist, sich Gewißheit darüber zu verschaffen, ob der Veräußerer zur Uebertragung legitimirt ist und ob er, der Erwerber, wirklich Patentinhaber wird. Indessen dieselbe Unsicherheit herrscht bei der Uebertragung nicht blos von Forderungsrechten, sondern von allen Urheberrechten. Wenn man dagegen einwenden wollte, daß diese Rechte nicht maßgebend seien, weil es bei ihnen an einem Analogon der Rolle fehle, daß ein solches aber im Grundbuche vorhanden sei, und deshalb die Bestimmungen über die Bedeutung der grundbuchlichen Eintragungen heranzuziehen wären, so würde man übersehen, daß an sich die letzteren nicht zu der gegentheiligen Ansicht führen. Die grundbuchliche Eintragung des Eigenthümers kann entweder die Bedeutung haben, daß erst durch dieselbe das Eigenthum übergeht (§. 1 des Preuß. Eigenthumserwerbsgesetzes vom 5. Mai 1872 und §. 873 B.G.B.) oder, daß sie nur einen vorher — z. B. durch Kaufvertrag und Uebergabe — vollzogenen Eigenthumsübergang registrirt, so daß, wenn ein Zwang zur Berichtigung des Besitztitels nicht stattfindet, der wahre Eigenthümer sich mit dem Bucheigenthümer nicht zu decken braucht (Rechtszustand in Preußen vor 1872). Daß im letzteren Falle der wahre Eigenthümer dem Bucheigenthümer, auch dem gutgläubigen, vorging, stand in der preußischen Praxis fest (Plenarbeschluß des Obertribunals vom 6. März 1854, Entsch. 27, 287, Strieth. Arch. 12, 360). Da nun bei Patenten, wie die Motive zu §. 6 noch ausdrücklich hervorheben, für die Form der Uebertragung die Regeln des bürgerlichen Rechtes zur Anwendung kommen, so liegt kein Grund vor, der Eintragung in die Rolle eine größere Wirkung beizulegen, als der Eintragung in das Grundbuch vor dem Jahre 1872, zumal auch in der Enquete von 1886 ein Antrag den Eintragungen in die Rolle materiellrechtliche Wirkungen nach Analogie des heutigen Grundbuchsystems beizulegen, abgelehnt wurde (vergl. N. 5 a. E.).

13. Da der nicht eingetragene Patentinhaber die in dem Patentrecht liegenden Befugnisse nicht voll ausüben (N. 11 a. E.) und durch ihre Ausübung Seitens des Eingetragenen leicht geschädigt werden kann, so wird man ihm gegen diesen eine Klage auf Einwilligung in die Umschreibung des Patents vor den ordentlichen Gerichten gewähren Klage.

(N. 21 zu §. 4). Hat er obgesiegt, so wird er gemäß §. 894 C.P.O. das Urtheil mit dem Attest der Rechtskraft versehen lassen und es dann mit seinem privatschriftlichen Antrage beim P.A. einreichen (N. 10). Zu beachten ist auch, daß, wenn zur Umschreibung die Vorlegung eines Erbscheines oder einer anderen Urkunde, die dem Schuldner auf Antrag von einer Behörde, einem Beamten oder einem Notar zu ertheilen ist, nöthig sind (N. 10), der Gläubiger die Ertheilung dieser Urkunden an Stelle des Schuldners verlangen kann (§§. 896, 792 C.P.O.).

Hat der in die Rolle Eingetragene durch Verzicht oder durch sein Verhalten in dem auf Nichtigkeitserklärung oder Zurücknahme gerichteten Verfahren die Löschung des Patents in der Rolle herbeigeführt, so hat der wirkliche Patentinhaber nicht mehr die Möglichkeit, die Wiedereintragung des Patents zu bewirken (N. 6), er ist nur auf die Schadensersatzklage gegen jenen beschränkt. Aus diesem Grunde wird er gut daran thun, sich rechtzeitig durch einstweilige Verfügung, welche er bei den ordentlichen Gerichten beantragt, zu sichern.

Vertreter. **14.** Ist ein Wechsel in der Person des Vertreters nicht in der Rolle vermerkt und im Reichsanzeiger veröffentlicht worden, so bleibt gemäß den Ausführungen in N. 9 der frühere Vertreter in einem nach Maßgabe des Patentgesetzes einzuleitenden Verfahren, überhaupt dem P.A. gegenüber aktiv und passiv legitimirt; wegen der Einzelheiten vergl. N. 11 a. E. Nach Kohler bleibt er auch den Civil- und Strafgerichten gegenüber legitimirt (Handbuch S. 532).

Die Gültigkeit des auf Zurücknahme oder Nichtigkeitserklärung gerichteten Verfahrens wird dadurch nicht berührt, daß der eingetragene Patentinhaber zur Zeit der Anstellung der Klage bereits verstorben war, sofern die Klage dem von demselben bestellten und in der Rolle eingetragenen Vertreter behändigt worden ist (R.G. im P.Bl. 1886 S. 49, G. 5, 238).

Abs. 3.

Einsicht der Rolle. **15.** Die Einsicht der Rolle steht Jedermann frei, ohne daß es des Nachweises irgend eines Interesse bedarf.

Wegen der zu militärischen Zwecken genommenen Patente vergl. N. 18.

Auslegung. **16.** Die Auslegung bei dem P.A. und den in Gemäßheit des §. 23 Abs. 3 durch Kaiserliche Verordnung bestimmten anderen Auslegungsstellen geschieht gleichzeitig mit der Bekanntmachung der Anmeldung im Reichsanzeiger, sie erstreckt sich auf die Dauer der Einspruchsfrist und betrifft die Anmeldung mit sämmtlichen Beilagen (vergl. Erläuterungen zu §. 23 Abs. 3). Ist das Patent ertheilt, so steht die Einsicht der Beschreibung, Zeichnungen, Modelle, Probestücke, auf Grund deren die Ertheilung des Patents erfolgt ist, während der ganzen Dauer des Patents und auch nach Erlöschen desselben Jedermann frei, ohne daß es des Nachweises irgend eines Interesse bedarf.

Wegen der für militärische Zwecke genommenen Patente vergl. N. 18.

17. Häufig wird die Einsicht der Beschreibung, Zeichnungen, Modelle und Probestücke, auf Grund deren die Ertheilung des Patentes erfolgt ist, nicht ausreichen, um die Tragweite des ertheilten Patentes voll zu erkennen. Bei einem nicht ganz klar gehaltenen Patentanspruche ist es für das Verständniß sehr zweckmäßig, auch den übrigen Inhalt der Patentertheilungsakten, insbesondere die Zwischenverfügungen des Amtes und die Erklärungen des Anmelders auf dieselben heranzuziehen. Inwieweit besteht ein Recht auf Einsicht dieser Akten und auf Abschriften aus denselben? Die einzige gesetzliche Vorschrift ist §. 29 A.B.: Ertheilungsakten.

> Das Patentamt kann nach seinem Ermessen von den bei ihm beruhenden Eingaben und Verhandlungen, soweit die Einsicht in dieselben gesetzlich nicht beschränkt ist, an Jedermann Abschriften und Auszüge gegen Einzahlung der Kosten ertheilen.

Ueber die maßgebenden Gesichtspunkte, unter welchen das P.A. dieses Ermessen auszuüben hat, bestand längere Zeit in den verschiedenen Abtheilungen keine einheitliche Praxis. Im Allgemeinen erhält jetzt aber Jeder, der ein rechtliches Interesse nachweisen kann, Abschriften aus den Patentertheilungsakten, soweit nicht die Geheimhaltung der Anmeldung im Interesse des Patentsuchers aus besonderen Gründen geboten ist. Letzteres kann der Fall sein, wenn die Anmeldung in Bezug auf wesentliche Punkte nicht zur Patentertheilung geführt hat und die ausgeschiedenen Theile nicht anderweit, z. B. durch ausländische Patentschriften, bekannt geworden sind. Die Einsichtnahme in die Akten selbst wird auch in dem eben genannten Umfange nicht immer gewährt, weil die Aeußerungen der Berichterstatter, Verfügungsentwürfe u. s. w. sich häufig in den Akten vorfinden und man diese Theile der Akten dem Publikum nicht bekannt geben will. Wenn das P.A. den Gerichten auf ihr Ersuchen in schwebenden Prozessen die Patentertheilungsakten übersendet, so ist das Gericht stets berechtigt, sie den Parteien vorzulegen bis auf die eben erwähnten Aeußerungen und Entwürfe (Präsidial-Verfügung des P.A. vom 15. Februar 1899 im Bl. 5, 127). Ein rechtliches Interesse an der Kenntniß der Patentertheilungsakten wird bei dem Anmelder, dem Patentinhaber, dem Nichtigkeitskläger, dem wegen Patentverletzung gerichtlich in Anspruch Genommenen, dem Licenznehmer ohne Weiteres anzunehmen sein. Es dürfte im allgemeinen Interesse liegen, daß das P.A. die Einsicht der Ertheilungsakten möglichst wenig beschränkt und sie auch vor Ertheilung des Patents, z. B. dem Einsprechenden zur Prüfung der Priorität (P.A. im Bl. 6, 194; 7, 38), gestattet. (Vgl. „Gewerblicher Rechtsschutz und Urheberrecht" 1897 S. 345.)

18. Die Bestimmung des Abs. 3, daß, soweit es sich um ein im Namen der Reichsverwaltung für die Zwecke des Heeres oder der Flotte genommenes Patent handelt, die Einsicht der Rolle nicht Jedermann frei steht, hat durch die jetzige Fassung des letzten Absatzes des §. 23 fast ihre ganze Bedeutung verloren. Vor 1891 lautete dieser Absatz nämlich: Heer.

> Handelt es sich um ein im Namen der Reichsverwaltung für die Zwecke des Heeres oder der Flotte nachgesuchtes

Patent, so unterbleibt die Auslegung der Anmeldung und ihrer Beilagen.

Dem entsprechend bestimmte Abs. 3 des §. 19, daß auch nach der Ertheilung des Patents die Einsicht dieser Beilagen unzulässig sei, und fügte hinzu, daß auch die Rolle nicht eingesehen werden dürfe. Die anderen Publikationsmittel, Veröffentlichung durch den Reichsanzeiger und das Patentblatt, sowie die Eintragung in die Patentrolle fanden dagegen statt.

Heute lautet aber der letzte Absatz des §. 23:

> Handelt es sich um ein im Namen der Reichsverwaltung für die Zwecke des Heeres oder der Flotte nachgesuchtes Patent, so erfolgt auf Antrag die Patentertheilung ohne jede Bekanntmachung. In diesem Falle unterbleibt auch die Eintragung in die Patentrolle.

Daraus ergiebt sich, daß auf den Antrag der Reichsregierung alle vier in N. 1 aufgeführten Publikationsmittel zu unterbleiben haben, in Folge dessen ist die Vorschrift des §. 19 Abs. 3 bezüglich der Rolle nur noch in dem, sicherlich sehr seltenen, Falle anwendbar, wenn die Reichsverwaltung einen bezüglichen Antrag nicht gestellt hat. Wichtig ist dagegen, daß die Einsicht der Beschreibungen, Zeichnungen, Modelle und Probestücke ausdrücklich untersagt ist: dadurch ist das P.A. auch verhindert, Abschriften von den Unterlagen der betr. Patente zu ertheilen (vergl. N. 17).

Das Reich, nicht der Bundesstaat oder ein ausländischer Staat, muß das Patent erlangt haben und zwar originär, nicht derivativ (vergl. „genommenes" in §. 19 und „nachgesuchtes" in §. 23. a. M. wegen der ratio legis: Rosenthal S. 238). Daß die Erfindung auch für andere Zwecke, als für militärische, verwendbar ist, ist unerheblich; es kommt allein darauf an, ob die Reichsverwaltung erklärt, daß sie das Patent für die Zwecke des Heeres oder der Flotte nachsuche. Eine Prüfung der Richtigkeit dieser Erklärung steht dem P.A. nicht zu.

Die Reichsverwaltung kann auf das ihr in §. 19 Abs. 3 gewährte beneficium im einzelnen Falle verzichten. Ohne ihre Zustimmung kann aber Niemand, auch nicht die Gerichte in anhängigen Straf- oder Civilsachen, die Einsicht der Geheimpatente oder ihrer Unterlagen verlangen. Will indessen die Reichsverwaltung gerichtliche Hilfe z. B. gegen Nachahmer in Anspruch nehmen, so würde sie beweisfällig werden und eine Verurtheilung nicht erfolgen können, wenn sie die Patente u. s. w. den Gerichten und dem Gegner nicht vorlegen wollte. Bei Prüfung von Erfindungen, welche mit einem Geheimpatent kollidiren, darf das P.A. dem Anmelder nur mittheilen, daß es die Anmeldung ganz oder theilweise zurückweist, weil ihr Gegenstand mit einem — nicht näher zu benennenden — Geheimpatent übereinstimmt. Erhebt die Reichsverwaltung auf Grund eines Geheimpatents Einspruch gegen eine Anmeldung, so wird der Anmelder nur davon benachrichtigt, daß ein solcher Einspruch erhoben ist; weder in dieser Mittheilung, noch in dem Beschlusse, durch welchen über die Ertheilung des Patents entschieden wird, darf der Inhalt des Geheimpatents angegeben werden.

Abs. 4.

19. Das vom P.A. gemäß §. 19 Abs. 3 herausgegebene amtliche Blatt ist das Patentblatt. **Patentblatt.**

Dasselbe enthält alle Bekanntmachungen auf Grund des Patentgesetzes und des Gesetzes, betreffend den Schutz von Gebrauchsmustern. Es erscheint jeden Mittwoch in zwei Ausgaben mit oder ohne Patentbeschreibungen zum Preise von 25 Mk. bezw. 10 Mk. für das Halbjahr und zwar in Carl Heymanns Verlag zu Berlin.

Seit dem 1. Oktober 1894 giebt das P.A. in demselben Verlage neben dem Patentblatt ein Blatt für Patent-, Muster- und Zeichenwesen heraus. Dieses bezweckt die Mittheilung von Vorgängen auf den Gebieten des Patent-, Muster- und Zeichenrechts, einschließlich des Geschmacksmusterrechts, welche für die betheiligten gewerblichen Kreise und für die juristische Wissenschaft und Praxis ein besonderes Interesse darbieten. Demgemäß bringt es Gesetze und Verordnungen, Entscheidungen und Verfügungen des In- und Auslandes, internationale Verträge, statistische Zusammenstellungen, auch Abhandlungen u. s. w. Der Bezugspreis des allmonatlich erscheinenden Blattes beträgt für den Jahrgang 6 Mk. Abnehmer des Patentblatts oder des Waarenzeichen-Blatts erhalten das Blatt für Patent-, Muster- und Zeichenwesen kostenfrei.

20. Die Patentschriften erscheinen in besonderen Heften, welche nach der Fertigstellung ausgegeben werden. Dieselben enthalten — für jedes Patent getrennt — die vollständige Beschreibung und Zeichnung, auf Grund deren die Ertheilung der Patente erfolgt ist. **Patentschriften.**

Zum Zwecke dieser Veröffentlichung sind die Patente in 89 Klassen getheilt. Ein Verzeichniß dieser Klassen wird am Schlusse dieses Buches mitgetheilt.

Ueber den Bezug der Patentschriften hat das P.A. unter dem 9. September 1895 folgende Bekanntmachung erlassen (Bl. 1, 265):

Vom 1. Oktober d. J. ab erfolgt der Bezug der Patentschriften nicht, wie bisher, durch Vermittelung der Reichspostanstalten und der Reichsdruckerei, sondern ausschliesslich durch das Kaiserliche Patentamt.

Bestellungen, die auf dem bisherigen Bezugswege gemacht und bis zum 1. Oktober d. J. nicht erledigt worden sind, gelangen gleichfalls durch das Kaiserliche Patentamt zur Ausführung. —

Die Bezugsbedingungen sind künftig folgende:

Einzelne Patentschriften werden, soweit der Vorrath reicht, zum Preise von 1 Mk. abgegeben. Bei der Bestellung sind die Nummern der Patentschriften anzugeben

Vorbestellungen, bei denen das Heft mit 0,50 Mk. berechnet wird, werden angenommen:

a) auf einzelne Klassen.

Die Bestellung hat schriftlich zu erfolgen und muss enthalten:

1. die vollständige Adresse des Bestellers.
2. die genaue Angabe derjenigen Klassen, deren Zusendung erfolgen soll,
3. die Angabe des Datums, von welchem ab die erschienenen Patentschriften gewünscht werden.

Gleichzeitig mit der Bestellung ist ein Betrag von 20 Mk., oder ein Vielfaches desselben einzuzahlen, worauf die Zusendung der gewünschten Patentschriften so lange erfolgt, bis der eingezahlte Betrag erschöpft ist:

b) auf 20 oder mehr Hefte einer bestimmten Patentschrift.

Die Bestellung ist innerhalb der ersten 14 Tage nach der Veröffentlichung der Ertheilung des Patentes im Reichs-Anzeiger schriftlich zu machen und muss enthalten:

1. die vollständige Adresse des Bestellers,
2. die genaue Bezeichnung des Patentes nach Nummer, Namen und Gegenstand.

Gleichzeitig ist der Betrag von 0,50 Mk für je ein Heft einzuzahlen.

Später eingehende Bestellungen können nur soweit Berücksichtigung finden, als der vorhandene Vorrath der Patentschriften es gestattet. —

Bestellungen auf Patentschriften, welche vor der Veröffentlichung der Ertheilung des Patentes eingehen, finden keine Berücksichtigung; die mit vorzeitigen Bestellungen eingezahlten Gelder werden zurückgewiesen.

Formulare zu den Vorbestellungen nach Klassen werden im Kaiserlichen Patentamt unentgeltlich abgegeben..

Alle an das Kaiserliche Patentamt gerichteten Sendungen sind zu frankiren. Unfrankirte oder unzureichend frankirte Sendungen werden nicht angenommen Die Geldbeträge sind in den gesetzlichen Zahlungsmitteln, also mit Ausschluss von Postfreimarken und sonstigen Werthzeichen, portofrei und unter Werthangabe einzusenden.

Bestellungen, welche den obigen Bedingungen nicht entsprechen, bleiben unberücksichtigt.

Dritter Abschnitt.

Verfahren in Patentsachen.

1. Patentsachen.
2. Richterliche Thätigkeit.
3. Ertheilungsverfahren.
4—6. Richtigkeits- und Zurücknahmeverfahren.
4. Charakteristik
5. Anwendbarkeit der Vorschriften der C.P.O.
6. Praxis.

1. Der dritte Abschnitt (§§. 20—34) behandelt das Verfahren in Patentsachen. Unter demselben begreift das Gesetz das Verfahren behufs Ertheilung eines Patents (§§. 20—27), sowie das Verfahren behufs Nichtigkeitserklärung und Zurücknahme des Patents (§§. 28—31, 33); die §§. 32, 34 beziehen sich nicht blos auf das letztere Verfahren, sondern auch auf das Ertheilungsverfahren. **Patentsachen.**

Das Charakteristische der Patentsachen besteht darin, daß über sie das P.A. entscheidet; Patentverletzungen zählen nicht zu ihnen, da über sie die ordentlichen Gerichte befinden. Der Begriff ist also kein materiellrechtlicher, sondern ein prozessualer. Spricht das Gesetz von „einem nach Maßgabe des Gesetzes stattfindenden Verfahren", so denkt es dabei an das hier behandelte Verfahren vor dem P.A. (N. 9 zu §. 12, N. 11, 14 zu §. 19).

2. Die Thätigkeit des P.A. in den Patentsachen ist stets eine richterliche. Für das Ertheilungs- und Nichtigkeitsverfahren ist dies ohne Weiteres klar, denn hier hat das P.A. bei seiner Entscheidung sich lediglich dadurch bestimmen zu lassen, ob objektiv die in §. 1 bezw. §. 10 aufgestellten Voraussetzungen vorhanden sind, irgend welche Zweckmäßigkeitsgründe dürfen nicht in Betracht kommen (N. 2 zu §. 1, N. 5 zu §. 10). In dem Zurücknahmeverfahren scheint es zunächst wegen des „kann" in §. 11 anders zu liegen, denn danach ist das Gericht, auch wenn sämmtliche in §. 11 aufgeführten Voraussetzungen vorliegen, nicht gezwungen, die Zurücknahme auszusprechen. Trotzdem ist auch hier die Thätigkeit des P.A. eine richterliche, denn es hat seine Entscheidung nicht nach Opportunitätsrücksichten oder gar nach Willkür zu fällen, sondern nur zu prüfen, ob noch zwei fernere Voraussetzungen vorhanden sind, nämlich das Vorliegen eines öffentlichen Interesse an der Zurücknahme und ein schuldhaftes Verhalten des Patentinhabers. Daß bei dieser Prüfung ein freies Ermessen des P.A. waltet, thut ihrem richterlichen Charakter keinen Eintrag, sondern kehrt auch bei vielen Thatbeständen des B.G.B. wieder. Bejaht aber das P.A. nach seinem pflichtmäßigen Ermessen das Vorhandensein auch dieser beiden Voraussetzungen, so darf es sich der Zurücknahme des Patents nicht entziehen (N. 2 zu §. 11). **Richterliche Thätigkeit.**

3. Das Ertheilungsverfahren ist in den §§. 20—27 erschöpfend geregelt. Es zerfällt in folgende Abschnitte, von denen der zu e natürlich nicht vorzukommen braucht: **Ertheilungsverfahren.**

a) Anmeldung (§. 20).
b) Vorprüfung
  α) durch den Vorprüfer (§§. 21, 25).
  β) durch die Abtheilung (§§. 22, 25).
c) Aufgebot (§. 23).
d) Beschlußverfahren (§§. 24, 25).
e) Beschwerdeverfahren (§. 26).
f) Veröffentlichung (§. 27).

Außerdem kommen noch §. 32 (Rechtshülfe) und §. 34 (Geschäftssprache) in Betracht.

Schon das Patentgesetz von 1877 adoptirte das Vorprüfungssystem, indem es das P.A. verpflichtete, sich nicht blos zu überzeugen, daß die Anmeldung den formellen Erfordernissen entspricht, sondern die angemeldete Erfindung von Amtswegen auch auf die materiellen Voraussetzungen der Patentirbarkeit (§§. 1—3) zu prüfen, und wenn es dieselben nicht für vorliegend erachtet, den Patentschutz zu versagen. Das in anderen europäischen Kulturstaaten herrschende Anmeldesystem ertheilt dagegen bekanntlich auf eine formell korrekte Anmeldung ohne weitere Prüfung das gewünschte Patent, indem es bei einem späteren Streitfalle den ordentlichen Gerichten die Entscheidung über die Patentfähigkeit überläßt. Da bei uns vielfach Stimmen für die Annahme des letzteren Systems laut wurden, so beschäftigte sich die Enquete von 1886 mit der Frage: sie sprach sich einstimmig für die Beibehaltung des Vorprüfungssystems aus (Enqu. 1886 S. 117—128).

In Folge dessen hat das Patentgesetz von 1891 dieses System beibehalten und sogar statt der früheren zwei Vorprüfungsinstanzen (Anmelde- und Beschwerdeabtheilung), indem es diesen noch eine Vorprüfung durch ein Mitglied der Anmeldeabtheilung vorhergehen läßt und dieses Mitglied beim Vorhandensein gewisser Voraussetzungen von der Mitwirkung bei entscheidenden Beschlußfassungen durch die Anmeldeabtheilung ausschließt, gleichsam drei Instanzen geschaffen. Hierdurch, sowie dadurch, daß im Verfahren vor der Anmelde- und vor der Beschwerdeabtheilung neue Umstände zum Nachtheil der Betheiligten nicht berücksichtigt werden dürfen, ohne daß denselben Gelegenheit zur Aeußerung gegeben worden (§§. 22 Abs. 2, 26 Abs. 4), ferner durch die Besetzung der Beschwerdeabtheilung mit zwei rechtskundigen Mitgliedern (§. 14 Abs. 4), endlich durch das Recht der Betheiligten auf mündliches Verfahren (§. 26 Abs. 3) glaubte die Reichstagskommission, welcher diese Garantien fast durchweg ihre Entstehung verdanken, auch den vielfach laut gewordenen Wünschen der Interessenten auf Zulassung einer sogenannten Anerkennungsklage gegen eine Zurückweisung der Anmeldung gebührende Rechnung zu tragen (Komm.-Ber. II S. 21).

Wegen der großen Anforderungen, welche das Vorprüfungssystem an das P.A. stellt — man denke an die Prüfung auf die Neuheit — und wegen der Schwierigkeit der Lösung dieser Aufgabe hat das Gesetz mit dem Vorprüfungs- das Aufgebotssystem kombinirt, indem es die gesammte betheiligte Industrie zur Mitprüfung und eventuellen Einspruchserhebung auffordert (§§. 23, 24).

Charakteristik. 4. Das Nichtigkeits- und Zurücknahmeverfahren ist in den §§. 28—34 nur in großen Grundzügen geregelt. Es fragt sich deshalb, ob und inwieweit man die Lücken durch die Vorschriften anderer Prozeßgesetze, insbesondere der C.P.O., ausfüllen darf.

Jedes verwaltungsgerichtliche Verfahren ist eine Mischung von Verhandlungs- und Offizialmaxime: einerseits darf das Gericht nur auf Antrag einer Partei in Thätigkeit treten und nicht über die Anträge und die Klagegründe der Parteien hinausgehen (unrichtig: P.A. im Bl. 4,

101), andrerseits ist es innerhalb dieser Grenzen zur Erforschung der materiellen Wahrheit verpflichtet und deshalb zu einer selbständigen Erforschung des Thatbestandes berechtigt. Außer diesem fundamentalen Unterschiede von dem Verfahren der C.P.O. wäre noch hervorzuheben, daß im patentrechtlichen Verfahren weder der Grundsatz der Mündlichkeit bezw. Unmittelbarkeit noch der der Oeffentlichkeit, weder Anwaltszwang noch Prozeßbetrieb durch die Partei gilt, ferner daß das Verfahren regelmäßig auch auf Antrag irgend eines beliebigen Uninteressirten stattfindet.

Bei diesen prinzipiellen Divergenzen wird man geneigt sein, zur Ausfüllung jener Lücken in erster Reihe landesgesetzliche Vorschriften über das Verwaltungsstreitverfahren (die reichsgesetzlichen, z. B. in dem Gesetze über den Unterstützungswohnsitz vom 6. Juni 1870, sind sehr dürftig) und die Rechtsprechung der Verwaltungsgerichte, insbesondere des preußischen Oberverwaltungsgerichts heranzuziehen. Indessen in zweiter Reihe dürfte sich eine allerdings nicht unmittelbare, aber entsprechende Anwendung derjenigen Vorschriften der C.P.O., welche nicht Ausflüsse der spezifisch civilprozessualen Maximen sind, um so mehr rechtfertigen, als das Patentgesetz hin und wieder (§§. 14, 30) auf sie verweist.

So können z. B. von den prinzipiellen Bestimmungen der C.P.O. die freie Beweiswürdigung, die Unanfechtbarkeit des Beweisbeschlusses, die Verbindung der Beweismittel mit den Thatsachen, das Verbot der reformatio in pejus unbedenklich übertragen werden.

Anwendbarkeit der Vorschriften der C.P.O.

5. Von den einzelnen Vorschriften des ersten Buches der C.P.O. „Allgemeine Bestimmungen" ist aus dem ersten Abschnitt „Gerichte" nur Tit. 4 „Ausschließung und Ablehnung der Gerichtspersonen" anwendbar und zwar kraft der ausdrücklichen Vorschrift in §. 14; wegen der in §. 33 C.P.O. erwähnten Widerklage vergl. N. 7 zu §. 29. Aus dem zweiten Abschnitt „Parteien" sind Tit. 1 „Prozeßfähigkeit", Tit. 2 „Streitgenossenschaft", Tit. 3 „Betheiligung Dritter am Rechtsstreite" außer §§. 64, 65, 75, 76 (vergl. N. 5 zu §. 29), Tit. 4 „Prozeßbevollmächtigte und Beistände" außer den Vorschriften über Anwaltszwang im allgemeinen anwendbar; wegen der Anwendbarkeit des Tit. 2 „Streitgenossenschaft" vergl. N. 14 zu §. 28. Trotz des freien Ermessens, welches bezüglich der Kosten die §§. 31, 33 des Patentgesetzes dem P.A. und dem R.G. gestatten, werden diese doch die Vorschriften des Tit. 5 „Prozeßkosten" zweckmäßig anwenden. Der Tit. 6 „Sicherheitsleistung" ist durch den letzten Absatz des §. 28 ersetzt; Tit. 7 „Armenrecht" ist zwar an sich anwendbar, aber bedeutungslos, weil ein Anwaltszwang nicht besteht, Gerichtskosten vom Beklagten überhaupt nicht, vom Kläger nur in mäßiger Höhe (§. 28) erfordert werden, die Behörde in den Fällen der Popularklage mit Recht gemeinhin das Armenrecht verweigern wird und weil endlich die Parteien regelmäßig nicht arm sind. Aus dem dritten Abschnitt „Verfahren" ist Tit. 1 „Mündliche Verhandlung" nur theilweise anzuwenden (§§. 131, 136, 139—144, 145 Abs. 1 und 2, §§. 146—163),

Tit. 2 „Zustellungen“ ist durch die Ausführungsverordnung ersetzt (N. 5 zu §. 15), von Tit. 3 „Ladungen, Termine und Fristen“ gelten nur §§. 218—220, §. 221 Abs. 1, §§. 222, 228, 229, Tit. 4 „Folgen der Versäumniß, Wiedereinsetzung in den vorigen Stand“ ist nicht anwendbar (vergl. §. 29 Abs. 2 Patentges.), wohl aber im allgemeinen Tit. 5 „Unterbrechung und Aussetzung des Verfahrens (vergl. N. 8 zu §. 29).

Aus dem zweiten Buch „Verfahren in erster Instanz“ ist natürlich die Eintheilung in das Verfahren vor den Land- und vor den Amtsgerichten bedeutungslos. Aus dem Tit. 1 „Verfahren bis zum Urtheil“ sind übertragbar §. 260 (vergl N. 15 zu §. 28), §. 264 (vergl. N. 4 zu §. 29), §. 265 (vergl. N. 6 zu §. 29), §. 268 Nr. 1 und 2 (vergl. N. 4 zu §. 29), §. 271 Abs. 3 (vergl. N. 3 zu § 28) §§. 272, 278, 282, 283, 286, 291, 292, 293, 295, 299, aus Tit. 2 „Urtheil“ §§. 300, 301, 303, 309, 313, 318, 319, 322 Abs. 1, 329 und in freierer Anwendung auch §§. 320, 321; wegen §. 307 (Anerkenntniß) vergl. N. 13 zu §. 29. Tit. 3 „Versäumnißurtheil“ und Tit. 4 „Vorbereitendes Verfahren“ sind nicht anwendbar, wohl aber Tit. 5 „Allgemeine Bestimmungen über die Beweisaufnahme“, Tit. 6 „Beweis durch Augenschein“, Tit. 7 „Zeugenbeweis“, Tit. 8 „Beweis durch Sachverständige“, letztere beiden auf Grund der ausdrücklichen Vorschrift des §. 30, und Tit. 9 „Beweis durch Urkunden“. Ueber die Anwendbarkeit des Tit. 10 „Beweis durch Eid“ und Tit. 11 „Verfahren bei der Abnahme von Eiden“ vergl. N. 11 zu §. 28. Tit. 12 „Sicherung des Beweises“ erscheint anwendbar. Aus dem zweiten Abschnitt „Verfahren vor den Amtsgerichten“ hat höchstens §. 503 für dieses Verfahren Bedeutung.

Aus dem dritten Buch „Rechtsmittel“ interessirt der zweite Abschnitt „Revision“ hier nicht. Von den Bestimmungen des ersten Abschnitts „Berufung“, welche durch §. 33 und durch die Verordnung, betreffend das Berufungsverfahren beim Reichsgericht in Patentsachen vom 6. Dezember 1891 fast durchweg ersetzt sind, kommen nur §§. 514, 515 Abs. 3, 527, 531, 536, 539, 543 in Betracht. Der dritte Abschnitt „Beschwerde“ ist durch §. 16 fast ganz ersetzt; nur §. 570 ist anwendbar.

Das vierte Buch „Wiederaufnahme des Verfahrens“ kann Mangels ausdrücklicher Bestimmung keine Anwendung finden. Dagegen spricht zunächst, daß im bürgerlichen Rechtsstreit die nachträgliche Beseitigung eines materiellen Unrechts die Interessen dritter Personen unberührt läßt, während hier solche mit in Frage kommen (P.A. im Bl. 1, 146). Außerdem würde, da ohne direkte Vorschrift die Fristen des §. 586 nicht ohne Weiteres übertragbar sind, die Wiederaufnahme ohne jede Zeitbeschränkung zulässig sein, was kein erwünschter Rechtszustand wäre.

Buch V—IX kommen für das patentrechtliche Verfahren nicht in Betracht. Ueber die Anwendbarkeit des zehnten Buchs in dem Falle, wenn Parteien vereinbaren, daß die Nichtigkeitsklage zwischen ihnen durch schiedsrichterliches Verfahren erledigt werden solle, vergl. Kohler in Busch's Arch. Bd. 47 S. 331.

Praxis. 6. Das P.A. und das R.G. haben sich in verschiedenen Entscheidungen für die analoge Anwendung einzelner Bestimmungen der C.P.O. ausgesprochen (P.A. im P.Bl. 1879 S. 287, G. 1, 293, im P.Bl. 1884 S. 411, G. 5, 273; R.G. im P.Bl. 1883 S. 132, G. 4, 208; R.G. 6, 340, im P.Bl. 1882 S. 25, G. 3, 264). Während dies in der ersten Zeit in größerem Umfange geschah, haben sie allmählich die Anwendbarkeit der Vorschriften der C.P.O. immer weniger anerkannt und insbesondere den von dem P.A. aufgestellten Grundsatz, daß, so weit das Patentgesetz nicht besondere Bestimmungen enthält, die Vorschriften der C.P.O. anzuwenden sind (P.Bl. 1882 S. 91, G. 4, 159), in dieser Allgemeinheit längst aufgegeben. Sie haben zwar die Bestimmungen über Nebeninterventionen, über die durch die Rücknahme der Berufung bewirkte Kostenpflicht, über die Sicherstellung wegen der Prozeßkosten (schon vor dem Gesetz von 1891), über die Widerklage, über die Veräußerung der in Streit befangenen Sache während der Rechtshängigkeit, aber nicht über Anschlußberufung für anwendbar erklärt; das R.G. hat den §. 94 — jetzt §. 99 — zuerst (R.G. 6, 340, im P.Bl. 1882 S. 25, G. 3, 264) für anwendbar, dann (Jurist. Wochenschrift 1890 S. 410, im P.Bl. 1890 S. 595, G. 8, 415) wegen des schriftlichen Charakters des patentgesetzlichen Verfahrens für unanwendbar erklärt; die Bestimmungen der §§. 235 Nr. 3, 241 — jetzt §. 264 — über Klageänderung sind zuerst vom P.A. im P.Bl. 1881 S. 119, G. 2, 217) angewendet, dann vom P.A. und R.G. (im P.Bl. 1884 S. 265, G. 5, 256) nicht ohne Weiteres für anwendbar erklärt worden.

Ueber die Praxis des P.A. vergl. namentlich: Robolski „Das Verfahren in Nichtigkeits- und Zurücknahmesachen vor der VII. Abtheilung des Kaiserl. Patentamts" im P.Bl. 1889 S. 26, 41, 51 (hier citirt: Robolski Abh.).

§. 20.

Die Anmeldung einer Erfindung behufs Ertheilung eines Patents geschieht schriftlich bei dem Patentamt. Für jede Erfindung ist eine besondere Anmeldung erforderlich. Die Anmeldung muß den Antrag auf Ertheilung des Patents enthalten und in dem Antrage den Gegenstand, welcher durch das Patent geschützt werden soll, genau bezeichnen. In einer Anlage ist die Erfindung dergestalt zu beschreiben, daß danach die Benutzung derselben durch andere Sachverständige möglich erscheint. Am Schlusse der Beschreibung ist dasjenige anzugeben, was als patentfähig unter Schutz gestellt werden soll (Patentanspruch). Auch sind die erforderlichen Zeichnungen, bildlichen Darstellungen, Modelle und Probestücke beizufügen.

Das Patentamt erläßt Bestimmungen über die sonstigen Erfordernisse der Anmeldung.

Bis zu dem Beschlusse über die Bekanntmachung der Anmeldung sind Abänderungen der darin enthaltenen Angaben zulässig. Gleichzeitig mit der Anmeldung sind für die Kosten des Verfahrens zwanzig Mark zu zahlen.

Entstehungsgeschichte. 1. Das Gesetz von 1891 hat den Paragraphen in zwei Punkten abgeändert:

a) Die Reichstagskommission hat in den Abs. 1 den Satz:

Am Schlusse der Beschreibung ist dasjenige anzugeben, was als patentfähig unter Schutz gestellt werden soll (Patentanspruch).

eingefügt, weil sie der Anschauung war, daß diese Formulirung dem Richter die Beurtheilung der Tragweite eines Patents wesentlich erleichtern würde (Komm.-Ber. II S. 23). Mit dieser Vorschrift hat das Gesetz ein bereits früher übliches Verfahren obligatorisch gemacht (N. 14).

b) Die Anfangsworte des Abs. 2 lauteten früher „Bis zu der Bekanntmachung der Anmeldung“. Durch die jetzige Fassung sind demnach Abänderungen der Anmeldung nicht mehr, wie früher bis zu ihrer Bekanntmachung (§. 23 Abs. 2), sondern nur noch bis zu dem Beschlusse über die Bekanntmachung (§. 23 Abs. 1) zulässig (N. 20). Dadurch wird ermöglicht, daß mit dem Zeitpunkt des Beschlusses das für die Beurtheilung erforderliche Material abgeschlossen vorliegt. (Mot. II S. 21.) Diese Aenderung ist um so bedeutungsvoller, als nach §. 23 Abs. 4 zwischen dem Tage des Beschlusses über die Bekanntmachung und der letzteren selbst mehrere Monate liegen können.

Abs. 1, 2.

Anmeldung von Erfindungen. 2. Ueber die Anmeldung von Erfindungen erging nachstehende Bekanntmachung des P.A. vom 22. November 1898 (Bl. 4, 225):

Auf Grund des §. 20 Abs. 2 des Patentgesetzes vom 7. April 1891 (R.G.Bl. S. 79) werden die nachfolgenden Bestimmungen über die Erfordernisse einer Patentanmeldung erlassen. Die Bestimmungen treten am 1. Januar 1899 in Kraft.

§. 1. Die Anmeldung einer Erfindung behufs Ertheilung eines Patents geschieht in der Form eines schriftlichen Gesuchs, dem die sonst erforderlichen Stücke als Anlagen beizufügen sind.

§. 2. Das Gesuch muss enthalten:

a) die Angabe des Namens und des Wohnorts oder der Hauptniederlassung des Anmelders;

b) eine für die Veröffentlichung (§. 28 Abs. 2 des Patentgesetzes) geeignete Benennung der Erfindung;

c) die Erklärung, dass für die Erfindung ein Patent nachgesucht werde. Bei Zusatzanmeldungen ist die Angabe des Hauptpatents nach Gegenstand und Nummer oder der Hauptanmeldung nach Gegenstand und Aktenzeichen erforderlich:

d) die Erklärung, dass die gesetzliche Gebühr von 20 M. an die Kasse des Kaiserlichen Patentamts gezahlt worden sei oder gleichzeitig mit der Anmeldung gezahlt werde;

e) die Aufführung der Anlagen unter Angabe ihrer Nummern und ihres Inhalts;

f) falls der Anmelder einen Vertreter bestellt hat, die Angabe der Person, der Berufsstellung und des Wohnorts des Vertreters; als Anlage ist eine Vollmacht beizufügen (§. 28 der Kaiserlichen Verordnung vom 11. Juli 1891);

g) die Unterschrift des Anmelders oder seines Vertreters.

§. 3. Die Beschreibung ist in zwei Ausfertigungen einzureichen. Dasselbe gilt für alle Nachträge. Die Schriftstücke, welche die Beschreibung bilden, müssen sowohl am Rande als auch zwischen den Zeilen ausreichenden Raum für Zusätze und Aenderungen frei lassen.

Maasse, Gewichte, sowie elektrische Einheiten müssen nach den gesetzlichen Vorschriften, Temperaturen nach Celsius angegeben werden. Bei chemischen Formeln sind die in Deutschland üblichen Atomgewichtszeichen und Molekularformeln anzuwenden.

Die Einfügung von Figuren in die Beschreibung ist nicht zulässig.

§. 4. Die für die Veranschaulichung der Erfindung bestimmten Zeichnungen sind auf das zur Klarstellung der Erfindung Erforderliche zu beschränken. Sie sind in zwei Ausfertigungen einzureichen.

a) Für die Hauptzeichnung ist weisses, starkes und glattes Zeichenpapier, sogenanntes Kartonpapier, für die Nebenzeichnung Zeichenleinwand zu verwenden.

Das Blatt der Hauptzeichnung soll 38 cm hoch und 21 cm breit sein. In Ausnahmefällen ist, falls die Deutlichkeit es erfordert, ein Blatt in der Höhe von 38 cm und in der Breite von 42 cm zulässig. Die Nebenzeichnung muss bei beliebiger Breite 38 cm hoch sein. Für die Hauptzeichnung wie für die Nebenzeichnung ist die Verwendung mehrerer Blätter zulässig.

b) Die Figuren und Schriftzeichen sind in tiefschwarzen kräftigen, scharf begrenzten Linien auszuführen. Auf der Hauptzeichnung sind Querschnitte entweder tiefschwarz anzulegen oder durch Schrägstriche in tiefschwarzen Linien zum Ausdruck zu bringen. Ist zur Darstellung unebener Flächen ausnahmsweise eine Schattirung erforderlich, so darf sie ebenfalls nur in tiefschwarzen Linien ausgeführt werden. Die Anwendung bunter Farben ist bei der Hauptzeichnung unzulässig.

Alle auf den Zeichnungen angebrachten Schriftzeichen müssen einfach und deutlich sein. Die Hauptzeichnung muss sich zur photographischen Verkleinerung eignen.

c) Die einzelnen Figuren müssen durch einen angemessenen Zwischenraum von einander getrennt sein.

d) Die Figuren sind nach ihrer Stellung fortlaufend und ohne Rücksicht auf die Anzahl der Blätter mit Zahlen zu versehen.

e) Erläuterungen sind in die Zeichnung nicht aufzunehmen. Ausgenommen sind kurze Angaben wie „Wasser“, „Dampf“ „Schnitt nach A B (Fig. 3)“, sowie Inschriften, die auf den dargetellten Gegenständen angebracht werden sollen, z. B. „offen“, „zu“.

f) In der rechten unteren Ecke jedes Blattes ist der Name des Anmelders anzugeben.

g) Die Hauptzeichnungen dürfen weder gefaltet noch gerollt werden, sondern sind in glattem Zustande vorzulegen.

§. 5. Die für die Veranschaulichung der Erfindung bestimmten Modelle und Probestücke brauchen nur in einer Ausführung eingereicht zu werden.

Proben sind stets einzureichen zu den Anmeldungen, welche die Herstellung neuer chemischer Stoffe betreffen. Ausgenommen sind explosive und leicht entzündliche Stoffe, deren Einsendung nur auf besondere Aufforderung zulässig ist.

Bildet ein chemisches Verfahren von allgemeiner Anwendbarkeit, nach dem ganze Gruppen von Stoffen hergestellt werden können, den Gegenstand der Anmeldung, so sind Proben der typischen Vertreter der Gruppen einzureichen. Werden jedoch besondere Ausführungsformen eines chemischen Verfahrens unter Aufzählung der einzelnen nach ihnen entstehenden Stoffe beansprucht, so sind die Stoffe sämmtlich mit Proben zu belegen. Bei Farbstoffen sind ausserdem Ausfärbungen auf Wolle, Seide oder Baumwolle in je einer Ausführung beizufügen.

Ueber die Beschaffenheit der Modelle und Probestücke gilt Folgendes:

a) Modelle und Probestücke, die leicht beschädigt werden können, sind in festen Hüllen einzureichen. Gegenstände von kleinem Umfange sind auf steifem Papier zu befestigen.

b) Proben von giftigen, ätzenden, explosiven oder leicht entzündlichen Stoffen sind auf der Umhüllung und, soweit möglich, auf dem Gegenstande selbst durch eine deutliche Aufschrift als solche zu kennzeichnen.

c) Proben chemischer Stoffe sind in Glasflaschen ohne vorspringenden Fuss von etwa 3 cm äusserem Durchmesser und 8 cm Gesammthöhe einzureichen; die Flaschen sind mit einem haltbaren Siegel zu verschliessen und mit einer dauerhaft befestigten Inhaltsangabe zu versehen. Den Proben ist ein nach der Beschreibung oder dem Patentanspruche geordnetes Verzeichniss beizulegen.

d) Ausfärbungen müssen möglichst flach auf steifem Papier von 33 cm Höhe und 21 cm Breite dauerhaft befestigt und mit genauen, den Angaben der Beschreibung entsprechenden Aufschriften versehen sein. Den Ausfärbungen ist eine Beschreibung des angewendeten Färbeverfahrens beizulegen mit genauen Angaben über den Gehalt der Flotte an Farbstoff, die etwa gebrauchten Beizen, die Temperaturen u. s. w., sowie auch darüber, ob die gebrauchte Flotte erschöpft war oder erheblichere Mengen von Farbstoff zurückgehalten hat.

§. 6. Die Anlagen des Gesuchs müssen mit einer ihre Zugehörigkeit zur Anmeldung kennzeichnenden Aufschrift versehen sein. Dasselbe gilt für Modelle und Probestücke.

Schriftstücke, die zur Mittheilung an andere Personen bestimmt sind, sind in der dazu erforderlichen Zahl von Ausfertigungen einzureichen.

Zu allen Schriftstücken ist dauerhaftes, nicht durchscheinendes, weisses Papier, zu Schriftstücken, die Anträge enthalten oder zur Beschreibung der Erfindung gehören, Papier in der Seitengrösse von 33 cm zu 21 cm zu verwenden.

Alle Schriftstücke müssen leicht lesbar sein. Die Schriftzüge müssen in dunkler Farbe ausgeführt sein. Schriftstücke, die mittels der Schreibmaschine hergestellt sind, müssen deutliche Druckzeichen und zwischen den einzelnen Buchstaben, Worten und Zeilen einen angemessenen Zwischenraum aufweisen.

Auf den später eingereichten Anmeldestücken ist der Name des Anmelders und das Aktenzeichen anzugeben.

Im Anschlusse an die Bekanntmachung vom 22. November 1898 hat das P. A. unter demselben Datum „Erläuterungen“ bekannt gegeben, „die den Betheiligten einen weiteren Anhalt für die Anfertigung und Einreichung einer Patentanmeldung darbieten sollen“. (Bl. 4, 227.) Diese Erläuterungen sind zwar keine bindenden Vorschriften, (Wirth in Gewerbl. Rechtsschutz 4, 114); bei der autoritativen Stelle, von der sie ausgehen, empfiehlt es sich aber, sie zu beachten. Aus diesen Erläuterungen seien hier folgende allgemeine Punkte hervorgehoben (Bl. 4, 228):

a) In allen Schriftstücken sind entbehrliche Fremdwörter zu vermeiden

b) Schriftsätze, die mehrere Seiten umfassen, sind mit Seitenzahlen zu versehen. In allen Schriftsätzen ist an der linken Seite ein Raum von mindestens 5 cm für amtliche Vermerke frei zu lassen.

c) In allen Eingaben, zu denen Anlagen gehören, sind die Anlagen besonders aufzuzählen.

d) Die Sendungen an das Patentamt müssen kostenfrei eingehen. Bei Geld- und Packetsendungen ist die Bestellgebühr vom Absender im Voraus zu entrichten.

Aus der älteren Literatur sei hervorgehoben: F. R.(euleaux) „Ueber die Form der Anmeldung von Erfindungen“ im P. Bl. 1877 S. 9; v. Möller „Die Anwendung des Patentgesetzes auf die chemische Industrie“ im P.Bl. 1879 S. 405; Hartig S. 136, 155, 170, 206; Kohler Forschungen aus dem Patentrecht S. 86; Robolski S. 69; Stercken Die Formulirung von Patentansprüchen und die Anfertigung von Patentbeschreibungen und -Zeichnungen. Berlin, 1890

Namen, Wohnung, Rubrizirung.

3. In Bezug auf die deutliche Angabe des Namens und Wohnorts des Antragstellers und die genaue Rubrizirung der Eingaben hat das P.A. nachstehende Bekanntmachungen erlassen (P.Bl. 1877 S. 87, 1881 S. 57, 1882 S. 47):

Berlin, den 18. Dezember 1877.

Deutliche Angabe der Adressen

Es sind wiederholt Uebelstände dadurch entstanden, dass in den an das Patentamt gerichteten Eingaben die Namen der Patentsucher u. s. w. nicht deutlich geschrieben sind. Bei der Adressirung der ergehenden Bescheide entstehen Irrungen und in verhältnissmässig nicht seltenen Fällen sind aus jener Ursache Berichtigungen der in dem Reichsanzeiger und dem Patentblatt erfolgten Anmeldungen der Erfindungen nöthig geworden. Die Betheiligten werden daher dringend ersucht, in allen an das Patentamt gelangenden Schriftstücken ihre Namen so erkennbar zu machen, dass ein Missverständniss ausgeschlossen wird. Zur Sicherung, namentlich wenn die gewohnte Unterschrift nicht klar leserlich ist, wird es dienen, wenn der Name auf der ersten Seite der Eingabe links oben noch besonders in deutlicher Weise vermerkt wird.

Berlin, den 2. März 1881.

Deutliche Angabe der vollständigen Adresse.

Bereits früher Patentblatt 1877 S. 87 hat das Kaiserliche Patentamt Veranlassung gehabt, die Betheiligten dringend zu ersuchen, in allen hierher gelangenden Schriftstücken ihre Namen so erkennbar zu machen, dass ein Missverständniss ausgeschlossen wird. Bedauerlicher Weise wird hierauf in den Patentanmeldungen und sonstigen Eingaben noch lange nicht in dem Maasse geachtet, wie es nöthig ist, um Irrungen mit Sicherheit vorzubeugen. Im Interesse der Betheiligten selbst wird daher wiederholt darauf aufmerksam gemacht, wie wichtig es ist, dass dem Patentamte die Personen der Antragsteller deutlich und vollständig bezeichnet werden. Ein in dieser Beziehung vielfach hervorgetretener Mangel besteht auch darin, dass der Wohnort der Antragsteller ungenügend kenntlich gemacht wird. Bei Orten von geringerer Bedeutung, namentlich, wenn dieselben im Auslande liegen, sowie bei Orten, welche einen mehrfach vorkommenden Namen tragen, ist der Name des Ortes allein zu dessen Bezeichnung nicht ausreichend, vielmehr muss demselben, durch Angabe der Provinz, des Kreises oder des sonstigen Verwaltungsbezirkes, eine nähere Bestimmung hinzugefügt werden, welche die Lage in zweifelsfreier Weise erkennen lässt. Vor Allem werden die Patentsucher gut thun, auf eine entsprechende, vollständige Bezeichnung ihres Wohnortes in der Anmeldung zu achten und, sofern sie sich eines Vertreters bedienen, durch eine entsprechende Angabe bei der Unterzeichnung der Vollmacht, ihrem Vertreter die Erfüllung der in ihrem eigenen Interesse gestellten Anforderungen zu erleichtern. Von den Vertretern der Patentsucher darf andererseits erwartet werden, dass sie ihre Auftraggeber, z. B. durch einen entsprechenden Vermerk in den zu Vollmachten benutzten Formularen, hierauf rechtzeitig hinweisen und bemüht sein werden, die durch ihre Vermittelung eingehenden Anmeldungen auch in diesem Punkte von vornherein so einzurichten, dass sie den Anforderungen genügen.

Berlin, den 9. März 1882.

Genaue Rubrizirung der Eingaben.

Die Eingaben, welche durch Vermittelung von Vertretern an das Patentamt gelangen, benennen, während sie die Unterschrift des Vertreters tragen, den Namen des Letzteren auch wohl durch Formulardruck hervorheben, die Partei selbst, in deren Vertretung sie erfolgen, sowie den Betreff der Sache häufig nur im Kontext, oder machen beides nur durch Bezugnahme auf die Nummer der patentamtlichen Verfügung erkennbar, durch welche sie veranlasst sind. Für die Bearbeitung im Patentamt ist es eine nicht unwesentliche Erleichterung, wenn jene Angaben sofort auf den ersten Blick auf dem Schriftstücke hervortreten. Unter Bezugnahme auf die Bekanntmachungen v. 18. Dezbr. 1877 und vom 2. März 1881 wird daher ersucht, in allen Eingaben, welche mit der Unterzeichnung eines Vertreters eingereicht werden, auf der ersten Seite links oben

den Namen, bezw. die Firma und den Wohnort des Mandanten,
den Betreff der Sache,
das Aktenzeichen der veranlassenden Verfügung des Patentamts, wenn eine solche vorliegt,

deutlich und in die Augen fallend anzugeben.

Wünschenswerth ist es, dass die obigen Angaben in gleicher Weise auch auf denjenigen Eingaben gemacht werden, welche von den Interessenten selbst unterzeichnet und eingereicht werden.

Demnächst hat das P.A. nochmals durch Bekanntmachung v. 20. März 1882 (P.Bl. 1882 S. 47) allen Betheiligten die genaue Angabe ihrer vollständigen Adresse eingeschärft.

Duplikate. 4. Durch Bekanntmachung vom 10. November 1888 (P.Bl. 1888 S. 413) hat das P.A. in Erinnerung gebracht, daß von allen Anlagen der Anmeldung Duplikate einzureichen sind.

Tinte. 5. Bezüglich des Gebrauchs schwarzer Tinte heißt es in einer Bekanntmachung des P.A. vom 15. Oktober 1879 (P.Bl. 1879 S. 529):

Gebrauch schwarzer, nicht klebriger Tinte.

Gleichzeitig wird die Bestimmung der Bekanntmachung vom 11. Juli 1877 in Erinnerung gebracht,

wonach zu allen Schriftstücken tiefschwarze, nicht klebrige Tinte benutzt werden soll.

Die Verwendung blauer Tinte zu den Anmeldungen und den Anlagen, den Einsprüchen, Beschwerden und sonstigen Eingaben hat in neuerer Zeit, namentlich durch die Benutzung der verschiedenen Vervielfältigungs-Apparate, so zugenommen, dass auf das Unzulässige dieses Verfahrens nochmals aufmerksam gemacht werden muss. Alle in dieser Weise hergestellten Schriftstücke müssen künftighin zurückgewiesen werden.

In der Bekanntmachung vom 10. November 1888 (P.Bl. 1888 S. 413) sagt das P.A:

Schriftstücke, welche mittelst der Kopir- oder Schreibmaschine hergestellt sind, werden zurückgegeben werden, sofern sie nicht ganz deutlich sind.

Aehnlich: Bekanntmachung des P.A. vom 26. März 1898 (Bl. 4, 43).

6. Wegen der Maß-, Gewichts- und chemischen Bezeichnungen sind nachstehende Bekanntmachungen des P.A. ergangen (P.Bl. 1877 S. 83, 1878, S. 9): Maße, Gewichte, Chemische Formeln.

Berlin, den 12. Dezember 1877.

Der Bundesrath hat in seiner Sitzung vom 8. Oktober d. J. beschlossen: Bezeichnung der Masse u. Gewichte.

Die Bundesregierungen seien zu ersuchen, anzuordnen, dass im amtlichen Verkehr sowie bei dem Unterricht in den öffentlichen Lehranstalten die in der nachfolgenden Zusammenstellung aufgeführten abgekürzten Bezeichnungen der Maasse und Gewichte unter Beobachtung der beigefügten Regeln, ausschliesslich in Anwendung gebracht werden.

Zusammenstellung der abgekürzten Maass- und Gewichtsbezeichnungen.

A. Längenmaasse:

Kilometer	km
Meter	m
Centimeter	cm
Millimeter	mm

B. Flächenmaasse:

Quadratkilometer . . .	qkm
Hektar	ha
Ar	a
Quadratmeter	qm
Quadratcentimeter . . .	qcm
Quadratmillimeter	qmm

C. Körpermaasse:

Kubikmeter	cbm
Hektoliter	hl
Liter	l
Kubikcentimeter . . .	ccm
Kubikmillimeter	cmm

D. Gewichte:

Tonne	t
Kilogramm	kg
Gramm	g
Milligramm . .	mg

1. Den Buchstaben werden Schlusspunkte nicht beigefügt.
2. Die Buchstaben werden an das Ende der vollständigen Zahlenausdrücke — nicht über das Dezimalkomma derselben — gesetzt, also 5,37 m — nicht 5 m 37 und nicht 5 m 37 cm —.
3. Zur Trennung der Einerstellen von den Dezimalstellen dient das Komma, nicht der Punkt —. Sonst ist das Komma bei Maass- und Gewichtszahlen nicht anzu-

wenden, insbesondere nicht zur Abtheilung mehrstelliger Zahlenausdrücke. Solche Abtheilung ist durch Anordnung der Zahlen in Gruppen zu je 3 Ziffern, vom Komma aus gerechnet, mit angemessenem Zwischenraum zwischen den Gruppen zu bewirken.

Demgemäss wird bei den Veröffentlichungen in dem Patentblatt und in den zugehörigen Patentschriften verfahren werden. Es ergeht die Aufforderung, auch bei der Anmeldung von Erfindungen in den Beschreibungen und Zeichnungen sich der oben mitgetheilten abgekürzten Bezeichnungen zu bedienen.

Berlin, den 9 Januar 1878.

Chemische Formeln.

In den beim Kaiserlichen Patentamte einlaufenden Patentbeschreibungen werden häufig zur Erläuterung chemischer Vorgänge oder an Stelle direkter Gewichts-Angabe Symbole von Elementen und Formeln von Verbindungen benutzt, und zwar bedienen sich die Patentsucher theils der älteren Schreibweise, [Alte Atomgewichts-Symbole und Aequivalent-Formeln], theils der neueren, jetzt ziemlich allgemein üblichen (Neue Atomgewichts-Symbole und Molecular-Formeln).

Da bei Veröffentlichung der Patentschriften eine gleichförmige chemische Bezeichnungsweise wünschenswerth erscheint, werden die Patentsucher hierdurch ersucht, sich in den Beschreibungen der neueren Atomgewichts-Symbole und der Molecular-Formeln zu bedienen.

Erläuterungen des G.A.

7 Die Erläuterungen (N. 2) betr. das Gesuch lauten.

a) Ein Antrag auf Aussetzung der Bekanntmachung (§. 23 Abs. 4 des Patentgesetzes) wird entweder in einem besonderen Schriftstück einzureichen oder, falls er mit dem Anmeldegesuch oder mit andern Erklärungen verbunden wird, augenfällig, z. B. durch Unterstreichen oder in Rothschrift, hervorzuheben sein.

Für die Aussetzung der Bekanntmachung auf länger als drei Monate bedarf es einer Begründung. Es empfiehlt sich, die Begründung erst gegen Ende der ersten Frist beizubringen.

b) Falls der Anmelder die Rechte aus einer früheren Anmeldung in einem Staate, mit dem das Deutsche Reich einen entsprechenden Vertrag geschlossen hat, geltend machen will, soll dieser Anspruch gleichfalls in das Gesuch aufgenommen werden.

c) Soll für den Fall der Zurückweisung einer Patentanmeldung derselbe Gegenstand in die Rolle für Gebrauchsmuster eingetragen werden, so bedarf es hierzu einer besonderen an das „Kaiserliche Patentamt, Anmeldestelle für Gebrauchsmuster“ zu richtenden Anmeldung.

d) Zur Angabe der Person des Anmelders gehört, dass jeder Zweifel darüber ausgeschlossen wird, ob das Patent von Einzelpersonen oder von einer Gesellschaft, ob von einem Manne oder von einer Frau, ob auf den bürgerlichen Namen oder auf die kaufmännische Firma nachgesucht wird. Bei Einzelpersonen ist der Rufname, bei Frauen ausserdem der Familienstand und der Geburtsname anzugeben.

Die Angabe des Wohnortes muss bei grösseren Städten auch Strasse und Hausnummer, bei kleineren Orten und bei Orten, deren Name mehrfach vorkommt, sowie in der Regel bei ausländischen Orten den Staat und Bezirk enthalten. Dies gilt auch für den Fall, dass der Anmelder einen Vertreter bestellt hat.

e) Für den Fall der Vertretung ist zu beachten, dass nach §. 28 der Kaiserlichen Verordnung vom 11. Juli 1891 die Vollmacht auf prozessfähige, mit ihrem bürgerlichen Namen bezeichnete Personen, nicht auf eine Firma auszustellen ist.

Eine Beglaubigung der Unterschrift des Anmelders unter der Vollmacht ist nur auf besonderes Erfordern des Patentamts beizubringen.

f) Falls mehrere Personen ohne Bestellung eines gemeinsamen Vertreters anmelden, soll diejenige Person namhaft gemacht werden, der die amtlichen Verfügungen zugesandt werden sollen.

Meldet Jemand, der auf Grund des §. 17 des Gesetzes betr. die Patentanwälte vom Vertretungsgeschäft ausgeschlossen ist, für einen Anderen eine Erfindung an, so ist ihm die Anmeldung ohne Weiteres zurückzusenden; eine derartige Anmeldung hat keine Rechtsfolgen (Damme in Gewerbl. Rechtsschutz 6, 1).

8. Jede Anmeldung darf nur eine einzige Erfindung enthalten. Einheitlichkeit.
Dieser Satz ist nicht dahin zu verstehen, daß der Patentsucher durch eine Anmeldung nur ein Erfinderrecht erhalten kann, sondern dahin, daß die angemeldete Erfindung eine einheitliche sein muß, sollten in ihr auch verschiedene Erfinderrechte enthalten sein. Wer z. B. ein neues Verfahren, durch welches ein neues Produkt hergestellt wird, erfindet, kann in derselben Anmeldung sowohl Verfahren, als auch Produkt geschützt verlangen, weil beide in technischem Sinne das Objekt einer einzigen Erfindung, nämlich des mit dem Produkte als letztem Gliede der Kette abschließenden Verfahrens, sind. Ebenso gehört auch das Arbeitsmittel, der Apparat technisch zu dem Verfahren, dem sie dienen, so daß es danach zulässig ist, Verfahren, Arbeitsmittel und Produkt gemeinschaftlich anzumelden.

Da die Erfindung als technologischer Begriff nicht mit ihrer körperlichen Ausführungsform zusammenfällt und in ihr aufgeht (N. 8, 11 zu §. 1), so werden gemeinhin mit einer Erfindung auch ihre nicht im Patentanspruche besonders aufgeführten Ausführungsformen mitgeschützt, so daß es keiner Hervorhebung derselben in der Anmeldung bedarf. Fällt aber eine Ausführungsform zwar in den Bereich der Erfindung und des dieselbe formulirenden Patentanspruches, ergiebt sie sich aber nicht ohne weiteres aus demselben, so kann der Erfinder sie nur geschützt erhalten, wenn er sie ausdrücklich anmeldet; er kann beide Anmeldungen vereinigen, wofern die Ausführungsform sämmtliche bestimmenden Merkmale der Haupterfindung enthält und zu diesen neue Merkmale hinzufügt. Gewinnt man durch die neuen Merkmale keine neue Erfindung, sondern lediglich formale Aenderungen, welche dem Fachmann ohne Weiteres geläufig sind und von ihm handwerksmäßig ausgeführt werden, d. h. bloße Konstruktionen (N. 9 zu §. 1), so kann man dafür natürlich keinen Schutz beanspruchen.

In den bisher angeführten Beispielen liegt technische Einheit der Erfindung vor d. h. die mehreren Gegenstände der Erfindung werden von demselben technischen Gedanken beherrscht. Eine schärfere Abgrenzung des Begriffes der technischen Einheitlichkeit ist nicht möglich. Die Forderung der Einheitlichkeit der Erfindung verdankt lediglich praktischen Rücksichten (Einfachheit des Prüfungsverfahrens, Uebersichtlichkeit der Patente, finanzielle Belastung jeder einzelnen Erfindung) ihre Entstehung (Kohler Handbuch S. 325). Es wird demnach im einzelnen Falle zu prüfen sein, ob die Ordnung des Prüfungsverfahrens und die Uebersichtlichkeit der Patente (das fiskalische Moment muß hinter diesen zurücktreten) die Zusammenfassung der verschiedenen Erfinderrechte in einer Anmeldung und in einem Patente gestatten.

Unter Umständen kann auch eine wirthschaftliche Einheitlichkeit ausreichen (Kohler Handbuch S. 319; a. M. Robolski Kommentar zu §. 20, Stephan Kommentar zu §. 20). Dies ist z. B. der Fall, wenn Verbesserungen von ganz verschiedenen Theilen derselben Maschine gleichzeitig zum Patent angemeldet werden. Ebenso wird es regelmäßig zulässig sein, verschiedene Herstellungsmethoden desselben Produkts selbst dann in einem Patentgesuche zu vereinigen, wenn für das Produkt nicht gleichzeitig ein Patent verlangt wird, oder verschiedene Arbeitsmittel desselben Verfahrens gemeinsam anzumelden, ohne gleichzeitig Schutz für das Verfahren nachzusuchen.

An und für sich könnten auch mehrere Erzeugnisse desselben Verfahrens gemeinsam angemeldet werden, ohne daß auf das Verfahren gleichzeitig ein Schutz nachgesucht würde. Letzteres wird aber wohl kaum vorkommen, weil die Herstellung verschiedener Produkte vermöge desselben Verfahrens fast nur in der chemischen Technik stattfindet, in dieser aber Produkte allein nicht patentirbar sind. Da nach §. 4 Satz 2 die Wirkung des für ein Verfahren ertheilten Patents sich auch auf dessen Produkte erstreckt, in der Farbstoff-Industrie aber ein einziges Verfahren bisweilen im Stande ist, nur durch Einsetzen verschiedener Materialien mehrere Tausende von neuen Stoffen hervorzubringen, so können unzählige Erfindungen in einer Anmeldung zusammengefaßt werden; vergl. aber N. 19 zu §. 4.

Die Frage, ob die Herstellungsweise eines Zwischenproduktes, welches an sich kein Farbstoff ist, aber bei dem Verfahren zur Darstellung eines Farbstoffs als Componente verwendet wird, zusammen mit diesem Verfahren angemeldet werden kann, ist regelmäßig zu bejahen, selbst wenn das Zwischenprodukt noch einer anderen Verwendung, z. B. zur Herstellung anderer Farbstoffe, fähig ist (a. M. Robolski S. 76).

Gleichzeitig mit der Anmeldung eines Kombinationspatents kann der Anmelder auch die Einzelelemente desselben geschützt verlangen und zwar entweder für alle möglichen Zwecke oder nur für den von der Kombination erstrebten Zweck. Siehe darüber, sowie über die Frage, ob durch das Kombinationspatent auch ohne solches Verlangen die einzelnen patentfähigen Bestandtheile desselben geschützt sind, N. 12 zu §. 1.

In neuerer Zeit erfolgt beim P.A. die Prüfung der Frage, ob eine Einheitlichkeit vorliegt, in einem dem Anmelder wohlwollenderen Geiste. Nach der Erklärung, welche der Präsident des P.A. im Mai 1900 auf dem Frankfurter Kongresse abgab (Bl. 6, 360), soll, wenn eine Anmeldung mehrere Erfindungen enthält, dem Anmelder eine Zerstückelung der Ansprüche nicht über das absolut nothwendige Maß auferlegt werden. Ist die Trennung nach Ansicht des P.A. nöthig, so wird der Anmelder gemäß §. 21 Abs. 2 durch Vorbescheid zur Trennung derselben aufgefordert. Kommt er der Aufforderung nicht nach, so wird die Anmeldung zurückgewiesen. Entspricht er der Aufforderung, so kann das P.A. der neuen Anmeldung, wenn sie innerhalb der gestellten Frist erfolgt (P.A. im Bl. 3, 239), die Priorität der ersten Anmeldung zugestehen.

Hat das P.A. ein Patent ertheilt, trotzdem die Anmeldung mehrere selbständige Erfindungen enthielt, so kann darauf eine Nichtigkeitsklage nicht gestützt werden (N. 13 zu §. 10).

9. Das Gesuch hat die in §. 2 der Bekanntmachung vom 22. November 1898 (N. 2) aufgeführten Erfordernisse zu enthalten. **Inhalt des Gesuchs.**

Die Benennung der Erfindung ist allgemeiner als der Anspruch zu halten und soll nur den Gattungsbegriff des Anmeldungsgegenstandes angeben; sie wird sich daher regelmäßig mit dem den Patentanspruch einleitenden Gattungsbegriffe decken. Die Benennung wird nachher zugleich mit dem Namen des Patentsuchers vom P.A. durch den Reichsanzeiger veröffentlicht (N. 6 zu §. 23), sie ist daher so zu fassen, daß die Interessenten aus ihr ersehen können, ob für sie behufs Einlegung von Einsprüchen die Einsichtnahme der Anmeldung angebracht ist; aus demselben Grunde sind Hinweise auf Beschreibung, Zeichnungen, Modelle in ihr zu unterlassen. Als Beispiele mögen dienen: Sicherheitsschloß, Verfahren zur Herstellung silberplattirter Kochgefäße, selbstthätiger Verschluß für durchbohrte Wasserstandsventile, Verfahren und Apparat zum Geben optischer Signale. Ueber das Unzulässige von Benennungen, welche nach ihrer Fassung eine Vielheit von logisch koordinirten Begriffen ankündigen, z. B. „Neuerungen", vergl. Hartig S. 167. Ueber einen Fall, wo die Benennung zu weit gefaßt war, vergl. R.G. im Bl. 2, 291.

Der Antrag muß ausschließlich auf Ertheilung des Patents gerichtet sein und darf nicht an **Vorbehalte, Bedingungen,** zeitliche oder örtliche **Beschränkungen** u. s. w. **geknüpft werden, widrigenfalls** er als nicht **gestellt** gilt.

Unzulässig sind auch vorläufige Anmeldungen, welche nach Art des amerikanischen caveat zunächst nur im Allgemeinen den Zweck und die Hauptmerkmale der Erfindung angeben und die weiteren Einzelheiten nachzubringen versprechen. In dieser Hinsicht sagt die Bekanntmachung des P.A. vom 23. Februar 1881:

> In Patentanmeldungen, welche im Uebrigen den gesetzlichen Anforderungen entsprechen, wird ferner zuweilen der Antrag gestellt, die Anmeldung nur als eine vorläufige zu betrachten. Demgegenüber wird darauf hingewiesen, dass das deutsche Patentgesetz vorläufige Anmeldungen im Sinne mancher Gesetzgebungen des Auslandes, der Art, dass dieselben einer besonderen geschäftlichen Behandlung unterliegen und besondere Rechtsfolgen nach sich ziehen, nicht kennt. Nach §. 20 des Patentgesetzes ist jede Anmeldung in dem Sinne eine vorläufige, dass bis zur Bekanntmachung Abänderungen der darin enthaltenen Angaben zulässig sind. Die aus §§. 3, 4 und 22 des Gesetzes für eine Anmeldung sich ergebenden Rechte treten ein, ohne dass es eines besonderen Antrages bedarf. Ueber diese Rechte hinaus kann, auch durch Anträge der gedachten Art, ein Anspruch für den Patentsucher nicht begründet werden.

Das Gesuch hat etwa, wie folgt zu lauten:

Gesuch
des Ingenieurs N. N. zu Berlin SW.,
Friedrichstraße 256 I
um Ertheilung eines Patents.

Ich melde nachstehende Erfindung
„Sicherheitsschloß“
an und beantrage, mir auf dasselbe ein Patent zu ertheilen.

Die gesetzliche Gebühr von 20 M. ist an die Kasse des P.A. eingezahlt. Dieser Anmeldung liegen in je 2 Exemplaren bei: 1. eine Beschreibung,
2 eine Zeichnung.

Berlin SW., den 5. August 1891.

An
das Kaiserliche Patent-Amt
hier.

N. N.,
Friedrichstraße 256 I.

Bestandtheile. **10.** Jeder Anmeldung muß eine **Beschreibung** beiliegen, während weitere Anlagen nur erforderlichen Falles beizufügen sind.

Die Beschreibung zerfällt, abgesehen von Anlage-Nummer und Unterschrift, in drei Theile:

a) Benennung des Gegenstandes der Erfindung (N. 11),

b) die eigentliche Beschreibung (N. 12, 13),

c) den Patentanspruch (N. 14—17).

11. Die Benennung, welche als Titel an die Spitze der Beschreibung zu setzen ist, hat ebenso, wie in der Anmeldung zu lauten; vergl. daher N. 9. Benennung.

12. Die Beschreibung soll nach §. 20 Abs. 1 die Erfindung derart erläutern, daß „danach die Benutzung derselben durch andere Sachverständige möglich erscheint" (vergl. N. 19 zu §. 2), sie muß deshalb vollständig sein. Das in der Praxis häufig hervortretende Bestreben, in der Beschreibung den Kern der Erfindung zu verhüllen, um dem Erfinder außer dem Patentschutze auch den Vortheil des Fabrikationsgeheimnisses zu sichern, ist unzulässig: auf eine solche Beschreibung hin ist das Patent nicht zu ertheilen. Ist es aus Versehen ertheilt worden, so erschwert eine solche Beschreibung später bei Patentverletzungen den Nachweis der Wissentlichkeit oder der groben Fahrlässigkeit des Verletzers (§§. 35, 36), auch kann sie unter Umständen die Nichtigkeit des Patents herbeiführen (N. 7 zu §. 10). Beschreibung.

Für die chemischen Erfindungen insbesondere, bei welchen jenes Bestreben hauptsächlich zu Tage tritt, ist zu beachten, daß es nicht genügt, in der Beschreibung lediglich die Elemente anzugeben, aus deren Verbindung das Produkt des Verfahrens hervorgehen soll. Vielmehr sollen die einzelnen Thätigkeiten des Erfinders, die einzelnen Akte seines Verfahrens beschrieben und die Quantitätsverhältnisse, in welchen die einzelnen bei dem Verfahren verwendeten Stoffe zu einander stehen, möglichst genau angegeben werden (v. Möller im P.Bl. 1879 S. 408). Es wird aber nicht in jedem Falle ganz genauer Angaben bedürfen, nämlich dann nicht, wenn dieselben von Sachverständigen durch Proben leicht gefunden werden können (vergl. N. 8 zu §. 10).

Die Beschreibung soll sich auf das zur Beurtheilung des Patentgesuchs Gehörige beschränken. Damit ist die Grenze gezogen, bis zu welcher die Vollständigkeit gehen soll; was nicht nothwendig ist, um das in dem Patentanspruche konzentrirte Begehren des Anmelders zu erläutern und zu rechtfertigen, gehört nicht in die Beschreibung. Letztere verhält sich zu dem Patentanspruche, wie die Entscheidungsgründe zum Urtheil (Kohler Forschungen aus dem Patentrecht S. 96). Bei der Auslegung des Patentanspruchs ist deshalb stets die Beschreibung heranzuziehen; sie kann dahin führen, den Anspruch ausdehnend oder einschränkend auszulegen (Kohler Handbuch S. 345).

Die Beschreibung kann zweckmäßig erst angefertigt werden, nachdem der Anmeldende den Patentanspruch genau formulirt und die etwa erforderliche Zeichnung angefertigt hat. Auf letztere ist in der Beschreibung in der Weise Bezug zu nehmen, daß in der Beschreibung die Theile der Erfindung, welche in der Zeichnung mit Buchstaben bezeichnet sind, mit denselben Buchstaben aufgeführt werden; die Buchstaben sind nicht einzuklammern (vergl. unten N. 18 a. E.).

Da die Beschreibung zur Veröffentlichung im Falle der Patentertheilung geeignet sein d. h. die Grundlage der Patentschrift bilden soll (N. 4 zu § 27), so muß auf ihren Stil besondere Sorgfalt verwendet werden: Präzision des Ausdrucks muß, so weit es angeht, mit Gemeinverständlichkeit vereinigt sein.

Die Erläuterungen des P.A. (N. 2) sagen bezüglich der Beschreibung:

a) Für den Gegenstand der Erfindung ist der Gebrauchszweck anzugeben.

b) Die Beschreibung hat sich aller nicht streng zur Sache gehöriger Ausführungen zu enthalten. Sie beginnt zweckmässig mit der Darstellung der Aufgabe, welche die Erfindung lösen soll. Hieran schliesst sich die Beschreibung der Erfindung im Einzelnen.

Besteht die Erfindung in der Vereinigung von bekannten Einzelheiten zu einem neuen Ganzen, so wird die Beschreibung zum Ausdruck bringen müssen, dass die Einzelheiten weder als neu, noch für sich als schutzfähig angesehen werden, und dass der Schutz sich nur auf die neue Gesammtheit beziehen soll.

Soweit Hinweise auf Bekanntes oder Geschütztes, insbesondere auf öffentliche Druckschriften oder Patente, zur klaren Abgrenzung der Erfindung erforderlich sind, werden sie gleichfalls in die Beschreibung aufzunehmen sein.

Abfassung. 13. Wenn auch eine allgemein gültige Methode für die Abfassung der Beschreibungen im Einzelnen nicht aufgestellt werden kann, weil die Darstellungsweise sich stets dem einzelnen Falle anpassen muß, so ist doch der Grundgedanke festzuhalten, daß man am zweckmäßigsten mit dem Zwecke der Erfindung beginnt und von diesem dann zu dem Mittel übergeht (vergl. die Erläuterungen des P.A. in N. 12 unter a). Dieses Prinzip wird von F. R. im P.Bl. 1877 S 10 in folgender Weise erläutert:

„Nehmen wir beispielsweise an, es sei eine der mechanischen Technologie angehörige Maschine zu beschreiben, welche ein gewisses Erzeugniß aus gewissen Stoffen herzustellen bestimmt ist, so bespreche man zuerst diesen besonderen Zweck, fasse möglichst kurz zusammen, wie derselbe bis dahin erfüllt worden, und warum der alte Weg verlassen werden soll. Darauf gebe man an, welche Operationen an dem zu bearbeitenden Körper vorgenommen werden sollen und bespreche sofort die Werkzeuge und die Thätigkeit, welche sie bei den Operationen vollziehen. Man folge dabei dem Werkstück, bis es die Maschine verläßt. Hierauf gehe man rückwärts zu denjenigen Mechanismen, welche die Bewegungen der schon erörterten Werkzeuge vermittelt haben, und hebe die etwaigen Neuheiten hervor; von diesen gelangt man dann zu den einfacheren, bekannten Triebwerktheilen und zum Schluß zum Gestell der Maschine, wenn dasselbe überhaupt besonders genannt werden muß.

Handelt es sich statt um eine Arbeitsmaschine um eine Kraftmaschine, die durch Dampf, Wasser, Luft, Gas u. s. w. betrieben werden soll, so erörtere man zuerst den physikalischen oder mechanischen Vorgang, welcher — abweichend von Bekanntem — benutzt werden soll und hebe die Unterscheidungsmerkmale hervor. Dann gehe man sofort zu der Stelle, wo dieser Vorgang eingeleitet und zur Wirkung gebracht werden soll, und weise diese Wirkung selbst, sowie die zu deren Herbeiführung benutzten Theile nach, gehe sodann zu den Mechanismen über, welche die Bewegungen und Bewegungsfolgen der genannten Theile vermitteln. Von diesen vielleicht oder wahrscheinlich theilweise neuen Theilen oder Theilgruppen gehe man dann zu dem Bekannten, Einfacheren über, dessen Erörterung nöthig ist, um die Thätigkeit der ganzen Maschine verständlich zu machen.

Soll eine Verbesserung an einer bekannten Maschine dargelegt werden, so gehe man in gerader Linie zuerst wieder auf den eigentlichen Zweck los, weise die als Mängel angesehenen Umstände nach, welche man beseitigen will, und zeige vom Zweck rückwärts zu den Mitteln gehend, in welcher Weise derselbe erfüllt wird.

Handelt es sich um einen chemisch-technischen Apparat, so bespreche man zuerst wieder die etwaige Neuheit des zu verwendenden chemischen Prozesses, dessen technologische Durchführbarkeit und Durchführung, die zunächst auf den oder die umzugestaltenden Stoffe einwirkenden Faktoren immer womöglich zuerst behandelnd und dann rückwärts zu den einfacheren in Bekanntes übergehenden Vorgängen und Vorrichtungen schreitend.

Soll ein Geräth, ein Apparat, ein Beobachtungsinstrument geschildert werden, immer wird sofort der Zweck zu besprechen und werden die nächsten geometrischen, mechanischen, physikalischen Mittel anzugeben sein, die denselben zu erfüllen bestimmt sind, worauf zu den Aeußerlichkeiten überzugehen ist."

14. Der Patentanspruch (nachstehende Erörterungen folgen fast durchweg den scharfsinnigen und grundlegenden Ausführungen Hartig's, welche auch der Stercken'schen Schrift (N. 2) als Basis gedient haben; vergl. außerdem Pieper im P.Bl. 1879 S. 478 und Schanze in Gewerbl. Rechtsschutz 2, 161) soll den Gegenstand der Anmeldung in möglichst kurzer Formulirung so feststellen, daß derselbe von dem bereits Bekannten mit Sicherheit unterschieden werden kann, und daß die Beantwortung der Frage möglich ist, ob eine andere Erfindung dasjenige Recht verletzt, welches mit dem angemeldeten Patent erworben werden soll (Hartig S. 241). Anspruch.

Um dieses Ziel zu erreichen, wird der Erfinder sich zunächst klar zu machen haben, worin das Wesen seiner Erfindung besteht, er wird nicht an ihren unwesentlichen Merkmalen, insbesondere ihren äußeren Erscheinungsformen haften dürfen, sondern unter Abstrahirung von dem körperlichen Substrat zu dem eigentlichen Kern der Erfindung (N. 8 zu §. 1) vordringen müssen. Auf je weniger bestimmende Merkmale er diesen reduziren kann, desto umfassender ist sein Patentanspruch und in Folge dessen sein Patentschutz (Schütze in Gewerbl. Rechtsschutz 5

S. 36, 113). Sodann hat er die Erfindung als technologische Einheit zu definiren, d. h. es genügt nicht, daß er die wesentlichen Merkmale der Erfindung aufzählt, sondern er muß in grammatisch geschlossener Form diese Merkmale unter einem Gattungsbegriffe zusammenfassen mit Hervorhebung der technischen Aufgabe, welche durch die Erfindung gelöst werden soll. Es würde unrichtig sein, wenn man beispielsweise eine erfundene Arbeitsmaschine in ihre einzelnen Bestandtheile zerlegen und auf diese Bestandtheile bezw. ihre Kombinationen den Patentanspruch richten würde, vielmehr kann man, da vor Allem die ganz bestimmte Wechselwirkung, welche die einzelnen Bestandtheile auf einander ausüben, das Wesen einer solchen Erfindung ausmacht, diesem Wesen nur gerecht werden, wenn man den neuen Arbeitsprozeß selbst in seiner Anschließung an die zugehörigen körperlichen Komplexe von Werkzeugen und Werkstücken zum Anspruch erhebt (über einen Vortheil, welchen die Definirung als Verfahren dem Patentinhaber gewährt, vergl. N. 16 zu §. 4).

Dabei hat der Anmelder zu erwägen, ob er ein Verfahren, eine Vorrichtung oder ein Erzeugniß als geschützt beanspruchen will. Er wird den Anspruch nicht auf das Verfahren, sondern auf das Erzeugniß richten, falls die bleibenden Kennzeichen des letzteren das Wesen der Erfindung ausmachen; den Anspruch nicht auf das Erzeugniß, sondern auf das Verfahren richten, falls ersteres nur durch ein bestimmtes Herstellungsverfahren gekennzeichnet ist; den Anspruch nicht auf die Einrichtung, sondern auf das Verfahren richten, falls letzteres von einer bestimmten Einrichtung unabhängig ist; und den Anspruch nicht auf das Verfahren, sondern auf die Einrichtung richten, sofern das Verfahren nur in der Benutzung einer neuen Einrichtung bestehen soll oder sofern diese Einrichtung für mehrere Verfahren benutzt werden kann (Stephan Kommentar zu §. 20). Wie in N. 8 ausgeführt, kann er in seinem Gesuche auch gleichzeitig Schutz für Verfahren, Apparat und Erzeugniß verlangen. Meldet er Verfahren und Erzeugniß zugleich in besonderen Ansprüchen an, so darf während der Schutzfrist Niemand dasselbe Verfahren, sei es zur Erzielung desselben Produkts, sei es zur Erzielung eines anderen anwenden, und es darf ferner Niemand das Produkt (die chemische Industrie scheidet aus, da es Patente für chemische Produkte als solche nicht giebt), sei es mittelst des geschützten Verfahrens, sei es mittelst eines anderen, herstellen. Wenn in gesonderten Ansprüchen ein Verfahren und ein Apparat zur Ausführung desselben geschützt werden, so ist die Rechtswirkung die, daß Niemand das Verfahren — auch nicht mit einem anderen Apparat — anwenden darf, sowie daß Niemand den Apparat — sei es zu dem geschützten oder zu einem anderen Verfahren — gebrauchen darf (R.G. in Jurist. Wochenschrift 1897 S. 636; Kohler Handbuch S. 322).

Die Erläuterungen des P.A. (N. 2) sagen bezüglich des Anspruchs:

a) Der Anspruch geht zweckmässig von dem Gattungsbegriff aus, dem die Erfindung möglichst nahe untergeordnet ist.

Dieser Gattungsbegriff wird auch der für die Veröffentlichung bestimmten Benennung der Erfindung zu Grunde zu legen sein. Zur Unterscheidung von anderen Gegenständen derselben Gattung sind in den Anspruch nur solche Bestimmungsmerkmale aufzunehmen, die für die Kennzeichnung des Wesens der Erfindung nothwendig sind. Gehört der Zweck zu dieser Kennzeichnung, so ist auch er im Anspruch zu erwähnen.

b) Allgemeine Hinweise auf die Zeichnung oder die Beschreibung, z. B. „wie gezeichnet und beschrieben", sind zu vermeiden. Hauptanspruch und Nebenansprüche sind mit fortlaufenden arabischen Ziffern zu versehen.

c) In dem Anspruch eines Zusatzpatentes ist auf das Hauptpatent Bezug zu nehmen und zum Ausdruck zu bringen, was an der früheren Erfindung durch die neue Erfindung abgeändert oder ergänzt werden soll.

d) Längere Ansprüche werden zweckmässig der Beschreibung nicht unmittelbar angefügt, sondern als besondere Anlage in zwei Ausfertigungen eingereicht.

Bezugnahmen auf die Zeichnungen sind möglichst zu beschränken und nur mittelst eingeklammerter Buchstaben (a) zu bewirken. Damit eine solche Bezugnahme nicht den Anschein erweckt, als ob nur die in der Zeichnung dem Gegenstande a gegebene Gestalt geschützt ist, empfiehlt es sich, im Anspruche möglichst den unbestimmten Artikel zu gebrauchen, z. B. „ein Ventil (a)" nicht „das Ventil a". Hinweise auf Modelle sind in jeder Form unzulässig.

Bei einem Kombinationspatent muß aus dem Anspruche hervorgehen, daß nicht oder nicht blos die einzelnen Theile, sondern die Gesammtanordnung geschützt werden soll. Dies ist insbesondere dann wichtig, wenn einzelne Elemente der Kombination früher schon bekannt waren und wenn diese Elemente als Glieder der Kombination im Patentanspruche Aufnahme finden (R.G. in Jurist. Wochenschrift 1895 S. 541, 1896 S. 110, 1897 S. 611); vergl. außerdem R.G. 33, 149, im P.Bl. 1894 S. 184.

Nachstehende Beispiele mögen zur Erläuterung dienen:

a) Neue Vorrichtung: Ein Schiffskompaß, bei welchem zur Verminderung der Deviation eine Magnetnadel von solcher Kleinheit benutzt ist, daß die Ablesungen wegen der Kleinheit der Nadel beziehungsweise der zugehörigen Rose auf mikroskopischem Wege erfolgen müssen. D.R.P. Nr. 41060.

b) Neues Erzeugniß: Ein gewebter Sack ohne Naht, bei welchem nach der Art seiner Herstellung der Rand ringsum durch eine vollständige Salleiste gebildet ist, also einen Saum nicht erfordert. D.R.P. Nr. 34237.

c) Neues Verfahren: Das Erweitern und Verdichten von Röhren vermittelst eines geeigneten Stempels, welcher durch den direkt auf ihn ausgeübten Druck einer Flüssigkeit durch die betreffende Röhre hindurchgepreßt wird. D.R.P. Nr. 4893.

d) **Kombinationspatent** (unter Weglassung der Bezugnahme auf die Zeichnungen):

Eine Maschine zur Herstellung von Billets und ähnlichen Gegenständen, an welcher gleichzeitig die folgenden Einrichtungen vorhanden sind:

a) eine oder mehrere Numerirscheiben und zugehörige, von einer Scheibe getragene Schalträder in Verbindung mit einem oder mehreren Sperrklinkenträgern und Sätzen von Sperrklinken, welche bei Drehung der Scheibe vermittelst eines von einem festen Excenter geführten rotirenden Ringes in Bewegung gesetzt werden;

b) eine Scheibe oder Walze, auf deren Umfang eine oder mehrere Scheeren angeordnet sind, welche bei ihrer Drehung mit der Walze abwechselnd geschlossen und wieder geöffnet werden;

c) in Verbindung mit den so angeordneten Scheeren federnde Finger, sowie innerhalb radialer Löcher der Walze angeordnete und bei deren Drehung vor- und zurückbewegte Stangen;

d) ein Kasten oder Trog zur Aufsammlung der Billets, welcher in einzelne Abtheilungen getheilt und so angeordnet ist, daß er von der die Ablieferungswalzen treibenden Welle aus mittelst Schaltwerkes intermittirend in dem Maße vorwärts bewegt wird, als die Ablieferungswalzen die Billets ablegen, so daß diese in dem Kasten hintereinander aufgesammelt werden D.R.P. Nr. 42683.

Nebenanspruch.

15. Liegt der Fall vor, daß eine technisch einheitliche Erfindung mehrere Erfinderrechte gewährt, so dürfen die Patentansprüche, welche die verschiedenen Erfinderrechte formuliren, nicht unabhängig neben einander hingestellt werden, denn sonst würde jeder einen Gegenstand losgelöst von den anderen schützen, und es würde dadurch die technische Einheitlichkeit der Erfindung durchbrochen werden. Vielmehr muß der Anmelder sich klar machen, welcher der verschiedenen Ansprüche der grundlegende ist; diesen formulirt er als **Hauptanspruch**, die anderen als **Nebenansprüche** Die technische Untergeordnetheit der Nebenansprüche kann er dadurch zum Ausdrucke bringen, daß er sie etwa mit den Worten einleitet „Eine zur Ausführung des vorbezeichneten Verfahrens dienende Einrichtung", „das durch das vorbezeichnete Verfahren hergestellte Erzeugniß", „eine Ausführungsform des vorbezeichneten Gegenstandes" u. s. w.

Beispiele:

a) **Neues Verfahren und neues Arbeitsmittel**: Das Verfahren, die bei Zahnradgetrieben für geschränkte Achsen sich ergebende Zahnflankengleitung für die Reinigung und Einfettung von Radzähnen in solcher Art nutzbar zu machen, daß mit dem zu putzenden oder zu schmierenden Zahnrade ein zweites Rad in Eingriff gebracht wird, dessen Zähne durch schraubenlinig verlaufende, bei eingeleiteter Drehung gleitend in den Zahnlücken jenes Rades sich bewegende Bürsten ersetzt sind.

Eine zur Ausführung dieses Verfahrens dienende Vorrichtung, bei welcher die Lager des Bürstenrades für den Zweck der zeitweiligen

Ein- und Ausrückung desselben auf einem passend beweglichen Rahmen montirt sind. D.R.P. Nr. 43074.

b) Neues Verfahren und neues Erzeugniß. Das Verfahren, Patronenhülsen aus Zink oder Zinklegierung herzustellen, dadurch daß das geschmolzene Zink in eine schaalenförmige Mulde gegossen und vor dem Erhärten dem Drucke eines gerundeten Stempels unterworfen wird, wobei zwischen Stempel und Mulde ein Cylinder hergestellt wird, der bei nachfolgenden Ziehoperationen in die nöthige Form der Patronenhülse übergeht.

Das neue Fabrikat, Patronenhülsen von Zink oder Zinklegierungen, welche dadurch hergestellt werden, daß das flüssige Zink in einer schaalenförmigen Mulde dem Drucke eines abgerundeten Stempels unterworfen wird. D.R.P. Nr. 8196.

c) Neues Verfahren, neues Arbeitsmittel und neues Erzeugniß. Das Verfahren, die Polfäden eines Kettensammetgewebes dadurch fester mit dem Grundgewebe zu verbinden als bisher, daß die zu beiden Seiten jedes Polfadens liegenden Grundkettenfäden zwischen zwei aufeinander folgenden Stoppenreihen mit einander verzwirnt werden.

Ein zur Ausführung dieses Verfahrens dienender Webstuhl, sofern an demselben die bei der Verzwirnung der Grundfäden auftretenden Spannungen der Schlinglitzen von einem feststehenden horizontalen Gitter (m) aufgenommen werden.

Ein Kettensammetgewebe, bei welchem die zu beiden Seiten jedes Polfadens liegenden Grundkettenfäden zwischen je zwei aufeinander folgenden Stoppenreihen mit einander verzwirnt sind. D.R.P. Nr. 36836.

d) Ausführungsform: Eine Ausführungsform der unter 1 gekennzeichneten Maschine, bei welcher der im Stiefel gleitende Kolben durch eine biegsame Membran (e) ersetzt ist (Nebenanspruch auf die Membranpumpe, wenn durch den Hauptanspruch die Saug- und Druckpumpe geschützt wäre, nach Stercken a. a. O. S. 21).

16. Das Verhältniß des Zusatzpatents zum Hauptpatent ist dasselbe, wie das des Nebenanspruches zum Hauptanspruche desselben Patents; nur werden letztere gleichzeitig erhoben, während das Zusatzpatent später, als das Hauptpatent zur Anmeldung kommt. In Folge dessen gilt für die Formulirung des Anspruches eines Zusatzpatents alles das, was in voriger Note über die des Nebenanspruches gesagt worden ist, nur daß man die Zugehörigkeit zu einem anderen Patent etwa durch die folgenden Fassungen hervorheben wird: „Eine zur Ausführung des unter Nr. . . . geschützten Verfahrens dienende Einrichtung, bei welcher u. s. w.", „eine Ausführungsform des durch Patent Nr. . . . geschützten Gegenstandes, bei welcher u. s. w." Aus dem Anspruche muß nach der Praxis des P.A. klar ersichtlich sein, was aus dem Anspruche des Hauptpatents durch die Neuerung ersetzt bezw. ergänzt werden soll (vergl. Erläuterungen in N. 14). **Zusatz-, Abhängigkeitspatent.**

Da die Feststellung des Abhängigkeitsverhältnisses zwischen zwei Patenten ausschließlich den ordentlichen Gerichten zusteht (N. 16,

17 zu §. 3), so ist es unzulässig, in den Anspruch des jüngeren Patents eine Bezugnahme auf das ältere aufzunehmen. Dies darf auch dann nicht geschehen, wenn gemäß §. 3 Abs. 1 das jüngere Patent mit Rücksicht auf das ältere in entsprechender Beschränkung ertheilt werden muß. Vielmehr muß in diesem Falle der Theil der jüngeren Anmeldung, der bereits Gegenstand des älteren Patents ist, aus dem zu ertheilenden Patente ausgeschieden und der verbleibende Rest im Anspruch selbstständig festgestellt werden. Hierbei werden die die Uebereinstimmung begründenden Merkmale entweder zu streichen oder derart an den Eingang des Anspruchs zu setzen sein, daß sie von den die jüngere Erfindung kennzeichnenden Merkmalen abgesondert sind. Dies ist jetzt (vergl. dagegen noch P.A. im Bl. 6, 20) der Standpunkt des P.A. (P.A. im Bl. 6, 301; ebenso: R.G. im Bl. 6, 195, Wirth in Gewerbl. Rechtsschutz 5, 79).

Vorbehalte. 17. Unzulässig sind allgemeine Vorbehalte in den Patentansprüchen nach Analogie der in den englischen Patentschriften häufigen Klausel I wish to remark that I do not limit myself to the details given. Soweit solche Vorbehalte nämlich besagen wollen, daß Abänderungen in den Formen und Verhältnissen einer Konstruktion, in dem Material u. s. w. nicht ausgeschlossen sein sollen, so ist zwischen unwesentlichen, einen neuen Erfindungsgedanken nicht einschließenden und anderen Abänderungen zu unterscheiden. In Bezug auf die ersten spricht der Vorbehalt etwas Ueberflüssiges aus und kann deswegen durch sein Vorhandensein nur zu Mißdeutungen Anlaß geben. In Bezug dagegen auf die Abänderungen, welche wirklich eine Erfindung darstellen, ist ein derartiger Vorbehalt ungesetzlich, da nur bestimmte, bereits vorhandene Erfindungen vom P.A. geprüft und patentirt werden können und dürfen (Bekanntmachung des P.A. vom 30. Dezember 1878 im P.Bl. 1879 S. 19). Daraus ergiebt sich, daß, wenn derartige Vorbehalte irrthümlich patentirt worden sind, sie wegen mangelnder Patentfähigkeit der Nichtigkeitserklärung unterliegen. So das P.A. bei einem auf eine Metallzange ertheilten Patent bezüglich nachstehender, in dem Patentanspruche enthaltenen Vorbehalte a) daran die Form, Anordnung und Verhältnisse zu verändern, b) jede passende Vorrichtung anzuwenden, um damit auf die Arme . . zu wirken, c) die Ausführung in jedem Material, d) die Anwendung auf alle Maschinen, wo ihre Verwendung Vortheile bringen kann, e) die Anwendung zum Spannen sowohl der einfachen wie auch der doppelten Gewebe (P.Bl. 1880 S. 107, G. 1, 316); und das R.G. bei einem auf einen Flaschenverschluß ertheilten Patent bezüglich des Vorbehaltes „anderer Anwendungen dieses Mechanismus“ (P.Bl. 1881 S. 23, G. 2, 264).

Zeichnungen. 18. Zeichnungen müssen allen Anmeldungen beigefügt werden, welche körperliche Gegenstände patentirt wissen wollen, sind aber auch bei Erfindungen, welche ein Verfahren zum Gegenstande haben, nothwendig, wenn die Ausführung des Verfahrens bestimmte maschinelle Mittel voraussetzt, deren Erläuterung die Benutzung der Erfindung durch andere Sachverständige erst ermöglicht.

Die Zeichnung ist am zweckmäßigsten nach Formulirung des Patentanspruches und vor der Beschreibung anzufertigen.

Die näheren Bestimmungen wegen der Zeichnung giebt §. 4 der Bekanntmachung des P.A. vom 22. November 1898 (N. 2). Die Erläuterungen des P.A. (N. 2) fügen noch Folgendes hinzu:

a) Auf den Nebenzeichnungen sind die Figuren und Bezeichnungen so zu stellen, dass für den Beschauer die 33 cm-Kante aufrecht steht. Am linken und rechten Rande ist ein mindestens 3 cm breiter Raum frei zu lassen.

b) Für die einzelnen Theile der Figuren sind Bezugszeichen nur so weit zu verwenden, als ein Hinweis auf die Darstellung des betreffenden Theiles in der Beschreibung zum Verständniss der Erfindung erforderlich ist.

Dieselben Theile müssen in allen Figuren gleiche Bezugszeichen erhalten. Für verschiedene Theile dürfen die gleichen Bezugszeichen nicht verwendet werden, auch wenn die Figuren auf verschiedenen Blättern stehen. Bei Zusatzanmeldungen werden für Theile, die bereits in dem Hauptpatente sich vorfinden, die dort für diese Theile gewählten Bezugszeichen beizubehalten sein.

Für die Bezugszeichen sind die kleinen lateinischen Buchstaben (a, b, c) in einfacher, leicht lesbarer Schrift zu verwenden. Sind mehr als 25 Zeichen nöthig, so sind arabische Ziffern zu verwenden. Zur Bezeichnung von Schnittlinien dienen die grossen lateinischen Buchstaben. Winkel sind mit kleinen griechischen Buchstaben (α, β, γ) zu bezeichnen.

Die Beifügung von Strichen, Häkchen oder Ziffern zu den Bezugszeichen ist zu vermeiden. Nur wenn innerhalb derselben Figur ein Theil in mehreren Stellungen gezeichnet wird, ist, unter Beibehaltung desselben Buchstabens für alle Stellungen, die Unterscheidung durch oben rechts angebrachte Striche oder Ziffern herbeizuführen.

Ist unmittelbar bei den dargestellten Theilen kein genügender Raum für die Bezugszeichen vorhanden, so sind die Theile mit den möglichst nahe zu setzenden Zeichen durch geschwungene Linien zu verbinden.

Bewegungsrichtungen sind durch Pfeile anzudeuten, falls dadurch das Verständniss erleichtert wird.

Projektions- und Mittellinien sind in der Regel wegzulassen.

19. Die Beifügung von Modellen und Probestücken ist erwünscht, sofern die Veranschaulichung der Erfindung dadurch erleichtert wird, und geboten, wenn ohnedies die Beurtheilung des Patentgesuchs nicht mit Sicherheit erfolgen kann. Bei Anmeldungen, welche die Herstellung neuer chemischer Stoffe betreffen, sind Proben stets einzureichen; Modelle.

ausgenommen sind explosive und leicht entzündliche Stoffe. Die näheren Bestimmungen bezüglich der Modelle und Proben trifft §. 5 der Bekanntmachung des P.A. vom 22. November 1898 (N. 2). Die Erläuterungen des P.A. (N. 2) sagen noch folgendes:

Bei der Einreichung der Modelle und Probestücke ist zu erklären, ob sie im Falle der Entbehrlichkeit zurückgegeben werden sollen oder vernichtet werden können.

Haben Modelle oder Probestücke einen besonderen Werth, so ist in dem Anschreiben hierauf hinzuweisen. Können sie schon durch ein unvorsichtiges Auspacken leicht beschädigt oder durch die Einwirkung von Licht, Feuchtigkeit u. dergl. verdorben werden, so ist die Umhüllung mit der deutlichen Aufschrift zu versehen: „Ungeöffnet in den Geschäftsgang."

Abs. 3.

Abänderungen.

20. Abänderungen der in der Anmeldung enthaltenen Angaben sind jetzt (N. 1) nur bis zu dem Beschlusse über die Bekanntmachung (§. 23 Abs. 1) gestattet. Danach ist der Rechtszustand folgender (vergl. die zum Theil abweichenden Ausführungen von Wirth in Gewerbl. Rechtsschutz 2, 253):

a) Vor dem Beschlusse (Rhenius in Zeitschrift für gewerbl. Rechtsschutz 2, 233). Der Anmelder hat nicht das Recht, an Stelle der angemeldeten Erfindung eine andere anzumelden, denn das Gesetz spricht nicht von einer Abänderung der Anmeldung, sondern nur von Abänderungen der in der Anmeldung enthaltenen Angaben. Darunter fallen unzweifelhaft ergänzende Zusätze, nähere Bestimmungen über Maß, Gewicht, Form u. s. w., konstruktive Ausgestaltungen und zwar sowohl in dem Anspruche, wie in Beschreibung, Zeichnung und Titel.

Man wird aber auch Ausdehnungen der angemeldeten Erfindung zulassen können, wofern sie im Rahmen der ursprünglichen Erfindung liegen; hier gelten im Ganzen und Großen die Erörterungen der N. 8 über die Einheitlichkeit der Erfindung. Wenn die Erweiterungen in demselben Ertheilungsverfahren ursprünglich als besondere Ansprüche angemeldet waren, als solche fallen gelassen wurden und dann als Erweiterungen des stehen gebliebenen Rechtsanspruchs von Neuem beansprucht werden, so ist dies, wofern sie nur im Rahmen des Rechtsanspruchs liegen, zulässig (nicht zutreffend: die Begründung des P.A. im Bl. 6, 230). — Das P.A. wird bei Erweiterungen der Erfindung zu erwägen haben, ob es als Tag der Anmeldung der Erfindung den Zeitpunkt der ursprünglichen Anmeldung oder den Zeitpunkt, zu welchem der die Erweiterung enthaltende Schriftsatz bei ihm einging, anzusehen hat (N. 3 zu §. 2). War die später angemeldete Erfindung in der ursprünglichen Anmeldung in ihrem Kerne, wenn auch ungeklärt oder nur in allgemeinen Umrissen, nicht enthalten, so wird das P.A. dem Patente nur die spätere Priorität zugestehen dürfen (vergl. Kohler Handbuch S. 284 ff.). Der Anmelder wird deshalb, da er durch die Erweiterung die Priorität der ursprünglichen

Anmeldung verschlechtert, erwägen müssen, ob er die Erweiterung nicht gesondert als Zusatzerfindung anmelden soll.

Stellt sich die Aenderung des Anspruchs durch Aufnahme neuer Merkmale als eine Einschränkung dar, so ist die Gewährung der ursprünglichen Priorität unbedenklich, wenn die neuen Merkmale in den ersten Unterlagen enthalten waren (P.A. im Bl. 7, 40).

b) Nach dem Beschlusse. Es sind nur unwesentliche formelle Abänderungen gestattet.

Vorstehende Beschränkungen gelten nicht für das P.A., sondern nur für den Anmelder. (Kohler Handbuch S. 290). Dies ergiebt sich zunächst daraus, daß die Vorschrift im §. 20 steht, der nur von den Erfordernissen der Anmeldung spricht, während Thätigkeit und Befugnisse des P.A. erst in den §§. 21 ff. behandelt sind. Vor Allem aber ist entscheidend, daß das P.A. nicht blos berechtigt sein kann, den Patentanspruch entweder in der verlangten Fassung zu bewilligen oder ganz zu versagen, sondern daß es ihn auch abzuändern befugt sein muß. Eine derartige Aenderung bedingt aber häufig auch Abänderungen in der Beschreibung und Zeichnung.

Bei der Frage, wie weit das P.A. in der Abänderung von Anspruch und Beschreibung gehen darf, wird es sich gegenwärtig halten müssen, daß der Zweck des Aufgebots- und Einspruchsverfahrens vereitelt würde, wenn nachträglich ganz neue Patentansprüche ertheilt werden. Es wird demnach zwar die ausgelegten Ansprüche formell umredigiren oder inhaltlich beschränken, aber nicht erweitern oder durch ganz andere ersetzen dürfen. Will es letzteres thun, so muß es die neuen Ansprüche nebst Beschreibung und Zeichnung nochmals gemäß §. 23 zur Auslegung bringen; war das Verfahren bereits in der Beschwerdeinstanz anhängig, so wird die Sache zum Zwecke der Auslegung an die Anmeldeabtheilung zurückverwiesen. Ist eine nochmalige Auslegung unterblieben, so soll nach einem Urtheile des R.G. (Bl. 6, 389; vergl. Bolze in Zeitschrift für gewerbl. Rechtsschutz 1, 156) das trotzdem ertheilte Patent vom Richter wegen Nichtbeobachtung des für die Ertheilung vorgeschriebenen Verfahrens als nicht vorhanden angesehen werden. Dieser Ansicht kann nicht zugestimmt werden. Es wird häufig fraglich sein, ob eine Abänderung der Ansprüche von der Tragweite ist, daß sie eine nochmalige Auslegung erfordert. Verneint das P.A. die Frage, so ist den ordentlichen Gerichten nirgends die Befugniß eingeräumt, die Frage nachzuprüfen und ihrer abweichenden Ansicht durch Ignorirung des Patents Ausdruck zu geben. Ein solcher Zustand würde auch zu einer bedauerlichen Rechtsunsicherheit führen.

21. Wegen der Zahlung der Gebühr vergl. N. 3 zu §. 8, wegen der Einzahlung bei einer Postanstalt N. 10 zu §. 9. Gebühr.

Die Anmeldegebühr ist auch für jede Anmeldung eines Zusatzpatents zu entrichten (N 7 zu §. 8); sie wird, wenn die Anmeldung zurückgewiesen wird, nicht erstattet.

Die Erläuterungen des P.A. vom 22. November 1898 (N. 2) sagen:

Die Anmeldegebühr ist zweckmässig entweder unmittelbar bei der Kasse des Kaiserlichen Patentamts (Berlin NW. 6,

Luisenstr. 32/34) einzuzahlen oder unter genauer Angabe der Anmeldung, für die das Geld bestimmt ist, durch Postanweisung zu übersenden.

Die Beifügung baaren Geldes als Anlage der Anmeldung ist nicht erwünscht. Wird das Geld gleichwohl beigefügt, so ist darüber in dem Gesuch ein deutlicher Vermerk in Rothschrift zu machen. Enthält eine Sendung das Geld für mehrere Anmeldungen, so ist ein besonderes Verzeichniss über die Zugehörigkeit des Geldes beizufügen.

Anmerkung: Eine Stundung oder ein Erlass der Anmeldegebühr ist gesetzlich unzulässig.

Es ist zu beachten, daß diese Erläuterungen die Bekanntmachungen des P.A. aus dem Jahre 1899, nach welchen die Zahlung auch durch Ueberweisung auf Girokonto oder durch Verrechnung auf Guthaben erfolgen kann (N. 3 zu §. 8), noch nicht berücksichtigen konnten. Wegen der Stundung vergl. noch Damme in Gewerbl. Rechtsschutz 4, 1.

Für den Fall, daß die Gebühr nicht gleichzeitig mit der Anmeldung eingeht, hatte das P.A. nachstehende Bekanntmachung erlassen:

Berlin, den 23. Februar 1881.

Dem Patentamte sind wiederholt Eingaben zugegangen, welche zwar als Patentanmeldungen bezeichnet, aber von der vorgeschriebenen gleichzeitigen Einzahlung der gesetzlichen Gebühr nicht begleitet waren und dafür die Erklärung enthielten, dass die Gebühr nachträglich eingehen werde. Es wird darauf aufmerksam gemacht, dass Eingaben dieser Art als Anmeldungen im Sinne des Patentgesetzes nicht betrachtet werden und irgend welche Rechte für die Antragsteller nicht begründen können. Das Patentamt ist nicht in der Lage, auf solche Angaben Verfügung zu treffen und muss sich darauf beschränken, die Einsender zu benachrichtigen, dass auf ihre Anträge etwas nicht veranlasst werden kann.

Diese Bekanntmachung entsprach nicht dem Gesetze, da eine Behörde ohne besondere gesetzliche Vorschrift einen Antrag nicht deshalb ignoriren darf, weil die Gebühr für die Amtshandlung nicht vorher erlegt worden ist. Das P.A. verfährt deshalb auch schon seit vielen Jahren nicht mehr in Gemäßheit jener Bekanntmachung, sondern in folgender Weise. Die Anmeldeabtheilung setzt, wenn die Gebühr mit der Anmeldung nicht eingeht, dem Anmelder eine Frist von einigen Tagen zur Zahlung und weist nach Ablauf der Frist die Anmeldung ohne Weiteres zurück. Auch diese Praxis dürfte mit den gesetzlichen Vorschriften nicht im Einklange stehen. Die rechtzeitige Zahlung der Anmeldegebühr ist eine Anforderung, welche der §. 20 vorschreibt. Wird dieser Anforderung nicht genügt, so muß gemäß §. 21 Abs. 2 ein Vorbescheid des Vorprüfers ergehen. Dieser Vorbescheid wird zweckmäßig vor Eintritt in die materielle Prüfung erlassen werden.

Empfangsbescheinigung. 22. Wegen der Empfangsbescheinigung sagen die Erläuterungen des P.A. (N. 2):

Empfangsbescheinigungen werden in der Regel nur über Anmeldungen ertheilt, und zwar nur in einer Ausfertigung. Die Ertheilung der Bescheinigung erfolgt nur dann, wenn ein Schriftstück mit folgendem Wortlaut eingesandt wird:

„Ihre Patentanmeldung vom . . . .
. . . .

oder

„Die Patentanmeldung von . . . .
. . . .
vom . . . .
auf . . . .
. . . .
ist am . . . .
hier eingegangen und unter dem Aktenzeichen . . . . . .
. . . . in den Geschäftsgang gegeben worden."

Wird die Empfangsbescheinigung nicht auf der Rückseite einer Postkarte vorbereitet, so ist ein mit der Adresse des Empfängers versehener Briefumschlag beizufügen.

Ueber Gebührenbeträge, die mit der Post eingehen, wird nur auf besonderen Antrag des Einzahlers eine Quittung ertheilt.

§. 21.

Die Anmeldung unterliegt einer Vorprüfung durch ein Mitglied der Anmeldeabtheilung.

Erscheint hierbei die Anmeldung als den vorgeschriebenen Anforderungen (§. 20) nicht genügend, so wird durch Vorbescheid der Patentsucher aufgefordert, die Mängel innerhalb einer bestimmten Frist zu beseitigen.

Insoweit die Vorprüfung ergiebt, daß eine nach §§. 1, 2, 3 Absatz 1 patentfähige Erfindung nicht vorliegt, wird der Patentsucher hiervon unter Angabe der Gründe mit der Aufforderung benachrichtigt, sich binnen einer bestimmten Frist zu äußern.

Erklärt sich der Patentsucher auf den Vorbescheid (Absatz 2 und 3) nicht rechtzeitig, so gilt die Anmeldung als zurückgenommen; erklärt er sich innerhalb der Frist, so faßt die Anmeldeabtheilung Beschluß.

1. Entstehungsgeschichte.
2. Verfahren.

Abs. 1 (N. 3).

3. Vorprüfer

Abs. 2 (N. 4—6).

4. Formelle Mängel
5. Vorbescheid.
6. Zustellung.

Abs. 3 (N. 7, 8).

7. Materielle Prüfung.
8. Vorbescheid.

Abs. 4 (N. 9—11).

9. Erklärung.
10. Rechtzeitig.
11. Nicht rechtzeitig.

Entstehungsgeschichte. 1. Nach dem Patentgesetz von 1877 lautete § 21:

Ist durch die Anmeldung den vorgeschriebenen Anforderungen nicht genügt, so verlangt das Patentamt von dem Patentsucher unter Bezeichnung der Mängel deren Beseitigung innerhalb einer bestimmten Frist. Wird dieser Aufforderung innerhalb der Frist nicht genügt, so ist die Anmeldung zurückzuweisen.

Hält man damit den früheren §. 22 (in N. 1 zu §. 23) zusammen, so ergiebt sich daraus als früherer Rechtszustand, daß die Prüfung durch eine Abtheilung des P.A. erfolgte, daß sie sich zunächst nur auf die Formalien bezog und erst nach deren Fest- bezw. Richtigstellung auf die Patentirbarkeit der Erfindung einging, sowie daß die materielle Vorprüfung sich nur auf das Vorhandensein der Voraussetzungen der §§. 1, 2 erstreckte.

Heute dagegen geschieht, um nur die wichtigen Gegensätze hervorzuheben, die Prüfung nicht sofort durch die Anmeldeabtheilung, sondern zunächst durch ein Mitglied derselben, sie erstreckt sich gleichzeitig auf die formellen und die materiellen Erfordernisse und zieht auch den §. 3 Abs. 1 in Betracht.

Verfahren. 2. Der §. 21 regelt das Verfahren vor dem Vorprüfer. Es ist hierbei zu unterscheiden:

A. Der Vorprüfer findet weder formelle noch materielle Mängel — dann giebt er ohne Vorbescheid die Anmeldung zur Beschlußfassung an die Anmeldeabtheilung ab

B. Er findet Mängel

a) formelle — Vorbescheid auf Beseitigung derselben binnen bestimmter Frist;

b) materielle — Vorbescheid auf Aeußerung binnen bestimmter Frist;

c) formelle und materielle — Vorbescheid auf Beseitigung und Aeußerung binnen bestimmter Frist

Der Anmelder erklärt sich

a) rechtzeitig — Beschlußfassung durch die Anmeldeabtheilung;

b) nicht rechtzeitig — Anmeldung gilt als zurückgenommen.

In keinem Falle hat der Vorprüfer selbst über die Ertheilung des Patents zu bestimmen, er darf nur Vorbescheide erlassen, die Beschlußfassung steht der Abtheilung zu. Wohl aber ist er berechtigt, die Ladung und Anhörung der Betheiligten, die Vernehmung von Zeugen und Sachverständigen, sowie die Vornahme sonstiger zur Aufklärung der Sache erforderlichen Ermittelungen anzuordnen (§ 25); auch §§. 32, 34 finden in dem Verfahren vor ihm Anwendung. Nach den Grundsätzen, welche insbesondere in neuerer Zeit in der Praxis des P.A maßgebend sind (vergl. die Erklärungen des Präsidenten des P.A. auf dem Frankfurter Kongreß im Mai 1900), soll der Vorprüfer dem Anmelder berathend zur Seite stehen und ihm helfen, den patentfähigen Kern der Erfindung aus der Anmeldung herauszuschälen. Zu diesem Zwecke soll er dem Anmelder in Bezug auf mündliche Rücksprachen und Vorführungen an Ort und Stelle möglichst entgegenkommen.

Vergl. Rhenius „Die Vorprüfung nach §. 21 des neuen Patentgesetzes" in Glaser's Annalen für Gewerbe und Bauwesen 1891 Nr. 332.

Abs. 1.

3. Wenn das Gesetz es auch nicht ausspricht, so ist es doch selbstverständlich, daß der Vorprüfer wegen der ihm nach Abs. 3 obliegenden materiellen Vorprüfung den technischen Mitgliedern der Anmeldeabtheilung zu entnehmen ist; er muß demnach nach §. 14 Abs. 2 auf Lebenszeit berufen sein und darf in den Beschwerdeabtheilungen oder in der Nichtigkeitsabtheilung nicht mitwirken. Nach §. 6 Abs. 2 der Ausführungsverordnung vom 11. Juli 1891 hat der Vorsitzende der Anmeldeabtheilung für jede Klasse der Anmeldungen im Voraus einen Vorprüfer zu bezeichnen. Vorprüfer.

Der Vorprüfer hat nicht die Stellung des beauftragten Richters der C.P.O. oder des Dezernenten, denn er handelt nicht für die Abtheilung als deren Organ, sondern er hat in den von ihm bearbeiteten Sachen gegenüber der Abtheilung eine ganz selbständige Stellung. In den von den anderen Vorprüfern bearbeiteten Sachen wirkt er dagegen ausschließlich als Mitglied der Abtheilung mit.

Abs. 2.

4. Dieser Absatz handelt von den formellen Mängeln d. h. den Verstößen gegen §. 20 oder gegen die auf Grund dieses Paragraphen vom P.A. erlassenen Bekanntmachungen. Dazu gehören beispielsweise: zweideutige Fassung des Patentanspruches, unvollständige Beschreibung, mangelnde Einheitlichkeit des angemeldeten Erfindungsgegenstandes, mangelnde Vollmacht, mangelndes Zusatzverhältniß bei der Anmeldung eines Zusatzpatents, Nichtzahlung der Kosten (N. 21 zu §. 20). Leidet die Anmeldung auch an materiellen Mängeln, dann vergl. N. 8 a. E. Formelle Mängel.

5. Mit Rücksicht auf die Bestimmungen des Abs. 4 darf der Vorprüfer nur dann einen Vorbescheid erlassen, wenn er nach Prüfung des gesammten Materials zu dem abschließenden Urtheil gelangt, daß die Anmeldung zurückzuweisen ist. Er wird deshalb Anfragen, Vorhaltungen, Hinweisungen auf ältere Literatur u. s. w., welche eine Klärung bezwecken, nicht in die Form des Vorbescheides kleiden, sondern Zwischenverfügungen erlassen Im Interesse der Beschleunigung des Ertheilungsverfahrens wird er ferner nicht wegen jedes einzelnen Anstandes, der ihm auffällt, sofort eine Zwischenverfügung und nach deren Erledigung wiederum wegen eines anderen Anstandes eine neue erlassen, sondern er wird, soweit es irgend angeht, seine Prüfung und seine Verfügung auf alle in Betracht kommenden Punkte erstrecken. Vorbescheid.

Unter Umständen kann es ausnahmsweise nothwendig sein, daß der Vorbescheid zunächst nur die formellen Mängel zu beseitigen trachtet, ohne in die materielle Vorprüfung einzutreten, z. B. wenn die Anmeldegebühr nicht eingezahlt ist (N. 21 zu §. 20); sonst ist aber der Erlaß mehrerer Vorbescheide möglichst zu vermeiden und auch in der Praxis sehr selten.

Wegen des in §. 4 angedrohten Rechtsnachtheils muß der Vorbescheid sich als solchen ausdrücklich bezeichnen.

Der Vorbescheid fällt, da er kein Beschluß der Abtheilung ist, nicht unter die Vorschrift des §. 15, ist auch nicht gemäß §. 16 durch Beschwerde anfechtbar.

Die Frist muß in jedem Einzelfalle von dem Vorprüfer normirt und in den Vorbescheid aufgenommen werden; da sie bestimmt sein muß, so sind Bezeichnungen, wie „umgehend", „baldigst" unzuläßig (Rhenius a. a. O.). Auf Antrag des Anmelders kann sie verlängert werden; um jeden Zweifel abzuschneiden, empfiehlt es sich, auch in der Verfügung, welche die Verlängerung ausspricht, den Rechtsnachtheil des Abs. 4 anzudrohen.

Zustellung. 6. Weil der Vorbescheid eine Frist stellt, deren Nichtbeachtung die erheblichsten Rechtsnachtheile für den Patentsucher zur Folge hat, so muß er Letzterem bezw. dem Vertreter formell zugestellt werden (N. 5 zu §. 15).

Hatte Jemand als angeblicher Bevollmächtigter des Patentsuchers ohne Vollmacht angemeldet und die Vollmacht trotz Aufforderung nicht nachgebracht, so ist der Vorbescheid ihm zuzustellen. Mit dem Vertretenen selbst hat das P.A., so lange er die negotiorum gestio nicht ausdrücklich oder stillschweigend genehmigt hat, nichts zu thun. Wenn der angebliche Vertreter anzeigt, daß er die Vollmacht nicht beibringen kann, oder wenn er die Anmeldung zurückzieht, so sind die Akten wegzulegen.

Abs. 3.

Materielle Prüfung. 7. Die materielle Prüfung des Vorprüfers erstreckt sich darauf, ob

a) eine gewerblich verwerthbare Erfindung vorliegt (§. 1) und einer der Ausnahmefälle des §. 1 vorhanden ist,

b) die angemeldete Erfindung neu ist (§. 2),

c) die angemeldete Erfindung ganz oder theilweise Gegenstand eines früher zur Anmeldung gelangten Patents ist (§. 3 Abs. 1).

Bei dieser Prüfung wird der Vorprüfer häufig in der Lage sein, von den ihm nach §. 25 zustehenden Befugnissen Gebrauch zu machen. Der Nachweis der gewerblichen Verwerthbarkeit und des technischen Effekts der Erfindung ist in diesem Stadium oft nicht leicht, es wäre deshalb unrichtig, wenn der Vorprüfer einen stringenten Beweis verlangen und bei einem non liquet gegen den Anmelder entscheiden würde. Aus diesem Grund gelangen nach den Erklärungen, welche der Präsident des P.A. auf dem Frankfurter Kongreß im Mai 1900 abgab, neuerdings folgende Grundsätze zur Anwendung:

„Wenn Einsprüche gegen Anmeldungen nicht erfolgen, ist es in der Regel nicht nothwendig, daß der technische Effekt bewiesen oder auch nur wahrscheinlich gemacht wird, es genügt in der Regel die Ueberzeugung, daß der technische Effekt nicht ausgeschlossen ist.

Wenn die Gründe für und gegen das Vorliegen einer patentfähigen Erfindung sich die Waage halten, so wird in der Regel zu Gunsten des Anmelders entschieden."

8. Fällt die Prüfung bei einem der in N. 7 angeführten Punkte zu Ungunsten des Anmelders aus, so hat der Vorprüfer den **Vorbescheid** zu erlassen. Derselbe geht hier nicht, wie im Falle des Abs. 2 auf Beseitigung des Mangels, sondern auf Aeußerung binnen einer bestimmten Frist. Damit der Patentsucher sich über den beanstandeten Punkt äußern kann, muß der Vorbescheid die thatsächlichen **Gründe**, nicht etwa blos die Gesetzesstellen enthalten, aus denen der Vorprüfer die Erfindung nicht für patentfähig erachtet. Im Falle des §. 3 Abs. 1 genügt es nicht, wenn dem Anmelder lediglich eröffnet wird, daß eine frühere Anmeldung, welche den gleichen oder einen ähnlichen Gegenstand betrifft, vorliege. Vielmehr muß dem Anmelder auch angegeben werden, ob völlige oder nur theilweise Uebereinstimmung vorhanden sei, im letzteren Falle ihm außerdem der davon betroffene Theil des Anmeldungsgegenstandes kurz bezeichnet werden. (P.A. im Bl. 6, 19). **Vorbescheid.**

Entgegen einer früheren mißbräuchlichen Praxis des Patentamts ist ferner hervorzuheben, daß das Patentamt nicht befugt ist, wenn es den Fall des §. 3 Abs. 1 für vorliegend erachtet, die Behandlung der jüngeren Anmeldung bis zur Bekanntmachung der Patentirung der früheren Anmeldung auszusetzen, vielmehr hat die Vorprüfung in einem solchen Falle in erster Linie die sonstigen gesetzlichen Prüfungsgründe, also die Frage der Erfüllung der vorgeschriebenen formellen Anforderungen (§§. 20, 21 Abs. 2 des Patentgesetzes), sowie die Frage der Patentfähigkeit nach allen sonstigen Richtungen hin (§§. 1, 2, 21 Abs. 3 des Patentgesetzes) zu erschöpfen, und die Behandlung der späteren Anmeldung ist der Regel nach erst dann auszusetzen, wenn ohne das Vorliegen der früheren Anmeldung die Bekanntmachung gemäß §. 23 zu beschließen wäre. Von der Aussetzung ist also überhaupt Abstand zu nehmen, wenn auch, abgesehen von der früheren Anmeldung, die Ertheilung eines Patentes für ausgeschlossen zu erachten ist. (P.A. im Bl. 6, 19; Mintz in Gewerbl. Rechtsschutz 5, 41).

Auch für diesen Vorbescheid gelten die Erörterungen in N. 5, 6.

Leidet die Anmeldung an formellen und materiellen Mängeln, so hat der Vorprüfer regelmäßig sich nicht mit der Rüge der ersteren zu begnügen, sondern er muß in seinem Vorbescheide auf beide hinweisen (N. 5).

Abs. 4.

9. Das Gesetz geht anscheinend davon aus, daß der Patentsucher durch den Vorbescheid regelmäßig zur Zurücknahme seiner Anmeldung bestimmt werden wird. Nur so ist die Bedeutung der im Vorbescheide gestellten Frist zu verstehen: dieselbe besteht nämlich darin, daß der Patentsucher durch eine während derselben abgegebene Erklärung eine Beschlußfassung der Anmeldeabtheilung über seine Anmeldung herbeiführen kann, **Erklärung.**

während ein Nichterklären ohne Zulassung eines Gegenbeweises so ausgelegt wird, als habe der Patentsucher die Anmeldung zurückgenommen.

Aus dem Gesagten, wie auch aus dem Wortlaute des Abs. 4 geht hervor, daß jede rechtzeitige **Erklärung** des Patentsuchers auf den Vorbescheid ausreicht, um die Fiktion der Zurücknahme zu beseitigen, es sei denn, daß die Erklärung selbst die Zurücknahme ausspricht. Sie braucht also nicht auf die vom Vorprüfer gerügten Thatsachen einzugehen, insbesondere trotz der Fassung des Vorbescheides im Falle des Abs. 2 gerügte Mängel nicht zu beseitigen; trotzdem bewirkt sie, daß die Anmeldung an die Abtheilung zur Beschlußfassung abzugeben ist.

Eine bestimmte Form ist für die Erklärung nicht vorgeschrieben, folglich kann sie auch mündlich zu Protokoll des Vorprüfers abgegeben werden.

Rechtzeitig.

10. Damit die Erklärung Abgabe der Anmeldung an die Abtheilung zur Folge hat, muß sie **rechtzeitig** abgegeben werden. Dies ist dann der Fall, wenn sie innerhalb der gestellten Frist an das P.A. gelangt ist (N. 5 zu §. 2); eine Aufgabe der Erklärung zur Post innerhalb der Frist ist nicht ausreichend. Gemäß §. 187 Abs. 1 B.G.B. wird bei Berechnung der Frist der Tag der Zustellung nicht mitgerechnet. Ist die Frist nach Tagen bestimmt, so endigt sie mit dem Ablaufe des letzten Tages der Frist (§. 188 Abs. 1 B.G.B.); ist sie nach Wochen oder Monaten bestimmt, so endigt sie mit dem Ablaufe desjenigen Tages der letzten Woche oder des letzten Monats, welcher durch seine Benennung oder durch seine Zahl dem Zustellungstage entspricht (§. 188 Abs. 2 B.G.B.); fehlt bei einer nach Monaten bestimmten Frist in dem letzten Monate der für ihren Ablauf maßgebende Tag, so endigt die Frist mit dem Ablaufe des letzten Tages dieses Monats (§. 188 Abs. 3 B.G.B.). Ist der letzte Tag der Frist ein Sonntag oder ein in Preußen staatlich anerkannter Feiertag (N. 3 zu §. 8), so endigt die Frist erst mit dem Ablaufe des nächstfolgenden Werktages (§. 193 B.G.B.).

Von dem Beschlusse, welchen die Anmeldeabtheilung faßt, handeln §§. 22, 23. Zur Vorbereitung dieses Beschlusses gehen die Akten zunächst an den Berichterstatter.

Nicht rechtzeitig.

11. Geht die Erklärung **nicht rechtzeitig** ein, so gilt die Anmeldung als zurückgenommen. Aus welchen Gründen die Erklärung unterblieben, ist unerheblich, insbesondere kommt es auf ein Verschulden des Patentsuchers nicht an; es genügt die objektive Thatsache der nicht rechtzeitigen Erklärung. Einer Zurückweisung der Anmeldung durch die Anmeldeabtheilung oder den Vorprüfer bedarf es in diesem Falle nicht; der Anmelder ist nur vom Vorprüfer zu benachrichtigen, daß seine Anmeldung wegen Nichterklärung binnen der gestellten Frist als zurückgenommen gilt. Auf eine Remonstration des Anmelders würde sich die Abtheilung darüber schlüssig machen müssen, ob sie über die Anmeldung Beschluß zu fassen habe. Der ergehende Bescheid wäre kein Beschluß im Sinne des §. 15 (**Rhenius** a. a. O.).

Eine Wiedereinsetzung in den vorigen Stand oder einen sonstigen

Rechtsbehelf gegen die Fristversäumniß giebt es nicht. Dem Patentsucher bleibt weiter nichts übrig, als seine Erfindung noch einmal anzumelden; für die Frage der Priorität, Neuheit u. s. w. ist dann der Tag der neuen Anmeldung maßgebend, für letztere sind auch von neuem 20 Mark Kosten zu entrichten (Rhenius in Zeitschrift für gewerbl. Rechtsschutz 2, 265).

Auch wenn in dem Vorbescheide nur ein Theil der Anmeldung beanstandet war, so gilt doch im Falle der Nichterklärung die ganze Anmeldung als zurückgenommen.

§. 22.

Ist durch die Anmeldung den vorgeschriebenen Anforderungen (§. 20) nicht genügt oder ergiebt sich, daß eine nach §§. 1, 2, 3 Absatz 1 patentfähige Erfindung nicht vorliegt, so wird die Anmeldung von der Abtheilung zurückgewiesen. An der Beschlußfassung darf das Mitglied, welches den Vorbescheid erlassen hat, nicht theilnehmen.

Soll die Zurückweisung auf Grund von Umständen erfolgen, welche nicht bereits durch den Vorbescheid dem Patentsucher mitgetheilt waren, so ist demselben vorher Gelegenheit zu geben, sich über diese Umstände binnen einer bestimmten Frist zu äußern.

Abs. 1 (N. 3, 4).
1. Anmeldeabtheilung.
2. Vorprüfer.
3. Zurückweisung.
4. Theilweise Mängel.

Abs. 2 (N. 5).
5. Neue Umstände.

1. Der §. 22 regelt die Prüfung durch die Anmeldeabtheilung (über den Rechtszustand vor dem Gesetz von 1891 vergl. N. 1 zu §. 21). Diese Prüfung erfolgt unabhängig von der ihr durch den Vorprüfer vorausgegangenen, sie bleibt dieselbe, ob der Vorprüfer einen Vorbescheid erlassen hatte oder nicht (N. 2 zu §. 21), und hat sich zugleich auf alle materiellen und formellen Erfordernisse der Anmeldung zu erstrecken, letzteres auch dann, wenn die Abtheilung einen formellen Mangel findet, welcher schon an sich zur Zurückweisung genügen würde. **Anmeldeabtheilung.**

Das Verfahren vor der Anmeldeabtheilung wird in den §§. 22—25 geregelt, auch §§. 32, 34 finden auf dasselbe Anwendung. Nach §. 7 Abs. 1 der Verordnung vom 11. Juli 1891 (N. 5 zu §. 14) darf die Beschlußfassung der Abtheilung nur auf Grund einer Berathung und Abstimmung in einer Sitzung erfolgen; nach §. 14 Abs. 3 müssen an dieser Sitzung mindestens drei Mitglieder, unter welchen sich zwei technische befinden müssen, theilnehmen.

2. Was die Mitwirkung des Vorprüfers in den von ihm bearbeiteten Sachen anlangt, so liefern §§. 22 Abs. 1, 23 Abs. 1, 24 Abs. 3 folgendes Resultat: **Vorprüfer.**

A. War kein Vorbescheid ergangen — dann kann der Vorprüfer an allen Berathungen und Beschlüssen der Abtheilung theilnehmen.

B. War ein **Vorbescheid** ergangen — dann kann der Vorprüfer theilnehmen:

a) an den **Berathungen** unbeschränkt,

b) auch an der Beschlußfassung, ausgenommen bei Beschlüssen über Bekanntmachung oder Zurückweisung der Anmeldung und über Ertheilung des Patents.

Abs. 1.

Zurückweisung. 3. Die Prüfung erstreckt sich zugleich (N. 1) auf das Vorhandensein der formellen (N. 4 zu § 21) und der materiellen Erfordernisse (N. 7 zu §. 21). Fehlt es an einem derselben, so ist die Anmeldung durch **Beschluß** zurückzuweisen. Der Beschluß untersteht den Vorschriften des § 15.

Da der Vorprüfer die Anmeldung sowohl auf ihre formellen als materiellen Erfordernisse geprüft haben muß, so wird die Abtheilung die Sache regelmäßig nicht an ihn zur erneuten Prüfung zurückverweisen (vergl. N. 3 zu §. 26).

Hatte der Vorprüfer einen Vorbescheid erlassen, so muß die Abtheilung von Amtswegen prüfen, ob die Erklärung des Patentsuchers rechtzeitig eingegangen war; verneint sie dies, so darf sie, da die Anmeldung als zurückgenommen gilt, keinen Beschluß bezüglich derselben fassen, und hat dies dem Patentsucher mitzutheilen. Diese Benachrichtigung ist kein Beschluß im Sinne der §§. 15, 16

Theilweise Mängel. 4. Trifft ein **Mangel** nur einen **Theil der Anmeldung**, indem z. B. nur ein Nebenanspruch der Neuheit entbehrt oder bereits Gegenstand eines früher zur Anmeldung gelangten Patents ist, so macht das P.A. den Patentsucher darauf aufmerksam, daß seiner Anmeldung aus den näher anzugebenden Gründen nicht in ihrem vollen Umfange stattgegeben werden könne, indem es ihm anheimstellt, die Anmeldung auf die für zulässig erachteten Punkte zu beschränken, widrigenfalls dieselbe zurückgewiesen werden würde; wenn der Anmelder dann binnen der ihm gestellten Frist die Anmeldung nicht einschränkt, so weist es dieselbe vollständig, nicht blos theilweise, zurück (**Robolski** S. 84).

Abs. 2.

Neue Umstände. 5. Den Begriff der „**Umstände**" erläutert die Begründung zu dem jetzigen §. 26 Abs. 4, der eine ganz analoge Vorschrift enthält, dahin, daß der Beschlußfassung neue Thatsachen und Erwägungen nicht zu Grunde gelegt werden sollen, über welche die Betheiligten nicht zuvor sich geäußert haben (Mot. II S 24). Dies erscheint nicht zutreffend. Abgesehen davon, daß es nicht nöthig ist, daß die Betheiligten sich geäußert haben, daß es vielmehr ausreicht, wenn ihnen Gelegenheit zur Aeußerung gegeben war, so würde es den Geschäftsgang in kaum erträglicher Weise verzögern, wenn die Abtheilung außer neuen Thatsachen auch neue Deduktionen dem Anmelder stets zur Erklärung unterbreiten müßte, bevor sie dieselben in den Beschluß aufnehmen dürfte. Der Zweck der Bestimmung erfordert dies auch nicht. Derselbe geht dahin, den Anmelder vor der unliebsamen Ueberraschung zu bewahren, daß das P.A. von Thatsachen bei seiner Beschlußfassung ausgeht, deren Unrichtigkeit der Patentsucher hätte darthun können, wenn er vorher gewußt hätte, daß die Behörde auf sie Gewicht legt. Diese ratio legis trifft bei **Thatsachen und Beweismitteln**, nicht bei Deduktionen zu. Eine neue Thatsache liegt z. B. vor, wenn das P.A. die Erfindung zwar nicht, wie der Vorprüfer wollte, für nicht gewerblich verwerthbar, aber für nicht neu erachtet oder wenn es nicht vorherige Publikation in einer öffentlichen Druckschrift, wohl aber offenkundige Vorbenutzung annimmt oder wenn es zwar nicht den vom Vorprüfer gerügten Benutzungsfall, wohl aber einen anderen als offenkundig ansieht. Ein neues Beweismittel liegt beispielsweise vor, wenn das P.A. die Beschreibung in öffentlicher Druckschrift nicht aus der vom Vorprüfer angezogenen Patentschrift, sondern aus einer anderen herleiten will. (Vergl. den Aufsatz in **Glaser's** Annalen für Gewerbe und Bauwesen 1891 S. 179 zu §. 26).

Die Bestimmung verlangt ferner, daß die Anmeldeabtheilung **auf Grund** der neuen Umstände zurückweisen will d. h. daß eine Kausalität zwischen den neuen Umständen und der Zurückweisung vorliegt. Würde aber die Entscheidung auch ohne die neuen Umstände auf Zurückweisung geleitet haben, indem sich die neuen Umstände nur auf Nebenerwägungen beziehen oder zu anderen ausschlaggebenden Gründen nur noch unterstützend hinzutreten, so ist ihre vorherige Mittheilung nicht nothwendig. Unter Umständen kann es jedoch zweckmäßig sein, auch solche Umstände dem Anmelder vorher mitzutheilen, sowie ihn auf eine veränderte Rechtslage aufmerksam zu machen, damit er sich darüber noch vor der Beschlußfassung erklären kann (**Robolski** Kommentar zu §. 22).

Hatte der Vorprüfer keinen Vorbescheid erlassen, so darf die Abtheilung die Anmeldung nie zurückweisen, ohne dem Patentsucher Gelegenheit zur Aeußerung gegeben zu haben; war ein Vorbescheid ergangen, so muß sie dem Patentsucher dann Gelegenheit zur Aeußerung geben, wenn sie auf Grund von Thatsachen oder Beweismitteln, welche im Vorbescheide nicht enthalten waren, abweisen will. Keineswegs ist aber nothwendig, daß, wenn die Abtheilung in einem Falle, wo der Vorprüfer keinen Vorbescheid erlassen hatte, zurückweisen will, zuvörderst ein Vorbescheid erlassen wird (P.A. im Bl. 4, 252).

§. 23.

Erachtet das Patentamt die Anmeldung für gehörig erfolgt und die Ertheilung eines Patents nicht für ausgeschlossen, so beschließt es die Bekanntmachung der Anmeldung. Mit der Bekanntmachung treten für den Gegenstand der Anmeldung zu Gunsten des Patentsuchers einstweilen die gesetzlichen Wirkungen des Patents ein (§§. 4 und 5).

Die Bekanntmachung geschieht in der Weise, daß der Name des Patentsuchers und der wesentliche Inhalt des in seiner Anmeldung enthaltenen Antrags durch den Reichsanzeiger einmal veröffentlicht wird. Mit der Veröffentlichung ist die Anzeige zu verbinden, daß der Gegenstand der Anmeldung einstweilen gegen unbefugte Benutzung geschützt sei.

Gleichzeitig ist die Anmeldung mit sämmtlichen Beilagen bei dem Patentamt zur Einsicht für jedermann auszulegen. Auf dem durch §. 17 des Gesetzes bestimmten Wege kann angeordnet werden, daß die Auslegung auch außerhalb Berlins zu erfolgen habe.

Die Bekanntmachung kann auf Antrag des Patentsuchers auf die Dauer von höchstens sechs Monaten, vom Tage des Beschlusses über die Bekanntmachung an gerechnet, ausgesetzt werden. Bis zur Dauer von drei Monaten darf die Aussetzung nicht versagt werden.

Handelt es sich um ein im Namen der Reichsverwaltung für die Zwecke des Heeres oder der Flotte nachgesuchtes Patent, so erfolgt auf Antrag die Patentertheilung ohne jede Bekanntmachung. In diesem Falle unterbleibt auch die Eintragung in die Patentrolle.

Entstehungsgeschichte. 1. Vor dem Gesetze von 1891 hatten die §§ 22, 23, welche dem heutigen §. 23 entsprachen, folgenden Wortlaut:

§. 22. Erachtet das Patentamt die Anmeldung für gehörig erfolgt und die Ertheilung eines Patentes nicht für ausgeschlossen, so verfügt es die Bekanntmachung der Anmeldung. Mit der Bekanntmachung treten für den Gegenstand der Anmeldung zu Gunsten des Patentsuchers einstweilen die gesetzlichen Wirkungen des Patentes ein (§§. 4. 5).

Ist das Patentamt der Ansicht, dass eine nach §§. 1 und 2 patentfähige Erfindung nicht vorliegt, so weist es die Anmeldung zurück.

§. 23. Die Bekanntmachung der Anmeldung geschieht in der Weise, dass der Name des Patentsuchers und der wesentliche Inhalt des in seiner Anmeldung enthaltenen Antrages durch den Reichsanzeiger einmal veröffentlicht wird. Gleichzeitig ist die Anmeldung mit sämmtlichen Beilagen bei dem Patentamte zur Einsicht für jedermann auszulegen. Mit der Veröffentlichung ist die Anzeige zu verbinden, dass der Gegenstand der Anmeldung einstweilen gegen unbefugte Benutzung geschützt sei.

Handelt es sich um ein im Namen der Reichsverwaltung für die Zwecke des Heeres oder der Flotte nachgesuchtes Patent, so unterbleibt die Auslegung der Anmeldung und ihrer Beilagen.

Die Aenderungen sind demnach geringfügiger Natur: die Bekanntmachung wird nicht verfügt, sondern beschlossen (N. 4), die Auslegung der Anmeldung darf auch außerhalb Berlins stattfinden (N. 8), die Bekanntmachung kann bezw. muß auf Antrag ausgesetzt werden (N. 12), aus militärischen Gründen hat auf Antrag jede Publikation zu unterbleiben (N. 14).

2. Ueber den Zweck und die Mittel der Publizirung vgl. N. 1 zu §. 19. Von den dort genannten vier Publikationsmitteln werden im §. 23 der Reichsanzeiger, die Auslegung und — in Abs. 5 — die Rolle behandelt. Publikationen.

Abs. 1.

3. Die Prüfung des P.A. deckt sich mit der des §. 22 Abs. 1, vergl. daher N. 3 zu §. 22. Hervorzuheben ist aber noch, daß die Bekanntmachung der Anmeldung für den Anmelder den Nachtheil hat, daß seine Erfindung durch dieselbe der Allgemeinheit bekannt wird, ein Nachtheil, der um so empfindlicher ist, wenn nachher das Patent versagt wird. In Folge dessen muß die Prüfung, welche die Abtheilung vor der Bekanntmachung vornimmt, eine so eingehende sein, daß sie voraussichtlich nicht in die Lage kommen kann, späterhin von Amtswegen ohne begründeten Einspruch das Patent zu versagen; andrerseits ist die Prüfung aber doch in dem Sinne eine nur provisorische, daß das P.A. verpflichtet ist, falls es bis zur Beschlußfassung (§. 24 Abs. 3) auch ohne äußere Anregung zu einer anderen Anschauung bezüglich der Patentfähigkeit kommt, das Patent zu versagen. Die in N. 7 zu §. 21 wiedergegebenen Grundsätze des P.A. beziehen sich auch auf diese Prüfung. Prüfung.

4. Ist die Prüfung zu Gunsten des Patentsuchers ausgefallen, so „beschließt" das P.A. die Bekanntmachung der Anmeldung. Im Gesetze von 1877 lautete die Bestimmung: so „verfügt" es die Bekanntmachung der Anmeldung. Die jetzige Fassung ist zwar insofern korrekter, als ein Beschluß der Abtheilung ergeht, aber dies ist kein Beschluß im Sinne der §§. 15, 16 (N. 3 zu §. 15, N. 3, 4 zu §. 16), folglich bedarf er weder der Formalien des §. 15, noch findet gegen ihn Beschwerde statt; für letztere würde es auch an einem Verletzten fehlen, der als Beschwerdeführer in Betracht kommen könnte. Beschluß.

Wegen der Beschlußfassung vergl. noch N. 1, 2 zu §. 22.

Die Anmeldeabtheilung benachrichtigt den Patentsucher, daß die

Bekanntmachung beschlossen ist, und später auch von dem Tage der thatsächlich erfolgten Veröffentlichung.

Einstweiliger Schutz.

5. Mit der Bekanntmachung, nicht schon mit der Anmeldung tritt für den Gegenstand der Anmeldung (nicht: der Erfindung) einstweilen die Wirkung des §. 4, mit den Einschränkungen des §. 5, ein; auf diesen einstweiligen Schutz wird bei der Bekanntmachung ausdrücklich aufmerksam gemacht (§. 23 Abs. 2). Seine Wirkungen gelten mit der rechtskräftigen Versagung des Patents (oder der Zurücknahme der Anmeldung: N. 9 zu §. 27) als nicht eingetreten (§ 27 Abs. 2).

Der Schutz ist demnach unter der auflösenden Bedingung ertheilt, daß das Patent versagt oder der Antrag zurückgenommen wird. So lange diese Bedingung schwebt, genießt der Gegenstand der Anmeldung vollen Patentschutz, dessen sofortiger Geltendmachung an sich nichts im Wege steht. In Folge dessen kann der Verletzer auch während des Schwebens der Bedingung auf Grund der §§. 35, 36 verurtheilt werden, räthlicher ist aber die Aussetzung des Verfahrens, zumal es sich fast immer nur um einen Aufschub von wenigen Wochen oder Monaten handeln wird (Bolze 10, 177; O.L.G. Hamburg in Gewerbl. Rechtsschutz 4, 238; vergl. N. 3 zu §. 35). Weiter gehen Dambach S. 73, Gareis S. 229, Kohler Handbuch S. 408, welche das Gericht nicht für befugt erachten, während des Provisoriums das Urtheil zu fällen.

Auch während der Dauer des einstweiligen Schutzes, also auch während der Beschwerdefrist (§. 26 Abs. 1), kann der Patentsucher sich aus §. 40 strafbar machen (N. 4 zu §. 40).

Abs. 2.

Reichsanzeiger.

6. In dem Reichsanzeiger werden außer dem Namen und dem Wohnort des Patentsuchers der wesentliche Inhalt des in seiner Anmeldung enthaltenen Antrages d. h. die Bezeichnung des Gegenstandes der Erfindung (N. 9 zu §. 20), Patentklasse, Aktenzeichen und Datum der Anmeldung veröffentlicht, bei Anmeldern, welche nicht im Inlande wohnen, auch Name und Wohnort des Vertreters.

Die Veröffentlichungen im Reichsanzeiger — und (gemäß §. 19 Abs. 4) im Patentblatt haben folgenden Wortlaut:

Patent-Anmeldungen.

Für die angegebenen Gegenstände haben die Nachgenannten die Ertheilung eines Patents nachgesucht. Der Gegenstand der Anmeldung ist einstweilen gegen unbefugte Benutzung geschützt

27. Dezember 1888.

Klasse:

6. K. 6320. Drehbare Luftausströmungen von Malzdarren. — J. K. in Glasgow, Schottland; Vertreter: P. J. R in A., Müllerstr. 18.

83. W. 5277 Elektrische Vorrichtung zum selbstthätigen Melden des wahren Mittags. — R. W. in K.

89. D. 8639. Neuerung in dem Verfahren zur Zerlegung von Bariumsaccharat mittelst Kohlensäure unter Mitwirkung von Calciumbicarbonat (Zusatz zum Patent Nr. 45 876.) — T. D. in M., Heilig. Geiststr. 6.

Die Kosten der Veröffentlichung sind durch die Anmeldegebühr abgegolten. Für die Fälle der Zurücknahme der bekannt gemachten Anmeldung und der wiederholten Inserirung bestimmt aber die Bekanntmachung des P.A. vom 3. Juli 1895 (Bl. 1, 246):

Beantragt der Anmelder die Zurückziehung einer bereits veröffentlichten Patent-Anmeldung, so hat er die durch die Bekanntmachung der Zurückziehung entstehenden Kosten zu tragen. Auch fallen ihm die Insertionskosten für die etwa nothwendig werdende wiederholte Bekanntmachung der Anmeldung zur Last.

Die Einziehung der Geldbeträge erfolgt seitens des Patentamts.

7. Hat der Anmelder den Anspruch auf Ertheilung des Patents auf einen Anderen übertragen, so wird, wenn der **Uebergang** vor dem Beschlusse auf Bekanntmachung in beweisender Form zur Kenntniß des P.A. gebracht wird (N. 9, 10 zu §. 19), der Name des Erwerbers veröffentlicht. **Uebertragung.**

Abs. 3.

8. Die **Auslegung** (vergl. N. 16 zu §. 19) durfte nach dem Gesetz von 1877 ausschließlich bei dem P.A. in Berlin geschehen. Da die Bewohner der ferner gelegenen Industriegebiete darüber Beschwerde führten, daß sie dadurch gegenüber den Berliner Interessenten benachtheiligt würden, weil die Veröffentlichung im Reichsanzeiger zur Information nicht ausreiche und sie demnach besondere, mit Kosten und Umständen verknüpfte Vorkehrungen treffen müßten, um über den Inhalt der Anmeldungen auf dem Laufenden zu bleiben, hat das Gesetz von 1891 durch den neu eingefügten zweiten Satz des Abs. 3 die Möglichkeit geschaffen, die Auslegung auch außerhalb Berlins stattfinden zu lassen. Bisher ist aber nicht angeordnet worden, von dieser Möglichkeit Gebrauch zu machen, vielmehr erfolgt die Auslegung nach wie vor nur bei dem P.A. Ueber die Gründe, aus welchen von der Befugniß des §. 23 Abs. 3 kein Gebrauch gemacht worden ist, siehe die Erklärung des Regierungskommissars in der Reichstagssitzung vom 28. Januar 1899 (Gewerbl. Rechtsschutz 4, 50). **Auslegung.**

Um Mißbräuchen bei der Einsichtnahme der Anmeldungen entgegenzutreten, hat das P.A. bestimmt (P.Bl. 1877 S. 61):

Berlin, den 13. November 1877.

Nach §. 22 des Patentgesetzes vom 25. Mai d. J. hat die Bekanntmachung der Anmeldung einer Erfindung zu erfolgen, wenn bei der ersten Prüfung die Ertheilung eines Patentes nicht für ausgeschlossen erachtet wird. Die Bekanntmachung der Anmeldung einer Erfindung geschieht in der Weise, dass **Einsichtnahme der ausgelegten Anmeldungen.**

der Name des Patentsuchers und der wesentliche Inhalt des in seiner Anmeldung enthaltenen Antrages durch den Reichs-Anzeiger und das Patentblatt ein Mal veröffentlicht wird (§§. 23, 19). „Gleichzeitig ist die Anmeldung mit sämmtlichen Beilagen bei dem Patentamte zur Einsicht für Jedermann auszulegen.“ Diese Gestattung der Einsicht hat, wie §. 24 ergiebt, den Zweck: die Erhebung von Einsprüchen gegen die Ertheilung des Patents zu ermöglichen. So wünschenswerth es im Interesse einer Durchführung der Prinzipien des Gesetzes und einer ordnungsmässigen Gestaltung des Patentwesens ist, dass von dieser Befugniss ein ergiebiger Gebrauch gemacht wird, so nothwendig erscheint der Ausschluss eines Missbrauchs. Der gesetzmässige Gebrauch bedingt die Einsicht nur in soweit, als solche für die Feststellung, ob Ursache zur Erhebung eines Einspruchs vorhanden ist, und für die Begründung des letzteren erforderlich ist. Der Missbrauch zu Schaden des Patentsuchers tritt ein, wenn ein Dritter sich den Inhalt der Anmeldung und der Beilagen derselben aneignet, Beschreibung und Zeichnungen anderweit unbefugt veröffentlicht werden, überhaupt die durch die Einsicht gewonnene Kenntniss zu einem anderen als dem vorbezeichneten Zweck verwerthet wird. Insbesondere läuft der Patentsucher in solchem Falle Gefahr, dass seine Erfindung unberechtigter Weise vorzeitig benutzt, und dass durch unbefugte Veröffentlichung in Druckschriften die Erlangung eines Patents im Auslande beeinträchtigt wird.

Es kann erwartet werden, dass diese Aufklärung zur Beseitigung bereits eingetretener Missbräuche dienen wird. Zu grösserer Sicherung dieses Erfolges wird, vorbehaltlich weiterer Maassnahmen bestimmt:

1. Die Einsichtnahme von der Anmeldung einer Erfindung und von den Beilagen derselben hat sich auf die Prüfung zu beschranken, ob die Anmeldung Anlass zur Erhebung eines Einspruchs bietet.

2. Die Entnahme von Abschriften der Beschreibungen und von Kopien der Zeichnungen, sowie jedes Durchzeichnen ist untersagt.

3. Zeichenbretter, Schienen, Reisszeuge oder sonstige Hilfsmittel, welche solche Entnahme erleichtern, werden in den Geschäftsräumen des Patentamts nicht zugelassen.

4 Nur die Aufzeichnung kurzer Notizen oder Skizzen wird für statthaft erachtet und darf hierzu nur ein Bleistift benutzt werden. Ausgeschlossen ist jede stenograpische Aufzeichnung.

5. Wer diesen Bedingungen zuwiderhandelt, hat die Versagung

weiterer Einsichtnahme und die Zurückbehaltung der unzulässigen Aufzeichnungen zu gewärtigen.

6. Sollte in einzelnen Fällen die so begrenzte Einsichtnahme nicht ausreichend erscheinen, so ist in Gemässheit des §. 18 der Allerhöchsten Verordnung vom 18. Juni 1877 die Ertheilung von Abschriften und Auszügen gegen Einzahlung der Kosten bei dem Patentamt zu beantragen.

9. Wenn in Ausnahmefällen die Einsichtnahme zur genügenden Informirung nicht ausreichen sollte, so kann beim P.A. Ertheilung von **Abschriften** auf Kosten des Antragstellers beantragt werden. Ein solcher Antrag bedarf aber einer besonderen Begründung, auch ist gleichzeitig durch schriftliche Erklärung die Verpflichtung zu übernehmen, die Abschriften nur zur Anstellung der Erwägung zu benutzen, ob Anlaß zur Erhebung von Einsprüchen gegen die Patentanmeldung vorliegt, und dieselben Dritten nicht mitzutheilen. Die Ertheilung von Zeichnungen ist, mit Ausnahme ganz besonderer Fälle, für ausgeschlossen zu erachten (P.A. im P.Bl. 1878 S. 35). Abschriften.

Die Auslegung und die Ertheilung von Abschriften erstrecken sich regelmäßig nur auf die Anmeldung mit sämmtlichen Beilagen. Die Mittheilung des sonstigen Akteninhalts darf nur dann und nur insoweit erfolgen, als ohne sie der mit der Auslegung beabsichtigte Zweck, den Betheiligten die Prüfung zu ermöglichen, ob sie Einspruch erheben sollen, nicht erreicht werden würde. Letzteres ist z. B. der Fall, wenn für später eingereichte Unterlagen der Anmeldung eine frühere Priorität verlangt und vom P.A. bewilligt worden ist (P.A. im Bl. 6, 194).

10. Die Veröffentlichung durch den Reichsanzeiger und die Auslegung stehen regelmäßig der Ertheilung eines Patents auf eine spätere Anmeldung nicht entgegen (vergl. N. 11 zu §. 2). Patenthindernde Wirkung der Auslegung?

11. Haben Dritte das Recht, ohne Genehmigung des Patentsuchers Anmeldung, Beschreibung und Zeichnung auf mechanischem Wege zu vervielfältigen und zu verbreiten oder machen sie sich dadurch des Nachdrucks gemäß dem Reichsgesetz vom 11. Juni 1870 schuldig? Es ist zu unterscheiden: Nachdruck.

a) Vor Ertheilung des Patents. Es darf zwar das Gesuch um Ertheilung des Patents, aber weder Beschreibung, noch Zeichnung mechanisch vervielfältigt werden. (Dambach im P.Bl. 1878 S. 71; Entsch. des Stadtgerichts Berlin, des Kammergerichts und des O.H.G. im P.Bl. 1879 S. 179; O.H.G. 25, 74; P.A. im P.Bl. 1888 S. 10; R.G. Straff. 27, 21, im Bl. 1, 198.) A. M. nur Kohler (Autorrecht S. 190, Zeitschrift für gewerbl. Rechtsschutz 4, 401), der wegen §. 7 lit. c. des Reichsgesetzes, welcher den Abdruck von amtlichen Erlassen und öffentlichen Aktenstücken freigiebt, den Abdruck der beim P.A. eingereichten Beschreibung und Zeichnung nie als Nachdruck ansieht.

Vorstehendes gilt auch für Patentanwälte und Patentagenten, welche ihren Klienten von den bei dem P.A. gemäß §. 23 zur Einsicht ausgelegten Patentanmeldungen Auszüge übersenden. Eine Herstellung dieser Auszüge auf **mechanischem** Wege ist nicht gestattet; ein gegentheiliger Beschluß der Enquete von 1886 (Enqu. 1886 S. 165) blieb ohne Wirkung. Mechanisch ist insbesondere die Vervielfältigung durch Druck, aber nicht durch Schreibmaschine oder Hektograph (Kohler Handbuch S. 183). Es ist aber zu beachten, daß nach §. 4 Abs. 3 des Gesetzes vom 11. Juni 1870 auch das Abschreiben als mechanische Vervielfältigung anzusehen ist, wenn es dazu bestimmt ist, den Druck zu vertreten (R.G. Strafs. 14, 46). Ueber die Anwendung dieser Bestimmung auf die Ertheilung der Auszüge vergl. Zeitschrift für gewerbl. Rechtsschutz 2, 157 ff.

Nach dem im Jahre 1899 von der Reichsregierung veröffentlichten Entwurf eines Gesetzes betr. das Urheberrecht an Werken der Literatur und der Tonkunst ist jede rechtswidrige Vervielfältigung eines Werkes Nachdruck, wobei es keinen Unterschied begründet, ob das Werk ganz oder theilweise, ob es in einem oder in mehreren Exemplaren und durch welches Verfahren es vervielfältigt wird; zulässig soll nur eine Vervielfältigung zum persönlichen Gebrauch sein, wenn sie nicht den Zweck hat, aus dem Werke eine Einnahme zu erzielen (§. 16 des Entwurfs). Danach würde in Zukunft das Anfertigen jener Auszüge für Klienten nahezu stets unzulässig sein.

b) Nach Ertheilung des Patents. Mit Rücksicht auf den eben erwähnten §. 7 lit. c. kann Jedermann die amtliche Patentschrift nachdrucken und damit auch Beschreibung und Zeichnung, soweit sie Aufnahme in dieselbe gefunden haben. Soweit dies aber nicht der Fall ist, bleibt das ausschließliche Urheberrecht des Anmelders an Beschreibungen und Zeichnungen weiter bestehen (Dambach a. a. O.). Die Richtigkeit des letzten Satzes wird vom R.G. Strafs. 27, 21 (im Bl. 1, 198) bestritten, weil nach §. 19 Abs. 4 des Patentgesetzes der wesentliche Theil der Beschreibung und Zeichnung in die Patentschrift aufgenommen sei; hiergegen: Dambach im Bl. 1, 268, Schanze in Zeitschrift für gewerbl. Rechtsschutz 4, 230; Kohler ebenda 4, 401.

Abs. 4.

Ausland. 12. Da die in Gemäßheit des §. 23 erfolgende Bekanntmachung von einzelnen ausländischen Patentgesetzen als Hinderniß gegen die Ertheilung eines Patents angesehen wird (vergl. Rhenius im P.Bl. 1883 S. 207; P.Bl. 1892 S. 97, G. 9, 155) und auch oft zu anderweiten, die Ertheilung eines ausländischen Patents verhindernden Publikationen führt, hat die Novelle in Gemäßheit eines Beschlusses der Enquete von 1886 (S. 129) durch den neu eingefügten Abs. 4 des §. 23 eine Aussetzung der Bekanntmachung gestattet; das P.A. hatte überdies schon vor der Novelle bezüglichen Wünschen der Patentsucher entsprochen.

Wegen des Zusammenhanges dieser Vorschrift mit der des §. 2 Abs. 2 vergl. N. 21 zu §. 2.

13. Die Aussetzung erfolgt nur auf **Antrag**. Bezüglich desselben sagen die Erläuterungen des P.A. (N. 2 zu §. 20): Aus-setzung.

Ein Antrag auf Aussetzung der Bekanntmachung (§. 28 Abs. 4 des Patentgesetzes) wird entweder in einem besonderen Schriftstück einzureichen oder, falls er mit dem Anmeldegesuch oder mit andern Erklärungen verbunden wird, augenfällig, z. B. durch Unterstreichen, oder in Rothschrift, hervorzuheben sein.

Für die Aussetzung der Bekanntmachung auf länger als drei Monate bedarf es einer Begründung. Es empfiehlt sich die Begründung erst gegen Ende der ersten Frist beizubringen.

Wird Aussetzung nur bis zur Dauer von drei Monaten verlangt, so bedarf der Antrag keiner Begründung, wohl aber, wenn die Frist eine längere sein soll. Einen Fall, in dem die Begründung für nicht ausreichend befunden wurde, siehe in Gewerbl. Rechtsschutz 1, 366. Ueber sechs Monate hinaus darf die Bekanntmachung nicht ausgesetzt werden; bei einem Antrage auf Aussetzung zwischen drei und sechs Monaten hängt es vom Ermessen des P.A. ab, auf wie lange es aussetzen will.

Die **Frist** läuft vom Beginne des Tages, welcher auf den Tag des Beschlusses über die Bekanntmachung folgt; wegen des Ablaufs der Frist vergl. N. 23 zu §. 2.

Die **Beschlußfassung** der Abtheilung ist nach §. 14 Abs. 3 durch die Anwesenheit von mindestens drei Mitgliedern, darunter mindestens zwei technischen, bedingt; der Vorprüfer kann stets an diesem Beschlusse theilnehmen, gleichviel ob er einen Vorbescheid erlassen hatte oder nicht (N. 2 zu §. 22). Wird dem Antrage stattgegeben, so ist der Anmelder hiervon zu benachrichtigen. Soll ihm nicht entsprochen werden, so kann dies nur durch förmlichen Beschluß, welcher durch Beschwerde anfechtbar ist, geschehen (N. 3 zu §. 15, N. 4 zu §. 16). Die Beschwerde hat zwar keine aufschiebende Wirkung, indessen kann das P.A. bis zu ihrer Entscheidung die Bekanntmachung aussetzen (N. 9 zu §. 16).

Abs. 5.

14. Wegen der Erläuterung dieser Bestimmung vergl. die Ausführungen in N. 18 zu §. 19. Heer.

Bezüglich der Beschlußfassung über den Antrag treffen die Erörterungen am Schlusse der vorigen Note zu.

§. 24.

Innerhalb der Frist von zwei Monaten nach der Veröffentlichung (§. 23) ist die erste Jahresgebühr (§. 8 Absatz 1) einzuzahlen. Erfolgt die Einzahlung nicht binnen dieser Frist, so gilt die Anmeldnng als zurückgenommen.

Innerhalb der gleichen Frist kann gegen die Ertheilung des Patents Einspruch erhoben werden. Der Einspruch muß schriftlich erfolgen und mit Gründen versehen sein. Er kann nur auf die Behauptung gestützt werden, daß der Gegenstand nach §§. 1 und 2 nicht patentfähig sei, oder daß dem Patentsucher ein Anspruch auf das Patent nach §. 3 nicht zustehe. Im Falle des §. 3 Absatz 2 ist nur der Verletzte zum Einspruch berechtigt.

Nach Ablauf der Frist hat das Patentamt über die Ertheilung des Patents Beschluß zu fassen. An der Beschlußfassung darf das Mitglied, welches den Vorbescheid (§. 21) erlassen hat, nicht theilnehmen.

1. Entstehungsgeschichte

Abs. 1 (N. 2, 3).

2. Erste Jahresgebühr
3. Frist.

Abs. 2 (N. 4—9).

4—9. Einspruch.
4. Einspruch.
5 Gründe.
6 Einsprechender
7. Verspätet.
8 Unwahre Behauptungen
9. Verfahren.

Abs. 3 (N. 10—12).

10. Beschluß
11. Einstellung
12. Kostenfrei.

Entstehungsgeschichte. **1.** Nach dem Patentgesetz von 1877 hatte §. 24 folgenden Wortlaut:

Nach Ablauf von acht Wochen, seit dem Tage der Veröffentlichung (§. 23), hat das Patentamt über die Ertheilung des Patentes Beschluss zu fassen Bis dahin kann gegen die Ertheilung bei dem Patentamte Einspruch erhoben werden. Der Einspruch muss schriftlich erfolgen und mit Gründen versehen sein Er kann nur auf die Behauptung, dass die Erfindung nicht neu sei oder dass die Voraussetzung des §. 3 Absatz 2 vorliege, gestützt werden

Vor der Beschlussfassung kann das Patentamt die Ladung und Anhörung der Betheiligten, sowie die Begutachtung des Antrages durch geeignete, in einem Zweige der Technik sachverständige Personen und sonstige zur Aufklärung der Sache erforderliche Ermittelungen anordnen.

Die wesentlichen Abänderungen des Gesetzes von 1891 bestehen darin:

a) daß es zur Durchführung des in §. 8 Abs. 1 ausgesprochenen Grundsatzes hier den Abs. 1 neu einfügte,

b) daß es den Einspruch nur innerhalb der zweimonatlichen Frist, nicht bis zur Beschlußfassung gestattet, damit letztere auf Grund eines abgeschlossenen, nicht jeden Augenblick noch einer nachträglichen Ergänzung ausgesetzten Materials vorbereitet werden kann,

c) daß es die Zahl der Einspruchsgründe vermehrte, um das Einspruchsverfahren mit den Grundsätzen der §§. 3, 10, 22 in Einklang zu bringen,

d) daß es Bestimmungen über die Mitwirkung des Vorprüfers an der Beschlußfassung traf,

e) daß es den früheren Abs. 2 hier wegließ und durch den jetzigen §. 25 ersetzte.

Abs. 1.

2. Die erste Jahresgebühr von dreißig Mark ist innerhalb der zweimonatlichen Frist (N. 3) ohne Aufforderung einzuzahlen, es sei denn, daß vor Ablauf der Frist eine Stundung (§. 8 Abs. 4) erfolgt ist. Das P.A. benachrichtigt zwar den Anmelder von dem Tage der Veröffentlichung, mit dem die Frist beginnt; das Unterbleiben dieser Benachrichtigung hat jedoch keine Rechtswirkung (Erlaß des P.A. vom 19. Dezember 1893 im P.Bl. 1893 S. 673, G. 10, 277). Erste Jahresgebühr.

Nach Ablauf der Frist kann die Gebühr weder gezahlt, noch gestundet werden, weil das Gesetz fingirt, daß im Falle der Nichtzahlung mit dem Ablauf der Frist die Anmeldung zurückgenommen ist; vergl. die Erörterungen in N. 11 zu §. 21. Die Zurücknahme ist gemäß §. 27 Abs. 2 bekannt zu machen (N. 6, 9 zu §. 27). Der Anmelder ist durch sie nicht gehindert, seine Erfindung von Neuem anzumelden, allerdings unter nochmaliger Zahlung der Kosten von zwanzig Mark. Eine Vorauszahlung der Gebühr ist statthaft (§. 8 Abs. 5).

Darüber, daß auch hier die Einzahlung der Gebühr binnen der Frist bei einer Postanstalt im Gebiete des Deutschen Reichs zur Ueberweisung an die Kasse des P.A. ausreicht, vergl. N. 10 zu §. 9. Wegen der Zahlung siehe N. 3 zu §. 8.

3. Die Frist beginnt nach §. 187 Abs. 1 B.G.B. mit dem auf die Veröffentlichung folgenden Tage. Die Veröffentlichung ist an dem Tage erfolgt, an welchem die betreffende Nummer des Reichsanzeigers in Berlin zur Ausgabe gelangt ist. War an diesem Tage die Auslegung noch nicht erfolgt oder wurde die Einsicht der ausgelegten Anmeldung nebst Beilagen während der Frist einem Interessenten versagt, so ist dies auf den Lauf der Frist einflußlos (a. M. Klostermann S. 236, Kohler Deutsches Patentrecht S. 356), denn dieselbe ist nur an die Veröffentlichung, nicht an die Auslegung oder an die, Veröffentlichung und Auslegung einschließende, Bekanntmachung geknüpft. Die ratio legis zwingt auch nicht zu einer dem Wortlaute widerstreitenden Interpretation, denn zwischen der Gebührenzahlung und der Auslegung besteht kein Zusammenhang, und, wenn ein solcher auch zwischen letzterer und der Einspruchsfrist vorhanden ist, so ist doch zu berücksichtigen, daß beim Beginne der Auslegung es sich regelmäßig nur um relativ geringfügige Verzögerungen handeln wird, daß gegen Versagung der Einsicht auf Beschwerde sofort Remedur geschaffen werden würde und daß ein Einspruch, der etwas verspätet einläuft, nicht unberücksichtigt bleibt (vgl. N. 7). Frist.

Die Frist endigt mit dem Ablaufe desjenigen Tages des letzten Monats, welcher durch seine Zahl dem Tage der Veröffentlichung entspricht; fehlt dieser Tag in dem betr. Monate, so endigt die Frist mit dem Ablaufe des letzten Tages dieses Monats (§. 188 B.G.B.).

Fällt der letzte Tag der Frist auf einen Sonntag oder einen in

Preußen anerkannten (§. 8 N. 3) allgemeinen Feiertag, so endigt sie erst am nächstfolgenden Werktage (§. 193 B.G.B.).

Abs. 2.

Einspruch.

4. Der Einspruch hat nichts mit dem in §§. 338 ff. C.P.O. geregelten Rechtsbehelfe des Einspruchs gemeinsam.

Wenn er nicht schriftlich erfolgt oder nicht mit Gründen versehen ist, so gilt er nicht als erhoben (P.A. im P.Bl. 1894 S. 379, G. 10, 278). Es genügt zwar zu seiner Berücksichtigung, daß als Grund angegeben ist, „die Erfindung ist nicht neu", „die Erfindung ist bereits durch ein früher angemeldetes Patent geschützt" und dergl., der Einsprechende kann aber natürlich auf einen Erfolg nur rechnen, wenn er den Grund näher substantiirt, indem er etwa die ältere Druckschrift oder die Nummer des Patents angiebt. Erfordert die Substantiirung längere Zeit, so kann er, nachdem er rechtzeitig unter Angabe des Grundes Einspruch erhoben hat, um eine Nachfrist zur Substantiirung nachsuchen. Der Einspruch kann sich auch nur gegen einen Theil der angemeldeten Ansprüche richten.

Die Partei, welche Einspruch frist- und formgerecht eingelegt hat, kann während der Frist noch aus einem anderen Grunde Einspruch erheben. Dagegen ist es nicht zulässig, nach Ablauf der Frist den Einspruch auf neue Gründe zu stützen. Es kann also Jemand, der wegen mangelnder Neuheit Einspruch eingelegt hatte, nach Ablauf der Frist nicht widerrechtliche Entnahme behaupten und umgekehrt. Wohl aber ist es gestattet, auch nach Ablauf der Frist zur Substantiirung des rechtzeitig angegebenen Einspruchsgrundes neue Thatsachen anzuführen (vergl. N 5 zu §. 28 über Klageänderung).

Dem Einspruche muß ein Duplikat behufs Mittheilung an den Patentsucher beigelegt werden gemäß nachstehender Bekanntmachung des P.A. (P.Bl. 1879 S. 529):

Einreichung von Duplikaten

Berlin, den 15. Oktober 1879.

Behufs Beschleunigung und Erleichterung der Geschäfte bei dem Patentamt sind fortan in allen Fällen, in denen ein kontradiktorisches Verfahren stattgefunden hat, Duplikate der Erklärungen, sowie der dazu gehörigen Anlagen und Zeichnungen behufs Mittheilung an die Gegenpartei einzureichen. Bei Vorhandensein mehrerer Gegner sind die Duplikate in entsprechender Anzahl beizufügen.

Dies gilt namentlich

- bei Erhebung von Einsprüchen,
- bei Gegenerklärungen auf Einsprüche und allen sich daran anschliessenden Verhandlungen,
- bei allen Eingaben und Gegenerklärungen in der Beschwerde-Instanz, sofern in dem Vorverfahren ein Einspruch erhoben war,
- bei Einreichung von Anträgen auf Nichtigkeitserklärung oder Zurücknahme eines Patents.

und bei allen Erwiderungen und weiteren Erklärungen in dem Verfahren, welches in Folge solcher Anträge eingeleitet ist.

Fehlen die Duplikate, so werden dieselben nachgefordert werden.

Auf den Inhalt dieser Bekanntmachung hat das P.A. in seiner Bekanntmachung vom 10. November 1888 (P.Bl. 1888 S. 413) nochmals hingewiesen. Das Duplikat kann auch nach Ablauf der Einspruchsfrist nachgebracht werden.

Erhebt Jemand für einen Anderen Einspruch, so muß er sich durch Vollmacht legitimiren. Beim Mangel derselben hat das P.A. ihm eine Frist zur Nachbringung zu stellen. Läßt er die Frist unbenutzt verstreichen oder erklärt er, Vollmacht nicht beibringen zu können, so ist in dem Beschlusse, durch welchen über Ertheilung des Patents entschieden wird, zum Ausdrucke zu bringen, daß mangels der Vollmacht der Einspruch nicht zu berücksichtigen war. Dieser Beschluß ist dem negotiorum gestor zuzustellen, nicht dem von ihm angeblich Vertretenen, denn mit letzterem hat das P.A., so lange er die negotiorum gestio nicht ausdrücklich oder stillschweigend genehmigt hat, nichts zu thun (vgl. N. 6 zu §. 21).

5. Die Gründe, auf welche jetzt (vergl. N. 1) der Einspruch gestützt werden kann, sind mangelnde Patentfähigkeit nach §. 1 oder §. 2, sowie mangelnder Anspruch auf das Patent nach §. 3. In Bezug auf letzteren Grund ist hervorzuheben, daß die Erhebung des Einspruchs sich schon dann empfiehlt, wenn die erste Anmeldung noch nicht zur Patentertheilung geführt hat, sondern bezüglich ihrer das Ertheilungsverfahren schwebt. Da eine den Anspruch auf das Patent gewährende Anmeldung nicht mehr vorliegt, wenn letztere zurückgenommen ist oder als zurückgenommen gilt, so kann der Einspruch auch darauf gestützt werden, daß der Patentsucher sich nicht rechtzeitig auf den Vorbescheid des Vorprüfers erklärt hat (§. 22 Abs. 4). Gründe.

6. Zur Erhebung des Einspruchs ist regelmäßig, also auch in dem Falle des §. 3 Abs. 1 Jedermann berechtigt, ohne daß er ein besonderes Interesse nachzuweisen hätte; nach Art der Popularklage kann Jeder als Anwalt der bedrohten Gewerbefreiheit auftreten. Einsprechender.

Im Falle des §. 3 Abs. 2 ist dagegen nur der Verletzte (N. 22 zu §. 3) zum Einspruch legitimirt.

Auch Ausländer können Einspruch einlegen; der Bestellung eines Vertreters bedürfen sie hierzu nicht.

7. Einsprüche, welche nicht in der richtigen Form erhoben werden oder verspätet, d. h. nach Ablauf der zweimonatlichen Frist (N. 3) beim P.A. eingehen, sind zwar nicht als solche zu behandeln. Das P.A. kann aber ihren Inhalt als Informationsmaterial benutzen, da es die Pflicht hat, bei seiner Beschlußfassung alle ihm zugänglichen erheblichen Umstände zu berücksichtigen (P.A. im P.Bl. 1879 S. 341). Es kann sogar Momente, welche in der Zwischenzeit zwischen der Fassung des Beschlusses und seiner Mittheilung an die Parteien ihm bekannt werden, berücksichtigen; die Verspätet.

Vorschrift des §. 22 Abs. 2 ist hier aber stets zu beachten (vergl. den Aufsatz in Glaser's Annalen für Gewerbe und Bauwesen 1891 S. 179 zu §. 24).

Unwahre Behauptungen. 8. Das Aufstellen unwahrer Behauptungen im Einspruch ist auch wenn der Einsprechende ihre Unrichtigkeit kannte, niemals Betrug oder Betrugsversuch (a. M. Rosenthal S. 317), ebensowenig wie wissentlich falsche Behauptungen, welche der Patentsucher in der Absicht, das Patent zu erhalten, aufstellt, strafbar sind. Denn das P.A. hat den einseitigen Parteibehauptungen als solchen keinen Glauben zu schenken, folglich kann es durch dieselben nicht getäuscht werden. Eine Täuschung läge nur dann vor, wenn die Falsches wissentlich behauptende Partei dem unwahren Vorbringen durch Beweismittel den Anschein der Wahrheit giebt; in der Benutzung solcher Beweismittel könnte ein Betrug oder Betrugsversuch liegen (R.G. Strafs. 5, 321; 16, 193; 20, 391).

Verfahren. 9. Offenbar unbegründete Einsprüche wird das P.A. nicht erst dem Anmelder mittheilen, sondern es kann ohne Weiteres das Patent ertheilen. In der Regel wird es allerdings den Einspruch dem Patentsucher zur Erklärung binnen einer bestimmten Frist übermitteln und erst nach Eingang der Erklärung bezw. nach Ablauf der Frist Beschluß fassen, es kann auch zur weiteren Aufklärung einen ferneren Schriftenwechsel anordnen.

Abs. 3.

Beschluß. 10. Die Beschlußfassung hat nach der Frist (N. 3) zu erfolgen; das P.A. darf, auch wenn aus einem Einspruch sofort die Zurückweisung der Anmeldung sich klar ergiebt, den Beschluß immer erst nach Ablauf jener Frist fassen. Dies hat den Vorzug, daß das P.A. mehrere Einsprüche durch einen einzigen Beschluß erledigen kann.

Durch den Beschluß wird das Patent ertheilt oder versagt; treffen die Versagungsgründe nur einen Theil des Gegenstandes der Anmeldung und ist eine Theilung desselben angängig und den Wünschen des Patentsuchers entsprechend (N. 4 zu § 21), so wird das Patent inhaltlich beschränkt ertheilt. Nach der Praxis des P.A. (N. 7 zu §. 21) wird, wenn Einspruch eingelegt war, das Requisit des technischen Effekts strenger geprüft, als sonst.

Die Beschlußfähigkeit der Abtheilung ist durch die Anwesenheit von mindestens drei Mitgliedern, darunter mindestens zwei technischen, bedingt (§. 14 Abs. 3); unter den letzteren darf sich der Vorprüfer, wenn er einen Vorbescheid erlassen hatte, nicht befinden, gleichviel wie der Beschluß ausfällt.

Der Beschluß wird von der zuständigen Anmeldeabtheilung auf den Vortrag des Berichterstatters gefaßt. Er ist mit Gründen zu versehen, schriftlich auszufertigen und allen Betheiligten, also auch allen denjenigen, welche frist- und formgerecht Einspruch eingelegt hatten, von Amtswegen zuzustellen (§. 15).

War kein Einspruch erhoben und wird das Patent gemäß dem Antrage ertheilt, so kann die Begründung des Beschlusses sehr kurz sein.

In den anderen Fällen wird sie mit Rücksicht auf die zulässige Beschwerde (§. 26 Abs. 1) eingehender sein müssen; insbesondere genügt es nicht, daß sie in Anlehnung an die Gesetzesworte oder unter Ersetzung derselben durch gleichbedeutende Worte die gewerbliche Verwerthbarkeit, den Erfindungscharakter oder die Neuheit verneint, vielmehr muß sie auch die Thatsachen angeben, welche dieses Urtheil rechtfertigen (N. 4 zu §. 15).

11. Das Ertheilungsverfahren kann außer dem Falle der Zurücknahme der Anmeldung, nur mit der Ertheilung oder Versagung des Patents abschließen, eine Einstellung des Verfahrens giebt es sonst nicht. Stirbt der Patentsucher, so sind seine Rechtsnachfolger aufzufordern, unter Beibringung ihrer Legitimation das Verfahren binnen einer bestimmten Frist fortzusetzen, widrigenfalls die Anmeldung zurückgewiesen würde. Sind die Rechtsnachfolger unbekannt, so kann auf Antrag des P.A. ihnen ein Pfleger zur weiteren Betreibung der Anmeldung, sowie zur Ermittelung der Berechtigten bestellt werden (§. 1913 B.G.B.); zur Bestellung des Pflegers ist nach §. 41 des Reichsgesetzes über die Angelegenheiten der freiwilligen Gerichtsbarkeit das A.G. I zu Berlin zuständig. Aehnlich ist zu verfahren, wenn der Patentsucher die Handlungsfähigkeit im allgemeinen oder die Dispositionsfähigkeit gerade bezüglich des Anspruchs auf das Patent verliert oder wenn der Vertreter eines nicht im Inlande wohnenden Patentsuchers wegfällt. Einstellung?

12. Im Gegensatze zu dem Nichtigkeitsverfahren ist das Einspruchsverfahren kostenfrei; der Gesetzgeber bezweckt hiermit, die Interessenten zu veranlassen, patenthindernde Thatsachen durch Einspruch geltend zu machen, anstatt sie später zur Anstellung eines Nichtigkeitsverfahrens, welches in bereits erworbene Rechte stets höchst störend eingreift, zu verwerthen. Deshalb darf das P.A. die Erhebung von Beweisen nicht von der Zahlung eines Kostenvorschusses Seitens eines Betheiligten abhängig machen. Wohl aber kann es bei der freien Stellung, welche es in diesem Verfahren hat, dem Einsprechenden die Herbeischaffung des Beweismaterials auf seine Kosten aufgeben. Eine Ersatzpflicht der Parteien besteht auch wegen der außergerichtlichen Kosten nicht. Kostenfrei.

§. 25.

Bei der Vorprüfung und in dem Verfahren vor der Anmeldeabtheilung kann jederzeit die Ladung und Anhörung der Betheiligten, die Vernehmung von Zeugen und Sachverständigen, sowie die Vornahme sonstiger zur Aufklärung der Sache erforderlicher Ermittelungen angeordnet werden.

1. Entstehungsgeschichte. 2. Ermittelungen.

1. Der §. 25 entspricht dem Abs. 2 des früheren §. 24 (N. 1 zu §. 24). Der Grund, weshalb das Gesetz von 1891 aus letzterem einen besonderen Paragraphen schuf, war, weil es in unzweideutiger Weise zum Ausdruck bringen wollte, daß in jedem Stadium des Anmeldever- Entstehungsgeschichte.

fahrens, also auch vor dem Beschlusse über die Auslegung und insbesondere auch in dem Verfahren vor dem Vorprüfer, die Anhörung der Betheiligten und sonstige Ermittelungen zulässig sind (Komm.Ber. II S. 25).

Ermittelungen. 2. Der Vorprüfer und die Anmeldeabtheilung haben eine vollständig freie Stellung, indem es ganz von ihrem Ermessen abhängt, ob und in welcher Weise sie die Betheiligten hören, ob sie Ermittelungen anordnen wollen und bejahenden Falls, welche. Bei ihren bezüglichen Entscheidungen sind sie durch die Anträge der Betheiligten nicht gebunden, vielmehr haben sie von Amtswegen alles zu veranlassen, was zur Herbeiführung eines materiell richtigen Beschlusses ihnen zweckdienlich erscheint. Nach den Erklärungen, welche der Präsident des P.A. auf dem Frankfurter Kongreß im Mai 1900 über die Praxis des P.A. abgegeben hat (Bl. 6, 360), wird den Anmeldern soweit als möglich Gelegenheit gegeben, ihre Erfindungen an Ort und Stelle vorzuführen und sie mündlich zu erläutern; außerdem soll eine „thunlichste Ausdehnung der mündlichen Verhandlungen" stattfinden. Dies ist durchaus zu billigen, weil mündliche Rede und Gegenrede am geeignetsten ist, einen nicht einfachen Sachverhalt aufzuklären, und weil die mündliche Verhandlung den Parteien am ehesten die Ueberzeugung verschafft, daß ihre Anführungen Berücksichtigung finden; vergl. Damme Geschichte und Bedeutung des mündlichen Verhandelns im deutschen Patentertheilungsverfahren im Archiv für bürgerl. Recht 17, 169.

Bezüglich der Ermittelungen ist zu bemerken, daß die Vernehmung von Sachverständigen beinahe nie vorkommt und daß die Zeugen theils vor dem P.A., theils durch Ersuchen der Gerichte eidlich vernommen werden; die Vernehmung kann auch durch ein beauftragtes rechtskundiges oder technisches Mitglied der Abtheilung erfolgen. Bisweilen giebt das P.A. den Parteien die Beibringung von Gutachten auf.

Der Eid eines am Verfahren Betheiligten ist ausgeschlossen, weil die für seine Unzulässigkeit im verwaltungsgerichtlichen Verfahren sprechenden Gründe (N. 11 zu §. 28) hier in erhöhtem Maße zutreffen.

Der Einsprechende darf als Zeuge nicht vernommen werden, da er Partei ist (ungedruckter Beschluß der Beschwerdeabtheilung des P.A. vom 7. November 1899 in Sachen G. 9540 I/76).

Zu den „zur Aufklärung der Sache erforderlichen Ermittelungen" gehört es auch, wenn das P.A. in der Fabrik des Anmelders die angemeldete Erfindung besichtigt; deshalb hält das P.A. die Zuziehung des Einsprechenden zu der Besichtigung nicht für erforderlich. Diese Praxis ist nicht unbedenklich. Regelmäßig wird es sich um eine Beweisaufnahme durch Einnahme des Augenscheins handeln, der nach allgemeinen Prozeßgrundsätzen die Parteien — dazu gehört hier der Einsprechende — beiwohnen dürfen (§. 357 C.P.O.). Zum mindesten wird man bei Nichtzuziehung des Einsprechenden verlangen können, daß das P.A. ein ausführliches Protokoll über die Besichtigung aufnimmt und dieses dem Einsprechenden vor der Beschlußfassung behufs Aeußerung zugänglich macht.

Die Gerichte haben gemäß §. 32 dem P.A. Rechtshülfe zu gewähren (N. 1 zu §. 32).

§. 26.

Gegen den Beschluß, durch welchen die Anmeldung zurückgewiesen wird, kann der Patentsucher, und gegen den Beschluß, durch welchen über die Ertheilung des Patents entschieden wird, der Patentsucher oder der Einsprechende innerhalb eines Monats nach der Zustellung Beschwerde einlegen. Mit der Einlegung der Beschwerde sind für die Kosten des Beschwerdeverfahrens zwanzig Mark zu zahlen; erfolgt die Zahlung nicht, so gilt die Beschwerde als nicht erhoben.

Ist die Beschwerde an sich nicht statthaft oder ist dieselbe verspätet eingelegt, so wird sie als unzulässig verworfen.

Wird die Beschwerde für zulässig befunden, so richtet sich das weitere Verfahren nach §. 25. Die Ladung und Anhörung der Betheiligten muß auf Antrag eines derselben erfolgen. Dieser Antrag kann nur abgelehnt werden, wenn die Ladung des Antragstellers in dem Verfahren vor der Anmeldeabtheilung bereits erfolgt war.

Soll die Entscheidung über die Beschwerde auf Grund anderer als der in dem angegriffenen Beschlusse berücksichtigten Umstände erfolgen, so ist den Betheiligten zuvor Gelegenheit zu geben, sich hierüber zu äußern.

Das Patentamt kann nach freiem Ermessen bestimmen, inwieweit einem Betheiligten im Falle des Unterliegens die Kosten des Beschwerdeverfahrens zur Last fallen, sowie anordnen, daß dem Betheiligten, dessen Beschwerde für gerechtfertigt befunden ist, die Gebühr (Absatz 1) zurückgezahlt wird.

1. Dem §. 26 entsprach in der Fassung des Gesetzes von 1877 der nachstehende §. 25. **Entstehungsgeschichte.**

Gegen den Beschluss, durch welchen die Anmeldung zurückgewiesen wird, kann der Patentsucher, und gegen den Beschluss, durch welchen über die Ertheilung des Patentes entschieden wird, der Patentsucher oder der Einsprechende binnen vier Wochen nach der Zustellung Beschwerde einlegen. Mit der Einlegung der Beschwerde sind für die Kosten des Beschwerdeverfahrens 20 Mark zu zahlen; erfolgt die Zahlung nicht, so gilt die Beschwerde als nicht erhoben.

Auf das Verfahren findet §. 24 Absatz 2 Anwendung.

Danach ist die Beschwerdefrist geändert: die Kommission setzte statt „vier Wochen" „einen Monat", um die Fristberechnung zu erleichtern (Komm.-Ber. II. S. 26); außerdem sind Abs. 2–5 fast ganz neu hinzugefügt.

Abs. 1.

Beschwerde. 2. Die Beschwerde (vergl. N. 2–11 zu §. 16) wird hier gegen die Beschlüsse in den Fällen der §§. 22 Abs. 1, 24 Abs. 3 gegeben. Natürlich kann der Patentsucher, anstatt Beschwerde einzulegen, eine neue Anmeldung einreichen, er muß dann allerdings die Anmeldekosten nochmals zahlen.

Beschwerdeführer. 3. Der Patentsucher kann Beschwerde einlegen

a) wenn seine Anmeldung zurückgewiesen oder das Patent versagt ist,

b) wenn ihm zwar ein Patent ertheilt ist, aber nicht in der von ihm gewünschten Ausdehnung oder Form, insbesondere in beschränkterer Fassung oder in Abhängigkeit von einem anderen Patent.

Ist das Patent seinem Antrage entsprechend ertheilt, so ist seine Beschwerde unzulässig (P.A. im Bl. 5, 97; vergl. R.G. 13, 390).

Ein Einsprechender ist stets zur Einlegung der Beschwerde legitimirt, wenn ein Patent ertheilt ist. In dem Falle zu b) sind demnach beide Seiten zur Beschwerde berechtigt.

Da nur die Entscheidung der Anmeldeabtheilung, nicht aber die Gründe der Entscheidung in Rechtskraft übergehen, so kann derjenige, dem nach vorstehenden Ausführungen ein Beschwerderecht nicht zusteht, Beschwerde nicht deshalb einlegen, weil ihm die Begründung der Entscheidung nicht zusagt (P.A im Bl. 5, 97; vergl. R.G. im P.Bl. 1881 S. 57, G. 2, 78).

Die Rechtsnachfolger des Patentsuchers und des Einsprechenden können ebenfalls Beschwerde einlegen, andere Personen, z. B diejenigen, welche einen unzulässigen, insbesondere verspäteten Einspruch erhoben hatten (N. 7 zu §. 24), dagegen nicht (P.A. in Zeitschrift für gewerbl. Rechtsschutz 3, 247, im Bl. 5, 23). — Ein Verzicht auf die Beschwerde ist statthaft.

Die Beschwerde kann auch durch einen Vertreter eingelegt werden; derselbe muß sich dem P.A. gegenüber durch Vollmacht legitimiren.

Frist. 4. Wegen der Frist vergl. N. 7 zu §. 16. Sie ist eine Nothfrist, welche auch auf Antrag weder verkürzt noch verlängert werden kann;

dagegen kann auf Antrag zur Begründung der Beschwerde dem Beschwerdeführer eine Nachfrist bewilligt werden.

Die einmonatliche Frist beginnt nach §. 187 Abs. 1 B.G.B. mit dem auf die Zustellung folgenden Tage (anders nach früherem Recht P.A. im Bl. 4, 122): für den Ablauf der Frist gelten analog die Ausführungen in N. 3 zu §. 24.

Da der Beginn der Frist von der Zustellung des Beschlusses an den Beschwerdeführer abhängt, so kann sie für Patentsucher und Einsprechende an verschiedenen Tagen ablaufen. Ist die Beschwerdefrist für einen Betheiligten verstrichen, so kann derselbe nachträglich auch nicht Anschlußbeschwerde einlegen. Die Einlegung der Beschwerde zwischen Verkündigung und Zustellung des Beschlusses ist zulässig (N. 6 zu §. 33).

5. Eine bestimmte **Form** ist für die Beschwerde nicht vorgeschrieben, insbesondere bedarf es keiner Begründung derselben (N. 6 zu §. 16). Nach der Praxis des P.A. (Bl. 4, 122) ist die Einsendung der Beschwerdegebühr unter Angabe der Bestimmung derselben, etwa auf dem Abschnitt der Postanweisung, als eine genügende Beschwerde-Einlegung anzusehen; doch muß in diesem Falle die Sendung innerhalb der Beschwerdefrist bei dem P.A. eingegangen sein (N. 10 zu §. 9). Die Beschwerde muß in deutscher Sprache abgefaßt sein (§. 34); war ein Einspruch vorhergegangen, so soll ihr ein Duplikat für den Gegner beiliegen (Bekanntmachung des P.A. vom 15. Oktober 1879 in N. 4 zu §. 24). Form.

6. Die **Kosten** sind an die Kasse des P.A. zu zahlen (N. 3 zu §. 8). Es ist ausreichend, wenn sie innerhalb der Beschwerdefrist bei einer Postanstalt im Gebiete des Deutschen Reichs zur Ueberweisung an die Kasse des P.A. eingezahlt werden (N. 10 zu §. 9); vergl. aber N. 5. Kosten.

Im Nichtzahlungsfalle bedarf es keiner Zurückweisung oder Verwerfung der Beschwerde, da dieselbe in diesem Falle als nicht erhoben gilt. Die Anmeldeabtheilung wird den Beschwerdeführer nur benachrichtigen, daß auf seine Beschwerde, da die Kosten nicht eingegangen seien, nicht verfügt werde. Da Beschwerde und Zahlung zusammentreffen müssen, damit die Beschwerde als erhoben gilt, so folgt daraus, daß auch die Zahlung innerhalb der Beschwerdefrist erfolgen muß. Geht die Gebühr verspätet ein, so ist die Beschwerde ebenso wenig erhoben, wie wenn die Zahlung überhaupt nicht erfolgt wäre. Es findet deshalb eine Rückzahlung der verspätet eingegangenen Gebühr statt.

Abs. 2.

7. Diese Prüfung hat nicht die Anmelde-, sondern die **Beschwerdeabtheilung** vorzunehmen; dies ergiebt schon die Heranziehung des §. 574 C.P.O., welchem diese Vorschrift nachgebildet ist. Folglich hat in jedem Falle, auch wenn die Beschwerde offensichtlich verspätet ist, die Anmeldeabtheilung die Sache an die Beschwerdeabtheilung abzugeben; anders nur, wenn die Kosten nicht oder nicht rechtzeitig eingezahlt sind, da dann die Beschwerde nicht als erhoben gilt (N. 6). Beschwerdeabtheilung.

Formelle Prüfung. 8. Wegen der Statthaftigkeit der Beschwerde vergl. N. 3, wegen der Rechtzeitigkeit N. 4, 6; die **Prüfung** auf diese beiden Momente hat zunächst und zwar von Amtswegen zu erfolgen.

Beschluß. 9. Der **Beschluß**, durch welchen die Beschwerde als unzulässig verworfen wird, unterliegt den Vorschriften des §. 15, eine weitere Beschwerde gegen ihn findet nicht statt (N. 12 zu §. 16). Da der Beschluß eine Entscheidung im Sinne des §. 14 Abs. 4 ist, so müssen an ihm zwei rechtskundige und drei technische Mitglieder theilnehmen. Mitglieder, welche an dem angefochtenen Beschlusse theilgenommen hatten, dürfen nach §. 16 bei ihm nicht mitwirken; der Vorprüfer ist, wenn er aus der Anmelde- in die Beschwerdeabtheilung versetzt worden, als solcher von der Mitwirkung gesetzlich nicht ausgeschlossen

Abs. 3.

Materielle Prüfung. 10. Ist die Prüfung auf Statthaftigkeit und Rechtzeitigkeit der Beschwerde (N. 8) zu Gunsten des Beschwerdeführers ausgefallen, so tritt die Abtheilung in eine **Prüfung des angegriffenen Beschlusses** ein, wobei sie in keiner Weise an die vom Beschwerdeführer gerügten Punkte gebunden ist. Sie hat vielmehr in vollkommen freier Stellung die Anmeldung, soweit die Entscheidung der Anmeldeabtheilung über sie nicht in Rechtskraft übergegangen ist, nochmals auf ihre formellen und materiellen Erfordernisse zu prüfen. Sie ist dabei an den Beschluß der Vorinstanz in keiner Weise gebunden; sie kann, von Amtswegen oder auf Antrag, Material berücksichtigen, welches jener nicht vorgelegen hatte, auch aus thatsächlichen und Rechtsgründen, welche in jener Instanz überhaupt nicht zur Sprache gekommen sind, zu ihrer Entscheidung gelangen (vergl. aber Abs. 4).

Mündliche Anhörung. 11. Für das Verfahren gelten die Grundsätze des §. 25, nur daß die Betheiligten ein **Recht auf mündliche Anhörung** haben.

a) Dies Recht steht nicht blos dem Beschwerdeführer, sondern jedem Betheiligten zu. Hatten mehrere Personen Einspruch eingelegt, so zählen sie, wenn der Patentsucher Beschwerde erhoben hatte, sämmtlich zu den Betheiligten; hatte dagegen nur einer von den Einsprechenden Beschwerde eingelegt, so sind nur dieser und der Patentsucher betheiligt.

b) Jeder Betheiligte hat nur das Recht, daß er selbst, nicht auch daß ein Anderer, insbesondere der Gegner geladen und gehört wird. Der Wortlaut des zweiten Satzes des Abs. 3 scheint zwar damit nicht übereinzustimmen, vergl. aber dagegen „die Ladung des Antragstellers" im dritten Satze. Trotzdem wird die Beschwerdeabtheilung regelmäßig, wenn sie Termine zur Anhörung anberaumt, alle Betheiligten zu demselben laden.

c) Das Recht muß durch einen bezüglichen Antrag geltend gemacht werden; ohne einen solchen ist die Beschwerdeabtheilung nicht verpflichtet, es zu berücksichtigen.

d) Dem Antrage muß stattgegeben werden, es sei denn, daß der Antragsteller vor die Anmeldeabtheilung bereits geladen war; ob er damals der Ladung Folge geleistet hatte, ist unerheblich. Eine Ladung vor den Vorprüfer kommt nicht in Betracht (Komm.-Ber. II S. 27). Dem Antrage kann stattgegeben werden, auch wenn der Antragsteller bereits vor die Anmeldeabtheilung geladen war; in einem solchen Falle wird eine besondere Begründung des Antrags zweckmäßig sein.

In der mündlichen Verhandlung können die Betheiligten sich vertreten lassen, vergl. N. 13 zu §. 28.

12. Auf die Entscheidung über die Beschwerde finden die Ausführungen der N. 9 Anwendung. Entscheidung.

Sie geht auf Bestätigung des ersten Beschlusses oder auf Aufhebung desselben; der Beschwerde kann ganz oder theilweise entsprochen werden; eine reformatio in pejus ist nach allgemeinen Rechtsgrundsätzen ausgeschlossen.

Eine Einstellung der Sache wegen Todes, Verlustes der Dispositionsfähigkeit u. s. w. findet hier ebenso wenig statt, wie in dem Verfahren vor der Anmeldeabtheilung. Die Anführungen in N. 11 zu §. 24 sind deshalb entsprechend anzuwenden, nur daß, wenn diese Ereignisse auf Seiten eines Einsprechenden stattfinden, das Präjudiz zu stellen ist, daß der Einspruch als zurückgenommen gelten würde.

Die Beschwerdeabtheilung wird die Sache endgültig erledigen und sie nicht mehr, wie vor 1891 häufig (Robolski S. 103), unter Aufhebung des ergangenen Beschlusses an die Anmeldeabtheilung zurückverweisen.

Ordnet die Beschwerdeabtheilung unter Aufhebung des zurückweisenden Beschlusses der Vorinstanz die Bekanntmachung der Anmeldung an, so giebt sie die Sache zum weiteren Verfahren an die Anmeldeabtheilung zurück. Diese kann nach der Auslegung nochmals zu einem zurückweisenden Beschlusse gelangen, aber nicht wiederum aus demselben Grunde, welcher von der Beschwerdeabtheilung gemißbilligt wurde.

Will die Beschwerdeabtheilung der Anmeldung nur theilweise entsprechen, so wird, wenn noch keine Bekanntmachung der Anmeldung stattgefunden hatte, in der Praxis von der Entscheidung dem Patentsucher Mittheilung gemacht und ihm eine Frist zur Erklärung über die Fortsetzung des Verfahrens gesetzt. Dies geschieht, um ihm Gelegenheit zu geben, die Anmelduug zurückzuziehen, falls er das beschränkte Patent nicht als ein genügendes Aequivalent für die Publizität seiner Erfindnng erachtet (Robolski S. 105).

Abs. 4.

13. Hier treffen die Erläuterungen in N. 5 zu §. 22 zu. Neue Umstände.

Abs. 5.

14. Das P.A. braucht in der Entscheidung über die Kosten nichts zu bestimmen (vergl. das „kann“ im Gegensatz zu „hat zu bestimmen“ in Kosten.

§. 31 und „ist zu bestimmen" in §. 33 Abs. 2); in diesem Falle erhält der Beschwerdeführer die von ihm gemäß Abs. 1 eingezahlten zwanzig Mk. nicht zurück und unter den Betheiligten findet keine Auseinandersetzung wegen ihrer außergerichtlichen Kosten statt.

Das P.A. kann bezüglich der Kosten des Beschwerdeverfahrens anordnen, daß einer der Betheiligten sie ganz trägt oder daß und zu welchem Verhältniß sie unter den Betheiligten zu theilen sind oder daß sie gegen einander aufgehoben werden; die Erörterungen zu §. 31, auch bezüglich der Kostenerstattung, finden hier entsprechende Anwendung.

Das P.A. kann anordnen, daß, wenn die Beschwerde für gerechtfertigt befunden ist, dem Beschwerdeführer die Gebühr von zwanzig Mark zurückgezahlt wird. Diese Vorschrift hat ihr Vorbild in §. 6 des Gerichtskostengesetzes v. 18 Juni 1878, 20 Mai 1898, nach welchem die Gerichte befugt sind, Gebühren, welche durch eine unrichtige Behandlung der Sache ohne Schuld der Betheiligten entstanden sind, niederzuschlagen. Dem entsprechend wird die Beschwerdeabtheilung eine Rückzahlung der Gebühr nur anordnen, wenn der Beschluß der Anmeldeabtheilung auf einem offenbaren Versehen dieser Abtheilung beruht.

Diese Anordnung kann nur zugleich mit dem Beschlusse über die Beschwerde erfolgen (P.A im P.Bl. 1892 S. 359, G. 9, 478).

§. 27.

Ist die Ertheilung des Patents endgültig beschlossen, so erläßt das Patentamt darüber durch den Reichsanzeiger eine Bekanntmachung und fertigt demnächst für den Patentinhaber eine Urkunde aus.

Wird die Anmeldung nach der Veröffentlichung (§. 23) zurückgenommen oder wird das Patent versagt, so ist dies ebenfalls bekannt zu machen. Die eingezahlte Jahresgebühr wird in diesen Fällen erstattet. Mit der Versagung des Patents gelten die Wirkungen des einstweiligen Schutzes als nicht eingetreten.

1. Entstehungsgeschichte

Abs. 1 (N. 2–5).

2. Endgültiger Beschluß
3. Reichsanzeiger
4. Patent-Urkunde.
5. Berichtigung.

Abs. 2 (N. 6–9).

6. Zurücknahme.
7. Versagung.
8. Rückzahlung.
9. Einstweiliger Schutz.

Entstehungsgeschichte. 1 Während Abs. 1 unverändert geblieben ist, hatte Abs. 2 in dem Patentgesetz von 1877, dessen § 26 unserem Paragraphen entsprach, folgende Fassung:

> Wird das Patent versagt, so ist dies ebenfalls bekannt zu machen. Mit der Versagung gelten die Wirkungen des einstweiligen Schutzes als nicht eingetreten

Das Gesetz von 1891 hat ihn demnach in zwei Punkten abgeändert:

a) Es hat die Bekanntmachung auch in dem Falle angeordnet, wenn die Anmeldung nach der Veröffentlichung zurückgenommen wird.

b) Es hat die Rückzahlung der Jahresgebühr im Falle der Versagung und Zurücknahme vorgeschrieben. Früher war dies nicht nothwendig, da diese Gebühr erst bei Ertheilung des Patents entrichtet wurde (N. 1 zu §. 8).

Abs. 1.

2. Ein endgültiger Beschluß auf Ertheilung liegt, wenn gegen den Ertheilungsbeschluß der Anmeldeabtheilung Beschwerde zulässig war, erst mit Ablauf der Beschwerdefrist bezw. mit der Entscheidung der Beschwerdeabtheilung vor. War dagegen das Patent in Uebereinstimmung mit der Anmeldung ertheilt worden, ohne daß Einspruch erhoben war, ist also eine Beschwerde unstatthaft (N. 3 zu §. 24), so ist bereits mit Zustellung des Beschlusses der Anmeldeabtheilung das Patent endgültig ertheilt (P.A. im Bl. 7, 39). Für die hier vertretene Auffassung spricht auch die Analogie des §. 705 Satz 1 C.P.O.: Endgültiger Beschluß.

> Die Rechtskraft der Urtheile tritt vor Ablauf der für die Einlegung des zulässigen Rechtsmittels oder des zulässigen Einspruchs bestimmten Frist nicht ein.

Die Rechtswirkung des Ertheilungsbeschlusses tritt den Betheiligten gegenüber erst mit der Zustellung ein (Robolski Kommentar zu §. 27); deshalb wird z. B. die zweite Jahresgebühr, wenn die Ertheilung des Patents sich über den Beginn des zweiten Patentjahrs hinaus erstreckt hat, nie vor der Zustellung des Ertheilungsbeschlusses fällig (N. 6 zu §. 8 (vergl. P.A. im Bl. 7, 39). Dritten Personen gegenüber entscheidet regelmäßig die Bekanntmachung der Ertheilung (§. 11, §. 28 Abs. 3).

3. Die Bekanntmachungen, welche das P.A. im Reichsanzeiger — und nach §. 19 Abs. 4 im Patentblatt — erläßt, haben folgenden Wortlaut: Reichsanzeiger.

Patent-Ertheilungen.

Auf die hierunter angegebenen Gegenstände ist den Nachgenannten ein Patent von dem bezeichneten Tage ab unter nachstehender Nummer der Patentrolle ertheilt. -- Auf die bez. Patentschriften werden ausschliesslich von dem Patentamt Bestellungen mit Angabe der Nummern unter den im Blatt für Patent-, Muster- und Zeichenwesen v. 27. 6. 1900 aufgeführten Bedingungen innerhalb der nächsten 14 Tage entgegengenommen.

Klasse:

24c. H. 24380. Füllschacht-Generator. — G. H., Braunschweig, Nordstr. 28. 11./7. 1900.

26b. H. 22914. Verfahren zur Herstellung von Carbidstäben. — A. H., Innsbruck; Vertr.: L. H., Nürnberg. 14./10. 1899.

Außerdem trägt das P.A. das Patent in die Rolle ein (§. 19 Abs. 1).

Patent-Urkunde. **4. Nachdem die Publikationen im Reichsanzeiger und Patentblatt stattgefunden haben, fertigt das P.A. die Patent-Urkunde aus.** Es verstreichen regelmäßig mehrere Wochen nach der Bekanntmachung, bis der Patentsucher die Urkunde erhält.

Die Patent-Urkunde besteht aus zwei Theilen: Titelblatt und Patentschrift.

Die dekorativ gestaltete Vorderseite des Titelblatts enthält den Namen des Patentinhabers, die Nummer und den Gegenstand des Patents, den Anfang der Dauer desselben, den Hinweis auf das Patentgesetz, die zweite Seite des Titelblatts enthält den Fälligkeitstag der Jahresgebühr, die beiden letzten Seiten einen Abdruck des Patentgesetzes. Ueber das Nähere siehe die Bekanntmachung des P.A. vom 3. Januar 1878 (P.Bl. 1878 S. 2).

Die Patent-Urkunde ist nicht Trägerin des Patentrechts. Sie beweist lediglich, daß einmal das näher angegebene Patent an den näher angegebenen Inhaber ertheilt worden ist, dagegen weder, daß das Patent zur Zeit besteht, noch wer gegenwärtig sein Inhaber ist. Rechtsgeschäfte über das Patent (z. B. Veräußerung oder Verpfändung), Pfändungen Uebergang des Patentrechts u. s. w. bedürfen zu ihrer Gültigkeit nicht der Patenturkunde. Ebensowenig ist ihre Vorlegung bei Eintragungen in die Patentrolle erforderlich.

Ist in der Zeit zwischen dem Patentertheilungsbeschlusse und der Ausfertigung der Patent-Urkunde das Patent auf einen Anderen übertragen, so wird die Urkunde dennoch auf den Namen des Patentsuchers ausgestellt, da diesem das Patent ertheilt ist. Die Aushändigung derselben kann jedoch an den neuen Erwerber erfolgen (Robolski S. 107).

Die Patentschrift enthält die Beschreibung und die Zeichnungen, auf Grund deren das Patent ertheilt ist. Sie hat die Aufgabe, die Kenntniß der patentirten Erfindung in die weitesten Kreise zu tragen, vor allem, um anregend auf die Industrie zu wirken, sodann auch, um Patentverletzungen zu verhüten (N. 22 zu §. 19). Daraus folgt, daß die Patentschriften auch wider den Willen des Patentinhabers an Jedermann abgegeben werden müssen, und daß ein Erlöschen des Patents die Ausgabe der Patentschrift nicht hindert (N. 20 zu §. 19). Die Patentschrift wird nach Ertheilung des Patents vom P.A. in ihrem Wortlaute festgestellt, bisweilen unter nicht unerheblicher Umarbeitung des vom Patentsucher gewährten Wortlauts; es ist nicht zu billigen, wenn letzteres ohne Zustimmung des Patentsuchers erfolgt. Sachliche Aenderungen sind in diesem Stadium unter allen Umständen unzulässig.

Berichtigung. 5. Da die Patent-Urkunde nicht konstitutiv wirkt, sondern nur den Inhalt des Patentertheilungsbeschlusses zu referiren hat, so folgt daraus, daß bei einer Abweichung zwischen beiden der Beschluß ausschlaggebend ist (R.G. im Bl. 6, 268, in Jurist. Wochenschrift 1900 S. 446; a. M.

Bolze in Zeitschrift für gewerbl. Rechtsschutz 1, 156). Das P.A. muß in einem solchen Falle von Amtswegen oder auf Antrag die unrichtige Urkunde durch Beschluß berichtigen und eine neue Urkunde ertheilen. Ueber das weitere Verfahren vergl. Kohler Aus dem Patent- und Industrierecht II S. 47.

Außer diesem Falle kann eine Berichtigung der Urkunde nur gemäß §. 319 C.P.O. in Betreff von Schreibfehlern oder ähnlichen offenbaren Unrichtigkeiten stattfinden, sachliche Abänderungen sind ausgeschlossen (P.A. im Bl. 5, 83).

Abs. 2.

6. Die Bekanntmachung im Reichsanzeiger und gemäß §. 19 Abs. 4 im Patentblatt im Falle der Zurücknahme der Anmeldung und bei Nichtzahlung der ersten Jahresgebühr (§. 24 Abs. 1) haben folgenden Wortlaut: Zurücknahme.

Zurücknahme von Anmeldungen.

a) Die folgenden Anmeldungen sind vom Patentsucher zurückgenommen.

4a. A. 6947. Spiritus-Glühlicht-Leuchter. 18./10. 1900.

b) Wegen Nichtzahlung der vor der Ertheilung zu entrichtenden Gebühr gelten folgende Anmeldungen als zurückgenommen.

4c. B. 25802. Gasverbrauchsregler. 18./9. 1900.

Das Datum bedeutet den Tag der Bekanntmachung der Anmeldung im „Reichs-Anzeiger“. Die Wirkungen des einstweiligen Schutzes gelten als nicht eingetreten.

Erfolgte die Zurücknahme vor der Veröffentlichung, so findet keine Bekanntmachung statt.

In jedem Falle muß von der Zurücknahme den Einsprechenden Nachricht gegeben werden; war ein Einspruch auf Entnahme (§. 3 Abs. 2) gestützt, so muß die Mittheilung von der Zurücknahme dem Einsprechenden formell zugestellt werden (N. 28 unter c zu §. 3).

7. Die Bekanntmachung, welche das P.A. im Falle der Versagung des Patents im Reichsanzeiger — und gemäß §. 19 Abs. 4 im Patentblatt — erläßt, hat folgenden Wortlaut: Versagung.

Versagung von Patenten.

Auf die nachstehend bezeichneten, im Reichsanzeiger an dem angegebenen Tage bekannt gemachten Anmeldungen ist ein Patent versagt. Die Wirkungen des einstweiligen Schutzes gelten als nicht eingetreten.

44. O. 2878. Sicherheitsnadel. 19./6. 1899.

8. Die Rückzahlung der ersten Jahresgebühr (N. 5 zu §. 8 erfolgt in den Fällen des Abs. 2 von Amtswegen, ohne daß es eines Antrags des Anmelders bedarf, an denselben. Rückzahlung.

9. Die Wirkungen des einstweiligen Schutzes gelten nach dem Gesetze als von Anfang an nicht eingetreten, wenn das Patent versagt ist. Dasselbe muß auch bei der ausdrücklichen oder gemäß §. 24 Abs. 1 Einstweiliger Schutz.

fingirten Zurücknahme der Anmeldung stattfinden, denn es fehlt an jedem Grunde, diese beiden Fälle verschieden zu entscheiden. Vergl. über die rechtliche Natur des einstweiligen Schutzes N 5 zu §. 23.

§. 28.

Die Einleitung des Verfahrens wegen Erklärung der Nichtigkeit oder wegen Zurücknahme des Patents erfolgt nur auf Antrag.

Im Falle des §. 10 Nr. 3 ist nur der Verletzte zu dem Antrage berechtigt.

Im Falle des §. 10 Nr. 1 ist nach Ablauf von fünf Jahren, von dem Tage der über die Ertheilung des Patents erfolgten Bekanntmachung (§. 27 Absatz 1) gerechnet, der Antrag unstatthaft.

Der Antrag ist schriftlich an das Patentamt zu richten und hat die Thatsachen anzugeben, auf welche er gestützt wird. Mit dem Antrage ist eine Gebühr von fünfzig Mark zu zahlen. Erfolgt die Zahlung nicht, so gilt der Antrag als nicht gestellt. Die Gebühr wird erstattet, wenn das Verfahren ohne Anhörung der Betheiligten beendet wird.

Wohnt der Antragsteller im Auslande, so hat er dem Gegner auf dessen Verlangen Sicherheit wegen der Kosten des Verfahrens zu leisten. Die Höhe der Sicherheit wird von dem Patentamt nach freiem Ermessen festgesetzt. Dem Antragsteller wird bei Anordnung der Sicherheitsleistung eine Frist bestimmt, binnen welcher die Sicherheit zu leisten ist. Erfolgt die Sicherheitsleistung nicht vor Ablauf der Frist, so gilt der Antrag als zurückgenommen.

1. Entstehungsgeschichte.

Abs. 1 (N. 2, 3).

2. Antrag.
3. Zurücknahme des Antrags.

Abs. 2 (N. 4, 5).

4. Kläger.
5. Einrede der Rechtskraft.

Abs. 3 (N. 6).

6. Frist.

Abs. 4 (N. 7—15).

7—12. Erfordernisse des Antrags.
   7. Petitum.
   8. Beklagter.
   9. Nichtigkeitsklage.
   10. Zurücknahmeklage.
   11. Beweismittel.
   12. Gebühr.
13. Vertreter.
14. Streitgenossen.
15. Klagenverbindung.

Abs. 5 (N. 16).

16. Sicherheitsleistung.

Entstehungsgeschichte. **1.** Nach dem Gesetze von 1877 hatte §. 27, **welcher dem jetzigen §. 28 entsprach, folgende Fassung:**

Die Einleitung des Verfahrens wegen Erklärung der Nichtigkeit oder wegen Zurücknahme des Patentes erfolgt nur auf

Antrag. Im Falle des §. 10 Nr. 2 ist nur der Verletzte zu dem Antrage berechtigt. Der Antrag ist schriftlich an das Patentamt zu richten und hat die Thatsachen anzugeben, auf welche er gestützt wird.

Das Gesetz von 1891 hat demnach

a) in Abs. 3 die zeitliche Beschränkung der auf §. 10 Nr. 1 gestützten Nichtigkeitsklage eingeführt (N. 6). Dies geschah, weil die Begriffe der Erfindung und der Neuheit im Laufe der Jahre häufig einer verschiedenen Beurtheilung unterliegen, da für sie die subjektive Auffassung der urtheilenden Sachverständigen von Bedeutung ist (N. 7 zu §. 10). Man wollte verhüten, daß die auf das Patent basirten Unternehmungen während der ganzen Patentdauer den Folgen eines solchen Wechsels der Anschauung unterworfen seien, und beschränkte deshalb die Anfechtung aus §. 10 Nr. 1 auf eine fünfjährige Frist (Mot. II S. 25, Komm.-Ber. II S. 27). Ueber die Bedenken gegen eine solche Beschränkung siehe Bolze Der Entwurf einer Patentnovelle S. 1;

b) in Abs. 4 die Zulassung der Klage von Zahlung einer Gebühr abhängig gemacht (N. 12), um dem Patentinhaber Schutz gegen frivole Klagen zu gewähren und ferner um die Interessenten zu veranlassen, ihre Angriffe gegen das Patent in dem kostenlosen Einspruchsverfahren vorzubringen (Mot. II S. 26). Der zweite Grund trifft allerdings nur die Nichtigkeitsklage;

c) in Abs. 5 die bisherige Praxis des P.A. sanktionirt, nach welcher zum Schutze des Patentinhabers Kläger, die im Auslande wohnen, auf Verlangen Sicherheit für die Prozeßkosten zu bestellen haben (N. 16).

Abs. 1.

2. Die Nichtigkeitserklärung und die Zurücknahme eines Patents erfolgen nie von Amtswegen, sondern auf Antrag. Da der Antrag schriftlich einzureichen ist und gleichzeitig die Thatsachen anzugeben hat, auf welche er gestützt wird, so entspricht er der Klage des Civilprozesses bezw. des Verwaltungsstreitverfahrens (vergl. N. 3 zum dritten Abschnitt). **Antrag.**

Der Antrag ist schriftlich, und zwar in deutscher Sprache (§. 34), an das P.A. zu richten; es ist nicht angängig, ihn auf dem P.A. zu Protokoll zu erklären. Für die Gegner sind Abschriften des Antrags und seiner Anlagen beizufügen (vergl N. 4 zu §. 24).

Der Schriftsatz muß enthalten:

a) die Bezeichnung des Antragstellers und des Beklagten (N. 4, 8),

b) einen bestimmten Antrag (N. 7),

c) die den Antrag begründenden Thatsachen nebst Beweismitteln (N. 9—11).

Gleichzeitig mit dem Schriftsatze ist die Gebühr zu entrichten (N. 12).

3. Der Kläger bezw. Berufungskläger kann in jedem Stadium des Verfahrens durch Zurücknahme des Antrags bezw. der Be- **Zurücknahme des Antrags.**

rufung das Verfahren beenden, ohne daß er der Einwilligung des Gegners bedarf. §. 271 Abs. 1, 2 und §. 515 Abs. 1, 2 C.P.O. finden keine Anwendung, wohl aber ist Abs. 3 dieser Paragraphen, so weit er dem zurücknehmenden Kläger bezw. Berufungskläger die Kostenpflicht auferlegt, anwendbar (R.G. im P.Bl. 1883 S. 132, G. 4, 208). Wegen Zurücknahme der Berufung vergl. N. 8 zu §. 33.

Das Recht des Klägers, das Verfahren jeden Augenblick durch Zurücknahme der Klage zu beenden, steht anscheinend mit der durch das öffentliche Interesse gebotenen Offizialmaxime des Verfahrens in Widerspruch. Auch berührt es peinlich, daß der Kläger, nachdem das P.A. die Vernichtung eines Patents ausgesprochen hat, in Folge einer Verständigung mit dem Beklagten die Klage noch in der II Instanz zurücknehmen und dadurch das Fortbestehen des Patents bewirken kann; dies gilt zumal für den Fall, wenn in Folge jener Klage Andere von Anstrengung einer gleichen Nichtigkeitsklage abgehalten wurden und wenn inzwischen die Frist des Abs. 3 abgelaufen ist.

Da indessen das öffentliche Interesse nicht eine Einleitung des Verfahrens von Amtswegen erheischt, so fehlt es an einem stichhaltigen rechtlichen Grunde, weshalb das Verfahren nach Zurückziehung des Antrags weiter fortgesetzt werden soll. Jenes Recht des Klägers gilt auch allgemein in jedem verwaltungsgerichtlichen Verfahren (v. Stengel Verwaltungsrecht S. 236, Loening Verwaltungsrecht S. 822) und wird hier noch besonders in den Schlußworten des §. 28 anerkannt

Die Zurücknahme hindert nicht die Anstellung einer neuen Klage (R.G. im Bl. 1, 126).

Abs. 2.

Kläger. 4. Als Kläger kann bei der Nichtigkeitsklage aus §. 10 Nr. 1 und 2, sowie bei der Zurücknahmeklage aus §. 11 Nr. 1 Jeder auftreten, selbst wenn er kein besonderes Interesse an dem Aufhören des Patentschutzes hat, auch der Fiskus, eine Behörde, eine Korporation, ein Ausländer, letzterer auch ohne Bestellung eines inländischen Vertreters (N. 7 zu §. 12). Die Klage ist eine Popularklage, der Antragsteller tritt im Interesse der Allgemeinheit auf (P.A. im P.Bl. 1878 S. 263, G. 1, 284; im P.Bl. 1881 S. 19; im P.Bl. 1881 S. 115, G. 2, 6; im P.Bl 1889 S. 313, G. 7, 17; und fast sämmtliche Schriftsteller). A.M. Kohler Handbuch S. 375: Kläger müsse ein eigenes Interesse an der Vernichtung des Patents haben, ein solches werde aber bei Jedermann zunächst präsumirt. Das O.H.G (Entsch. 25, 186, im P.Bl. 1879 S. 307 G 1, 114) hat die Frage offen gelassen.

Wenn der Kläger auch ein besonderes Interesse zur Klageerhebung nicht darzuthun braucht, so ist es doch selbstverständlich, daß er nicht im Auftrage und für Rechnung des beklagten Patentinhabers die Klage anstellen darf, denn jedes prozessuale Verfahren setzt einen Streit zwischen verschiedenen Personen voraus, während, wenn der Kläger nur als Mandatar des Beklagten thätig sein würde, die Parteien identisch wären (R.G. im P.Bl. 1890 S. 539, G. 8, 341).

Nach Ablauf, nach Erlöschen oder nach Zurücknahme eines Patents hat die Allgemeinheit kein Interesse mehr an der Nichtigkeitserklärung desselben. Deshalb muß derjenige, welcher nachträglich eine Nichtigkeitsklage erhebt (N. 4 zu §. 10), gemäß §. 256 C.P.O. sein rechtliches Interesse nachweisen (vergl. R.G. in Jurist. Wochenschrift 1897 S. 636).

Auch zu der Zurücknahmeklage aus §. 11 Nr. 2 ist, da Gegentheiliges nicht bestimmt ist, Jedermann aktiv legitimirt. Man könnte dagegen einwenden, daß, falls ein Anderer, als der mit der Licenzofferte Zurückgewiesene klagt, Schwierigkeiten entstehen können, wenn der Patentinhaber in Folge der Androhung des P.A. auf Grund des §. 29 Abs. 3 sich mit dem früher Zurückgewiesenen verständigen will, und Letzterer nun nicht mehr geneigt ist, eine Licenz zu erwerben. Indessen diese Schwierigkeit entsteht auch, wenn der früher Zurückgewiesene, der selbst klagt, im Laufe des Verfahrens seinen Sinn ändert. In beiden Fällen muß die Klage zurückgewiesen werden: der klagende Dritte trägt das Risiko der Sinnesänderung des Zurückgewiesenen (a. M. Robolski S. 190, welcher nur dem Zurückgewiesenen die Klagebefugniß giebt; in der Praxis ist die Frage noch nicht zur Entscheidung gekommen).

Der im Falle des §. 10 Nr. 3 allein zu dem Antrage berechtigte „Verletzte" ist identisch mit dem auf Grund des §. 3 Abs. 2 zum Einspruche Berechtigten (R.G. 2, 137, im P.Bl 1881 S. 29, G. 2, 97); vergl. daher N. 22 zu §. 3.

Bezüglich der Partei- und Prozeßfähigkeit gelten die Vorschriften der §§. 50—56 C.P.O.; vergl. N. 4 zum dritten Abschnitt.

5. Der einmal rechtskräftig abgewiesene Kläger kann nicht von Neuem dieselbe Klage anstellen, es würde ihm sonst die Einrede der Rechtskraft entgegengesetzt werden können; das P.A. muß bei dem Offizialcharakter des Verfahrens die Rechtskraft auch von Amtswegen berücksichtigen. **Einrede der Rechtskraft.**

Zur Identität der Klage gehört nach allgemeinen Rechtsgrundsätzen Identität des Klagegrundes.

Dieser Begriff ist hier ebenso wenig, wie in der C.P.O., bestimmt, so daß es auch hier zweifelhaft sein kann, ob man darunter die Thatsachen oder das unter einen rechtlichen Gesichtspunkt gebrachte konkrete Verhältniß, auf welches die Klage gestützt wird, zu verstehen hat. Bei der Lehre von den Erfordernissen der Klage, bei welcher im Civilprozeß der Streit hauptsächlich entbrannt ist (vergl. die Kommentare zu §. 253 C.P.O.), ist die Kontroverse hier nicht praktisch, da §. 28 ausdrücklich Angabe der Thatsachen, auf welche der Antrag gestützt wird, verlangt; sie hat nur für die Lehren von der Rechtskraft und der Klagänderung, sowie für die Frist des Abs. 3 Bedeutung. Bei diesen ist aber unter Klagegrund das konkrete Rechtsverhältniß zu verstehen. Wie weit die Konkretisirung zu gehen hat, ist eine Zweckmäßigkeitsfrage, welche unter Berücksichtigung der Lehren, bei denen die Frage überhaupt in Betracht kommt, zu entscheiden ist.

Bei der Feststellung des Grundes, auf welchen die Klage sich stützt,

ist das P.A. nicht durch den Gesetzesparagraphen oder die Gesetzesworte, welche in der Klage angezogen sind, gebunden, sondern es hat die Frage selbständig auf Grund des in der Klage vorgetragenen Sachverhalts zu prüfen (P.A. im Bl. 6, 52).

a) Bei der Nichtigkeitsklage aus §. 10 Nr. 1 giebt es fünf Klagegründe:

α) Mangel einer Erfindung,

β) Mangel der gewerblichen Verwerthbarkeit,

γ) Vorliegen einer Ausnahme aus §. 1 Nr. 1,

δ) Vorliegen einer Ausnahme aus §. 1 Nr. 2,

ε) Mangel der Neuheit (R.G. im P.Bl. 1880 S. 105, G. 1, 269, im P.Bl. 1887 S. 425, G. 6, 232).

b) Die Nr. 2 des § 10 bildet einen einheitlichen Klagegrund;

c) ebenso Nr. 3 des §. 10.

d) Bei der Zurücknahmeklage aus Nr. 1 des §. 11 bildet das gesammte pflichtwidrige Verhalten des Patentinhabers bis zur Entscheidung den Klagegrund (P.A. im P.Bl. 1887 S. 169, G. 6, 269);

e) ebenso bei der Klage aus Nr 2 des §. 11.

Das P.A. hat in einer ungedruckten Entscheidung vom 1. April 1897, durch welche es das D R.P. Nr. 78142 theilweise für nichtig erklärte, die Fälle zu α und ε in einen einzigen Klagegrund - Mangel einer neuen Erfindung - zusammengezogen.

Aus Vorstehendem ergiebt sich für die Frage der Rechtskraft, daß derjenige, welcher mit der Nichtigkeitsklage aus Nr. 1 des §. 10 rechtskräftig abgewiesen ist, eine neue auf Nr. 2 oder Nr. 3 des §. 10 stützen kann und umgekehrt, ebenso daß derjenige, dessen auf Nr. 1 des §. 11 gestützter Antrag auf Zurücknahme erfolglos geblieben ist, den Antrag auf Grund der Nr 2 des §. 11 wiederholen darf und umgekehrt. Ferner ist eine Wiederholung der Nichtigkeitsklage, welche auf Nr. 1 des §. 10 sich stützte, zulässig, wenn sie aus einem anderen der fünf Klagegründe, als dem zuerst geltend gemachten, begründet wird. Endlich kann die Klage auf Zurücknahme in ihren beiden Fällen vom Antragsteller nach ihrer rechtskräftigen Abweisung noch einmal angestrengt werden, wenn er behauptet, daß der Patentinhaber nach der Abweisung von Neuem der Ausführungs- oder Licenzgewährungspflicht nicht genügt hat (P.A. im P.Bl. 1887 S. 169, G. 6, 269).

Dagegen ist es unzulässig, auf denselben Klagegrund, welcher einmal durch rechtskräftige Abweisung konsumirt ist, unter Heranziehung neuer Thatsachen eine neue Klage zu stützen. Es kann deshalb derjenige, welcher ein Stoffpatent vergeblich mit der Behauptung angefochten hatte, daß der Gegenstand ein Genußmittel sei, nicht von Neuem klagen, weil der Stoff auf chemischem Wege hergestellt sei; hatte eine auf Vorveröffentlichung in Druckschrift A gestützte Klage nicht zum Ziele geführt, so kann eine neue Klage auch nicht auf Druckschrift B gestützt werden; ebenso wenig kann der früher ohne Erfolg behaupteten Vorbenutzung in einer neuen Klage Vorveröffentlichung substituirt werden (R.G. im P.Bl. 1880 S. 105, G. 1, 269, im P.Bl. 1887 S. 425, G. 6, 232; Kohler Handbuch S. 388); stützte sich die rechtskräftig abgewiesene Nichtigkeitsklage auf Nr. 2 des §. 10, so ist dadurch jede neue Klage desselben Klägers aus Nr. 2 ausgeschlossen, auch wenn er jetzt die Uebereinstimmung der Erfindung mit dem Gegenstande eines anderen Patents, als das erste Mal, behaupten sollte.

Vorstehende Ausführungen finden bei der Frage der Klageänderung entsprechende Anwendung. So steht z. B. nichts im Wege, daß derjenige, welcher eine Klage auf Vorveröffentlichung durch Druckschrift A gestützt hatte, im Laufe des Verfahrens zu ihrer Begründung die Druckschrift B oder eine Vorbenutzung im Inlande heranzieht (vergl. R.G. im Bl. 5, 28, in Jurist. Wochenschrift 1898 S. 646).

Da ein Urtheil regelmäßig nur zwischen den Parteien und ihren Rechtsnachfolgern wirksam ist, so hindert die rechtskräftige Abweisung einen Dritten nicht, aus demselben Rechtsgrunde von Neuem Klage zu erheben. Wird aber festgestellt, daß der neue Kläger nur eine vorgeschobene Person ist, hinter welchem als eigentliche Prozeßpartei der frühere Kläger steht, so steht ihm die Einrede der Rechtskraft ebenso entgegen, wie man einem Inkassomandatar, welcher aus einem Wechsel klagt, alle Einreden aus der Person seines Auftraggebers entgegensetzen kann. Etwas anderes ist es, wenn der jetzige Kläger nur auf Anregung des früheren die neue Klage erhoben hat, denn das Motiv der Klageanstellung ist unerheblich. Dagegen ist nach einer Entsch. des R.G. (Bl. 5, 9, Jurist. Wochenschrift 1899 S. 11) der Einwand der Rechtskraft begründet, wenn Jemand zwar ohne Auftrag des abgewiesenen Nichtigkeitsklägers, aber doch ausschließlich im Interesse desselben als sein negotiorum gestor die neue Klage anstrengt. (P.A. und R.G. im P.Bl. 1890 S. 243, G. 8, 297, im P.Bl. 1890 S. 539, G. 8, 334; Bolze 9, 838). Bei der von Fall zu Fall zu entscheidenden Frage, ob der Kläger eine vorgeschobene Person ist, kann insbesondere ins Gewicht fallen, ob er ein Interesse daran hat, daß das Patent vernichtet wird; dies wird bei einem Angehörigen des betr. Gewerbezweiges zu vermuthen sein. Konkurrirt bei ihm eigenes Interesse mit der Wahrnehmung eines fremden Interesse, so greift die Einrede regelmäßig nicht durch. Außerdem ist von Erheblichkeit, wer den neuen Prozeß instruirt, wer die Kosten desselben trägt u. s. w.

War in dem ersten Prozesse eine offene Handelsgesellschaft als Klägerin aufgetreten, so kann Niemand, der zur Zeit der Abweisung der Klage Gesellschafter war, auch nach Auflösung der Gesellschaft die Klage nochmals aus demselben Rechtsgrunde erheben (R.G. im P.Bl. 1890 S. 243, G. 8, 312).

Abs. 3.

6. Die Nichtigkeitsklage aus §. 10 Nr. 2 und Nr. 3 kann während der ganzen Patentdauer und auch nach Ablauf derselben, die Klage auf Zurücknahme kann nach dreijährigem Bestehen des Patents während der ganzen Dauer desselben erhoben werden; nur bei der Nichtigkeitsklage Frist.

aus §. 10 Nr. 1 ist während der Patentdauer die Erhebung nach Ablauf einer bestimmten Frist unzulässig (N. 1). Vergl. N. 11 zu §. 10.

Die fünfjährige Frist beginnt ebenso, wie die dreijährige des § 11, mit dem Tage der in Gemäßheit des §. 27 Abs. 1 erfolgenden Bekanntmachung im Reichsanzeiger. Sie ist keine Verjährungs-, sondern eine prozessuale Präklusivfrist, deshalb finden die Grundsätze von der Unterbrechung oder dem Ruhen der Verjährung auf sie keine Anwendung. Sie läuft ab gemäß §. 187 Abs. 2, §. 188 Abs. 2 B.G.B. mit dem Ablaufe desjenigen Tages, welcher dem Tage vorhergeht, der durch seine Zahl dem Tage der Ausgabe der betreffenden Nummer des Reichsanzeigers entspricht. Ist der letzte Tag der Frist ein Sonntag oder ein in Preußen staatlich anerkannter allgemeiner Feiertag (N. 3 zu §. 8), so endigt nach §. 193 B.G.B. die Frist am nächstfolgenden Werktage.

Fehlt der Tag der Ausgabe in dem letzten Jahre (29. Februar), so läuft die Frist an dem letzten Tage des entsprechenden Monats (28. Februar) ab (§. 188 Abs. 3 B.G.B.). War die Bekanntmachung z. B. in derjenigen Nummer des Reichsanzeigers erschienen, welche in Berlin am Abend des 8. September 1892 ausgegeben wurde, so muß die Nichtigkeitsklage spätestens am 7. September 1897 beim P.A. eingereicht werden: erheblich ist nur der Tag der Ausgabe des Reichsanzeigers, nicht das Datum, welches die betreffende Nummer trägt.

Wegen derjenigen Patente, welche bereits am 1. Oktober 1891 bestanden, bestimmte Artikel II des Gesetzes vom 7. April 1891, daß der Antrag aus §. 10 Nr. 1 mindestens bis zum Ablauf von drei Jahren nach dem 1. Oktober 1891 statthaft war. Im Uebrigen gilt §. 28 Abs. 3 auch für die vor dem 1. Oktober 1891 ertheilten Patente (P.A. im Bl. 3, 68)

Die fünfjährige Frist wird durch Erhebung einer Nichtigkeitsklage nur gewahrt, wenn die Klage die in N. 2 unter a—c aufgeführten Erfordernisse enthält. Das P.A. kann die Frist nicht dadurch verlängern, daß es bei einer dieser Anforderung nicht entsprechenden Klage eine über die fünf Jahre sich hinaus erstreckende Nachfrist zur Ergänzung der Klage gewährt (P.A. im Bl. 1, 246). Ebenso muß auch die Gebühr von 50 Mk. innerhalb der Frist eingezahlt sein (P.A. im Bl. 1, 223).

Durch den Ablauf der fünfjährigen Frist werden die ordentlichen Gerichte nicht verhindert, behufs Auslegung eines Patents die Frage zu erörtern, ob die einzelnen Elemente der Erfindung bei der Anmeldung neu waren (R.G. im Bl. 5, 109).

Nach dem Ablauf der fünf- bezw. dreijährigen Frist kann die Nichtigkeit aus §. 10 Nr. 1 auch nicht im Wege der Einrede geltend gemacht werden, weil das Gesetz jede Untersuchung über Erfindungscharakter und Neuheit nach Ablauf dieses Zeitraums abschneiden wollte (N. 1).

Abs. 4.

Petitum. 7. Der Antrag muß sich gegen ein genau bezeichnetes Patent richten, und klar erkennen lassen, ob der Kläger die Nichtigkeitserklärung oder die Zurücknahme desselben herbeiführen will. Er ist, wenn nur bei einem Theile der patentirten Erfindung die Voraussetzungen der Klage vorliegen, auf die Nichtigkeitserklärung oder Zurücknahme nur dieses Theils des Patents zu richten, vorausgesetzt, daß die Erfindung ihrem Inhalte nach theilbar ist. Stellt sich dieselbe aber als ein untrennbares Ganze dar, indem die einzelnen Bestandtheile der patentirten Vorrichtung oder die einzelnen Abschnitte des patentirten Verfahrens so wesentlich zusammenhängen, daß einzelne Theile weder beseitigt noch durch anders beschaffene Theile ersetzt werden können, so muß der Antrag sich stets gegen das ganze Patent richten (P.A. und O.H.G. im P.Bl. 1879 S. 307, G. 1, 114). Richtet sich der Antrag nur gegen einen Theil des Patents, so muß er genau angeben, welche Formulirung des verbleibenden Patents der Antragsteller wünscht.

8. Beklagter ist der eingetragene Inhaber des Patents; gehört es Mehreren, so sind alle eingetragenen Inhaber zusammen zu verklagen. Beklagter.

Da der Antrag stets gegen ein bestimmtes Patent gerichtet sein muß, so ergiebt sich deshalb die Person des Beklagten nach §. 19 Abs. 2 ohne Weiteres aus der Patentrolle (N. 11 zu §. 19), so daß es der Angabe des Beklagten in dem Antrage nicht bedarf (P.A. im Bl. 1, 223). Der in der Rolle Eingetragene wird aber nicht stets derjenige sein, welcher in dem Verfahren aufzutreten hat. Ist er handlungsunfähig, so ist sein gesetzlicher Vertreter allein berechtigt; ist er in Konkurs, so ist, wenn das Patent zur Konkursmasse gehört (§. 1 der Konkursordnung), der Konkursverwalter passiv legitimirt; ist er verstorben, so sind seine Erben zu verklagen. Haben letztere aber das Patent in der Rolle nicht umschreiben lassen, so können der Kläger und das P.A. gemäß §. 19 Abs. 2 noch den Erblasser als Beklagten behandeln; falls dieser gemäß §. 12 einen Vertreter bestellt hatte, kann deshalb diesem die Klage behändigt werden (R.G. im P.Bl. 1886 S. 51, G. 5, 245). Aus Zweckmäßigkeitsgründen, weil man dem P.A. nicht die Verpflichtung aufbürden kann, die Prozeßfähigkeit des Patentinhabers festzustellen oder seine Vertreter zu ermitteln, wird man von dem Kläger verlangen, daß er in der Klage denjenigen benennt, gegen den er dieselbe richtet.

9. Stellt der Kläger die Nichtigkeitsklage an, so muß aus derselben hervorgehen, auf welchen der Gründe des §. 10 er sie stützt und bei mangelnder Neuheit auch, welchen der Fälle des §. 2 er für gegeben erachtet. Außerdem muß er die Thatsachen im einzelnen anführen, welche das Vorliegen des Nichtigkeitsgrundes im konkreten Falle darthun (P.A. im Bl. 1, 246). Insbesondere muß er bei mangelnder Neuheit die einzelnen Benutzungsfälle anführen bezw. angeben, in welcher Druckschrift die Erfindung beschrieben und wann diese Druckschrift veröffentlicht worden, bei einer Klage aus §. 10 Nr. 2 das Patent bezeichnen, mit dessen Gegenstande die angegriffene Erfindung zusammenfällt, und die Anmeldungsdaten der beiden Patente anführen Letzteres ist, trotzdem das P.A. die Daten leicht feststellen kann, im Inter- Nichtigkeitsklage.

esse des Beklagten nothwendig, um ihm den Nachweis zu ermöglichen, daß das angefochtene Patent zuerst angemeldet worden.

Zurücknahmeklage. **10.** Bei der Zurücknahmeklage muß klar erkennbar sein, ob sie sich auf Nr. 1 oder Nr. 2 des §. 11 stützt.

Im ersten Falle ist der Antrag durch die bloße Behauptung, daß eine Ausführung im Sinne des Gesetzes nicht erfolgt sei, hinreichend begründet; dem Beklagten liegt der Beweis ob, daß er die ihm durch das Gesetz auferlegte Pflicht erfüllt hat. Weist er Maßnahmen nach, welche nach objektiven Gesichtspunkten sich als Ausführungen des Patents charakterisiren, so muß Kläger im einzelnen ausführen, warum dieselben in concreto, nach der individuellen Lage des Falls, nicht eine angemessene Verwerthung des Patents im Inlande enthalten. Erheben sich danach noch Zweifel, ob der Beklagte seiner Ausführungspflicht genügt hat, so kann das P.A. von diesem weitere Aufklärung des Sachverhalts, z. B. bezüglich seines inländischen Absatzes, verlangen und aus seinem Schweigen für ihn ungünstige Schlüsse ziehen (P.A im P.Bl 1887 S. 169, G 6, 269; P.A. und R.G. im P.Bl. 1889 S. 255, G. 7, 228). Steht die nichtgenügende Ausführung fest, so bedarf es nicht eines besonderen Nachweises, daß hierdurch das öffentliche Interesse verletzt wird (N. 2 zu §. 11), dem Beklagten steht aber der Beweis offen, daß und warum dies im einzelnen Falle nicht zutrifft (R.G. 9, 131, im P Bl. 1883 S 330, G. 4, 182).

Im Falle der Nr. 2 des §. 11 hat Kläger nachzuweisen, daß die Erlaubniß unter dem Angebot einer angemessenen Vergütung und Sicherstellung nachgesucht, daß sie vom Beklagten verweigert wurde und endlich, daß die Ertheilung der Erlaubniß an den darum Nachsuchenden im öffentlichen Interesse geboten war (N 11 zu §. 11).

Beweismittel. **11.** Der Kläger hat gleichzeitig mit den Thatsachen die Beweismittel für sie anzugeben. Der Kreis der Beweismittel ist ebenso wenig, wie in der C.P.O., ein begrenzter, nur ein Beweismittel wird im Anschluß an die Motive in der Praxis nicht zugelassen: der Parteieneid (P.A. im P.Bl. 1879 S. 241, G. 1, 329; R.G. im P.Bl. 1883 S. 465, G. 4, 99; P.A. im P.Bl. 1887 S. 169, G. 6, 269) Klostermann's Widerspruch (S 246) stützt sich darauf, daß es einer ausdrücklichen Bestimmung im Gesetze bedurft hätte, um den Eid auszuschließen, und daß aus seiner Nichterwähnung in §. 30 nur folge, daß das P.A. um seine Abnahme die ordentlichen Gerichte zu ersuchen habe; seine Ansicht hat aber keinen Anhänger gefunden und ist auch unrichtig. Bei der im verwaltungsgerichtlichen Verfahren geltenden Pflicht des Richters, von Amtswegen die materielle Wahrheit zu erforschen, und bei der ihm in Folge dessen verliehenen Befugniß, ohne jede Beschränkung nur seiner freien Ueberzeugung zu folgen, muß der den Richter bindende Parteieneid in diesem Verfahren stets als ausgeschlossen gelten, wenn er nicht durch eine ausdrückliche, seine Anwendung im einzelnen Falle genau regelnde Vorschrift zugelassen wird. Der richterliche Eid ist zwar weniger bedenklich, aber Mangels besonderer Vorschrift ebenfalls unzulässig (Kohler Deutsches

Patentrecht S. 396, v. Stengel Verwaltungsrecht 1886 S. 238, Loening Verwaltungsrecht 1884 S. 825).

12. Während vor 1891 das P.A. für das Verfahren keine Gebühren, sondern nur seine Auslagen liquidirte, ist jetzt eine Gebühr von fünfzig Mark eingeführt worden. Gebühr.

Der Kläger hat die Gebühr vorzuschießen und zwar zugleich mit Einreichung des Antrags. Richtet er die Klage gegen mehrere Patente (N. 15), so hat er für jedes Patent je 50 Mark zu zahlen. Verabsäumt er die Zahlung, so bedarf es keiner Zurückweisung des Antrags, denn er gilt in diesem Falle überhaupt nicht als gestellt; jedoch wird das P.A aus Billigkeitsgründen, wenn die fünfzig Mark nicht innerhalb 8—14 Tagen nach Eingang des Antrags gezahlt sind, den Kläger darauf aufmerksam zu machen haben, daß sein Antrag Mangels Zahlung der Gebühr als nicht gestellt gilt. Wegen der Zahlung der Gebühr vergl. N. 3 zu §. 8, wegen ihrer Einzahlung bei der Post N. 10 zu §. 9.

Die Gebühr wird nur für den zur mündlichen Verhandlung bestimmten Termin erhoben. Kommt es also nicht zu dem Termine (weil vorher die Klage zurückgenommen wird, weil das Patent inzwischen auf eine andere Nichtigkeitsklage hin vernichtet worden ist, weil das P.A. im Falle des Nichtwidersprechens des Beklagten ohne Anberaumung des Termins die Entscheidung trifft), so ist dem Kläger die Gebühr — unter Abzug der erwachsenen Auslagen — zurückzuzahlen. Kommt es dagegen zu dem Termine, so ist die Gebühr verfallen, auch wenn die Betheiligten nicht erscheinen oder nicht verhandeln.

13. Sowohl der Kläger, als der Beklagte können sich in jedem Stadium des Verfahrens eines Vertreters bedienen. Nach dieser Richtung bestimmt §. 28 der Ausführungsverordnung vom 11. Juli 1891: Vertreter.

> Vertreter in Patentangelegenheiten und in Angelegenheiten des Gebrauchsmusterschutzes haben dem Patentamt gegenüber ihre Bevollmächtigung durch eine Vollmacht nachzuweisen.
>
> Die Vollmachten müssen auf prozessfähige, mit ihrem bürgerlichen Namen bezeichnete Personen lauten.
>
> Sind mehrere Personen bevollmächtigt, so gelten dieselben für befugt, sowohl gemeinschaftlich als auch einzeln die Vertretung wahrzunehmen. Eine abweichende Bestimmung dürfen die Vollmachten nicht enthalten.

Wegen der Sprache, in welcher die Vollmacht abgefaßt ist, vergl. N. 3 zu §. 34. Keiner Vollmacht bedarf der gemäß §. 12 bestellte Vertreter eines im Auslande wohnenden Patentinhabers. Jede Partei kann auch im Termine mit einem Beistande erscheinen (O.V.G. 7, 393).

Von den Vorschriften der C.P.O. Buch I Tit. 4 „Prozeßbevollmächtigte und Beistände" werden die §§. 79, 80 Abs. 1, 81, 85—90 im Allgemeinen anwendbar sein.

Die Bestellung eines Vertreters hindert die Partei nicht, auch selbst aufzutreten oder Erklärungen abzugeben. Dies gilt insbesondere auch für den im Auslande wohnenden Beklagten, welcher gemäß §. 12 einen Vertreter bestellt hat (a. M.: P.A. im P.Bl. 1879, S. 649, G. 1, 287).

Streitgenossen.

14. Sowohl auf der aktiven, als auf der passiven Seite kann Streitgenossenschaft vorliegen, indem Mehrere zusammen als Kläger gegen dasselbe Patent auftreten oder indem die Klage gegen die mehreren Inhaber desselben Patents gerichtet wird. Im letzteren Falle ist die Streitgenossenschaft eine nothwendige d. h. jeder Beklagte kann mit der exceptio plurium litis consortium — ebenso das P.A. von Amtswegen — rügen, wenn die Mitinhaber nicht sämmtlich verklagt worden sind.

Bei dem Offizialcharakter des Verfahrens ist die Anwendbarkeit der §§. 61, 62 C.P.O. im Allgemeinen ausgeschlossen (vergl. aber N. 12 zu §. 29); ebenso ist §. 63 C.P.O. nicht anwendbar, weil der Prozeßbetrieb nicht in den Händen der Parteien liegt.

Klagenverbindung.

15. Was die Klagenverbindung anlangt, so ist die entsprechende Anwendung des §. 260 C.P.O. in der Praxis anerkannt. Danach kann der Kläger gegen dasselbe Patent die Klage gleichzeitig auf §. 10 und auf §. 11 stützen, wie er auch mehrere Gründe des §. 10 oder §. 11 kumuliren kann. Richtiger müßte allerdings im ersten Falle prinzipaliter die Nichtigkeitsklage und nur im Falle ihrer Abweisung die Klage auf Zurücknahme angestrengt werden, denn ein Patent, welches von vornherein nur eine Scheinexistenz geführt hat, bedarf nicht erst der Zurücknahme; ebenso geht bei einer Konkurrenz der Nichtigkeitsgründe der die Patentfähigkeit in Frage stellende Grund aus Nr. 1 des §. 10 den anderen Gründen vor (Robolski Abh. S. 42).

Auch die Anfechtung mehrerer Patente desselben Beklagten ist in einer Klage zulässig, wenn die Patente demselben technischen Gebiete angehören (vergl. P.A. im P.Bl. 1885 S. 335, G. 5, 210 im P.Bl. 1884 S. 193, G. 5, 227, P.A. und R.G. im P.Bl. 1887 S. 39, G. 6, 247; P.A. im P.Bl. 1889 S. 39, G. 6, 294).

Das P.A. kann aber anordnen, daß über die verschiedenen Patente gesondert verhandelt wird, auch kann es, wenn bezüglich eines der Patente die Sache zur Entscheidung reif ist, ein Theilurtheil erlassen.

Abs. 5.

Sicherheitsleistung.

16. Der letzte Absatz des §. 28 ist durch das Gesetz von 1891 angefügt worden, sein Inhalt entspricht der bisherigen Praxis des P.A., welche sich im Anschluß an §§. 110 ff. C.P.O. gebildet hatte (vergl. P.Bl. 1884 S. 411, G. 5, 273). Da die Vorschrift den §§. 110 Abs. 1, 112 Abs. 1, 113 C.P.O. nachgebildet ist, so vergl. die Kommentare zu diesen Bestimmungen.

Im Einzelnen ist zu bemerken. Die C.P.O. legt dem Ausländer die Pflicht zur Sicherheitsleistung wegen der Kosten auf, §. 28 dem im Auslande wohnenden Kläger: es kommt hier also nicht auf das Indigenat, sondern auf den Wohnsitz an (vergl. N. 2 zu §. 12). Die Pflicht tritt nur auf Verlangen des Beklagten ein; ob dieser im In- oder Auslande wohnt, ist gleichgültig. Dem bezüglichen Antrage ist ein Duplikat zur Mittheilung an den Kläger beizufügen (P.A. im P.Bl. 1888 S. 413). Das Verlangen kann, da §. 274 C.P.O. hier nicht zur Anwendung kommt, auch in einem späteren Stadium des Verfahrens gestellt werden; dies wird insbesondere, aber nicht ausschließlich vorkommen, wenn der Kläger erst während des Verfahrens seinen Wohnsitz in das Ausland verlegt (§. 111 C.P.O.). In der Berufungsinstanz kann der Antrag aber nicht mehr gestellt werden (R.G. im Bl. 2, 111, Jurist. Wochenschrift 1896 S. 59). In Folge dessen wird bei der Normirung der Sicherheit auch gleich auf die durch eine etwaige Berufungsinstanz dem Beklagten erwachsenden Kosten Rücksicht zu nehmen sein.

Die Ausnahmen des §. 110 C.P.O. kommen nicht in Betracht. Die Sicherheitsstellung wird regelmäßig durch Hinterlegung bei den amtlichen Hinterlegungsstellen erfolgen. Wegen der Höhe derselben sind Abs. 2, 3 des §. 112 C.P.O. entsprechend anzuwenden:

> Bei der Festsetzung ist derjenige Betrag der Prozesskosten zu Grunde zu legen, welchen der Beklagte wahrscheinlich aufzuwenden haben wird. Die dem Beklagten durch eine Wider klage erwachsenden Kosten sind hierbei nicht zu berücksichtigen.
>
> Ergiebt sich im Laufe des Rechtsstreits, dass die geleistete Sicherheit nicht hinreicht, so kann der Beklagte die Leistung einer weiteren Sicherheit verlangen, sofern nicht ein zur Deckung ausreichender Theil des erhobenen Anspruchs unbestritten ist.

Das in §. 109 C.P.O. angeordnete Verfahren wegen Rückgabe der Sicherheit findet ebenfalls entsprechende Anwendung.

Nach Art. 11 des Abkommens zur Regelung von Fragen des internationalen Privatrechts vom 14. November 1896 (R.G.Bl. 1899 S. 285), welches Deutschland mit Belgien, Spanien, Frankreich, Italien, Luxemburg, den Niederlanden, Portugal, der Schweiz, Schweden-Norwegen, Oesterreich-Ungarn, Dänemark, Rumänien, Rußland geschlossen hat, darf Angehörigen eines der Vertragsstaaten in einem anderen dieser Staaten als Kläger oder Intervenienten vor Gericht, sofern sie in irgend einem der Vertragsstaaten ihren Wohnsitz haben, wegen ihrer Eigenschaft als Ausländer oder deswegen, weil sie keinen Wohnsitz oder Aufenthalt im Inlande haben, eine Sicherheitsleistung oder Hinterlegung, unter welcher Benennung es auch sei, nicht auferlegt werden. Dieses Abkommen bezieht sich nach seiner Einleitung zwar nur auf den Civilprozeß; es dürfte aber kein Bedenken vorliegen, seine Bestimmungen auch auf das Nichtigkeitsverfahren anzuwenden, zumal in den meisten der Vertragsstaaten die Nichtigkeits- und Zurücknahmesachen vor den ordentlichen Gerichten im gewöhnlichen Verfahren zum Austrag kommen. Zweifelhafter ist es dagegen, ob auch die Angehörigen von Großbritannien und Irland auf Grund der Bekanntmachung des Bundesraths vom 23. Juli 1900 (R.G.Bl. S. 777) und der durch dieselbe ihnen eingeräumten Meistbegünstigungsklausel sich auf jenes internationale Abkommen berufen können (R.G. in Jurist. Wochenschrift 1900 S. 494).

§. 29.

Nachdem die Einleitung des Verfahrens verfügt ist, fordert das Patentamt den Patentinhaber unter Mittheilung des Antrags auf, sich über denselben innerhalb eines Monats zu erklären.

Erklärt der Patentinhaber binnen der Frist sich nicht, so kann ohne Ladung und Anhörung der Betheiligten sofort nach dem Antrage entschieden und bei dieser Entscheidung jede von dem Antragsteller behauptete Thatsache für erwiesen angenommen werden.

1 Entstehungsgeschichte.

Abs. 1 (N. 2—8).

2 Einleitung.
3 Zustellung.
4—7. Rechtshängigkeit.
4. Aenderung der Klage.
5. Theilnahme Dritter.
6. Veräußerung des Patents.
7. Widerklage.

8 Unterbrechung und Aussetzung.

Abs. 2 (N. 9—13).

9. Frist.
10. Erklärung.
11. Keine Erklärung.
12. Verspätete Erklärung.
13 Anerkenntniß.

Entstehungsgeschichte. 1. Das Gesetz von 1891 hat den §. 28, welcher vor ihr dem jetzigen §. 29 entsprach, unverändert gelassen, nur daß es in Abs. 1 der früheren vierwöchentlichen Frist eine einmonatliche substituirte.

Abs. 1.

Einleitung. 2. Das P.A. hat den Antrag nicht ohne Weiteres dem Beklagten mitzutheilen, sondern erst nachdem es die Einleitung des Verfahrens verfügt hat. Da diese Verfügung keine leere Formalität sein kann, so muß das P.A. auch berechtigt sein, die Einleitung abzulehnen, indem es den Antrag a limine zurückweist (a. M. Klostermann S. 241). Hierzu ist es befugt, wenn derselbe nicht die in N. 2 zu §. 28 unter a—c angegebenen Erfordernisse enthält z. B. wenn er nur auf „Mangel der Neuheit" gestützt ist, ohne irgend welche konkrete Thatsachen anzugeben (P.A. im Bl. 1, 246). Für den Fall, daß die Gebühr nicht gezahlt ist, vergl N 12 zu §. 28.

Liegt ein derartig wesentlicher Mangel des Antrags nicht vor, ist letzterer aber offenbar unbegründet oder im einzelnen nicht genügend substantiirt, oder ist die Frist des §. 28 Abs. 3 verstrichen, so kann das P.A. zweckmäßig, bevor es das Verfahren einleitet, den Antragsteller darauf aufmerksam machen, muß aber, wenn dieser dem Hinweise keine Folge giebt, einleiten. So wird auch in der Praxis verfahren.

Gegen den zurückweisenden Beschluß steht dem Antragsteller die Beschwerde zu; die Einleitungsverfügung ist unanfechtbar (N. 3, 4 zu §. 16).

Zustellung. 3. Das P.A. theilt die Einleitung des Verfahrens dem Patentinhaber mit, indem es ihm gleichzeitig Abschrift des Antrages und die Aufforderung, sich innerhalb eines Monats zu erklären, zustellt.

4. Durch die Zustellung des Antrags an den Beklagten wird ein der Rechtshängigkeit des Civilprozesses entsprechender Zustand hergestellt. Während nach der früheren Fassung der C.P.O. die Rechtshängigkeit den Kläger schlechtweg hinderte, ohne Einwilligung des Beklagten die Klage zu ändern, schreibt der jetzige §. 264 C.P.O. vor: Änderung der Klage.

Nach dem Eintritte der Rechtshängigkeit ist eine Aenderung der Klage nur zuzulassen, wenn der Beklagte einwilligt oder wenn nach dem Ermessen des Gerichts durch die Aenderung die Vertheidigung des Beklagten nicht wesentlich erschwert wird.

In Folge dessen sind die Entscheidungen des P.A., welche auf Grund des früheren Rechtszustandes die Klageänderung Mangels Einwilligung des Beklagten nicht zuließen (P.Bl. 1881 S. 169, G. 2, 217; P.Bl. 1884 S. 265, G. 5, 256), heute nicht mehr zutreffend. Jetzt wird das P.A. auch trotz Widerspruchs des Beklagten die Klageänderung zulassen können, wenn nach seiner Ansicht die zweite Alternative vorliegt. Das P.A. wird dabei berücksichtigen, daß das Gesetz dem Beklagten eine einmonatliche Erklärungsfrist auf die schriftliche Klage gewähren will, auch ist natürlich die Vorschrift des §. 28 Abs. 3 nicht zu übersehen.

Die Einwilligung des Beklagten braucht zwar nicht immer ausdrücklich erklärt zu werden. Die zwingende Vorschrift des §. 269 C.P.O., nach welcher sie stets anzunehmen ist, wenn der Beklagte, ohne der Aenderung zu widersprechen, sich in der Verhandlung auf die abgeänderte Klage eingelassen hat, darf aber nicht auf das verwaltungsgerichtliche Verfahren einfach übertragen werden, denn bei der hier geltenden Offizialmaxime muß das Gericht von Amtswegen darauf achten, daß durch die Klagänderung nicht das Vertheidigungsrecht des ungewandten Beklagten verkürzt wird (a. M.: P.A. im P.Bl. 1881 S. 119, G. 2, 217).

Bei der Entscheidung, ob eine Klageänderung vorliegt, sind die Vorschriften des §. 268 Nr. 1 und Nr. 2 C.P.O. anwendbar. Danach ist eine solche nicht anzunehmen, wenn ohne Aenderung des Klagegrundes die thatsächlichen oder rechtlichen Anführungen der Klage ergänzt oder berichtigt werden oder der Klageantrag erweitert oder beschränkt wird. Wegen des Klagegrundes vergl. N. 5 zu §. 28; an der Hand der dortigen Ausführungen ist zu entscheiden, ob eine Aenderung desselben vorliegt: in den Fällen, in welchen dort die Anstrengung einer neuen Klage für zulässig erklärt wurde, würde hier eine Aenderung nicht vorliegen, und umgekehrt (vergl. auch P.A. im P.Bl. 1881 S. 119, G. 2, 217). Die Zulässigkeit der Erweiterung des Klageantrags ist in der Praxis wiederholt anerkannt worden (P.A. im P.Bl. 1881 S. 122, G. 2, 226, im P.Bl. 1881 S. 15, G. 2, 151).

5. Nach Zustellung der Klage können Dritte, welche ein rechtliches Interesse am Obliegen einer der Parteien haben, dieser zum Zwecke ihrer Unterstützung als Nebenintervenienten beitreten (R.G. im P.Bl. 1884 S. 139, G. 5, 15). Meistens wird die Nebenintervention zu Gunsten des Beklagten erfolgen (Licenzträger, der nicht eingetragene Patenterwerber Theilnahme Dritter.

u. s. w.), seltener zu Gunsten des Klägers. Der Nebenintervenient muß sein rechtliches Interesse näher darlegen und glaubhaft machen (§§. 70, 71 C.P.O.). Daraus, daß die Klage auch ohne Begründung eines eigenen Interesse des Klägers statthaft ist, kann nicht das Recht eines Jeden hergeleitet werden, in dem anhängigen Prozesse dem Kläger als Nebenintervenient beizutreten, obgleich er zu dem Kläger in keiner solchen Beziehung steht, aus der sich sein rechtliches Interesse ergiebt, daß gerade dieser Kläger obsiege (R.G. im Bl. 2, 152). Letzteres Erforderniß wird z. B. erfüllt, wenn der Kläger im Auftrage des Nebenintervenienten die Klage erhoben hat (R.G. in Jurist. Wochenschrift 1897 S. 473).

Der Beitritt eines Dritten kann auch durch Streitverkündung einer Partei veranlaßt sein. Eine solche ist zulässig, wenn eine Partei für den Fall des ihr ungünstigen Ausgangs des Rechtsstreits einen Anspruch auf Gewährleistung oder Schadloshaltung gegen einen Dritten erheben zu können glaubt oder den Anspruch eines Dritten besorgt (§. 72 C.P.O.).

Im Gegensatze zu der C.P.O. muß man nach Analogie des §. 70 des Preuß. Gesetzes über die allgem. Landesverwaltung vom 30. Juli 1883 das Gericht auch für befugt erachten, von Amtswegen die Beiladung Dritter, deren Interesse durch die zu erlassende Entscheidung berührt wird, zu verfügen; vergl. die folgende Note a E.

Veräußerung des Patents. 6. Der Beklagte wird durch die Zustellung der Klage nicht gehindert, das Patent zu veräußern. Die Veräußerung hat aber auf das Verfahren keinen Einfluß, der Rechtsnachfolger ist nicht berechtigt, ohne Zustimmung des Klägers in dasselbe an Stelle des Beklagten einzutreten, er kann diesem nur als Nebenintervenient beitreten. Die Entscheidung über das Patent selbst, nicht über die Kosten (L.G. Berlin I im Bl. 1, 303), ist auch gegen ihn wirksam. Dies gilt nicht blos für freiwillige Veräußerungen, sondern auch für solche, welche im Wege der Zwangsvollstreckung erfolgen

Die Anwendbarkeit des §. 265 C.P.O., welcher vorstehende Sätze für den Civilprozeß ausspricht, auf das patentrechtliche Verfahren ist vom P.A. (im P.Bl. 1882 S. 91, G. 4, 159) anerkannt.

Wenn, während das Verfahren auf Nichtigkeit oder Zurücknahme anhängig ist, beim P.A. eine Rechtsnachfolge in das Patent zur Anmeldung kommt, so wird das P.A. zweckmäßig den Rechtsnachfolger von Amtswegen zum Verfahren beiladen.

Widerklage. 7. Nach Analogie des §. 33 C.P.O. ist die Erhebung einer Widerklage zulässig. Der Beklagte kann mit derselben die Erklärung der Nichtigkeit oder die Zurücknahme eines dem Kläger ertheilten Patents verlangen, wenn dasselbe mit dem in der Klage angegriffenen Patent in einem technischen Zusammenhange steht (P.A. im P.Bl. 1879 S. 649, G. 1, 287, im P.Bl. 1879 S. 287, G. 1, 293).

Die Widerklage kann auch noch im Verhandlungstermine erhoben werden (P.A. im P.Bl. 1879 S. 287, G. 1, 293); das P.A. kann dem Widerbeklagten gemäß §. 29 eine Frist zur Erklärung bewilligen, wenn es der Ansicht ist, daß er eine solche zu seiner Vertheidigung braucht. Die Ansicht von Robolski Abh. S. 42, daß die Widerklage nur durch Schriftsatz erhoben werden kann, widerspricht der Elastizität des Verfahrens.

Das P.A. kann anordnen, daß die Widerklage in einem besonderen Verfahren verhandelt wird: ebenso kann es, wenn nur die Klage oder Widerklage zur Entscheidung reif ist, ein Theilurtheil erlassen.

8. Die Bestimmungen der C.P.O. über Unterbrechung und Aussetzung des Verfahrens (§§. 239—250) sind im allgemeinen entsprechend anzuwenden, dagegen nicht die über das Ruhen des Verfahrens (§. 251), denn die letzteren basiren darauf, daß der Prozeßbetrieb den Parteien zusteht, während die ersteren von diesem Prinzip unabhängig sind. Diesen liegt der auch für Verwaltungsstreitsachen zutreffende Gedanke zu Grunde, daß, wenn eine Partei durch Ereignisse ihrem Gegner gegenüber wehrlos gemacht wird, das Verfahren so lange ruhen muß, bis der Partei Gelegenheit geboten ist, für die Vertretung ihrer Rechte zu sorgen. Die Vorschriften der C.P.O. über die Art der Aufnahme, über das Verfahren bei Verzögerung der Aufnahme sind aber nicht anwendbar; das P.A. wird im Falle des Todes den Rechtsnachfolgern, im Falle des Konkurses dem Verwalter eine Frist zur Erklärung, ob sie in das Verfahren eintreten, setzen und nach fruchtlosem Ablauf der Frist je nach der Parteistellung Zurücknahme des Antrags bezw. des Widerspruchs annehmen (Robolski Abh. S. 52). Unterbrechung und Aussetzung.

Wird über das Vermögen des Klägers der Konkurs eröffnet, so findet eine Unterbrechung nicht statt, denn das Verfahren betrifft nicht die Konkursmasse (P.A. im P.Bl. 1889 S. 39, G. 6, 294; R.G. in Jurist. Wochenschrift 1893 S. 351, P.Bl. 1894 S. 12, G. 10, 281).

Die Bestimmung des §. 148 C.P.O., daß das Gericht die Verhandlung bis zur Erledigung eines anderen Rechtsstreits aussetzen kann, wenn die Entscheidung ganz oder zum Theil von dem Bestehen oder Nichtbestehen eines Rechtsverhältnisses abhängt, welches den Gegenstand eines anderen anhängigen Rechtsstreits bildet, findet auf den Fall keine Anwendung, wenn zwei Nichtigkeitsklagen gegen dasselbe Patent gleichzeitig anhängig sind, selbst wenn beide Klagen auf dieselben Gründe sich stützen (P.A. im Bl. 6, 18).

Abs. 2.

9. Mit der Zustellung (N. 3) läuft die einmonatliche Frist. Wegen ihrer Berechnung vergl. N. 28 lit. c zu §. 3. Frist.

10. Die Erklärung des Patentinhabers, welche der Klagebeantwortung des Prozesses entspricht, muß schriftlich bei dem P.A. eingereicht werden; eine Abschrift für den Antragsteller ist beizufügen (vergl. N. 4 zu §. 24). Erklärung.

11. Wenn keine Erklärung rechtzeitig eingeht, treten nicht nothwendig die Versäumnißfolgen gegen den Beklagten ein, vielmehr hängt es vom Ermessen des P.A. ab, ob es dieselben oder das Ver- Keine Erklärung.

fahren des §. 30 eintreten lassen will. Der Komm.-Ber. I rechtfertigt dies damit, daß, da hier, namentlich bei der Frage über die Zurücknahme der Patente, öffentlich-rechtliche Interessen eine entscheidende Bedeutung haben, der Bestand oder Nichtbestand der Rechte nicht allein von der Thätigkeit oder der Nachlässigkeit einer Partei abhängig gemacht werden dürfe (S. 37).

Bei der Zurücknahmeklage auf Grund des §. 11 Nr. 2 können wegen der Vorschrift des §. 30 Abs. 3 nicht sofort die Versäumnißfolgen ausgesprochen werden (N. 11 zu §. 30).

Hat der Antragsteller mehrere selbständige Patentansprüche eines Patents oder mehrere Patente angegriffen und der Beklagte übergeht in seiner Erklärung einen der Ansprüche oder der Patente, so hat das P.A. bezüglich des übergangenen die Wahl, während bezüglich der anderen stets das Verfahren des §. 30 einzutreten hat (P.A. im P.Bl. 1881 S. 195, G. 3, 115).

Erklärt sich nur einer von mehreren Patentinhabern rechtzeitig, so ist das Versäumnißverfahren wegen der Untheilbarkeit der Entscheidung auch gegen die anderen ausgeschlossen (vergl. §. 62 C.P.O.).

Da im Falle der Nichterklärung ohne Ladung und Anhörung nur „nach dem Antrage" entschieden werden darf, so ergiebt sich daraus, daß eine gänzliche oder theilweise Abweisung des Klägers nur nach Ladung und Anhörung des Betheiligten erfolgen kann.

Die „Entscheidung nach dem Antrage" ist eine Entscheidung im Sinne des §. 14 Abs. 4, folglich darf die Nichtigkeitsabtheilung sie nur in einer Besetzung mit zwei juristischen und drei technischen Mitgliedern treffen.

Verspätete Erklärung. 12. Geht die Erklärung des Beklagten verspätet beim P.A. ein, so kann dasselbe bei der ihm durch das Gesetz eingeräumten freien Stellung sie noch berücksichtigen und von den Versäumnißfolgen absehen. Dies geschieht auch regelmäßig, es sei denn, daß die erhobenen Einwendungen offenbar nicht stichhaltig sind (P.A. im P.Bl. 1880 S. 189, G. 2, 213).

Läßt das P.A. keine Versäumnißfolgen eintreten, so kann es doch bei der Bestimmung über die Kosten (§. 31) die Verspätung zu Ungunsten des Beklagten berücksichtigen.

Anerkenntniß. 13. Was den in den §§. 29, 30 nicht behandelten Fall betrifft, daß der Beklagte ein Anerkenntniß abgiebt, so ist das P.A. durch ein solches nicht gezwungen, dem Antrage ohne Weiteres zu entsprechen. Das von Kohler Deutsches Patentrecht S. 378 für die Gegenansicht vorgebrachte Argument, in dem Anerkenntnisse liege ein — nach §. 9 zulässiger, das P.A. bindender — Verzicht auf das Patent, übersieht die Verschiedenheit des nur für die Zukunft wirkenden Verzichts von der ex tunc wirkenden Nichtigkeitserklärung; vergl. N. 2 zu §. 9 (P.A. im Bl. 1, 247). Im Zurücknahmeverfahren kann vollends bei dem im öffentlichen Interesse dem P.A. eingeräumten freien Ermessen (N. 3 zu §. 11) von einer Bindung desselben durch Privatwillkür nicht die Rede sein.

War der Antrag nicht gegen ein Patent im Ganzen, sondern nur gegen einzelne Theile desselben gerichtet, in welchem Falle der Antragsteller genau anzugeben hat, welche Formulirung des verbleibenden Patents er wünscht (N. 7 zu §. 28), so hat das Anerkenntniß für das P.A. auch aus dem Grunde keine bindende Kraft, weil dem Beklagten die freie Verfügung über die Formulirung des Patents nicht zusteht, sonst könnte durch eine Kollusion der Parteien der Patentanspruch sehr leicht in unzulässiger Weise geändert oder erweitert werden (Robolski S. 165).

§. 30.

Widerspricht der Patentinhaber rechtzeitig, oder wird im Falle des §. 29 Absatz 2 nicht sofort nach dem Antrage entschieden, so trifft das Patentamt, und zwar im ersteren Falle unter Mittheilung des Widerspruchs an den Antragsteller, die zur Aufklärung der Sache erforderlichen Verfügungen. Es kann die Vernehmung von Zeugen und Sachverständigen anordnen. Auf dieselben finden die Vorschriften der Civilprozeßordnung entsprechende Anwendung. Die Beweisverhandlungen sind unter Zuziehung eines beeidigten Protokollführers aufzunehmen.

Die Entscheidung erfolgt nach Ladung und Anhörung der Betheiligten.

Wird die Zurücknahme des Patents auf Grund des §. 11 Nr. 2 beantragt, so muß der diesem Antrage entsprechenden Entscheidung eine Androhung der Zurücknahme unter Angabe von Gründen und unter Festsetzung einer angemessenen Frist vorausgehen.

Abs. 1 (N. 1—4).

1. Widerspruch.
2. Verfügungen zur Aufklärung.
3. Zeugen und Sachverständige.
4. Protokollführer.

Abs. 2 (N. 5—10).

5. Verhandlungstermin.
6. Nicht öffentlich.
7. Versäumniß.
8. Beweisbeschluß.
9. Offizialmaxime.
10. Besetzung der Abtheilung.

Abs. 3 (N. 11).

11. Androhung.

Abs. 1.

1. Wegen des Widerspruchs vergl. N. 8, 9 zu §. 29. **Widerspruch.**

Hat der Beklagte rechtzeitig widersprochen, so kann er beim P.A. eine Fristverlängerung für die Widerlegung der klägerischen Anführungen nachsuchen.

Die Abschrift des Widerspruchs bezw. der späteren Erklärung des Beklagten ist vom P.A. dem Kläger mitzutheilen.

Verfügungen zur Aufklärung. **2.** Die zur **Aufklärung erforderlichen Verfügungen**, welche das P.A. trifft, sind nach Lage des Falles verschieden. Es kann einen weiteren Schriftenwechsel der Parteien anordnen, von jeder derselben über einzelne Thatsachen Erklärungen oder Angabe von Beweismitteln verlangen, auch über alle oder einzelne Behauptungen, welche bestritten und erheblich sind, Beweis erheben.

Beweisaufnahmen in diesem Stadium finden aber regelmäßig beim P.A. nicht statt, vielmehr pflegt dasselbe solche erst auf Grund der mündlichen Verhandlung zu beschließen; vergl. deshalb N. 8, deren Inhalt auch zutrifft, falls das P.A Beweiserhebungen vor der mündlichen Verhandlung anordnet. Zu derartigen Anordnungen genügt die Mitwirkung von drei Mitgliedern der Nichtigkeitsabtheilung (§. 14 Abs. 4).

Zeugen und Sachverständige. **3.** Das Gesetz hebt insbesondere die Zulässigkeit der Vernehmung von **Zeugen und Sachverständigen** hervor und erklärt auf dieselbe die Vorschriften der C.P.O. entsprechend anwendbar. Diese Vorschriften stehen im zweiten Buch der C.P.O und lauten:

Siebenter Titel.

Zeugenbeweis.

§. 373. Die Antretung des Zeugenbeweises erfolgt durch die Benennung der Zeugen und die Bezeichnung der Thatsachen, über welche die Vernehmung der Zeugen stattfinden soll

§. 374. Die Vernehmung neuer Zeugen, welche nach Erlassung eines Beweisbeschlusses bezüglich der in demselben bezeichneten streitigen Thatsachen benannt werden, ist auf Antrag zurückzuweisen, wenn durch die Vernehmung die Erledigung des Rechtsstreits verzögert werden würde und das Gericht die Ueberzeugung gewinnt, dass die Partei in der Absicht, den Prozess zu verschleppen, oder aus grober Nachlässigkeit die Zeugen nicht früher benannt hat.

§. 375. Die Aufnahme des Zeugenbeweises kann einem Mitgliede des Prozessgerichts oder einem anderen Gericht übertragen werden:

1. wenn zur Ausmittelung der Wahrheit die Vernehmung des Zeugen an Ort und Stelle dienlich erscheint;
2. wenn die Beweisaufnahme vor dem Prozessgericht erheblichen Schwierigkeiten unterliegen würde;
3. wenn der Zeuge verhindert ist, vor dem Prozessgerichte zu erscheinen;
4. wenn der Zeuge in grosser Entfernung von dem Sitze des Prozessgerichts sich aufhält.

Die Landesherren und die Mitglieder der landesherrlichen Familien sowie die Mitglieder der Fürstlichen Familie Hohenzollern sind durch ein Mitglied des Prozessgerichts oder durch ein anderes Gericht in ihrer Wohnung zu vernehmen Da-

Gleiche gilt in Ansehung der Mitglieder des vormaligen Hannoverschen Königshauses, des vormaligen Kurhessischen und des vormaligen Herzoglich Nassauischen Fürstenhauses.

§. 376. Oeffentliche Beamte, auch wenn sie nicht mehr im Dienste sind, dürfen über Umstände, auf welche sich ihre Pflicht zur Amtsverschwiegenheit bezieht, als Zeugen nur mit Genehmigung ihrer vorgesetzten Dienstbehörde oder der ihnen zuletzt vorgesetzt gewesenen Dienstbehörde vernommen werden. Für den Reichskanzler bedarf es der Genehmigung des Kaisers, für die Minister der Genehmigung des Landesherrn, für die Mitglieder der Senate der freien Hansestädte der Genehmigung des Senats.

Die Genehmigung darf nur versagt werden, wenn die Ablegung des Zeugnisses dem Wohle des Reichs oder eines Bundesstaates Nachtheil bereiten würde.

Die Genehmigung ist durch das Prozessgericht einzuholen und dem Zeugen bekannt zu machen.

§. 377. Die Ladung der Zeugen ist von dem Gerichtsschreiber unter Bezugnahme auf den Beweisbeschluss auszufertigen und von Amtswegen zuzustellen.

Die Ladung muss enthalten:

1. die Bezeichnung der Parteien;
2. den Gegenstand der Vernehmung;
3. die Anweisung, zur Ablegung des Zeugnisses bei Vermeidung der durch das Gesetz angedrohten Strafen in dem nach Zeit und Ort zu bezeichnenden Termine zu erscheinen.

§. 378. Die Ladung einer dem aktiven Heere oder der aktiven Marine angehörenden Person des Soldatenstandes als Zeuge erfolgt durch Ersuchen der Militärbehörde.

§. 379. Das Gericht kann die Ladung davon abhängig machen, dass der Beweisführer einen Vorschuss zur Deckung der Staatskasse wegen der durch die Vernehmung des Zeugen erwachsenden Auslagen hinterlegt.

Erfolgt die Hinterlegung nicht binnen der bestimmten Frist, so unterbleibt die Ladung, wenn die Hinterlegung nicht so zeitig nachgeholt wird, dass die Vernehmung ohne Verzögerung des Verfahrens erfolgen kann.

§. 380. Ein ordnungsmässig geladener Zeuge, welcher nicht erscheint, ist, ohne dass es eines Antrags bedarf, in die durch das Ausbleiben verursachten Kosten sowie zu einer Geldstrafe bis zu dreihundert Mark und für den Fall, dass diese nicht beigetrieben werden kann, zur Strafe der Haft bis zu sechs Wochen zu verurtheilen.

Im Falle wiederholten Ausbleibens ist die Strafe noch

einmal zu erkennen, auch kann die zwangsweise Vorführung des Zeugen angeordnet werden.

Gegen diese Beschlüsse findet die Beschwerde statt.

Die Festsetzung und die Vollstreckung der Strafe gegen eine dem aktiven Heere oder der aktiven Marine angehörende Militärperson erfolgt auf Ersuchen durch das Militärgericht, die Vorführung einer solchen Person durch Ersuchen der Militärbehörde.

§. 381. Die Verurtheilung in Strafe und Kosten sowie die Anordnung der zwangsweisen Vorführung unterbleiben, wenn das Ausbleiben des Zeugen genügend entschuldigt ist. Erfolgt nachträglich genügende Entschuldigung, so werden die gegen den Zeugen getroffenen Anordnungen wieder aufgehoben.

Die Anzeigen und Gesuche des Zeugen können schriftlich oder zum Protokolle des Gerichtsschreibers oder mündlich in dem zur Vernehmung bestimmten neuen Termine angebracht werden.

§. 382. Der Reichskanzler, die Minister eines Bundesstaates, die Mitglieder der Senate der freien Hansestädte, die Vorstände der obersten Reichsbehörden und die Vorstände der Ministerien sind an ihrem Amtssitze oder, wenn sie sich ausserhalb desselben aufhalten, an ihrem Aufenthaltsorte zu vernehmen.

Die Mitglieder des Bundesraths sind während ihres Aufenthalts am Sitze des Bundesraths an diesem Sitze, die Mitglieder einer deutschen gesetzgebenden Versammlung während der Sitzungsperiode und ihres Aufenthalts am Orte der Versammlung an diesem Orte zu vernehmen.

Zu einer Abweichung von den vorstehenden Bestimmungen bedarf es:

in Betreff des Reichskanzlers der Genehmigung des Kaisers,

in Betreff der Minister und der Mitglieder des Bundesraths der Genehmigung des Landesherrn,

in Betreff der Mitglieder der Senate der freien Hansestädte der Genehmigung des Senats,

in Betreff der übrigen vorbezeichneten Beamten der Genehmigung ihres unmittelbaren Vorgesetzten,

in Betreff der Mitglieder einer gesetzgebenden Versammlung der Genehmigung der letzteren.

§. 383. Zur Verweigerung des Zeugnisses sind berechtigt

1. der Verlobte einer Partei;
2. der Ehegatte einer Partei, auch wenn die Ehe nicht mehr besteht;
3. diejenigen, welche mit einer Partei in gerader Linie verwandt, verschwägert oder durch Adoption verbunden, oder

in der Seitenlinie bis zum dritten Grade verwandt oder bis zum zweiten Grade verschwägert sind, auch wenn die Ehe, durch welche die Schwägerschaft begründet ist, nicht mehr besteht;

4. Geistliche in Ansehung desjenigen, was ihnen bei der Ausübung der Seelsorge anvertraut ist;
5. Personen, welchen kraft ihres Amtes, Standes oder Gewerbes Thatsachen anvertraut sind, deren Geheimhaltung durch die Natur derselben oder durch gesetzliche Vorschrift geboten ist, in Betreff der Thatsachen, auf welche die Verpflichtung zur Verschwiegenheit sich bezieht.

Die unter Nr. 1—3 bezeichneten Personen sind vor der Vernehmung über ihr Recht zur Verweigerung des Zeugnisses zu belehren.

Die Vernehmung der Nr. 4, 5 bezeichneten Personen ist, auch wenn das Zeugniss nicht verweigert wird, auf Thatsachen nicht zu richten, in Ansehung welcher erhellt, dass ohne Verletzung der Verpflichtung zur Verschwiegenheit ein Zeugniss nicht abgelegt werden kann.

§. 384. Das Zeugniss kann verweigert werden:

1. über Fragen, deren Beantwortung dem Zeugen oder einer Person, zu welcher derselbe in einem der im §. 383 Nr. 1—3 bezeichneten Verhältnisse steht, einen unmittelbaren vermögensrechtlichen Schaden verursachen würde;
2. über Fragen, deren Beantwortung dem Zeugen oder einem der im §. 383 Nr. 1—3 bezeichneten Angehörigen desselben zur Unehre gereichen oder die Gefahr strafgerichtlicher Verfolgung zuziehen würde;
3. über Fragen, welche der Zeuge nicht würde beantworten können, ohne ein Kunst- oder Gewerbegeheimniss zu offenbaren.

§. 385. In den Fällen des §. 383 Nr. 1—3 und des §. 384 Nr. 1 darf der Zeuge das Zeugniss nicht verweigern:

1. über die Errichtung und den Inhalt eines Rechtsgeschäfts, bei dessen Errichtung er als Zeuge zugezogen war;
2. über Geburten, Verheirathungen oder Sterbefälle von Familiengliedern;
3. über Thatsachen, welche die durch das Familienverhältniss bedingten Vermögensangelegenheiten betreffen;
4. über diejenigen auf das streitige Rechtsverhältniss sich beziehenden Handlungen, welche von ihm selbst als Rechtsvorgänger oder Vertreter einer Partei vorgenommen sein sollen.

Die im §. 383 Nr. 4, 5 bezeichneten Personen dürfen das Zeugniss nicht verweigern, wenn sie von der Verpflichtung zur Verschwiegenheit entbunden sind.

§. 386. Der Zeuge, welcher das Zeugniss verweigert, hat vor dem zu seiner Vernehmung bestimmten Termine schriftlich oder zum Protokolle des Gerichtsschreibers oder in diesem Termine die Thatsachen, auf welche er die Weigerung gründet, anzugeben und glaubhaft zu machen.

Zur Glaubhaftmachung genügt in den Fällen des §. 388 Nr. 4. 5 die mit Berufung auf einen geleisteten Diensteid abgegebene Versicherung.

Hat der Zeuge seine Weigerung schriftlich oder zum Protokolle des Gerichtsschreibers erklärt, so ist er nicht verpflichtet, in dem zu seiner Vernehmung bestimmten Termine zu erscheinen.

Von dem Eingange einer Erklärung des Zeugen oder von der Aufnahme einer solchen zum Protokolle hat der Gerichtsschreiber die Parteien zu benachrichtigen.

§. 387. Ueber die Rechtmässigkeit der Weigerung wird von dem Prozessgerichte nach Anhörung der Parteien entschieden.

Der Zeuge ist nicht verpflichtet, sich durch einen Anwalt vertreten zu lassen.

Gegen das Zwischenurtheil findet sofortige Beschwerde statt.

§. 388. Hat der Zeuge seine Weigerung schriftlich oder zum Protokolle des Gerichtsschreibers erklärt und ist er in dem Termine nicht erschienen, so hat auf Grund seiner Erklärungen ein Mitglied des Prozessgerichts Bericht zu erstatten.

§. 389. Erfolgt die Weigerung vor einem beauftragten oder ersuchten Richter, so sind die Erklärungen des Zeugen, wenn sie nicht schriftlich oder zum Protokolle des Gerichtsschreibers abgegeben sind, nebst den Erklärungen der Parteien in das Protokoll aufzunehmen

Zur mündlichen Verhandlung vor dem Prozessgerichte werden der Zeuge und die Parteien von Amtswegen geladen.

Auf Grund der von dem Zeugen und den Parteien abgegebenen Erklärungen hat ein Mitglied des Prozessgerichts Bericht zu erstatten. Nach dem Vortrage des Berichterstatters können der Zeuge und die Parteien zur Begründung ihrer Anträge das Wort nehmen: neue Thatsachen oder Beweismittel dürfen nicht geltend gemacht werden.

§. 390. Wird das Zeugniss oder die Eidesleistung ohne Angabe eines Grundes oder, nachdem der vorgeschützte Grund rechtskräftig für unerheblich erklärt ist, verweigert, so ist der Zeuge, ohne dass es eines Antrags bedarf, in die durch die Weigerung verursachten Kosten sowie zu einer Geldstrafe bis zu dreihundert Mark und für den Fall, dass diese nicht beigetrieben werden kann, zur Strafe der Haft bis zu sechs Wochen zu verurtheilen.

Im Falle wiederholter Weigerung ist auf Antrag zur Erzwingung des Zeugnisses die Haft anzuordnen, jedoch nicht über den Zeitpunkt der Beendigung des Prozesses in der Instanz hinaus. Die Vorschriften über die Haft im Zwangsvollstreckungsverfahren finden entsprechende Anwendung.

Gegen diese Beschlüsse findet die Beschwerde statt.

Die Festsetzung und die Vollstreckung der Strafe gegen eine dem aktiven Heere oder der aktiven Marine angehörende Militärperson erfolgt auf Ersuchen durch das Militärgericht.

§. 391. Jeder Zeuge ist einzeln und vor seiner Vernehmung zu beeidigen; die Beeidigung kann jedoch aus besonderen Gründen, namentlich wenn Bedenken gegen ihre Zulässigkeit obwalten, bis nach Abschluss der Vernehmung ausgesetzt werden.

Die Parteien können auf die Beeidigung verzichten.

§. 392. Der vor der Vernehmung zu leistende Eid lautet:

dass Zeuge nach bestem Wissen die reine Wahrheit sagen, nichts verschweigen und nichts hinzusetzen werde;

der nach der Vernehmung zu leistende Eid lautet:

dass Zeuge nach bestem Wissen die reine Wahrheit gesagt, nichts verschwiegen und nichts hinzugesetzt habe.

§. 393. Unbeeidigt sind zu vernehmen:

1. Personen, welche zur Zeit der Vernehmung das sechzehnte Lebensjahr noch nicht vollendet oder wegen mangelnder Verstandesreife oder wegen Verstandesschwäche von dem Wesen und der Bedeutung des Eides keine genügende Vorstellung haben;
2. Personen, welche nach den Bestimmungen der Strafgesetze unfähig sind, als Zeugen eidlich vernommen zu werden;
3. die nach §. 383 Nr. 1—3 und §. 384 Nr. 1, 2 zur Verweigerung des Zeugnisses berechtigten Personen, sofern sie von diesem Rechte keinen Gebrauch machen, die im §. 384 Nr. 1, 2 bezeichneten Personen jedoch nur dann, wenn sie lediglich über solche Thatsachen vorgeschlagen sind, auf welche sich das Recht zur Verweigerung des Zeugnisses bezieht;
4. Personen, welche bei dem Ausgange des Rechtsstreits unmittelbar betheiligt sind.

Das Prozessgericht kann die nachträgliche Beeidigung der unter den beiden letzten Nummern bezeichneten Personen anordnen.

§. 394. Jeder Zeuge ist einzeln und in Abwesenheit der später abzuhörenden Zeugen zu vernehmen.

Zeugen, deren Aussagen sich widersprechen, können einander gegenüber gestellt werden.

§. 395. Die Vernehmung beginnt damit, dass der Zeuge über Vornamen und Zunamen, Alter, Religionsbekenntniss, Stand oder Gewerbe und Wohnort befragt wird. Erforderlichenfalls sind ihm Fragen über solche Umstände, welche seine Glaubwürdigkeit in der vorliegenden Sache betreffen, insbesondere über seine Beziehungen zu den Parteien vorzulegen.

§. 396. Der Zeuge ist zu veranlassen, dasjenige, was ihm von dem Gegenstande seiner Vernehmung bekannt ist, im Zusammenhange anzugeben.

Zur Aufklärung und zur Vervollständigung der Aussage, sowie zur Erforschung des Grundes, auf welchem die Wissenschaft des Zeugen beruht, sind nöthigenfalls weitere Fragen zu stellen.

Der Vorsitzende hat jedem Mitgliede des Gerichts auf Verlangen zu gestatten, Fragen zu stellen.

§. 397. Die Parteien sind berechtigt, dem Zeugen diejenigen Fragen vorlegen zu lassen, welche sie zur Aufklärung der Sache oder der Verhältnisse des Zeugen für dienlich erachten.

Der Vorsitzende kann den Parteien gestatten, und hat ihren Anwälten auf Verlangen zu gestatten, an den Zeugen unmittelbar Fragen zu richten.

Zweifel über die Zulässigkeit einer Frage entscheidet das Gericht

§. 398. Das Prozessgericht kann nach seinem Ermessen die wiederholte Vernehmung eines Zeugen anordnen.

Hat ein beauftragter oder ersuchter Richter bei der Vernehmung die Stellung der von einer Partei angeregten Frage verweigert, so kann das Prozessgericht die nachträgliche Vernehmung des Zeugen über diese Frage anordnen.

Bei der wiederholten oder der nachträglichen Vernehmung kann der Richter statt der nochmaligen Beeidigung den Zeugen die Richtigkeit seiner Aussage unter Berufung auf den früher geleisteten Eid versichern lassen.

§. 399. Die Partei kann auf einen Zeugen, welchen sie vorgeschlagen hat, verzichten, der Gegner kann aber verlangen, dass der erschienene Zeuge vernommen und, wenn die Vernehmung bereits begonnen hat, dass dieselbe fortgesetzt werde.

§. 400. Der mit der Beweisaufnahme betraute Richter ist ermächtigt, im Falle des Nichterscheinens oder der Zeugnissverweigerung die gesetzlichen Verfügungen zu treffen, auch dieselben, soweit dieses überhaupt zulässig ist, selbst nach

Erledigung des Auftrags wieder aufzuheben, über die Zulässigkeit einer dem Zeugen vorgelegten Frage vorläufig zu entscheiden und die nochmalige Vernehmung eines Zeugen vorzunehmen.

§. 401. Jeder Zeuge hat nach Massgabe der Gebührenordnung auf Entschädigung für Zeitversäumniss und, wenn sein Erscheinen eine Reise erforderlich macht, auf Erstattung der Kosten Anspruch, welche durch die Reise und den Aufenthalt am Orte der Vornehmung verursacht werden.

Achter Titel.

Beweis durch Sachverständige.

§. 402. Auf den Beweis durch Sachverständige finden die Vorschriften über den Beweis durch Zeugen entsprechende Anwendung, insoweit nicht in den nachfolgenden Paragraphen abweichende Bestimmungen enthalten sind.

§. 403. Die Antretung des Beweises erfolgt durch dis Bezeichnung der zu begutachtenden Punkte.

§. 404. Die Auswahl der zuzuziehenden Sachverständigen und die Bestimmung ihrer Anzahl erfolgt durch das Prozessgericht. Dasselbe kann sich auf die Ernennung eines einzigen Sachverständigen beschränken. Es kann an Stelle der zuerst ernannten Sachverständigen andere ernennen.

Sind für gewisse Arten von Gutachten Sachverständige öffentlich bestellt, so sollen andere Personen nur dann gewählt werden, wenn besondere Umstände es erfordern.

Das Gericht kann die Parteien auffordern, Personen zu bezeichnen, welche geeignet sind, als Sachverständige vernommen zu werden.

Einigen sich die Parteien über bestimmte Personen als Sachverständige, so hat das Gericht dieser Einigung Folge zu geben; das Gericht kann jedoch die Wahl der Parteien auf eine bestimmte Anzahl beschränken.

§. 405. Das Prozessgericht kann den mit der Beweisaufnahme betrauten Richter zur Ernennung der Sachverständigen ermächtigen. Derselbe hat in diesem Falle die in dem vorstehenden Paragraphen dem Prozessgerichte beigelegten Befugnisse auszuüben.

§. 406. Ein Sachverständiger kann aus denselben Gründen, welche zur Ablehnung eines Richters berechtigen, abgelehnt werden. Ein Ablehnungsgrund kann jedoch nicht daraus entnommen werden, dass der Sachverständige als Zeuge vernommen worden ist.

Das Ablehnungsgesuch ist bei demjenigen Gericht oder Richter, von welchem die Ernennung des Sachverständigen erfolgt ist, vor der Vernehmung desselben, bei schriftlicher

Begutachtung vor erfolgter Einreichung des Gutachtens anzubringen. Nach diesem Zeitpunkt ist die Ablehnung nur zulässig, wenn glaubhaft gemacht wird, dass der Ablehnungsgrund vorher nicht geltend gemacht werden konnte. Das Ablehnungsgesuch kann vor dem Gerichtsschreiber zu Protokoll erklärt werden.

Der Ablehnungsgrund ist glaubhaft zu machen; zur Versicherung an Eidesstatt darf die Partei nicht zugelassen werden

Die Entscheidung erfolgt von dem im zweiten Absatze bezeichneten Gericht oder Richter; eine vorgängige mündliche Verhandlung der Betheiligten ist nicht erforderlich.

Gegen den Beschluss, durch welchen die Ablehnung für begründet erklärt wird, findet kein Rechtsmittel; gegen den Beschluss, durch welchen dieselbe für unbegründet erklärt wird, findet sofortige Beschwerde statt.

§. 407. Der zum Sachverständigen Ernannte hat der Ernennung Folge zu leisten, wenn er zur Erstattung von Gutachten der erforderten Art öffentlich bestellt ist oder wenn er die Wissenschaft, die Kunst oder das Gewerbe, deren Kenntniss Voraussetzung der Begutachtung ist, öffentlich zum Erwerbe ausübt oder wenn er zur Ausübung derselben öffentlich bestellt oder ermächtigt ist.

Zur Erstattung des Gutachtens ist auch derjenige verpflichtet, welcher sich zu derselben vor Gericht bereit erklärt hat.

§. 408. Dieselben Gründe, welche einen Zeugen berechtigen, das Zeugniss zu verweigern, berechtigen einen Sachverständigen zur Verweigerung des Gutachtens. Das Gericht kann auch aus anderen Gründen einen Sachverständigen von der Verpflichtung zur Erstattung des Gutachtens entbinden.

Die Vernehmung eines öffentlichen Beamten als Sachverständigen findet nicht statt, wenn die vorgesetzte Behörde des Beamten erklärt, dass die Vernehmung den dienstlichen Interessen Nachtheile bereiten würde.

§. 409. Im Falle des Nichterscheinens oder der Weigerung eines zur Erstattung des Gutachtens verpflichteten Sachverständigen wird dieser zum Ersatze der Kosten und zu einer Geldstrafe bis zu dreihundert Mark verurtheilt. Im Falle wiederholten Ungehorsams kann noch einmal eine Geldstrafe bis zu sechshundert Mark erkannt werden.

Gegen den Beschluss findet Beschwerde statt.

Die Festsetzung und die Vollstreckung der Strafe gegen eine dem aktiven Heere oder der aktiven Marine angehörende Militärperson erfolgt auf Ersuchen durch das Militärgericht.

§. 410. Der Sachverständige hat, wenn nicht beide Parteien auf seine Beeidigung verzichten, vor Erstattung des Gutachtens einen Eid dahin zu leisten:

dass er das von ihm geforderte Gutachten unparteiisch und nach bestem Wissen und Gewissen erstatten werde.

Ist der Sachverständige für die Erstattung von Gutachten der betreffenden Art im Allgemeinen beeidigt, so genügt die Berufung auf den geleisteten Eid.

§. 411. Wird schriftliche Begutachtung angeordnet, so hat der Sachverständige das von ihm unterschriebene Gutachten auf der Gerichtsschreiberei niederzulegen.

Das Gericht kann das Erscheinen des Sachverständigen anordnen, damit derselbe das schriftliche Gutachten erläutere.

§. 412. Das Gericht kann eine neue Begutachtung durch dieselben oder durch andere Sachverständige anordnen, wenn es das Gutachten für ungenügend erachtet.

Das Gericht kann die Begutachtung durch einen anderen Sachverständigen anordnen, wenn ein Sachverständiger nach Erstattung des Gutachtens mit Erfolg abgelehnt ist.

§. 413. Der Sachverständige hat nach Massgabe der Gebührenordnung auf Entschädigung für Zeitversäumniss, auf Erstattung der ihm verursachten Kosten und ausserdem auf angemessene Vergütung seiner Mühewaltung Anspruch.

§. 414. Insoweit zum Beweise vergangener Thatsachen oder Zustände, zu deren Wahrnehmung eine besondere Sachkunde erforderlich war, sachkundige Personen zu vernehmen sind, kommen die Vorschriften über den Zeugenbeweis zur Anwendung.

Wegen der in diesen Bestimmungen erwähnten Beschwerde vergl. N. 5 zu §. 16; das in diesen Bestimmungen (vergl. §§. 387 ff.) erwähnte Prozeßgericht ist das P.A.

Derjenige, in dessen Interesse und für dessen Rechnung eine vorgeschobene Person die Klage erhoben hat, kann als Zeuge oder Sachverständiger nicht vernommen werden (R.G. im Bl. 1, 285).

4. Zu allen Beweisverhandlungen d. h. zu jeder Beweisaufnahme, also z. B. auch zur Aufnahme des Augenscheins, muß ein beeidigter Protokollführer zugezogen werden, welcher das aufzunehmende Protokoll mit zu unterzeichnen hat; ist dies verabsäumt worden, so darf die Beweisverhandlung nicht berücksichtigt werden (O.V.G. 6, 322). Protokollführer.

Abs. 2.

5. Ist der Schriftenwechsel beendigt, so beraumt der Vorsitzende einen Termin zur mündlichen Verhandlung an, zu welchem die Betheiligten (Parteien, Nebenintervenienten, Beigeladene) bezw. ihre Vertreter geladen werden. Verhandlungstermin.

In dem Termine referirt zunächst der vom Vorsitzenden bestimmte

Berichterstatter; dann erhalten die Betheiligten bezw. ihre Vertreter das Wort.

Der Vorsitzende hat, so weit dies nicht vor der Verhandlung bereits mit Erfolg geschehen ist, durch Fragen darauf hinzuwirken, daß unklare Anträge erläutert, ungenügende Angaben der geltend gemachten Thatsachen ergänzt und die Beweismittel bezeichnet, überhaupt alle für die Feststellung des Sachverhältnisses erheblichen Erklärungen abgegeben werden; er hat darauf hinzuwirken, daß die Parteien über alle erheblichen Thatsachen sich vollständig erklären und die sachdienlichen Anträge stellen (§§. 136, 503 C.P.O.) Er muß jedem Mitgliede des Gerichts auf Verlangen gestatten, Fragen zu stellen (vergl. §. 396 Abs. 3 C.P.O.).

Nicht öffentlich. 6. Die mündlichen Verhandlungen sind nicht öffentlich, weil unter Umständen in denselben Fabrikationsverhältnisse zur Erörterung gelangen müssen, deren Verbreitung den Betheiligten nicht erwünscht ist (Mot. I S. 34). Die Betheiligten haben stets das Recht, den Verhandlungen, auch den Beweisverhandlungen, beizuwohnen; anderen Personen kann es der Vorsitzende gestatten.

Versäumniß. 7. Wenn eine der Parteien in dem Termine ausbleibt, so treffen sie keine Versäumnißfolgen, vielmehr hat das P.A. auch in diesem Falle nach Lage der Sache, demnach unter Umständen auch gegen die allein erschienene Partei, zu entscheiden (P.A. im P.Bl. 1881 S. 227, G. 3, 256).

Beweisbeschluß. 8. Wird ein besonderes Beweisaufnahmeverfahren vor der Entscheidung für nothwendig erachtet, so erläßt das P.A. einen dasselbe anordnenden Beweisbeschluß. Es hat gleichzeitig zu bestimmen, ob die Beweisaufnahme durch Ersuchen eines Gerichts, durch ein beauftragtes Mitglied des P.A. oder vor letzterem selbst erfolgen soll. Der Beweisbeschluß ist durch ein Rechtsmittel nicht anfechtbar (vergl. N. 3 zu §. 16). Bezüglich der den Klagantrag begründenden Thatsachen (Mangel der gewerblichen Verwerthbarkeit, Mangel der Neuheit u. s. w.) liegt die Beweislast dem Kläger ob (vergl. R.G im Bl 5, 192)

Wegen der zulässigen Beweismittel vergl. N. 11 zu §. 28.

Wenn auch nur bezüglich der Zeugen und Sachverständigen den Vorschriften der C.P.O. (§§. 373—414) ausdrücklich entsprechende Anwendbarkeit beigelegt ist, so muß dasselbe unzweifelhaft auch für ihre Bestimmungen über Beweis durch Augenschein (§§. 371, 372) gelten. Vergl. über diese sämmtlichen Vorschriften die Kommentare zur C.P.O

Die Bestimmungen über Urkunden (§§. 415—444 C.P.O.) finden nur so weit Anwendung, als sie mit der Offizialmaxime und dem von allen Beweisregeln befreiten richterlichen Ermessen nicht in Widerspruch stehen. In Folge dessen sind die Vorschriften über die Beweiskraft für das P.A. nicht bindend, es wird sie aber als Niederschlag zutreffender Prinzipien regelmäßig anwenden. Dasselbe muß auch bezüglich der Edition von Urkunden gelten, zumal die Gründe, aus welchen die C.P.O. zur Vorlegung verpflichtet, im wesentlichen materiellrechtlicher Natur sind;

vergl. §. 422 C.P.O., §. 810 B.G.B., sowie die Kommentare zu diesen Gesetzesstellen. Der Editionseid ist natürlich ausgeschlossen.

9. Bei der Entscheidung sowohl, wie hinsichtlich der Beweisaufnahme hat das P.A. in Folge der Offizialmaxime eine ganz freie Stellung, indem es von Amtswegen Thatsachen und Beweismittel berücksichtigen darf, welche von den Parteien nicht vorgebracht worden sind. Indessen muß es dieselben zuvor den Parteien mittheilen, damit diese in der Lage sind, sie zum Gegenstande der Verhandlung zu machen. Ist dies vom P.A. versäumt worden, so kann das R.G. den Mangel dadurch beseitigen, daß es in der Berufungsinstanz den Parteien Gelegenheit zur Aeußerung giebt. (Bolze 4, 1504; P.A. und R.G. im P.Bl. 1884 S. 293, G. 5, 137; R.G. im Bl. 5, 28, Jurist. Wochenschrift 1898 S. 646). Offizialmaxime.

Die Schranken, welche dem P.A. in der Freiheit von dem Parteivorbringen und in der von diesem unabhängigen Beurtheilung der Sachlage gesetzt sind, bestehen darin, daß es weder den Klagegrund verändern noch über die Anträge der Parteien hinausgehen darf (P.A. im P.Bl. 1879 S. 287, G. 1, 293, im P.Bl. 1880 S. 205, im P.Bl. 1881 S. 143, G. 2, 179; P.A. und R.G. im P.Bl. 1884 S. 293, G. 5, 137). In Widerspruch damit hält das P.A. sich für befugt, bei einer Klage, welche auf theilweise Nichtigkeit gerichtet ist, die vollständige Nichtigkeit auszusprechen (Bl. 5, 101).

10. Die Entscheidung der Nichtigkeitsabtheilung muß in einer Besetzung von zwei rechtskundigen und drei technischen Mitgliedern erfolgen, zu anderen Beschlußfassungen genügt die Anwesenheit von drei Mitgliedern (N. 6 zu §. 14). Danach würde zur Fassung eines Beweisbeschlusses eigentlich die Anwesenheit von drei Mitgliedern genügen. Beim Beginn einer mündlichen Verhandlung kann aber nie mit Sicherheit vorausgesagt werden, daß ein solcher Beschluß ergehen wird, denn es ist z. B. niemals ausgeschlossen, daß in Folge einer Einigung ein Anerkenntniß des Beklagten ergeht; deshalb muß die Abtheilung in den mündlichen Verhandlungen stets von vornherein mit fünf Mitgliedern besetzt sein. Besetzung der Abtheilung.

Abs. 3.

11. Da die Androhung der Zurücknahme in dem Verfahren auf Grund des §. 11 Nr. 2 nur der „dem Antrage entsprechenden" Entscheidung vorauszugehen braucht, so ergiebt sich, daß sie, wenn der Antrag zurückgewiesen wird, nicht nöthig ist. Da der Antrag nun aber nicht ohne mündliche Verhandlung zurückgewiesen werden kann (N. 11 zu §. 29), so folgt daraus, daß die Androhung erst auf Grund einer solchen erlassen werden kann; deshalb ist auch das Verfahren des §. 28 Abs. 2 bei dem Verfahren auf Grund des §. 11 Nr. 2 ausgeschlossen. Androhung.

Das P.A. hat die Androhung nur zu erlassen, wenn es die Vergütung und die Sicherheit, welche der Licenzsucher dem Patentinhaber vergeblich angeboten hatte, für angemessen bezw. genügend hält. Erachtet es sie nicht dafür, so darf es nicht selbständig eine andere Vergütung oder Sicherheit normiren, sondern hat den Antrag zurückzuweisen (Komm.-Ber. I

S. 38, Kohler Deutsches Patentrecht S. 406). Ist die in der Androhung gesetzte Frist fruchtlos verstrichen, so muß der Antragsteller davon dem P.A. behufs Fortsetzung des Verfahrens Anzeige machen. Dieses vermittelt einen noch etwa erforderlichen Schriftenwechsel und ladet sodann zur mündlichen Verhandlung. Die „Androhung" ist eine eigenartige Zwischenverfügung, weder Beschluß, noch Entscheidung. Es bedurfte der besonderen Vorschrift des §. 30 Abs. 3, um das P.A. zu nöthigen, sie mit Gründen zu versehen; gegen sie ist weder Beschwerde (§. 16), noch Berufung (§. 33) zulässig (Robolski S. 191). Gegen die Ansicht von Klostermann S. 247, daß die Androhung eine Endentscheidung sei, welche durch Berufung anfechtbar ist, spricht erstens der Wortlaut des §. 30 Abs. 3, welcher von einer der Entscheidung vorausgehenden Androhung spricht, sodann vor allem der Umstand, daß es unpraktisch wäre, das P.A. und das R.G. an den Inhalt der rechtskräftigen Androhung zu binden, auch wenn sich in der Zwischenzeit die Verhältnisse (Zahlungsfähigkeit des Licenzsuchers, Angemessenheit der Vergütung, Willfährigkeit des Patentinhabers u. s. w.) verändert haben. Die gemeine Meinung (Kohler Deutsches Patentrecht S. 407, Rosenthal S. 362, Gareis S. 240), welche die Androhung durch Beschwerde anfechten lassen will, übersieht, daß das ganze Beschwerdeverfahren etwas Unnützes ist, wenn man, wie es ihre Vertreter durchweg in Uebereinstimmung mit uns wollen, der Androhung eine für das P.A. oder das R.G. bindende Kraft nicht zuerkennt.

Da die Androhung keine Entscheidung ist, so könnte die Abtheilung sie eigentlich in Besetzung von drei Mitgliedern erlassen (§. 14 Abs. 4); weil aber die in N. 10 beim Beweisbeschluß angeführten Gründe auch hier zutreffen, so wird die Abtheilung bei der Androhung, wie bei einer Entscheidung, besetzt sein müssen.

Will das R.G. in Abänderung einer abweisenden Entscheidung des P.A. die Zurücknahme auf Grund des §. 11 Nr. 2 aussprechen, so muß es ebenfalls vorher die Androhung ergehen lassen (§. 13 der Verordnung vom 6. Dezember 1891 in N. 2 zu §. 33).

§. 31.

In der Entscheidung (§§. 29, 30) hat das Patentamt nach freiem Ermessen zu bestimmen, zu welchem Antheile die Kosten des Verfahrens den Betheiligten zur Last fallen.

1. Freies Ermessen.
2. Gerichtliche Kosten.
3. Außergerichtliche Kosten.
4. Kostenerstattung.

Freies Ermessen. 1. Wenn die Entscheidung über die Kosten auch ganz dem freien Ermessen des P.A. überlassen ist, so wird dieses doch die durchaus zweckmäßigen Vorschriften der §§. 91—93, 95, 96, 100 C.P.O. regelmäßig entsprechend anwenden, ebenso den von den Kosten der Nebenintervention handelnden §. 101 Abs. 1 (vergl. z. B. O.H.G. im P.Bl. 1879 S. 307, G. 1, 122; P.A. und R.G. im P.Bl. 1884 S. 139, G. 5, 5). Ueber einen Fall, wo trotz Abweisung der Klage die Kosten zum Theil dem Beklagten auferlegt werden, vergl. N. 13 zu §. 10.

Gerichtliche Kosten.

2. Die Entscheidung betrifft sowohl die gerichtlichen Kosten, als diejenigen den Betheiligten erwachsenen Kosten, welche nach freiem Ermessen des P.A. zur zweckentsprechenden Wahrung der Ansprüche und Rechte nothwendig waren. Zu den gerichtlichen Kosten gehören die Prozeßgebühr von fünfzig Mark (vergl. §. 28 Abs. 4) und die beim P.A. erwachsenen Auslagen (Schreibgebühren, Porti, Gebühren der Zeugen und Sachverständigen u. s. w.). Die Prozeßgebühr ist vom Kläger stets vorzuschießen (N. 12 zu §. 28), wegen der Auslagen kann das P.A. in entsprechender Anwendung des §. 379 C.P.O. und des §. 84 des Gerichtskostengesetzes vom 18. Juni 1878 bei jedem Antrage auf Vornahme einer Handlung, mit welcher baare Auslagen verbunden sind, von dem Beantragenden einen zur Deckung derselben hinreichenden Vorschuß verlangen. Wegen der Beitreibung der Auslagen vergl. N. 4 zu §. 8.

Der in die Kosten Verurtheilte hat dem Gegner die von diesem verauslagten gerichtlichen Kosten zu erstatten.

Außergerichtliche Kosten.

3. Die außergerichtlichen Kosten einer Partei setzen sich zusammen aus den von ihr an einen Vertreter gezahlten Gebühren und den baaren Auslagen. Hat sie sich eines Rechtsanwalts bedient, so hat derselbe seine Gebühren nach §. 91 Nr. 2 der Gebührenordnung für Rechtsanwälte vom 7. Juli 1879 in Gemäßheit dieses Gesetzes aufzustellen, diese Gebühren sind regelmäßig erstattungsfähig. Der Werth des Streitgegenstandes, nach welchem die Gebühren berechnet werden, wird nach freiem Ermessen vom P.A. festgesetzt, aber nur, wenn ein Kostenfestsetzungsgesuch bei demselben einläuft oder wenn Jemand, der einen Anspruch auf Kostenerstattung hat, zunächst die Festsetzung beantragt; vorher hat das P.A., da die Gerichtsgebühr eine fest bestimmte ist, keine Veranlassung dazu. Es ist Sache des Antragstellers, die Thatsachen anzugeben, welche die Höhe des der anwaltlichen Liquidation zu Grunde gelegten Werthes des Streitgegenstandes rechtfertigen.

Die Gebühren eines technischen Vertreters sind nicht erstattungsfähig, wenn die Partei selbst auf dem betreffenden Gebiete der Technik sachverständig ist. In letzterem Falle ist aber, wenn die Partei außerhalb Berlins wohnt, als Gebühr des Vertreters, welcher vor dem P.A. aufgetreten ist, in der Regel derjenige Betrag zu erstatten, welcher durch die Reise der Partei von ihrem Wohnorte nach Berlin entstanden wäre (Robolski Abh. S. 52).

Reisekosten, welche eine Partei zur Informirung ihres Vertreters aufgewendet hat, sind, falls die mündliche Informirung zweckmäßig erschien, zu erstatten, ebenso regelmäßig die Kosten, welche durch Reisen zur Wahrnehmung von Terminen entstanden sind. Beim Vorhandensein mehrerer Kläger oder Beklagten ist aber zu prüfen, ob die Reisen aller Streitgenossen zur zweckentsprechenden Rechtsverfolgung oder Rechtsvertheidigung nothwendig waren (R.G. in Jurist. Wochenschrift 1897 S. 115, Gewerbl. Rechtsschutz 2, 60). An Reisekosten wird nach der Praxis des P.A. zugebilligt (Robolski ebenda):

a) die Kosten einer Eisenbahnfahrkarte II. Klasse und zwar einer

Rückfahrtskarte, wenn solche mit der erforderlichen Gültigkeitsdauer zur Ausgabe gelangt,

b) an Diäten 5 Mk. täglich,

c) für jedes Nachtquartier 3 Mk.,

d) für jeden Zu- und Abgang 2 Mk.

Kostenerstattung. 4. Das Verfahren behufs Kostenerstattung (Robolski Abh. S. 52, Rosenthal im P Bl. 1880 S. 113) hat sich in Anlehnung an die §§. 104, 105 C.P.O. wie folgt ausgebildet. Das Gesuch um Festsetzung des zu erstattenden Betrages wird bei der Nichtigkeitsabtheilung angebracht, ein Duplikat des Gesuchs (vergl. P.A. im P.Bl. 1888 S 413), die Kostenberechnung, die zur Mittheilung an den Gegner bestimmte Abschrift derselben und die zur Rechtfertigung der einzelnen Ansätze dienenden Belege sind dem Gesuche beizufügen. Die Berechnung wird dem Gegner vom P.A. zur Erklärung binnen einer bestimmten Frist mitgetheilt. Nach Eingang der Erklärung, die ebenfalls in zwei Exemplaren einzureichen ist, bezw. nach Ablauf der Frist beschließt die Nichtigkeitsabtheilung über die Höhe des zu erstattenden Betrages. Dieser Beschluß wird den Parteien zugestellt und zwar dem Schuldner mit der Auflage, den Betrag binnen vierzehn Tagen an den Gläubiger zu zahlen. Gegen diesen Beschluß steht jeder Partei nach §. 16 die — fristlose — Beschwerde zu; über diese entscheidet die Beschwerdeabtheilung endgültig in der Besetzung von fünf Mitgliedern (N. 6 zu §. 14).

Zahlt der Schuldner nicht binnen vierzehn Tagen, so ersucht das P.A. auf Antrag des Gläubigers unter Uebersendung des Beschlusses das für den Schuldner zuständige Amtsgericht, den Beschluß mit der Vollstreckungsklausel zu versehen. Diesem Gesuch um Leistung der Rechtshülfe muß das Gericht gemäß §. 32 Folge leisten (R.G. 33, 423; Bl. 1 S. 13, 15). Nachdem das P.A. den vollstreckbaren Beschluß dem Gläubiger übermittelt hat, kann dieser nach den Bestimmungen der C.P.O. die Zwangsvollstreckung betreiben.

Sind die Kosten nach Quoten vertheilt worden, so muß dem Festsetzungsgesuche eine Aufforderung gemäß §. 106 C.P.O vorausgehen.

Im Kostenfestsetzungsverfahren können Kosten, die vor Einreichung des Erstattungsgesuchs entstanden, aber in dieses nicht aufgenommen waren, nach Erlaß des Festsetzungsbeschlusses nicht nachgefordert werden (R.G. im Bl 1, 125).

§. 32.

Die Gerichte sind verpflichtet, dem Patentamt Rechtshülfe zu leisten. Die Festsetzung einer Strafe gegen Zeugen und Sachverständige, welche nicht erscheinen oder ihre Aussage oder deren Beeidigung verweigern, sowie die Vorführung eines nicht erschienenen Zeugen erfolgt auf Ersuchen durch die Gerichte.

1. Anwendungsgebiet. 3 Strafe. Vorführung.
2. Rechtshülfe

1. Vor dem Gesetze von 1891 war es zweifelhaft, ob der §. 32 (früher §. 31) sich nur auf das Verfahren in Nichtigkeits- und Zurücknahmesachen oder auch auf das Ertheilungsverfahren bezog (vergl. Rosenthal S. 367, Gareis S. 250). Für ersteres sprach seine Stellung, für letzteres sein Wortlaut. Heute kann es keinem Zweifel unterliegen, daß dem Paragraphen die weitere Bedeutung zukommt, daß er sich also auf das Verfahren in Patentsachen überhaupt bezieht, denn nachdem §§. 25, 26 Abs. 3 dem P.A. auch im Ertheilungsverfahren ausdrücklich das Recht einräumen, die Vernehmung von Zeugen und Sachverständigen, sowie die Vornahme sonstiger Ermittelungen anzuordnen, muß man dem P.A. auch die Befugniß zugestehen, zur Verwirklichung dieses Rechts die Hülfe der Gerichte in Anspruch zu nehmen, da andernfalls das Recht oft illusorisch würde. Anwendungsgebiet.

2. Von den Bestimmungen des dreizehnten Titels des G.V.G. „Rechtshülfe" kommen hier in Betracht: Rechtshülfe.

§. 158. Das Ersuchen um Rechtshülfe ist an das Amtsgericht zu richten, in dessen Bezirke die Amtshandlung vorgenommen werden soll.

§. 159. Das Ersuchen darf nicht abgelehnt werden.

Das Ersuchen eines nicht im Instanzenzuge vorgesetzten Gerichts ist jedoch abzulehnen, wenn dem ersuchten Gericht die örtliche Zuständigkeit mangelt, oder die vorzunehmende Handlung nach dem Rechte des ersuchten Gerichts verboten ist.

§. 160. Wird das Ersuchen abgelehnt, oder wird der Vorschrift des §. 159 Abs. 2 zuwider dem Ersuchen stattgegeben, so entscheidet das Oberlandesgericht, zu dessen Bezirke das ersuchte Gericht gehört. Eine Anfechtung dieser Entscheidung findet nur statt, wenn dieselbe die R[illegible]shülfe für unzulässig erklärt, und das ersuchende und das ersuchte Gericht den Bezirken verschiedener Oberlandesgerichte angehören. Ueber die Beschwerde entscheidet das Reichsgericht.

Die Entscheidungen erfolgen auf Antrag der Betheiligten oder des ersuchenden Gerichts ohne vorgängige mündliche Verhandlung.

§. 161. Die Herbeiführung der zum Zwecke von Vollstreckungen, Ladungen und Zustellungen erforderlichen Handlungen erfolgt nach Vorschrift der Prozessordnungen ohne Rücksicht darauf, ob die Handlungen in dem Bundesstaate, welchem das Prozessgericht angehört, oder in einem anderen Bundesstaate vorzunehmen sind.

§. 165. Im Falle der Rechtshülfe unter den Behörden verschiedener Bundesstaaten sind die baaren Auslagen, welche durch eine Ablieferung oder Strafvollstreckung entstehen, der ersuchten Behörde von der ersuchenden zu erstatten.

Im Uebrigen werden Kosten der Rechtshülfe von der ersuchenden Behörde nicht erstattet.

Ist eine zahlungspflichtige Partei vorhanden, so sind die Kosten von derselben durch die ersuchende Behörde einzuziehen und der eingezogene Betrag der ersuchten Behörde zu übersenden.

Stempel-, Einregistrirungsgebühren oder andere öffentliche Abgaben, welchen die von der ersuchenden Behörde übersendeten Schriftstücke (Urkunden, Protokolle) nach dem Rechte der ersuchten Behörde unterliegen, bleiben ausser Ansatz.

§. 166. Für die Höhe der den geladenen Zeugen und Sachverständigen gebührenden Beträge sind die Bestimmungen massgebend, welche bei dem Gerichte gelten, vor welches die Ladung erfolgt.

Sind die Beträge nach dem Rechte des Aufenthaltsorts der geladenen Personen höher, so können die höheren Beträge gefordert werden.

Bei weiterer Entfernung des Aufenthaltsorts der geladenen Personen ist denselben auf Antrag ein Vorschuss zu bewilligen.

§. 167. Ein Gericht darf Amtshandlungen ausserhalb seines Bezirks ohne Zustimmung des Amtsgerichts des Orts nur vornehmen, wenn Gefahr im Verzuge obwaltet. In diesem Falle ist dem Amtsgerichte des Orts Anzeige zu machen.

Die Rechtshülfe wird sich insbesondere auf Erledigung von Beweisbeschlüssen, namentlich auf Vernehmung von Zeugen und Sachverständigen, und auf Vollstreckbarkeitserklärung von Kostenfestsetzungsbeschlüssen beziehen (R.G. 33, 423; Bl. 1 S. 13, 15).

Strafe. Vorführung. 3. Wegen der Strafe gegen Zeugen, welche nicht erscheinen, vergl. §. 380 C.P.O., gegen Zeugen, welche ihre Aussage oder deren Beeidigung verweigern, §. 390 C.P.O., wegen Vorführung von Zeugen vergl §. 380 C.P.O. Wegen der Strafe gegen Sachverständige, welche nicht erschienen sind oder ihr Gutachten verweigern, vergl. §. 409 C.P.O. Den Gerichten liegt nur die Festsetzung der Strafe oder die Vorführung ob; über die Rechtmäßigkeit der Weigerung entscheidet gemäß §. 387 C.P.O. das P.A. Den Wortlaut der angezogenen Bestimmungen der C.P.O. siehe in N. 3 zu §. 30.

§. 33.

Gegen die Entscheidung des Patentamts (§§. 29, 30) ist die Berufung zulässig. Die Berufung geht an das Reichsgericht. Sie ist binnen sechs Wochen nach der Zustellung bei dem Patentamt schriftlich anzumelden und zu begründen.

Durch das Urtheil des Gerichtshofs ist nach Maßgabe des §. 31 auch über die Kosten des Verfahrens zu bestimmen.

Im Uebrigen wird das Verfahren vor dem Gerichtshof durch ein Regulativ bestimmt, welches von dem Gerichtshof zu

entwerfen ist und durch Kaiserliche Verordnung unter Zustimmung des Bundesraths festgestellt wird.

1. Entstehungsgeschichte.

Abs. 1, 3 (N. 2–15).

2. Verordnung betr. das Berufungsverfahren.
3. Verfahren.
4. Zulässigkeit der Berufung.
5. Gegen Kostenentscheidungen?
6. Frist.
7. Anschlußberufung?
8. Zurücknahme.
9. Verzicht.
10. Berufungsschrift. Eventualmaxime.
11. Begründung.
12. Klagänderung.
13. Nachholung von Erklärungen.
14. Entscheidung.
15. Vertreter.

Abs. 2.

16. Kosten.

1. Das Gesetz von 1891 hat im Abs. 1 das Wort „Reichsgericht" an Stelle des früheren „Reichs-Oberhandelsgericht" gesetzt. **Entstehungsgeschichte.**

Nach der zur Zeit bei diesem Gerichtshofe geltenden Geschäftsvertheilung werden die auf Grund des §. 33 eingelegten Berufungen vom I. Civilsenat erledigt.

Für das Verfahren ist außer der in N. 2 abgedruckten Verordnung noch (vergl. §. 15 dieser Verordnung) die Geschäftsordnung des Reichsgerichts (Centralblatt für das Deutsche Reich 1886 S. 300) maßgebend.

Abs. 1, 3.

2. Auf Grund des Abs. 3 erging die Verordnung, betreffend das Berufungsverfahren beim Reichsgericht in Patentsachen, vom 6. Dezember 1891 (R.G.Bl. S. 389): **Verordnung betr. das Berufungsverfahren.**

§. 1.

Die in Gemässheit des §. 33 Absatz 1 des Patentgesetzes vom 7. April 1891 bei dem Patentamt einzureichende Berufungsschrift muss die Berufungsanträge sowie die Angabe der neuen Thatsachen und Beweismittel enthalten, welche der Berufungskläger geltend machen will.

§. 2.

Ist die Berufungsschrift nicht rechtzeitig eingegangen oder nicht in deutscher Sprache abgefasst oder enthält sie nicht die Berufungsanträge, so hat das Patentamt die Berufung als unzulässig zu verwerfen.

Der Berufungskläger kann binnen einer Woche nach Zustellung dieses Beschlusses auf die Entscheidung des Reichsgerichts antragen.

§. 3.

Ist die Berufung zulässig, so wird die Berufungsschrift von dem Patentamt dem Berufungsbeklagten mit der Auflage mitgetheilt, seine schriftliche Erklärung innerhalb eines Monats nach der Zustellung bei dem Patentamt einzureichen.

Die Erklärung muss die Gegenanträge sowie die Angabe

der neuen Thatsachen und Beweismittel enthalten, welche der Berufungsbeklagte geltend machen will.

§. 4.

Das Patentamt legt die Verhandlungen nebst den Akten erster Instanz dem Reichsgericht vor und benachrichtigt hiervon die Parteien unter Mittheilung der Gegenerklärung an den Berufungskläger.

§. 5.

Das Reichsgericht trifft nach freiem Ermessen die zur Aufklärung der Sache erforderlichen Verfügungen.

Beweiserhebungen können durch Vermittelung des Patentamts erfolgen.

§. 6.

Das Urtheil des Reichsgerichts ergeht nach Ladung und Anhörung der Parteien.

Die Ladungsfrist beträgt mindestens zwei Wochen.

§. 7.

Die Geltendmachung neuer Thatsachen und Beweismittel im Termin ist nur insoweit zulässig, als sie durch das Vorbringen des Berufungsbeklagten in der Erklärungsschrift veranlasst wird

Das Gericht kann auch Thatsachen und Beweise berücksichtigen, mit welchen die Parteien ausgeschlossen sind.

Auf eine noch erforderliche Beweisaufnahme findet die Bestimmung im §. 5 Anwendung.

Soll das Urtheil auf Umstände gegründet werden, welche von den Parteien nicht berührt sind, so sind diese zu veranlassen, sich hierüber zu äussern.

§. 8.

Von einer Partei behauptete Thatsachen, über welche die Gegenpartei sich nicht erklärt hat, können für erwiesen angenommen werden.

Erscheint in dem Termin keine der Parteien, so ergeht das Urtheil auf Grund der Akten.

§. 9

Das Reichsgericht kann zu der Berathung Sachverständige zuziehen: dieselben dürfen an der Abstimmung nicht theilnehmen.

§. 10.

Zu den Kosten des Verfahrens, über welche das Reichsgericht nach §. 33 Absatz 2 des Patentgesetzes zu bestimmen hat, gehören ausser den aus der Kasse des Patentamts zu bestreitenden Auslagen diejenigen den Parteien erwachsenen Auslagen, welche nach freiem Ermessen des Gerichtshofes zur zweckentsprechenden Wahrung der Ansprüche und Rechte nothwendig waren.

§. 11.

In dem Termin ist ein Protokoll aufzunehmen, welches den Gang der Verhandlung im Allgemeinen angiebt.

Das Protokoll ist von dem Vorsitzenden und dem Gerichtsschreiber zu unterschreiben.

§. 12.

Die Verkündung des Urtheils erfolgt in dem Termin, in welchem die Verhandlung geschlossen ist, oder in einem sofort anzuberaumenden Termin.

Wird die Verkündung der Entscheidungsgründe für angemessen erachtet, so erfolgt sie durch Verlesung der Gründe oder durch mündliche Mittheilung des wesentlichen Inhalts.

Die Ausfertigungen des mit Gründen zu versehenden Urtheils werden durch Vermittelung des Patentamts zugestellt.

§ 13.

Wird beantragt, dass in Abänderung der Entscheidung des Patentamts die Zurücknahme des Patents auf Grund des §. 11 Nr. 2 des Patentgesetzes ausgesprochen werde, so findet die Vorschrift des §. 30 Absatz 3 dieses Gesetzes entsprechende Anwendung.

§. 14.

Die zur Praxis bei dem Reichsgericht zugelassenen Rechtsanwälte sind befugt, im Berufungsverfahren in Patentsachen die Vertretung zu übernehmen.

Den Parteien und deren Vertretern ist es gestattet, mit einem technischen Beistande zu erscheinen.

§. 15.

Im Uebrigen ist für das Berufungsverfahren in Patentsachen das den Geschäftsgang beim Reichsgericht normirende Regulativ massgebend.

3. Die Berufung stimmt in ihrem Grundcharakter mit der civilprozessualen Berufung überein: auch hier wird mit ihrer Einlegung nicht eine Nachprüfung des erstinstanzlichen Urtheils von dem Gesichtspunkte aus, ob das dem ersten Richter vorgelegte Material von ihm zutreffend gewürdigt worden ist, bezweckt, vielmehr führt die Berufung ein novum judicium d. h. die Erneuerung und Wiederholung des Rechtsstreits vor einem anderen Richter herbei. Verfahren.

Andrerseits weicht aber das patentrechtliche Berufungsverfahren von dem civilprozessualen ebenso und aus denselben Gründen ab, wie es bei dem Verfahren in erster Instanz der Fall war. Das öffentliche Interesse erheischt auch hier die Ersetzung der Verhandlungsmaxime durch die Offizialmaxime, die Rücksicht auf die Parteien den Ausschluß der Oeffentlichkeit des Verfahrens. Das Prinzip der Mündlichkeit und Unmittelbarkeit gilt nicht, ebenso wenig ein strenges Versäumnißverfahren.

Zulässigkeit der Berufung

4. Berufung ist nur gegen die in den Fällen der §§. 29, 30 vom P.A. erlassenen Entscheidungen (R.G. im P.Bl. 1881 S. 169, G. 3, 248) zulässig. Ob die Entscheidung des P.A. ohne mündliche Verhandlung oder auf Grund einer solchen getroffen wurde, ist unerheblich. Nur gegen die Entscheidung über den Antrag des Klägers ist die Berufung zulässig, nicht gegen die Entscheidungsgründe, denn diese gehen nicht in Rechtskraft über. Regelmäßig wird die in Rechtskraft übergehende Entscheidung im dispositiven Theile, im sog. Tenor enthalten sein, sie kann aber auch in dem äußerlich als „Entscheidungsgründe" sich kennzeichnenden Theile sich befinden; folglich hat das R.G. die Pflicht, im einzelnen Falle zu prüfen, ob der angegriffene Theil der patentamtlichen Entscheidung eine wirkliche Entscheidung ist oder nur zu den Gründen gehört (R.G. im P.Bl. 1881 S. 57, G. 2, 78, im P.Bl. 1887 S. 217, G. 6, 313). Der Kläger, welcher die Nichtigkeitsklage auf mehrere Klagegründe gestützt hatte, kann, wenn das P.A. nur aus einem dieser Gründe das Patent vernichtet hat, nicht deshalb Berufung einlegen, weil das P.A. die Frage, ob auch die übrigen Gründe zutreffen, verneint oder nicht geprüft hat (R.G. im Bl. 4, 254, Jurist. Wochenschrift 1898 S. 610).

Gegen Kostenentscheidungen?

5. Die Frage, ob wegen des Kostenpunkts allein Berufung statthaft ist, war vom R.G. zuerst (R.G. 6, 340, im P.Bl. 1882 S. 25, G. 3, 264) in Uebereinstimmung mit dem früheren §. 94 C.P.O. verneint, in einer späteren Entscheidung aber (Jurist. Wochenschrift 1890 S. 410, im P.Bl. 1890 S. 595, G. 8, 415) bejaht worden. Die ältere Ansicht verdiente den Vorzug, nicht sowohl, weil §. 33 bei der Bezeichnung der Entscheidungen des P.A., gegen welche Berufung statthaft sein soll, ausschließlich die §§. 29, 30, nicht auch den von der Kostenentscheidung handelnden §. 31 in Bezug nimmt, sondern weil die Bestimmung des früheren §. 94 C.P.O. (jetzt §. 99 Abs. 1 C.P.O.), daß die Anfechtung der Entscheidung über den Kostenpunkt unzulässig sein soll, wenn nicht gegen die Entscheidung in der Hauptsache ein Rechtsmittel eingelegt wird, allgemeinen Prinzipien, die für jedes, nicht blos für das civilprozessuale Verfahren zutreffen, entsprach. Die Entscheidung über den Kostenpunkt ist nämlich regelmäßig von der über die Hauptsache abhängig, folglich müßte der Oberrichter, an welchen die Berufung nur wegen der Kosten gelangt, um richtig zu entscheiden, erst sich ein Urtheil darüber bilden, wie in der Hauptsache zu entscheiden gewesen wäre, er würde also unter Umständen die Vorentscheidung bezüglich der Hauptsache mißbilligen müssen, ohne sie doch Mangels eines bezüglichen Berufungsantrags abändern zu können. Dem entsprechend schreiben die preußischen Gesetze vom 3. Juli 1875 (§. 73) und vom 30. Juli 1883 (§. 105) auch für das verwaltungsgerichtliche Verfahren übereinstimmend vor, daß die Entscheidung über den Kostenpunkt nur gleichzeitig mit der Entscheidung in der Hauptsache angefochten werden kann. Der vom R.G. für seine neuere Ansicht angeführte Grund, der Grundsatz des §. 94 C.P.O. sei ein Ausnahmesatz, der

auf die Entscheidungen in dem schriftlichen Verfahren des Patentgesetzes nicht übertragen werden könne, ist demnach nicht zutreffend.

Die innerliche Abhängigkeit der Kostenentscheidung von der über die Hauptsache liegt dann nicht vor, wenn eine Entscheidung über die Hauptsache überhaupt nicht ergangen ist oder wenn die Verurtheilung in der Hauptsache auf Grund eines Anerkenntnisses erging. Aus diesem Grunde dürfte es richtig sein, den jetzigen §. 99 C.P.O. hier entsprechend anzuwenden:

> Die Anfechtung der Entscheidung über den Kostenpunkt ist unzulässig, wenn nicht gegen die Entscheidung in der Hauptsache ein Rechtsmittel eingelegt wird.
>
> Ist die Hauptsache durch eine auf Grund eines Anerkenntnisses ausgesprochene Verurtheilung erledigt, so kann die Entscheidung über den Kostenpunkt selbständig angefochten werden.
>
> Ist eine Entscheidung in der Hauptsache nicht ergangen, so findet gegen die Entscheidung über den Kostenpunkt sofortige Beschwerde statt. Vor der Entscheidung über die Beschwerde ist der Gegner zu hören.

6. Die Berufung kann gültig nach Verkündung der Entscheidung eingelegt werden, auch wenn letztere noch nicht zugestellt ist. Die gegentheilige Bestimmung des §. 516 Abs. 2 C.P.O. ist anomal und findet im verwaltungsgerichtlichen Verfahren keine Anwendung (O.V.G. 6, 383; vergl. auch R.G. 3, 408; 9, 420). Frist.

Der Wortlaut „binnen sechs Wochen" zwingt nicht zur entgegengesetzten Annahme, er will nur das Ende der Berufungsfrist festsetzen Dieselbe endet nämlich für jeden Betheiligten sechs Wochen nach dem Tage, an welchem ihm die Entscheidung des P.A. zugestellt worden ist. Demnach kann sie für die Betheiligten an verschiedenen Tagen ablaufen. Die Frist endigt mit Ablauf desjenigen Tages der letzten Woche, welcher durch seine Benennung dem Anfangstage der Frist entspricht. Fällt das Ende der Frist auf einen Sonntag oder allgemeinen Feiertag, so endigt die Frist erst mit Ablauf des nächstfolgenden Werktages (§. 193 B.G.B.).

Nach Analogie der Nothfristen kann die Berufungsfrist weder verkürzt noch verlängert werden; andererseits wird man einer Partei, welche durch Naturereignisse oder andere unabwendbare Zufälle an ihrer Einhaltung verhindert war, in entsprechender Anwendung der §§. 233 ff. C.P.O. die Wiedereinsetzung in den vorigen Stand ertheilen (vergl. R.G. im Bl. 3, 228, Jurist. Wochenschrift 1897 S. 579).

7. Das R.G. hat wiederholt (im P.Bl. 1884 S. 139, G. 5, 15, im P.Bl. 1887 S. 217, G. 6, 313; Jurist. Wochenschrift 1900 S. 261) Anschlußberufung nach Ablauf der Berufungsfrist für unzuläfsig erklärt, weil sie weder im Patentgesetz noch in der Kaiserl. Verordnung betr. das Berufungsverfahren erwähnt sei. Man wird dem de lege lata zustimmen müssen: auch in dem verwaltungsgerichtlichen Verfahren vor dem Bundes- Anschluß-berufung?

amt für Heimathswesen wird Mangels ausdrücklicher Gesetzesbestimmung Anschlußberufung nicht zugelassen.

Zurücknahme.

8. Die Zurücknahme der Berufung ist jeder Zeit zulässig. Sie erfolgt durch eine an das R.G. gerichtete Eingabe oder durch mündliche Erklärung im Termin; einer dem Gegner gegenüber abgegebenen Erklärung oder einer Einwilligung des Gegners bedarf es nicht (R.G. in Seuffert's Blätter für Rechtsanwendung 1898 S 13, Gewerbl. Rechtsschutz 4, 242). Den Zurücknehmenden treffen die Kosten des Rechtsmittels (R.G. im P.Bl. 1883 S. 132, G. 4, 208; O.V.G. 6, 387; vergl. N. 13 zu §. 27).

Die Zurücknahmeerklärung kann nach Ablauf der Berufungsfrist unzweifelhaft nicht mehr widerrufen werden. Zweifelhaft kann es dagegen sein, ob der Widerruf auch vor Ablauf dieser Frist ausgeschlossen ist; dies ist ebenfalls zu bejahen und zwar aus dem Grunde, welcher zu der entsprechenden Vorschrift des §. 515 Abs. 3 C.P.O. geführt hat, weil nämlich kein Bedürfniß vorliegt, ein die Gerichte, wie den Gegner belästigendes Schwanken zuzulassen (vergl. O.V.G. 6, 387). Mit der Zurücknahme der Berufung wird die Entscheidung des P.A. sofort rechtskräftig (R.G. in Seuffert's Blätter für Rechtsanwendung 1898 S. 13, Gewerbl. Rechtsschutz 4, 242). Auf Antrag des Berufungsbeklagten hat das R.G. im Falle der Zurücknahme gemäß §. 515 Abs. 3 C.P.O. durch Urtheil auszusprechen, daß der Berufungskläger der Berufung verlustig erklärt wird und die Kosten der Berufungsinstanz zu tragen hat (R.G im P.Bl 1883 S. 132, G 4, 208)

Verzicht.

9. Der Zurücknahme der Berufung entspricht vor ihrer Einlegung der Verzicht auf das Recht der Berufung. Der Verzicht muß ausdrücklich erklärt werden (vergl. R.G. 16, 344) und zwar gegenüber dem P.A. oder gegenüber dem Gegner; seine Gültigkeit ist, wenn er nach Verkündung der Entscheidung des P.A. erklärt ist, keineswegs davon abhängig, daß der Gegner ihn angenommen hat (vergl. §. 514 C.P.O.).

Haben beide Parteien nach Verkündung der Entscheidung des P.A. auf Berufung verzichtet, so ist die Entscheidung rechtskräftig und das Verfahren beendet. Ein Widerruf des Verzichts ist unzulässig (O.V.G. 8, 384).

Berufungsschrift. Eventualmaxime.

10. Die Berufungsschrift muß innerhalb der Berufungsfrist bei dem Patentamt eingehen. Ist sie aus Versehen bei dem R.G. eingereicht worden, so wird dieser Gerichtshof sie dem P.A. zu übermitteln haben; maßgebend für die Wahrung der Frist ist aber der Eingang bei dem P.A. Wegen der Frage, wann ein Schriftstück als bei dem P.A. eingegangen anzusehen ist, vergl. N. 5 zu §. 2.

Innerhalb der Berufungsfrist kann die Berufungsschrift durch einen — in deutscher Sprache abgefaßten — Nachtrag ergänzt werden, der als integrirender Bestandtheil der Berufungsschrift anzusehen ist. Da die Grundlage des Verfahrens die Schriftsätze der Parteien sind, so hat der Berufungskläger kein Recht auf Berücksichtigung neuer Thatsachen oder Beweismittel, die er nicht in der — ursprünglichen oder ergänzten — Berufungsschrift angeführt hat, es sei denn, daß ihre Geltendmachung durch das Vorbringen des Gegners in der Erklärungsschrift veranlaßt worden ist (R.G. im P.Bl. 1891 S. 2, G. 9, 87; R.G. in Jurist. Wochenschrift 1900 S. 275). Ebenso wenig kann der Berufungsbeklagte die Berücksichtigung neuer Thatsachen oder Beweismittel verlangen, welche er nicht in der Erklärungsschrift angegeben hat.

Während also für die Parteien zur Verhütung der Verschleppung des Verfahrens die Eventualmaxime gilt, ist andrerseits durch die dem Reichsgerichte in §. 5 Abs. 1 und §. 7 Abs. 2 der Verordnung vom 6. Dezember 1891 eingeräumten Befugnisse das öffentliche Interesse an der Erforschung der materiellen Wahrheit gewahrt.

Trotz der Vorschrift der §§. 1, 2 der Verordnung vom 6. Dezember 1891 ist es nicht nothwendig, daß die Berufungsschrift einen formulirten Antrag enthält. Es genügt, wenn aus dem Gesammtinhalte der Berufungsschrift die Absicht hervorgeht, die Aufhebung der angefochtenen Entscheidung und einen den erstinstanzlichen Anträgen des Berufungsklägers entsprechenden Ausspruch des Reichsgerichts herbeizuführen (R.G. in Jurist. Wochenschrift 1894 S. 243, 1896 S. 674, 1899 S. 284); siehe aber R.G. ebenda 1900 S. 568.

Eine Erweiterung des Berufungsantrages nach Ablauf der Berufungsfrist, insbesondere in der mündlichen Verhandlung, ist in keinem Falle statthaft (R.G. im P.Bl. 1890 S. 595, G. 8, 415; Jurist. Wochenschrift 1896 S. 134; R.G. im P.Bl. 1893 S. 587, G. 10, 108).

11. Der §. 33 Abs. 1 verlangt eine rechtzeitige Begründung der Berufung. Da letztere sowohl auf neue Thatsachen und Beweismittel, als auf Verletzung einer — materiellen oder prozessualen — Gesetzesvorschrift gestützt werden kann, so wäre demnach in der Berufungsschrift anzugeben, in welcher Weise die Berufungsanträge (richtiger: der Berufungsantrag, da eine Mehrzahl von Anträgen nicht erforderlich ist) gerechtfertigt werden. Aber weder §. 33 noch die Verordnung vom 6. Dezember 1891 (vergl. §§. 2, 7 der Verordnung) drohen als Nachtheil für die Unterlassung der Begründung die Verwerfung der Berufung an (siehe dagegen §§. 386, 387 Str.P.O.). Folglich ist die dieses Erforderniß aufstellende Vorschrift eine lex imperfecta und ihre Nichtberücksichtigung höchstens gemäß §. 7 der Verordnung bei der Kostenentscheidung zu ahnden (R.G. im Bl. 4, 19; Jurist. Wochenschrift 1899 S. 284). Begründung.

12. Da das R.G. nur als Berufungsinstanz fungirt, so darf es nicht über neue Ansprüche befinden, über welche vor dem P.A. weder verhandelt noch entschieden worden ist. Es ist deshalb in der zweiten Instanz eine Aenderung der Klage (N. 4 zu §. 29) selbst mit Einwilligung des Gegners unzulässig, ebenso die Erhebung einer Widerklage (O.H.G. im P.Bl. 1879 S. 17, G. 1, 274; R.G. im P.Bl. 1880 S. 54, G. 1, 338); auch kann die Klage nicht auf die in I. Instanz nicht angegriffenen Patentansprüche ausgedehnt werden (R.G. in Jurist. Wochenschrift 1896 S. 134). Klageänderung.

13. Die in erster Instanz unterbliebenen Erklärungen über Thatsachen, welche in Folge des Nichtbestreitens vom P.A. für erwiesen an- Nachholung von Erklärungen.

genommen worden sind, können in der Berufungsinstanz nachgeholt werden (R.G. im P.Bl. 1880 S. 101, G. 1, 94).

Entscheidung. 14. Das R.G. wird regelmäßig in der Sache selbst entscheiden, es kann aber, wenn das Verfahren vor dem P.A. an einem wesentlichen Mangel leidet, unter Aufhebung des Urtheils und des Verfahrens, soweit das letztere durch den Mangel betroffen wird, die Sache an das P.A. zurückverweisen (vergl. §. 539 C.P.O.).

Das R.G. darf das Urtheil des P.A. nur insoweit abändern, als eine Abänderung beantragt ist: es darf weder ultra petitum erkennen noch in pejus reformiren.

Vertreter. 15. Die Parteien brauchen sich in dem Berufungsverfahren nicht vertreten zu lassen, sie können, auch in den Terminen, ihre Rechte selbst wahrnehmen. Wollen sie aber einen Vertreter bestellen, so können sie nach einem Plenarbeschluß des R.G. (1, 431) zur Anmeldung und Begründung der Berufung auch Andere, als Reichsgerichtsanwälte bevollmächtigen. Die erstinstanzlichen Vertreter sind ohne Weiteres dazu befugt. Der §. 100 Abs. 2 der Rechtsanwaltsordnung hindert die Reichsgerichtsanwälte nicht, die Berufung beim P.A. einzulegen und zu begründen (R.G. im Bl. 7, 116). Dagegen sind zur Vertretung in der mündlichen Verhandlung außer den gewerblichen oder Handelsgehülfen der Partei auf Grund des §. 14 der Verordnung nur die bei dem R.G. zugelassenen Rechtsanwälte berechtigt. Ist ein solcher Vertreter vorhanden, so können neben ihm auch andere Rechtsanwälte, z. B. solche, welche in der I. Instanz vertreten haben, in der mündlichen Verhandlung zum Worte verstattet werden. Wegen der technischen Beistände siehe §. 14 Abs. 2 der Verordnung.

Das R.G. ladet zu der Verhandlung, wenn ein bei ihm zugelassener Anwalt zum Vertreter bestellt ist, diesen, sonst die Partei selbst, also nie den erstinstanzlichen Vertreter, selbst wenn dieser die Berufungsschriftsätze gefertigt hat.

Kosten. 16. Wegen der Kosten vergl. §. 31 und die Erläuterungen zu demselben. Dazu ist folgendes zu bemerken:

a) Gerichtskosten werden für die Berufungsinstanz nicht erhoben.

b) Zu erstatten sind stets die Kosten des Reichsgerichtsanwalts. Dieselben sind nach der Gebührenordnung für Rechtsanwälte zu berechnen; die in §. 52 dieser Gebührenordnung vorgesehene Erhöhung der Gebührensätze tritt nicht ein, weil diese nur für die Revisionsinstanz gilt. Gebühren anderer Rechtskundiger, die in der Berufungsinstanz thätig waren, sind nie zu erstatten, ebenso regelmäßig auch nicht die durch die Zuziehung eines technischen Beistandes für die mündliche Verhandlung entstandenen Kosten. Neben der Prozeßgebühr des Reichsgerichtsanwalts sind Gebühren für die Anfertigung von Schriftsätzen der II. Instanz nicht erstattungsfähig, selbst wenn die Schriftsätze von Dritten gefertigt worden sind, da die Reichsgerichtsanwälte durch §. 100 Abs. 2 der Rechtsanwaltsordnung nicht gehindert sind, jene Schriftsätze selbst zu fertigen (R.G. im Bl. 7, 116; vergl. auch R.G. in Jurist. Wochenschrift 1896 S. 191). — Reisekosten, welche die Partei behufs mündlicher Informirung des Reichsgerichtsanwalts oder behufs Erscheinens im Verhandlungstermine gehabt hat, hatte das Reichsgericht früher regelmäßig nicht für erstattungsfähig erklärt (R.G. in Jurist. Wochenschrift 1889 S. 404), in neuerer Zeit hat es aber, wenn die vorherige Informirung durch die Sachlage gerechtfertigt erschien, die Erstattung der betreffenden Reisekosten zugebilligt (vergl. den Beschluß vom 17. Oktober 1894 in der Nichtigkeitssache S. contra S. I 170/94).

c) Das Gesuch um Festsetzung der für beide Instanzen zu erstattenden Beträge wird beim P.A. eingereicht. Das P.A. übersendet dasselbe nebst Akten dem R.G. Dieses setzt zunächst die für die Berufungsinstanz zu erstattenden Kosten fest und schickt die Akten mit seinem Festsetzungsbeschlusse dem P.A. zurück. Demnächst setzt das P.A. die Kosten für die erste Instanz fest und stellt hierauf beide Festsetzungsbeschlüsse den Parteien zu. Das weitere Verfahren spielt sich gemäß N. 4 zu §. 32 ab; selbstverständlich giebt es gegen den reichsgerichtlichen Festsetzungsbeschluß keine Beschwerde.

§. 34.

In Betreff der Geschäftssprache vor dem Patentamt finden die Bestimmungen des Gerichtsverfassungsgesetzes über die Gerichtssprache entsprechende Anwendung. Eingaben, welche nicht in deutscher Sprache abgefaßt sind, werden nicht berücksichtigt.

1. Anwendungsgebiet der Vorschrift.
2. Gerichtssprache.
3. Eingaben.
4. Deutsche Sprache.
5. Nichtberücksichtigung.

1. Der §. 34 gilt sowohl für das Patentertheilungsverfahren (§§. 20—27), als auch für das Verfahren wegen Nichtigkeitserklärung oder wegen Zurücknahme des Patents (§§. 28—33). **Anwendungsgebiet der Vorschrift.**

2. Die in Bezug genommenen Vorschriften des G.V.G. über die Gerichtssprache lauten: **Gerichtssprache.**

§. 186. Die Gerichtssprache ist die deutsche.

§. 187. Wird unter Betheiligung von Personen verhandelt, welche der deutschen Sprache nicht mächtig sind, so ist ein Dolmetscher zuzuziehen. Die Führung eines Nebenprotokolls in der fremden Sprache findet nicht statt; jedoch sollen Aussagen und Erklärungen in fremder Sprache, wenn und soweit der Richter dies mit Rücksicht auf die Wichtigkeit der Sache für erforderlich erachtet, auch in der fremden Sprache in das Protokoll oder in eine Anlage niedergeschrieben werden. In den dazu geeigneten Fällen soll dem Protokolle eine durch den Dolmetscher zu beglaubigende Uebersetzung beigefügt werden.

Die Zuziehung eines Dolmetschers kann unterbleiben, wenn die betheiligten Personen sämmtlich der fremden Sprache mächtig sind.

§. 188. Zur Verhandlung mit tauben oder stummen Personen ist, sofern nicht eine schriftliche Verständigung erfolgt, eine Person als Dolmetscher zuzuziehen, mit deren Hülfe die Verständigung in anderer Weise erfolgen kann.

§. 189. Ob einer Partei, welche taub ist, bei der mündlichen Verhandlung der Vortrag zu gestatten sei, bleibt dem Ermessen des Gerichts überlassen.

Dasselbe gilt in Anwaltsprozessen von einer Partei, die der deutschen Sprache nicht mächtig ist.

§. 190. Personen, welche der deutschen Sprache nicht mächtig sind, leisten Eide in der ihnen geläufigen Sprache.

§. 191. Der Dolmetscher hat einen Eid dahin zu leisten: dass er treu und gewissenhaft übertragen werde

Ist der Dolmetscher für Uebertragungen der betreffenden Art im allgemeinen beeidigt, so genügt die Berufung auf den geleisteten Eid.

§. 192. Der Dienst des Dolmetschers kann von dem Gerichtsschreiber wahrgenommen werden. Einer besonderen Beeidigung bedarf es nicht.

§. 193. Auf den Dolmetscher finden die Bestimmungen über Ausschliessung und Ablehnung der Sachverständigen entsprechende Anwendung. Die Entscheidung erfolgt durch das Gericht oder den Richter, von welchem der Dolmetscher zugezogen ist.

Eingaben

3. Unter **Eingaben** sind sämmtliche Anmeldungen, Anträge, Gesuche, Schriftsätze, Einsprüche, Beschwerden u. s. w., kurz alle Schriftstücke zu verstehen, welche in dem „Verfahren in Patentsachen" an das P.A. oder an das R.G. gerichtet werden. Dagegen fallen darunter nicht alle Beilagen, welche diesen Schriftstücken beigefügt werden, z. B. die in einer fremden Sprache geschriebenen Druckschriften, mit welchen der Nichtigkeitskläger den Mangel der Neuheit darthun will oder Vollmachten. Solche Anlagen wird das P.A., wenn sie etwa in englischer oder französischer Sprache abgefaßt sind, ohne Weiteres zulassen, dagegen wird es z. B. beim Gebrauche der russischen oder ungarischen Sprache, die Einreichung einer beglaubigten Uebersetzung verlangen.

Deutsche Sprache.

4. Das Erforderniß der Abfassung in **deutscher Sprache** schließt nicht den Gebrauch von Fremdwörtern aus, insbesondere, wenn dieselben als technische Bezeichnungen eingebürgert sind.

Nichtberücksichtigung.

5. Von der Vorschrift, daß die nicht in deutscher Sprache abgefaßten Eingaben nicht **berücksichtigt** werden, macht die **Berufungsschrift** eine Ausnahme; vergl. §. 2 der Verordnung vom 6. Dezember 1891 (in N. 2 zu §. 33).

Vierter Abschnitt.

Strafen und Entschädigung.

1. Der **Inhalt** des vierten Abschnitts hält sich nicht eng an seinen Titel „Strafen und Entschädigung" (vorbildlich für letzteren war der Abschnitt I, e „Entschädigung und Strafen" des Gesetzes, betr. das Urheberrecht an Schriftwerken u. s. w., vom 11. Juni 1870); er geht in §. 38 darüber hinaus (vergl. N. 3 zu §. 38). Der Abschnitt behandelt zunächst die Folgen der **Verletzung** eines bestimmten Patents (§§. 35 bis 39). Dieselben sind, wie bei den anderen Urheberrechtsgesetzen, sowohl civil-, als strafrechtlicher Art, Entschädigung und Strafe; die Voraussetzungen für beide sind seit dem Gesetze von 1891 verschieden (N. 1 zu §. 35). Die Entschädigung kann entweder im Civil- oder im Strafverfahren ausgesprochen werden, im letzteren aber nur, wenn auf Strafe erkannt wird. Von der Strafe handelt §. 36; die anderen Paragraphen handeln von der Entschädigung, und zwar: §§. 35, 38, 39, wenn sie im Civilprozesse, §. 37, wenn sie im Strafprozesse gefordert wird. Inhalt.

Derjenige, welcher gegen §. 40 verstößt, verletzt nicht die Rechte eines bestimmten Patentinhabers, sondern vergeht sich gegen seine Konkurrenten und gefährdet die Allgemeinheit.

2. Das Verfahren im vierten Abschnitt spielt sich im Gegensatz zu dem des dritten vor den **ordentlichen Gerichten** ab. In Folge dessen enthält der vierte nur ganz vereinzelte Vorschriften über dasselbe, im Uebrigen gelten die Bestimmungen des G.V.G. und der C.P.O. bezw. Str.P.O. — Ebenso findet auf die Delikte dieses Abschnitts der allgemeine Theil des Str.G.B. Anwendung. Gerichte.

§. 35.

Wer wissentlich oder aus grober Fahrlässigkeit den Bestimmungen der §§. 4 und 5 zuwider eine Erfindung in Benutzung nimmt, ist dem Verletzten zur Entschädigung verpflichtet.

Handelt es sich um eine Erfindung, welche ein Verfahren zur Herstellung eines neuen Stoffes zum Gegenstand hat, so gilt bis zum Beweise des Gegentheils jeder Stoff von gleicher Beschaffenheit als nach dem patentirten Verfahren hergestellt.

Entstehungsgeschichte. 1. Der §. 34, welcher vor dem Gesetze von 1891 dem jetzigen §. 35 entsprach, hatte folgende Fassung:

Wer wissentlich den Bestimmungen der §§ 4 und 5 zuwider eine Erfindung in Benutzung nimmt, wird mit Geldstrafe bis zu fünftausend Mark oder mit Gefängniss bis zu einem Jahre bestraft und ist dem Verletzten zur Entschädigung verpflichtet.

Die Strafverfolgung tritt nur auf Antrag ein.

während der frühere §. 35 — abgesehen von einer redaktionellen Aenderung — dem Wortlaute des Abs. 3 des jetzigen §. 36 entsprach.

a. Das Gesetz von 1891 hat demnach nicht nur die frühere in §. 34 zusammen behandelte civil- und strafrechtliche Folge der Patentverletzung äußerlich getrennt, indem es die erstere in §. 35, die zweite in §. 36 behandelt, sondern es hat die Voraussetzungen für beide verschieden gestaltet. Während zur Bestrafung, wie bisher, Wissentlichkeit der Verletzung verlangt wird, tritt jetzt die civilrechtliche Haftung auch schon bei grober Fahrlässigkeit ein (N. 8). Dies entspricht den Beschlüssen der Enquete von 1886 (S. 137—141); vergl auch Mot. II S. 27. Hervorzuheben ist, daß in den anderen Urheberrechtsgesetzen außer der wissentlichen auch jede fahrlässige Verletzung des Rechts strafbar und entschädigungspflichtig macht. Ein in der Reichstagskommission gestellter Antrag, im Patentgesetz wenigstens bezüglich der civilrechtlichen Haftung dasselbe zu bestimmen, wurde abgelehnt (Komm.-Ber II S. 28)

b) Das Gesetz von 1891 hat die Präsumtion des Abs. 2 neu eingeführt (N. 23—26). Es wollte damit den Schwierigkeiten entgegentreten, welche sich namentlich für die chemische Industrie daraus ergeben, daß den Produkten regelmäßig die Herstellungsart nicht anzusehen ist, so daß insbesondere bei den vom Auslande importirten Fabrikaten sich nur sehr selten feststellen läßt, durch welches Verfahren sie hergestellt sind. Da chemische Produkte nach §§. 1, 4 nicht als solche, sondern nur als Erzeugnisse eines patentirten Verfahrens unter Schutz stehen können, so war demnach die Einfuhr und der Vertrieb von Produkten, welche im Auslande unter Verletzung eines Reichspatents hergestellt waren, häufig nicht zu beanstanden, weil der Patentinhaber nicht beweisen konnte, daß sie durch sein Verfahren hergestellt waren Das Gesetz wollte ihm deshalb durch die Präsumtion helfen, indem es dem von ihm in Anspruch Genommenen den Beweis aufbürdet, daß das Produkt durch ein anderes als das geschützte Verfahren hergestellt worden ist (N. 15—19 zu §. 4). Die Reichstagskommission, welche diese Bestimmung in das Gesetz gebracht hat, hatte sie ursprünglich dem §. 4 angefügt, sie aber in zweiter Lesung hierher gesetzt, um die Rechtsvermuthung nur auf das civilrechtliche Gebiet einzuschränken (Komm.-Ber. II S. 8). Ueber die Zweckmäßigkeit der Vermuthung vergl. außer dem Komm.-Ber. a. a. O. insbesondere Enqu. 1886 S. 89 ff.

Abs. 1.

2. Da die §§. 4, 5 nur von der Wirkung der Reichspatente handeln, so folgt daraus, daß eine Verletzung der ausländischen oder der Landespatente nicht unter §. 35 fällt und die hier statuirte Entschädigungspflicht nicht begründet. Andererseits macht nur eine im Inlande erfolgte Benutzung der Erfindung entschädigungspflichtig; vergl. dazu N. 12 zu §. 4. **Reichspatent.**

Aus der Verletzung eines ausländischen Patents kann in Deutschland nicht auf Entschädigung geklagt werden; vergl. N. 22 zu §. 4.

3. Der Patentschutz, in dessen Sphäre eingegriffen ist, muß zu der Zeit der verletzenden Handlung zu Recht bestanden haben. Daraus geht hervor, daß man ein Patent auch vor seiner Ertheilung verletzen kann, falls zur Zeit der Verletzung die Anmeldung bereits bekannt gemacht war und dadurch zu Gunsten des Patentsuchers die in den §§. 4, 5 bezeichneten Wirkungen des Patents eingetreten waren (§. 23); da aber nach §. 27 im Falle der Versagung des Patents die Wirkungen als von vornherein nicht eingetreten gelten, so wird das Gericht, wenn der Entschädigungsprozeß schon vor der Patentertheilung angestrengt wird, die Verhandlung gemäß §. 148 C.P.O. zweckmäßig aussetzen, bis das P.A. definitiv über die Ertheilung entschieden hat. Diese Befugniß steht ihm von Amtswegen zu, gleichviel ob der Beklagte in dem Verfahren vor dem P.A. Einspruch erhoben hatte oder nicht (a. M. Klostermann S. 235). Hat das Gericht ohne Aussetzung den Verletzer rechtskräftig zur Entschädigung verurtheilt und wird nachher das Patent versagt, so gilt dasselbe, was unten für den Fall ausgeführt ist, daß nach rechtskräftiger Verurtheilung das Patent für nichtig erklärt ist. **Rechtsgültiges Patent.**

Nur zur Zeit der Patentverletzung muß das Patent zu Recht bestanden haben; daß es später, sei es vor dem Prozesse oder im Laufe desselben, durch Zeitablauf, Verzicht, Nichtzahlung der Gebühren oder Zurücknahme aufgehört hat, vermag den durch die Verletzung einmal entstandenen Entschädigungsanspruch nicht mehr zu beseitigen (L.G. Breslau im P.Bl. 1881 S. 123, G. 2, 255; R.G. Straff. 7, 146, im P.Bl. 1882 S. 97, G. 4, 271).

Wird dagegen das Patent für nichtig erklärt, so folgt aus der rückwirkenden Kraft der Nichtigkeitserklärung, daß die vor derselben verübten Patentverletzungen keine Entschädigungspflicht begründen (R.G. Straff. 7, 146, im P.Bl. 1882 S. 97, G. 4, 271; R.G. Straff. 14, 261; R.G. Straff. 30, 187; R.G. in Jurist. Wochenschrift 1900 S. 160, 189). Der Revisionsrichter muß die Nichtigkeitserklärung auch dann berücksichtigen, wenn sie erst während der Revisionsinstanz erfolgt ist (R.G. in Jurist. Wochenschrift 1900 S. 189). Ist der Verletzer bereits vor der

Nichtigkeitserklärung rechtskräftig zur Entschädigung verurtheilt worden, so kann auf Grund der nachher ausgesprochenen Nichtigkeit das Entschädigungsurtheil nicht aufgehoben werden, denn die Restitutionsgründe der C.P.O., insbesondere §. 580 Nr. 7, treffen auf diesen Fall nicht zu (anders bezüglich der strafrechtlichen Verurtheilung: N. 2 zu §. 36) Dagegen kann der Verletzer einer Zwangsvollstreckung aus dem Urtheile mit der Klage aus §. 767 C.P.O. entgegentreten; hat er die Entschädigung gezahlt, so kann er dieselbe gemäß §. 812 B.G.B. kondizieren.

Macht der Beklagte gegen die Entschädigungsklage den Einwand der Nichtigkeit des Patents, so finden die in N. 3 zu § 10 gemachten Ausführungen Anwendung.

Verletzung. 4. Der in Anspruch Genommene muß die Erfindung den Bestimmungen der §§. 4, 5 zuwider in Benutzung genommen haben. Da §. 5 sich nicht gegen die Benutzung der Erfindung durch Dritte richtet, vielmehr, die Rechte des Patentinhabers einschränkend, bestimmt, in welchen Fällen das Patent wirkungslos ist, so wäre es zutreffender, denjenigen als entschädigungspflichtig zu bezeichnen, welcher dem §. 4 — innerhalb der diesem durch §. 5 gezogenen Schranken — zuwiderhandelt

In Folge dessen sind die Ausführungen zu den §§. 4, 5 hier zu beachten; insbesondere werden, da das „Inbenutzungnehmen der Erfindung" in §. 35 sich mit dem „Herstellen, Inverkehrbringen, Feilhalten oder Gebrauchen des Gegenstandes der Erfindung" in §. 4 deckt, N. 4—19 zu §. 4 zutreffen, wenn es sich darum handelt, ob Jemand eine Erfindung „in Benutzung genommen hat"; wegen der Auslegung eines Patents vergl N. 19ª, wegen Verletzung N 22 zu §. 4. Nicht zu übersehen ist, daß nur das gewerbsmäßige Benutzen verboten ist, sowie, daß die Wirkungen des für ein Verfahren ertheilten Patents sich auch auf die unmittelbaren Erzeugnisse desselben erstrecken.

Bei der Entscheidung, ob der nachgemachte Gegenstand mit dem geschützten identisch ist, ist für den Richter nicht bindend, daß das P.A vorher dem nachgemachten Gegenstande den Patentschutz versagt hat, weil er in Hinblick auf den geschützten nicht als patentfähige Neuerung erachtet werden könne, denn bei der Prüfung des P.A. können Momente ausschlaggebend gewesen sein (z. B. Vorliegen einer bloßen Konstruktion im Gegensatz zur Erfindung), die zwar der Neuerung den Charakter der Patentfähigkeit nehmen, die aber gleichwohl ausreichen, um die Frage, ob die Verletzung des Patents vorliegt, zu verneinen (O.L.G. Karlsruhe im P.Bl. 1881 S. 249, G. 3, 279).

Theilweise Verletzung. 5. Eine Patentverletzung liegt schon dann vor, wenn der Erfindungsgegenstand zwar nicht vollständig, aber doch in wesentlichen Theilen, auf welche sich der Patentschutz erstreckt, nachgebildet ist. Darüber, sowie über Verletzung eines Kombinationspatents vergl. insbesondere N 4, 4ª zu §. 4.

Schaden. 6. Durch die Verletzung des Patents muß dem Kläger ein Schaden entstanden sein; fehlt es an einem solchen, so kann der Verletzer zwar strafbar, aber nie entschädigungspflichtig sein Nicht jede Patentverletzung schädigt den Patentinhaber, insbesondere braucht dies nicht bei der gewerbsmäßigen Herstellung des Gegenstandes der Erfindung, wenn ein Inverkehrbringen, Feilhalten oder Gebrauchen noch nicht stattgefunden hatte, der Fall zu sein.

Wegen der Elemente, aus denen sich der Schaden zusammensetzen kann, siehe N. 12.

7. Wissentlichkeit (van Calker Die Delikte gegen das Urheberrecht. Halle 1894 S. 156) liegt zunächst dann vor, wenn Jemand sowohl die Kenntniß vom Bestehen und Umfang des Patentschutzes, als auch das Bewußtsein besitzt, daß er mit der Herstellung u. s. w. des betreffenden Gegenstandes in das fremde Patentrecht eingreift (R.G. im P.Bl. 1882 S. 89, G. 4, 288). Es ist indessen nicht notwendig, daß der Verletzer das direkte Bewußtsein hat, er greife in das fremde Patentrecht ein, vielmehr genügt es, daß er den rechtsverletzenden Erfolg seiner Handlung sich als möglich vorstellt und trotzdem, ohne den Glauben an das Nichteintreten dieses Erfolges, die Handlung ausführt und so den rechtsverletzenden Erfolg schafft (R.G. Strafs. 6, 272, 14, 415; 15, 34, im P.Bl. 1886 S. 427, G. 6, 329). Dieser zweite Fall der Wissentlichkeit, der im Gegensatze zum ersten in der Strafrechtswissenschaft der dolus eventualis genannt wird, wird vom R.G. zutreffend dahin charakterisirt, der Verletzer brauche nicht das volle, sichere Wissen zu haben, es reiche aus, wenn er sich der Möglichkeit, daß ein Patent existire und daß seine Handlung demselben zuwiderlaufe, wohl bewußt sei und daß er diese Möglichkeit dergestalt mit in seinen Willen aufgenommen hat, daß er entschlossen war, die Handlung vorzunehmen, selbst wenn sie eine Patentverletzung einschließen sollte (R.G. Strafs. 6, 272, P.Bl. 1886 S. 429; ähnlich R.G. 21, 68, im P.Bl. 1888 S. 339, G. 6, 357). In der Praxis wird der eventuelle Dolus besonders nahe liegen, wenn Jemand den Gegenstand der Erfindung herstellt, in Verkehr bringt u. s. w., nachdem er von dem Berechtigten oder dessen Vertreter auf das Patent hingewiesen war, falls nicht der Schutzbereich des Patents in dem speziellen Falle sehr zweifelhaft war. Wollte man den Satz aufstellen, daß der Berechtigte um die Wissentlichkeit des Verletzers herbeizuführen, den Nachweis seines Rechts in einer jeden Zweifel niederschlagenden Weise führen müßte, so würde man einem Verletzer gegenüber, in dessen Interesse Zweifel liegen, Unmögliches verlangen. Unterläßt es derjenige, welcher auf eine Verletzung aufmerksam gemacht wird, sich zu überzeugen, ob der Anspruch begründet ist, so kann von ihm meistens angenommen werden, er wolle sein vortheilhaftes Handeln fortsetzen, auch wenn es eine Verletzung enthalte (R.G. im P.Bl. 1892 S. 43, G. 9, 270).

Wissentlichkeit.

Werden die Bedenken, welche der Verwarnte hatte, durch die Recherchen, welche er anstellte, oder in anderer Weise — mit Recht oder mit Unrecht — völlig behoben, so daß er überzeugt ist, er verletze das Patent nicht, so ist kein eventueller Dolus vorhanden. Der Richter wird aber nach der Lage des Einzelfalles prüfen, ob wirklich eine solche Ueberzeugung vorhanden war, daß dem Handelnden auch die Vorstellung von der Möglichkeit des rechtsverletzenden Erfolges seiner Handlung fehlte.

Grobe Fahrlässigkeit.

8. Unter Fahrlässigkeit oder culpa versteht man den Mangel derjenigen Sorgfalt, durch welchen der rechtswidrige Erfolg hätte vermieden werden können (R.G. Straff. 6, 41). Der Maßstab, nach welchem bemessen wird, ob ein Benehmen den Vorwurf der Fahrlässigkeit verdient oder nicht, ist der eines ordentlichen Mannes, eines bonus pater familias, d. h. eines Durchschnittsmenschen aus dem Bildungs- und Gewerbskreise des Handelnden; als Fahrlässigkeit ist ein Verhalten anzusehen, welches ein solcher Mann sich nicht zu Schulden kommen lassen würde. Man geht also von einem Durchschnittsmenschen aus, auf das Verhalten der konkreten Person in ihren sonstigen Angelegenheiten kommt es bei der Bestimmung des Begriffes der Fahrlässigkeit, abgesehen von einigen hier nicht interessirenden Rechtsverhältnissen, nicht an. Dem entspricht die Definition des §. 276 Satz 2 B.G.B.: „Fahrlässig handelt, wer die im Verkehr erforderliche Sorgfalt außer Acht läßt."

Grobe Fahrlässigkeit liegt vor, wenn die Sorgfalt eines ordentlichen Hausvaters in besonders schwerer Weise vernachlässigt wird (§. 144 Abs. 2 des Entwurfs eines bürgerlichen Gesetzbuchs). Hieraus ergiebt sich, daß sich nicht eine feste Formel aufstellen läßt, an deren Hand der Richter mit Sicherheit über das Vorliegen grober Fahrlässigkeit entscheiden kann, sondern, daß er nur nach der Erfahrung des Lebens unter Berücksichtigung einerseits der Individualität des Betreffenden, um den Kreis, zu welchem er gehört, zu bestimmen, andrerseits der durchschnittlichen Gepflogenheiten dieses Kreises, sowie der Bedürfnisse des Verkehrs in jedem einzelnen Falle bestimmen kann, ob dem Thäter eine solche Fahrlässigkeit zur Last fällt.

Das R.G. hat das Vorliegen zum mindesten einer groben Fahrlässigkeit in einem Falle angenommen, wo Jemand, der von dem Vertreter des Patentinhabers unter speziellem Hinweise auf gerichtliche Entscheidungen, darunter eine reichsgerichtliche, über den Inhalt des Patents genau unterrichtet worden war, behauptete, er sei auf Grund früher erhaltener Meinungsäußerungen von Sachverständigen nach wie vor von der Zulässigkeit seiner Handlungen überzeugt geblieben (Bl. 6, 235, Jurist. Wochenschrift 1900 S. 77). Lag die Frage der Patentverletzung zweifelhaft, hatten z. B. erst die höheren Instanzen im Gegensatze zu den unteren oder zu den Gutachten des P.A. sie bejaht, so hat das R.G. eine grobe Fahrlässigkeit nicht angenommen (Jurist. Wochenschrift 1894 S. 436, 1896 S. 675; vergl. R.G. 21, 68).

Die Grenze zwischen dem eventuellen Dolus und der Fahrlässigkeit liegt in dem Bewußtsein der Möglichkeit des rechtsverletzenden Erfolges. Besaß der Handelnde dasselbe, so liegt bei ihm dolus eventualis vor; Fahrlässigkeit kann erst vorliegen, wenn ihm das Bewußtsein mangelte (R.G. Straff. 21, 420). Läßt ein Fabrikbesitzer z. B. in seiner Fabrik die Anwendung eines Verfahrens zu, von dem es ihm zweifelhaft ist, ob es nicht in ein Patent eingreift, ohne sich zu vergewissern, ob seine Zweifel begründet sind oder nicht, so handelt er mit eventuellem Dolus; läßt er dagegen sich seine Zweifel benehmen oder merkt er gar nicht, daß in seiner Fabrik dieses Verfahren angewandt wird, so liegt bei ihm Fahrlässigkeit vor, wenn er bei gehöriger Sorgfalt die Bedenken nicht los werden durfte oder die Anwendung des Verfahrens merken mußte. Die Fahrlässigkeit wird regelmäßig zu einer groben, wenn er aus Leichtsinn aufs gerathewohl den ersten Besten um Rath fragt und sich durch dessen nicht sachverständigen Rath überzeugen läßt, oder wenn er weder sich selbst um die Fabrik kümmert noch eine andere Aufsichtsperson bestellt und auf diese Weise von der Anwendung des Verfahrens nichts erfährt.

Ob in dem Nichtkennen der Patentschriften oder in dem Nichtlesen der Bekanntmachungen im Reichsanzeiger eine grobe Fahrlässigkeit liegt, wird Thatfrage sein. Man wird den Umfang und die Eigenart des Geschäftsbetriebs zu berücksichtigen haben, um danach zu entscheiden, ob man von den Inhabern eines solchen Betriebes verlangen kann, daß sie die Bekanntmachungen oder Patentschriften aus den einschlägigen Klassen lesen. Bei Fabrikanten wird man die Frage eher bejahen, als bei Kaufleuten, welche die Artikel nur vertreiben.

Bei leichter Fahrlässigkeit oder gar ohne Fahrlässigkeit des Verletzers existirt nach gemeiner Meinung keine Entschädigungspflicht, auch nicht bis zur Höhe der Bereicherung. Nach der konstanten Rechtsprechung des R.G. (R.G. 14, 69; 21, 68; Bl. 5, 106; Bl. 6, 201) konnten die bis zum 1. Januar 1900 in Kraft gewesenen landesgesetzlichen Bestimmungen, die nach ihren Voraussetzungen und ihrem Umfange für das Reich einheitlich geregelte Entschädigungspflicht nicht modifiziren. Dies muß auch bezüglich des seit diesem Tage in Kraft befindlichen B.G.B. gelten. Nach Art. 32 seines Einführungsgesetzes sind die Vorschriften der Reichsgesetze, also auch die des Patentgesetzes in Kraft geblieben. Aus der Entstehungsgeschichte des §. 35 (N. 1) geht aber deutlich hervor, daß das Patentgesetz in bewußtem Gegensatze zu den anderen Urheberrechtsgesetzen und zu dem bürgerlichen Recht mangels Vorsatzes oder grober Fahrlässigkeit jede Entschädigungspflicht ausschließen wollte.

Es wollte die civil- und strafrechtlichen Folgen der Patentverletzung abschließend regeln, so daß man die allgemeinen Vorschriften des bürgerlichen oder des Strafrechts nur soweit anwenden darf, als dies zur Durchführung der Normen der §§. 35—40 erforderlich ist. Unter diesem Gesichtspunkte ist es unzulässig, die Bestimmungen des B.G.B. über ungerechtfertigte Bereicherung (§§. 812 ff.) heranzuziehen, um den vorsätzlichen oder grobfahrlässigen Verletzer nach Ablauf von 3 Jahren (§. 852 B.G.B.) oder einen andern Verletzer von vornherein in Höhe der Bereicherung für verpflichtet zu erklären (R.G. 15, 132; vergl. R.G. 12 105). Dem steht auch entgegen, daß die Entschädigung auf Grund des §. 35 sich in der Praxis regelmäßig mit der Bereicherung des Verletzers deckt (N. 12), so daß das subjektive Moment, welches nach der Absicht des Gesetzgebers für die Entschädigungspflicht entscheiden sollte, in Wirklichkeit meistens unerheblich wäre. Man denke auch an die kurze Verjährungsfrist des §. 39, die unzweifelhaft dem wissentlichen Verletzer zu Gute kommt, während ihre Anwendbarkeit auf eine Bereicherungsklage gegen den schuldlosen Verletzer höchst fraglich wäre.

Irrthum. 9. Bezüglich des Einflusses des Irrthums auf die Wissentlichkeit ist zwischen Rechtsirrthum und faktischem Irrthum zu unterscheiden. Durch einen Rechtsirrthum d. h. durch eine Unkenntniß oder falsche Auslegung der Strafnormen des Patentgesetzes wird die Wissentlichkeit nicht ausgeschlossen (R.G. Straff. 6, 224; 8, 215; 10, 349; 26, 129, im Bl. 1, 225; R.G. im P.Bl. 1882 S. 89, G. 4, 288; R.G. Straff. 21, 205, im P.Bl. 1891 S. 163, R.G. im P.Bl. 1894 S. 250, G. 10, 311), wohl aber durch einen Irrthum in den thatsächlichen Voraussetzungen des zur Patentverletzung erforderlichen objektiven Thatbestandes. In Folge dessen ist ein Irrthum des Verletzenden über die Existenz oder den Umfang des Patentschutzes (R.G. Straff. 4, 12; 6, 224; R.G. im P.Bl. 1882 S. 89, G. 4, 288), die irrthümliche Annahme des Verletzenden, er habe von dem Berechtigten die Erlaubniß zur Benutzung der Erfindung oder er sei Vorbenutzer derselben (R.G. Straff. 6, 224), geeignet, den Dolus auszuschließen. Ebenso liegt ein thatsächlicher Irrthum vor, wenn der Verletzer glaubte, er benutze nicht die patentirte Konstruktion, sondern eine davon thatsächlich verschiedene (R.G. in Jurist. Wochenschrift 1897 S. 248).

Zu beachten ist, daß, da der §. 35 in Betreff des Thatbestandes des Delikts auf die §§. 4, 5 verweist, diese Paragraphen und, da die Vorschrift des §. 4 ihre weitere Erläuterung und begriffliche Begrenzung in den Normen des §. 1 empfängt und stillschweigend auf letztere Bezug nimmt, auch die Normen des §. 1 Bestandtheile der Strafvorschrift des §. 35 sind. Deshalb liegt ein nicht zu berücksichtigender Rechtsirrthum vor, wenn der Thäter sich in einem Irrthum über Sinn und Tragweite der Bestimmungen der §§. 1, 4, 5 befindet (R.G. Straff. 21, 205, im P.Bl. 1891 S. 163; a. M. van Calker a. a. O. S. 214). Dahin gehört z. B., wenn der Thäter nicht wußte, daß der Schutz des Verfahrens sich auch auf die durch dasselbe unmittelbar hergestellten Erzeugnisse erstreckt, wenn er glaubte, daß die Herstellung von patentirten Artikeln gestattet ist, wenn diese für das Ausland bestimmt seien.

Wie ist zu entscheiden, wenn der Beklagte das Patent irrthümlich für nichtig gehalten hatte? Hatte der Irrthum seinen Grund in einer falschen Auffassung der gesetzlichen Bestimmungen, glaubte z. B. der Beklagte, daß eine Vorbenutzung im Auslande auch einen Nichtigkeitsgrund bilde, so befreit ihn ein solcher Irrthum nicht von seiner Ersatzpflicht. Ebenso liegt Wissentlichkeit vor, wenn der Verletzer irrthümlich annahm, es lägen die thatsächlichen Voraussetzungen für eine Nichtigkeitsklage gemäß §. 10 vor, z. B. das Patent sei vor der Anmeldung im Inlande offenkundig benutzt worden. Hier liegt kein Irrthum über den Thatbestand der Patentverletzung vor, sondern ein nicht zu berücksichtigender Rechtsirrthum, indem der Rechtsverletzer zu Unrecht annahm, daß schon die Möglichkeit der Vernichtung einem Patent die Schutzfähigkeit entziehe

(R.G. Straff. 6, 224, R.G. in Jurist. Wochenschrift 1890 S. 118; R.G. Straff. 26, 129, im Bl. 1, 225, a. M. Robolski S. 247). Dies gilt auch für den Fall, daß ein Verletzer annimmt, ein Patent sei nichtig, während es nachher nur theilweise für nichtig erklärt wird (R.G. Straff. 30, 187, Bl. 3, 173). Entsprechend ist zu entscheiden, wenn jemand eine Erfindung, welche gemäß §. 23 einstweiligen Schutz genießt, in der irrigen Annahme nachahmt, das Patent werde nicht ertheilt werden.

Ob der Irrthum bei Anwendung einer gewissen Sorgfalt zu vermeiden war oder nicht, ob er also in einem Verschulden des Thäters seinen Grund hat, ist für die Frage nach der Wissentlichkeit unerheblich, wird aber für die Frage, ob er grob fahrlässig gehandelt hat, wesentlich sein.

10. Zur Entschädigungsklage berechtigt ist der Verletzte d. h. derjenige, welcher zur Zeit der Vornahme der verletzenden Handlung das Nutzungsrecht hatte, also der Patentinhaber, der Nießbraucher, der beschränkte Erwerber des Patents (N. 5 zu §. 6), der Licenzträger (N. 9 zu §. 6). War das Patentrecht Jemandem nur für einen gewissen Bezirk übertragen, so ist dieser der Verletzte, wenn die Verletzung in seinem Bezirke geschah. Der nicht im Inlande wohnende Berechtigte kann nur klagen, wenn er gemäß §. 12 einen Vertreter bestellt hat, denn die Entschädigungsklage ist eine Geltendmachung der Rechte aus dem Patent. Dieser Vertreter kann ohne besondere Vollmacht für den Kläger auftreten; letzterer kann aber auch selbst auftreten oder sich durch einen Dritten vertreten lassen (R.G. Straff. 6, 10; vergl. N. 9, 11 zu §. 12). Kläger.

Wenn ein Wechsel in der Person des Berechtigten oder seines Vertreters stattgefunden hat, so ist, auch wenn derselbe in der Rolle noch nicht vermerkt ist, dennoch nur der neue Berechtigte oder Vertreter zur Klage legitimirt (R.G. Straff. 11, 266, Bl. 3, 205; R.G. im Bl. 3, 204; vergl. N. 11 zu §. 19).

Von mehreren Berechtigten kann jeder ohne Rücksicht auf die anderen den ihm erwachsenen Schaden geltend machen. Wenn z. B. der Patentinhaber Jemandem eine Licenz gegen Stückvergütung eingeräumt hatte, so würde der Patentinhaber von dem Verletzer Ersatz für die Mindereinnahme aus dem Licenzvertrage verlangen, während der Licenzträger wegen des ihm durch verminderten Absatz zugefügten Schadens klagen könnte. Sind mehrere Licenzträger geschädigt, so kann jeder Einzelne von ihnen seinen Schaden unabhängig von den andern geltend machen.

11. Der Entschädigungsanspruch geht gegen den Verletzenden bezw. seine Erben. Beklagter.

Die Frage, ob er auch gegen juristische Personen gehen kann ist von der Beantwortung der allgemeineren Frage abhängig, ob und inwieweit eine solche Person für Verschuldung ihrer Vertreter und Beamten aufzukommen hat. Nach §§. 31, 86 B.G.B. haftet sie für jeden Schaden, den der Vorstand, ein Mitglied des Vorstandes oder ein anderer verfassungsmäßig berufener Vertreter durch eine zum Schadensersatze verpflichtende Handlung einem Dritten zufügt, vorausgesetzt, daß der Vertreter die Handlung in Ausführung der ihm ustehenden Verrichtungen vorgenommen hat; dies gilt auch für den Fiskus und die Körperschaften, Anstalten und Stiftungen des öffentlichen Rechts (§. 89 B.G.B.) und für Aktiengesellschaften, Gesellschaften m. b. H., Genossenschaften, Gewerkschaften. Die Haftung aus §. 31 gilt nicht blos bei Handlungen, die in Ausübung der Vertretungsmacht geschehen sind, sondern auch bei Verletzungen in Ausführung thatsächlicher Verrichtungen, also auch bei Verletzungen eines Patents durch Herstellung oder Gebrauch des patentirten Gegenstands (Eck Vorträge über das Recht des B.G.B. S. 59).

Stehen dagegen Handlungen in Frage, welche nicht von einem verfassungsmäßigen Vertreter, also von einem Willensorgan der juristischen Person vorgenommen worden sind, so kommt §. 831 B.G.B. zur Anwendung, nach welchem die juristische Person sich von der Ersatzpflicht durch den Nachweis der Sorgfalt bei der Auswahl oder Leitung befreien kann. Dies trifft z. B. zu, wenn nicht das Vorstandsmitglied oder der Prokurist, sondern der Werkmeister die Patentverletzung begeht.

Hatte eine Gesellschaft sich einer Patentverletzung schuldig gemacht, so haftet, auch wenn nur auf Seiten desjenigen Sozius, der die Handlung angeordnet oder vorgenommen hat, grobe Fahrlässigkeit oder Wissentlichkeit vorhanden war, nicht blos dieser Sozius, sondern die Gesellschaft selbst, vorausgesetzt, daß der Sozius nicht von der Vertretung bezw. der Geschäftsführung ausgeschlossen war (R.G. 15, 121, R.G. im Bl. 5, 292; Kohler Aus dem Patent- und Industrierecht II S. 12). Durch den jetzigen Wortlaut des §. 126 H.G.B. ist dies für Handelsgesellschaften außer Zweifel gestellt (vergl. Staub zu §. 126).

Haben Mehrere in gemeinsamem Handeln das Patent verletzt, so geht gegen alle der Anspruch; sie haften als Gesammtschuldner (§§. 830, 840 B.G.B.).

Ein Vertrag, durch welchen Jemand einem Anderen Gegenstände verkauft, welche in ein fremdes Patent eingreifen, ist nach §. 134 B.G.B. nichtig, so daß aus dem Vertrage weder auf Lieferung noch auf Zahlung des Kaufpreises geklagt werden kann. Dies trifft auch dann zu, wenn bei keinem der Kontrahenten Vorsatz oder Fahrlässigkeit vorliegt.

Entschädigung. 12. Der Anspruch geht stets auf volle Entschädigung des Verletzten. Dieser kann nach seiner Wahl seinen Schaden in dreifacher Weise berechnen (R.G. 35, 63, Bl. 1, 241; R.G. 43, 56, Bl. 5, 106; R.G. im Bl. 6, 197).

a) Er kann die Differenz geltend machen, welche sich in seinem Vermögen durch die bloße Thatsache der Patentverletzung herausgestellt hat, gegenüber dem Zustande, in welchem sich sein Vermögen befunden haben würde, wenn eine solche Verletzung überhaupt nicht stattgefunden hätte.

b) Er kann dasjenige verlangen, was er, wenn der Verletzer mit seiner Genehmigung die geschützte Erfindung in Benutzung genommen hätte, gehabt haben würde und nun nicht hat, d. h. eine angemessene Licenzgebühr

c) Er kann Herausgabe des Gewinnes verlangen, welchen der Verletzer durch die Benutzung der geschützten Erfindung erlangt hat. Hierbei ist es unerheblich, ob der Verletzte selbst in der Lage gewesen wäre, einen Gewinn in dieser Höhe zu erzielen. (Kohler Deutsches Patentrecht S. 457; R.G. in Jurist. Wochenschrift 1890 S. 162, P.Bl. 1892 S. 401, G. 9, 531).

In der Praxis wird der Verletzte regelmäßig sich für eine der beiden letzten Berechnungsarten entscheiden; kumuliren darf er beide nicht.

Wählt er die Berechnungsart zu c, so ist er befugt, von dem Verletzer auf Grund der §§. 687 Abs. 2, 681, 666 B.G.B. Rechnungslegung zu verlangen (R.G. im Bl. 6, 197). Die Klage auf Rechnungslegung kann der Verletzte entweder der Leistungsklage vorausschicken oder er kann sie mit ihr gemäß §. 254 C.P.O. verbinden. Ueber die Art der Rechnungslegung und über die Verpflichtung zur Leistung des Offenbarungseides vergl. §. 259 B.G.B. Zuständig für die Klage ist nach §. 32 C.P.O. auch das Gericht, in dessen Bezirke die Patentverletzung begangen ist.

Haben Mehrere das Patent verletzt, z. B. der Hersteller und der Vertreiber, so ist der Patentinhaber, welcher von Einem bereits eine Entschädigung erhalten hat, nicht gehindert, den durch die Handlungsweise des Anderen ihm erwachsenen Schaden, soweit er nicht in jener Entschädigung enthalten war, gegen den Anderen geltend zu machen. Dies gilt sowohl, wenn die Beiden Theilnehmer einer und derselben Handlung waren, als auch wenn jeder gesondert das Patent verletzt hat. Der Patentinhaber kann gegen Jeden seinen Schaden in anderer Weise berechnen, nur muß er sich immer das, was er von Einem erhalten, auch dem Anderen gegenüber in Abzug bringen, denn insoweit ist bei ihm kein Schaden vorhanden.

13. Der durch die Verletzung entstandene Entschädigungsanspruch ist ein Vermögensrecht, das unter Lebenden und von Todeswegen übertragen werden kann (R.G. 16, 6). Ueber die Unterschiede zwischen diesem Anspruch und dem Recht auf Buße vergl. N. 2 zu §. 37. Vermögensrecht.

14. Die Klage kann stets im allgemeinen Gerichtsstande des Beklagten (§§. 12—19 C.P.O.) angestellt werden; von den besonderen Gerichtsständen der C.P.O. werden hauptsächlich in Betracht kommen die der Niederlassung (§. 21), des Vermögens (§. 23) und der unerlaubten Handlung (§. 32). Letzterer wird namentlich bei Waaren, welche aus dem Auslande eingeführt werden, um hier in den Verkehr gebracht zu werden, von Erheblichkeit sein. Ueber die Frage, bei welchem Gerichte bei Patentverletzungen der Gerichtsstand des §. 32 C.P.O. begründet ist, vergl. R.G. 13, 424. Gerichtsstand.

Sachlich zuständig sind je nach dem Werthe des Streitgegenstandes die Amts- oder die Landgerichte und zwar bei letzteren die Civilkammern: der §. 101 G.V.G. zählt unter den Ansprüchen, welche vor die Kammern für Handelssachen gehören, zwar die aus denjenigen Rechtsverhältnissen auf, welche sich auf den Schutz der Waarenbezeichnungen, Muster und Modelle beziehen, erwähnt aber die Patente nicht.

Als Revisionsinstanz fungirt ausschließlich das Reichsgericht (§. 38).

Beweislast.

15. Dem Kläger liegt die **Beweislast** ob

a) daß der Beklagte die geschützte Erfindung in Benutzung genommen hat (N. 16),

b) daß dies wissentlich oder aus grober Fahrlässigkeit geschehen ist (N. 17),

c) daß ihm, dem Kläger, dadurch ein Schaden von einer bestimmten Höhe entstanden ist (N. 18).

Verletzung.

16. Betreffs der **Identität** des in Benutzung genommenen Verfahrens oder körperlichen Gegenstandes mit dem geschützten wird oft eine Beweisaufnahme durch Sachverständige stattfinden. Wenn ihre Gutachten von einander abweichen, so **kann** das Gericht das Gutachten des P.A. einholen; vergl. §. 18. Wegen der Beweisfragen vergl. N. 22 zu §. 4.

Ist ein Verfahren auf Herstellung eines neuen Stoffs geschützt, so kommt dem Kläger die Rechtsvermuthung des Abs. 2 zu Statten.

Wissentlichkeit, Fahrlässigkeit.

17. Das **subjektive** Moment wird vom Gericht zweckmäßig erst erörtert werden, nachdem die Frage der objektiven Patentverletzung geprüft ist. Die Praxis mancher Gerichte, letztere Frage offen zu lassen und die Entschädigungsklage wegen Mangels des subjektiven Moments abzuweisen, ist nicht zu billigen (R.G. in Jurist. Wochenschrift 1900 S. 151).

Der Vorsatz oder die grobe Fahrlässigkeit ist meistens schwer in stringenter Weise nachzuweisen, der Kläger wird regelmäßig dem Richter nur Thatsachen unterbreiten können, welche einen Anhalt für die Annahme von dolus oder lata culpa geben: hier muß die freie Beweistheorie des §. 286 C.P.O. eingreifen, der Richter muß an ihrer Hand sich frei seine Ueberzeugung bilden, ob jenes Moment vorhanden ist oder nicht. Der Kläger kann den Beweis zwar nicht ersetzen, wohl aber sich erleichtern, indem er — wozu er nach dem Gesetze an sich nicht verpflichtet ist — auf den Patentgegenständen oder, wenn dies nicht möglich ist, auf ihrer Umhüllung eine Bezeichnung anbringt, welche in unzweideutiger Weise erkennen läßt, daß die Gegenstände durch Patent geschützt sind.

In dieser Hinsicht ist beachtenswerth nachstehende Bekanntmachung des P.A. vom 9. Oktober 1877 (P.Bl. 1877 S. 27):

> Bei Berathung des Patentgesetzes ist mehrfach in Anregung gebracht: es möchte eine Bestimmung in das Patentgesetz selbst aufgenommen werden, nach welcher jeder Patentinhaber verpflichtet sein sollte, den in Deutschland patentirten Gegenstand auch als solchen zu bezeichnen. Wiederholte Erwägungen liessen es unthunlich erscheinen, einen derartigen gesetzlichen Zwang einzuführen. Die Tendenz, für eine bestimmte Erkennbarkeit der Patentgegenstände Sorge zu tragen, wurde aber vielfach anerkannt und man hielt es für gut, dass

die Erfinder deutsche Patente als solche in den Verkehr bringen. Nach Erscheinen des Gesetzes ist derselbe Gedanke wieder aufgenommen und hat mannigfache Zustimmung gefunden. Soll derselbe in wirksamer Weise zur Ausführung gelangen, so muss die Bezeichnung deutscher Patente eine gleichmässige sein, sie muss auch in abgekürzter Form geeignet sein, die Verwechselung mit den Patenten anderer Länder auszuschliessen. Es wird hiernach nach Berathung im Plenum des Patentamts den Patentinhabern die Aneignung folgender Bezeichnung empfohlen:

Deutsches Reich. Patent.

oder

D. R. P.

in beiden Fällen unter Beifügung des Datums, mit welchem die Patentdauer begonnen hat.

Die Bezeichnung würde auf den Patentgegenständen selbst und wenn dies nicht möglich, auf der Umhüllung anzubringen sein.

Ebenso wird es zweckmäßig sein, wenn der Patentinhaber, sobald er von einer Patentverletzung erfährt, den Verletzer unter Hinweis auf sein Patent warnt.

Eine Rechtsvermuthung dahin, daß die öffentliche Bekanntmachung des Patents im Reichsanzeiger schon genüge, um das strafbare Bewußtsein oder mindestens die grobe Fahrlässigkeit des Verletzers ohne Weiteres zu erweisen, hat das Patentgesetz nicht aufgestellt, der Richter darf also eine solche nicht ohne Weiteres annehmen (R.G. Straff. 5, 268). Es kann allerdings unter Umständen in der Nichtkenntniß eines Patents trotz dessen Veröffentlichung eine grobe Fahrlässigkeit liegen; vergl. N. 8.

Es ist streitig, ob der Patentinhaber, welcher mit Erfolg auf Unterlassung der Störung geklagt hatte, von dem Störenden ohne Weiteres wegen der nach Zustellung der Negatoria fortgesetzten Benutzung Entschädigung verlangen kann oder ob es auch hier noch erst des besonderen Nachweises eines Verschuldens bedarf. Das R.G. hat sich in wiederholten Entscheidungen (R.G. 21, 68, im P.Bl. 1888 S. 339, G. 6, 357: Jurist. Wochenschrift 1889 S. 72) für die letztere Ansicht ausgesprochen, Bolze in Gruchots Beiträge Bd. 33 S. 9 und Kohler Aus dem Patent- und Industrierecht II S. 1 vertreten die erstere. Die Ansicht des R.G. erscheint zutreffender. Das Patentgesetz will mit seinen Bestimmungen über die Entschädigungspflicht bezw. ihre Voraussetzungen die Materie einheitlich regeln; diese Absicht würde vereitelt werden, wenn die landesrechtlichen Vorschriften über die Wirkungen der Klagerhebung daneben anwendbar wären. Das Patentgesetz verlangt Wissentlichkeit oder grobe Fahrlässigkeit; wenn auch diese Momente durch die Klageerhebung beim Verletzenden erzeugt werden können, so ist es doch denkbar, daß dies nicht der Fall ist (vergl. den Fall in R.G. 21, 68, P.Bl. 1888 S. 339, G. 6, 357), und eine durch die Erhebung der Klage begründete

Präsumtion oder Fiktion des dolus oder der lata culpa ist im Patentgesetze nicht aufgestellt. Natürlich wird der Richter diese Momente für die Zeit nach der Klagerhebung regelmäßig eher annehmen können, als für die vorangegangene Zeit, er wird aber auch für jene Zeit den Kläger nicht von der Beweispflicht entbinden dürfen. Der von Kohler (a. a. O. S. 5) als ausschlaggebend hervorgehobene Gesichtspunkt, daß der Kläger durch Erhebung der Negatoria bewirke, daß von nun an die Erfindungsausbeute des Gegners als eine Ausbeute zu betrachten sei, von welcher der Ausgang des Prozesses entscheide, zu wessen Gunsten sie erfolge, dürfte einer petitio principii nahe kommen.

Schaden. 18. Der frühere §. 39 besagte ausdrücklich:

Darüber, ob ein Schaden entstanden ist und wie hoch sich derselbe beläuft, entscheidet das Gericht unter Würdigung aller Umstände nach freier Ueberzeugung.

Das Gesetz von 1891 strich diesen Paragraphen, weil er durch §. 287 C.P.O. überflüssig geworden sei (Komm.-Ber. II S. 31). Letzterer bestimmt nämlich:

Ist unter den Parteien streitig, ob ein Schaden entstanden sei, und wie hoch sich der Schaden oder ein zu ersetzendes Interesse belaufe, so entscheidet hierüber das Gericht unter Würdigung aller Umstände nach freier Ueberzeugung. Ob und inwieweit eine beantragte Beweisaufnahme oder von Amtswegen die Begutachtung durch Sachverständige anzuordnen sei, bleibt dem Ermessen des Gerichts überlassen. Das Gericht kann anordnen, dass der Beweisführer den Schaden oder das Interesse eidlich schätze. In diesem Falle hat das Gericht zugleich den Betrag zu bestimmen, welchen die eidliche Schätzung nicht übersteigen darf.

Die Vorschriften über den Schätzungseid werden aufgehoben.

Wenn irgendwo, so ist gerade bei Patentverletzungen die von allen gesetzlichen Regeln befreite Beweiswürdigung angebracht, denn hier ist der genaue Nachweis des Schadens regelmäßig unmöglich. Bei den Zweifelsfragen, die hier fast stets sowohl bezüglich der Existenz, als der Höhe des Schadens auftauchen, muß der Richter sich gegenwärtig halten, daß diese Unsicherheit die Folge einer schuldhaften Handlungsweise des Verletzers ist, und deshalb die zweifelhaften Punkte eher zu dessen Nachtheil, als auf Kosten des gekränkten Patentinhabers entscheiden. Er darf nicht vom Kläger die Substantiirung des Schadens auf Heller und Pfennig verlangen, sondern muß unter Berücksichtigung der Schwere des Verschuldens eine Summe normiren, von welcher er nach seiner Lebenserfahrung annehmen kann, daß sie geeignet ist, dem Verletzten eine vollständige Satisfaktion zu bieten. Bisher haben unsere Gerichte sich dieser Aufgabe wenig gewachsen gezeigt (Kohler Deutsches Patentrecht S. 493, Robolski S. 256).

Verjährung. 19. Wegen der Verjährung der Entschädigungsklage siehe §. 39.

20. Wegen Erlasses einer einstweiligen Verfügung siehe N. 24 zu §. 4. Einstweilige Verfügung.

21. Wenn eine Patentverletzung vor dem 1. Oktober 1891 aus grober Fahrlässigkeit begangen wurde, so kann der Verletzer, selbst wenn aus irgend einem Grunde die Verjährungsfrist nicht abgelaufen sein sollte, nicht auf Entschädigung belangt werden, denn die abändernde Vorschrift des Gesetzes von 1891 findet auf Thatbestände, welche vor seinem Inkrafttreten abgeschlossen waren, keine Anwendung. Fahrlässigkeit vor dem 1. Oktober 1891.

22. In Preußen hat der Justizminister die Gerichte angewiesen, dem P.A. eine Abschrift des Erkenntnisses mitzutheilen, sobald gegen dasselbe ein Rechtsmittel nicht mehr zulässig ist (J.M.Bl. 1877 S. 222). Mittheilung des Urtheils an das P.A.

Abs. 2.

23. Die erste Voraussetzung der Präsumtion ist, daß ein Verfahren patentirt ist; vergl. N. 16 zu §. 4. Verfahren.

Ob das Verfahren ein chemisches oder mechanisches ist, ist an sich unerheblich, doch wird die Rechtsvermuthung fast nur bei ersterem praktisch werden (N. 1 unter b).

24. Zweite Voraussetzung ist, daß das Verfahren zur Herstellung eines neuen Stoffes dient. Neue Herstellungsarten von bekannten Stoffen sind zwar auch patentfähig (N. 25 a. E. zu §. 1), ihnen steht aber die Präsumtion nicht zur Seite. Für die Frage, ob der Stoff im patentrechtlichen Sinne neu ist, sind nicht sowohl die Bestandtheile, aus denen er zusammengesetzt ist, als seine Eigenschaften, insbesondere seine gewerbliche Verwerthbarkeit, maßgebend (vergl. N. 25 zu §. 1 und Witt Chemische Homologie und Isomerie S. 17). Gelingt es, auf künstlichem Wege Indigo oder Chinin mit ganz denselben Eigenschaften, wie sie der natürliche Indigo oder das natürliche Chinin besitzt, herzustellen, so würde das fabrizirte Produkt kein neues sein. Neuer Stoff.

Der Stoff muß zur Zeit der Anmeldung des Patents neu gewesen sein.

25. Die Rechtsvermuthung des Abs. 2 greift, wie ihre Stellung in §. 35 ergiebt, nur im Civil-, nicht im Strafprozeß Platz; sie gilt trotz ihrer Stellung im §. 35 nicht blos für Entschädigungs-, sondern auch für negatorische und Feststellungsklagen. Sie geht dahin, daß von jedem Stoffe gleicher Beschaffenheit angenommen wird, er sei „nach dem geschützten Verfahren" oder, wie es im Anschluß an § 4 richtiger geheißen hätte, „durch das geschützte Verfahren unmittelbar" hergestellt (N. 17, 18 zu §. 4). Wenn also ein Verfahren zur Herstellung eines neuen Farbstoffs geschützt ist, dann ist, wenn dieser Farbstoff im Verkehr auftaucht, stets davon auszugehen, daß er durch das patentirte Verfahren unmittelbar hergestellt ist. Diese Vermuthung trifft auch dann zu, wenn nach Ertheilung des Patents noch andere Herstellungsarten des Farbstoffs bekannt wurden: selbst hier, wo eine natürliche Vermuthung dem Patentinhaber nicht zur Seite steht, kommt ihm die gesetzliche zu Gute. Rechtsvermuthung.

Die Präsumtion befreit den Kläger nur von dem Nachweise, daß der Stoff durch das geschützte Verfahren unmittelbar hergestellt ist, aber nicht von der sonstigen, ihm gemäß N. 14 obliegenden Beweislast, insbesondere nicht von dem Nachweise, daß die Verletzung seines Patents aus Wissentlichkeit oder grober Fahrlässigkeit geschehen ist.

Wenn auch die nächste Veranlassung zur Einführung der Präsumtion die Einfuhr widerrechtlich hergestellter Waaren aus dem Auslande war (N. 1), so hat das Gesetz von 1891 doch, um Retorsionen zu verhüten, die Vermuthung so allgemein gefaßt, daß sie auch bei den im Inlande hergestellten Stoffen zutrifft.

Gegenbeweis. **26.** Die Vermuthung ist keine praesumtio juris et de jure, sondern nur eine sog. praesumtio juris, denn das Gesetz gestattet ausdrücklich ihre Entkräftung durch den Beweis des Gegentheils. Dieser Gegenbeweis liegt dem wegen der Patentverletzung auf Entschädigung Beklagten ob und ist dahin zu führen, daß der Stoff nicht durch das geschützte Verfahren unmittelbar hergestellt ist. Diesen Nachweis kann der Beklagte einmal dadurch erbringen, daß er ein anderes Verfahren offenbart, durch welches jener hergestellt ist. Es genügt aber nicht, daß er die Existenz einer anderen Herstellungsart darthut, sondern er muß beweisen, daß der Stoff durch dieselbe auch wirklich hergestellt ist. Die Präsumtion kann ferner dadurch entkräftet werden, daß der Beklagte nachweist, daß der Stoff durch das geschützte Verfahren nicht „unmittelbar" hergestellt ist, da außer diesem Verfahren noch andere Faktoren zur Herstellung des Stoffs mitgewirkt haben; vergl. die Ausführungen in N. 18 zu §. 4.

§. 36.

Wer wissentlich den Bestimmungen der §§. 4 und 5 zuwider eine Erfindung in Benutzung nimmt, wird mit Geldstrafe bis zu fünftausend Mark oder mit Gefängniß bis zu einem Jahre bestraft.

Die Strafverfolgung tritt nur auf Antrag ein. Die Zurücknahme des Antrags ist zulässig.

Wird auf Strafe erkannt, so ist zugleich dem Verletzten die Befugniß zuzusprechen, die Verurtheilung auf Kosten des Verurtheilten öffentlich bekannt zu machen. Die Art der Bekanntmachung, sowie die Frist zu derselben ist im Urtheil zu bestimmen.

1. Entstehungsgeschichte.

Abs. 1 (N. 2—9).

2. Thatbestand.
3. Thäter.
4. Beweislast.
5. Strafe.
6. Zuständiges Gericht.
7. Verjährung.
8. Versuch.
9. Mittheilung des Urtheils an das P.A.

Abs. 2 (N. 10).

10. Antrag.

Abs. 3 (N. 11).

11. Bekanntmachung.

1. Ueber den früheren Rechtszustand vergl. N. 1 zu §. 35. Das Gesetz von 1891 hat an demselben, soweit die Strafverfolgung in Frage kommt, nur die Aenderung vorgenommen, daß es die Zurücknahme des Antrags für zulässig erklärte. Da die anderen Urheberrechtsgesetze die Zurücknahme gestatten, so lag kein Grund vor, die Patentverletzungen anders zu behandeln und einen gütlichen Ausgleich nach gestelltem Strafantrag auszuschließen, zumal die Strafandrohung des §. 36 vorwiegend den Schutz des individuellen Rechts bezweckt (Mot. II S. 28). Ueber eine redaktionelle Aenderung vergl. N. 11. Entstehungsgeschichte.

2. Der Thatbestand des Vergehens deckt sich mit den Voraussetzungen der Entschädigungspflicht (§. 35), nur daß hier ein Schaden durch die Patentverletzung nicht entstanden zu sein braucht und daß Wissentlichkeit, nicht blos grobe Fahrlässigkeit des Verletzers vorliegen muß. Es treffen deshalb die Erörterungen in N. 2—5, 7, 9 zu §. 35 hier zu; jedoch ist, in Abweichung von den Ausführungen in N. 3, Wiederaufnahme des Verfahrens im Strafprozeß zulässig, wenn das Patent nachträglich nicht ertheilt bezw. für nichtig erklärt wird (§. 399 Nr. 5 Str.P.O.). Erfolgt in Folge der Wiederaufnahme eine Freisprechung, so ist die Aufhebung des früheren Urtheils in Verfolg des §. 411 Abs. 4 Str.P.O. zweckmäßig durch dieselben Blätter zu veröffentlichen, in welchen die Verurtheilung gemäß §. 36 Abs. 3 bekannt gemacht war. Der Strafrichter ist weder befugt, die Verpflichtung des Nebenklägers zur Rückzahlung der Buße, noch die der Staatskasse zur Rückzahlung der Geldstrafe auszusprechen (L.G. Stuttgart im P.Bl. 1891 S. 274, G. 9, 578). Thatbestand.

3. Strafbar ist der Verletzer; hinsichtlich der Mitthäter, Anstifter, Gehülfen kommen die Bestimmungen der §§. 47—50 Str.G.B. zur Anwendung. Thäter.

Eine Urheberschaft oder Miturheberschaft ist möglich, ohne daß die danach verantwortlich zu machende Person selbst die patentverletzenden Handlungen vornimmt. Es reicht hin, wenn die Absicht, daß diese Handlungen durch Andere verwirklicht werden, durch irgend eine Handlung mit Erfolg bethätigt wird. Des strafbaren Eingriffs in ein Kombinationspatent macht sich deshalb auch derjenige schuldig, welcher die nicht geschützten Theile der Konstruktion herstellt, wenn er weiß, daß dieselben mit anderen behufs Verletzung eines Patents kombinirt werden sollen (N. 4a zu §. 4).

Nur physische Personen können sich strafbar machen. Wenn eine juristische Person, z. B. eine Aktiengesellschaft, ein fremdes Patent den Bestimmungen der §§. 4, 5 zuwider benutzt, so machen sich ihre Organe oder Angestellten, denen Wissentlichkeit zur Last fällt, strafbar, bei der Benutzung durch eine offene Handelsgesellschaft ebenfalls nur diejenigen Sozien, denen Wissentlichkeit nachgewiesen werden kann (Kohler Aus dem Patent- und Industrierecht II S. 13). Eine Vorschrift des Inhalts, daß bestimmte Organe oder die Sozien von der Verletzung Kenntniß haben und für dieselbe aufkommen müssen, wofern sie nicht Umstände darlegen, welche das Gegentheil erweisen, giebt es nicht (R.G. Straff. 5, 105).

Beweislast. 4. Das Patentgesetz hat Beweisregeln zum Zweck der Lösung der Schuldfrage im Strafverfahren nicht aufgestellt. Der Richter darf demnach bei der Prüfung des Vorliegens der thatsächlichen Voraussetzungen des Patentvergehens, z. B. der Wissentlichkeit, nicht besondere Rechtsnormen über Vertheilung der Beweislast bilden, namentlich nicht dem Angeklagten eine solche aufbürden, sondern er hat in selbständiger Thätigkeit (gemäß §. 153 Str.P.O.) zur Untersuchung der Sachlage zu schreiten und aus dem Ergebniß der Verhandlung sich gemäß §. 260 Str.P.O. seine Ueberzeugung zu bilden (R.G. im P.Bl. 1883 S. 93, G. 4, 281).

Strafe. 5. Der Mindestbetrag der Geldstrafe ist drei Mark, der der Gefängnißstrafe ein Tag; eine nicht beizutreibende Geldstrafe wird in Gefängniß oder, wenn die erkannte Strafe nicht den Betrag von sechshundert Mark und die an ihre Stelle tretende Freiheitsstrafe nicht die Dauer von sechs Wochen übersteigt, nach Ermessen des Gerichts in Haft umgewandelt (§§. 27, 16, 28 Str.G.B.). Ueber Konkurrenz von strafbaren Handlungen vergl. §§. 73—79 Str.G.B.; ein fortgesetztes Delikt wird hier häufig anzunehmen sein.

Von den Nebenstrafen des Str.G.B. kommt die Einziehung in Betracht, deren Verhängung fakultativ ist; ihr unterliegen nach §. 40 Str.G.B. Gegenstände, welche durch das Patentvergehen hervorgebracht oder welche zur Begehung desselben gebraucht oder bestimmt sind, sofern sie dem Thäter oder einem Theilnehmer gehören; es kann auf sie auch selbständig erkannt werden, wenn die Verfolgung oder die Verurtheilung einer bestimmten Person nicht ausführbar ist (§. 42 Str.G.B.). Die nicht patentirten Herstellungsmittel eines geschützten Produkts unterliegen ebenso der Einziehung, wie das nicht patentirte Produkt eines geschützten Verfahrens (Rosenthal S. 403). Ist der einzuziehende Gegenstand untrennbar mit einem anderen verbunden, so kann das Ganze, wenn es das Gericht für angemessen findet, eingezogen werden: bei dem Ermessen wird das Werthsverhältniß des Theiles zum Ganzen maßgebend sein.

Zuständiges Gericht. 6. Oertlich zuständig zur Aburtheilung des Vergehens ist gemäß §§. 7—9 Str.P.O. das Gericht, in dessen Bezirk die strafbare Handlung begangen ist (N. 14 zu §. 35) oder der Angeschuldigte seinen Wohnsitz (gewöhnlichen Aufenthaltsort, letzten Wohnsitz) hat, oder subsidiär dasjenige, in dessen Bezirk die Ergreifung stattgefunden hat, oder endlich das vom R.G. bestimmte.

Sachlich zuständig ist die Strafkammer des Landgerichts gemäß §. 73 G.V.G. Gegen ihre Urtheile giebt es nur das Rechtsmittel der Revision. Dieselbe geht an das R.G., außer wenn sie ausschließlich auf die Verletzung einer in den Landesgesetzen enthaltenen Rechtsnorm gestützt wird; im letzteren Falle geht sie an das dem Landgerichte vorgesetzte Oberlandesgericht, in Preußen an das Kammergericht (§§. 123 Nr. 3, 136 Nr. 2 G.V.G., §. 50 Nr. 1 des preuß. Ausführungsgesetzes zum G.V.G. vom 24. April 1878). Die Strafkammer ist nicht befugt, gemäß §. 75

G.V.G. die Verhandlung und Entscheidung dem Schöffengerichte zu überweisen.

7. Die Strafverfolgung verjährt nach §. 67 Str.G.B. in fünf Jahren (R.G. Straff. 26, 129). Die Verjährung beginnt mit dem Tage, an welchem die Handlung, bei einem fortgesetzten Vergehen die letzte Einzelhandlung begangen ist. Verjährung.

8. Der Versuch ist nach §. 43 Abs. 2 Str.G.B. straflos. Ueber einen Fall, in welchem kein vollendetes Vergehen, sondern nur ein Versuch vorlag, siehe R.G. Straff. 11, 241. Versuch.

9. In Preußen hat der Justizminister die Gerichte angewiesen, dem P.A. eine Abschrift des Erkenntnisses mitzutheilen, sobald gegen dasselbe ein Rechtsmittel nicht mehr zulässig ist (J.M.Bl. 1877 S. 222). Mittheilung des Urtheils an das P.A.

Abs. 2.

10. Das Patentvergehen ist ein Antragsdelikt; der Antrag kann nach dem Gesetze von 1891 zurückgenommen werden (N. 1). Antrag.

Die Vorschriften des Str.G.B. über Antragsdelikte finden auch hier Anwendung:

§. 61. Eine Handlung, deren Verfolgung nur auf Antrag eintritt, ist nicht zu verfolgen, wenn der zum Antrage Berechtigte es unterlässt, den Antrag binnen drei Monaten zu stellen. Diese Frist beginnt mit dem Tage, seit welchem der zum Antrage Berechtigte von der Handlung und von der Person des Thäters Kenntniss gehabt hat.

§. 62. Wenn von mehreren zum Antrage Berechtigten einer die dreimonatliche Frist versäumt, so wird hierdurch das Recht der übrigen nicht ausgeschlossen.

§. 63. Der Antrag kann nicht getheilt werden. Das gerichtliche Verfahren findet gegen sämmtliche an der Handlung Betheiligte (Thäter und Theilnehmer), sowie gegen den Begünstiger statt, auch wenn nur gegen eine dieser Personen auf Bestrafung angetragen worden ist.

§. 64. Die Zurücknahme des Antrages ist nur in den gesetzlich besonders vorgesehenen Fällen und nur bis zur Verkündung eines auf Strafe lautenden Urtheils zulässig.

Die rechtzeitige Zurücknahme des Antrages gegen eine der vorbezeichneten Personen hat die Einstellung des Verfahrens auch gegen die anderen zur Folge.

§. 65. Der Verletzte, welcher das achtzehnte Lebensjahr vollendet hat, ist selbständig zu dem Antrage auf Bestrafung berechtigt. Solange er minderjährig ist, hat unabhängig von seiner eigenen Befugniss auch sein gesetzlicher Vertreter das Recht, den Antrag zu stellen.

Ist der Verletzte geschäftsunfähig oder hat er das achtzehnte Lebensjahr noch nicht vollendet, so ist sein gesetzlicher Vertreter der zur Stellung des Antrages Berechtigte.

Wegen der Form des Antrages ist §. 156 Abs. 2 Str.P.O. maßgebend:

Bei strafbaren Handlungen, deren Verfolgung nur auf Antrag eintritt, muss der Antrag bei einem Gericht oder der Staatsanwaltschaft schriftlich oder zu Protokoll, bei einer anderen Behörde schriftlich angebracht werden.

Vergl. zu den Paragraphen des Str.G.B. Olshausen, zu §. 156 Str.P.O. Loewe Kommentar, und über Antragsdelikte im Allgemeinen: Fuchs Anklage und Antragsdelikte 1873, Nessel Die Antragsberechtigungen 1873, Reber Die Antragsdelikte 1873.

Der Verletzte im Sinne des §. 35 ist zum Antrag berechtigt; die Erörterungen in N. 10 zu §. 35 finden deshalb hier Anwendung. Von mehreren Mitinhabern eines Patents ist jeder einzelne antragsberechtigt (L.G. Elberfeld und R.G. im P.Bl. 1883 S. 413, G. 4, 253); eine Handelsgesellschaft kann unter ihrer Firma den Antrag stellen (R.G. Strafs. 15, 293).

Der Antragsberechtigte braucht den Antrag nicht selbst zu stellen, es kann dies auch ein Dritter für ihn und zwar nicht blos als sein Bote, sondern als sein Stellvertreter thun, nämlich soweit die Wahrnehmung der durch das Antragsdelikt verletzten Interessen, insbesondere die Vermögensverwaltung dem Dritten übertragen worden ist; in Folge dessen, also nicht auf Grund des §. 49 H.G.B., wird bei Patentverletzung regelmäßig der Prokurist den Antrag stellen können, ebenso der Generalbevollmächtigte (vergl. R.G. Strafs. 1, 387; 15, 144). Der gemäß §. 12 Abs. 1 bestellte Vertreter eines nicht im Inlande Wohnenden ist kraft Gesetzes zur Stellung des Antrages berechtigt (N. 9 zu §. 12).

Der gegen den Hersteller gestellte Strafantrag erstreckt sich nicht ohne Weiteres auf diejenigen, welche das hergestellte Produkt in den Verkehr bringen, und umgekehrt. Nur dann ist dies der Fall, wenn sie an „derselben Handlung" betheiligt sind (R.G. Strafs. 28, 175; 31, 93).

Die Antragsberechtigung geht nicht auf die Erben über (R.G. Strafs. 11, 53).

Bei einem fortgesetzten Delikt läuft die Frist von der Kenntniß der letzten der Einzelhandlungen (R.G. Strafs. 15, 370). Für die Berechnung der Frist kommt es darauf an, wann der Patentinhaber, gleichviel ob er im In- oder Auslande wohnt, Kenntniß erlangt hatte; die Kenntniß des Vertreters ist unerheblich, es sei denn, daß der Fall der gesetzlichen Vertretung gemäß §. 65 Str.G.B. vorliegt (R.G. Strafs. 6, 119).

Die Zurücknahme des Antrages ist auch zulässig, wenn derselbe vor dem 1. Oktober 1891 gestellt war.

Abs. 3.

Bekanntmachung. **11.** Dieser Absatz ist der frühere §. 35; das Gesetz von 1891 hat nur die Eingangsworte „Erfolgt die Verurtheilung im Strafverfahren" durch die sachlich gleichbedeutenden Worte „Wird auf Strafe erkannt" ersetzt und dadurch die Vorschrift in Uebereinstimmung mit dem Wortlaute der §§. 165, 200 Str.G.B. gebracht; vergl. deshalb Olshausen zu den beiden letzteren Paragraphen.

Im Einzelnen ist zu bemerken: Die Publikationsbefugniß ist eine Strafe, nicht eine Privatgenugthuung (R.G. — vereinigte Strafsenate — Straff. 6, 180; dafür läßt sich hier noch anführen, daß sie nur in §. 36, nicht auch in §. 35 angedroht ist, vergl. R.G. Straff. 14, 3. Daraus folgt, daß auf sie gemäß §. 73 Str.G.B. nicht erkannt werden darf, wenn das Patentvergehen in idealer Konkurrenz mit einem Delikte verübt ist, welches mit schwererer Strafe bedroht ist (R.G. Straff. 6, 180; 14, 3).

Der Richter muß zwar auf die Befugniß erkennen, wenn er auf Strafe erkennt; der Verletzte ist aber nicht verpflichtet, von der Befugniß Gebrauch zu machen. Will er sie ausüben, so hat er selbst die Bekanntmachung in der bestimmten Art und Frist herbeizuführen. Gelingt ihm dieses nicht, so muß die Strafvollstreckungsbehörde auf seinen fristgemäßen Antrag interveniren, insbesondere gemäß §. 10 des Preßgesetzes die Aufnahme der Bekanntmachung in öffentlichen Blättern erzwingen. Die Kosten der Veröffentlichung sind vom Strafgericht auf Antrag festzusetzen (O.L.G. Darmstadt in Deutsche Juristen-Zeitung 1, 124).

Die Befugniß ist nur dem Verletzten selbst (vergl. N. 10 zu §. 35), nicht seinen Erben zuzusprechen, in Folge dessen ist auf sie nicht zu erkennen, wenn der Verletzte vor dem Urtheil verstorben ist (R.G. Straff. 16, 73). Ist der Verurtheilte nach der Rechtskraft des Urtheils gestorben oder in Wahnsinn verfallen, so wird dadurch die Veröffentlichung nicht gehindert; denn der Zweck dieser Strafe und die Art ihrer Vollstreckung verbieten die analoge Anwendung der §§. 485 Abs. 2, 487 Abs. 1 Str.P.O. und rechtfertigen eher eine dem §. 30 Str.G.B. entsprechende Entscheidung (a. M. Rosenthal S. 410).

§. 37.

Statt jeder aus diesem Gesetze entspringenden Entschädigung kann auf Verlangen des Beschädigten neben der Strafe auf eine an ihn zu erlegende Buße bis zum Betrage von zehntausend Mark erkannt werden. Für diese Buße haften die zu derselben Verurtheilten als Gesammtschuldner.

Eine erkannte Buße schließt die Geltendmachung eines weiteren Entschädigungsanspruchs aus.

Abs. 1 (N. 1—7).

1. Rechtsnatur der Buße.
2. Vergleich zwischen Buße und Entschädigung.
3. Ermessen des Gerichts.
4. Beschädigter.
5. Mitthäter.
6. Mehrere Patentverletzungen.
7. Verfahren.

Abs. 2 (N. 8, 9).

8. Zurücknahme des Antrags auf Buße.
9. Alternativverhältniß zwischen Buße und Entschädigung.

Abs. 1.

Rechtsnatur der Buße.

1. Bezüglich der Natur der Buße hat das R.G. in ständiger Praxis (Straff. 12, 223; 15, 352, 439) daran festgehalten, daß dieselbe nicht eine Strafe, sondern eine Entschädigung ist (vergl. über diese Frage, sowie über Buße überhaupt: Kohler Deutsches Patentrecht S. 639, v. Wächter Die Buße bei Beleidigungen und Körperverletzungen 1874, Dochow Die Buße im Strafrecht und Strafprozeß 1875 und die bei Olshausen zu §. 188 Angeführten.

Diese Entschädigung umfaßt den vermögensrechtlichen Schaden (N. 12 zu §. 35), ist aber nicht auf denselben zu beschränken (Straff. 15, 352); in Folge dessen hat das Gericht dem Beschädigten in der Buße u. a. auch eine Entschädigung für den Verdruß und die Mühewaltung, welche ihm die Verletzung und deren Verfolgung verursachte, und insbesondere auch für die durch die Verletzung häufig herbeigeführte Beeinträchtigung seines kaufmännischen Rufes zu gewähren.

Die Begnadigung bezüglich der Strafe hat auf die Buße keinen Einfluß, weil dieselbe keine Strafe ist. Deshalb ist auch die nachträgliche Zusprechung einer Buße nie eine reformatio in pejus (R.G. Straff. 15, 439).

Vergleich zwischen Buße und Entschädigung.

2. Trotz des Alternativverhältnisses, welches zwischen der zivilrechtlichen Entschädigung aus §. 35 und der Buße besteht (N. 9), decken sich beide weder in ihren Voraussetzungen, noch in ihrem Inhalte (R.G. 16, 6). Buße kann der Beschädigte nur verlangen, wenn der Angeklagte auf Grund des §. 36 bestraft wird, also dolos gehandelt hat, der Civilanspruch entsteht schon bei grober Fahrlässigkeit des Verletzers. Die Entschädigung erstreckt sich nur auf vermögensrechtliche Nachtheile, ist aber in der Höhe unbeschränkt, die Buße umfaßt auch anderen, als vermögensrechtlichen Schaden (N. 1), darf aber zehntausend Mark nicht übersteigen. Der Entschädigungsanspruch ist ein mit der verletzenden Handlung wohlerworbenes, unter Lebenden und von Todeswegen übertragbares, gegen den Verletzer und dessen Erben im Wege der Klage durchführbares Vermögensrecht, dagegen entsteht ein wohlerworbenes, übertragbares und gegen die Erben verfolgbares Vermögensrecht auf die Buße erst durch die Rechtskraft des zu einer solchen verurtheilenden Strafurtheils. Einen weiteren Unterschied siehe in N. 9.

Eine Konsequenz der Verschiedenheit zwischen Entschädigung und Buße siehe in N. 3 zu §. 39.

Ermessen des Gerichts.

3. Es hängt auch im Falle der Verurtheilung vom Ermessen des Strafrichters ab, ob er auf Buße erkennen will. Damit ist indessen die Entscheidung nicht in seine Willkür gelegt, vielmehr muß er in jedem Falle, wo Anhaltspunkte dafür vorhanden sind, daß ein Schaden entstanden ist, nöthigenfalls unter Zuziehung von Sachverständigen, die Buße normiren. Nur für den sehr seltenen Fall, daß die Verhandlung gar keine Anhaltspunkte für das Vorhandensein eines Schadens gewährt hat und der Beschädigte solche nicht zu geben vermag, darf er die Zuerkennung einer Buße ablehnen (R.G. Straff. 1, 328; 6, 398; 17, 190).

Ist es klar, daß ein Schaden entstanden ist, so darf der Richter den Antrag auf Buße nicht deshalb ablehnen, weil es an einer zuverlässigen Grundlage für die ziffermäßige Feststellung der Höhe des Schadens fehle (R.G. in Gewerbl. Rechtsschutz 1, 252).

Beschädigter.

4. Der „Beschädigte" ist identisch mit dem „Verletzten" des §. 35; vergl. daher die Erörterungen in N. 10 zu §. 35, welche auch hier zutreffen.

Bei mehreren Beschädigten kann nur demjenigen von ihnen, der das Verlangen stellt, eine Buße zugesprochen werden. Der Höchstbetrag von zehntausend Mark ist nicht dahin zu verstehen, daß der Angeklagte auch beim Vorhandensein mehrerer Verletzten nie mehr als zehntausend Mark im Ganzen als Buße zu zahlen braucht; vielmehr kann jedem einzelnen der Verletzten eine Buße bis zu diesem Höchstbetrage zugesprochen werden (vergl. Olshausen zu §. 188 St.G.B.).

Mitthäter.

5. Mitthäter können zusammen höchstens zu dem Maximum von zehntausend Mark verurtheilt werden (R.G. in Jurist. Wochenschrift 1892 S. 420, 1893 S. 11); sie haften für die Buße solidarisch. Die Gesammthaftung für die Buße tritt aber nur dann ein, wenn mehrere Theilnehmer an ein und derselben Handlung wegen der gemeinschaftlich begangenen Handlung zu einer Gesammtbuße verurtheilt sind; dagegen dann nicht, wenn zwei Strafsachen wegen Gleichartigkeit verbunden sind und nur deshalb beide Angeklagte zusammen zu einer Buße verurtheilt werden (R.G. Straff. 5, 251, 33, 13; R.G. im Bl. 6, 254). In letzterem Falle kann die Buße bei jedem Angeklagten bis zum Höchstbetrage ausgesprochen werden.

Mehrere Patentverletzungen.

6. Hat Jemand mehrere Patentverletzungen begangen, so ist zu unterscheiden: Sind mehrere Patente verletzt, so ist für jedes gesondert auf Buße zu erkennen; ist ein Patent mehrfach verletzt, so ist im Falle einer Realkonkurrenz ebenso zu entscheiden, dagegen ist, wenn ein einheitliches Delikt angenommen wird, nur einmal die Buße auszusprechen.

Verfahren.

7. Wegen des Verfahrens sind zu beachten nachfolgende Vorschriften der Str.P.O.:

§. 443. Die Befugniss, sich einer öffentlichen Klage nach den Bestimmungen der §§. 435—442 als Nebenkläger anzuschliessen, steht auch demjenigen zu, welcher berechtigt ist, die Zuerkennung einer Busse zu verlangen.

Wer die Zuerkennung einer Busse in einem auf erhobene öffentliche Klage anhängigen Verfahren beantragen will, muss sich zu diesem Zwecke der Klage als Nebenkläger anschliessen.

§. 444. Der Antrag auf Zuerkennung einer Busse kann bis zur Verkündung des Urtheils erster Instanz gestellt werden.

Der Antrag kann bis zur Verkündung des Urtheils zurückgenommen, ein zurückgenommener Antrag nicht erneuert werden.

Wird der Angeklagte freigesprochen oder das Verfahren eingestellt, oder die Sache ohne Urtheil erledigt, so gilt auch der Antrag ohne weitere Entscheidung für erledigt.

Der Anspruch auf Busse kann von den Erben des Verletzten nicht erhoben oder fortgesetzt werden.

§. 445. Der Nebenkläger hat den Betrag, welchen er als Busse verlangt, anzugeben.

Auf einen höheren Betrag der Busse als den beantragten darf nicht erkannt werden.

§. 495. Die Vollstreckung der über eine Vermögensstrafe oder eine Busse ergangenen Entscheidung erfolgt nach den Vorschriften über die Vollstreckung der Urtheile der Civilgerichte.

Ueber das Verfahren vergl. Ortloff in Goltdammer Arch. 22, 240 und speziell über die Frage, wer die dem Nebenkläger erwachsenen Kosten zu tragen hat, R.G. Strafs. 15, 190, im P.Bl. 1887 S. 65, G. 6, 145.

Abs. 2.

Zurücknahme des Antrags auf Buße. 8. Da erst die erkannte Buße die Geltendmachung eines weiteren Entschädigungsanspruchs ausschließt, so ist der Verletzte an sich befugt, jeder Zeit, bis auf Buße rechtskräftig erkannt ist, den Antrag zurückzunehmen und im Civilprozeß seine Ansprüche geltend zu machen. Da aber nach §. 444 Abs. 2 Str.P.O. nur bis zur Verkündung des Urtheils der Antrag auf Zuerkennung der Buße zurückgenommen werden kann, so kann der die Buße beanspruchende Nebenkläger, wenn er nach Verkündung des Urtheils erster Instanz den Antrag zurücknehmen will, dies nur thun, wenn die Sache in die Revisionsinstanz gelangt.

Alternativverhältniß zwischen Buße und Entschädigung. 9. Aus dem Alternativ-Verhältniß zwischen Entschädigung und Buße, welches in den Eingangsworten und im Schlußsatze des §. 37 gekennzeichnet ist, folgt, daß eine Buße nicht gefordert werden kann, wenn der Entschädigungsanspruch gemäß §. 39 verjährt (a. M. Gareis S. 265) oder rechtskräftig abgewiesen ist (a. M. Olshausen zu §. 188). Dagegen hindert den Verletzten nichts, wenn die Strafkammer seinem Antrage auf Buße nicht entsprochen hat, seine Entschädigung im Civilwege einzuklagen, denn das strafgerichtliche Urtheil hat für den Civilrichter keine bindende Kraft (§. 14 Nr. 1 des Einführungsgesetzes zur C.P.O.); außerdem ist die Freisprechung vielleicht erfolgt, weil dem Angeklagten der dolus nicht nachgewiesen werden konnte, während die Entschädigung auch bei grober Fahrlässigkeit gefordert werden kann.

§. 38.

In bürgerlichen Rechtsstreitigkeiten, in welchen durch Klage oder Widerklage ein Anspruch auf Grund der Bestimmungen dieses Gesetzes geltend gemacht ist, wird die Verhandlung und Entscheidung letzter Instanz im Sinne des §. 8 des Ein-

führungsgesetzes zum Gerichtsverfassungsgesetze dem Reichsgericht zugewiesen.

1. Entstehungsgeschichte.
2. Reichsgericht.
3. Anspruch auf Grund des Patentgesetzes.

1. Der §. 37, welcher im Patentgesetze von 1877 dem §. 38 entsprach, lautete: **Entstehungsgeschichte.**

Die im §. 12 des Gesetzes, betreffend die Errichtung eines obersten Gerichtshofes für Handelssachen, vom 12. Juni 1869 geregelte Zuständigkeit des Reichs-Oberhandelsgerichts wird auf diejenigen bürgerlichen Rechtsstreitigkeiten ausgedehnt, in welchen durch die Klage ein Anspruch auf Grund der Bestimmungen dieses Gesetzes geltend gemacht wird.

Die jetzige Fassung wurde von der Reichstagskommission gewählt, um den Paragraphen in Uebereinstimmung mit §. 12 des Gesetzes, betreffend den Schutz von Gebrauchsmustern zu setzen (Komm.-Ber. II S. 30). Sie ändert den Rechtszustand, wie er vor dem Gesetz von 1891 war, nur in einem Punkte ab. Wenn nämlich von mehreren durch Klage oder Widerklage geltend gemachten Ansprüchen nur einer auf Grund des Patentgesetzes erhoben wird, so stand in den Staaten, in welchen ein Oberstes Landesgericht besteht, bisher die Entscheidung gemäß §. 14 des Bundesgesetzes vom 12. Juni 1869 nur dann dem R.G. zu, wenn der Werth des auf Grund des Patentgesetzes geltend gemachten Anspruchs der höhere war (Löning in Zeitschr. f. Deutsch. Civilprozeß Bd. 4 S. 157, insbesondere N. 204). Heute dagegen ist in einem solchen Falle stets das R.G. zuständig, ohne daß es darauf ankommt, welcher Anspruch einen höheren Werth hat.

2. Der in Bezug genommene §. 8 des Einführungsgesetzes zum G.V.G. bestimmt: **Reichsgericht.**

Durch die Gesetzgebung eines Bundesstaates, in welchem mehrere Oberlandesgerichte errichtet werden, kann die Verhandlung und Entscheidung der zur Zuständigkeit des Reichsgerichts gehörenden Revisionen und Beschwerden in bürgerlichen Rechtstreitigkeiten einem obersten Landesgerichte zugewiesen werden.

Diese Vorschrift findet jedoch auf bürgerliche Rechtsstreitigkeiten, welche zur Zuständigkeit des Reichs-Oberhandelsgerichts gehören oder durch besondere Reichsgesetze dem Reichsgerichte zugewiesen werden, keine Anwendung.

Da nur Bayern ein Oberstes Landesgericht besitzt, so besteht die Bedeutung des §. 38 darin, daß in denjenigen bürgerlichen Rechtsstreitigkeiten, in welchen ein Anspruch auf Grund des Patentgesetzes geltend gemacht wird, die Revision gegen die Urtheile der bayerischen Oberlandesgerichte nicht an das Oberste Landesgericht, sondern an das Reichsgericht geht.

Dies gilt bei einer Klagenverbindung oder bei Erhebung einer

Widerklage, auch wenn nur einer der Ansprüche auf Grund des Patentgesetzes erhoben wird (N. 1).

Anspruch auf Grund des Patentgesetzes. 3. Die Vorschrift bezieht sich auf diejenigen Rechtsstreitigkeiten, in welchen ein Anspruch auf Grund des Patentgesetzes geltend gemacht wird. Diese Ansprüche decken sich weder mit dem Anspruch auf Ertheilung des Patents (N. 2 zu §. 3), noch mit den Rechten aus dem Patent (N. 7 zu §. 12), noch mit den das Patent betreffenden bürgerlichen Rechtsstreitigkeiten (N. 9 zu §. 12). Vielmehr gehören hierher außer den Entschädigungsklagen die Klage auf angemessene Vergütung aus §. 5 Abs. 2, die positiven oder negativen Feststellungsklagen bezüglich der Existenz und des Umfanges des Patents, sowie die Klage wegen Störung des Patentrechts (N. 20, 22, 23 zu § 4), dagegen nicht Klagen auf Grund von Vererbungen oder Uebertragungen aus §. 6 (a. M. Gareis S. 268) oder Streitigkeiten wegen Licenzgebühren (a. M. Rosenthal S. 418).

§. 39.

Die Klagen wegen Verletzung des Patentrechts verjähren rücksichtlich jeder einzelnen dieselbe begründenden Handlung in drei Jahren.

1. Entschädigungsklage | 3. Unterbrechung.
2. Beginn der Verjährung.

Entschädigungsklage. 1. Der §. 39 findet nicht auf die Strafverfolgung oder auf die Buße, sondern nur auf die Entschädigungsklage Anwendung (R.G. 16, 6; R.G. Strafs. 26, 129). Auch auf die negatorische Klage bezieht er sich nicht. Bei dieser bedurfte es nicht einer besonderen kurzen Verjährungsfrist, weil sie überhaupt nur gegen präsente Störungen zulässig ist (N. 22 zu §. 4). Für die ausschließliche Anwendbarkeit des §. 39 auf Entschädigungsklagen spricht auch, daß der korrespondirende §. 9 Abs. 2 des Gebrauchsmustergesetzes sich unmittelbar an den von der Entschädigungsklage handelnden Absatz 1 anschließt und daß in den Motiven zu §. 9 darauf hingewiesen wird, daß die Materie für beide Gesetze in durchaus gleicher Weise geregelt ist. — Der §. 852 Abs. 2 B.G.B., welcher für die Herausgabe der Bereicherung die gewöhnliche Verjährung vorschreibt, findet hier keine Anwendung (N. 8 zu §. 35).

Beginn der Verjährung. 2. Die Verjährung beginnt mit dem Tage, an welchem das widerrechtliche Herstellen, Inverkehrbringen, Feilhalten oder Gebrauchen des Gegenstandes der Erfindung stattgefunden hat.

Es wäre unrichtig, wenn man die dreijährige Frist in Gemäßheit des §. 852 Abs. 1 B.G.B. erst von dem Zeitpunkt an rechnen würde, in welchem der Verletzte von dem Schaden und der Person des Ersatzpflichtigen Kenntniß erlangt hat, denn das Patentgesetz wollte den Beginn der Verjährung ausweislich seines Wortlauts nicht an solche subjektive Momente, sondern an feste, objektive Kriterien knüpfen (vergl. R.G. 16, 6). Die gegentheilige Ansicht würde unter Umständen zu einer endlosen Ausdehnung der Verjährungsfrist führen, wofern man nicht aus dem §. 852

auch die Bestimmung hierher übernehmen wollte, daß der Ersatzanspruch ohne Rücksicht auf die Kenntniß in dreißig Jahren von der Begehung der Handlung an verjährt — ein Aushülfsmittel, das Angesichts der Vorschrift des Art. 32 des Einführungsgesetzes zum B.G.B. kaum angängig ist.

3. Der Antrag auf Buße unterbricht nicht die Verjährung des §. 39, weil, wie in N. 2 zu §. 37 auseinandergesetzt, die dem Verletzten in Bezug auf die Buße eingeräumten Befugnisse mit dem Entschädigungsanspruche, auf dessen Verfolgung sich §. 39 bezieht, nicht identisch sind (R.G. 16, 6). A. M. Kohler, weil die zuerkannte Buße den ursprünglichen Entschädigungsanspruch in sich aufnehme und konsumire und deshalb derjenige, welcher die nöthigen Schritte thue, um zur Buße zu gelangen, implicite das Entsprechende thue, um auf dem Wege der Buße zur Entschädigung zu kommen (Aus dem Patent- und Industrierecht I S. 76). Dies wäre aber nur zutreffend, wenn die Gesetze allgemein vorschrieben, die Verjährung werde durch jede auf Realisirung des Anspruchs gerichtete zweckmäßige Handlung des Gläubigers unterbrochen. Dem ist indes nicht so, vielmehr kennt das B.G.B. außer der Erhebung der Klage nur einzelne bestimmte Handlungen, welche die Verjährung unterbrechen (§§. 209, 477 Abs. 2, 639). Die Unterbrechungsgründe des §. 209 B.G.B. finden natürlich auch hier Anwendnng. Unterbrechung.

§. 40.

Mit Geldstrafe bis zu eintausend Mark wird bestraft:

1. wer Gegenstände oder deren Verpackung mit einer Bezeichnung versieht, welche geeignet ist, den Irrthum zu erregen, daß die Gegenstände durch ein Patent nach Maßgabe dieses Gesetzes geschützt seien;
2. wer in öffentlichen Anzeigen, auf Aushängeschildern, auf Empfehlungskarten oder in ähnlichen Kundgebungen eine Bezeichnung anwendet, welche geeignet ist, den Irrthum zu erregen, daß die darin erwähnten Gegenstände durch ein Patent nach Maßgabe dieses Gesetzes geschützt seien.

1. Das Gesetz von 1891 hat in dem §. 40 nur die frühere Strafandrohung „mit Geldstrafe von einhundertfünfzig Mark oder mit Haft" durch „mit Geldstrafe bis zu eintausend Mark" ersetzt, um die Zuständig- Entstehungsgeschichte.

keit der Strafkammern neben derjenigen der Schöffengerichte (nach Maßgabe des §. 75 Nr. 14 G.V.G.) für diejenigen Fälle der Zuwiderhandlung gegen §. 40 zu begründen, in welchen die Tragweite eines Patents in Frage kommt (Komm.-Ber. II S. 31).

Klage. 2. Der §. 40 enthält zunächst nur eine strafrechtliche Vorschrift. Aus ihr ist aber abzuleiten, daß jeder, der ein Interesse daran hat, einer unrichtigen Patentberühmung entgegenzutreten, auch einen privatrechtlichen Anspruch darauf hat, daß dies unterlassen wird. (R.G. in Jurist. Wochenschrift 1896 S. 709, 1901 S. 13, im Bl. 7, 117). Auch aus §. 1 der Gewerbeordnung können die gewerblichen Konkurrenten ein Civilrecht auf Unterlassung gegen denjenigen herleiten, welcher seine Waare zu Unrecht als patentirt in den Verkehr bringt, denn durch eine derartige Bezeichnung wird in den Rechtskreis aller derjenigen Personen verletzend eingegriffen, die solche Waaren gewerblich herstellen oder vertreiben, indem sie ihren Absatz beeinträchtigt und ihre rechtlich erlaubten Erwerbshandlungen mit dem Scheine der Ungesetzlichkeit belegt. (R.G. in Jurist. Wochenschrift 1894 S. 520; im Bl. 1, 94; R.G. 45, 59; im Bl. 6, 186).

Für diese Civilklage ist nicht nothwendig, daß der Beklagte vorsätzlich oder fahrlässig handelt. (Vergl. dagegen N. 8). Es genügt, daß die Patentberühmung objektiv unrichtig ist (R.G. in Jurist. Wochenschrift 1901 S. 13).

Auch kann die Klage gegen jeden gerichtet werden, der Waaren, die zu Unrecht als patentirt bezeichnet sind, in den Verkehr bringt, gleichviel von wem die Bezeichnung herrührt (vergl. dagegen N. 6).

Ueber die Frage, ob der Beklagte, wenn er den Anspruch sofort anerkennt, sich gemäß §. 93 C.P.O. von der Kostenpflicht befreit, siehe L.G. Berlin I in Blätter für Rechtspflege im Bezirk des Kammergerichts 12, 10.

Thatbestand 3. Zum Thatbestande des Vergehens gehört:

a) ein durch ein Reichspatent nicht geschützter Gegenstand (N. 4)
b) Versehung oder öffentliche Erwähnung desselben mit der Bezeichnung, welche geeignet ist, den Irrthum zu erregen, er sei durch ein Reichspatent geschützt (N. 5—7),
c) Vorsatz oder Fahrlässigkeit des Handelnden (N. 8).

Die Täuschung oder Schädigung eines Dritten gehört nicht zum Thatbestande.

Nicht patentirt 4. Der Gegenstand darf nicht durch ein Reichspatent geschützt sein; ob er durch ein ausländisches geschützt ist, ist gleichgültig (P.Bl. 1881 S. 72, G. 2, 258; P.Bl. 1881 S. 214, G. 3, 288; Gewerbl. Rechtsschutz 1, 245; Bl. 1, 127; Bl. 2, 282). Ebenso ist es unerheblich, ob er unter Gebrauchsmusterschutz steht (Bl. 1, 127; 1, 188; 2, 282; R.G. Straff. 26, 192). In diesem Falle wird die Strafbarkeit nicht dadurch ausgeschlossen, daß der Bezeichnung „patentirt" oder dergl. noch ein Vermerk hinzugefügt wird, welcher auf den Musterschutz hindeutet, denn es giebt Gegenstände, welche sowohl Patent- als Musterschutz genießen (R.G. Straff. 26, 192). Durch ein Reichspatent ist der Gegenstand geschützt von der Ertheilung des Patents an bis zur Aufhörung des Schutzes gemäß N. 2 zu §. 9; wenn er noch nicht oder wenn er nicht mehr geschützt ist, darf er nicht in irrthumerregender Weise bezeichnet werden (Bl. 1, 188). Dies ist demnach auch unstatthaft bei Gegenständen, welche erst den provisorischen Schutz des §. 23 genießen, sollte ihnen auch später das Patent ertheilt worden sein, denn zur Zeit der Bezeichnung war es noch zweifelhaft, ob ihnen endgültig ein Patent verliehen werden würde (P.Bl. 1880 S. 109; O.L.G. München im P.Bl. 1882 S. 75, G. 4, 311). Vor der endgültigen Patentertheilung darf man den angemeldeten Gegenstand auch nicht mit D.R.P.a. bezeichnen (L.G. Aachen und R.G. im Bl. 4, 143). Wird ein Patent für nichtig erklärt oder zurückgenommen, so ist die Bezeichnung mit dem Tage der Rechtskraft des Urtheils verboten.

Ist nur ein Theil eines Gegenstandes patentirt, so ist es zulässig, den ganzen Gegenstand als patentirt zu bezeichnen, wofern der geschützte Theil einen wesentlichen in seiner Individualität erkennbaren Bestandtheil des Gegenstandes bildet. Man darf z. B. einen Schirm als Patentschirm bezeichnen, wenn das Gestell oder der Stock patentirt ist, ein Sopha oder eine Matratze, wenn die Anordnung der Sprungfedern unter Patentschutz steht; vergl. R.G. Straff. 28, 14, wo bei Daunensteppdecken die Bezeichnung „patentirt“ gebilligt wurde, trotzdem nur die Herstellung einer eigenthümlichen daunendichten Nath geschützt war. Ist ein Verfahren geschützt, so darf man gemäß §. 4 Satz 2 den durch dasselbe hervorgebrachten Gegenstand als patentirt bezeichnen, wenn er durch das Verfahren unmittelbar hergestellt worden ist (R.G. im Bl. 4, 11). Es ist nicht zulässig, bei einem chemischen Verfahren, welches in mehrere Phasen zerfällt, das Endprodukt blos deshalb patentirt zu nennen, weil ein oder der andere Theil des Gesammtverfahrens unter Schutz steht. Ist Jemandem z. B. ein Verfahren zur Darstellung einer farblosen chemischen Verbindung geschützt, aus welcher er nach einem nicht patentirten Verfahren durch Einwirkung eines anderen chemischen Individuums einen Farbstoff gewinnt, so darf er diesen Farbstoff nicht als patentirt bezeichnen.

War der Gegenstand wirklich durch ein Reichspatent geschützt, so ist es straflos, wenn der Fabrikant außer der richtigen Patent-Nummer noch die Nummern ehemaliger Patente, welche inzwischen erloschen sind, darauf setzt (R.G. Straff. 28, 14, im Bl. 2, 1).

5. Zunächst ist eine Bezeichnung unerlaubt, durch welche unzweideutig ausgedrückt wird, der Gegenstand sei durch Reichspatent geschützt, also beispielsweise „Deutsches Reich-Patent“ oder „D.R.P.“, außerdem aber auch jede Bezeichnung, welche den Irrthum hervorrufen kann, der Gegenstand sei patentirt, ohne daß sie hervorhebt, er sei durch ein ausländisches Patent geschützt, z. B.: „patentirt“ (P.Bl. 1879 S. 466), „pat.“, „Patent“ allein oder in Verbindung mit dem bezeichneten Gegenstande, wie „Patentsopha“, „Patenttisch“ (P.Bl. 1880 S. 77, G. 1, 346, P.Bl. 1881 S. 214, G. 3, 288; O.L.G. München im P.Bl. 1882 S. 75, Bezeichnung.

G. 4, 311; Bl. 1, 127). Auch Bezeichnungen, wie „in den meisten Staaten patentirt", „in zahlreichen Kulturstaaten patentirt" u. dergl. fallen, wenn sie für deutsche Industrieprodukte in Deutschland angewendet werden, unter §. 40 (Bl. 2, 339). Gegenstände, welche Zeichen- oder Gebrauchsmusterschutz genießen, dürfen nicht einfach als „patentamtlich geschützt" bezeichnet werden, weil diese Worte den Irrthum nahe legen, es sei Patentschutz vorhanden (L.G. Berlin I und Kammergericht im Bl. 6, 166; L.G. Berlin I in Blätter für Rechtspflege im Bezirk des Kammergerichts 12, 10).

Die Bezeichnung von Gegenständen, welche zum Patent angemeldet sind, mit „D.R.P. angemeldet" ist zulässig; dagegen ist die Abkürzung „D.R.P. a." geeignet, das Publikum irre zu führen (L.G. Aachen und R.G. im Bl. 4, 143). Daß der Gebrauch von „D.R.P. a." sehr verbreitet ist, ist unerheblich, denn eine entgegenstehende Verkehrssitte kann die Anwendung des Gesetzes nicht ausschließen (R.G. Straff. 26, 192), vielmehr kommt es nur darauf an, ob eine Bezeichnung vorliegt, welche ihrer objektiven Beschaffenheit nach geeignet ist, über die erfolgte Patentirung Irrthum zu erwecken.

Bei Bezeichnungen, welche so allgemein gehalten sind, daß das Publikum sie nicht ohne Weiteres auf Patentschutz beziehen wird, liegt der Thatbestand des §. 40 nicht vor. Dazu gehören z. B. „Nachahmung verboten", „gesetzlich geschützt", „gegen Nachahmung geschützt" (a. M.: P.Bl. 1881 S. 72, G. 2, 259; P.Bl. 1881 S. 123, G. 2, 261; Schaefer in Zeitschrift für gewerbl. Rechtsschutz 3, 158).

Nr 1 6. Man darf weder den Gegenstand, über welchen der Irrthum erregt werden soll, noch dessen Verpackung mit der täuschenden Bezeichnung versehen. Ueber den Begriff der Verpackung vergl. R.G. Straff. 21, 214; es fallen darunter Fässer, Gläser, Flaschen, Kisten, Körbe, Büchsen, Bassins (z. B. für Petroleum oder Spiritus), Futterale, Kapseln, Dosen, Schachteln, Düten, Kannen u. s. w.

Nur dasjenige Versehen ist strafbar, welches in der Absicht geschieht, den Gegenstand in den gewerblichen Verkehr zu bringen (N. 5, 7 zu §. 4). Das Delikt wird von demjenigen begangen, der die Bezeichnung herstellt oder der diese Herstellung veranlaßt, nicht von dem, welcher die zu Unrecht bezeichneten Gegenstände in Verkehr bringt (vergl. dagegen §. 14 des Waarenzeichengesetzes.)| Deshalb ist der Zwischenhändler, welcher die bereits bezeichnete Waare geliefert erhält und sie weiter veräußert, straflos, sofern nicht der Thatbestand der Nr. 2 bei ihm zutrifft (R.G Straff. 25, 78, P.Bl. 1894 S. 192, G. 10, 354). In Bezug auf den Hersteller der Bezeichnung ist noch die Frage zu prüfen, ob für die Widerrechtlichkeit der Bezeichnung der Zeitpunkt des Bezeichnens oder des Inverkehrbringens maßgebend ist. Man wird Letzteres annehmen müssen. Deshalb darf zwar derjenige, welcher vor Ertheilung des Patents die Waare bezeichnet, sie nach Erlangung des Patents in Verkehr bringen, während nach Nichtigkeitserklärung oder Erlöschung des Patents dem, welcher die Gegenstände noch während der Dauer des Patents bezeichnet hatte, das Inverkehrbringen nicht gestattet ist (a. M. Klostermann S. 269).

7. Die Kundgebungen, in denen man die Bezeichnung nicht anwenden darf, müssen gemäß den unter Nr. 2 erwähnten Beispielen an das Publikum gerichtet und urkundlich (im weitesten Sinne) fixirt sein; es genügt also weder ein an einzelne Personen gerichtetes Schreiben, noch eine öffentliche Rede. Nr. 2.

Bei Kundgebungen in einer Zeitung kommt es nicht darauf an, ob sie im redaktionellen Theile oder unter den Anzeigen stehen.

Eine ähnliche Kundgebung liegt nur dann vor, wo es sich um besondere reklamehafte Veranstaltungen handelt. Es ist zwar nicht ausgeschlossen, daß im speziellen Falle sich das betreffende Waarenstück nicht als die für den Verkehr bestimmte Waare, sondern als den Träger der preisenden Ankündigung darstellt. Dies wird aber selten zutreffen. So hat das R.G. einen Verstoß gegen §. 40 Nr. 2 in einem Falle verneint, wo eine im Schaufenster ausgelegte Unterhose zu Unrecht mit der durch farbigen Stempelaufdruck hergestellten Bezeichnung „Herrenhose ohne Naht Patent" versehen war (R.G. Straff. 25, 78, P.Bl. 1894, S. 192, G. 10, 354).

Der Thatbestand des §. 40 Nr. 2 deckt sich regelmäßig mit dem des §. 1 des Reichsgesetzes zur Bekämpfung des unlauteren Wettbewerbes vom 27. Mai 1896, dessen Abs. 1 und 2 wie folgt lauten:

> Wer in öffentlichen Bekanntmachungen oder in Mittheilungen, welche für einen grösseren Kreis von Personen bestimmt sind, über geschäftliche Verhältnisse, insbesondere über die Beschaffenheit, die Herstellungsart oder die Preisbemessung von Waaren oder gewerblichen Leistungen, über die Art des Bezuges oder die Bezugsquelle von Waaren, über den Besitz von Auszeichnungen, über den Anlass oder den Zweck des Verkaufs unrichtige Angaben thatsächlicher Art macht, welche geeignet sind, den Anschein eines besonders günstigen Angebots hervorzurufen, kann auf Unterlassung der unrichtigen Angaben in Anspruch genommen werden. Dieser Anspruch kann von jedem Gewerbetreibenden, der Waaren oder Leistungen gleicher oder verwandter Art herstellt oder in den geschäftlichen Verkehr bringt, oder von Verbänden zur Förderung gewerblicher Interessen geltend gemacht werden, soweit die Verbände als solche in bürgerlichen Rechtsstreitigkeiten klagen können.
>
> Neben dem Anspruch auf Unterlassung der unrichtigen Angaben haben die vorerwähnten Gewerbetreibenden auch Anspruch auf Ersatz des durch die unrichtigen Angaben verursachten Schadens gegen denjenigen, der die Angaben gemacht hat, falls dieser ihre Unrichtigkeit kannte oder kennen musste. Der Anspruch auf Schadensersatz kann gegen Redakteure, Verleger, Drucker oder Verbreiter von periodischen

Druckschriften nur geltend gemacht werden, wenn dieselben die Unrichtigkeit der Angaben kannten.

Zu beachten ist aber, daß der Besitz eines Patentes nicht als eine Auszeichnung im Sinne dieses §. 1 anzusehen ist, denn dieses Wort bezieht sich nur auf gewerbliche Auszeichnungen, wie Diplome, Medaillen, Titel und dergl., nicht aber auf gewerbliche Ausschlußrechte. (Damme in Gewerbl. Rechtsschutz 2, 282; Müller, Osterrieth Kommentare zu §. 1; a. M. Lobe Unlauterer Wettbewerb S. 54). Dagegen fällt eine zu Unrecht erfolgte Patentanmaßung unter die Generalklausel des §. 1 „unrichtige Angabe über Geschäftsverhältnisse". Dieser Unterschied ist deshalb wichtig, weil §. 4 des Gesetzes zur Bekämpfung des unlauteren Wettbewerbes, welcher die unrichtige Angabe über den Besitz von Auszeichnungen mit Strafe bedroht, die Generalklausel nicht aufgenommen hat.

Dolus. Fahrlässigkeit. 8. Strafbar ist sowohl vorsätzliches, wie fahrlässiges Handeln (R.G. Strafs. 24, 399, P.Bl. 1893 S. 672, G. 10, 352; R.G. Strafs. 26, 192, im Bl. 1, 115). Es muß stets eine Schuld des Delinquenten vorliegen, so daß §. 59 Str.G.B. Anwendung findet. Die Strafbarkeit wird dadurch nicht ausgeschlossen, daß der Delinquent in Folge irrthümlicher Auffassung der gesetzlichen Bestimmungen sich in gutem Glauben befand (P.Bl. 1880 S. 77, G. 1, 346; P.Bl. 1881 S. 72, G. 2, 259).

Strafe. 9. Der Mindestbetrag der Geldstrafe ist drei Mark; eine nicht beizutreibende Geldstrafe wird in Gefängniß oder, wenn die erkannte Strafe nicht den Betrag von sechshundert Mark und die an ihre Stelle tretende Freiheitsstrafe nicht die Dauer von sechs Wochen übersteigt, nach Ermessen des Gerichts in Haft umgewandelt (§§. 27, 28 Str.G.B.).

Das Vergehen kann in Idealkonkurrenz insbesondere mit Betrug begangen werden; die Annahme eines fortgesetzten Delikts wird bei ihm häufig — man denke an die gleiche Bezeichnung einer Reihe von Waaren — gerechtfertigt sein.

Gericht. 10. Wegen der örtlichen Zuständigkeit vergl. N. 6 zu § 36. Sachlich zuständig ist die Strafkammer des Landgerichts gemäß §. 73 Nr. 1 G.V.G.; über das Rechtsmittel gegen das Urtheil der Strafkammer siehe N. 6 zu §. 36. Die Strafkammer kann nach §. 75 Nr. 14 G.V.G. auf Antrag der Staatsanwaltschaft die Verhandlung und Entscheidung dem Schöffengerichte überweisen, wenn nach den Umständen des Falles anzunehmen ist, daß wegen des Vergehens auf keine höhere Strafe als sechshundert Mark zu erkennen sein werde.

Verjährung. 11. Die Strafverfolgung verjährt nach §. 67 Str.G.B. in drei Jahren. Die Verjährung beginnt mit dem Tage, an welchem die Handlung, bei einem fortgesetzten Vergehen die letzte der Einzelhandlungen begangen ist.

Versuch. 12. Der Versuch ist nach §. 43 Abs. 2 Str.G.B. straflos.

Mittheilung an P.A. 13. In Preußen hat der Justizminister die Gerichte angewiesen, dem P.A. eine Abschrift des Erkenntnisses mitzutheilen, sobald gegen dasselbe ein Rechtsmittel nicht mehr zuläßig ist (J.M.Bl. 1877 S. 222).

Patentgesetz.

Vom 7. April 1891.

Artikel I.

An Stelle der §§. 1 bis 40 des Patentgesetzes vom 25. Mai 1877 (Reichs-Gesetzbl. S. 501) treten folgende Bestimmungen.

Die gegenwärtige Fassung der §§. 1—40 ergiebt sich aus vorstehendem Kommentar.

Artikel II.

Die Bestimmung im §. 28 Absatz 3 des Artikels I findet auf die zur Zeit bestehenden Patente mit der Maßgabe Anwendung, daß der Antrag mindestens bis zum Ablauf von drei Jahren nach dem Tage des Inkrafttretens dieses Gesetzes statthaft ist.

Zur Vermeidung von Härten bedurfte es nach der Begründung des Entwurfs einer Uebergangsbestimmung, welche es ermöglichte, daß gegen die beim Inkrafttreten der Vorschrift des §. 28 Abs. 3 bereits seit länger als fünf Jahren bestehenden oder doch diese Zeitdauer binnen Kurzem erreichenden Patente noch innerhalb einer angemessenen Frist die Nichtigkeitsklage erhoben werden kann (Mot. II S. 28).

Der Art. II findet Anwendung auf diejenigen Patente, deren Ertheilung vor dem 1. Oktober 1889 im Reichsanzeiger bekannt gemacht war, vorausgesetzt, daß sie am 1. Oktober 1891 noch bestanden: gegen sie war im Falle des §. 10 Nr. 1 der Antrag auf Nichtigkeitserklärung bis zum 1. Oktober 1894 statthaft. War die Bekanntmachung am 1. Oktober 1889 oder später erfolgt, so fand §. 28 Abs. 3 Anwendung, gleichviel ob das Patent am 1. Oktober 1891 noch bestand oder nicht; war die Bekanntmachung vor dem 1. Oktober 1889 erfolgt, so war die Nichtigkeitsklage aus §. 10 Nr. 1 ausgeschlossen, wenn das Patent am 1. Oktober 1891 nicht mehr bestand.

Artikel III.

Dieses Gesetz tritt mit dem 1. Oktober 1891 in Kraft.

Gesetz,

betreffend

den Schutz von Gebrauchsmustern.

Vom 1. Juni 1891.

Entstehungsgeschichte des Gesetzes.

Seit der Entscheidung des Reichs-Oberhandelsgerichts vom 3. September 1878 (O.H.G. 24, 109) war die Praxis der deutschen Gerichte darüber einig, daß das Reichsgesetz vom 11. Januar 1876 nur die Geschmacksmuster schützt. Damit fehlte es an einem Schutze für diejenigen Modelle, bei denen die neue Form nicht auf den Schönheitssinn einwirken, sondern die Gebrauchsfähigkeit steigern will. Die betheiligten Industriellen suchten Abhülfe gegen die Lücke, indem sie diese Modelle in einer der beiden Kategorien gewerblicher Erzeugnisse, für welche ein Schutz bestand, unterzubringen versuchten. Sie meldeten dieselben, da das die Geschmacksmuster registrirende Gericht eine Vorprüfung nicht vorzunehmen hat, trotz jener Praxis zu den Musterregistern an, oder sie versuchten, für sie den Patentschutz zu erlangen. Das letztere Streben steigerte die Geschäftslast des Patentamts in empfindlicher Weise und brachte diese Behörde sehr oft in das Dilemma, technisch verwerthbare Neuerungen, welche nicht den Erfordernissen einer Erfindung genügten, durch Zurückweisung der Anmeldung für schutzlos zu erklären oder den Begriff der Erfindung herunterzudrücken.

Der Wunsch, das Patentamt zu entlasten und durch die Entlastung zu der ihm obliegenden schwierigen Aufgabe des Vorprüfens in höherem Grade zu befähigen, war zwar berechtigt, ebenso war es unzweifelhaft zweckmäßig, die für die Geschmacksmuster bestimmten Register von den zahlreichen ungesetzlichen Eintragungen frei zu halten – aber der Hauptgrund für die Schaffung eines Gebrauchsmusterschutzes war die Erkenntniß, daß die geistige Arbeit, welche sich in den neuen und technisch verwerthbaren, wenn auch geringfügigen Formenschöpfungen kund giebt, einen Anspruch auf Schutz gegen Nachbildung hat.

In der Patent-Enquete von 1886 wurde mit allen gegen eine Stimme beschlossen, es möge der Schutz der Gebrauchsmuster in Erwägung genommen werden (Enqu. 1886 S. 128).

Gleichzeitig mit dem Entwurf des Patentgesetzes legte deshalb der Reichskanzler am 25. November 1890 den Entwurf eines Gesetzes, betreffend den Schutz von Gebrauchsmustern, nebst Begründung, wie solcher vom Bundesrathe beschlossen worden, dem Reichstage vor (Drucksachen des Reichstags 1890 Nr. 153). Dieser berieth den Entwurf am 5. Dezember 1890 in erster Lesung und überwies ihn derselben Kommission, an welche das Patentgesetz Tags vorher verwiesen war (Verhandlungen des Reichstags 1890 S. 794). Nach Durchberathung des Patentgesetzes trat die Kommission am 19. Februar 1891 in die Berathung des Gesetzentwurfs betr. den Schutz von Gebrauchsmustern ein. Sie änderte ihn nur in wenigen Punkten von geringfügiger Bedeutung ab, die wesentlichste Aenderung war, daß die geschützten Gegenstände auf jedem Stücke die Bezeichnung „gesetzlich geschützt" tragen sollten. Nachdem der Kommissionsbericht vom 13. April 1891 (Drucksachen des Reichstags 1890/91 Nr. 398; Berichterstatter: Abgeordneter Samhammer) an den Reichstag gelangt war, fanden daselbst am 24. und 30. April 1891 die zweite und dritte Lesung statt. Der Reichstag schloß sich, abgesehen von einer redaktionellen Aenderung, den Kommissionsbeschlüssen an, nur beseitigte er den Bezeichnungszwang (Verhandlungen des Reichstags 1890/91 S. 2555, 2640).

Nachdem der Bundesrath dem Entwurfe seine Zustimmung gegeben, wurde er als Gesetz, betreffend den Schutz von Gebrauchsmustern, vom 1. Juni 1891 im R.G.Bl. (S. 290) verkündigt.

Wir Wilhelm, von Gottes Gnaden Deutscher Kaiser, König von Preußen rc.

verordnen im Namen des Reichs, nach erfolgter Zustimmung des Bundesraths und des Reichstags, was folgt:

1. Reichsgesetz.
2. Geltungsgebiet.
3. Systematik
4. Patentgesetz.

1. Das Gesetz ist ein Reichsgesetz. Die Reichsgesetzgebung war zur Regelung des Gebrauchsmusterschutzes zuständig, weil nach Art. 4 Nr. 6 der Verfassung des Deutschen Reichs der Schutz des geistigen Eigenthums d. h. der Schutz gegen Nachdruck und Nachbildung der Beaufsichtigung Seitens des Reichs und der Gesetzgebung desselben unterliegt. Das Gesetz bezweckt und enthält eine abschließende Kodifikation der von ihm behandelten Materie, landesgesetzliche Vorschriften über dieselbe sind demnach nach Art. 2 der Verfassung unzuläßig. Verträge mit fremden Staaten über den Gebrauchsmusterschutz dürfen vom Kaiser nicht selbständig geschlossen werden, vielmehr ist zu ihrem Abschluß die Zustimmung des Bundesraths und zu ihrer Gültigkeit die Genehmigung des Reichstags erforderlich (Art. 11 Abs. 3 der Verfassung). **Reichsgesetz.**

2. Das Geltungsgebiet des Gesetzes deckt sich mit dem des Patentgesetzes; vergl. daher oben S. 22 **Geltungsgebiet.**

3. Die Systematik des Gesetzes ist folgende: **Systematik.**

I. Gebrauchsmusterschutz.	
1. Voraussetzungen.	
a) materielle	§ 1
b) formelle	§§. 2, 3
2. Wirkungen	§§. 4, 5
(3. Scheinrecht	§. 6)
4. Uebertragbarkeit	§. 7
5. Endigung	§. 8
II. Strafen und Entschädigung	§§. 9—12
III. Ausland	§. 13
IV. Schlußbestimmungen (Ausführungsverordnung, Datum des Inkrafttretens)	§§. 14, 15.

4. Die Vorschriften des Gesetzes lehnen sich an die Bestimmungen des Patentgesetzes an (Mot. S. 8). In Folge dessen wird im nachstehenden Kommentar wiederholt auf die Erörterungen zu jenem Gesetze Bezug genommen. **Patentgesetz.**

Nachstehende Zusammenstellung veranschaulicht, welche Bestimmungen der beiden Gesetze einander entsprechen.

Gebrauchsmustergesetz.	Patentgesetz.
§. 1	§§. 1, 2
§. 2	§. 20
§. 3	§§. 19, 21—27
§. 4	§§. 3, 4
§. 5	§. 3
§. 6	§§ 10, 28 Abs 2
§. 7	§ 6
§. 8	§§. 7—9
§. 9	§§. 35, 39
§. 10	§. 36
§. 11	§ 37
§. 12	§. 38
§ 13	§. 12
§. 14	Art. III des Gesetzes vom 7. April 1891.

An Vorschriften, welche folgenden Paragraphen des Patentgesetzes entsprechen, fehlt es in dem Gebrauchsmustergesetz: §. 5 (Vorbenutzung), §. 11 (Zurücknahme des Patents), §§. 13—18 (Patentamt), §§. 28—34 (Verfahren in Nichtigkeits- und Zurücknahmesachen), §. 40 (Anmaßung eines Patents).

§. 1.

Modelle von Arbeitsgeräthschaften oder Gebrauchsgegenständen oder von Theilen derselben werden, insoweit sie dem Arbeits- oder Gebrauchszweck durch eine neue Gestaltung, Anordnung oder Vorrichtung dienen sollen, als Gebrauchsmuster nach Maßgabe dieses Gesetzes geschützt.

Modelle gelten insoweit nicht als neu, als sie zur Zeit der auf Grund dieses Gesetzes erfolgten Anmeldung bereits in öffentlichen Druckschriften beschrieben oder im Inlande offenkundig benutzt sind.

1, 2. Verhältniß zu anderen Schutzrechten.

1. Geschmacksmuster
2. Patent.

Abs. 1 (N. 3—10).

3—9 Gebrauchsmuster
3 Modell
4 Arbeitsgeräthschaft, Gebrauchsgegenstand.
5. Theile
6. Gestaltung, Anordnung, Vorrichtung.
7 Neu
8. Arbeits- oder Gebrauchszweck.
9 Wider Gesetz oder gute Sitten
10 Schutz nach Maßgabe dieses Gesetzes.

Abs. 2 (N. 11).

11. Neuheit.

Geschmacksmuster. 1. Der Schutz der Gebrauchsmuster fällt ebenso, wie der der Geschmacksmuster (Reichsgesetz vom 11. Januar 1876), unter den Begriff des Musterschutzes. Unter Mustern versteht man hier neue, eigenthümliche Vorbilder für die Gestaltung von Industrieerzeugnissen. Der Unterschied zwischen den Geschmacks- und Gebrauchsmustern besteht darin, daß die ersteren durch ihre neue Gestaltung eine Einwirkung auf den Schönheitssinn bezwecken (z. B. Stick-, Teppichmuster), während bei den letzteren die neue Gestaltung den Gebrauchszweck zu fördern bestimmt ist (z. B. eine Neuerung an einem Kaminroste, um das Herausfallen der Kohlen zu verhindern, oder ein Musterkoffer, durch dessen eigenthümliche Eintheilung eine größere Ausnützung des Raums und eine bessere Uebersichtlichkeit des Inhalts erstrebt wird). Damit hängt es zusammen, daß das Reichsgesetz vom 11. Januar 1876 sowohl plastische, als Flächenmuster schützt, während den Schutz des Gesetzes vom 1. Juni 1891 nur Modelle, d. h. plastische Muster genießen. Wenn ein Modell durch seine Form sowohl ein ästhetisches Gefühl befriedigen, als auch den Gebrauchszweck fördern will, so kann es unter dem Schutze beider Gesetze stehen.

2. Die durch dieses Gesetz geschützten Gebrauchsmuster und die durch das Patentgesetz geschützten Erfindungen kommen darin überein, daß sie beide ein technisches Erzeugniß herstellen, welches dem Gebrauchszweck zu dienen bestimmt ist. Beide wollen nicht ein ästhetisches Gefühl befriedigen, sondern legen den Nachdruck ausschließlich auf die materielle Gebrauchsfähigkeit (vergl. O.H.G. 24, 109 im P.Bl. 1878 S. 273). Patent

Was die Abgrenzung zwischen beiden anlangt, so folgt zunächst aus dem in N. 1 Gesagten, daß ein Verfahren nie den Muster-, sondern nur den Patentschutz erlangen kann; auch der durch ein Verfahren gewonnene Stoff kann an sich nie Gebrauchsmuster sein, denn dasjenige, was einen neuen Stoff im Gegensatze zu den vorhandenen charakterisirt, ist nicht seine äußere Form, sondern seine innere Eigenschaft. Dem Musterschutze sind also alle Erfindungen in der chemischen Technik entzogen, so daß ihm nur das Gebiet der mechanischen verbleibt. Jedes plastische Erzeugniß derselben könnte an sich sowohl unter Patent- wie unter Musterschutz gestellt werden: keine Kategorie ist von vornherein ausgeschlossen (N. 3), falls bei ihr die Voraussetzungen des betreffenden Schutzes vorliegen. Auf diesem Gebiete besteht der Unterschied zwischen Patent- und Musterschutz darin, daß es sich bei der patentfähigen Erfindung um eine Kräftekombination, beim Gebrauchsmuster dagegen um eine Raumformkombination handelt. (Kohler in Zeitschrift für gewerbl. Rechtsschutz 3, 113, in Gewerbl. Rechtsschutz 1, 200, im Handbuch S. 106.) Bei der patentfähigen Erfindung kommt die äußere Gestaltung nur insoweit in Betracht, als sich in ihr die wirkenden Naturkräfte verkörpern. Beim Gebrauchsmuster dagegen liegt der Fortschritt in der Raumform an sich, indem das die Industrie Fördernde schon in der äußeren Anordnung liegt. Letzteres ist aber dann nicht der Fall (a. M. Wirth in Gewerbl. Rechtsschutz 2, 323, in Oesterreich. Zeitschrift für gewerbl. Rechtsschutz 5, 9), wenn es gilt, Schwierigkeiten, welche durch die Größe oder die Kleinheit des Raumes hervorgerufen sind, zu überwinden, denn hier wird der Effekt nicht durch den Raum, sondern trotz des Raumes hervorgebracht.

Schanze (Archiv für Bürgerl. Recht 18, 291, Zeitschr. des Vereins Deutscher Ingenieure 1900 S. 1768) sieht den Unterschied zwischen Patent- und Musterschutz darin, ob die Schöpfung bedeutend oder einfach ist; gegen ihn Kohler im genannten Archiv 18, 342.

Derselbe Gegenstand kann gleichzeitig Patent- und Musterschutz verdienen. Es kann eine neue Kombination von Naturkräften vorliegen, die einen bedeutenden technischen Effekt hervorbringt, und außerdem kann auch durch seine neue Gestaltung sein Gebrauchszweck gefördert werden. Der Erfinder kann in einem solchen Fall beide Schutzrechte nachsuchen oder sich mit einem derselben begnügen wollen (R.G. 44, 74, im Bl. 5, 308). Er wird die Vor- und Nachtheile jedes Schutzes abwägen und sehen, welcher für ihn im gegebenen Falle am zweckmäßigsten ist. Um die wichtigsten Verschiedenheiten hervorzuheben, so bestehen die Vorzüge des Patentschutzes in seiner größeren Tragweite, indem er sich nicht blos, wie der Musterschutz, auf die angemeldete konkrete Gestaltung, sondern auf die dieser zu Grunde liegende Erfindungsidee erstreckt (N. 8, 11 zu §. 1, N. 4 zu §. 4 des Patentgesetzes; vergl. R.G. im Bl. 5, 247), sodann in seiner längeren Dauer. Andererseits ist der Musterschutz viel wohlfeiler und wird auf die bloße Anmeldung, ohne Vorprüfung und Aufgebot, ertheilt.

Entscheidet sich der Anmelder für Nachsuchung des Musterschutzes, so hat das P.A. in Folge des für diesen Schutz geltenden Anmeldeprinzips in keine Prüfung der Frage einzutreten Eine spätere Anfechtung vor den ordentlichen Gerichten kann nicht darauf gestützt werden, daß die Erfindung patentfähig war, denn Patent- und Gebrauchsmusterschutz schließen sich nicht aus (R.G. 44, 74, im Bl. 5, 308)

Hatte der Anmelder für eine nur musterschutzfähige Neuerung ein Patent nachgesucht, so wird das P.A., auch ohne Einspruch, wegen des mangelnden Erfindungscharakters das Patent nicht ertheilen dürfen bezw. auf Antrag es später für nichtig erklären müssen. Eine Befugniß, in dem Ertheilungsverfahren anstatt des beantragten Patents den Musterschutz zu verleihen oder in der Nichtigkeitsinstanz den Patentschutz auf den Musterschutz einzuschränken, steht dem P.A. nicht zu (vergl. Rhenius in Glaser's Annalen für Gewerbe und Bauwesen Bd. 28 S. 21). In Folge dessen wird es sich empfehlen, in zweifelhaften Fällen die Erfindung nicht blos zur Patentirung anzumelden, sondern für sie gleichzeitig auch den Schutz als Gebrauchsmuster zu verlangen. Es ist auch nach der Praxis des P.A. zulässig, die Erfindung gleichzeitig in erster Reihe zum Patent- und eventuell als Gebrauchsmuster anzumelden. In diesem Falle wird der Anmelder zweckmäßig beantragen, das Verfahren bezüglich der Musteranmeldung bis zur Entscheidung über die Ertheilung des Patents auszusetzen. Unter Umständen kann es aber einen Werth haben, beide Schutzrechte neben einander zu besitzen. Das Gebrauchsmuster wird z. B. von Bedeutung, wenn einem Dritten ein Vorbenutzungsrecht gemäß

§. 5 des Patentgesetzes zusteht, da ein solches gegenüber dem Gebrauchsmuster versagt (vergl. N. 4 a. E. zu § 4). Außerdem kann das Patent aus einem Grunde für nichtig erklärt werden, welcher die Löschung des Gebrauchsmusters nicht herbeiführen kann, z. B. weil der Erfindungscharakter fehlte oder weil die Erfindung Gegenstand des Patents eines früheren Anmelders war. Ist der Musterschutz durch Nachzahlung verlängert worden, so kann er auch bei Zurücknahme des Patents erheblich werden.

3. Das erste Erforderniß des Gebrauchsmusterschutzes ist das Vorhandensein eines Modells (Schanze im Archiv für Strafrecht 47, 211). **Modell.**

Das Geschmacksmustergesetz vom 11. Januar 1876 stellt sowohl in seinem Titel „Gesetz, betreffend das Urheberrecht an Mustern und Modellen", als fast durchweg in seinen Bestimmungen Muster und Modelle zusammen, während das Gebrauchsmustergesetz nur Modelle als Objekte des Schutzes nennt. Den Mustern und Modellen gemeinsam ist, daß beide neue Vorbilder für die Form von Gegenständen sind und zwar Vorbilder, zu deren Hervorbringung eine geistige Thätigkeit nothwendig war. Der Unterschied zwischen ihnen besteht darin, daß das Modell nur ein Vorbild für die plastische Industrie bezeichnet, während man bei Muster vorzugsweise an Vorbilder für die flachproduzirende Industrie denkt; bisweilen gebraucht man Muster im umfassenderen Sinne, um beide Arten von Vorbildern einzuschließen.

Das Modell setzt eine bestimmte plastische Gestaltung voraus. Ein eingetragenes Muster auf „Viehfutter in granulirter Form" ist gelöscht worden, weil es sich dabei nicht um gleichgeformte Körper von bestimmter Figur, sondern um unregelmäßige Krümel von ganz verschiedener Gestalt und Größe handelte (Kammergericht im Bl. 6, 313; vergl. auch R.G. im Bl. 5, 38, Jurist. Wochenschrift 1898 S. 578 bezüglich der „Brikett"-Form).

Da das Modell eine plastische Gestaltung wiedergiebt, so folgt daraus, daß Flächenmuster keinen Gebrauchsmusterschutz genießen. Man muß hier aber unterscheiden: der Gegenstand der Musterschöpfung muß plastisch sein, an diesem kann jedoch das Schutzfähige in der Behandlung der Oberfläche durch Farbe, Stoffüberkleidung, mechanische Bearbeitung bestehen (Schanze a. a. O.). Es kann demnach sowohl die eigenartige Einrichtung eines Kursbuches, Handels- oder eines Wirthschaftsbuches, wie eine bestimmte Farbenzusammenstellung bei einem Leuchtthurm (N. 6) unter Schutz stehen, nicht dagegen ein einzelnes Fahrplanblatt (Kammergericht im Bl. 6, 316). Ob ein Gegenstand plastisch ist, darüber entscheiden nicht mathematische Grundsätze, sondern die Anschauung des Verkehrs.

Wenn die besondere Einrichtung von Büchern oben als schutzfähig erklärt wurde, so kann dabei nur eine bestimmte Art der Buchgestaltung, etwa um das Auffinden durch besondere Einschnitte oder Farben zu erleichtern, in Betracht kommen. Dagegen steht die gedankliche Anordnung des Stoffes, die Zergliederung der Materie, die Gestaltung der Schemata dem Gebrauchsmuster fern, denn nicht die räumliche Gestalt als solche mit den horizontalen und vertikalen Linien wäre das Wesentliche daran, sondern die immaterielle Methode der Benutzung der Linien für bestimmte Kategorien von Eintragungen (Kohler in Gewerbl. Rechtsschutz 1, 200).

In der Praxis wird der Unterschied zwischen dem Gegenstande und der neuen Vorrichtung an demselben bisher nicht hervorgehoben, vielmehr verlangt das R.G. (im Bl. 2, 326), daß die in Frage kommende Verbesserung des Gebrauchsgegenstandes gegenüber den bereits bekannten Gestaltungen eine plastisch wirkende Veränderung der äußeren Formgestalt zur Erscheinung bringt Ebenso: R.G. in Jurist. Wochenschrift 1900 S. 841, Kammergericht im Bl. 6, 316, L.G. Leipzig im Bl. 1, 156; O.L.G. Jena in Gewerbl Rechtsschutz 5, 245; a. M.: O.L.G. Hamm im Bl. 1, 129, Schmid in Zeitschrift für Gewerbl. Rechtsschutz 1, 116, Davidson ebenda 1, 168, Kohler ebenda 3, 129 und in Gewerbl Rechtsschutz 1, 200.

Aus dem Erfordernisse des Modells folgt, daß nur ein körperlicher Gegenstand, nicht ein Verfahren als Gebrauchsmuster geschützt werden kann, denn ein Modell vermag nie ein Verfahren, welches sich aus einer Reihe auf einander folgender Vorgänge zusammensetzt, wiederzugeben Wenn also ein Gegenstand von dem bereits Vorhandenen sich nicht durch eine in die äußere Erscheinung tretende neue Gestaltung, Vorrichtung oder Anordnung unterscheidet, sondern nur durch die Verschiedenheit des Herstellungsverfahrens, so ist der Musterschutz ausgeschlossen, auch wenn das neue Verfahren Vortheile darbietet. Darin stimmen Theorie und Praxis überein (R G 40, 143, R.G in Jurist. Wochenschrift 1896 S. 134, 1897 S 550, 1900 S. 416; R G. im Bl. 2, 61; 4, 86; 5, 319; 6, 185; L G Berlin im Bl. 1, 257; L G. Bochum und O.L.G. Hamm im Bl. 2, 100, Kammergericht im Bl. 5, 304; O L G. Karlsruhe im Bl. 6, 181; Kohler in Gewerbl. Rechtsschutz 1, 200; Schmid S. 221). Eine neue Gestaltung u. s. w. kann ihren Grund in einem bisher nicht bekannten Herstellungsverfahren haben. In diesem Fall kann das Verfahren unter Patentschutz, die Gestaltung unter Gebrauchsmusterschutz gestellt werden (R G. 40, 143, im Bl. 4, 86)

Wenn bei der Anmeldung des Gebrauchsmusters in der Beschreibung das Verfahren geschildert war, so muß das Gericht bei der Nachprüfung des Musters auf seine Rechtsgültigkeit zusehen, ob der Anmelder für das Verfahren oder für den mittelst desselben herzustellenden Gegenstand den Schutz beanspruchen wollte Hierbei wird es namentlich seine Angabe berücksichtigen, unter welcher Bezeichnung das Modell eingetragen werden und welche neue Gestaltung oder Vorrichtung dem Arbeits- oder Gebrauchszwecke dienen soll (R.G. im Bl. 5, 319). Daraus, daß in der Anmeldung und in der Bezeichnung hervorgehoben wird, der Gegenstand sei „aus einem Stück" hergestellt, folgt noch nicht, daß Schutz für das

Herstellungsverfahren beansprucht worden ist (R.G. in Jurist. Wochenschrift 1897 S. 474).

Wegen mangelnder Modellfähigkeit sind Stoffe, bei denen es auf eine bestimmte Form und Gestalt nicht ankommt, vom Musterschutze ausgeschlossen, z. B. Backmehl, Heizmaterial u. s. w. (R.G. im Bl. 5, 38, Kammergericht im Bl. 4, 24, L.G Berlin I im Bl. 4, 26; Schanze a. a. O.; Kohler a. a. O.). Hierüber, sowie über die Verwendung eines neuen Stoffs für bekannte Gegenstände siehe N. 6.

Auch Flüssigkeiten, Mischungen, z. B. chemische Kombinationen in fester oder gasartiger Form, flüssige Kohlensäure, Viehfutter aus einem Gemisch von Oelkuchen und Melasse, sind aus demselben Grunde nicht schutzfähig (Robolski Kommentar zu §. 1; a. M. Ephraim in Gewerbl. Rechtsschutz 1, 350).

Da weder Verfahren noch rein stoffliche Erzeugnisse Musterschutz genießen, so scheiden damit die Erzeugnisse der chemischen Industrie aus.

Arbeitsgeräthschaft, Gebrauchsgegenstand.

4. Arbeitsgeräthschaften und Gebrauchsgegenstände sind nicht koordinirte Begriffe, vielmehr zählen erstere auch zu den Gebrauchsgegenständen. Man gebraucht Hobel und Axt nicht minder, wie Koffer und Kleidungsstück. Es ermangelt ferner beiden Begriffen die Präzision. Gebrauchsgegenstand ist sprachlich jeder Gegenstand, welchen man gebrauchen kann; Gegenstände, welche unter keinen Umständen gebraucht werden können, giebt es aber fast gar nicht, so daß man beinahe jeden Gegenstand einen Gebrauchsgegenstand nennen könnte. Arbeitsgeräthschaft bezeichnet sprachlich eine Geräthschaft, welche zum Arbeiten benutzt wird, umfaßt also nicht blos die Hobel und Aexte des Zimmermanns, sondern auch das Löschblatt und die Stahlfeder des Schreibers. Die Grenze ist so lange nicht mit Sicherheit zu ziehen, bevor man sich nicht über den vieldeutigen Begriff der Arbeit verständigt. Da aber, wie gesagt, alle Arbeitsgeräthe Gebrauchsgegenstände sind und alle Gegenstände wiederum regelmäßig Gebrauchsgegenstände sind, so bedarf es dieser Untersuchung nicht, sondern man wird das Modell keines — beweglichen — Gegenstandes vom Gebrauchsmusterschutz ausschließen, wenn es nur dem Gebrauchszwecke durch eine neue Gestaltung, Anordnung oder Vorrichtung dienen soll.

Die Motive S. 9 sind allerdings der Ansicht, daß Maschinen und Betriebsvorrichtungen nicht den Musterschutz erlangen können. Diese Ansicht hat aber im Gesetze selbst keinen Ausdruck gefunden, denn Maschinen und Betriebsvorrichtungen sind stets Gebrauchsgegenstände und werden auch regelmäßig unter Arbeitsgeräthschaften fallen (vergl. §. 98 B.G.B.), außerdem ist sie innerlich nicht gerechtfertigt. Kleinere Maschinen, die im Hause und in der Wirthschaft gebraucht werden, wie Brodschneide-, Wasch-, Wring-, Messerputzmaschinen eignen sich z. B. vortrefflich zum Gebrauchsmusterschutz, nicht minder Betriebsvorrichtungen, wie Waagen, Petroleumkocher, Gaskocher u. s. w. Das Reichsgericht geht von der Anschauung der Motive aus, hat dieselbe aber etwas modifizirt und vertritt in ständiger Rechtsprechung folgenden Standpunkt: Man dürfe nicht schlechtweg jedem Gegenstande den Musterschutz versagen, weil er in diesem oder jenem Sinne als Maschine oder Betriebsvorrichtung bezeichnet werden könne. Vielmehr sei von Fall zu Fall zu prüfen, ob der zu schützende Gegenstand nach dem allgemeinen Sprachgebrauche „Arbeitsgeräthschaft oder Gebrauchsgegenstand" sei. Unter Letzterem verstehe man „relativ einfache Werkzeuge und Vorrichtungen, nicht aber künstliche, aus vielen in einander greifenden Arbeitsmitteln zusammengesetzte, zur Bewegung von Naturkräften bestimmte Maschinen oder die Gesammtheit einer Reihe selbständiger, zum Zwecke eines auf einer Mehrheit von Arbeitsvorgängen aufgebauten Betriebes zusammengefügter Vorrichtungen." Dem entsprechend hat das R.G. die Musterschutzfähigkeit einem Pasteurisirapparate, der aus einer Reihe selbständiger Vorrichtungen bestand, die in ihrer Gesammtwirkung die Pasteurisirung von Bier in Fässern ermöglichen sollten (R.G. 36, 16, im Bl. 2, 10), einer komplizirten Schützenschlag-Vorrichtung (R.G. 41, 74, im Bl. 4, 124), einer Werkzeugmaschine bestimmter Konstruktion zum gleichzeitigen oder successiven Schneiden und Lochen von Blechen und Winkeleisen (R.G. im Bl. 6, 240) versagt. Dagegen hat es den Schutz zugelassen für einen Webstuhl zur Anfertigung von Rohrdecken für Gärtnereien (R.G. Straff. 28, 185) und ihn auch für eine Filterpresse, die aus einem mit Zuleitungsröhren und mit Ablaufskanälen versehenen Gestell zur Aufnahme der Platten und Rahmen mit den Filtertüchern bestand, für gerechtfertigt erachtet (R.G. 39, 115). Auf dem Standpunkte des R.G. steht das O.L.G. Hamm (Bl. 5, 208); vergl. auch L.G. und O.L.G. Hamburg (Bl. 3, 120). In der Literatur wird die Ansicht des R.G. bekämpft von: Rudorff in Gruchot's Beiträge 41, 366, Kohler in Gewerbl. Rechtsschutz 1, 200, Wirth ebenda 2, 329, Davidson ebenda 3, 225 und 4, 320. Schanze (im Sächs. Archiv für bürgerliches Recht 10, 81 und in der Zeitschrift des Vereins Deutscher Ingenieure 1900 S. 1768) unterscheidet zwischen dem Gegenstande und dem Inhalte der Musterschöpfung: nicht der erstere, sondern der letztere müsse einfach sein.

Die Ansicht des R.G. schafft wegen der schwankenden Kriterien des „allgemeinen Sprachgebrauches" und der „relativen Einfachheit" keinen sicheren Rechtszustand. So hat dieser Gerichtshof in einer neueren Entscheidung (Bl. 5, 320) die Einordnung und Verbindung eines von ihm daselbst als komplizirt bezeichneten Mechanismus für den Doppeldruck in die und mit der Registrirkasse, welche in einer andern Entscheidung des R.G. (Bl. 6, 240) als die „bekannte komplizirte Maschine" charakterisirt wird, als schutzfähig anerkannt. Die Ansicht des R.G. führt außerdem in ihrer Konsequenz (vergl. N. 5) zu einer unerwünschten Einengung des Musterschutzes.

Auf unbewegliche Sachen und integrirende Bestandtheile von solchen giebt es keinen Musterschutz (R.G. 41, 65, im Bl. 4, 153; L.G. Berlin I und Kammergericht im Bl. 5, 303). Darunter fällt z. B. eine Deckenkonstruktion mit eingelegten Eisenstäben von besonderer Art. Dagegen sind Steine von einer bestimmten Form schutzfähig, auch wenn sie dazu bestimmt sind, zur Herstellung von Häusern verwendet zu werden (R.G. im Bl. 5, 308).

Nahrungs-, Genuß- und Arzneimittel sind aus demselben Grunde, aus welchem sie nicht patentfähig sind (S. 41), auch vom Musterschutze ausgeschlossen. (R.G. im Bl. 6, 185, Jurist. Wochenschrift 1900 S. 264).

5. Das zu schützende Objekt braucht nicht ein für sich bestehender Gegenstand zu sein, vielmehr sind durch das Gesetz auch **Theile** von Arbeitsgeräthschaften oder Gebrauchsgegenständen für schutzfähig erklärt worden, vorausgesetzt natürlich, daß sie modellfähig sind und dem Arbeits- oder Gebrauchszwecke durch eine neue Gestaltung, Anordnung oder Vorrichtung dienen sollen. Beispiele: das Schloß eines Koffers, der Stock eines Schirmes u. s. w. Theile.

Wie ist es, wenn der zu schützende Gegenstand den Theil eines nicht schutzfähigen Ganzen bildet? Diese Frage wird insbesondere wichtig, wenn man der reichsgerichtlichen Ansicht, daß komplizirte Maschinen und Betriebsvorrichtungen nicht schutzfähig sind, folgt. Das R.G. unterscheidet in einem solchen Falle, ob der Theil, für welchen Schutz verlangt wird, eine selbständige Funktion hat oder ob er nur wesentlicher Bestandtheil der Maschine ist, ohne den diese ihre Bestimmung nicht erfüllen kann. Im ersten Falle läßt es den Musterschutz zu, im zweiten nicht (R.G. 39, 115, im Bl. 3, 176; R.G. im Bl. 5, 320; 6, 240). Ebenso: O.L.G. Hamm im Bl. 5, 208; gegen die Ansicht des R.G.: **Schanze** in Zeitschrift des Vereins Deutscher Ingenieure 1900 S. 1768. Die Unterscheidung des R.G. widerspricht dem praktischen Bedürfnisse, indem damit Formenänderungen an Bestandtheilen einer Maschine, durch welche deren Gebrauchszweck gefördert wird, für schutzlos erklärt werden. Es fehlt auch an einem inneren Grunde, weshalb die Abänderung der Platten einer Filterpresse Musterschutz verdienen soll (R.G. 39, 115, im Bl. 3, 176), während zweckmäßige Umformungen an dem Gestelle der Presse oder an dem Regulator oder dem Schwungrade einer Dampfmaschine schutzlos bleiben sollen. Die Schieneneinrichtung einer Straßenbahnweiche hat das R.G. für schutzfähig angesehen, weil dieser Theil der Straßenbahnanlage eine besondere Funktion erfüllt und sprachlich als ein Gebrauchsgegenstand bezeichnet werden kann (R.G. in Jurist. Wochenschrift 1899 S. 397).

6. Der Entwurf enthielt ursprünglich nur die Worte „Gestaltung oder Vorrichtung", die Reichstagskommission schob noch das Wort „Anordnung" ein, weil sie der Ansicht war, daß sonst nicht alle schutzbedürftigen Neuerungen einen Schutz finden würden. Als Beispiele für eine neue **Anordnung** wurden in der Kommission eine Barackenkonstruktion, bei welcher vermöge einer besonderen Anordnung und Befestigung der einzelnen Theile die Baracke mit Leichtigkeit auf- und abgeschlagen und transportirt werden kann, sowie ein Brenner an einer Petroleumlampe mit besonderem Gestaltung, Anordnung, Vorrichtung.

Luftzuführungsverfahren, bei welchem die Neuerung in der dem Brenner angewiesenen Stelle beruht, erwähnt (Kommissionsbericht S. 3). Eine Anordnung liegt in der Verbindung von bereits bekannten Theilen zu einem in dieser Zusammensetzung noch nicht bekannten fertigen Gebrauchsgegenstande; hier berührt sich das Gebrauchsmuster mit dem Kombinationspatent (R.G. Strafs. 32, 4).

Als Beispiele für eine neue Gestaltung können dienen: der achteckige Bleistift anstatt des runden, der geschweifte Stockgriff anstatt des geraden; eine neue Vorrichtung ist z. B. der Deckel eines Tintenfasses, welcher in Folge eines Mechanismus von selbst zufällt, wenn das Tintenfaß in eine horizontale Lage kommt. Das Neue muß in der Gestaltung, Anordnung, Vorrichtung liegen, welche in die äußere Erscheinung tritt (vgl. N. 3). Ist die äußere Form oder Anordnung bekannt, so wird sie nicht dadurch schutzfähig, daß sie zu einem neuen Zwecke verwendet wird (R.G. Strafs. 29, 435, O.L.G. Köln im Bl. 1, 259). Eine neue Gestaltung u. s. w. kann auch in der Kombination von bekannten Elementen liegen, z. B. in der Verbindung von Bleistift und Radirgummi, von Hammer und Zange, vorausgesetzt daß diese Zusammenfügung nicht bekannt war. Es ist nicht erforderlich, daß außerdem noch in der Gestaltung der zusammengefügten Theile oder in der Art ihrer Verbindung eine Neuheit liegt (a. M.: R.G. 36, 16, im Bl. 2, 10, Kammergericht im Bl. 4, 256).

Sehr bestritten ist die Frage, ob eine neue Anordnung oder Vorrichtung dann vorliegt, wenn Jemand zur Herstellung eines Gegenstandes ein Material verwendet, das bisher zu diesem Zwecke nicht benutzt worden ist. Das R.G. hat zuerst in verschiedenen Entscheidungen die Frage verneint (R.G. 35, 90, im Bl. 1, 287; R.G. Strafs. 29, 435; ebenso L.G. Bochum und O.L.G. Hamm im Bl. 2, 100). Später hat es die Frage dahin beantwortet, daß die Verwendung eines bestimmten Stoffes den Gebrauchsmusterschutz für ein Modell bedingen kann, nämlich dann, wenn der gewerbliche Vortheil, den das Modell bietet, eine beabsichtigte Folge der Verwendung gerade dieses Stoffes ist (R.G. 41, 37, im Bl. 4, 105; R.G. in Jurist. Wochenschrift 1900 S. 531, 1901 S. 254; ebenso O.L.G. Stuttgart im Bl. 5, 216, Robolski Kommentar zu §. 1, Kohler in Gewerbl. Rechtsschutz 1, 200, Ephraim ebenda 1, 350, Schmid S. 221). Schanze (in Gewerbl. Rechtsschutz 5, 242) will den Gebrauchsmusterschutz nicht auf solche Gegenstände erstrecken, die in ihrer Totalität aus neuem Stoffe hergestellt sind, wohl aber auf solche, an denen nur eine Vorrichtung aus neuem Stoffe angebracht ist. Der neueren Ansicht des R.G. dürfte zuzustimmen sein, denn sie trägt den praktischen Bedürfnissen Rechnung und läßt sich auch mit dem Worte „Anordnung" in Einklang bringen. Wesentliche Voraussetzung ist aber stets, daß das neue Material den Gebrauchszweck des Gegenstandes fördert. Ist dies der Fall, so braucht weder das Material an sich neu noch die in Betracht kommende physikalische Eigenschaft desselben bisher unbekannt gewesen zu sein. Als Beispiele seien erwähnt Schienen aus gepreßtem Papier, eine Geige oder ein Blasinstrument aus einer bestimmten, eine besondere Klangfarbe erzeugenden Holz- oder Materialart (Kohler a. a. O.).

Ebenso, wie die Verwendung eines neuen Materials, kann auch die Anwendung einer bestimmten Farbe, welche für den Gegenstand bisher noch nicht gebraucht wurde, als „Anordnung" angesehen werden. Sie steht unter Schutz, wenn durch sie der Gebrauchszweck des Gegenstandes gefördert wird. Hier ist zunächst darauf zu achten, daß nicht die Färbung des Gegenstandes unter Schutz gestellt werden kann, denn diese bedeutet ein Verfahren (L.G. Berlin I im Bl 1, 257). Ferner muß die konkrete Farbe dem bestimmungsgemäßen Gebrauchszwecke des Gegenstandes dienen, z. B. eine sachgemäße Farbenzusammenstellung bei einem Leuchtthurm. Dagegen gehört nicht hierher die Unterscheidungskraft, welche jeder Farbe gegenüber einer anderen innewohnt; deshalb wären z. B. die weißen Hüte der Taxameter-Kutscher selbst dann nicht schutzfähig, wenn diese Farbe bisher für Cylinderhüte noch nie verwendet worden wäre (Kohler in Zeitschrift für gewerbl. Rechtsschutz 3, 158, in Gewerbl. Rechtsschutz 1, 200, Schanze im Archiv für Strafrecht 47, 211; vergl. O.L.G. Dresden im Bl. 6, 351).

7. Aus dem Begriffe des Modells folgt bereits das Erforderniß der Neuheit, das Gesetz hebt dasselbe aber noch ausdrücklich hervor. Das Geschmacksmustergesetz vom 11. Januar 1876 erklärt in §. 1 Abs. 2 nur neue und eigenthümliche Erzeugnisse als Muster oder Modelle, die englische Patents, Designs, and Trade Marks Act, 1883 verlangt in sect. 47, daß das Muster new or original ist; unser Gesetz hat das Erforderniß der Originalität nicht aufgenommen, weil in dem Begriffe der Neuheit ohne Weiteres liegt, daß die Abweichung von dem bereits Bekannten eine selbständige, eigenartige sein muß (Motive S. 10, O.L.G. Frankfurt im Bl. 1, 120; a M. Schanze Das Recht der Erfindungen S. 384). Neu.

Dem entsprechend hält die Praxis der Gerichte daran fest, daß nicht jede, noch so geringfügige und gleichgültige, Formveränderung gegenüber dem bereits Bekannten zum Musterschuv berechtigt. Vielmehr soll der Modellschutz nur demjenigen gewährt werden, dem ein gewisser, wenn auch geringer technischer Fortschritt gelungen ist. Eine Aenderung, in der eine selbständige eigenartige Neuerung nicht zu Tage tritt und bei der nicht erkennbar ist, inwiefern sie bestimmt und geeignet ist, den Arbeits- oder Gebrauchszweck besser und wirksamer als das bisher Bekannte zu fördern, ist nicht schutzfähig (R.G. 39, 115; R.G. in Jurist. Wochenschrift 1898 S. 612, im Bl. 4, 234: Kammergericht im Bl. 1, 191; O.L.G. Köln im Bl. 5, 318). Die neue Form darf sich nicht unmittelbar aus den schon vorhandenen Formen ergeben (R.G. in Jurist. Wochenschrift 1896 S. 192) Handelt es sich um ein Erzeugniß der Fein-Mechanik, so kann allerdings schon eine anscheinend geringfügige Abweichung von der bisherigen Gestaltung in Hinsicht auf den Verwendungszweck bedeutsam und dadurch eine neue Form sein (R.G. in Jurist. Wochenschrift 1898 S. 171, im Bl. 4, 86). Das Neue der Gestaltung kann unter Umständen auch in der Fortlassung eines bisher üblichen Bestandtheiles des Gegenstandes oder in der Uebertragung von für große Verhältnisse berechneten Vorrichtungen auf Miniaturapparate liegen (O.L.G. Cassel im Bl. 4, 107; O.L.G. Braunschweig im Bl. 5, 306).

Die Neuheit wird dadurch nicht aufgehoben, daß bei der neuen Konstruktion bereits vorhandene Ideen benutzt und fortgebildet sind. In der Praxis ist denn auch bereits wiederholt anerkannt worden, daß die Schaffung eines Gebrauchsgegenstandes aus einem einzigen Stücke geeigneten Materiales, während bis dahin derselbe Gegenstand aus verschiedenen Gegenständen zusammengesetzt wurde, unter den Schutz des §. 1 fällt (R.G. Straff. 32, 4; 32, 375, im Bl. 6, 156; R.G. in Jurist. Wochenschrift 1899 S. 397). Vergl. im Uebrigen N. 11.

Da §. 1 Abs. 2 unseres Gesetzes ausdrücklich bestimmt, wann ein Modell nicht als neu gilt, so kann es zweifelhaft sein, ob dann, wenn einer der Fälle des Abs. 2 nicht vorliegt, das Modell stets als neu zu gelten hat oder ob Abs. 2 nur beispielsweise einige Fälle aufführt, in welchen eine Neuheit nicht anzunehmen ist. Die erste Alternative ist die richtige, denn das Gesetz wäre unvollständig, wenn es nur exemplifizirend zwei einzelne Fälle entscheiden würde, und man darf ohne zwingende Gründe nicht Lücken bei einem Gesetze annehmen. Dazu kommt, daß ganz dieselbe Frage aus Anlaß der §§ 1, 2 des Patentgesetzes bei dem Begriffe der Erfindung lebhaft erörtert worden ist (vergl. S. 39), daß das P.A. dort zu Gunsten der hier vertretenen Ansicht Stellung genommen hatte und daß der Gesetzgeber, welcher im Gebrauchsmustergesetz den Wortlaut der patentgesetzlichen Bestimmungen wiederholte, in keinem Stadium der Berathung angedeutet hat, daß er hinsichtlich der Bedeutung dieser Worte sich von der Praxis des P.A. entfernen wolle.

Ein Modell ist demnach neu, wenn keiner der Fälle des §. 1 Abs. 2 vorliegt.

Es ist noch zu erwähnen, daß Abs. 1 von der Neuheit der Gestaltung, Anordnung oder Vorrichtung, Abs. 2 von der Neuheit des Modells spricht. Indes diese sprachliche Abweichung ist sachlich unerheblich, denn die Neuheit des Modells oder — richtiger ausgedrückt — die Eigenschaft als Modell hängt von der Neuheit der Gestaltung, Anordnung oder Vorrichtung ab.

Arbeits- oder Gebrauchszweck.

8. In diesem Erforderniß liegt der Unterschied zwischen dem Gebrauchs- und dem Geschmacksmuster (vergl. N. 1). Bei dem ersteren soll nämlich die Neuerung nicht dazu dienen, auf den Schönheitssinn zu wirken, sondern die Gebrauchsfähigkeit zu steigern. Aus diesem Gegensatze ergiebt sich, daß es auf die Richtung, in welcher die Gebrauchsfähigkeit erhöht werden soll, nicht ankommt (Kommissionsbericht S. 2), daß es insbesondere unerheblich ist, ob der Gebrauchszweck und die Steigerung desselben im Allgemeinen als löblich oder nützlich anzusehen sind. So dient z. B. die Abrundung der Ecken an Spielkarten insofern dem Gebrauchszwecke, als dadurch das Mischen der Karten erleichtert wird.

Da der Gebrauchszweck im Sinne des §. 1 ein wirthschaftlicher oder technischer Nutzzweck ist, einen solchen aber Schmuckgegenstände nicht haben, so ergiebt sich daraus, daß Gestaltungen oder Anordnungen derselben, welche die Erhöhung der schmückenden Wirkung bezwecken, nicht in das Gebiet der technischen Wirkung, sondern der ästhetischen fallen und daß sie deshalb nicht dem Schutze dieses Gesetzes unterstehen (R.G. 36, 57, im Bl. 2, 61). Dient aber ein Gegenstand nicht direkt zum Schmucke, sondern nur als Faktor oder Material zur Herstellung von Schmuckgegenständen, so ist bei ihm ein wirthschaftlicher Nutzzweck vorhanden, nämlich die Verwendung zur Herstellung eines anderen Gebrauchsgegenstandes (R.G. 39, 131; vgl. R.G. 44, 77). Ansichtspostkarten, bei welchen das auf der Vorderseite angebrachte Bild die Farben verändert, wenn man es gegen das Licht hält, und so auch das auf der Innenseite angebrachte Bild sichtbar wird, haben keinen technischen oder wirthschaftlichen Nutzzweck und sind deshalb auch aus diesem Grunde als Gebrauchsmuster nicht schutzfähig (R.G. in Jurist. Wochenschrift 1900 S. 841, im Bl. 7, 42). Eine neue Gestaltung von Buchzeichen kann dem Nutzzwecke dienen, wenn sie beispielsweise dazu beitragen soll, das Hineingleiten des Zeichens in das Buch zu verhindern; dagegen dann nicht, wenn das Neue darin besteht, daß sie mit Rücksicht auf den religiösen Charakter der Bücher, denen sie beigefügt sind, in die Form von Herzen oder Kreuzen gebracht sind (O.L.G. Dresden im Bl. 4, 210). Gigerlbleistifte sind nicht schutzfähig (L.G. Nürnberg im Bl. 3, 30); bedenklicher ist die Entscheidung desselben Gerichts (Bl. 5, 177), welches ein Schiffsmodell zum Vorführen des Manövrirens von Kriegsschiffen für nicht schutzfähig erklärt.

Die Förderung des Gebrauchszwecks kann in der billigeren Herstellung des Gegenstandes liegen, wenn derselbe dadurch an Leistungsfähigkeit und Dauerhaftigkeit gegenüber den bis dahin bekannten Gegenständen gleicher Art nicht zurücksteht (R.G. im Bl. 4, 234); vergl. oben S. 33.

Der Gebrauchszweck, welcher gefördert werden soll, muß in Zusammenhang mit der bestimmungsgemäßen Funktion des konkreten Gegenstandes stehen. Es genügt insbesondere nicht, daß der Gegenstand dadurch leichter verkäuflich wird. Ein Zündholz wird nicht dadurch musterschutzfähig, daß es gleichzeitig mit Reklame-Inschriften bedruckt wird (L.G. Berlin I im Bl. 6, 270).

Es ist nicht nothwendig, daß der Gegenstand seiner Natur nach dauernd dem Arbeits- oder Gebrauchszweck zu dienen geeignet ist, vielmehr sind auch solche Gegenstände schutzfähig, deren Gebrauchszweck in ihrer Verbrauchbarkeit besteht. Auch Halbfabrikate, welche als solche nicht Gegenstand unmittelbarer Verwendung sind, sind Gebrauchsgegenstände, wofern sie gewerblich veräußert und erworben werden (R.G. 39, 6, im Bl. 3, 98; R.G. 44, 74, im Bl. 5, 308; a. M. Schmid S. 225).

Daß der durch die Neuerung angestrebte Zweck in vollem Umfange erreicht wird, daß die Neuerung sich bewährt, das unterliegt nicht der Nachprüfung des Gerichts, wohl aber, ob die neue Gestaltung u. s. w.

an sich bestimmt und geeignet ist, den Arbeits- oder Gebrauchszweck besser und wirksamer als das bisher Bekannte zu fördern (R.G. 39, 115, im Bl. 3, 176). Es ist nicht zutreffend, wenn R.G. Straff. 32, 4 mit Rücksicht auf das „dienen soll“ in §. 1 nur die Bestimmung, nicht den Erfolg als das Entscheidende ansieht. Es gelten hier im Allgemeinen die Grundsätze, welche oben S. 33, 34 für den Begriff der Erfindung entwickelt worden sind; vergl. R.G. in Jurist. Wochenschrift 1901 S. 254

Wider Gesetz oder gute Sitten. 9. Das Modell darf den Gesetzen oder guten Sitten nicht zuwiderlaufen. Dies ist zwar nicht ausdrücklich ausgesprochen, wie in §. 1 des Patentgesetzes oder in §. 4 Nr. 3 des Waarenzeichengesetzes („Aergerniß erregende Darstellungen“), versteht sich aber von selbst, da der Staat seinem Wesen nach solchen Neuerungen seinen Schutz nicht angedeihen lassen kann Das Modell kann gegen die Gesetze oder guten Sitten verstoßen, indem sein Gebrauchszweck oder seine Gestaltung mit ihnen kollidirt; während der Gebrauchszweck sowohl gegen die Gesetze, als gegen die guten Sitten verstoßen kann, wird die Gestaltung fast niemals mit ersteren, sondern nur mit letzteren in Kollision kommen (L.G. Leipzig im Bl. 3, 159). Darüber, wann ein Verstoß gegen die Gesetze oder guten Sitten vorliegt, siehe S. 41.

Hervorzuheben ist, daß dies die einzige Eigenschaft des Modells ist, welche das P.A. bei der Anmeldung zu prüfen hat (N. 3 zu §. 3).

Schutz nach Maßgabe dieses Gesetzes. 10. Wenn ein Modell den Erfordernissen des §. 1 entspricht (N. 4—8), so genießt es nicht ohne Weiteres den Schutz als Gebrauchsmuster, sondern nur nach Maßgabe dieses Gesetzes. Der §. 4 knüpft aber den Schutz an die Eintragung des Gebrauchsmusters; über die Voraussetzungen und die Form der Eintragung treffen §§. 2, 3 Bestimmungen. Damit ist ein dem Patentschutze entsprechender Zustand insofern hergestellt, als ein Akt der Reichsgewalt nothwendig ist, um den Gebrauchsmusterschutz zur Entstehung zu bringen (vergl. N. 2 zu §. 4).

Die Wirkungen des Schutzes bestimmt §. 4

Abs. 2.

Neuheit. 11. Der Abs 2 entspricht im Allgemeinen dem Patentrecht (§. 2 Abs. 1 des Patentgesetzes).

Mehrere Abweichungen im Wortlaut sind sachlich unerheblich und entspringen nur der Absicht, eine präzisere Fassung herzustellen. So beginnt die Bestimmung des Patentgesetzes mit den Worten „Eine Erfindung gilt nicht als neu, wenn“, während der Anfang des Abs. 2 lautet „Modelle gelten insoweit nicht als neu, als“. Daraus darf man nicht folgern, daß die Erfindung nur im Ganzen entweder neu oder nicht neu sein dürfe, während das Modell auch theilweise neu sein könne, denn daß auch das Patentgesetz die theilweise Neuheit kennt, darüber siehe §. 10 Abs. 2 des Patentgesetzes und die Erläuterungen zu demselben. Ebenso ist es ohne Belang, daß im Gebrauchsmustergesetz die Bestimmung fehlt, die vorherige Benutzung oder Veröffentlichung müsse die Benutzung durch andere Sachverständige ermöglicht haben, die Motive (S. 10) zu diesem Gesetz führen zutreffend aus:

„Die Neuheit ist nicht mehr vorhanden, wenn eine öffentliche Beschreibung oder offenkundige Benutzung in der Weise stattgefunden hat, daß daraus ohne Zuhülfenahme eines weiteren, selbständigen Gedankens die Eigenschaften des Modells erkannt werden können. Darüber, ob letzteres der Fall ist, wird der Richter zu entscheiden haben; der ausdrücklichen Hervorhebung, daß es genügt, wenn die der gewerblichen Welt zugänglichen Thatsachen einem Sachverständigen die Benutzung des Modells ermöglichen, bedarf es hier um so weniger, als die durch das Gesetz zu schützenden Neuerungen in der Regel ohne besondere Sachkunde sich werden beurtheilen lassen."

Die Schlußworte des §. 2 Abs. 1 des Patentgesetzes sind hier also als selbstverständlich weggelassen worden, die Ausführung der Motive zeigt, daß der Inhalt der N. 19 zu §. 2 des Patentgesetzes im Großen und Ganzen auch auf die Gebrauchsmuster zutrifft. Auch im Uebrigen sind die Erörterungen zu §. 2 Abs. 1 jenes Gesetzes hier anzuwenden (R.G. Strafs. 25, 61, im Bl. 1, 229; R.G. 33, 163, im Bl. 1, 93; R.G. in Jurist. Wochenschrift 1898 S. 440, im Bl. 4, 153; L.G. Bremen im Bl. 1, 204), z. B. auch die, daß Versuche nicht patenthindernd sind (R.G. in Jurist. Wochenschrift 1898 S. 171, im Bl. 4, 86). In Betracht kommt beim Gebrauchsmuster aber die Zeit der auf Grund dieses Gesetzes erfolgten Anmeldung. Eine Anmeldung zur Patentertheilung kommt selbst dann nicht in Betracht, wenn das P.A. mit Rücksicht auf sie die Priorität des Gebrauchsmusters vordatirt hatte (R.G. 37, 38 im Bl. 2, 240).

Dagegen ist es ein materieller Unterschied, daß seit dem Gesetze vom 7. April 1891 nur die Beschreibung in einer Druckschrift aus den letzten hundert Jahren patenthindernd wirkt, während der Neuheit eines Modells eine vorgängige Beschreibung in einer öffentlichen Druckschrift stets entgegensteht, gleichviel wann sie veröffentlicht worden ist. Ueber die Tragweite letzterer Bestimmung siehe Glaser's Annalen für Gewerbe und Bauwesen Bd. 29 S. 15. Eine andere Abweichung ergiebt sich aus der fundamentalen Verschiedenheit des Patent- und des Musterschutzes. Ersterer schützt vor allem die Erfindungsidee, letzterer vorzugsweise die äußere Gestaltung, Anordnung, Vorrichtung. Daraus folgt, daß die Darstellung des Erfindungsgedankens in einer anderen Form ohne Hervorbringung eines neuen technischen Erfolgs nicht patentfähig ist (vergl. die Lehre von den Aequivalenten auf S. 35); bei einem Gebrauchsmuster dagegen genügt es, wenn es sich von bekannten Einrichtungen, mit denen es die konstruktive Idee theilt, nur in der Art und Weise der Anordnung oder Gestaltung unterscheidet. So liegt beispielsweise dem am Billard angebrachten Zählwerk, dem Taschenapparat zum Zählen der getrunkenen Glas Bier, dem Pedometer zum Zählen der Schritte dieselbe konstruktive Idee zu Grunde, trotzdem würde das Bekanntsein eines von ihnen nicht die Schutzfähigkeit der anderen in Frage stellen. Ebenso würde man, auch wenn ein Plätteisen mit innerer Gasheizung bekannt ist, auf einen Asphaltplätter mit innerer Gasheizung noch den Musterschutz erlangen können. Die neue Formgebung darf aber nicht eine rein mechanische sein, vielmehr muß ihr eine, wenn auch geringe, geistige Thätigkeit zu Grunde liegen (N. 7). Dem entspricht die Praxis (R.G. im Bl. 2, 288; Kammergericht im Bl. 2, 6; O.L.G. Braunschweig im Bl. 5, 306). Stellt sich aber das eingetragene Modell als die Grundform einer Gattung von Gebrauchsgegenständen oder Geräthen dar, so daß durch die Eintragung nicht blos diese Grundform, sondern auch die innerhalb des Gattungsbegriffes liegenden Modifikationen derselben geschützt sind, so rauben auch solche früher bereits vorhanden gewesenen Modifikationen dem Muster die Neuheit (R.G. im Bl. 3, 257).

§. 2.

Modelle, für welche der Schutz als Gebrauchsmuster verlangt wird, sind bei dem Patentamt schriftlich anzumelden.

Die Anmeldung muß angeben, unter welcher Bezeichnung das Modell eingetragen werden und welche neue Gestaltung oder Vorrichtung dem Arbeits- oder Gebrauchszweck dienen soll.

Jeder Anmeldung ist eine Nach- oder Abbildung des Modells beizufügen.

Ueber die sonstigen Erfordernisse der Anmeldung trifft das Patentamt Bestimmung.

Gleichzeitig mit der Anmeldung ist für jedes angemeldete Modell eine Gebühr von fünfzehn Mark einzuzahlen.

Abs. 1—4 (N. 1–6).
1. Bekanntmachung des P.A.
2. Erläuterungen des P.A.
3. Einheitlichkeit.
4. Inhalt des Gesuchs.
5. Bedeutung der Anmeldung.
6. Abänderungen.

Abs. 5 (N. 7).
7. Gebühr.

Abs. 1–4.

Bekanntmachung des P.A. 1. Hierzu ist nachstehende Bekanntmachung des Patentamts vom 22 November 1898 ergangen (Bl. 4, 228):

Bestimmungen

über die Anmeldung von Gebrauchsmustern.

Auf Grund des §. 2 Absatz 4 des Gesetzes, betreffend den Schutz von Gebrauchsmustern, vom 1. Juni 1891 (R.G Bl. S. 290) werden die nachfolgenden Bestimmungen über die Erfordernisse einer Gebrauchsmuster-Anmeldung erlassen. Die Bestimmungen treten am 1. Januar 1899 in Kraft.

§. 1. Die Anmeldung eines Modells behufs Eintragung in die Rolle für Gebrauchsmuster geschieht in der Form eines schriftlichen Gesuchs, dem die sonst erforderlichen Stücke als Anlagen beizufügen sind.

Für jedes Modell ist eine besondere Anmeldung erforderlich.

§. 2. Das Gesuch muss enthalten:

a) die Angabe des Namens und des Wohnorts oder der Hauptniederlassung des Anmelders;

b) eine für die Eintragung und Veröffentlichung geeignete Bezeichnung, welche die besondere Eigenthümlichkeit des Modells in kurzer Form zum Ausdruck bringt;

c) die Angabe, welche neue Gestaltung oder Vorrichtung dem Arbeits- oder Gebrauchszweck dienen soll;

d) den Antrag, dass das Modell in die Rolle für Gebrauchsmuster eingetragen werde;

e) die Erklärung, dass die gesetzliche Gebühr von 15 Mk. an die Kasse des Kaiserlichen Patentamts gezahlt worden sei oder gleichzeitig mit der Anmeldung gezahlt werde;

f) die Aufführung der Anlagen unter Angabe ihrer Nummern und ihres Inhalts;

g) falls der Anmelder einen Vertreter bestellt hat, die Angabe der Person, der Berufsstellung und des Wohnorts des Vertreters; als Anlage ist eine Vollmacht beizufügen (§ 28 der Kaiserlichen Verordnung vom 11. Juli 1891);

h) die Unterschrift des Anmelders oder seines Vertreters.

§. 3. Erachtet der Anmelder eine Beschreibung des Modells für erforderlich, so ist sie entweder in das Gesuch aufzunehmen oder als Anlage beizufügen.

§. 4. Dem Gesuch ist eine Abbildung oder eine Nachbildung des Modells beizufügen.

a) Die Abbildung ist in zwei Ausfertigungen einzureichen.

Für die Abbildung ist weisses, starkes und glattes Zeichenpapier, sogenanntes Kartonpapier, oder Zeichenleinwand zu verwenden. Das Blatt der Abbildung auf Kartonpapier muss 33 cm hoch und 21 cm breit sein. Das Blatt der Abbildung auf Zeichenleinwand muss bei beliebiger Breite 33 cm hoch sein.

Die Figuren und Schriftzeichen sind in tiefschwarzen, kräftigen, scharf begrenzten Linien auszuführen.

b) Die Nachbildung braucht nur in einer Ausführung eingereicht zu werden.

Sie muss sauber und dauerhaft sein und darf in Höhe, Breite und Tiefe 50 cm nicht überschreiten.

Nachbildungen, die leicht beschädigt werden können, sind in festen Hüllen einzureichen. Gegenstände von kleinem Umfange sind auf steifem Papier zu befestigen.

§. 5. Die Anlagen des Gesuchs müssen mit einer ihre Zugehörigkeit zur Anmeldung kennzeichnenden Aufschrift versehen sein. Dasselbe gilt für die Nachbildungen.

Zu allen Schriftstücken ist dauerhaftes, nicht durchscheinendes, weisses Papier, zu Schriftstücken, die Anträge enthalten oder die Anmeldung selbst betreffen, Papier in der Seitengrösse von 33 cm zu 21 cm zu verwenden.

Alle Schriftstücke müssen leicht lesbar sein Die Schriftzüge müssen in dunkler Farbe ausgeführt sein. Schriftstücke, die mittelst der Schreibmaschine hergestellt sind, müssen deutliche Druckzeichen und zwischen den einzelnen Buchstaben, Worten und Zeilen einen angemessenen Zwischenraum aufweisen.

§. 6. Die die Anmeldung bildenden Schriftstücke müssen in doppelter Ausfertigung eingereicht werden. Auf den nachträglich eingereichten Anmeldestücken ist der Name des Anmelders und das Aktenzeichen anzugeben.

Erläuterungen des P.A.

2. Im Anschlusse an vorstehende Bekanntmachung hat das P.A. unter gleichem Datum „Erläuterungen" erlassen (Bl. 4, 229); über die Bedeutung derselben siehe oben S. 234. Diese Erläuterungen lauten:

1. Gebühr.

Die Anmeldegebühr ist zweckmässig entweder unmittelbar bei der Kasse des Kaiserlichen Patentamts (Berlin NW. 6, Luisenstrasse 32/34) einzuzahlen oder unter genauer Angabe der Anmeldung, für die das Geld bestimmt ist, durch Postanweisung zu übersenden.

Die Beifügung baaren Geldes als Anlage der Anmeldung ist nicht erwünscht. Wird das Geld gleichwohl beigefügt, so ist darüber in dem Gesuch ein deutlicher Vermerk in Rothschrift zu machen. Enthält eine Sendung das Geld für mehrere Anmeldungen, so ist ein besonderes Verzeichniss über die Zugehörigkeit des Geldes beizufügen.

Anmerkung. Eine Stundung oder ein Erlass der Anmeldegebühr ist gesetzlich unzulässig. Dasselbe gilt hinsichtlich der Gebühr für die Verlängerung der Schutzfrist (§. 8 Abs. 1 des Gesetzes)

2. Gesuch.

a) Ein Antrag auf Aussetzung des Bekanntmachung wird entweder in einem besonderen Schriftstück einzureichen oder, falls er mit dem Anmeldegesuch oder mit anderen Erklärungen verbunden wird, augenfällig, z. B. durch Unterstreichen oder in Rothschrift, hervorzuheben sein.

b) Der Antrag auf Aussetzung der Eintragung und Bekanntmachung ist zu begründen. Dem Antrag kann der Regel nach nur mit Rücksicht auf eine gleichzeitige Patentanmeldung im Inlande oder im Auslande entsprochen werden. Eine Aussetzung der Bekanntmachung ohne gleichzeitige Aussetzung der Eintragung ist nicht zulässig.

c) Die Aussetzung der Eintragung mit Rücksicht auf Anmeldungen im Auslande kann zunächst nur auf die Dauer von höchstens drei Monaten bewilligt werden. In besonderen Ausnahmefällen kann diese Frist auf sechs Monate erstreckt werden; in einem solchen Falle ist der Antrag nebst eingehender Begründung erst gegen Ende der ersten Frist vorzulegen.

d) Soll die Aussetzung der Eintragung mit Rücksicht auf eine gleichzeitig beim Kaiserlichen Patentamt eingereichte Patentanmeldung erfolgen, so hat der Anmelder anzugeben, ob

1. die Behandlung der Anmeldung nur in dem Falle erfolgen soll, dass die Patentanmeldung nicht zur Ertheilung eines Patentes führt (Eventualanmeldung); in diesem Falle braucht die Gebühr erst nach der Erledigung der Patentanmeldung gezahlt zu werden; oder ob
2. die Eintragung bis zum Zeitpunkt der Bekanntmachung oder endgültigen Zurückweisung der Patentanmeldung vertagt werden soll.

e) Falls der Anmelder die Rechte aus einer früheren Anmeldung in einem Staate, mit dem das Deutsche Reich einen entsprechenden Vertrag geschlossen hat, geltend machen will, soll dieser Anspruch gleichfalls in das Gesuch aufgenommen werden.

f) Zur Angabe der Person des Anmelders gehört, dass jeder Zweifel darüber ausgeschlossen wird, ob das Gebrauchsmuster von Einzelpersonen oder von einer Gesellschaft, ob von einem Manne oder von einer Frau, ob auf den bürgerlichen Namen oder auf die kaufmännische Firma nachgesucht wird. Bei Einzelpersonen ist der Rufname, bei Frauen ausserdem der Familienstand und der Geburtsname anzugeben.

Die Angabe des Wohnorts muss bei grösseren Städten auch Strasse und Hausnummer, bei kleineren Orten und bei Orten, deren Name mehrfach vorkommt, sowie in der Regel bei ausländischen Orten den Staat und Bezirk enthalten. Dies gilt auch für den Fall, dass der Anmelder einen Vertreter bestellt hat.

g) Für den Fall der Vertretung ist zu beachten, dass nach §. 28 der Kaiserlichen Verordnung vom 11. Juli 1891 die Vollmacht auf prozessfähige, mit ihrem bürgerlichen Namen bezeichnete Personen, nicht auf eine Firma auszustellen ist.

Eine Beglaubigung der Unterschrift des Anmelders unter der Vollmacht ist nur auf besonderes Erfordern des Patentamtes beizubringen.

h) Falls mehrere Personen ohne Bestellung eines gemeinsamen Vertreters anmelden, soll diejenige Person namhaft gemacht werden, der die amtlichen Verfügungen zugesandt werden sollen.

3. Bezeichnung.

Nach §. 2 Abs. 2 des Gesetzes muss die Anmeldung die Bezeichnung angeben, unter der das Modell eingetragen werden soll. Die eingetragene Bezeichnung wird nach §. 8 Abs. 3 des Getetzes bekannt gemacht. Die Bezeichnung hat hiernach die Aufgabe, den betheiligten Kreisen von der Eintragung des Modells Kenntniss zu geben. Sie muss zu diesem Behufe die besondere Eigenthümlichkeit des Modells nach Einrichtung oder Zweck kurz kennzeichnen. Eine erschöpfende Begriffsbestimmung ist nicht erforderlich. Angaben ohne bestimmten technischen Inhalt (Phantasiewörter, Name des Erfinders, Vorzüge des Gegenstandes u. dergl.) sind unstatthaft.

4. Angabe des Neuen.

Nach § 2. Abs. 2 des Gesetzes muss die Anmeldung angeben, „welche neue Gestaltung oder Vorrichtung dem Arbeits- oder Gebrauchszweck dienen soll". Da diese Angabe für den Umfang des mit der Eintragung verbundenen Rechtsschutzes von Bedeutung ist, wird es sich, obwohl das Gesetz die Aufstellung eines Schutzanspruchs nicht vorschreibt, doch in vielen Fällen empfehlen, die den Rechtsschutz bestimmenden Merkmale des Modells in einem nach Art der Patentansprüche zu bildenden Schutzanspruch zusammenzufassen.

5. Nachbildung.

Die Nachbildung gehört zu den wesentlichen Bestandtheilen der Anmeldung und kann, solange die Eintragung nicht gelöscht ist, nicht zurückgegeben werden. Auch nach der Löschung wird sie regelmässig noch während fernerer vier Jahre, d. h. bis zur muthmasslichen Erledigung etwaiger Klagen wegen Verletzung des Schutzrechts (§. 9 Abs. 2 des Gesetzes), zurückbehalten.

Dem Antrage auf Beglaubigung der Unterlagen einer Gebrauchsmusteranmeldung ist eine Nachbildung beizufügen falls der Anmeldung eine Nachbildung beigegeben worden ist. Die Uebereinstimmung einer Zeichnung mit der der Eintragung zu Grunde liegenden Nachbildung kann nicht bescheinigt werden. War der Anmeldung ausser der Nachbildung eine

Zeichnung beigefügt, so muss zum Zweck der Beglaubigung neben der Nachbildung auch die Zeichnung vorgelegt werden.

6. Verschiedenes.

a) In allen Schriftstücken sind entbehrliche Fremdwörter zu vermeiden.

b) Schriftsätze, die mehrere Seiten umfassen, sind mit Seitenzahlen zu versehen. In allen Schriftsätzen ist an der linken Seite ein Raum von mindestens 5 cm für amtliche Vermerke frei zu lassen.

c) In allen Eingaben, zu denen Anlagen gehören, sind die Anlagen besonders aufzuzählen.

d) Die Sendungen an das Patentamt müssen kostenfrei eingehen. Bei Geld- und Packetsendungen ist die Bestell. gebühr vom Absender im Voraus zu entrichten.

e) Empfangsbescheinigungen werden in der Regel nur über Anmeldungen ertheilt, und zwar nur in einer Ausfertigung. Die Ertheilung der Bescheinigung erfolgt nur dann, wenn ein Schriftstück mit folgendem Wortlaut eingesandt wird:

Ihre Gebrauchsmusteranmeldung vom

oder:

„Die Gebrauchsmusteranmeldung von

vom
auf
ist am
hier eingegangen und unter dem Aktenzeichen
in den Geschäftsgang gegeben worden."

Wird die Empfangsbescheinigung nicht auf der Rückseite einer Postkarte vorbereitet, so ist ein mit der Adresse des Empfängers versehener Briefumschlag beizufügen.

f) Ueber Gebührenbeträge, die mit der Post eingehen, wird nur auf besonderen Antrag des Einzahlers eine Quittung ertheilt.

3. Für jedes Modell ist eine besondere Anmeldung erforderlich (§ 1 Abs. 2 der Bekanntmachung des P.A. (N. 1). Dies Erforderniß der Einheitlichkeit der Anmeldung theilt unser Gesetz mit dem Patentgesetz (N. 8 zu §. 20). Einheitlichkeit.

Ueber die Einheitlichkeit führt eine Bekanntmachung der Anmeldestelle für Gebrauchsmuster (Bl. 1, 152) zutreffend aus:

In §. 2 Abs. 2 und 3 des Gesetzes, betreffend den Schutz von Gebrauchsmustern, vom 1. Juni 1891 wird vorausgesetzt, dass die Anmeldung nur ein Modell zum Gegenstande hat. Nach §. 2 Abs. 5 ist für jedes angemeldete Modell die Gebühr von 15 Mark zu zahlen. Für jede Anmeldung ist nach §. 5 der Bestimmungen vom 31. August 1891 eine besondere Eingabe erforderlich. Demgemäss hat das Patentamt den Gegenstand der Anmeldung auf Einheitlichkeit zu prüfen und, wo diese nicht vorhanden, Trennung zu verlangen.

Ueber die Einheitlichkeit des Modells sind folgende Grundsätze in Anwendung.

Dass die neue Gestaltung, Anordnung oder Vorrichtung (§. 1 Abs. 1, §. 2 Abs. 2 a. a. O.) in einer einzelnen technischen Eigenthümlichkeit bestehe, wird nicht erfordert. Vielfach liegt das Schutzfähige gerade nur in der zweckmässigen Zusammenstellung mehrerer Eigenthümlichkeiten, die in einer technisch nothwendigen Beziehung zu einander nicht stehen. Deshalb wird die Einheitlichkeit des Modells dadurch nicht beeinträchtigt, dass in der Anmeldung eine Reihe von Merkmalen aufgezählt wird, für deren Vereinigung eine selbständige Wirkung nicht angegeben ist. In soweit unterscheidet sich die Einheitlichkeit des Modells von der Einheitlichkeit einer patentfähigen Erfindung. Dies entspricht dem Fortfall der Prüfung von Gebrauchsmustern auf ihre Neuheit hin. Bei diesen kann das Patentamt eine Feststellung dahin, dass die einzelnen Merkmale schutzfähig seien, nicht treffen, und würde deshalb für den Fall, dass die Schutzfähigkeit lediglich durch die Gesammtgestaltung begründet wird, mit der Forderung der Trennung eine gänzliche Schutzlosigkeit herbeiführen.

Die Einheitlichkeit des Gebrauchsmusters ist sonach nicht sowohl eine Einheitlichkeit der beanspruchten Neuerung, sondern eine Einheitlichkeit des angemeldeten Gegenstandes. Werden der Anmeldung mehrere von einander verschiedene Nachbildungen oder Abbildungen beigefügt, so liegen in der Regel ebenso viele Gebrauchsmuster vor. Das Patentamt ist nicht befugt, zu prüfen, ob das diesen Modellen gemeinsame Merkmal und nicht vielmehr blos die einzelnen Ausgestaltungen schutzfähig sind. Eine Ausnahme machen Gegenstände, die zu einander gehören, wie Haken und Oese, Messer und Gabel, ferner Gegenstände, die mit geringfügigen Abweichungen mehreren ähnlichen Verwendungszwecken dienen, wie Cigarren- und Cigarettenspitzen, endlich Gegenstände deren Zusammenstellung man als Garnitur oder Kollektion bezeichnen kann, wie Halskette, Brosche, Ohrgehänge, Armband.

Wird nur ein Modell in Nach- oder Abbildung vorgelegt, so kann die Anmeldung gleichwohl eine Mehrheit von Modellen enthalten, wenn im Schutzanspruch mehrere Merkmale nicht neben- sondern statt einander aufgeführt sind. Eine solche alternative Angabe wird in der Regel im Sinne einer Mehrheit von Modellen verstanden und eine Ausscheidung des betreffenden Merkmals aus dem Schutzanspruch verlangt. Allein es kommt nicht selten vor, dass die wesentliche Eigenthümlichkeit des eingereichten Modells, dadurch besonders hervorgehoben werden soll, dass die übrigen Merkmale als durch andere ersetzbar und somit als unwesentlich hingestellt werden. Kommt diese Meinung zu deutlichem Ausdruck, dann wird Einheitlichkeit des Modells angenommen.

Ueber die Priorität bei einer Trennung siehe N. 8 zu §. 3.

Die Gerichte dürfen einer Eintragung den Schutz nicht deshalb versagen, weil nach ihrer Ansicht eine Einheitlichkeit der Anmeldung nicht vorliegt (R.G. in Jurist. Wochenschrift 1897 S. 474, Kammergericht im Bl. 2, 6).

4. In dem Belieben des Anmelders steht es, ob er der Anmeldung eine besondere Beschreibung oder einen besonderen Anspruch beifügen will, ebenso ist es seinem Ermessen überlassen, ob er sich für eine Nach- oder für eine Abbildung des Modells entscheiden will. Inhalt des Gesuchs.

Der Beschreibung bedarf es nur insoweit, als dadurch eine ausreichende Grundlage für die spätere Geltendmachung des Schutzes geboten wird. Unter diesem Gesichtspunkte hat der Anmelder lediglich kraft eigenen Interesses zu erwägen, welche Merkmale im Einzelnen hervorgehoben werden müssen, damit bei der Rechtsverfolgung das Vorhandensein einer Neuerung und die Identität des eingetragenen Gegenstandes mit dem Gegenstande, für welchen der Schutz in Anspruch genommen werden soll, außer Zweifel stehen (Motive S. 11). Im Uebrigen vergl. wegen der Beschreibung N. 12, 13 und wegen der Formulirung des Anspruchs N. 14—17 zu §. 20 des Patentgesetzes.

Aehnliche Erwägungen treffen bezüglich der Frage zu, in welcher Form das Modell zur Darstellung zu bringen ist. In der Regel wird eine Abbildung (Photographie, Handzeichnung, Umdruck oder dergl.) ausreichend sein; vergl. hierzu die Erläuterungen in N. 18 zu §. 20 des Patentgesetzes. Nur wenn es zur Veranschaulichung erforderlich oder zweckmäßig erscheint, ist eine Nachbildung (plastisches Modell) beizufügen. Hinsichtlich derselben bestimmt §. 24 der Ausführungsverordnung vom 11. Juli 1891:

> Der Präsident verfügt über Modelle, deren Rückgabe nicht binnen vier Jahren nach Ablauf der Schutzfrist beantragt wird.

Vergl. außerdem die Erläuterungen des P.A. (N. 2) unter Nr. 5.

5. Die Bedeutung eines eingetragenen Musters und sein Schutzbereich sind nach dem Gesammtinhalte der Anmeldung unter Berücksichtigung der beigefügten Ab- oder Nachbildung zu beurtheilen. (R.G. in Jurist. Wochenschrift 1897 S. 475, 1900 S. 531, 1901 S. 13). Es ist also nicht wesentlich, wenn die Bezeichnung keine Angabe des Neuen über die Verbesserung enthält, wofern die Verbesserung nur aus der Beschreibung sich ergiebt (R.G. im Bl. 2, 135, in Deutscher Juristen- Bedeutung der Anmeldung.

Zeitung 1, 38; R.G. in Jurist. Wochenschrift 1897 S. 475). Andererseits reicht es auch aus, wenn das Neue nur in der Bezeichnung, nicht in der Beschreibung hervorgehoben wird (R.G. 40, 140, im Bl. 4, 103). Denn das Gesetz schreibt nur vor, daß die Anmeldung die Angabe enthalten muß, welche neue Gestaltung oder Vorrichtung dem Arbeits- oder Gebrauchszweck dienen soll, ohne anzugeben, in welchem Theile der Anmeldung diese Angabe zu stehen hat. Dabei ist auch zu beachten, daß weder das Gesetz, noch die Ausführungsbestimmungen des P.A. (N. 1) eine Beschreibung oder die Aufstellung eines besonderen Schutzanspruches verlangen. Ist aber ein solcher Anspruch, wie es regelmäßig geschieht, formulirt, so kann man davon ausgehen, daß er die nach der Ansicht des Anmelders neue Gestaltung oder Vorrichtung wiedergiebt.

Ist das Modell bezüglich der in der Anmeldung als neu angegebenen Gestaltung oder Vorrichtung nicht schutzfähig, so kommt es nicht darauf an, ob es nach einer anderen Richtung schutzfähig gewesen wäre (L.G. Berlin I im Bl. 1, 205).

Diese Grundsätze kommen auch bei der Entscheidung der Frage in Betracht, ob der Anmelder Schutz für ein Verfahren oder für einen körperlichen Gegenstand beansprucht hatte (R.G. im Bl. 5, 319; R.G. in Jurist. Wochenschrift 1899 S. 704).

Die Nach- oder Abbildung des Modells kann und muß zur Klarstellung der Absicht des Anmelders herangezogen werden, soweit es sich um die Erläuterung und das bessere Verständniß des Schutzanspruchs handelt, also zum Zwecke der Beseitigung von Mängeln, Ungenauigkeiten oder Unvollständigkeiten in der Angabe dessen, was von dem Anmelder als neu beansprucht worden ist, nicht aber zur Ausdehnung des Schutzes auf Dinge, die in dem Schutzanspruch überhaupt nicht erwähnt und auch sonst in der Anmeldung nicht als neu hervorgehoben worden sind (R.G. 40, 140, im Bl. 4, 103; R.G. im Bl. 5, 112, Kammergericht im Bl. 4, 256, O.L.G. Dresden im Bl. 5, 142; abweichend: R.G. in Jurist. Wochenschrift 1899 S. 544, R.G. im Bl. 4, 257). Weicht also die in der Anmeldung enthaltene Angabe des Neuen von dem beigefügten Modell ab, so ist jene Angabe für die Tragweite des Schutzes von entscheidender Bedeutung (R.G. 33, 99 im Bl. 4, 85; R.G. 39, 115, im Bl. 3, 176). Es ist aber im Einzelfalle sorgsam zu prüfen, ob wirklich eine Differenz vorliegt, oder ob die in dem Modelle verkörperte Neuheit in jener Angabe nicht mit genügender Klarheit zum Ausdrucke gelangt ist. Trifft Letzteres zu, so ist es zulässig, die durch das Modell vorgeschriebene Veranschaulichung des Gewollten zur völligen Klarstellung der Absicht des Anmelders zu verwerthen (R.G. im Bl. 4, 84, Jurist. Wochenschrift 1898 S. 110).

Die Anmeldung muß zwar, um die Identität des zu Schützenden mit dem angemeldeten Modell außer Zweifel zu stellen, ergeben, wie das Modell beschaffen ist, d. h. für welche Formen Schutz verlangt wird und wodurch, d. h. durch welche neue Gestaltung oder Anordnung dem Arbeits- oder Gebrauchszweck gedient werden soll. Dagegen ist es nicht nothwendig, diesen Zweck näher zu charakterisiren. Ist dies dennoch seitens des Anmelders geschehen, so hat dies nicht die Wirkung, daß er den Schutz des Gesetzes nur für die Verwendung der Nachbildung zu dem angegebenen Gebrauchszweck verlangen kann und daß die Verwendung der betreffenden Gestaltung zu jedem anderen Zwecke Jedermann freisteht (R.G. in Jurist. Wochenschrift 1899 S. 704). Anders ist es, wenn der in der Anmeldung ausdrücklich angegebene Zweck erkennen läßt, daß der Zweck der Neuerung nach der Absicht des Anmelders nur auf ästhetischem Gebiete liegt. Denn in diesem Falle hatte der Anmelder nicht erkannt, daß seine Neuerung auch den Gebrauchszweck des Gegenstandes fördert. Er kann deshalb durch die Anmeldung keinen Gebrauchsmusterschutz erlangt haben (Kammergericht im Bl. 6, 70).

6. Bezüglich der Zulässigkeit von Abänderungen der Anmeldung führt eine Bekanntmachung der Anmeldestelle für Gebrauchsmuster (Bl. 1, 152) zutreffend aus: Abänderungen.

Abänderungen der in der Anmeldung enthaltenen Angaben werden in entsprechender Anwendung des §. 20 Abs. 8 des Patentgesetzes bis zur Eintragung in die Rolle zugelassen, sofern nicht etwa ein Ersatz des angemeldeten durch ein anderes Modell bezweckt wird.

Nachträge, die entweder nach der Eintragung oder so kurz vorher eingehen, dass sie bei deren Anordnung nicht mehr berücksichtigt worden sind, werden zu besonderem Verfahren verwiesen. Denn die Eintragung schützt das Modell nur so, wie es bei Erlass der Eintragungsverfügung vorlag. Eine Verweisung zu besonderem Verfahren erfolgt auch dann, wenn der Nachtrag — den oben zu 1 angegebenen Grundsätzen über Einheitlichkeit zuwider — neben dem ursprünglich angemeldeten ein weiteres Modell geschützt verlangt.

Zu dem besonderen Verfahren gehört eine gebührenpflichtige Neuanmeldung. Die Gesuche um Ertheilung eines zusätzlichen Schutzes ohne Gebührenzahlung werden Mangels einer gesetzlichen Grundlage abgewiesen.

Nachträgliche Eingaben, die ersichtlich nur eine Einschränkung des in der Anmeldung beanspruchten Schutzes enthalten, sind während der ganzen Dauer der Schutzfrist zulässig (vergl. „Mittheilungen aus dem Kaiserlichen Patentamt, Anmeldestelle für Gebrauchsmuster", 1894, No. 14, S. 152).

Ueber die Priorität bei Abänderungen sind die in N. 8 zu §. 3 entwickelten Grundsätze anzuwenden.

Abs. 5.

7. Die Gebühr soll nur ein Entgelt für den dreijährigen Musterschutz sein. Gebühr.

In Anlehnung an §. 20 Abs. 3 des Patentgesetzes verlangt Abs. 5 die Zahlung gleichzeitig mit der Anmeldung, ebenso entspricht §. 1e der patentamtlichen Bekanntmachung (N. 1), welcher die Erwähnung der

Zahlung in der Anmeldung vorschreibt, dem §. 2d der patentamtlichen Bestimmungen über die Anmeldung von Erfindungen (S. 231). Es treffen deshalb die Erläuterungen in N. 21 zu §. 20 des Patentgesetzes hier zu. Insbesondere unterliegt es keinem Bedenken, die im Patentrecht geltenden Bestimmungen über die Form der Zahlung an das P.A. (S. 145) und über die Rechtzeitigkeit der Einzahlung bei einer Postanstalt (S. 157) auch auf die Zahlungen, welche auf Grund der §§. 2, 8 des Gesetzes betreffend den Schutz von Gebrauchsmustern erfolgen, zu übertragen.

Da die Gebühr nur eine Schutzgebühr ist, so findet nach der Praxis des P.A. eine Rückzahlung derselben, wenn die Anmeldung nicht zur Eintragung geführt hat, statt (Zeitschrift für gewerbl. Rechtsschutz 3, 122).

§. 3.

Entspricht die Anmeldung den Anforderungen des §. 2, so verfügt das Patentamt die Eintragung in die Rolle für Gebrauchsmuster.

Die Eintragung muß den Namen und Wohnsitz des Anmelders, sowie die Zeit der Anmeldung angeben.

Die Eintragungen sind durch den Reichs-Anzeiger in bestimmten Fristen bekannt zu machen.

Aenderungen in der Person des Eingetragenen werden auf Antrag in der Rolle vermerkt.

Die Einsicht der Rolle sowie der Anmeldungen, auf Grund deren die Eintragungen erfolgt sind, steht jedermann frei.

1. Publikationsmittel. Kosten.

Abs. 1 (N. 2–7).

2. Anmeldesystem.
3. Anmeldestelle.
4. Recht auf Eintragung.
5. Beanstandung der Anmeldung.
6, 7. Rolle für Gebrauchsmuster.
   6. Bedeutung der Eintragung.
   7. Rolle.

Abs. 2 (N. 8).

8. Priorität.

Abs. 3 (N. 9).

9. Reichsanzeiger.

Abs. 4.

10. Aenderungen.

Abs. 5 (N. 11, 12).

11. Einsicht.
12. Abschriften.

Publikationsmittel. Kosten.

1. Das Gesetz kennt zwei Publikationsmittel für geschützte Modelle:

a) Die Rolle für Gebrauchsmuster (N. 6, 7),

b) den Reichsanzeiger (N. 9).

Außerdem dient noch zur Veröffentlichung der amtlichen Bekanntmachungen das von dem P.A. herausgegebene Patentblatt (N 19 zu §. 19 des Patentgesetzes).

Die Veröffentlichungen im Reichsanzeiger und im Patentblatt sind rechtlich bedeutungslos; wegen der Bedeutung der Eintragungen in die Rolle vergl. dagegen N. 6.

Die Kosten, welche durch die Eintragungen und Veröffentlichungen entstehen, hat das P.A. zu tragen, ohne daß es sie von den Betheiligten einziehen darf. Ebenso wenig darf es solche für die Ausfertigung des Eintragungsvermerks, welche es nach der Eintragung dem Eingetragenen von Amtswegen ertheilt (N. 6), berechnen.

Abs. 1.

2. Im Gegensatze zum Patentrecht hat unser Gesetz des Anmeldesystem adoptirt. Die Motive (S. 11) rechtfertigen dies damit, daß eine materielle Vorprüfung dem P.A. eine mit seiner Organisation unverträgliche Arbeitslast auferlegen würde, außerdem würde es auch nicht im Interesse der Industrie liegen, wenn der weniger nachhaltige Gebrauchsmusterschutz an dieselben oder an ähnliche Bedingungen geknüpft wäre, wie sie für die Erreichung des langdauernden Patentschutzes nothwendig sind. „Es soll also dem Patentamt keinerlei Prüfung darüber zufallen, ob das angemeldete Modell als ein solches von Arbeitsgeräthschaften oder Gebrauchsgegenständen sich darstellt, ob die Gestaltung des Modells oder die Vorrichtung an demselben neu oder bereits bekannt ist, ob durch diese Gestaltung oder Vorrichtung einem Arbeits- oder Gebrauchszwecke oder etwa lediglich einem Schönheitszwecke gedient wird, und ob schließlich der Gegenstand der Anmeldung sich von den Gegenständen sonstiger Anmeldungen oder Eintragungen in ausreichendem Maße unterscheidet. Ferner wird auch nicht beabsichtigt, der Industrie Gelegenheit zu bieten, sich vor erfolgter Eintragung der Anmeldungen über die letzteren zu äußern, weil auch dadurch die Nothwendigkeit eines beschränkten Prüfungsverfahrens sich ergeben würde. Vielmehr erschöpft sich die Aufgabe des Patentamts in der Feststellung, ob die im §. 2 niedergelegten äußeren Erfordernisse bei der Anmeldung vorliegen" (Motive S. 12). **Anmeldesystem.**

3. Die Prüfung des Antrags liegt der Anmeldestelle für Gebrauchsmuster ob. Ueber dieselbe bestimmt die Ausführungsverordnung vom 11. Juli 1891: **Anmeldestelle.**

> §. 19. Für Anträge in Sachen des Schutzes von Gebrauchsmustern wird in dem Patentamt eine besondere Anmeldestelle errichtet.
>
> Die Leitung dieser Stelle liegt einem von dem Reichskanzler bezeichneten rechtskundigen Mitgliede ob.
>
> Im Falle einer Verhinderung dieses Mitgliedes kann der Präsident einem anderen rechtskundigen Mitgliede die Vertretung übertragen.
>
> §. 20. Die Verfügungen der Anmeldestelle erhalten die Unterschrift:
>
> Kaiserliches Patentamt.
> Anmeldestelle für Gebrauchsmuster

Die Prüfung der Anmeldestelle hat sich nur auf die Anforderungen des §. 2 und der auf Grund desselben vom P.A. getroffenen Bestimmungen

(N. 1 zu §. 2) zu erstrecken, sowie darauf, ob das Modell nicht gegen Gesetz oder gute Sitten verstößt (vergl. Gewerbl. Rechtsschutz 4, 276). Letzteres ist zwar im Gesetze nicht vorgeschrieben, ergiebt sich aber aus der Natur dieses Erfordernisses (N. 9 zu §. 1).

Außerdem pflegt das P.A., wenn der Anmeldung offensichtlich ein nicht schutzfähiger Gegenstand zu Grunde liegt, den Anmelder vor der Eintragung auf diesen Mangel aufmerksam zu machen. Wird der Antrag auf Eintragung trotzdem aufrecht erhalten, so erfolgt dieselbe (Zeitschrift für gewerbl. Rechtsschutz 3, 122).

Bei Anmeldung von Ausländern prüft das P.A. nicht, ob Gegenseitigkeit mit dem betr. Staate vorliegt (N. 3 zu §. 13).

Recht auf Eintragung. 4. Durch eine ordnungsgemäße Anmeldung erlangt der Anmelder ein Recht auf Eintragung. Dieses Recht entspricht dem Anspruch auf Ertheilung des Patents, es treffen daher auf dasselbe die Bemerkungen in N. 2 zu §. 3 des Patentgesetzes zu (S. 64). Das P.A. ist verpflichtet, auf eine ordnungsgemäße Anmeldung die Eintragung zu verfügen, in dieser Hinsicht ist die Eintragung kein Verwaltungsakt, sondern eine gerichtliche Entscheidung (S. 26). Vor der Anmeldung existirt ein Erfinderrecht hier ebenso, wie im Patentrecht (S. 65).

Beanstandung der Anmeldung. 5. Ergiebt die Prüfung einen Mangel der Anmeldung, so wird die Anmeldestelle sie regelmäßig nicht ohne Weiteres zurückweisen, sondern erst den Anmelder unter Stellung einer Frist zur Beseitigung des Mangels auffordern. Einer derartigen Aufforderung wird es aber beispielsweise, wenn das Modell wider das Gesetz oder die guten Sitten verstößt, nicht bedürfen.

Gegen die zurückweisende Verfügung der Anmeldestelle steht nach §. 21 der Ausführungsverordnung vom 11 Juli 1891 dem Anmelder eine Vorstellung an den Präsidenten zu.

Bedeutung der Eintragung. 6. Ergiebt die Prüfung keinen Anstand, so verfügt die Anmeldestelle die Eintragung in die Rolle für Gebrauchsmuster und ertheilt sodann nach geschehener Eintragung gemäß §. 23 der Ausführungsverordnung vom 11 Juli 1891 dem Eingetragenen unentgeltlich (N. 1) eine Ausfertigung des Eintragungsvermerks.

Die Musterrolle (Schanze in Zeitschrift für gewerbl. Rechtsschutz 2, 166) hat eine ungleich erheblichere Bedeutung, als die Patentrolle, indem die Eintragung des Modells in die Rolle Voraussetzung für die Entstehung des Musterschutzes ist (N. 2 zu §. 4) und andrerseits ein Löschungsurtheil für die Allgemeinheit erst durch die Löschung des Modells in der Rolle Wirkungen erlangt (N. 10, 11 zu §. 6). Von diesen Abweichungen abgesehen, herrschen im Allgemeinen in beiden Gesetzen dieselben Grundsätze über die Bedeutung der Eintragungen; die bezüglichen Erläuterungen zu §. 19 des Patentgesetzes finden deshalb hier entsprechende Anwendung, insbesondere N. 5 (Bedeutung der Eintragung im Allgemeinen), N. 6 (Remedur gegen falsche Eintragungen), N. 11 (Bedeutung der Eintragung einer Aenderung in der Person des Berechtigten), N. 12 (Bedeutung für den Erwerb des Patents), N. 13 (Klage auf Einwilligung in Umschreibung), N. 14 (Aenderung in der Person des Vertreters).

7. In die Musterrolle sind einzutragen: Rolle.

a) Bezeichnung des Modells, Name und Wohnsitz des Anmelders, sowie Zeit der Anmeldung (§. 3 Abs. 1, 2);
b) Aenderungen in der Person des Eingetragenen (§. 3 Abs. 4);
c) Verlängerung der Schutzfrist (§. 8 Abs. 1);
d) Name und Wohnsitz des Vertreters (§. 13 Abs. 2);
e) Löschungen von Eintragungen (§. 8 Abs. 2, 3).

Die Rolle ist folgendermaßen eingetheilt:

Laufende Nr.	Bezeichnung des angemeldeten Gebrauchsmusters	Name und Wohnsitz des Anmelders	Name und Wohnsitz des Vertreters des ausländischen Anmelders	Zeit der Anmeldung	Gelöscht infolge		Schutzfrist verlängert. Einzahlung erfolgte am	Bemerkungen.
					Verzichts am	rechtskräftigen Urtheils am		

In der Spalte „Bemerkungen" werden vornehmlich vermerkt: Das Zeichen der Akten, in denen die Eintragung des Gebrauchsmusters verfügt worden ist, die Klasse, zu welcher das Gebrauchsmuster gehört, Aenderungen in der Person des Inhabers oder seines Vertreters.

Abs. 2.

8. Bezüglich der Priorität führt eine Bekanntmachung der Anmeldestelle für Gebrauchsmuster (Bl. 1, 153) aus: Priorität.

Als Zeit der Anmeldung, die nach §. 3 Abs. 2 des Gesetzes vom 1. Juni 1891 in die Rolle eingetragen wird und nach §. 8 Abs. 1 für den Lauf der Schutzfrist und die Fälligkeit der Verlängerungsgebühr massgebend ist, gilt der Tag, an welchem das Modell mit dem Antrage auf Eintragung in die Gebrauchsmusterrolle dergestalt zur Kenntniss des Patentamts gebracht wird, dass seine Identität festgestellt werden kann. Die Erfüllung der weiteren Vorschriften ist Voraussetzung für die Eintragung, nicht aber Grundlage für die Priorität.

Die Einreichung einer Nach- und Abbildung gestattet die Feststellung der Identität auch dann, wenn die Annahme der neuen Gestaltung gemäss §. 2 Abs. 2 des Gesetzes oder die etwaige Beschreibung erst nachfolgen. Umgekehrt wird durch eine Beschreibung ohne Zeichnung oder Modell die Priorität grundsätzlich nicht gewahrt, weil bei einem Gebrauchsmuster die räumliche Gestaltung wesentlich ist und aus einer Beschreibung die Vorstellung eines bestimmten Modells sich nicht ohne Weiteres ergiebt. Aus den nämlichen Gründen ist bei nachträglicher Aenderung oder Ergänzung des Modells oder der Zeichnung in der Regel eine Verlegung der Priorität nothwendig, bei Abänderung der Beschreibung oder des Schutzanspruchs regelmässig nur dann, wenn das neuerdings Beanspruchte aus der Zeichnung oder der Nachbildung nicht erkennbar ist. Die Verschiebung des Anmeldetages rechtfertigt sich in solchen Fällen dadurch, dass das abgeänderte Modell zur Eintragung gelangt und dass es in der für den Schutz massgebenden Gestalt erst bei Eingang des Nachtrags zur Kenntniss des Patentamts gebracht war. Zuvor wird der Anmelder vor die Wahl gestellt, entweder das Neue zurückzuziehen oder sich mit dem späteren Anmeldetage einverstanden zu erklären.

Wird aus einer Anmeldung wegen mangelnder Einheitlichkeit ein Theil des Gegenstandes ausgeschieden und neu angemeldet, oder wird ein Nachtrag zu besonderem Verfahren verwiesen, so kann für die Neuanmeldung der Tag der früheren Einreichung als Anmeldetag angenommen werden. Diese Rückziehung der Priorität erfolgt nur auf besonderen Antrag des Anmelders, weil sie ihm zwar bei der demnächst etwa erforderlichen Prüfung auf die Neuheit und beim Widerstreit mit anderen Schutzrechten vortheilhaft, bezüglich der Dauer des Schutzes aber nachtheilig ist.

Das Gesetz verlangt in §. 2 die schriftliche Anmeldung „bei dem Patentamt“, nicht bei der Anmeldestelle für Gebrauchsmuster. Es ist deshalb für die Priorität unschädlich, wenn der Antrag auf Eintragung in die Rolle zunächst zu Patentertheilungsakten genommen wird, weil er mit einer zu diesen Akten abgegebenen Erklärung, etwa einem Verzicht auf die Patentanmeldung, verbunden war. In welchem Zeitpunkte die betreffende Eingabe von der Anmeldeabtheilung an die Anmeldestelle für Gebrauchsmuster abgegeben wird, ist ohne rechtliche Bedeutung. Sobald die Anmeldestelle von dem Antrage Kenntniss erlangt, wird der Anmelder aufgefordert, binnen bestimmter Frist die Anmeldung den Bestimmungen gemäss einzurichten, und es wird zugleich für den Fall fruchtlosen Fristablaufs die Zurückweisung des Antrages ausgesprochen.

Die vom Patentamt festgestellte Priorität muss dauernd nachgeprüft werden können, zumal sie im gerichtlichen Verfahren streitig werden kann. Wenn daher Bestandtheile der Anmeldung, wie z. B. eine Bleistiftzeichnung auf unhaltbarem

Papier, den Formvorschriften nicht entsprechen und dem Anmelder zur Anfertigung neuer Vorlagen zurückgeschickt werden, so ist die Wiedereinreichung der unvorschriftsmässigen Stücke behufs Wahrung der Priorität erforderlich.

Wird für eine Gebrauchsmusteranmeldung die in einem Vertragsstaate begründete Priorität in Anspruch genommen, so ist gleichwohl für die Dauer der Schutzfrist und für die Fälligkeit der Verlängerungsgebühr (§. 8 des Gesetzes) der Tag der Anmeldung in Deutschland massgebend. Es bleibt den Gerichten überlassen, die Uebereinstimmung der ausländischen Anmeldung mit dem Gebrauchsmuster zu prüfen und für die Beurtheilung der Neuheit oder des Widerstreits mit einem andern Schutzrecht (§. 1 Abs. 2, §. 5 a. a. O.) die Priorität des Vertragsstaates zu Grunde zu legen. In der Gebrauchsmusterrolle wird nur vermerkt, dass der Anmelder die Rechte aus dem Uebereinkommen mit . . . auf Grund der dortigen Anmeldung vom . . . in Anspruch nehme.

Diesen Grundsätzen wird man im Allgemeinen zustimmen können, nur wird in ihnen der Ab- oder Nachbildung im Gegensatze zur Beschreibung eine zu große Bedeutung beigelegt (N. 5 zu §. 2). Ueber das Recht der Gerichte, die Richtigkeit des vom P.A. eingetragenen Datums der Anmeldung nachzuprüfen, ist hier kein Zweifel (vergl. S. 50).

Abs. 3.

9. Das Gesetz verlangt die Bekanntmachung durch den Reichsanzeiger nicht blos bei der Eintragung des §. 3 Abs. 1, 2, sondern allgemein bei Eintragungen, folglich auch bei den in N. 7 zu b—d aufgeführten. Dagegen bedarf es einer solchen Bekanntmachung nicht bei allen Löschungen, sondern nach §. 8 Abs. 3 nur bei den nicht in Folge von Ablauf der Frist stattfindenden. Reichsanzeiger.

Die Eintragungen und Löschungen werden nicht einzeln, sobald sie erfolgen, bekannt gemacht, sondern in bestimmten Fristen.

Abs. 4.

10. Ergänzend bestimmt §. 22 der Ausführungsverordnung vom 11. Juli 1891: Aenderungen.

> Aenderungen in der Person des Eingetragenen oder des nach §. 13 Abs. 2 des Gesetzes vom 1. Juni 1891 bestellten Vertreters, welche in der Rolle vermerkt werden sollen, sind in beweisender Form zur Kenntniss des Patentamts zu bringen.

Ueber die Fragen, wann eine Aenderung in der Person vorliegt, sowie von wem und in welcher Form der Antrag zu stellen ist, siehe N. 8—10 zu §. 19 des Patentgesetzes.

Abs. 5.

11. Das Recht der Einsicht erstreckt sich auch auf die Anlagen der Anmeldung, insbesondere die Nach- und Abbildungen, dagegen nicht auf Einsicht.

die zurückgewiesenen Anmeldungen. Die Anlagen werden nach der Praxis des P.A. gleichzeitig mit der Veröffentlichung im Reichsanzeiger ausgelegt.

Abschriften. 12. Eine Ergänzung des Rechts der Einsicht würde das Recht bilden, Abschriften der Anmeldungen und Eintragungen von dem P.A. verlangen zu können. Ein solches Recht besteht aber nicht, vielmehr bestimmt §. 29 der Ausführungsverordnung vom 11 Juli 1891:

> Das Patentamt kann nach seinem Ermessen von den bei ihm beruhenden Eingaben und Verhandlungen, soweit die Einsicht in dieselben gesetzlich nicht beschränkt ist, an jedermann Abschriften und Auszüge gegen Einzahlung der Kosten ertheilen.

Trotzdem wird das P.A. die Ertheilung der Abschriften regelmäßig nicht verweigern

§. 4.

Die Eintragung eines Gebrauchsmusters im Sinne des §. 1 hat die Wirkung, daß dem Eingetragenen ausschließlich das Recht zusteht, gewerbsmäßig das Muster nachzubilden, die durch Nachbildung hervorgebrachten Geräthschaften und Gegenstände in Verkehr zu bringen, feilzuhalten oder zu gebrauchen.

Das durch eine spätere Anmeldung begründete Recht darf, soweit es in das Recht des auf Grund früherer Anmeldung Eingetragenen eingreift, ohne Erlaubniß des letzteren nicht ausgeübt werden.

Wenn der wesentliche Inhalt der Eintragung den Beschreibungen, Zeichnungen, Modellen, Geräthschaften oder Einrichtungen eines Anderen ohne Einwilligung desselben entnommen ist, so tritt dem Verletzten gegenüber der Schutz des Gesetzes nicht ein.

Inhalt. 1. Der §. 4 entspricht den §§. 3—5 des Patentgesetzes. Im Abs 1 bestimmt er zunächst die Wirkungen des Musterschutzes in Uebereinstimmung mit den durch §. 4 des Patentgesetzes geregelten Wirkungen des Patents. Da das in dem Musterschutze liegende Benutzungs- und Untersagungsrecht dem Eingetragenen zusteht, die Eintragung aber ohne materielle Vorprüfung, insbesondere ohne Prüfung der Urheberschaft des Anmelders geschieht, so liegt darin eine Gefahr. Derselben wollen Abs 2 und 3 steuern, die dem §. 3 Abs. 1 und 2 des Patentgesetzes etwa entsprechen. Abs. 2 will verhüten, daß ein Anmelder sich Rechte aneignet, die Jemand durch eine frühere Anmeldung erworben hatte; Abs. 3, daß er fremde Konzeptionen, welche noch nicht zur Anmeldung gelangt sind, mißbräuchlich verwerthet. Zu diesem Zwecke schränkt Abs. 2 sein Benutzungs-, Abs. 3 sein Untersagungsrecht ein; eine Ergänzung des Abs. 3 bildet §. 6 Abs. 2. Insofern Abs. 3 das Untersagungsrecht des Eingetragenen beschränkt, berührt er sich mit §. 5 des Patentgesetzes.

Eine fernere Einschränkung erleidet der Abs. 1 durch die Bestimmung des §. 13; vergl. N. 7 a. E. zu §. 13.

Abs. 1.

2. Die Voraussetzungen des Schutzes sind theils formeller, theils materieller Natur. **Voraussetzungen.**

Formeller Natur ist die Eintragung in die Musterrolle, ohne diese Eintragung tritt, auch wenn alle Erfordernisse des §. 1 zutreffen, der Schutz nicht ein. Die Eintragung hat insofern eine gewisse Aehnlichkeit mit der Verleihung des Patents, beide Akte haben konstitutive Wirkung. Der Unterschied zwischen ihnen besteht aber darin, daß das Patentgesetz an die Verleihung ohne Weiteres den Patentschutz knüpft (§. 4 des Patentgesetzes: „Das Patent hat die Wirkung"), während zum Inslebentreten des Musterschutzes außer der Eintragung noch das Vorliegen eines Gebrauchsmusters im Sinne des §. 1 verlangt wird. Der Grund der Verschiedenheit liegt darin, daß der Patentverleihung eine Prüfung des P.A. auf die materiellen Requisite der Patentirung vorhergegangen ist, während der Musterschutz ohne eine solche Vorprüfung ertheilt wird. In Folge dessen muß, wenn der Eintragene die Wirkungen dieses Schutzes für sich in Anspruch nimmt, erst eine Nachprüfung — und zwar nicht durch das Patentamt, sondern durch die ordentlichen Gerichte — stattfinden, ob auch die Erfordernisse des §. 1 vorliegen.

3. Bezüglich der materiellen Voraussetzungen des Musterschutzes wollen die Motive S. 8, 13 in jedem Falle, in welchem der Eingetragene in die Lage kommt, sein Schutzrecht gegenüber den Rechten und Handlungen anderer Personen zum Ausdruck zu bringen, ihm die Beweispflicht auferlegen, weil die Geltendmachung des Schutzes im Einzelfalle davon abhänge, daß jene Voraussetzungen als vorhanden erkannt werden, und weil der Eingetragene dieses Nachweises nicht durch die Entscheidung einer vorprüfenden Behörde enthoben sei. Diese Ansicht macht jeden Musterschutz illusorisch, denn sie bürdet beispielsweise dem, welcher ihn für sich in Anspruch nimmt, den unmöglichen Beweis auf, daß das Modell bisher weder in öffentlichen Druckschriften beschrieben noch im Inlande offenkundig benutzt worden ist. Ebenso wenig kann aber auch die gegentheilige Ausführung gebilligt werden, daß wegen der staatlichen Registrirung die Präsumtion stets zu Gunsten des Eingetragenen spreche, so daß seinen Gegner die Beweislast bezüglich des Nichtvorhandenseins der Erfordernisse des §. 1 treffe (Alexander-Katz in dem 32. Jahresbericht der Juristischen Gesellschaft zu Berlin 1890/91 S. 93). **Beweislast.**

In der Reichstagskommission stellten die Regierungsvertreter in Abrede, daß es die Absicht der Motive gewesen sei, sich über die Vertheilung der Beweislast auszusprechen (vergl. dagegen Motive S. 8). Daraufhin wurde ein Antrag, es auszusprechen, daß das eingetragene Muster bis zum Beweis des Gegentheils als schutzberechtigt im Sinne des §. 1 gilt, zurückgezogen (Kommissionsbericht S. 10).

Man wird bei dem Wortlaut des §. 4 davon auszugehen haben, daß derjenige, welcher den Gebrauchsmusterschutz beansprucht, sowohl seine formellen, als seine materiellen Voraussetzungen zu beweisen hat. Man darf aber nicht, wie die Motive es thun, diesen Grundsatz als ein unabänderliches Prinzip ansehen, vielmehr muß man ihn, wo er zu absurden Resultaten führt, durchbrechen Der §. 1 verlangt das Vorliegen eines Modells, welches dem Gebrauchszwecke durch eine neue Gestaltung, Anordnung oder Vorrichtung dienen soll und den Gesetzen oder guten Sitten nicht zuwiderläuft. Der Eingetragene kann von diesen Erfordernissen füglich weder die Neuheit nachweisen, noch daß das Modell den Gesetzen nicht zuwiderläuft. Sein Gegner kann die Druckschrift, den Fall der Benutzung oder das Gesetz angeben, welches den Schutz ausschließt, während der Nachweis, daß eine solche Druckschrift u. s. w. nicht existirt, nicht erbracht werden kann. Folglich liegt dem Gegner des Eingetragenen der Nachweis ob, daß das Modell nicht neu ist (Seligsohn im Bl. 1, 117, Robolski Kommentar S. 31, Schmid S. 234; a. M. L.G. Leipzig im Bl. 1, 63) oder daß es gegen ein Gesetz verstößt; letztere Thatsache wird allerdings wegen des Satzes jura novit curia regelmäßig keines Beweises bedürfen. Dagegen hat der Eingetragene zu beweisen, daß das Modell durch seine Gestaltung, Anordnung oder Vorrichtung dem Gebrauchszwecke dienen soll. Eines Beweises für die Thatsache, daß ein Muster den guten Sitten widerspricht, wird es regelmäßig nicht bedürfen, da das Gericht dies fast stets von Amtswegen zu beurtheilen in der Lage sein wird; sollte ausnahmsweise einmal eine Beweiserhebung darüber nöthig sein, ob ein Muster nach einer bestimmten Richtung (geschlechtlicher, politischer, religiöser, sozialer u. s. w.) anstößig ist, so liegt mit Rücksicht darauf, daß das P.A. eine Vorprüfung bereits vorgenommen hat (N. 3 zu §. 3), die Beweislast dem die Anstößigkeit Behauptenden ob, zumal an und für sich die Anstößigkeit eher nachzuweisen ist, als die Negative.

Diese Regelung der Beweislast greift nicht blos dann Platz, wenn der Eingetragene sein Recht geltend macht, sondern auch wenn ein Anderer gegen ihn auf Grund des §. 6 Abs. 1 wegen Nichtvorliegens der Erfordernisse des §. 1 auf Löschung klagt (N. 8 zu §. 6).

Wirkungen. 4. Der Inhalt des Musterschutzes deckt sich im Allgemeinen mit den in §. 4 des Patentgesetzes angegebenen Wirkungen des Patentes: bei beiden hat der Berechtigte die ausschließliche Befugniß, den geschützten Gegenstand gewerbsmäßig herzustellen, in Verkehr zu bringen, feilzuhalten und zu gebrauchen, bei beiden erstrecken sich diese Wirkungen über das ganze Deutsche Reich und nur auf das Deutsche Reich. Es treffen deshalb die Erörterungen zu §. 4 auch hier zu (R.G. Straff. 27, 88), insbesondere

N. 3 (Ausschließliche Befugniß), N. 5 (Gewerbsmäßig), N. 6 (Herstellung), N. 7 (Inverkehrbringen), N. 8 (Feilhalten), N. 9 (Kauf), N. 10 (Gebrauch), N. 11 (Licenz), N. 12 (Territorialitätsprinzip), N. 13 (Ausfuhr), N. 14 (Durchfuhr).

Der Unterschied liegt in dem Gegenstande des Schutzes. Durch das Patent ist die Erfindungsidee geschützt, die zwar in der bei der Anmeldung beschriebenen Ausführungsform verkörpert ist, aber nicht in ihr aufgeht und sich nicht mit ihr deckt, der geschützte Erfindungsgegenstand geht über die Ausführungsform hinaus. Der Musterschutz nimmt dagegen auf die konkrete Gestaltung, Anordnung, Vorrichtung des Modells in erheblichem Maße Rücksicht. Er identifizirt sich allerdings nicht derart mit ihr, daß jede, auch die geringfügigste Abweichung vom Modell genügt, um den Gegenstand außerhalb der Sphäre des Musterschutzes zu stellen (R.G. im Bl. 6, 31), aber andrerseits verbietet er nicht die Uebertragung des Erfindergedankens, welcher der Gestaltung u. s. w. des Modells zu Grunde liegt, auf andere Gegenstände, wofern die Uebertragung nicht blos rein mechanisch geschieht, sondern in ihr sich eine geistige Thätigkeit des Uebertragenden offenbart. Wenn beispielsweise das Modell eines Stockgriffs geschützt ist, so ist es unzulässig, daß ein Anderer die geschützte Form einfach auf Schirmgriffe überträgt, ebenso würde es nicht statthaft sein, den geschützten Verschluß eines Portemonnaies einfach auf Cigarrentaschen zu übertragen. Hier finden die Grundsätze über Aequivalenz (S. 35) Anwendung, auch bei Verwendung eines anderen Stoffes als des in der Anmeldung genannten (R.G. im Bl. 3, 97; R.G. Straff. 25, 214, im Bl. 3, 54). Aber auch wesentliche Aenderungen — selbst solche die patent- oder musterschutzfähig sind — bewirken nicht ohne Weiteres, daß das neue Produkt aus dem Schutzbereiche des geschützten Modells heraustritt, es finden vielmehr die Grundsätze über Abhängigkeit (S. 72) Anwendung (R.G. Straff. 25, 214, im Bl. 3, 54; Kohler in Zeitschrift für gewerbl. Rechtsschutz 3, 152).

Stellt sich das eingetragene Modell als die Grundform einer Gattung von Gegenständen dar, so ist nicht blos die Grundform, sondern es sind auch die innerhalb des Gattungsbegriffes liegenden Modifikationen geschützt (R.G. 40, 7, im Bl. 3, 257).

Die in §. 5 des Patentgesetzes statuirten Einschränkungen des Untersagungsrechts zu Gunsten des Vorbenutzers, im öffentlichen Interesse und in Betreff der Fahrzeuge hat das Gesetz vom 1. Juni 1891 nicht aufgenommen, „um nicht die einfache Materie zu verwirren" (Kommissionsbericht S. 11). In Folge dessen ist insbesondere auch der dem Untersagungsrechte unterworfen, welcher vor der Anmeldung des Musters es bereits vorbenutzt hatte (Robolski Kommentar zu §. 4, Schmid S. 236; L.G. Breslau in Mittheilungen der Anmeldestelle 1893 S. 185; a. M. Kohler in Zeitschrift für gewerbl. Rechtsschutz 3, 152); vergl. Denkschrift des Reichskanzlers ebenda 3, 125.

5. Was den Rechtsschutz anlangt, so kommen außer der Löschungsklage des §. 6 und der Entschädigungsklage aus §. 9 noch die Fest- Rechtsschutz.

stellungsklage und die negatorische Störungsklage des Eingetragenen, sowie die Feststellungsklage Dritter gegen ihn in Betracht. Das über diese Klagen bei der Erörterung des §. 4 des Patentgesetzes Gesagte (S. 101 ff.) trifft auch hier im Allgemeinen zu, es sind deshalb von jenen Erläuterungen die Ausführungen in N. 20 (Feststellungsklage des Patentinhabers), N. 21 (Warnungen), N. 22 (Untersagungsklage), N. 23 (Feststellungsklage gegen den Patentinhaber) entsprechend anwendbar, nicht minder N. 24 (Einstweilige Verfügung).

Nach dem Inkrafttreten des Gesetzes war es zweifelhaft, ob für jene Klagen bei den Landgerichten die Civilkammern oder die Kammern für Handelssachen zuständig sind.

Zwar zählte der §. 101 G.V.G in Nr. 3c unter den Ansprüchen, welche vor jene Kammer gehören, die aus denjenigen Rechtsverhältnissen auf, welche sich auf den Schutz der Muster und Modelle beziehen. Damit konnte aber, da zur Zeit der Verkündung und des Inkrafttretens des G.V.G. (27. Januar 1877 bezw. 1. Oktober 1879) nur die Geschmacksmuster, und zwar durch das Gesetz vom 11. Januar 1876, geschützt waren, nur an diese gedacht sein, nicht an die Gebrauchsmuster, deren Schutz in Deutschland erst durch unser Gesetz vom 1. Juni 1891 erfolgte. Nachdem aber auch in der neuen Fassung des G.V.G. vom 20. Mai 1898 (R.G. Bl. S. 369) im §. 101 Nr. 3c die Bezeichnung „Muster und Modelle" beibehalten worden ist, ohne daß die Anwendung der Nr. 3c auf Geschmacksmuster eingeschränkt wäre, ist nunmehr die Zuständigkeit der Kammern für Handelssachen außer Zweifel. Dem entspricht auch die Praxis beim Landgericht Berlin I.

Durch Erlaß des Reichskanzlers vom 10. September 1894 ist das P.A. allgemein ermächtigt worden, auf Ersuchen der Gerichte und der Staatsanwaltschaft über Fragen, welche den Schutz von Gebrauchsmustern betreffen, Gutachten abzugeben, sofern in dem gerichtlichen Verfahren von einander abweichende Gutachten mehrerer Sachverständigen vorliegen (Bl. 1, 4). Ueber das Vorliegen der Voraussetzungen vergl. die Erörterungen zu §. 18 des Patentgesetzes (S. 206 ff.).

Bei den patentrechtlichen Klagen führt die Einrede der Nichtigkeit oft eine Aussetzung des Verfahrens vor den Gerichten herbei, weil zur Entscheidung über die Gültigkeit des Patentschutzes das P.A. berufen ist (S. 164). Zur Entscheidung aller das Gebrauchsmuster betreffenden Rechtsstreitigkeiten sind dagegen ausschließlich die ordentlichen Gerichte berufen, deshalb wird es gewöhnlich an einem Grunde zur Aussetzung fehlen (vergl. aber N. 12 zu §. 6).

Abs. 2.

Voraussetzungen der Abhängigkeit.

6. Die Voraussetzungen des Abs. 2 sind:

a) die Rechte aus einem Gebrauchsmuster greifen in den Schutzbereich eines anderen ein, welches

b) auf Grund einer früheren Anmeldung ei[...]tragen ist.

Zu a. Während das Patentgesetz i[...] [...]a die — gänzliche oder theilweise — Identität zweier Anmeldungen regelt und die Frage der Abhängigkeitspatente offen läßt (S. 74), spricht unser Gesetz von dem Fall der Identität nicht ausdrücklich, sondern nur davon, daß ein Recht in ein anderes eingreift. Da beim Mangel jeder Vorprüfung der Fall der Identität aber häufig vorkommen wird, so wäre es höchst unzweckmäßig, wenn er im Gesetze nicht entschieden wäre, es ist deshalb zuzusehen, ob dies nicht der Fall ist. In dem dem Reichstage vorgelegten Entwurf dieses Gesetzes folgte im Abs. 1 auf die Worte „dem Eingetragenen" der Zwischensatz „sofern er der erste Anmelder des Modells ist". Der jetzige Abs. 2 fehlte, vielmehr lautete Abs. 2:

> Liegen die Erfordernisse des Absatz 1 nicht vor, so hat Jedermann gegen den Eingetragenen Anspruch auf Löschung des Gebrauchsmusters.

Die Reichstagskommission strich den Zwischensatz des Abs. 1, sowie den Abs. 2; sie fügte dafür den jetzigen Abs. 2 ein, weil, wie der betreffende Antragsteller bemerkte, es zweckmäßig scheine, auf die Kollision zwischen zwei Gebrauchsmustern denselben Grundsatz anzuwenden, welchen der §. 6 des Entwurfs (§. 5 des Gesetzes) für die Fälle der Kollision zwischen Patent- und Gebrauchsmuster festgestellt habe (Kommissionsbericht S. 7). Danach sollte es ursprünglich Voraussetzung des Musterschutzes sein, daß der Eingetragene das Modell zuerst angemeldet hatte; bei Identität zweier Anmeldungen sollte die zweite wirkungslos bleiben und das durch sie begründete Gebrauchsmuster im Wege der Klage zur Löschung gebracht werden. Die Kommission hat statt dessen das zweite Muster von dem ersten abhängig gemacht, damit also seine Rechtsgültigkeit ausgesprochen und folgerichtig die Löschungsklage nicht zugelassen.

Aus dieser Entstehungsgeschichte ergiebt sich, daß Abs. 2 gerade den Fall der Identität treffen sollte, er ist aber seinem Wortlaute nach hierauf nicht beschränkt, sondern er bezieht sich auch auf die Fälle, wo das erste Muster derart die Voraussetzung des zweiten bildet, daß die Rechte aus letzterem nicht ausgeübt werden können, ohne in die aus dem anderen fließenden einzugreifen. Wenn A z. B. auf einen Kaminrost, dessen Rand vorn aufgebogen ist, um das Herausfallen der Kohlen zu verhindern, den Musterschutz erlangt hat, und B später für sich eine Vorrichtung eintragen läßt, durch welche das Entfernen der Asche von einem solchen Roste erleichtert wird, so würde B, wenn er sein Gebrauchsmuster gemäß §. 4 Abs. 1 ausbeuten wollte, in die Rechte des A eingreifen. Die — gänzliche oder theilweise — Identität und die eigentliche Abhängigkeit werden also hier gleich behandelt.

Beide in Betracht kommenden Gebrauchsmuster müssen noch zu Recht bestehen. Erlischt das ältere, so wird der jüngere vollwirksam.

Zu b. Maßgebend ist nicht das Datum der Eintragung der Muster, sondern das ihrer Anmeldung. In dieser Hinsicht bestimmt §. 27 der Ausführungsverordnung vom 11. Juli 1891:

> Sämmtliche eingehende Geschäftssachen, werden, ohne Rücksicht auf ihren verschiedenen Inhalt, nach der Zeit ihres

Eingangs mit einer laufenden Nummer, als Geschäftsnummer, und mit dem Datum bezeichnet.

Geschäftssachen, welche während der Dienststunden eingehen, sind alsbald, andere Geschäftssachen bei dem Wiederbeginn der Dienststunden von dem dazu bestimmten Beamten hiernach zu bezeichnen. Wenn die Reihe des Eingangs nicht feststeht, so sind sie nach der Reihe, in welcher sie von dem Beamten übernommen werden, mit der Bezeichnung zu versehen.

Von zwei an demselben Tage an das Patentamt gelangten Geschäftssachen gilt diejenigen als später eingegangen, welche die höhere Geschäftsnummer trägt.

Vergl. oben S. 49.

Wirkung der Abhängigkeit. 7. Die **Abhängigkeit** des jüngeren Rechts besteht darin, daß sein Inhaber das ihm laut Abs. 1 zustehende Nachbilden, Inverkehrbringen, Feilhalten und Gebrauchen ohne Erlaubniß des Inhabers des älteren Rechts insoweit nicht ausüben darf, als diese Befugnisse in des Letzteren Recht eingreifen. Nach anderer Richtung ist dagegen das jüngere Recht unbeschränkt wirksam, insbesondere kann sein Inhaber selbständig gegen jede Verletzung desselben auftreten, gleichviel ob sie von einem Dritten oder von dem Inhaber des älteren Rechts begangen wird. Letzterer hat auch keine Macht hinsichtlich der Existenz des jüngeren Rechts, namentlich kann er ebenso wenig, wie ein Anderer aus dem Vorliegen der Voraussetzungen des Abs. 2 einen Anspruch auf Löschung herleiten, es sei denn, daß in Folge der älteren Anmeldung eine Publikation oder Benutzung stattfand, welche die jüngere nicht mehr als neu erscheinen läßt (§. 1 Abs. 2) (R.G. in Gewerbl. Rechtsschutz 4, 278, O.L.G. Dresden ebenda 4, 278). Ueber die gegentheilige Bestimmung des Entwurfs vergl. N. 6 zu a.

Nach dem Wortlaute könnte es scheinen, als ob stets der in der Rolle als Berechtigter **Eingetragene** derjenige sein müsse, welcher die Erlaubniß ertheilt hat. Dies ist nicht zutreffend. War der Uebergang des Rechts von A auf B nicht in der Rolle vermerkt, so ist dennoch nicht A, sondern B zu ihrer Ertheilung an C legitimirt; hatte A die Erlaubniß ertheilt, so kann dies höchstens, wenn C nichts von dem Uebergange wußte, für die Frage nach dem Verschulden des C (§§. 9, 10) von Erheblichkeit sein. Die **Erlaubniß** kann zeitlich, örtlich oder qualitativ beschränkt (S. 125) ertheilt werden. Den Inhaber des jüngeren Rechts trifft die Beweislast in Betreff der Erlaubniß.

Rechtsschutz. 8. Alle Streitigkeiten zwischen den beiden Berechtigten sind vor den **ordentlichen Gerichten** zu erledigen (N. 5). Diese haben insbesondere auch darüber zu befinden, ob die Voraussetzungen der Abhängigkeit (N. 6) vorliegen.

Der ältere Berechtigte kann auf Feststellung der Abhängigkeit klagen, er kann auch sofort mit der Störungs- bezw. Entschädigungsklage vorgehen oder den Strafantrag stellen. Wenn der jüngere Berechtigte die

Frage zum Austrage bringen will, so wird er regelmäßig dies mit der negativen Feststellungsklage thun.

Abs. 3.

9. Die Voraussetzungen decken sich mit denen des §. 3 Abs. 2 des Patentgesetzes, nur daß dort noch Einspruch des Verletzten verlangt wird. Es treffen deshalb im Großen und Ganzen die Erörterungen zu der patentrechtlichen Bestimmung auch hier zu, insbesondere N. 18 (Voraussetzungen), N. 19 (Wesentlicher Inhalt), N. 20 (Entnommen), N. 21 (Beschreibungen, Zeichnungen u. s. w.), N. 22 (Verletzter), N. 23 (Dienstherr, Auftraggeber), N. 24 (Staat), N. 25 (Sozietät), N. 26 (Einwilligung). Nur ist immer festzuhalten, daß der Patentschutz sich auf die Erfindungsidee erstreckt, während der Musterschutz mehr an der konkreten Gestaltung haften bleibt; in Folge dessen wird oft in Fällen, wo im Patentrecht eine Entnahme anzunehmen ist, hier eine solche nicht vorliegen. Voraussetzungen.

10. Das im Musterschutz liegende Untersagungsrecht steht dem Eingetragenen gegen den Verletzten nicht zu, folglich kann er ihn weder negatorisch verklagen, noch aus §§. 9, 10 verfolgen. Dem Verletzten steht dagegen auf Grund des §. 6 Abs. 2 ein Anspruch auf Löschung zu; statt dessen kann er auch auf Uebertragung des Musters (S. 84) klagen (R.G. in Jurist. Wochenschrift 1900 S. 738). Wirkungen.

Dritte Personen können sich auf die Entnahme in keiner Weise berufen, dieselbe berührt lediglich das Verhältniß zwischen Anmelder und Verletztem.

§. 5.

Soweit ein nach §. 4 begründetes Recht in ein Patent eingreift, dessen Anmeldung vor der Anmeldung des Modells erfolgt ist, darf der Eingetragene das Recht ohne Erlaubniß des Patentinhabers nicht ausüben.

Imgleichen darf, soweit in ein nach §. 4 begründetes Recht durch ein später angemeldetes Patent eingegriffen wird, das Recht aus diesem Patent ohne Erlaubniß des Eingetragenen nicht ausgeübt werden.

1. Muster und Patent.

Abs. 1 (N. 2).

2. Jüngeres Muster.

Abs. 2 (N. 3).

3. Aelteres Muster

1. Während §. 4 Abs. 2 die Kollision zwischen zwei Gebrauchsmustern behandelt, regelt §. 5 die zwischen einem Gebrauchsmuster und einem Patent. Da jedes plastische Erzeugniß an sich sowohl Patent- als Musterschutz genießen kann (N. 2 zu §. 1), so wird es, zumal der Musterschutz ohne Vorprüfung ertheilt wird, häufig vorkommen, daß die Wirkungen eines Schutzes in die eines anderen eingreifen. Muster und Patent.

Der Abs 1 entscheidet den Fall, daß ein Gebrauchsmuster in ein älteres Patent eingreift, der Abs. 2 den entgegengesetzten Der erstere

Fall wird der häufigere sein, weil das P.A., nachdem eine genügend deutliche Veröffentlichung des Modells stattgefunden hat, das Patent nicht ertheilen darf (vergl. S. 54), während bei dem für den Musterschutz geltenden Anmeldeprinzip eine noch so offenkundige Publizität die Eintragung nicht hindert. Hatte noch keine derartige Veröffentlichung stattgefunden, so stehen beide Fälle einander gleich, denn die Anmeldung oder Eintragung eines Gebrauchsmusters wirkt an sich nicht patenthindernd. Die Ansicht, daß das P.A. diejenigen Modelle, deren Kenntniß ihm durch die Rolle für Gebrauchsmuster, deren Unterlagen oder sonst irgendwie zugänglich ist, von Amtswegen bei der Prüfung einer angemeldeten Erfindung zu berücksichtigen hat (Glaser's Annalen für Gewerbe und Bauwesen 29, 18, Schrey in Zeitschrift für gewerbl. Rechtsschutz 1, 296), ist in dieser Allgemeinheit nicht zutreffend.

Abs. 1.

Jüngeres Muster. 2. Wegen der Voraussetzungen, der Wirkung und des Rechtsschutzes vergl. N. 6, 7, 8 zu §. 4, deren Ausführungen entsprechend anzuwenden sind.

Abs. 2.

Aelteres Muster. 3. Wegen der Voraussetzungen und der Wirkung vergl. N. 6, 7 zu §. 4, deren Ausführungen entsprechend anzuwenden sind. Wegen der längeren Dauer des Patentschutzes ist es wichtig, daß nach Erlöschung des Musterschutzes das Patent vollwirksam wird.

In Betreff des Rechtsschutzes ist hervorzuheben, daß, wenn der Musterschutzberechtigte wegen des Eingreifens des Patents in sein Recht die Abhängigkeit des Patents ausgesprochen wissen will, er dies nur im ordentlichen Rechtswege, gewöhnlich mit der Feststellungsklage, herbeiführen kann (N. 8 zu §. 4). War das Modell vor Anmeldung des Patents bereits gemäß §. 2 Abs. 1 des Patentgesetzes veröffentlicht, so kann der Musterberechtigte außerdem — ebenso wie jeder Dritte — vor dem P.A. die Nichtigkeitsklage anstellen. Hat die letztere zum Ziele geführt, so erledigt sich damit die Abhängigkeitsklage; deshalb wird das Gericht regelmäßig, wenn die Nichtigkeitsklage schwebt, das andere Verfahren aussetzen. Umgekehrt wird das Nichtigkeitsverfahren durch die erfolgreiche Durchführung der Abhängigkeitsklage nicht berührt.

Da die eine Klage gegen die Existenz, die andere gegen die Ausübung des Patents gerichtet ist, auch der Klagegrund bei beiden nicht identisch ist, so begründet keine von ihnen im anderen Verfahren den Einwand der Rechtshängigkeit bezw. der Rechtskraft. Trotzdem werden häufig dieselben thatsächlichen Fragen in beiden Verfahren den Ausschlag geben. Wenn z. B. ein patentirter Apparat ganz oder theilweise einem Modell entspricht, welches zur Zeit der Anmeldung des Apparats bereits als Gebrauchsmuster geschützt und in einer Zeitschrift genau beschrieben war, so ist in beiden Prozessen die Identität des Apparats mit dem Modell von maßgebender Bedeutung. Wird dieselbe in dem einen bejaht, in dem anderen verneint, so fehlt es regelmäßig an der Möglichkeit, den Wider=

spruch zu beseitigen, denn wenn auch der Nichtigkeitsprozeß stets mit der Berufung vor das Reichsgericht gebracht werden kann, so wird die Entscheidung der thatsächlichen Frage in dem Abhängigkeitsprozeß fast stets der Nachprüfung dieses Gerichtshofs entzogen sein (vergl. Glaser's Annalen für Gewerbe und Bauwesen Bd. 29 S. 19).

§. 6.

Liegen die Erfordernisse des §. 1 nicht vor, so hat jedermann gegen den Eingetragenen Anspruch auf Löschung des Gebrauchsmusters.

Im Falle des §. 4 Absatz 3 steht dem Verletzten ein Anspruch auf Löschung zu.

Abs. 1 (N. 1—11).

1. Motive.
2. Kläger.
3. Beklagter.
4. Klagegrund.
5. Antrag.
6. Eintragung.
7. Zuständigkeit.
8. Beweislast.
9. Anerkenntniß.
10. Zwangsvollstreckung.
11. Widerklage. Einrede.

Abs. 2 (N. 12).

12. Entnahme.

Abs. 1.

1. Da die Eintragung des Gebrauchsmusters die in §. 4 angeführten Wirkungen nur verleiht, wenn die Erfordernisse des §. 1 vorliegen, so könnte die Ansicht vertreten werden, daß eine Klage auf Löschung der Eintragung wegen des Mangels dieser Erfordernisse überflüssig sei, weil die Eintragung ohne diese Erfordernisse jeder rechtlichen Wirkung entbehre. Die Motive S. 13 führen aber zutreffend aus: **Motive.**

> „Auf der anderen Seite hat die Thatsache der Eintragung eines Gegenstandes in die Musterrolle immerhin zur Folge, daß der Gegenstand dadurch ein vermehrtes Ansehen erhält und daß bei demjenigen, welcher zur erschöpfenden Würdigung des gesammten einschlagenden Materials nicht im Stande ist, zunächst die Meinung hervorgerufen wird, daß der Gegenstand ein schutzberechtigter sei. Auf diese Weise kann schon die Eintragung an sich in die Interessen Dritter störend eingreifen. Es muß deshalb ein Weg eröffnet werden, auf welchem dem durch die Eintragung Benachtheiligten die Beseitigung der letzteren möglich ist."

Die Löschungsklage (vergl. Schanze im Sächsischen Archiv für bürgerl. Recht 3, 137) hat vielfache Berührungspunkte mit der patentrechtlichen Nichtigkeitsklage.

2. Als Kläger kann Jeder auftreten, selbst wenn er kein besonderes Interesse an der Löschung hat, auch der Fiskus, eine Behörde, eine Korporation. Die Klage ist eine Popularklage, der Antragsteller tritt im Interesse der Allgemeinheit auf. Auch ein Ausländer kann klagen, die Bestellung eines Vertreters gemäß §. 13 Abs. 2 ist natürlich nicht nothwendig. Eine Entscheidung des L.G. Berlin I hatte aus der **Kläger.**

Natur der Popularklage gefolgert, daß Ausländer nicht klageberechtigt sind (Blätter für Rechtspflege im Bezirk des Kammergerichts 10, 93); das Kammergericht ist dieser Ansicht nicht beizutreten.

Beklagter. 3. Beklagter ist der in der Musterrolle Eingetragene; sind Mehrere eingetragen, so sind alle Eingetragenen zusammen zu verklagen. Hatte der Eingetragene unter Lebenden sein Recht auf einen Anderen übertragen, so ist dennoch er und nicht der neue Erwerber zu verklagen. Für die Passivlegitimation ist allein der Inhalt der Rolle — zur Zeit der Erhebung der Klage — maßgebend, und zwar deshalb, weil sonst ein obsiegliches Urtheil nicht vollstreckt werden könnte. Ist der Eingetragene verstorben, so ist die Klage gegen die Rechtsnachfolger zu richten.

Wird nach Erhebung der Klage in der Rolle ein Uebergang des Rechts vermerkt, so sind die Vorschriften der C.P.O. (§§. 265, 727, 750) entsprechend anzuwenden

Der gemäß §. 13 Abs. 2 eingetragene Vertreter ist ohne weitere Vollmacht zur Vertretung des Beklagten befugt.

Klagegrund. 4. Den Klagegrund bildet der Mangel eines Erfordernisses des §. 1 d. h. der Mangel einer der Voraussetzungen des Musterschutzes, Danach giebt es fünf verschiedene Klagegründe:

a) es liegt kein Modell vor;

b) das Modell soll nicht dem Gebrauchszwecke dienen;

c) das Modell dient dem Gebrauchszwecke nicht durch seine Gestaltung, Anordnung, Vorrichtung;

d) das Modell ist nicht neu;

e) das Modell läuft den Gesetzen oder guten Sitten zuwider.

Außerdem folgt aus den Bestimmungen der §§. 2 bis 4 daß ein schutzfähiges Modell nicht besteht, wenn in der Anmeldung nicht angegeben ist, welche neue Gestaltung oder Vorrichtung dem Arbeits- oder Gebrauchszwecke dienen soll. Daraus ergiebt sich als fernerer Klagegrund (R.G. im Bl. 4, 103, Jurist. Wochenschrift 1898 S. 146):

f) in der Anmeldung fehlt die Angabe der neuen Gestaltung oder Vorrichtung für den Arbeits- oder Gebrauchszweck.

Vorstehendes ist für die Substantiirung der Klage, sowie für die Lehren von der Klageänderung und der Rechtskraft von Bedeutung (vergl. N. 5 zu §. 28 des Patentgesetzes).

Trifft einer der Klagegründe nur einen Theil des Modells, so ist die Klage nur gegen diesen zu richten, vorausgesetzt, daß das Modell seinem Inhalte nach theilbar ist und daß sein durch den Mangel nicht betroffener Theil noch den Erfordernissen des §. 1 gerecht wird (S. 171). Für die Zulässigkeit der Klage auf Theillöschung haben sich ausgesprochen: R.G. in Jurist. Wochenschrift 1900 S. 531, O.L.G. Frankfurt im Bl. 1, 120, O.L.G. Dresden im Bl. 5, 85, Robolski Kommentar zu §. 6; a. M.: das P.A., welches den Antrag auf Eintragung einer rechtskräftig ausgesprochenen Theillöschung abgelehnt hat, weil das Gesetz eine Theillöschung nicht kenne (Bl. 5, 86 a. E.) Diese Begründung ist nicht zutreffend, wohl aber wird man dem P.A. – zur Vermeidung von Kolluſtonen — ein Prüfungsrecht dahin einräumen, ob der ſtehen gebliebene Reſt des Muſters gegenüber dem urſprünglichen auch wirklich ein minus und nicht etwa ein aliud bildet.]

5. Der Antrag der Klage geht dahin, den Beklagten zu verurtheilen, die Löſchung des unter Nr. x eingetragenen Gebrauchsmuſters zu bewilligen (Schanze a. a. O. S. 143). Antrag.

Wird die Klage nur gegen einen Theil des Muſters gerichtet, ſo muß der Kläger in ſeinem Antrage angeben, welche neue Eintragung er an der Stelle der bisherigen verlangt. Der Antrag würde alſo etwa dahin lauten, den Beklagten zu verurtheilen, zu beantragen, daß die Eintragung unter Nr. x der Gebrauchsmuſterrolle fortan folgenden Wortlaut erhalte: — —. Da dem Gericht bei Kolluſion der Parteien nicht das Prüfungsrecht zuſtehen würde, ob das nach der beanſpruchten Faſſung verbleibende Gebrauchsmuſter wirklich einen Theil des urſprünglichen bildete, ſo liegt die Gefahr nahe, daß die Klage auf theilweiſe Löſchung benutzt wird, um ein neues Modell ohne neue Zahlung der Schutzgebühr mit der Priorität des alten Muſters einzuſchmuggeln. Ein Korrektiv bildet das in N. 4 a. E. dem P.A. eingeräumte Prüfungsrecht.

6. Da die Klage nicht an eine Friſt gebunden iſt (vergl. dagegen §. 28 Abſ. 3 des Patentgeſetzes), ſo kann ſie erhoben werden, ſo lange das Muſter in der Rolle eingetragen ſteht. Iſt daſſelbe gelöſcht, ſo iſt die Klage gegenſtands- und zwecklos, weil das Urtheil und die nachfolgende Löſchung im Gegenſatze zur patentrechtlichen Nichtigkeitsklage (S. 170) keine rückwirkende Kraft haben. Daraus ergiebt ſich, wenn das Muſter während der Dauer des Prozeſſes auf Antrag des Beklagten oder wegen Ablaufs der Zeit gelöſcht wird, daß der Rechtsſtreit in der Hauptſache erledigt iſt (O.L.G. Dresden im Bl. 6, 351). Der Kläger, welcher Entſchädigungsanſprüche des Beklagten aus der Vergangenheit befürchtet, kann nunmehr gemäß §. 256 C.P.O. den Klageantrag dahin richten: feſtzuſtellen, daß dem Beklagten aus der Verletzung des Gebrauchsmuſters keine Anſprüche gegen ihn zuſtehen. Einen ſolchen Antrag konnte er auch von vornherein mit der Löſchungsklage verbinden. Eintragung.

7. Die ſachliche Zuſtändigkeit hängt davon ab, ob der Werth des Streitgegenſtandes 300 Mk. überſteigt. Dies hängt von dem Werthe des Muſters ab. In einem Spezialfalle, wo der Kläger Löſchung auf Grund eines für ihn früher eingetragenen Muſters verlangte, hat das R.G. das Intereſſe des Klägers an der Beſeitigung der Konkurrenz des Beklagten als maßgebend angeſehen (Juriſt. Wochenſchrift 1896 S. 1). Wird die Klage bei dem Landgericht angeſtellt, ſo gehört die Sache vor die Kammer für Handelsſachen (N. 5 zu §. 4); wegen der Reviſionsinſtanz vergl. §. 12. Zuſtändigkeit.

Oertlich zuſtändig wird regelmäßig das Gericht ſein, bei welchem der Eingetragene ſeinen allgemeinen Gerichtsſtand hat. Von den beſonderen Gerichtsſtänden werden die der Widerklage (§. 33 C.P.O.) und des Vermögens (§. 23 C.P.O.) in Betracht kommen; wegen des letzteren vergl. §. 13 Abſ. 2.

Beweislast. 8. Für die Beweislast in Betreff des Klagegrundes treffen die Erörterungen auf S. 403 zu. Sie liegt demnach bei den Gründen zu a—c und f der N. 4 dem Beklagten, bei den zu d, e dem Kläger ob. Ueber die Gutachten des P.A. vergl. N. 5 zu §. 4.

Anerkenntniß. 9. Erkennt der Beklagte den Anspruch sofort an, so fallen dem Kläger gemäß §. 93 C.P.O. die Prozeßkosten zur Last, wenn er den Beklagten nicht vorher zur Löschung aufgefordert hatte (L.G. Berlin I im Bl. 3, 53, in Blätter für Rechtspflege im Bezirk des Kammergerichts 12, 10).

Zwangsvollstreckung. 10. Hat der Kläger rechtskräftig obgesiegt, so ist für die Zwangsvollstreckung §. 894 Satz 1 C.P.O. maßgebend (L.G. Leipzig im Bl. 1, 63):

„Ist der Schuldner zur Abgabe einer Willenserklärung verurtheilt, so gilt die Erklärung als abgegeben, sobald das Urtheil die Rechtskraft erlangt hat."

Der Kläger braucht also nur die mit dem Rechtskraftsattest versehene Urtheilsausfertigung mit dem Antrage auf Löschung dem P.A. zu überreichen, worauf dieses das Muster zu löschen hat. Die Ansicht der Motive S. 13, daß der rechtskräftig verurtheilte Eingetragene angehalten werden müsse, die Löschung durch Verzichtleistung auf die Eintragung herbeizuführen, ist unzutreffend (Glaser's Annalen für Gewerbe und Bauwesen Bd. 29 S. 17).

Da ein Urtheil regelmäßig nur zwischen den Parteien und ihren Rechtsnachfolgern Rechtskraft schafft, so hindert die rechtskräftige Verurtheilung oder Abweisung einen Dritten nicht, aus demselben Rechtsgrunde die Klage nochmals anzustellen. Nur wenn der obsiegende Kläger im Wege der Zwangsvollstreckung die Löschung des Musters herbeigeführt hat, erlangt der von ihm erstrittene Sieg Rechtswirkung für die Allgemeinheit.

In Folge dessen kann sich der Eingetragene, auch nachdem das verurtheilende Erkenntniß rechtskräftig geworden ist, mit dem Kläger rechtswirksam dahin vergleichen, daß dieser das Urtheil nicht zur Vollstreckung bringt.

Vorstehende Ausführungen entsprechen auch der Praxis des P.A., wie nachstehende Bekanntmachung desselben zeigt (Bl. 1, 155):

Die gerichtlichen Urtheile auf Löschung von Gebrauchsmustern wirken nur unter den Parteien. Erst die Löschung beseitigt die Eintragung und damit die formale Voraussetzung des Schutzrechts. Ob auf Grund des Urtheils die Löschung erfolgen soll, hat der Prozessgegner des eingetragenen Inhabers zu bestimmen. Er kann auch nach Rechtskraft des Urtheils auf seinen Löschungsanspruch verzichten oder dessen weitere Geltendmachung unterlassen. Auf die von den Gerichten dem Kaiserlichen Patentamt zugehenden rechtskräftigen Löschungsurtheile wird deshalb die Löschung nicht verfügt. Vielmehr bedarf es eines darauf gerichteten Parteiantrages. Bis dahin wird das Gebrauchsmuster als fortbestehend behandelt. Insbesondere erhält der Inhaber trotz des vorliegenden Löschungsurtheils die übliche Erinnerung an die Zahlung der Verlängerungsgebühr (vergl. S. 5 dieses Jahrganges) und es wird der Eingang dieser Zahlung in der Rolle vermerkt. Ist bei Vorlage jenes Parteiantrags das Gebrauchsmuster — wegen Ablaufs der Schutzfrist oder Verzichts oder auf Antrag des Inhabers — bereits gelöscht, so wird ein Vermerk über das Löschungsurtheil in die Rolle nicht aufgenommen. Denn der Anspruch aus §. 6 des Gesetzes vom 1. Juni 1891 entspricht nicht etwa dem Anspruch auf die rückwirkende Nichtigkeitserklärung eines Patentes, sondern richtet sich nur auf die Löschung, d. h. auf die Tilgung des Eintragungsvermerks, und ist nach anderweit bewirkter Löschung gegenstandslos.

Die Gerichte haben die Entscheidungen, welche die Löschung eines Gebrauchsmusters zum Gegenstande haben, nach eingetretener Rechtskraft dem P.A. mitzutheilen (J.M.Bl. 1893 S. 69).

11. Der Anspruch auf Löschung kann auch im Wege der Widerklage geltend gemacht werden. Dies wird insbesondere dann der Fall sein, wenn der Eingetragene die Feststellungs-, Störungs- oder Entschädigungsklage angestrengt hatte. Auf die Widerklage finden die Ausführungen in N. 2—11 entsprechende Anwendung. **Widerklage. Einrede.**

Der Beklagte kann gegen die eben genannten Klagen den Mangel der Erfordernisse des §. 1 auch im Wege der Einrede geltend machen; wird die Entschädigungsklage erst nach der Löschung des Musters erhoben, so kann er es überhaupt nur auf diesem Wege thun. Wegen der Beweislast gilt dasselbe, wie bei der Löschungsklage (N. 8), Rechtskraft wird durch die Entscheidung über die Einrede nicht geschaffen. Wenn eine Löschungsklage anhängig ist, so kann das Gericht, vor welchem einwandweise der Mangel eines Erfordernisses geltend gemacht wird, die Verhandlung bis zur Entscheidung jenes Rechtsstreits aussetzen (§. 148 C.P.O.).

Abs. 2.

12. Da die widerrechtliche Entnahme nur das Verhältniß zwischen dem Eingetragenen und dem Verletzten berührt, so steht nur dem Letzteren, entsprechend der Vorschrift des §. 28 Abs. 2 des Patentgesetzes, die Klage zu. Ueber den Thatbestand der Entnahme vergl. N. 9 zu §. 4. **Entnahme.**

Für die Klage gelten die Erörterungen zu Abs. 1 mit folgenden Modifikationen. Die Klage ist keine Popularklage (N. 2). Den Klagegrund (N. 4) bildet die widerrechtliche Entnahme, deshalb kann die Klage gemäß §. 32 C.P.O. auch bei dem Gerichte (N. 7) erhoben werden, in dessen Bezirke die Entnahme stattgefunden hat. Der Kläger hat die Entnahme, der Beklagte die Erlaubniß zu beweisen (N. 8). Wegen der einwandweisen Geltendmachung der Entnahme siehe N. 10 zu §. 4.

§. 7.

Das durch die Eintragung begründete Recht geht auf die Erben über und kann beschränkt oder unbeschränkt durch Vertrag oder Verfügung von Todeswegen auf andere übertragen werden.

Der §. 7 entspricht dem §. 6 des Patentgesetzes, nur daß letzterer als Gegenstand der Uebertragung sowohl den Anspruch auf Ertheilung des Patents als auch das Recht aus dem Patent nennt, während der §. 7 von dem durch die Eintragung begründeten Recht, welches nur mit dem Recht aus dem Patent korrespondirt, handelt. Es fragt sich also, ob auch auf das durch die Anmeldung des Modells begründete Recht, welches dem Anspruch auf Ertheilung des Patents entspricht (N. 4 zu §. 3), die Bestimmungen des §. 7 anzuwenden sind. Die Frage muß bejaht werden, denn diese Bestimmungen sind weiter nichts, als Konsequenzen aus der Natur des Vermögensrechts, und ein solches Recht wird bereits durch die ordnungsmäßige Anmeldung begründet (N. 4 zu §. 3). Die Motive S. 16 führen dagegen aus, erst durch die Eintragung trete ein Vermögensrecht ins Leben, deshalb hänge die Uebertragbarkeit von der Thatsache der geschehenen Eintragung ab; weil aber im Falle der Eintragung sich die Wirkungen des Rechts auf den Zeitpunkt der Anmeldung zurückerstreckten, so würden auch diejenigen Rechtsakte und Rechtsveränderungen wirksam, welche zwischen Anmeldung und Eintragung liegen. Dieser Ausführung steht zunächst entgegen, daß das Gesetz eine rückwirkende Kraft der Eintragung nicht kennt (N. 1 zu §. 8). Außerdem entspricht es ebenso wenig dem Verkehrsinteresse, wie der normalen Absicht der Kontrahenten, bei einem zwischen Anmeldung und Eintragung vorgenommenen Rechtsgeschäft die Wirksamkeit desselben zu bedingen, also in Frage zu stellen. Ein solches Rechtsgeschäft ist vielmehr regelmäßig als ein unbedingtes anzusehen; erfolgt die Eintragung demnächst nicht, so treten die Grundsätze von der Gewährleistung ein.

Die Ausführungen zu §. 6 des Patentgesetzes finden sowohl auf den Anspruch auf Ertheilung des Musterschutzes, als auch auf die Rechte aus letzterem entsprechende Anwendung; dies gilt für N. 2 (Erbgang), N. 3 (Vertrag), N. 4 (Gewährleistung), N 5 (Beschränkte Uebertragung), N 6—10 (Licenz), N. 11 (Nichtigkeitserklärung), N 12 (Pfändbarkeit), N. 13 (Konkurs), N. 14 (Vermächtniß), N. 15 (Mehrere Erwerber).

Im einzelnen ist zu bemerken Die Gewährleistung für Neuheit bei Veräußerung des Musters oder der Licenz ist hier um so mehr anzunehmen, als bei mangelnder Neuheit Jedermann dasselbe nachahmen kann, ohne Rücksicht auf die Eintragung des Musters in die Rolle (R.G. in Jurist. Wochenschrift 1900 S. 317, Gruchot's Beiträge 44, 1049). Andererseits ist aber nicht außer Acht zu lassen, daß die Kontrahenten bei Veräußerung von Mustern oder bei Licenzertheilungen mit Rücksicht auf die mangelnde Vorprüfung meistens wissen, daß solche Verträge mehr oder minder gewagte Geschäfte sind. Deshalb dürfen etwaige über die Gewährleistung getroffene Vereinbarungen zu Ungunsten des Veräußerers auf nicht vorgesehene Fälle nicht ausgedehnt werden. Es ist auch zu berücksichtigen, daß die Unterschiede von anderen bekannt gewesenen Gegenständen, wegen deren ein Muster als neu geschützt wird, nicht erheblich zu sein brauchen (Bolze 18, 108, R.G. in Jurist. Wochenschrift 1894 S. 88).

Die Erörterungen in N. 11 zu §. 6 des Patentgesetzes (Nichtigkeitserklärung) finden auf die Löschung des Musters in der Rolle um so unbedenklicher entsprechende Anwendung, als diese Löschung nicht ex tunc wirkt (N. 6 zu §. 6).

§. 8.

Die Dauer des Schutzes ist drei Jahre; der Lauf dieser Zeit beginnt mit dem auf die Anmeldung folgenden Tage. Bei Zahlung einer weiteren Gebühr von sechszig Mark vor Ablauf der Zeit tritt eine Verlängerung der Schutzfrist um drei Jahre ein. Die Verlängerung wird in der Rolle vermerkt.

Wenn der Eingetragene während der Dauer der Frist auf den Schutz Verzicht leistet, so wird die Eintragung gelöscht.

Die nicht in Folge von Ablauf der Frist stattfindenden Löschungen von Eintragungen sind durch den Reichs-Anzeiger in bestimmten Fristen bekannt zu machen.

Abs. 1 (N. 1–3).

1. Schutzdauer.
2. Löschung.
3. Fristverlängerung.

Abs. 2 (N. 4).

4. Verzicht.

Abs. 3 (N. 5).

5. Bekanntmachung.

Abs. 1.

1. Der Schutz beginnt nach §. 4 mit der Eintragung, er endigt mit dem Ablauf von drei Jahren seit dem Tage der Anmeldung. Wenn also ein Modell bei dem P.A. am 6. Januar 1892 angemeldet und am 12. Januar 1892 in die Rolle eingetragen wird, so dauert der Schutz vom 13. Januar 1892 bis zum Abend des 6. Januar 1895 (wegen des Endpunkts der Frist vergl. S. 138). Die Schutzdauer wird also nie volle drei Jahr betragen. **Schutzdauer.**

Dem entgegen wird in den Materialien des Gesetzes die Ansicht vertreten, daß im Falle der Eintragung sich eine Rückziehung ihrer Wirkungen vollziehe, indem dieselben sich auf die Zeit zwischen dem Tage der Anmeldung und dem der Eintragung zurückerstreckten (Motive S. 16, Kommissionsbericht S. 8). Für diese Ansicht spricht anscheinend der Wortlaut des ersten Satzes des §. 8. Berücksichtigt man aber, daß dieser wörtlich dem ersten Satze des §. 7 des Patentgesetzes nachgebildet ist und daß er dort unstreitig nur den End-, nicht den Anfangspunkt der Schutzdauer fixirt, so schwindet die Bedeutung dieses Arguments. Wollte das Gesetz hier eine Rückwirkung aussprechen, so mußte es dies ausdrücklich thun. Dies ist nicht der Fall. Es hebt wiederholt hervor, daß erst die Eintragung den Schutz begründet (§. 4 Abs. 1, §. 7; vergl. auch §. 5 Abs. 1, §. 8 Abs. 2); einmal (§. 4 Abs. 2) spricht es allerdings von dem durch eine spätere Anmeldung begründeten Recht, aber diese Stelle würde zu viel beweisen, da selbst die Materialien die Ansicht nicht vertreten, daß das Recht durch die Anmeldung „begründet" wird. Innere Gründe sprechen ebenfalls nicht für eine derartige gesetzliche Regelung. Ebenso: P.A. im Bl. 1, 62, Robolski Kommentar zu §. 4.

Das P.A. darf Anträgen des Anmelders auf Hinausschiebung des Anmeldetages nicht stattgeben. Will der Anmelder eine erheblichere Verkürzung der Schutzdauer vermeiden, so muß er die Anmeldung zurückziehen und das Muster von Neuem anmelden; er verliert dann allerdings die ursprüngliche Priorität und muß die Anmeldegebühr noch einmal zahlen (P.A. im Bl. 1, 62).

Löschung. 2. Der Schutz hört mit dem Ablauf der Frist ipso jure auf, ohne daß es zu diesem Zwecke erst einer Verfügung des P.A. oder der Löschung der Eintragung bedarf. Ist der Schutz erloschen, so wird allerdings das Muster in der Rolle gelöscht; dieser Akt hat aber nur eine registrirende Bedeutung. Die Löschung wird zweckmäßig nicht unmittelbar nach Ablauf der Frist erfolgen, sondern erst nach einigen Tagen, weil die Möglichkeit vorliegt, daß die Gebühr von sechzig Mark rechtzeitig eingezahlt worden ist (N. 3). Eine Bekanntmachung der Löschung findet nicht statt, vergl. Abs. 3.

Fristverlängerung. 3. Die Fristverlängerung hat zur Voraussetzung
a) die Zahlung einer weiteren Gebühr von sechszig Mark
b) vor Ablauf der Schutzfrist.

Zu a. Es bedarf nur der Zahlung, nicht eines Antrags um Fristverlängerung. Von wem die Zahlung erfolgt ist, ist unerheblich. Wegen der Form der Zahlung vergl N. 7 zu §. 2. Beträgt die gezahlte Summe weniger als sechszig Mark, so tritt nicht etwa eine entsprechend kürzere Fristverlängerung ein, sondern überhaupt keine. Eine Stundung oder ein Erlaß dieser Gebühr findet nicht statt.

Zu b. Eine vorherige Erinnerung des Eingetragenen an die Zahlung ist zwar nicht vorgeschrieben, das P.A. erinnert aber etwa zwei Wochen vorher den eingetragenen Inhaber an den bevorstehenden Ablauf. Aus dem Umstande, daß diese Erinnerung unterblieb, kann der Inhaber keine Rechtsfolgen herleiten (P.A. im Bl. 1, 4).

Das Weitere wegen der Zahlung ergiebt sich aus nachstehender Bekanntmachung des P.A. (Bl. 1, 155):

> Die Verlängerung der Schutzfrist um drei Jahre tritt nach §. 8 Abs. 1 des Gesetzes vom 1. Juni 1891 nur ein, wenn vor Ablauf der ersten drei Jahre eine weitere Gebühr von 60 Mk. gezahlt ist. Stundung und Erlass dieser Gebühr sind unstatthaft, ebenso die Bewilligung von Theilzahlungen über den Ablauf der ersten drei Jahre hinaus.

Die Zahlung der Verlängerungsgebühr muss spätestens am letzten Tage der dreijährigen Schutzfrist erfolgen, d. h. an demjenigen Kalendertage des dritten auf das Anmeldejahr folgenden Jahres, der nach seiner Benennung dem eingetragenen Anmeldetage entspricht. Fehlt dieser Tag in dem Jahre des Fristablaufs (29. Februar), so muss die Zahlung an dem vorhergehenden Tage geleistet sein. Mit dem so bestimmten Kalendertage läuft die Frist auch dann ab, wenn dieser Tag auf einen Sonntag oder Feiertag fällt. Wie bei Patentgebühren (§. 9 des Patentgesetzes) genügt es zur Wahrung der Frist, wenn die Gebühr an dem letzten Tage bei einer Postanstalt im Gebiete des Deutschen Reichs zur Ueberweisung an die Kasse des Patentamtes eingezahlt ist.

Die Verlängerungsgebühr ist, wie die erste Gebühr von 15 Mk., eine Schutzgebühr. Beide werden zurückgezahlt, sofern der entsprechende Schutz nicht zur Entstehung gelangt: die erste Gebühr, falls die Anmeldung vor Eintragung zurückgenommen wird, die Verlängerungsgebühr, falls das eingetragene Gebrauchsmuster vor Ablauf der ersten Schutzfrist durch Verzicht erlischt oder auf Antrag gelöscht wird. Der Inhaber eines Gebrauchsmusters kann sonach die Verlängerungsgebühr im Voraus einzahlen, ohne bei vorzeitiger Beendigung des Schutzes den Betrag verlieren zu müssen.

Die Fristverlängerung tritt beim Vorliegen der Voraussetzungen von selbst ein, ohne daß es dazu erst einer Verfügung des P.A. bedarf. Der in der Rolle vorgeschriebene Vermerk hat nur eine registrirende Bedeutung. Die neue Schutzfrist beginnt mit dem auf den Ablauf der ursprünglichen Schutzdauer folgenden Tage und läuft mit demjenigen Tage ab, welcher durch seine Benennung dem letzten Tage der ursprünglichen Schutzdauer entspricht.

Es ist nur eine einmalige Verlängerung der Frist zulässig.

Die Verlängerung ist nicht nur in der Rolle zu vermerken, sondern auch durch den Reichsanzeiger zu veröffentlichen. Dies ist zwar nicht ausdrücklich vorgeschrieben, geht aber daraus hervor, daß der §. 8 Abs. 3 die Bekanntmachung durch den Reichsanzeiger nur bei solchen Löschungen vorschreibt, die nicht in Folge des Ablaufs der Schutzfrist stattfinden. Dies wird im Kommissionsbericht S. 6 damit gerechtfertigt, daß das Erlöschen durch Fristablauf von Jedermann unter Zugrundelegung der im Reichsanzeiger enthaltenen Bekanntmachungen über den Zeitpunkt der Eintragung bezw. Verlängerung berechnet werden könne. Folglich setzte der Gesetzgeber die Veröffentlichung der Verlängerung voraus.

Abs. 2.

4. Der Verzicht auf den Musterschutz untersteht denselben Grundsätzen, wie der auf das Patent. Es treffen deshalb die Erörterungen zu §. 9 des Patentgesetzes auch hier im Allgemeinen zu, insbesondere N. 3 Verzicht.

(Verzicht), N. 4 (Person des Verzichtenden), N. 5 (Generell), N. 6 (Theilverzicht?), N. 7 (Verzicht auf den Anspruch), N. 12 (Patentamt), N. 13 (Beweislast), N. 14 (Regreßansprüche), N. 15 (Anfechtbarkeit), N. 16 (Strafbarkeit).

Da der Schutz durch den Verzicht erlischt und die Löschung in der Rolle nur eine deklarative Bedeutung hat, so folgt daraus, daß das P.A. eine Eingabe, in welcher der Schutzberechtigte den Verzicht vor Eintragung der Löschung widerruft, nicht berücksichtigen darf. Darin unterscheidet sich der Verzicht von dem einfachen Antrage auf Löschung (P.A. im Bl. 1, 155).

Abs. 3.

Bekanntmachung. 5. Eintragungen werden gelöscht:

a) in Folge des Ablaufs der ursprünglichen oder verlängerten Frist,
b) in Folge eines Antrags des Eingetragenen,
c) in Folge eines Verzichts des Eingetragenen,
d) in Folge eines Löschungsurtheils.

Im Falle zu a bedarf es nicht der Bekanntmachung der Löschung durch den Reichsanzeiger, wohl aber in den Fällen zu b bis d (N. 4); deshalb hat die Reichstagskommission den Abs. 3 hinzugefügt (Kommissionsbericht S. 6). Aus seinem Wortlaut geht hervor, daß eine Löschung der Eintragung auch im Falle zu a stattzufinden hat, denn sonst wären die Worte „nicht in Folge von Ablauf der Frist stattfindenden" überflüssig. Die gegentheilige Ansicht der Motive S. 12 ist nicht zutreffend (Glaser's Annalen für Gewerbe und Bauwesen Bd. 29 S. 17).

Die Bekanntmachung erfolgt außer im Reichsanzeiger auch noch im Patentblatt.

§. 9.

Wer wissentlich oder aus grober Fahrlässigkeit den Bestimmungen der §§. 4 und 5 zuwider ein Gebrauchsmuster in Benutzung nimmt, ist dem Verletzten zur Entschädigung verpflichtet.

Die Klagen wegen Verletzung des Schutzrechtes verjähren rücksichtlich jeder einzelnen dieselbe begründenden Handlung in drei Jahren.

Abs. 1.

1. Der Abs. 1 entspricht dem Abs. 1 des §. 35 des Patentgesetzes; es finden von den Erläuterungen zu demselben die N. 2--9 (Voraussetzungen), N. 10 (Kläger), N. 11 (Beklagter), N. 12 (Entschädigung), N. 13 (Vermögensrecht), N. 14 (Gerichtsstand), N. 15—18 (Beweislast) hier entsprechende Anwendung. Zu beachten ist aber zu N. 3 (rechtsgültiges Patent), daß der Nichtigkeitserklärung in Bezug auf die rückwirkende Kraft das Löschungsurtheil nicht entspricht, zu N. 4 (Verletzung) der Unterschied in der Tragweite des Patent- und des Musterschutzes (N. 4

zu §. 4 dieses Gesetzes), sowie zu N. 15—18 (Beweislast) das über die Beweislast bezüglich der Voraussetzungen des Schutzes in N. 3 zu §. 4 dieses Gesetzes Gesagte.

Zu N. 17 (Wissentlichkeit, Fahrlässigkeit) war darauf hingewiesen, daß der Kläger den Beweis des subjektiven Moments sich dadurch erleichtern kann, daß er auf den geschützten Gegenständen eine Bezeichnung anbringt, welche den Schutz jedem Dritten erkennbar macht. Nach dieser Richtung ist nachstehende Bekanntmachung des P.A. vom 12. Mai 1893 ergangen.

Durch Verfügung des Kaiserlichen Patentamts vom 9. Oktober 1877 (Reichsanzeiger 1877 Nr. 239, Patentblatt S. 27) ist den gewerblichen Kreisen zur Erleichterung der Erkennbarkeit patentirter Gegenstände der Gebrauch bestimmter Bezeichnungen (Deutsches Reich. Patent oder D.R.P.) empfohlen worden. Diese Bezeichnungen haben im Verkehre inzwischen allgemein Geltung gewonnen. Da das Bedürfniss einer solchen einheitlichen Übung, wie mehrfache Anfragen aus den betheiligten Kreisen erkennen lassen, auch für die nach dem Gesetze vom 1. Juni 1891 (Reichs-Gesetzblatt 1891 S. 290) geschützten Gebrauchsmuster besteht, so wird den Inhabern von Gebrauchsmustern die Aneignung folgender Bezeichnung empfohlen:

Deutsches Reich. Gebrauchsmuster.

oder

D.R.G.M.

Die Bezeichnung würde auf dem geschützten Gegenständen selbst, oder, wenn dies nicht möglich ist, auf der Verpackung anzubringen sein. Auch empfiehlt es sich, der Bezeichnung die Nummer der Gebrauchsmusterrolle beizufügen z. B. $\frac{\text{D.R.G.M.}}{\text{Nr. 10000}}$

Unzulässig sind gemäß §. 40 des Patentgesetzes Bezeichnungen, welche geeignet sind, den Irrthum zu erregen, daß die Gegenstände durch ein Patent geschützt sind; dahin gehört z. B. „Patentamtlich geschützt" (N. 5 zu §. 40). Ein Zwang zur Bezeichnung besteht hier ebensowenig, wie im Patentrecht.

Derjenige, der zu Unrecht Gegenstände als durch Gebrauchsmuster geschützt bezeichnet, begeht kein strafbares Delikt, da es an einer dem §. 40 des Patentgesetzes entsprechenden Strafbestimmung fehlt und der Besitz eines Gebrauchsmusters auch keine „Auszeichnung" gemäß §. 4 des Gesetzes zur Bekämpfung des unlauteren Wettbewerbes ist (S. 364). Dagegen können Angehörige des betreffenden Gewerbezweiges auf Grund des §. 1 des Gesetzes wider den unlauteren Wettbewerb, sowie auf Grund des §. 1 der Gewerbeordnung auf Unterlassung und eventuell auf Schadensersatz klagen (S. 360, 364).

Abs. 2.

2. Der Abs. 2 entspricht dem §. 39 des Patentgesetzes; die Erläuterungen zu letzterem Paragraphen treffen auch hier zu.

§. 10.

Wer wissentlich den Bestimmungen der §§. 4 und 5 zuwider ein Gebrauchsmuster in Benutzung nimmt, wird mit Geldstrafe bis zu fünftausend Mark oder mit Gefängniß bis zu einem Jahre bestraft.

Die Strafverfolgung tritt nur auf Antrag ein. Die Zurücknahme des Antrags ist zulässig.

Wird auf Strafe erkannt, so ist zugleich dem Verletzten die Befugniß zuzusprechen, die Verurtheilung auf Kosten des Verurtheilten öffentlich bekannt zu machen. Die Art der Bekanntmachung, sowie die Frist zu derselben ist im Urtheil zu bestimmen.

Der §. 10 stimmt wörtlich mit §. 36 des Patentgesetzes überein, nur daß es dort im Abs. 1 nicht „ein Gebrauchsmuster", sondern „eine Erfindung" heißt. Die Erläuterungen zu §. 36 sind deshalb auch hier zutreffend.

Der, welcher den Strafantrag stellen will, muß vorher in gewissenhafter Weise unter Benutzung der ihm zu Gebote stehenden Mittel prüfen, ob das eingetragene Muster rechtsgültig ist. Thut er dies nicht, so haftet er wegen seiner Fahrlässigkeit gemäß §. 823 B.G.B. dem Angezeigten für alle diesem durch die Anzeige erwachsenden Nachtheile. Ebenso auf Grund des Badischen Landrechts Art. 1383: R.G. im Bl. 5, 210; vergl. auch R.G. 8, 15 und R.G. in Jurist. Wochenschrift 1899 S. 775.

§. 11.

Statt jeder aus diesem Gesetze entspringenden Entschädigung kann auf Verlangen des Beschädigten neben der Strafe auf eine an ihn zu erlegende Buße bis zum Betrage von zehntausend Mark erkannt werden. Für diese Buße haften die zu derselben Verurtheilten als Gesammtschuldner.

Eine erkannte Buße schließt die Geltendmachung eines weiteren Entschädigungsanspruchs aus.

Der §. 11 stimmt wörtlich mit §. 37 des Patentgesetzes überein; die Erläuterungen zu letzterem Paragraphen sind deshalb auch hier zutreffend.

§. 12.

In bürgerlichen Rechtsstreitigkeiten, in welchen durch Klage oder Widerklage ein Anspruch auf Grund der Bestimmungen dieses Gesetzes geltend gemacht ist, wird die Verhandlung und Entscheidung letzter Instanz im Sinne des §. 8 des Einführungsgesetzes zum Gerichtsverfassungsgesetze dem Reichsgericht zugewiesen.

Der §. 12 stimmt wörtlich mit §. 38 des Patentgesetzes überein; die Erläuterungen zu letzterem Paragraphen sind deshalb auch hier zutreffend.

§. 13.

Wer im Inlande einen Wohnsitz oder eine Niederlassung nicht hat, kann nur dann den Anspruch auf den Schutz dieses Gesetzes geltend machen, wenn in dem Staate, in welchem sein Wohnsitz oder seine Niederlassung sich befindet, nach einer im Reichs-Gesetzblatt enthaltenen Bekanntmachung deutsche Gebrauchsmuster einen Schutz genießen.

Wer auf Grund dieser Bestimmung eine Anmeldung bewirkt, muß gleichzeitig einen im Inlande wohnhaften Vertreter bestellen. Name und Wohnsitz des Vertreters werden in die Rolle eingetragen. Der eingetragene Vertreter ist zur Vertretung des Schutzberechtigten in den das Gebrauchsmuster betreffenden Rechtsstreitigkeiten und zur Stellung von Strafanträgen befugt. Der Ort, wo der Vertreter seinen Wohnsitz hat, und in Ermangelung eines solchen der Ort, wo das Patentamt seinen Sitz hat, gilt im Sinne des §. 24 der Civilprozeßordnung als der Ort, wo der Vermögensgegenstand sich befindet.

Abs. 1 (N. 1—4.)

1. Gegenseitigkeit.
2. Wohnsitz; Niederlassung.
3. Anspruch auf Schutz.
4. Bekanntmachung.

Abs. 2 (N. 5, 6).

5. Vertreter.
6. Befugnisse.

Abs. 1.

1. Der §. 13 regelt die internationale Anwendbarkeit des Gesetzes, also dieselbe Materie, wie §. 12 des Patentgesetzes, und zwar entspricht sein Abs. 1 dem Abs. 2 des §. 12 und umgekehrt. Gegenseitigkeit.

In der Hauptfrage, ob Ausländer den Schutz des Gesetzes erlangen können, wollen beide Gesetze den Grundsatz der Gegenseitigkeit zur Geltung bringen. Sie weichen aber darin von einander ab, daß auf den Patentschutz jeder Ausländer Anspruch hat, wofern nicht ausnahmsweise gegen den betreffenden Staat ein Vergeltungsrecht zur Anwendung kommt, während der Gebrauchsmusterschutz regelmäßig dem nicht im Inlande Wohnenden versagt ist, wofern nicht sein Heimathsstaat die deutschen Muster schützt. Nach dem Patentgesetz wird deshalb im R.G.Bl. bekannt gemacht, welchen Staaten der Schutz zu versagen, nach dem Musterschutzgesetz, welchen er zu gewähren ist (Motive S. 18).

Wohnsitz. Niederlassung. 2. Das Gesetz berücksichtigt nicht die Staatsangehörigkeit des Patentsuchers oder -inhabers, sondern legt nur darauf Werth, ob sich der Wohnsitz oder die Niederlassung im Inlande befindet.

Es würde demnach ein Deutscher, welcher in den Niederlanden wohnt, ein Modell nicht geschützt erhalten, weil in den Niederlanden ein Musterschutz nicht besteht, während ein in Deutschland wohnender Niederländer ohne Weiteres Anspruch auf den Schutz dieses Gesetzes hat. Der Niederländer braucht nicht einmal in Deutschland zu wohnen, es genügt, wenn er nur hier oder in einem anderen Staate, in welchem deutsche Muster geschützt werden, etwa in der Schweiz, eine Niederlassung hat. Daß diese Niederlassung in irgend einer Beziehung zu der Herstellung oder dem Vertriebe der geschützten Fabrikate steht, wird nicht verlangt; ein Ausführungszwang im Inlande, wie ihn §. 11 Nr. 1 des Patentgesetzes statuirt, existirt für Gebrauchsmuster überhaupt nicht.

Geht das Muster auf einen Anderen über, der im Inlande Wohnsitz oder Niederlassung hat, oder gewinnt der Eingetragene nachträglich hier Wohnsitz oder Niederlassung oder werden später die Voraussetzungen wegen der Gegenseitigkeit erfüllt, so tritt das Musterrecht in Kraft. Es wird umgekehrt unwirksam, wenn die Voraussetzungen seiner Geltung wegfallen (Robolski Kommentar zu §. 13).

Die Erörterungen in N. 2—4 zu §. 12 des Patentgesetzes treffen auch hier zu, nur mit der Abweichung, daß Jemand, der keinen Wohnsitz oder keine Niederlassung hat, nicht unter die Bestimmung des §. 13 Abs. 1, die Wohnsitz oder Niederlassung in einem bestimmten Staate voraussetzt, fällt, folglich den Anspruch auf Musterschutz überhaupt nicht geltend machen kann. Hat Jemand in mehreren ausländischen Staaten einen Wohnsitz oder eine Niederlassung, so kann er den Anspruch geltend machen, wenn auch nur hinsichtlich eines dieser Staaten eine Bekanntmachung im R.G.Bl. ergangen ist.

Niederlassung ist nicht mit Handelsniederlassung zu identifiziren, sondern schließt jede gewerbliche Niederlassung ein d. h. den Mittelpunkt jeder auf Erwerb gerichteten berufsmäßigen Thätigkeit, insbesondere auch im Bereiche der Land- und Forstwirthschaft (vergl. §. 21 C.P.O.). Zu dem Begriffe der Niederlassung gehört, daß Jemand ein zu dauerndem Gebrauche eingerichtetes, beständig oder doch in regelmäßiger Wiederkehr von ihm benutztes Lokal für den Betrieb seines Gewerbes besitzt und daß dieses Lokal zur unmittelbaren Abschließung von Geschäften dient. Es genügt also z. B. nicht, wenn er im Inlande nur eine Fabrik hat oder nur eine Agentur, welche die Geschäfte nicht abschließt, sondern den Abschluß von Geschäften durch Entgegennahme und Uebermittlung von Aufträgen und dergleichen, vorbereitet. Ebenso wenig ist es ausreichend, wenn von der Niederlassung aus nur gelegentlich ein Geschäft abgeschlossen wird, sondern die Niederlassung muß bestimmungsgemäß der Mittelpunkt eines den Abschluß von Geschäften bezweckenden Betriebes sein.

Diejenigen, welche in einem deutschen Schutzgebiete ihren Wohnsitz oder ihre Niederlassung haben, müssen aus dem S. 181 angegebenen Grunde einen Vertreter bestellen, wiewohl diese Gebiete im Sinne des Abs. 1 zum Inlande gehören (vergl. S. 23).

Da das P.A. vom Gesetze nur als registrirende Behörde gedacht ist, während die Entscheidung von Streitigkeiten den ordentlichen Gerichten zustehen soll, so ist für die Anmeldestelle in Bezug auf die, häufig recht heikle, Frage, wo sich der Wohnsitz oder die Niederlassung befindet, lediglich die Angabe des Anmelders maßgebend. Glaubt Letzterer, daß sie die Anmeldung zu Unrecht wegen des Mangels eines Vertreters zurückgewiesen hat, so steht ihm gegen ihre Verfügung nach §. 21 der Ausführungsverordnung die Vorstellung an den Präsidenten zu. Auf Einsprachen eines Dritten, welcher behauptet, der Wohnsitz oder die Niederlassung befinde sich anderswo, als in der Anmeldung angegeben, oder die Eintragung hätte, auch wenn der angegebene Ort der richtige wäre, wegen der Vorschriften des §. 13 nicht erfolgen dürfen, hat sich das P.A. nicht einzulassen, derartige Streitigkeiten sind vor den ordentlichen Gerichten zum Austrag zu bringen. Der Dritte kann aber nicht die Löschungsklage anstellen, denn deren Anwendungsgebiet ist in §. 6 genau begrenzt, sondern er kann nur mit der Feststellungsklage die Wirkungslosigkeit der Eintragung darthun oder jedem auf letztere gestützten Anspruch einwandsweise entgegentreten.

3. Der Anspruch auf den Schutz dieses Gesetzes begreift sowohl den Anspruch auf Eintragung, als auch den auf die Wirkungen der Eintragung. Er deckt sich mit dem „Anspruch auf Ertheilung eines Patents und die Rechte aus dem Patent" in §. 12 Abs. 1 des Patentgesetzes, wo auch von der Geltendmachung dieses Anspruchs die Rede ist. Die Erörterungen zu jener Bestimmung, insbesondere N. 6 (Anspruch), N. 7 (Recht aus dem Patent), N. 8 (Geltendmachung) finden hier deshalb entsprechende Anwendung. **Anspruch auf Schutz.**

Das P.A. prüft bei den von Ausländern angemeldeten Mustern nicht, ob Gegenseitigkeit mit dem betr. Staate vorliegt, sondern bewirkt ohne Rücksicht darauf die Eintragung, falls die sonstigen Voraussetzungen derselben vorliegen (Zeitschrift für gewerbl. Rechtsschutz 3, 123).

4. Dem Reichskanzler steht die Prüfung zu, ob die deutschen Gebrauchsmuster im Auslande Schutz genießen; das Resultat seiner Prüfung, wie es sich in der Bekanntmachung bezw. Nichtbekanntmachung im R.G.Bl. kund giebt, ist für die Gerichte bindend. Diese dürfen ohne die Bekanntmachung Gegenseitigkeit nicht annehmen, nach der Bekanntmachung sie nicht in Abrede stellen. Wenn auch die Bekanntmachung schutzbegründend wirkt, so tritt sie doch, da ihr Inhalt ein wesentlich deklarirender ist, gleich mit dem Tage ihrer Verkündigung im R.G.Bl. in Kraft (Kohler Markenrecht S. 428). **Bekanntmachung.**

Dem Reichskanzler steht ein diskretionäres Ermessen bei Beantwortung der Frage zu, ob deutsche Gebrauchsmuster in einem ausländischen Staate geschützt sind: er wird sich trotz des Wortlauts des

§. 13 nicht damit begnügen, daß dieselben dort irgend einen, vielleicht minimalen, Schutz genießen, er wird andrerseits auch nicht verlangen dürfen, daß der Schutz ein dem unsrigen genau gleichwerthiger ist, sondern er wird hauptsächlich zusehen, ob der fremde Staat den Mustern einen Schutz, sei es Patent- oder Musterschutz, gewährt, welcher sich als wirklicher und genügender Schutz erweist, und ob die Deutschen in Bezug auf diesen Schutz nicht schlechter behandelt werden, als die Angehörigen des betreffenden oder eines dritten Staates (Verhandlungen des Reichstags 1890/91 S. 2561, Kommissionsbericht S. 11; R.G. Strafs. 6, 272, Kohler Markenrecht S. 426).

Der Reichskanzler kann seine Bekanntmachung zu jeder Zeit durch eine spätere widerrufen, doch ist auch deren bindende Kraft davon abhängig, daß sie im R.G.Bl. verkündigt ist.

Einer besonderen Bekanntmachung des Reichskanzlers bedarf es bezüglich derjenigen Staaten nicht, mit welchen das Deutsche Reich einen im R.G.Bl. verkündeten Staatsvertrag abgeschlossen hat, durch den die Gegenseitigkeit in dem oben angegebenen Umfange verbürgt ist (vergl. R.G. Strafs. 3, 127; 19, 274). Dies ist um so wichtiger, als bisher eine besondere Bekanntmachung des Reichskanzlers bezüglich keines Staates erfolgt ist. Solche Staatsverträge bestehen mit Oesterreich-Ungarn, Italien, der Schweiz; dieselben sind am Schlusse dieses Buches abgedruckt. Ferner ist Gegenseitigkeit vertraglich verbürgt mit Großbritannien (Handelsvertrag zwischen dem Zollverein und Großbritannien vom 30. Mai 1865 Art. 6 und Deklaration dazu vom 14. April 1875 R.G.Bl. S. 199), sowie mit den Vereinigten Staaten von Amerika (Konsular-Konvention vom 11 Dezember 1871, R.G.Bl. 1872 S. 95), denn beide Staaten gewähren nach den angegebenen Verträgen den Angehörigen Deutschlands in Betreff der „patterns“ (diese entsprechen unseren Gebrauchsmustern) denselben Schutz, wie ihren Angehörigen (Robolski Kommentar zu §. 13, Stephan Kommentar zu §. 13, Horwitz in Blätter für Rechtspflege im Bezirk des Kammergerichts 11, 12). Auch in Belgien herrscht Gegenseitigkeit, da Art. 1 des Vertrages vom 12. Dezember 1883 (R.G.Bl. 1884 S. 188) solche bezüglich der gewerblichen Muster und Modelle (dessins et modèles industriels) ausspricht (Robolski Kommentar zu §. 13; a. M. Stephan Kommentar zu §. 13, L.G. Berlin I in Zeitschrift für gewerbl. Rechtsschutz 3, 273). Im Vertrage mit Japan vom 4. April 1896 (R.G.Bl. S. 715) ist in Art. XVII ausdrücklich für den Schutz von Gebrauchsmustern Gegenseitigkeit ausgesprochen. Dagegen dürfte mit anderen Staaten, als den genannten, Gegenseitigkeit nicht anzunehmen sein, insbesondere nicht mit Frankreich. Nach dem Handelsvertrage mit diesem Staate, zusätzliche Uebereinkunft zu dem Friedensvertrage vom 12. Oktober 1871 (R.G.Bl. S. 363) soll Gegenseitigkeit zwar in Bezug auf „Muster“ bestehen. Da dieses Wort aber im französischen Texte mit dessins übersetzt ist und man unter dessins nur Geschmacksmuster versteht, so fehlt es in Ansehung der Gebrauchsmuster an der Bekanntmachung bezüglich der Gegenseitigkeit. Dasselbe gilt für Portugal, da Art. 10 des mit diesem Staate abgeschlossenen Vertrages von 1872 (R.G.Bl. S. 254) gleichfalls nur von dessins redet. (Robolski a. a. O. Stephan a. a. O.)

Auf Gegenseitigkeit, die nur durch die Gesetzgebung des fremden Staates oder durch den dortigen Gerichtsgebrauch verbürgt ist, ohne daß dies aus dem Reichs-Gesetzblatt hervorgeht, dürfen die Gerichte keine Rücksicht nehmen.

Abs. 2.

5. In Anlehnung an §. 12 Abs. 1 des Patentgesetzes wird auch hier die Bestellung eines Vertreters verlangt. Die bezüglichen Erörterungen zu der patentgesetzlichen Vorschrift finden im Allgemeinen entsprechende Anwendung; dies ist insbesondere der Fall mit N. 5 (Vertreter), N. 9 (Befugnisse des Vertreters), N. 10 (Vollmacht, Rolle), N. 11 (Ausschließlichkeit der Befugnisse des Vertreters?), N. 13 (Gerichtsstand), N. 14 (Vertreter eines im Inlande Wohnenden). Vertreter.

Zu berücksichtigen ist ferner der §. 22 derselben Verordnung (N. 10 zu §. 3):

> Aenderungen in der Person des Eingetragenen oder des nach §. 18 Absatz 2 des Gesetzes vom 1. Juni 1891 bestellten Vertreters, welche in der Rolle vermerkt werden sollen, sind in beweisender Form zur Kenntniss des Patentamts zu bringen.

Erlischt die Vollmacht des Vertreters, ohne daß ein neuer Vertreter bestellt wird, so hat das P.A. das Erlöschen in der Rolle, auch von Amtswegen, zu vermerken.

6. In Bezug auf die Befugnisse des Vertreters differirt der Wortlaut beider Gesetze insofern, als das Patentgesetz ihn zur Vertretung in dem nach Maßgabe dieses Gesetzes stattfindenden Verfahren, sowie in den das Patent betreffenden bürgerlichen Rechtsstreitigkeiten und zur Stellung von Strafanträgen für befugt erklärt, während er nach dem Musterschutzgesetz zur Vertretung in den das Gebrauchsmuster betreffenden Rechtsstreitigkeiten und zur Stellung von Strafanträgen legitimirt ist. Befugnisse.

Danach könnte es scheinen, daß nach letzterem Gesetze der Vertreter nicht berechtigt ist, dem Patentamt gegenüber den Schutzberechtigten zu vertreten, beispielsweise Zustellungen des P.A. in Empfang zu nehmen, Modelle zur Musterrolle anzumelden, Vorstellungen gegen Verfügungen der Anmeldestelle zu erheben, auf den Musterschutz Verzicht zu leisten. Dies kann aber unmöglich die Absicht des Gesetzgebers gewesen sein, man muß vielmehr annehmen, daß er die Vertretungsbefugniß gegenüber dem P.A. als selbstverständlich erachtet und sie deshalb nicht besonders ausgesprochen hat.

§. 14.

Die zur Ausführung dieses Gesetzes erforderlichen Bestimmungen über die Einrichtung und den Geschäftsgang des

Patentamts werden durch Kaiserliche Verordnung unter Zustimmung des Bundesraths getroffen.

Die Verordnung ist unter dem 11. Juli 1891 ergangen, sie ist hinter diesem Gesetze abgedruckt.

§. 15.

Dieses Gesetz tritt mit dem 1. Oktober 1891 in Kraft.

Urkundlich unter Unserer Höchsteigenhändigen Unterschrift und beigedrucktem Kaiserlichen Insiegel.

Gegeben an Bord Meines Aviso „Greif" den 1. Juni 1891.

(L. S.) **Wilhelm.**

von Boetticher.

Verordnung

zur Ausführung des Patentgesetzes vom 7. April 1891 und des Gesetzes, betreffend den Schutz von Gebrauchsmustern, vom 1. Juni 1891.

Vom 11. Juli 1891 (R.G.Bl. S. 349).

Wir Wilhelm, von Gottes Gnaden Deutscher Kaiser, König von Preußen rc.

verordnen auf Grund der Bestimmungen im §. 17 des Patentgesetzes vom 7. April 1891 (Reichs-Gesetzbl. S. 79) und im §. 14 des Gesetzes, betreffend den Schutz von Gebrauchsmustern, vom 1. Juni 1891 (Reichs-Gesetzbl. S. 290) im Namen des Reichs, nach erfolgter Zustimmung des Bundesraths, was folgt:

I. Patentangelegenheiten.

§. 1.

Im Patentamt werden für die Patentanmeldungen vier Abtheilungen gebildet, welche die Bezeichnung

Anmeldeabtheilung

führen und durch den Zusatz I, II, III, IV unterschieden werden.

Der Reichskanzler bestimmt, für welche Gebiete der Technik eine jede der Abtheilungen zuständig ist.

Zu dem Geschäftskreis der Anmeldeabtheilungen gehören auch die Beschlüsse über Eintragungen und Löschungen in der Patentrolle (§. 19 des Patentgesetzes) für das einer jeden Abtheilung zugewiesene Gebiet der Technik.

Abs. 1, 2: Patentges. §. 14 (N. 2). Es giebt z. B. 8 Anmeldeabtheilungen.

Abs. 3: Patentges. §. 19 (N. 7).

§. 2.

Für Beschwerden gegen die Beschlüsse der Anmeldeabtheilungen und der Nichtigkeitsabtheilung (§§. 16, 26 des Patentgesetzes) werden zwei Abtheilungen gebildet, welche die Bezeichnung

Beschwerdeabtheilung

führen und durch den Zusatz I und II unterschieden werden.

Die Beschwerdeabtheilung I ist zuständig für Beschwerden gegen Beschlüsse der Anmeldeabtheilungen I und II, sowie für Beschwerden gegen Beschlüsse der Nichtigkeitsabtheilung. Die Beschwerdeabtheilung II ist zuständig für Beschwerden gegen Beschlüsse der Anmeldeabtheilungen III und IV.

Die Beschwerdeabtheilungen sind außerdem, und zwar jede innerhalb des durch Absatz 2 festgesetzten Geschäftskreises, zuständig für die vom Patentamt abzugebenden Gutachten.

Abs. 1, 2: Patentges. §. 14 (N. 2), §. 16 (N. 10).
Abs. 3: Patentges. §. 18 (N. 6).

§. 3.

Meinungsverschiedenheiten zwischen mehreren Abtheilungen über die Zuständigkeit werden von dem Präsidenten entschieden.

Für Anträge oder Gesuche, welche andere, als die in den §§. 1 und 2 bezeichneten Angelegenheiten betreffen, wird die Zuständigkeit von dem Präsidenten bestimmt.

§. 4.

Die Geschäftsleitung in den Anmeldeabtheilungen steht dem zum Vorsitze berufenen rechtskundigen oder technischen Mitgliede, die Geschäftsleitung in den Beschwerdeabtheilungen und in der Nichtigkeitsabtheilung dem Präsidenten zu. Ueber die Vertretung des Präsidenten im Vorsitz trifft der Reichskanzler Bestimmung.

Die Worte „oder technischen" sind durch die Kaiserl. Verordnung vom 25. Oktober 1899 (R.G.Bl. S. 661) eingeschoben worden; vergl. N. 3, 5 zu §. 14 Patentges.

§. 5.

Die Zuweisung der Mitglieder an die Abtheilungen erfolgt durch den Reichskanzler.

Im Falle des Todes, der Erkrankung oder der längeren Abwesenheit eines Mitgliedes können in die davon betroffene

Abtheilung, solange das Bedürfniß dieses erfordert, durch den Präsidenten Mitglieder anderer Abtheilungen zur Aushülfe berufen werden.

Abs. 1, 2: Patentges. §. 14 (N. 3).

§. 6.

In den Abtheilungen trifft der Vorsitzende die für den Fortgang der Sachen erforderlichen Verfügungen.

In den Anmeldeabtheilungen bezeichnet er für jede Klasse der Anmeldungen im Voraus das Mitglied, welchem die Vorprüfung (§. 21 des Patentgesetzes) obliegt, sowie einen weiteren Berichterstatter für das Verfahren nach Erlaß des Vorbescheides.

In den Beschwerdeabtheilungen und in der Nichtigkeitsabtheilung bezeichnet der Präsident für jede Klasse im Voraus zwei Berichterstatter.

An Stelle der hiernach berufenen Mitglieder können für den einzelnen Fall andere Berichterstatter bezeichnet werden.

Die Berichterstatter halten den mündlichen Vortrag in der Sitzung und entwerfen alle Beschlüsse und Entscheidungen. Der Vorsitzende prüft die Entwürfe und stellt sie fest. Ueber sachliche Meinungsverschiedenheiten beschließt die Abtheilung.

Abs. 2: Patentges. §. 21 (N. 3).

Abs. 2—4: Die Berichterstatter müssen technische Mitglieder sein, vergl. §. 7 Abs. 2.

§. 7.

In den Anmeldeabtheilungen bedarf es der Berathung und Abstimmung in einer Sitzung für Beschlüsse über die Bekanntmachung der Anmeldung, sowie für Beschlüsse, durch welche die Anmeldung oder ein Einspruch ganz oder theilweise zurückgewiesen wird.

Für die Beschlüsse der Beschwerdeabtheilungen, durch welche eine auf Grund des §. 16 des Patentgesetzes erhobene Beschwerde erledigt wird, sowie für die nach §§. 26, 29 und 30 des Patentgesetzes ergehenden Entscheidungen der Beschwerdeabtheilungen und der Nichtigkeitsabtheilung bedarf es der Berathung und Abstimmung in einer Sitzung. An den Entscheidungen nehmen außer dem Präsidenten und dem weiteren rechtskundigen Mitgliede die beiden für die Sache bestellten Berichterstatter und ein drittes von dem Präsidenten vorher bestimmtes technisches Mitglied theil.

Abs. 1: Patentges. §§. 22 Abs. 1, 23 Abs. 1, 24 Abs. 3.

Abs. 2: Patentges. §§. 16, 26, 29, 30.

Der Präsident muß rechtskundig sein, vergl. Patentges. §. 13 (N. 5), §. 14 (N. 6).

§. 8.

Bei den Abstimmungen entscheidet die absolute Mehrheit der Stimmen, bei Stimmengleichheit die Stimme des Vorsitzenden.

Ist eine Anhörung der Betheiligten (Patentgesetz §. 25, §. 26 Absatz 3, §. 30 Absatz 2) vorhergegangen, so kann ein Mitglied, welches hierbei nicht zugegen gewesen ist, an der Abstimmung nicht theilnehmen.

Abs. 2: Patentges §§. 25, 26 Abs. 3, 30 Abs. 2

§. 9.

Dem Präsidenten liegt es ob, auf eine gleichmäßige Behandlung der Geschäfte und auf die Beobachtung gleicher Grundsätze hinzuwirken. Zu diesem Behufe ist er befugt, den Berathungen aller Abtheilungen beizuwohnen, auch sämmtliche Mitglieder zu Plenarversammlungen zu vereinigen und die Berathung des Plenums über die von ihm vorgelegten Fragen herbeizuführen.

§. 10.

Die Sitzungen der Abtheilungen finden der Regel nach an bestimmten Tagen und zu bestimmten Stunden statt. Die Verfügung darüber steht dem Präsidenten zu.

§. 11.

Die Ausfertigungen der Beschlüsse und Entscheidungen der Abtheilungen erhalten die Unterschrift:

Kaiserliches Patentamt

und zusätzlich die vorschriftsmäßige Bezeichnung der Abtheilung.

Patentges. § 15. Der §. 11 gilt nicht für Vorbescheide des Vorprüfers.

§. 12.

Für das Zustellungswesen gelten folgende Vorschriften:

1. Zustellungen, welche den Lauf der im §. 26 Absatz 1

des Patentgesetzes bezeichneten Frist bedingen, sowie Zustellungen in dem Verfahren vor der Nichtigkeitsabtheilung erfolgen durch die Post. Auf diese Zustellungen finden die Vorschriften der Civilprozeßordnung mit nachstehenden Maßgaben Anwendung.

Der vom Präsidenten bestimmte Beamte trägt für die Bewirkung der Zustellung Sorge und beglaubigt die zu übergebenden Abschriften. Er übergiebt die Schriftstücke in einem verschlossenen, mit der Adresse der Person, an welche zugestellt werden soll, sowie mit der Geschäftsnummer versehenen Briefumschlag der Post zur Zustellung. Auf den Briefumschlag wird der Vermerk gesetzt: „Vereinfachte Zustellung". Eine Bescheinigung der Uebergabe an die Post (Civilprozeßordnung §§. 177, 179) ist nicht erforderlich.

Die von dem Postboten aufzunehmende Zustellungsurkunde muß die Adresse und die Geschäftsnummer des Briefes, den Ort und die Zeit der Zustellung, sowie die Person, welcher zugestellt ist, und wenn die Zustellung nicht an den Adressaten persönlich erfolgt ist, den Grund hiervon angeben. Die Urkunde ist von dem Postboten zu unterschreiben. Abschrift der Zustellungsurkunde wird nicht übergeben. Der Tag der Zustellung ist von dem Postboten auf dem Briefumschlag zu vermerken.

2. Zustellungen, welche den Lauf sonstiger Fristen bedingen, erfolgen mittelst eingeschriebenen Briefes.

Kann in den Fällen der Nr. 1 und 2 eine Zustellung im Inlande nicht erfolgen, so wird sie durch Aufgabe zur Post nach Maßgabe der §§. 161, 175 der Civilprozeßordnung bewirkt.

Patentges. §. 15 Nr. 5.

Nr. 1: Patentges. §§. 26 Abs. 1, 28—33.

Die §§. 156, 157, 159, 162, 165—170, 172 entsprechen den jetzigen §§. 170, 171, 173, 176, 180—184, 186, 189 C.P.O. Dieselben lauten:

§. 170. Die Zustellung besteht, wenn eine Ausfertigung zugestellt werden soll, in deren Uebergabe, in den übrigen Fällen in der Uebergabe einer beglaubigten Abschrift des zuzustellenden Schriftstücks.

Die Beglaubigung geschieht durch den Gerichtsvollzieher, bei den auf Betreiben von Rechtsanwälten oder in Anwaltsprozessen zuzustellenden Schriftstücken durch den Anwalt.

§. 171. Die Zustellungen, welche an eine Partei bewirkt werden sollen, erfolgen für die nicht prozessfähigen Personen an die gesetzlichen Vertreter derselben.

Bei Behörden, Gemeinden und Korporationen, sowie bei Vereinen, welche als solche klagen und verklagt werden können, genügt die Zustellung an die Vorsteher.

Bei mehreren gesetzlichen Vertretern, sowie bei mehreren Vorstehern genügt die Zustellung an einen derselben.

§. 173. Die Zustellung erfolgt an den Generalbevollmächtigten, sowie in den durch den Betrieb eines Handelsgewerbes hervorgerufenen Rechtsstreitigkeiten an den Prokuristen mit gleicher Wirkung, wie an die Partei selbst.

§. 176. Zustellungen, welche in einem anhängigen Rechtsstreite geschehen sollen, müssen an den für die Instanz bestellten Prozessbevollmächtigten erfolgen.

§. 180. Die Zustellungen können an jedem Orte erfolgen, wo die Person, welcher zugestellt werden soll, angetroffen wird.

Hat die Person an diesem Orte eine Wohnung oder ein Geschäftslokal, so ist die ausserhalb der Wohnung oder des Geschäftslokals an sie erfolgte Zustellung nur gültig, wenn die Annahme nicht verweigert ist.

§. 181. Wird die Person, welcher zugestellt werden soll, in ihrer Wohnung nicht angetroffen, so kann die Zustellung in der Wohnung an einen zu der Familie gehörenden erwachsenen Hausgenossen oder an eine in der Familie dienende erwachsene Person erfolgen.

Wird eine solche Person nicht angetroffen, so kann die Zustellung an den in demselben Hause wohnenden Hauswirth oder Vermiether erfolgen, wenn diese zur Annahme des Schriftstücks bereit sind.

§. 182. Ist die Zustellung nach diesen Bestimmungen nicht ausführbar, so kann sie dadurch erfolgen, dass das zu übergebende Schriftstück auf der Gerichtsschreiberei des Amtsgerichts, in dessen Bezirke der Ort der Zustellung gelegen ist, oder an diesem Orte bei der Postanstalt oder dem Gemeindevorsteher oder dem Polizeivorsteher niedergelegt und die Niederlegung sowohl durch eine an der Thür der Wohnung zu befestigende schriftliche Anzeige, als auch, soweit thunlich, durch mündliche Mittheilung an zwei in der Nachbarschaft wohnende Personen bekannt gemacht wird.

§. 183. Für Gewerbetreibende, welche ein besonderes Geschäftslokal haben, kann, wenn sie in dem Geschäftslokale nicht angetroffen werden, die Zustellung an einen darin anwesenden Gewerbegehülfen erfolgen.

Wird ein Rechtsanwalt, ein Notar oder ein Gerichtsvollzieher in seinem Geschäftslokale nicht angetroffen, so kann die Zustellung an einen darin anwesenden Gehülfen oder Schreiber erfolgen.

§. 184. Wird der gesetzliche Vertreter oder der Vorsteher einer Behörde, einer Gemeinde, einer Korporation oder eines Vereins, welchem zugestellt werden soll, in dem Geschäftslokale während der gewöhnlichen Geschäftsstunden nicht angetroffen, oder ist er an der Annahme verhindert, so kann die Zustellung an einen anderen in dem Geschäftslokale anwesenden Beamten oder Bediensteten bewirkt werden.

Wird der gesetzliche Vertreter oder der Vorsteher in seiner Wohnung nicht angetroffen, so finden die Bestimmungen der §§. 181, 182 nur Anwendung, wenn ein besonderes Geschäftslokal nicht vorhanden ist.

§. 186. Wird die Annahme der Zustellung ohne gesetzlichen Grund verweigert, so ist das zu übergebende Schriftstück am Orte der Zustellung zurückzulassen.

§. 189. Ist bei einer Zustellung an den Vertreter mehrerer Betheiligter oder an einen von mehreren Vertretern die Uebergabe der Ausfertigung oder Abschrift eines Schriftstücks erforderlich, so genügt die Uebergabe nur einer Ausfertigung oder Abschrift.

Einem Zustellungsbevollmächtigten mehrerer Betheiligter sind so viele Ausfertigungen oder Abschriften zu übergeben, als Betheiligte vorhanden sind.

Nr. 2 Abs. 1: Patentges. §. 3 (N. 28), §. 14 (N. 7), §. 21 (N. 6, 8), §. 22 Abs. 2, §. 24 (N. 10), §. 26 Abs. 4, §. 27 (N. 6).

Nr. 2 Abs. 2: C.P.O. §§. 161, 175 entsprechen den jetzigen §§. 175, 192. Dieselben lauten:

§. 175. Der Zustellungsbevollmächtigte ist bei der nächsten gerichtlichen Verhandlung oder, wenn die Partei vorher dem Gegner einen Schriftsatz zustellen lässt, in diesem zu benennen. Geschieht dies nicht, so können alle späteren Zustellungen bis zur nachträglichen Benennung in der Art bewirkt werden, dass der Gerichtsvollzieher das zu übergebende Schriftstück unter der Adresse der Partei nach ihrem Wohnorte zur Post giebt. Die Zustellung wird mit der Aufgabe zur Post als bewirkt angesehen, selbst wenn die Sendung als unbestellbar zurückkommt.

Die Postsendungen sind mit der Bezeichnung „Einschreiben" zu versehen, wenn die Partei es verlangt und zur Zahlung der Mehrkosten sich bereit erklärt.

§. 192. Ist die Zustellung durch Aufgabe zur Post (§. 175) erfolgt, so muss die Zustellungsurkunde den Bestimmungen des vorstehenden Paragraphen unter Nr. 2, 3, 7 entsprechen und ausserdem ergeben, zu welcher Zeit, unter welcher Adresse und bei welcher Postanstalt die Aufgabe geschehen ist.

§. 13.

Zeugen und Sachverständige erhalten Gebühren nach Maßgabe der Gebührenordnung vom 30. Juni 1878 (Reichs-Gesetzbl. S. 173).

§. 14.

Zu den Kosten des Verfahrens, über welche das Patentamt nach §. 26 Absatz 5 und §. 31 des Patentgesetzes zu bestimmen hat, gehören außer den aus der Kasse des Patentamts bestrittenen Auslagen diejenigen den Betheiligten erwachsenen Kosten, welche nach freiem Ermessen des Patentamts zur zweckentsprechenden Wahrung der Ansprüche und Rechte nothwendig waren.

Patentges. §. 26 (N. 14), §. 31 (N. 2).

§. 15.

Ist eine Patentgebühr (§. 8 Absatz 2 des Patentgesetzes) nicht innerhalb sechs Wochen nach der Fälligkeit entrichtet, so benachrichtigt das Patentamt hiervon den Patentinhaber.

Aus dem Umstande, daß der Patentinhaber eine Benachrichtigung nicht erhält, erwachsen Rechtsfolgen nicht.

Patentges. §. 8 (N. 8).

§. 16.

Die Orte außerhalb Berlins, an welchen eine Auslegung der Patentanmeldungen erfolgen soll, sowie die Art und Zeitdauer dieser Auslegung werden vom Reichskanzler bezeichnet. Wenn eine Auslegung an diesen Orten unterbleibt, so wird dadurch ein Mangel des Verfahrens nicht begründet.

Patentges. §. 23 (N. 8). Bisher ist eine bezügliche Verordnung des Reichskanzlers nicht ergangen.

§. 17.

Der Präsident verfügt im Einvernehmen mit der für die Anmeldung zuständigen Abtheilung über Modelle und Proben, deren Rückgabe nicht binnen sechs Monaten nach endgültiger Abweisung der Anmeldung oder nach der Bekanntmachung von der Ertheilung des Patents (§. 27 Absatz 1 des Patentgesetzes) beantragt ist.

§. 24.

Patentges. §. 20 (N. 19), §§. 22 Abs. 1, 24 Abs. 3, 27 Abs. 1.

§. 18.

Soweit für Patentangelegenheiten aus der Zeit vor dem 1. Oktober 1891 Uebergangsbestimmungen erforderlich sind, werden dieselben vom Reichskanzler erlassen.

Auf Grund dieser Vorschrift erging eine Verordnung unter dem 17. Juli 1891 (P.Bl. 1891 S. 387).

II. Angelegenheiten des Gebrauchsmusterschutzes.

§. 19.

Für Anträge in Sachen des Schutzes von Gebrauchsmustern wird in dem Patentamt eine besondere Anmeldestelle errichtet.

Die Leitung dieser Stelle liegt einem von dem Reichskanzler bezeichneten rechtskundigen Mitgliede ob.

Im Falle einer Verhinderung dieses Mitgliedes kann der Präsident einem anderen rechtskundigen Mitgliede die Vertretung übertragen.

Musterges. §. 2.

§. 20.

Die Verfügungen der Anmeldestelle erhalten die Unterschrift:

Kaiserliches Patentamt,
Anmeldestelle für Gebrauchsmuster.

§. 21.

Ueber Vorstellungen gegen die Verfügung der Anmeldestelle befindet der Präsident.

Musterges. §. 3 (N. 3).

§. 22.

Aenderungen in der Person des Eingetragenen oder des nach §. 13 Absatz 2 des Gesetzes vom 1. Juni 1891 bestellten Vertreters, welche in der Rolle vermerkt werden sollen, sind in beweisender Form zur Kenntniß des Patentamts zu bringen.

Musterges. § 3 (N. 10), §. 13 (N. 5).

§. 23.

Nach der Eintragung in der Rolle erhält der Eingetragene eine Ausfertigung des Eintragungsvermerks.

Mustergesetz. §. 3 (N. 6).

§. 24.

Der Präsident verfügt über Modelle, deren Rückgabe nicht binnen vier Jahren nach Ablauf der Schutzfrist beantragt wird.

§. 17.

III. Gemeinschaftliche Bestimmungen.

§. 25.

Die Einrichtung der Büreaus, die Verwaltung der Kasse, der Bibliothek und der Sammlungen werden durch den Präsidenten geordnet. Der Präsident erläßt die erforderlichen Geschäftsanweisungen.

§. 26.

Die Leitung und Beaufsichtigung des gesammten Geschäftsbetriebes steht dem Präsidenten zu. Er verfügt in allen Verwaltungsangelegenheiten.

§. 27.

Sämmtliche eingehende Geschäftssachen werden, ohne Rücksicht auf ihren verschiedenen Inhalt, nach der Zeit ihres Eingangs mit einer laufenden Nummer, als Geschäftsnummer, und mit dem Datum bezeichnet.

Geschäftssachen, welche während der Dienststunden eingehen, sind alsbald, andere Geschäftssachen bei dem Wiederbeginn der Dienststunden von dem dazu bestimmten Beamten hiernach zu bezeichnen. Wenn die Reihe des Eingangs nicht feststeht, so sind sie nach der Reihe, in welcher sie von dem Beamten übernommen werden, mit der Bezeichnung zu versehen.

Von zwei an demselben Tage an das Patentamt gelangten Geschäftssachen gilt diejenige als später eingegangen, welche die höhere Geschäftsnummer trägt.

Patentges. §. 2 (N. 4), §. 3 (N. 7); Musterges. §. 5 (N. 2, 3).
Gegen die Präsumtion des Abs. 3 ist Gegenbeweis zulässig.

§. 28.

Vertreter in Patentangelegenheiten und in Angelegenheiten

des Gebrauchsmusterschutzes haben dem Patentamt gegenüber ihre Bevollmächtigung durch eine Vollmacht nachzuweisen.

Die Vollmachten müssen auf prozeßfähige, mit ihrem bürgerlichen Namen bezeichnete Personen lauten.

Sind mehrere Personen bevollmächtigt, so gelten dieselben für befugt, sowohl gemeinschaftlich als auch einzeln die Vertretung wahrzunehmen. Eine abweichende Bestimmung dürfen die Vollmachten nicht enthalten.

Patentges. §. 12 (N. 5, 9, 10), §. 28 (N. 13); Musterges. §. 13 (N. 5).

C.P.O. §. 52:

Eine Person ist insoweit prozessfähig, als sie sich durch Verträge verpflichten kann.

Die Prozessfähigkeit einer Frau wird dadurch, dass sie Ehefrau ist, nicht beschränkt.

Abs. 3: Vollmachten, welche abweichende Bestimmungen enthalten, sind zurückzuweisen.

§. 29.

Das Patentamt kann nach seinem Ermessen von den bei ihm beruhenden Eingaben und Verhandlungen, soweit die Einsicht in dieselben gesetzlich nicht beschränkt ist, an jedermann Abschriften und Auszüge gegen Einzahlung der Kosten ertheilen.

Patentges. §. 19 (N. 17), §. 23 (N. 9); Musterges. §. 3 (N. 12).

§. 30.

Das Siegel des Patentamts enthält in der Mitte den Reichsadler und in der Umschrift die Worte „Kaiserliches Patentamt“.

Urkundlich unter Unserer Höchsteigenhändigen Unterschrift und beigedrucktem Kaiserlichen Insiegel.

Gegeben Buckingham Palace London, den 11. Juli 1891.

(L. S.) **Wilhelm.**

von Boetticher.

Verzeichniß der Patentklassen nebst Unterklassen.

1900.

Klasse 1.

Aufbereitung von Erzen und Brennstoffen (Zerkleinerungsvorrichtungen Klasse 50c).

a. Aufbereitung, außer magnetischer.

b. Magnetische Aufbereitung.

Klasse 2.

Bäckerei.

a. Backöfen (einschließlich Feuerung und Beleuchtung), Backmaschinen und Backgeräthe.

b. Maschinen zur Herstellung und Bearbeitung des Teiges (einschließlich Zwiebackschneidemaschinen).

c. Verfahren zur Teigbereitung und zum Backen, auch Backpulver.

Klasse 3.

Bekleidung (außer Hüten Klasse 41, Näherei und Stickerei Klasse 52 und Schuhwerk Klasse 71).

a. Wäsche, auch Papierwäsche, Unterkleider, Schnürleiber.

b. Kleidungsstücke (auch Hosenträger, Kravatten, Handschuhe u. A.) und Zuthaten, Stoffe für Kleidungsstücke (soweit sie nicht nach Klasse 86 und Klasse 25 gehören).

c. Kleiderverschlüsse.

d. Hülfsmittel für die Schneiderei.

e. Blumen, Federn, Pelzwaaren, Perrücken, Masken.

Klasse 4.

Beleuchtung (außer elektrischer Beleuchtung Klasse 21f).

a. Laternen, Lampen, Brenner, Fackeln und Träger für Beleuchtungskörper.

b. Licht-Verstärkung und -Vertheilung.

c. Gasbehälter (auch Klasse 37f), Druckregler, Leitung und Vertheilung gasförmiger und flüssiger Brennstoffe, Anlagen zur Preßgaserzeugung.

d. Zünd- und Löschvorrichtungen (Gasselbstzünder unter e).

e. Gasselbstzünder.

f. Glühkörper.

Klasse 5.

Bergbau.

a. Tiefbohrung.
b. Bergmännische Gewinnungsarbeiten (außer Sprengen mit Sprengstoffen Klasse 78e).
c. Schacht-, Stollen-, Tunnel- (auch Klasse 19e), Brunnen-Bau (auch Klasse 84c), Grubenausbau.
d. Wetterführung, Förderung (auch Klassen 20 und 35), Markscheiden (auch Klasse 42c) und dergl.

Klasse 6.

Bier, Branntwein, Wein, Essig, Hefe.

a. Malz, Hopfen, Hefe.
b. Maische und Würze (Bereitung und Gährung), Destilliren und Rectificiren alkoholischer Flüssigkeiten.
c. Bereitung von Wein und anderen alkoholischen Getränken mit Ausnahme von Bier und Branntwein.
d. Pasteurisiren, Sterilisiren, Conserviren, Reinigen und Altern.
e. Essigbereitung.
f. Faßreinigung, Pich- und Entpichmaschinen, Faßausbrenner, Kellereigeräthe.

Klasse 7.

Blech-, Röhren-, Draht-Erzeugung und -Bearbeitung, sowie Walzwerke aller Art (Dubliren Klasse 49i, andere Metallüberzüge Klasse 48b).

a. Walzwerke.
b. Herstellung von Blech, Draht und Röhren außer a.
c. Maschinen und Werkzeuge zur Blechbearbeitung (außer Blechscheeren Klasse 49b).
d. Maschinen und Werkzeuge zur Drahtbearbeitung.
e. Herstellung von Gegenständen aus Blech und Draht (außer Ketten Klasse 49h).
f. Herstellung verschiedener Erzeugnisse durch Walzen, auch Schrauben.

Klasse 8.

Bleicherei, Wäscherei, Färberei, Druckerei und Appretur.

a. Bleichen, Färben, Mercerisiren, Imprägniren, Waschen, Walken von Gespinnstfasern, Garnen, Geweben, Wirkwaaren u. s. w. (mechanischer Theil).
b. Veredelung und Verzierung von Garnen, Geweben, Wirkwaaren u. s. w. (mechanischer Theil) mit Ausschluß des Bleichens, Färbens, Druckens, Mercerisirens, Imprägnirens, Waschens, Walkens.
c. Bedrucken von Garnen, Geweben, Wirkwaaren, Fußbodenbelägen, Wandbekleidungen und dergl. (mechanischer Theil).

d. Wäschereinigung und Wäscheappretur (mechanischer Theil).
e. Ausstäuben, Reinigen und Auffrischen von gewebten, gewirkten u. s. w. Gebrauchsgegenständen (mechanischer Theil), auch Bettfedern-Reinigungs- und Füllmaschinen.
f. Falten, Messen, Wickeln, Legen, Dubliren, Aufmachen, Verpacken von Garnen (auch Klasse 76d), Geweben, Wirkwaaren u. s. w. (mechanischer Theil).
g. Herstellung von Plissés, Rüschen, Tollen (mechanischer Theil).
h. Herstellung von Linoleum und ähnlichen Fußbodenbelägen und Wandbekleidungen (mechanischer Theil).
i. Waschen und Bleichen, Mercerisiren, Appretiren, Imprägniren, ferner wasserdichte Gewebe und Linoleum (chemischer Theil).
k. Beizen, Färben, Entwicklung von Farben auf der Faser, Zeugdruck (chemischer Theil).

Klasse 9.

Borstenwaaren einschließlich Pinsel.

Klasse 10.

Brennstoffe.

a. Verkohlung, Verkokung.
b. Briketts, Feueranzünder und dergl., fester Spiritus (Brikettpressen Klasse 80a).
c. Torf-Gewinnung, Verarbeitung von Torf zu Brennstoffen (Trocknen von Torf und Kohle Klasse 82a).

Klasse 11.

Buchbinderei, Alben, Briefordner und Sammelmappen.

a. Heftmaschinen, -Geräthe und -Verfahren (auch Klasse 54a).
b. Papierbeschneidemaschinen und Pappenscheeren.
c. Buchbinderei-Geräthe, -Maschinen und -Verfahren (außer zum Heften und Beschneiden).
d. Bücher, Bucheinbände, Buchdeckel, Buchdeckelschützer, Lesezeichen Register für Bücher, Cataloge für Büchereien und dergl.
e. Alben, Briefsammler, Briefordner, Brieftaschen, Mappen aller Art, Papierhalter, Zeitungshalter, Kalender- und Notizblocks und dergl.

Klasse 12.

Chemische Verfahren und Apparate, soweit sie nicht in besonderen Klassen aufgeführt sind.

a. Kochverfahren und -Gefäße, Eindampfen, Concentriren, Destilliren, (außer trockner Destillation unter r, Spiritus-Destillation Klasse 6b und Wärmeaustausch Klasse 17d), Condensiren.
b. Calciniren, Schmelzen.
c. Lösen, Auslaugen, Krystallisiren, Verdichten flüssiger Stoffe (außer Festmachen von Spiritus Klasse 10b und von Petroleum Klasse 23c).

d. Klären, Scheiden, Filtriren (Filter und Filterpressen).
e. Absorbiren und Reinigen von Gasen und Dämpfen (Reinigen von Brenngasen Klasse 26d), Mischen von festen und von flüssigen Körpern, sowie von Gasen und Dämpfen unter einander und mit Flüssigkeiten.
f. Hähne, Heber, Pumpen, Verschlüsse und Gefäße für Säuren und verdichtete bezw. verflüssigte Gase u. s. w., Beschickungsvorrichtungen (auch Klasse 26e), Zu- und Abfluß-Regler.
g. Allgemeine rein chemische Verfahren und zugehörige Apparate (Katalyse, allgemeine chemische Reactionen u. s. w.).
h. Allgemeine elektrochemische Verfahren und Apparate.
i. Metalloide und ihre Verbindungen, außer den unter k genannten.
k. Ammoniak, Cyan und ihre Verbindungen.
l. Verbindungen der Alkalimetalle.
m. Verbindungen der Erdalkali- und Erdmetalle.
n. Verbindungen der Schwermetalle.
o. Kohlenwasserstoffe, Alkohole, Aldehyde, Ketone, organische Schwefelverbindungen, hydrirte Verbindungen, Carbonsäuren, Carbonsäure-Amide, Harnstoffe und sonst nicht genannte Verbindungen.
p. Stickstoffringe, stickstoffhaltige Verbindungen unbekannter Constitution.
q. Amine, Phenole, Naphtole, Amidophenole, Amidonaphtole.
r. Theerdestillation, Holzessiggewinnung und dergl.

Klasse 13.

Dampfkessel nebst Ausrüstung (außer Feuerungen Klasse 24a—c), sowie Dampfleitung.

a. Dampfkessel (außer für Heizung Klasse 36c)
b. Vorwärmung und mechanische Reinigung des Speisewassers, Speisung, Regelung des Umlaufs.
c. Wasserstandszeiger, Signal- und Sicherheitsvorrichtungen.
d. Dampfleitung, -Trocknung und -Ueberhitzung.
e. Reinigung der Kessel und Röhren.
f. Befestigung und Dichtung von Röhren.
g. Besondere Arten der Dampferzeugung.

Klasse 14.

Dampfmaschinen, auch für Lokomotiven und Schiffe.

a. Dampfmaschinen mit hin- und hergehendem Kolben.
b. Dampfmaschinen mit kreisendem oder schwingendem Kolben.
c. Dampfturbinen.
d. Gleitschiebersteuerungen (Flach- und Kolbenschieber).
e. Drehschiebersteuerungen (Röhrenschieber, Scheiben und Hähne) und sonstige unter d, e, f nicht genannte Steuerungen.

f. Ventilsteuerungen.
g. Zubehör für Dampfmaschinen.
h. Verfahren zur Nutzbarmachung der Dampfkraft.

Klasse 15.

Druckerei, Liniirmaschinen, Schreibmaschinen, Stempel.

a. Elemente, Geräthe und Maschinen zum Herstellen und Ablegen des Satzes.
b. Verfahren des Holzschnitts, der Metallätzung und -Gravirung, lithographische und sonstige Druckverfahren, Umdruck- und Copirverfahren (außer photomechanischer Reproduction Klasse 57d).
c. Stereotypie, Cliché-Herstellung und sonstige Nachbildung von Druckformen, Prägedruck, Zurichtung.
d. Druckpressen und Druckmaschinen, auch Schablonendruckmaschinen.
e. Hülfsmaschinen und Apparate der Druckerei (zum Graviren, Falzen, Perforiren, Bronziren, Bogenreinigen und Glätten, Rändern, Gummiren).
f. Liniirmaschinen.
g. Schreibmaschinen.
h. Handstempel, Stempel- und Nummerirvorrichtungen.
i. Vervielfältigungs-Einrichtungen.
k. Besondere Druckerzeugnisse und Hülfsmittel, Zeichen- und Malverfahren, Oberflächenverzierung.
l. Walzen-, Stempel-, Hektographenmasse, Material der Druckplatten, Aetzgrund, besondere Druckfarben (z. B. für Mosaikdruck), Feucht- und Waschmittel.

Klasse 16.

Düngerbereitung.

Klasse 17.

Eis- und Kälteerzeugung, Eis-Aufbewahrung und Wärmeaustausch.

a. Kältemaschinen.
b. Eisbereitung und -Gewinnung (außer Kältemaschinen, siehe a).
c. Eiskeller und Eisschränke.
d. Wärmeaustauschvorrichtungen für allgemeine Verwendung (Luft- und Flüssigkeitskühlapparate, Condensatoren).

Klasse 18.

Eisen-Hüttenwesen.

a. Erzverarbeitung (Vorbereitung der Erze, Roheisen-Gewinnung, sog. directer Proceß, Hochöfen, Winderhitzer).
b. Darstellung von schmiedbarem Eisen aus Roheisen.
c. Veredlung des Eisens (Härten, Tempern u. s. w.).

Klasse 19.

Eisenbahn-, Straßen- und Brückenbau.

a. Oberbau (außer den Weichen [Klasse 20i] und den besonderen Einrichtungen für den elektrischen Betrieb [Klasse 20k]), Oberbau-Geräthe und -Maschinen für Schienenwege aller Art.
b. Straßenreinigung.
c. Pflasterung von Verkehrs-Wegen und -Plätzen.
d. Brückenbau einschließlich der Montirungsgerüste.
e. Stütz- und Futtermauern, Kilometer- und Grenzsteine, Schneeschutzwände, Wurfgitter, verschiedene Bahnsysteme, Ausbau und Sicherung von Tunnelprofilen.

Klasse 20.

Eisenbahnbetrieb einschließlich für Seil-, pneumatische-, Straßen-, Feld-, Gruben-, Hoch-, Untergrund-, Gebirgsbahnen (Magazinbahnen Klasse 81e).

a. Betriebs- und Rangirverfahren.
b. Lokomotiven und Triebwagen (außer Kesseln Klasse 13, Feuerung Klasse 24, Dampfmaschinen Klasse 14, Condensationseinrichtungen Klasse 17d, Läutewerken Klasse 74d, elektrischem Antrieb unter l).
c. Wagen, Draisinen und Eisenbahn-Fahrräder (außer Sitzen Klasse 34g, soweit bei denselben die Einrichtung zur Sicherung gegen Verletzung bei Zusammenstößen nicht in Frage kommt, sowie Rohrkuppelungen für Heizung und Bremsung und dergl. Klasse 47f).
d. Untergestell, Achsen, Einrichtungen zur Einstellung der Achsen Achsbüchsen, Räder, Tragfedern, Schutzvorrichtungen.
e. Kupplungen, Zug- und Stoßvorrichtungen.
f. Bremsen, (außer elektrischen Bremsen, siehe l, und Gleisbremsen siehe h).
g. Schiebebühnen, Drehscheiben, Wasserkrane, Prellböcke und dergl.
h. Hülfsmittel für den Betrieb (Anzeigevorrichtungen für Warmläufer, Sicherung gegen Zusammenstöße, Anziehhelfer, Postbeutelfänger, Wagenschieber, Auf- und Entgleiser, Radvorleger, Gleisbremsen, Meßinstrumente für Reisen, Wagen-Waschvorrichtungen, Vorrichtungen an Lokomotiven und Wagen zum Anzeigen schlechter Stellen im Gleise [auch Klasse 19a] u. s. w.).
i. Weichen (außer stromführenden Weichen, siehe k), Wegschranken, Signale (einschließlich Stationsmelder) und Zugdeckungen jeder Art.
k. Bauliche Anlagen elektrischer Eisenbahnen (soweit nicht der Eisenbahnbau im Allgemeinen [Klasse 19a] in Frage kommt), Einrichtungen an den Schienen und deren Verlaschungen für die Stromführung oder Isolirung, ober- und unterirdische Fahrleitungen, Theilleiter-Anordnungen, Schutzanlagen gegen Erdströme, Gerüstwagen.
l. Betriebsmittel elektrischer Eisenbahnen, elektrische oder (mit

anderen Energiequellen) gemischt elektrische Zugförderungs-Verfahren, Stromabnehmer, Locomotoren einschließlich deren Steuerungen für einzelne Wagen oder ganze Züge, elektrische oder gemischt elektrische Bremsen.

Klasse 21.

Elektrotechnik.

a. Telegraphie und Fernsprechwesen.
b. Galvanische Elemente, Sammler und Thermoelemente (Herstellung der Sammler-Platten Klassen 31c und 49i).
c. Elektrisches Leitungs- und Installationswesen (Widerstandsmaterial, isolirende Massen, Schalter, Regler, Schaltverfahren, Sicherungen und Blitzschutzvorrichtungen).
d. Elektrische Maschinen, Motoren und Vertheilungssysteme (Erzeugermaschinen auch für statische Elektricität, Umformung des Stromes).
e. Elektrische Meßtechnik.
f. Elektrische Beleuchtung (Glühlampen und Fassungen, Bogenlampen, Scheinwerfer, Aufzugsvorrichtungen für Lampen [auch Klasse 35c], Geißler-Röhren, Kathodenlampen [Röntgenröhren Klasse 42h]).
g. Allgemeine elektrische Hülfsgeräthe und Verfahren, außer elektrochemischen (Elektromagnete, Selbstunterbrecher, Condensatoren, magnetische Lagerentlastung u. s. w.).
h. Elektrische Wärmeerzeugung (Heizen, Löthen, Schweißen und Schmelzen, auch elektrische Oefen).

Klasse 22.

Farben, Firnisse, Lacke, Anstriche, Klebemittel.

a. Azo-, Azoxy- und Hydrazonfarbstoffe.
b. Di- und Triphenylmethanfarbstoffe, Phtaleïne, Pyronine, Auramine, Akridine, Anthracenfarbstoffe und andere Oxyketonfarbstoffe, Naphtazarin.
c. Azine, Oxazine, Thiazine, Induline, Safranine, Eurhodine, Indophenole.
d. Schwefelhaltige Farbstoffe.
e. Indigo und andere unter a—d nicht genannte Farbstoffe.
f. Körperfarben (Mineral- und Bronzefarben, Farblacke).
g. Tinten, Signirfarben, Malerfarben, Druckfarben, Wichse, Anstriche, auch Farbenreibmaschinen.
h. Harze, Firnisse und Lacke, auch Trockenmittel.
i. Kitte, Leim und andere Klebmittel (auch Klasse 89i).

Klasse 23.

Fett- und Oelindustrie.

a. Gewinnung und Reinigung von Fetten und fetten Oelen, Schmelz-, Kühl- und Destillirapparate, Fette aus Abwässern,

Lanolin, Isolirung und Reinigung von ätherischen Oelen, Zusammenstellung von Riechstoffen.
b. Mineralöle und andere nicht besonders genannte Leuchtflüssigkeiten, Paraffin und Erdwachs.
c. Schmiermittel und festes Petroleum.
d. Fettsäuren, Kerzen.
e. Seifen, Seifenpräparate, Glycerin.

Klasse 24.

Feuerungsanlagen.
a. Feuerungen im Allgemeinen mit Zubehör, einschließlich Locomotiv- und Schiffskesselfeuerungen (Beschickungsvorrichtungen, Brenner, welche lediglich Feuerungs- und Heizungszwecken dienen, Zugregler, Flammrohreinbauten, Funkenfänger, Feuerbrücken, Blasrohre, Dampfkesseleinmauerungen, Feuerthüren u. s. w.).
b. Feuerungen für Staubkohle und flüssige Brennstoffe.
c. Gasfeuerungen (Generatoren, Regenerativfeuerungen, Retortenöfen), Wärmespeicher, Wind- und Luft-Erhitzer (Winderhitzer für Hochöfen Klasse 18a).
d. Leichen- und Müllverbrennungsanlagen.
e. Feuerungen für Oefen zum Heizen von Räumen und zum Kochen, sofern es sich um die eigentliche Feuerungsanlage (Rauchverzehrungseinrichtung und dergl.) handelt.
f. Roste und Rostreinigung.
g. Schornsteineinrichtungen (Schornsteinfegergeräthe, Reinigungsvorrichtungen für Feuerrohre und Feuerzüge). (Schornsteinaufsätze Klasse 36d).

Klasse 25.

Flechten, Wirken und Posamentiren.
a. Stricken und Wirken.
b. Flechten und Klöppeln.
c. Posamenten.
d. Tapisserie (Teppichknüpferei und dergl.).
e. Knüpfen von Netzen (außer Drahtnetzen Klasse 7d und e).

Klasse 26.

Gasbereitung (Gassammlung und Gasvertheilung Klasse 4c).
a. Gasbereitung auf trockenem Wege, einschließlich Wassergas (Generatoren Klasse 24c).
b. Gasbereitung auf nassem Wege.
c. Carburiren (auch Klasse 46c).
d. Gasreinigung.
e. Lade- und Entladevorrichtungen für Gas-Retorten und -Oefen.

Klasse 27.

Gebläse und Lüftungsmaschinen.

a. **Balggebläse.**

b. **Cylindergebläse (Compressoren, Luftpumpen [auch Klassen 63e und 42l]).**

c. **Rotirende Gebläse.**

d. **Strahlgebläse.**

Klasse 28.

Gerberei und Lederbearbeitung.

a. Gerberei (auch Gerbstoffe, Tränken und Conserviren von Leder).

b. Maschinen zur mechanischen Behandlung von Häuten und Leder, auch Treibriemen-Herstellung und Darmspaltmaschinen.

Klasse 29.

Gespinnstfasern.

a. Mechanische Gewinnung der Gespinnstfasern.

b. Chemische Gewinnung der Gespinnstfasern, auch Carbonisiren.

Klasse 30.

Gesundheitspflege, auch Thierheilkunde.

a. Aerztliche und wundärztliche Apparate, Geräthe und chirurgische Verfahren, soweit nicht unter b—i besonders benannt.

b. Zahnärztliche Maschinen, Instrumente und Geräthe, sowie Gebisse.

c. Thierärztliche Maschinen, Instrumente und Geräthe.

d. Bruchbänder, Verbände, Binden, Suspensorien, Urinale, Pessarien, Spritzen, Zerstäuber, Irrigatoren, Bidets, künstliche Glieder.

e. Kranken-Lagerung und -Transport, Operations-Tische und -Stühle, Beerdigungsvorrichtungen, Särge.

f. Inhalation, Respiration, Heilgymnastik, Massage, Badeeinrichtungen, Toilettengegenstände (auch Klassen 33c und 34k)

g. Saugflaschen, Lutscher, Tropfflaschen, pharmaceutische Geräthe und Maschinen, Schnarchverhinderer, Einschläferer u. s. w.

h. Heilverfahren (nicht chirurgische), Heilmittel, Zahnheilkunde (chemisch), kosmetische Mittel.

i. Desinfektion und Sterilisation, Verfahren und Apparate (auch Klassen 6d, 53e und 85a, h), Verbandstoffe, Leichenconservirung.

Klasse 31.

Gießerei (Metall-Gießerei), einschließlich der zugehörigen Formerei.

a. Schmelz- und andere Oefen.

b. Formmaschienen.

c. Gießerei und Formerei im Allgemeinen.

Klasse 32.

Glas.

a. Glasmassen, sowie Schmelzen, Schöpfen, Gießen, Blasen,

Formen, Strecken, Walzen, Kühlen, Schneiden, Härten u. s. w. von Glas.

b. Mattiren, Aetzen. Spiegel, Glasmalerei, Mosaiken, Perlen u. s. w. (galvanische Spiegelbelegung Klasse 48a, Sandstrahlgebläse Klasse 67b).

Klasse 33.

Hand- und Reisegeräthe.

a. Schirme, Fächer, Stöcke, Feldstühle, Hängematten.

b. Geldtaschen und -Behälter (auch Klasse 43a), Reisetaschen, Koffer, Halte- und Tragvorrichtungen für Bücher, Blumen, Fahrkarten u. s. w.

c. Toilettengegenstände (Haarbrenner, Haarkräusler, Kämme, Bartbinden, Schuh- und Handschuhknöpfer und dergl.) (auch Klassen 30f und 34k).

d. Militär- und Reiseausrüstung (Zelte, Tornister, Feldflaschen, Putzgeräthe und dergl.) (Patronentaschen Klasse 72d).

Klasse 34.

Hauswirthschaftliche Maschinen, Geräthe und Gegenstände aller Art (Wäscherei Klasse 8d), sowie Möbel.

a. Kochapparate für Petroleum, Gas, Spiritus und dergl.

b. Zerkleinerungs - Maschinen und -Geräthe für menschliche Nahrungsmittel (auch Klasse 66b).

c. Maschinen und Geräthe für die Reinigung der Wohnung, der Möbel, der Hausgeschirre, der Bekleidung u. s. w. (Teppichklopfmaschinen Klasse 8e, Bierglasreinigung Klasse 64b).

d. Geräthe für die Zimmer- und Küchenfeuerung.

e. Fenster- und Thüren-Ausrüstung und -Behang (Beschläge Klasse 68c).

f. Zimmer-, Tafel- und Wohnungsausstattung (Möbel siehe unter g, h, i).

g. Zimmer-, Schlafzimmer-, Küchen-, Garten- und Reisemöbel.

h. Kindermöbel, auch Kinderwagen, insoweit nicht die Bauart des Wagens (Klasse 63b), sondern die innere Ausstattung in Betracht kommt.

i. Arbeitsmöbel (Aktenständer, Bureaumöbel, Zeichentische [auch Klasse 70e], Schulbänke).

k. Vorrichtungen und Geräthe für die Körperreinigung (auch Klassen 30f und 85f), sowie Zimmer-Abtritte (Spül-Abtritte Klasse 85h).

l. Küchen- und Hausgeräthe außer den unter a—f und k genannten, verschiedene Gegenstände des persönlichen Bedarfs und für besondere Zwecke, auch Zimmerspringbrunnen, Aquarien und dergl. (Kaffeebrenner Klasse 82a).

Klasse 35.

Hebezeuge.

a. Aufzüge (Fahrstühle).
b. Krane.
c. Winden und Flaschenzüge.
d. Hebevorrichtungen, (Schrotleitern, Hebeladen, Sackaufhelfvorrichtungen, Werkzeuge zum Anheben von Lasten, Hebungen durch Auftrieb des Wassers oder der Luft).
e. Stetig umlaufende Hebewerke (Becherwerke, Paternosterwerke, Schrauben-Elevatoren [Förderschnecken], Gurtförderungen, Baggerwerke).

Klasse 36.

Heizungs- und Lüftungsanlagen in Gebäuden.

a. Oefen für Heiz- und Kochzwecke einschließlich der Kochherde nebst Zubehör, sofern es sich um den Verwendungszweck als Stuben- oder Kochöfen handelt (soweit die eigentliche Feuerung in Betracht kommt Klasse 24e, elektrische Heizung Klasse 21h).
b. Gasheizöfen und Flüssigkeitserhitzer (Gasbadeöfen sammt Brenner).
c. Centralheizungen im Allgemeinen einschließlich der Dampfkochapparate.
d. Lüftungseinrichtungen einschließlich der Schornstein- und Ventilationskappen und Luftbefeuchter.

Klasse 37.

Hochbauwesen.

a. Tragende und raumabschließende Construktionen (Decken, Wände, Dächer), einschließlich der äußeren Wandbekleidungen, Trocknungs- und Isoliereinrichtungen.
b. Construktionselemente in Stein, Holz und Eisen (Formsteine, Kunststeine, Bauplatten; Stützen, Träger und Pfähle aus Holz, Eisen oder Eisen und Beton; Stein-, Holz- und Eisenverbindungen).
c. Dachdeckung einschließlich der Dachfenster, Oberlichte und Abwässerungsvorrichtungen.
d. Innerer und äußerer Ausbau der Gebäude (Treppen, Fußböden, Fenster und Thüren, Fensterläden, Jalousien; Malen, Tapezieren und Putzen; Vertäfelungen, Fahnen- und Blitzableiterbefestigung, Gitter und Zäune [auch Klasse 7d und e], Drehkreuze).
e. Gerüstbau einschließlich der Hülfsvorrichtungen für Bauzwecke, wie Steinrutschen, Lehren u. s. w. (auch Klasse 19d und e).
f. Gebäudeanlagen aller Art (Theater- und Saalbau, Eis- und Lagerkeller, Silos [auch Klasse 81e], landwirthschaftliche und Sport-Bauten, soweit sie als Bauwerke in Frage kommen, zer-

legbare und transportable Gebäude, Schornsteinbau, Aufhänge- und Läutevorrichtungen für Thurmglocken, Führungsanlagen für Gasbehälter, akustische Vorkehrungen).

Klasse 38.

Holzbearbeitung und Conservirung.

a. Sägen, Sägemaschinen, Sägeschärf- und Schränk-Maschinen und -Geräthe.
b. Hobel-, Raspel-, Holzwoll-, Bohr- und Fräs-Maschinen, Drehbänke, Copirwerke, Holzdraht- und Fournirschneidemaschinen.
c. Fourniren, Schleifen, Poliren und Verzieren (auch Klasse 15k).
d. Zinken-, Zapfen-, Stemmmaschinen, Kisten- und Schachtelmaschinen, Nagelmaschinen.
e. Hülfsmaschinen und -Vorrichtungen, Werkzeuge.
f. Faßherstellung.
g. Rohr, Kork und ähnliche Stoffe (mechanischer Theil).
h. Holz, Rohr, Kork und ähnliche Stoffe (chemischer Theil).

Klasse 39.

Horn, Elfenbein und andere Schnitzstoffe (außer Holz Klasse 38), Kautschuk, Guttapercha und andere plastische Massen.

a. Mechanischer Theil.
b. Chemischer Theil.

Klasse 40.

Hüttenwesen, Legirungen (außer Eisenhüttenwesen Klasse 18).

a. Hüttenwesen, auch hüttenmännische Schlackenverarbeitung.
b. Legirungen.

Klasse 41.

Hutherstellung und Filzen.

a. Herstellung der Hüte.
b. Ausstattung der Hüte.
c. Andere Kopfbedeckungen (Helme, Mützen und dergl.).
d. Filzen.

Klasse 42.

Instrumente.

a. Mathematische Zeichengeräthe (Zirkel, Curvenzeichner, Greifzirkel, Reißfedern, Schraffirvorrichtungen, Pantographen, Perspektivezeichenvorrichtungen).
b. Meßgeräthe (Längenmaße, Dickenmesser, Theilvorrichtungen, Baummeßkluppen, Werkstattmeßgeräthe [Kaliber, Lehren], Profil- und Gestaltsmesser).
c. Meßinstrumente, außer elektrischen (geodätische und nautische Instrumente, Stative, Theodolithe und andere Winkelmesser, Nivellirinstrumente, Meßtische, selbstthätige Aufnahmevor-

richtungen, Absteckgeräthe, Planimeter, Entfernungsmesser, Neigungsmesser, Setzwaagen, Markscheidergeräthe [auch Klasse 5d], Tiefenmesser, Pegel, Compasse, Instrumente zur Bestimmung des Schiffsortes).

d. Registrirvorrichtungen, Geschwindigkeitsmesser, Zählwerke, Umdrehungszähler, Wegemesser.

e. Technische Volummesser für Luft, Gas, Dampf, tropfbare Flüssigkeiten, Wassermesser, Messer für körnige Körper.

f. Waagen und Wägemaschinen (auch Klasse 81a).

g. Akustik (akustische Apparate, Phonographen).

h. Optik, auch photographische (Linsen, Spiegel, Fernrohre, Optometer, Mikroscope, Mikrotome, Stereoscope, Projectionsapparate, Saccharimeter, Klemmer, Brillen, Röntgen-Apparate).

i. Wärme- und Feuchtigkeitsmesser (Luft-, Flüssigkeits-, Metallthermometer, elektrische Thermometer, Pyrometer, Hypsometer, Calorimeter), Wärmeregler (auch Klassen 36d und 45h) Wärmschränke.

k. Kraftmesser (Dynamometer, Manometer, Indicatoren, Festigkeitsprüfer und Festigkeitsmaschinen).

l. Chemisch-physikalische Prüfapparate, Barometer, Quecksilber-Luftpumpen, Probenehmer.

m. Rechengeräthe (Rechenstäbe, Rechenschieber, Rechenscheiben, Rechenmaschinen [russische Rechenmaschinen unter n]).

n. Elementar-Lehrmittel und Register für Lesen, Schreiben, Rechnen; Blindenschrift, Planetarien, Globen, Karten, Lehrmittel für Orts- und Zeitbestimmung, Kalender, Fahrpläne, Geheimschrift.

Klasse 43.

Kontrolvorrichtungen und Selbstkassirer.

a. Kontrolvorrichtungen (Kontrolkassen, Fahrpreisanzeiger, Fahrgeldkontrole, Arbeiter-, Wächter- und Billetkontrole [Zangen], Billetschränke, Renn-, Flugzeit- und Spielkontrole, Abstimmungsapparate, Geldsortirung, Geldwechsler, Münzenprüfer, Geldhülsen).

b. Selbstkassirer (auch Klassen 51d und 57a).

Klasse 44.

Kurzwaaren, Rauch-, Schnupf- und Priemgeräthe.

a. Kurzwaaren (Knöpfe, Haar- und Busennadeln, Schnallen, Schmucksachen, Sparbüchsen u. s. w.)

b. Rauch-, Schnupf- und Priemgeräthe und Zubehör (Cigarrenabschneider, Feuerzeuge, Tabakdosen u. s. w.).

Klasse 45.

Land- und Forstwirthschaft, Gärtnerei, Weinbau und Obstkultur, Molkerei, Thierzucht und -Pflege, Thierfang und -Vertilgung, Hufbeschlag.

a. Bodenbearbeitung.
b. Säen und Düngen.
c. Ernten.
d. Göpel- und Tretwerke.
e. Bearbeiten geernteter Producte.
f. Gärtnerei, Gemüse-, Obst-, Wein- und Hopfenbau, Forstwesen.
g. Molkerei.
h. Thierzucht, auch Vorrichtungen zum Befördern lebender Fische.
i. Hufbeschlag.
k. Thierfang, Geräthe zur Thiervertilgung.
l. Pflanzenconservirung, chemische Bodenkultur, chemische Mittel zur Thiervertilgung.

Klasse 46.

Luft- und Gasmaschinen, Feder- und Gewichts-Kraftmaschinen.

a. Explosions- und Verbrennungsmaschinen in ihr er Gesamm anordnung, auch Pulvermaschinen.
b. Steuerungs- und Regelungsvorrichtungen für die unter a genannten Maschinen.
c. Ventile, Vergaser, Carburirvorrichtungen (auch Klasse 26c) Zünder, Kühler, Anlaßvorrichtungen und dergl.
d. Maschinen für Heißluft, Druckluft, Ammoniak, Kohlensäure Aether, Dampfluft- und Dampfgasgemische u. s. w.
e. Federkraft-, Gewichts- und andere Kraftmaschinen (Göpel- und Tretwerke Klasse 45d, Auftriebsmaschinen Klasse 88b).

Klasse 47.

Maschinenelemente.

a. Feste Constructionstheile (Keile, Niete, Schrauben, Schraubensicherungen, Federn, Gestelle, Schutztheile, Sicherheitsvorrichtungen und dergl.).
b. Constructionstheile zur Uebertragung der drehenden und der hin- und hergehenden Bewegung (Lager, Zapfen, Hebel, Räder Riemscheiben, Kolben und dergl.).
c. Kupplungen und Bremsen.
d. Riemen, Seile, Ketten, Spanner, Verbinder, Aufleger, Ausrücker.
e. Schmiervorrichtungen.
f. Rohrleitungen, Röhren, Schläuche, Gefäße, Schwimmer, Verschlüsse, Dichtungen, Stopfbüchsen, auch Mittel für Wärmeschutz.
g. Ventile, Hähne, Schieber (auch Klassen 12f und 85d, f).
h. Getriebe.

Klasse 48.

Metallbearbeitung, chemische.

a. Galvanotechnik (Galvanoplastik, Galvanostegie, galvanische Metall-Aetzung u. s. w.)

b. Metall-Ueberzüge (Vergolden, Verzinnen, Verzinken u. s. w., außer Galvanostegie).
c. Emailliren, Glasiren von Metallen.
d. Chemische Metallbearbeitung außer a—c.

Klasse 49.

Metallbearbeitung, mechanische (außer Blech-, Röhren- und Drahtbearbeitung und Walzwerken Klasse 7).
a. Drehbänke, Bohr- und Fräsmaschinen.
b. Werkzeugmaschinen, außer den unter a und c genannten, auch Blechscheeren und Sortirmaschinen.
c. Façon-Drehbänke, Façon-Fräsmaschinen und Schraubenschneidemaschinen.
d. Werkzeuge und Vorrichtungen zum Bohren, Drehen, Fräsen, Hobeln, Gewindeschneiden, Rohrabschneiden und Rohrdichten (auch Klasse 13 f), Schraubstöcke und Feilkloben.
e. Hämmer (außer Handhämmern Klasse 87 b), Schmiedepressen, Nietmaschinen und dergl.
f. Schmieden, Pressen, Biegen, Härten, Löthen, auch die zugehörigen Oefen.
g. Herstellung von Schmied- und Preßerzeugnissen (Hufeisen, Feilen [Schleifen mit Sandstrahlgebläse Klasse 67 b], Nägel).
h. Herstellung von Ketten.
i. Herstellung von Metall-Erzeugnissen (Bronze, Blattmetall, Schlagloth, Schleifmittel, Sammler-Platten), Dubliren, Zerstäuben, Scheuern, Fassen von Ziehstein- und Werkzeugdiamanten.

Klasse 50.

Müllerei, einschließlich Vorbereitung des Mahlens, sowie allgemein verwendbare Zerkleinerungsvorrichtungen für gewerbliche Zwecke.
a. Maschinen, welche den Mahlprozeß durch Waschen, Dämpfen, Bürsten, Schälen, Spitzen vorbereiten oder Körnerfrüchte durch Bearbeitung ihrer Oberfläche zur Marktwaare verfeinern (Polirmaschinen, Graupenmühlen).
b. Mahlgänge (Scheibenmühlen, Mühlen mit reibenden Platten, Gewürzmühlen) einschließlich Mühlstein-Schärfmaschinen, sowie Walzenstühle einschließlich Detacheure (Auflösmaschinen).
c. Zerkleinerungsvorrichtungen, soweit sie eine allgemeine Verwendung zulassen, außer den unter a und b aufgeführten.
d. Sicht- und Sortirmaschinen, Griesputzmaschinen.
e. Staubfänger für Müllerei und soweit sie eine allgemeine Verwendung zulassen.
f. Mischmaschinen für trockene Stoffe (auch Klasse 12 e).

Klasse 51.

Musikinstrumente.
a. Orgel- und Harmoniumbau

b. Klavierbau.
c. Orchesterinstrumente, auch Rupf-Instrumente, Mund- und Hand Harmonikas und dergl.
d. Mechanische Musikwerke (auch Klasse 43 b).
e. Musikalische Lehr- und Hülfsmittel.

Klasse 52.

Näherei und Stickerei.

a. Nähen.
b. Sticken (Tapisserie Klasse 25 d, Sticken durch Nähen oder mit der Nähmaschine unter a).

Klasse 53.

Nahrungs- und Genußmittel, soweit sie nicht in besonderen Klassen aufgeführt sind.

a. Transportwagen mit besonderer Einrichtung zum Conserviren.
b. Conservirungsgefäße, Gefäßverschlüsse zum Sterilisiren.
c. Conservirung von Fleisch, Eiern, Früchten (außer Mieten zur Aufbewahrung von Früchten auf dem Felde Klasse 45 c), Mehl, Brot.
d. Kaffee, Kaffeeersatz (Röstvorrichtungen Klasse 82 a).
e. Milch (Pasteurisiren, Sterilisiren, Conserviren), Milchpräparate.
f. Cacao, Chokolade und Zuckerwaaren.
g. Viehfuttermittel und Futterdämpfer.
h. Kunstbutter (Margarine) und Speisefette (auch Klasse 23 a).
i. Eiweißstoffe und concentrirte Nahrungsmittel.
k. Zubereitung und Conservirung von Nahrungs- und Genußmitteln, soweit nicht vorstehend bezeichnet.

Klasse 54.

Papiererzeugnisse und Papierverarbeitung (außer Buchbinderei Klasse 11) sowie Reclamewesen.

a. Herstellung von Schachteln aus Pappe, sowie Vorbereitungsarbeiten.
b. Herstellung von Briefumschlägen, Papiersäcken und Düten, ferner Briefumschläge, Postkarten, Kartenbriefe, Postanweisungen, Wechsel, Vordrucke, Packetadressen und dergl.
c. Herstellung von Spulen, Hülsen (auch für Cigaretten), Rohren durch Aufwickeln oder Umrollen von Papier und Pappe.
d. Herstellung von gemustertem Papier, gemusterter Pappe oder dergl. mittelst Walzen und Preßplatten; Stanz- und Lochvorrichtungen; Falten und Kreppen des Papiers; Herstellung von Spitzenpapier, Falzkapseln, Lampenschirmen; Zurichtung von Papier und Pappe für Verpackungszwecke.
e. Herstellung von Gegenständen aus Papiermasse.
f. Verschiedene Gegenstände (Teller, Schüsseln, Fässer u. s. w.) aus Papier und Pappe.
g. Reclamewesen.

Klasse 55.

Papierherstellung.

a. Vorbereitung und Zerkleinerung der Rohmaterialien (Lumpen-Stäuber, Lumpen-Schneider, Holzschleifmaschinen, Holz- und Strohschneider u. s. w).

b. Lumpen- und andere Kocher, Kochverfahren, Verwerthung der Ablaugen (auch Klasse 12).

c. Holländer und Holländerarbeit (auch Bleichen, Leimen, Färben, Beschweren des Stoffs), Stoffmühlen, Zellstoffaufschließer.

d. Die Papiermaschine und die Arbeit auf der Papiermaschine, einschließlich Knotenfänger und Sortirer, Trockenvorrichtungen und Leimen der Papierbahn (Glätten, Schneiden und Wickeln unter e); Büttenarbeit.

e. Glättwalzen, Kalander, Satinirwerke, Längs- und Querschneider, Wickelvorrichtungen.

f. Verarbeitung von Papier zu Carton, Bunt-, Gold- und Silberpapier u. s. w., Pergamentpapier, imprägnirtem Papier (Dachpappe und Tapeten Klasse 8c, i).

Klasse 56.

Pferdegeschirre und Geschirre für andere Thiere.

a. Geschirre, Vorrichtungen zur Verhinderung des Durchgehens zum schnellen An- und Ausspannen, zum Dressiren und Fesseln der Pferde und Zugthiere, Zügelhalter, Pferdeschoner, Peitschen u. A.

b. Sättel und Steigbügel (außer Fahrradsätteln Klasse 63g).

Klasse 57.

Photographie.

a. Camera mit Zubehör, Objectivverschlüsse, Automaten, Apparate für lebende Photographien (Objective und optische Hülfsinstrumente Klasse 42h).

b. Photographische Processe, Lichtpausen, lichtempfindliche Platten und Papiere, Röntgen-Strahlen-Photographie, Photosculptur.

c. Geräthe und Maschinen, Dunkelkammern.

d. Photomechanische Reproduction.

Klasse 58.

Pressen.

a. Pressen mit Flüssigkeitsdruck

b. Pressen ohne Flüssigkeitsdruck.

Klasse 59.

Pumpen und andere Flüssigkeitshebewerke (auch Klasse 12f).

a. Kolben- und Membran-Pumpen auch mit drehendem Kolben, sowie Feuerspritzen.

b. Kreiselpumpen.

c. Pulsometer und Druckluftwasserheber, Strahlpumpen, hydraulische Widder.
d. Schöpfwerke, Schöpfräder und andere Wasserhebewerke.

Klasse 60.

Regler für Kraftmaschinen.

Klasse 61.

Rettungswesen.

a. Vorrichtungen, Geräthe und Verfahren zur Rettung aus Feuers- und Erstickungsgefahr, sowie zur Rettung Scheintodter; Feuerlöschwesen (außer Feuerspritzen Klasse 59a).
b. Feuerlöschpräparate und chemische Feuerlöschverfahren.
c. Vorrichtungen, Geräthe und Verfahren zur Rettung aus Wassersgefahr, einschließlich der Taucherapparate (Rettungsboote Klasse 65a).

Klasse 62.

(Fällt fort; mit Klasse 12 vereinigt).

Klasse 63.

Sattlerei und Wagenbau (außer Eisenbahnwagen Klasse 20c), Motorwagen und Fahrräder.

a. Werkzeuge und Maschinen für die Sattlerei, Zupfmaschinen für Polsterstoff, Schlaufenherstellungsmaschinen u. A.
b. Allgemeiner Wagen- und Schlittenbau (Segelschlitten auch Klasse 65c), einschließlich Werkzeuge und Vorrichtungen.
c. Motorwagenbau einschließlich Motordreiräder (Antrieb, Getriebe, Aufhängung des Motors, Lenkvorrichtung u. s. w.) (Bau des Motors Klassen 14, 21d und 46).
d. Räder, Lager, Achsen für Wagen und Fahrräder.
e. Reifen, Luftpumpen, Ventile für Wagen und Fahrräder.
f. Fahrrad-Stützen, -Ständer, -Aufhängevorrichtungen, -Schlösser -Verschluß- und Lehrvorrichtungen.
g. Fahrrad-Sättel und sonstige Zubehörtheile (Alarm- und Signalvorrichtungen, sobald die Bauart durch die des Fahrrades bedingt ist, sonst Klasse 74a, Gepäckhalter, Kettenkasten [als besonderer Theil], Schmutzfänger).
h. Fahrrad-Gestelle, Rohrverbindungen, Lenkstangen, Kettenkasten (als Theil des Gestelles).
i. Bremsen für Fahrräder.
k. Antrieb für Fahrräder und Fahrradschlitten, Aufhängung des Motors und Lenkvorrichtungen für Motor-Ein- und Zweiräder, sowie Antrieb von Wagen durch den Fahrer.

Klasse 64.

Schankgeräthe.

a. Gefäße, Büchsen, Flaschen u. s. w. und Verschlüsse derselben.
b. Reinigen von Flaschen, Gläsern, Röhren u. s. w., sowie Ab- und Umfüllen, Verschließen, Verdrahten, Verkapseln und Entkorken.
c. Bierdruckapparate, Ausschankapparate für den Kleinverkauf, sowie Flüssigkeitsmeß- und Registrirvorrichtungen für denselben, Siphons, Spunde, Ventile und dergl., Bierzähler, Bierglasuntersätze.

Klasse 65.

Schiffbau und Seewesen.

a. Schiffbau, Schiffsausrüstung und Schiffsbetrieb (Schiffssignalwesen und Bojen [auch Klasse 74c und d], Schiffsmöbel, Schiffsclosets, Vorrichtungen zum Beobachten und Messen von Schiffsschwingungen, -Widerständen und -Bewegungen, Unterwasserfahrzeuge, Rettungswesen auf See [auch Klasse 61c], Beruhigung der Wellen, Schleppschifffahrt).
b. Einrichtungen auf Hellingen und in Trockendocks, sowie sonstige Aufschlepp- und Ablaufvorrichtungen zum Zwecke des Baues und der Ausbesserung von Schiffen, Schwimmdocks, Heben gesunkener Schiffe.
c. Boote, Wasserfahrräder und Segelschlitten (auch Klasse 63b).
d. Torpedo- und Minenwesen.
e. Armirung von Schiffen (außer Feuerwaffen und Geschossen Klasse 72).

Klasse 66.

Schlächterei und Fleischverarbeitung.

a. Schlächterei.
b. Fleischverarbeitung.

Klasse 67.

Schleifen und Poliren.

a. Schleif- und Polirmaschinen.
b. Sandstrahlgebläse.
c. Schleif- und Polirmittel (auch Klasse 49i), Messerschärfer und dergl.

Klasse 68.

Schlosserei-Erzeugnisse, sowie Geldschränke.

a. Schlösser und Zubehör (Drücker, Schlüssel und dergl.).
b. Verschlüsse und Sicherungen (außer a), sowie Kleideranschließer und Schließvorrichtungen für Gefangene.
c. Bänder, insbesondere Thür- und Fensterbänder, sowie Beschläge anderer Art.
d. Schließer, Oeffner, Bremsen, Buffer, Feststeller für Thüren und Fenster.
e. Geldschränke.

Klasse 69.

Schneidewerkzeuge einschließlich Hieb- und Stichwaffen.

Klasse 70.

Schreib-, Zeichen- und Malgeräthe, sowie Comptoirgeräthe.

a. Schreib- und Zeichenstifte, Halter für Blei- und Farbstifte, auch für Häkelnadeln.
b. Schreibfedern, Federhalter, Federn-Auszieher, -Füller, -Reiniger, Feder- und Bleistift-Kasten.
c. Tintenfässer, Tintenflaschen, Schreibzeuge.
d. Tintenlöscher, Anfeuchter für Copirpapier, Marken und dergl., Klebstoffbehälter, Markenaufkleber, Hand- und Armstützen, Geradehalter beim Schreiben, Blatthalter und -wender (auch Klasse 51e), Schablonen, Siegelvorrichtungen, Schreibunterlagen und dergl. (Copirvorrichtungen, Durchschreibvorrichtungen, Durchstech- oder Punktirvorrichtungen Klasse 15i).
e. Kinder-Schreibtafeln, Wandtafeln, Tafelwischer, Wandkarten und Zubehör, Zeichenbretter, Zeichenapparate, Heftzwecken, Lineale, Reißschienen, Liniirgeräthe, Bleistift- und Griffelschärfer, Radirvorrichtungen, Malrahmen, Paletten, Tuschnäpfe, Tuschereiber, Farbenkasten, Farbentuben, Malkasten, Farbenzerstäuber, (Reißzeuge Klasse 42a, Pinsel Klasse 9).

Klasse 71.

Schuhwerk.

a. Schuhwerk.
b. Schuhverschlüsse, Schuhbeschläge, Sporen u. dergl.
c. Maschinen und Werkzeuge zur Herstellung von Schuhwerk.

Klasse 72.

Schußwaffen, Geschosse, Verschanzung.

a. Handfeuerwaffen (außer den unter b angeführten) und Zubehör, sowie allgemein für Schußwaffen Verwendbares.
b. Zimmer-, Ziel-, Luft-, Feder- und Kinder-Schußwaffen, Knallgeräthe, Pfeilbogen, Wurf- und Schleudervorrichtungen.
c. Geschütze und Laffeten.
d. Munition, Geschosse, Zünder, auch Munitionszufuhr, Patronenlademaschinen und Patronentaschen.
e. Scheiben, Schießstände, Ziele, Kugelfänge.
f. Visir- und Zieleinrichtungen (Entfernungsmesser Klasse 42c).
g. Panzer und Deckungen (auch Klassen 3b, 18c, 31, 49 und 65e).

Klasse 73.

Seilerei.

Klasse 74.

Signalwesen.

a. Häusliche Signalvorrichtungen (Klingeln, elektrische und

mechanische, Tableauklappen, Weckvorrichtungen, Feuer- und Einbruchs-Alarmvorrichtungen, Signalvorrichtungen für Restaurants, Haus- und Hôtel-Telegraphen).

b. Vorrichtungen zum Anzeigen verschiedener Vorgänge (Wasserstandsänderungen, Druckschwankungen, Temperaturschwankungen, Auftreten schlagender Wetter, Betriebsstörungen maschineller Anlagen, Geschwindigkeitsänderungen).

c. Commandoapparate, Feuer- und Polizei-Telegraphen.

d. Akustische und optische Signale, außer den bereits genannten (Pfeifen, Sirenen, Nebelhörner und andere Schallsignale, sowie Vorrichtungen zur Bestimmung der Richtung und Herkunft von Signaltönen).

Klasse 75.

(Fällt fort; mit Klasse 12 vereinigt).

Klasse 76.

Spinnerei.

a. Wollwäscherei.

b. Vorbereitung der Gespinnstfasern.

c. Feinspinnen und Zwirnen.

d. Wickeln, Aufmachen und Verpacken von Garnen.

Klasse 77.

Sport, Spiele, Spielzeuge, Volksbelustigung, Luftschifffahrt.

a. Geräthe zu körperlichen Uebungen, wie Turnen (auch Klasse 30f), Schwimmen (auch Klasse 61c), Klettern, Ballspiel und dergl., Trainirapparate (auch Klasse 63f) u. A. (Schlittschuhe und dergl. unter b).

b. Schlittschuhe, Schnee- und Wasserlaufschuhe, Rollschuhe und Laufräder, Bahnen.

c. Kegelbahnen, Tivolis und ähnliche Kugelspiele, Billards und Zubehör.

d. Spiele verschiedener Art (Karten-, Brett-, Lotto-, Würfel-, Roulette-, Geduld-, Beschäftigungs-, Wettrenn- u. a. Spiele).

e. Ringelspiele (Carrussels), Schaukeln, Schaukelpferde, Rutschbahnen und ähnliche Vorrichtungen zur Volksbelustigung (Kraftmesser Klasse 42k).

f. Kinderspielzeuge (Kreisel, Musikspielzeuge aller Art, Puppen, bewegliche Figuren und Fahrzeuge, Reifen, Gummibälle, Baukasten und dergl.).

g. Einrichtungen für Theater, Panoramen und Cirkusse (bauliche Anlage Klasse 37f); Zaubergeräthe, Irrgärten und dergl.

h. Luftschifffahrt, auch Drachen.

Klasse 78.

Sprengstoffe, sowie Sprengen mittelst Explosivstoffen, Zündwaarenherstellung.

a. Zündholzherstellung (mechanischer Theil).
b. Zündholzherstellung (chemischer Theil).
c. Herstellung von Schießpulver und Sprengstoffen, auch Vorbehandlung von Rohstoffen.
d. Feuerwerksätze, Rauchentwickler, Blitzlicht.
e. Sprengen (Zünder, Zündhütchen, Zündschnüre, Patronen).
f. Chemische und pneumatische Feuerzeuge (auch Klasse 44 b).

Klasse 79.

Tabak, Cigarren, Cigaretten.
a. Rohtabak, sowie Rauch-, Kau- und Schnupftabak.
b. Cigarren und Cigaretten.

Klasse 80.

Thonwaaren, Steine, Kalk, Cement, Asphalt, auch Brikettpressen.
a. Maschinen, Werkzeuge und Geräthe (außer zur Steinbearbeitung, siehe unter d), Brikettpressen.
b. Mörtelmischungen, keramische Massen, Herstellung künstlicher Steine, Glasiren.
c. Oefen.
d. Steinbearbeitung.

Klasse 81.

Transport und Verpackung.
a. Verpackmaschinen und -Geräthe, Wägemaschinen (auch Klasse 42 f).
b. Etikettirmaschinen.
c. Kisten, Fässer und andere Verpackungen, Faßbodenspanner, Briefkasten.
d. Müllabfuhr.
e. Auf- und Ausladevorrichtungen und -Geräthe, Speicher- und Lagereinrichtungen (Silos), Magazinbahnen, Rohrpost.

Klasse 82.

Trockenvorrichtungen, Darren, Kaffeebrenner, Schleudermaschinen (für allgemeine Verwendung).
a. Trockenvorrichtungen, Darren (außer Malzdarren Klasse 6 a), Kaffeebrenner.
b. Schleudermaschinen.

Klasse 83.

Uhren.
a. Uhren, außer elektrischen.
b. Elektrische Uhren (außer elektrischen Weckern Klasse 74 a).
c. Maschinen, Werkzeuge und Geräthe für den besonderen Zweck der Uhrmacherei.

Klasse 84.

Wasser- und Grundbau.
a. Wasserbauten (Fluß- und Wildbachcorrection, Küstenbefestigung,

Wehr- und Schleusenbau, Deich- und Sielbau, Hafenbau, Canalbau, Thalsperren).

b. Schiffshebewerke, sofern die Bauart des Schiffes nicht in Betracht kommt (sonst Klasse 65 b).

c. Gründungsanlagen, einschließlich der Gebäudegründung (Werkzeuge und Vorrichtungen zur Untersuchung, Aushebung und Befestigung des Baugrundes, Gründung mittelst Pfahl- und Schwellrost, Senkkästen, Senkbrunnen und Caissons, Stein- oder Betonversenkung).

Klasse 85.

Wasser, Wasserleitung und Canalisation

a. Trinkwasser (Mineral- und Brause-Wasser), auch destillirtes Wasser.

b. Wasser für gewerblichen Gebrauch, auch Hart- und Weichmachen von Wasser, Kesselsteinmittel.

c. Abwasserreinigung.

d. Wasserleitung.

e. Canalisation.

f. Badebatterien (Mischventile, Mischhähne, Brausevorrichtungen, außer Zimmerbrausen Klasse 34 k).

g. Springbrunnen und Strahlrohre (außer Zimmerspringbrunnen Klasse 34 l).

h. Spülabtritte und Desinfectionseinrichtungen (Zimmer-Abtritte Klasse 34 k).

Klasse 86.

Weberei.

a. Vorbereitungsmaschinen für die Weberei.

b. Schaft- und Jacquardmaschinen.

c. Weben von Stoffen ohne Flor.

d. Sammt-, Plüsch- und Chenilleweberei.

e. Rohr-, Stroh-, Holz- und Drahtweberei.

f. Bobbinetweberei.

g. Webereiwerkzeuge und Geräthschaften.

h. Hülfsmaschinen der Weberei (Blattstech- und Blattbindemaschinen, Einziehmaschinen, Patronen- und Kartenherstellung u. s. w.).

Klasse 87.

Werkzeuge und Arbeitsgeräthe, auch pneumatische, für allgemeine Verwendung.

a. Werkzeuge und Geräthe zum Befestigen oder Verbinden, zum Lösen und zum Festhalten.

b. Werkzeuge und Geräthe zur Bearbeitung bezw. Formveränderung des Materials, sogenannte deformirende Werkzeuge.

c. Combinirte oder Universal-Werkzeuge.

d. Stielbefestigung für Werkzeuge und Arbeitsgeräthe allgemeiner Verwendung (auch Klasse 34c).

Klasse 88.

Wind- und Wasserkraftmaschinen.

a. Turbinen und Wasserräder.
b. Wassersäulenmaschinen und andere Wasserkraftmaschinen, außer den unter a genannten.
c. Windmotoren.

Klasse 89.

Zucker- und Stärkegewinnung.

a. Rüben- und Kartoffel-Wäschen, Transportvorrichtungen.
b. Schnitzelmaschinen, Schnitzelmesser, Schnitzelpressen.
c. Saftgewinnung, Saftreinigung.
d. Rohzucker- und Consumzucker-Arbeit (einschließlich des Verdampfens und Verkochens), mit Ausnahme der Verdampfer, Verkocher und Centrifugen.
e. Verdampfer, Verkocher.
f. Centrifugen.
g. Zucker-Schneid-, Sortir- und Packmaschinen.
h. Melasse-Entzuckerung.
i. Stärkezucker, Invertzucker, Milchzucker, Speisesyrup und Maltose.
k. Stärke und Dextrin (auch Klasse 22i).

Hinweise

zur

leichteren Ermittelung der zutreffenden Patentklassen.

(Die Zahlen bezeichnen die Klassen, die angehängten Buchstaben beziehen sich auf die neu eingeführten Unterklassen.)

Verzeichniß

der

Behörden, Vereine u. s. w. im Deutschen Reiche, welche die Patentschriften zur unentgeltlichen Einsichtnahme auslegen.*)

Aachen	Technische Hochschule.
Altona	Industrie-Verein.
Augsburg	Technischer Verein. (Klassen 4, 8, 13, 14, 17, 19, 21, 23, 24, 26, 29, 31, 34, 35, 36, 37, 42, 46, 47, 49, 59, 61, 68, 76, 84, 85, 86, 87, 88.)
Barmen	Stadtbibliothek.
Berlin	Kaiserliches Patentamt.
	Berg-Akademie. (Klassen 1, 5, 12e, 18, 19e, 21h, 40, 42c, 50c, 78e, 84c.)
	Hygiene-Museum. (Klassen 30 und 61.)
Beuthen O.-Schl.	Bezirksverein deutscher Ingenieure (Rathhaus).
Bielefeld	Handelskammer. (Klassen 3a, b, 6a, b, e, 8a, d, e, f, 11a, d, 13a—e, 14a, b, f, g, h, 28a, 29a, 31c, 32, 42f, 43a, 46a, 49a—e, 51a, b, 52a, 53f, h, k, 54a, b, d, g, 55, 60, 63b—k, 66, 67b, 68a, c, d, e, 71a, 73, 76b—d, 79, 80a, b, d, g, h, 89f.)
Bochum	Westf. Berggewerkschaftskasse.
Bonn	Handelskammer.
Braunschweig	Technische Hochschule.
Bremen	Gewerbekammer.
Breslau	Magistrat. (Stadtbibliothek.)
Cassel	Gewerbehalle.
Charlottenburg	Technische Hochschule.
Chemnitz	Direktion der technischen Staatslehranstalten.
Coblenz	Stadtbibliothek. (Klassen 1, 4, 5, 6, 7, 8, 12, 13, 14, 17, 18, 21, 24, 26, 27, 28, 30, 31, 34, 35, 36, 37, 38, 39, 40, 41, 42, 45, 46, 47, 48, 49, 51, 53, 54, 55, 57, 63, 65, 68, 80, 84, 85, 87, 89.)
Coburg	Kunst- und Gewerbe-Verein. (Klassen 2a, 3a, 4a, b, 6a, d, e, f, 12d, 17c, 22f, g, h, i, 24a, c, e, f, g, 25b, 26a, b, d, 32, 33b, 34e, f, g, h, i, l, 38g, 45a—e, g—l, 52,

*) Diejenigen Auslegestellen, bei denen Klassen nicht angegeben sind, erhalten die Patentschriften aller Klassen.

63 b, c, 67 b, 76, 80 a, b, c, 81 c, e, 85 c, d, e, f, g, 86 c, g, h.)

Cöln — Bezirksverein deutscher Ingenieure. (Auslegestelle: Stadtbibliothek Gereonskloster 8.)

Cöthen — Direktion des höheren technischen Instituts.

Cottbus — Magistrat (Königl. höhere Webeschule). (Klassen 1, 3, 5, 6, 7, 8, 10, 13, 14, 15, 21, 22, 23, 24, 25, 28, 29, 32, 36, 37, 38, 40, 41, 46, 47, 49, 50, 52, 56, 60, 63, 68, 71, 76, 79, 80, 81, 82, 86.)

Crefeld — Kuratorium der Preuß. höheren Fachschule für Textilindustrie (Klassen 3, 4, 8, 10, 12, 13, 14, 21, 22, 23, 24, 25, 26, 27, 29, 36, 42, 46, 47, 48, 49, 52, 59, 60, 76, 81, 82, 85, 86, 88.)

Danzig — Verband Ostdeutscher Industrieller. (Klassen 2, 6, 12, 13, 14, 19, 20, 21, 24, 26, 30, 31, 35, 36, 37, 38, 42, 45, 46, 47, 49, 50, 59, 60, 65, 68, 78, 80, 82, 84, 85, 89.)

Darmstadt — Technische Hochschule.
Großherzogl. Centralstelle für die Gewerbe.

Dessau — Bezirksverein deutscher Ingenieure. (Auslegestelle: Herzogl. Behörden-Bibliothek.)

Dortmund — Magistrat.

Dresden — Technische Hochschule.

Düsseldorf — Central-Gewerbe-Verein. (Kunstgewerbe-Museum.)

Duisburg — Bezirksverein deutscher Ingenieure. (Auslegestelle: Kgl. Maschinenbau- und Hüttenschule, Bismarckstr.)

Erfurt — Gewerbeverein.

Essen — Verein für die bergbaulichen Interessen im Oberbergamtsbezirk Dortmund. (Auslegestelle: Linden-Allee 67.)

Flensburg — Magistrat.

Frankfurt a. M. — Handelskammer.

Freiberg i. S. — Bergakademie.
Deutsche Gerberschule. (Klasse 28.)

Furtwangen — Großherzoglich Badische Uhrmacherschule. (Klassen 21, 83.)

Geestemünde — Handelskammer. (Klassen 13, 14, 17, 24 a, b, c, f, g, 38 a—f, 65 a—c, 68, 73, 76, 79.)

Gera — Handelskammer. (Klassen 8 a—d, f, i, k, 13, 24, 28, 36, 37, 49 a—g, 53 b, c, e, k, 76, 79, 85 a—f, h, 86 a—d, g, h.)

Gießen — Großherzogl. Universitäts-Bibliothek. (Klassen 2, 4, 6, 21, 22, 28, 30, 34 i, 42, 45, 49, 51, 57, 68, 70, 79, 80, 85.)

Gleiwitz — Magistrat. (Klassen 1, 2, 4, 5, 6, 7, 10, 11, 12, 13, 14, 15, 16, 17, 18, 19, 20, 21, 24, 26, 27, 30, 31, 32, 35, 36, 37, 38, 40, 42, 45, 46, 47, 48, 49, 50, 53, 54, 55, 56, 57, 58, 59, 60, 67, 68, 69, 70, 74, 78, 80, 81, 82, 84, 85, 87, 88.)

Görlitz — Handelskammer für die preußische Oberlausitz. (Klassen 2, 3, 5, 6, 7, 8, 12, 13, 14, 15, 17, 19, 20, 21, 22 f, g, h, i, 24, 25, 29, 31, 32 bis 38, 47 bis 52, 53 b, c, f, 54 bis 57,

59, 60, 61, 63, 64, 66 bis 69, 74, 76, 77e, f, 79, 80, 81a, e, 84, 85, 86, 88.)

Gotha Herzogl. Bibliothek.

Hagen i. W. Handelskammer. (Auslegestelle bei der Firma Bechem & Post.)

Halle a. S. Bezirksverein deutscher Ingenieure.

Hamburg Hamburgische Gesellschaft zur Beförderung der Künste und nützlichen Gewerbe. (Beim alten Rathhaus.)
Gewerbekammer.

Hanau Handelskammer.

Hannover Technische Hochschule.

Hirschberg i. Schl. Magistrat.

Ilmenau Dierektion der Großherzoglichen Präcisionstechnischen Anstalten. (Klassen 12a, d, f, g, 21, 27b, d, 30a, d, g, 32, 42, 64c.)

Jena Oeffentliche Lesehalle (Lesehallen-Verein). (Klassen 4a, b, 21, 24a—c, 31, 32, 38, 42a—e, h, l, m, 47, 49a—d, f, 57, 67a.)

Kaiserslautern Pfälzisches Gewerbemuseum.

Karlsruhe Technische Hochschule.
Großherzogliche Landesgewerbehalle.

Kiel Handelskammer.

Königsberg i. Pr. Gewerblicher Centralverein der Provinz Ostpreußen. (Kunstgewerbliches Museum.)

Konstanz Handelskammer. (Klassen 2, 3a, b, d, 4, 6b—f, 7d, e, f, 8, 9, 10, 11, 12a, e, f, o, r, 13a—d, f, g, 14a, b, g, h, 15a, b, d—i, l, 17a, b, d, 21a, c, d, f, h, 22a, b, f, g, 23a—c, e, 24a, b, e, f, g, 25, 26a—d, 27a, b, 28, 29, 30, 31, 32b, 33, 34a—e, g, h, i, 35a—c, 37, 38a, b, d, f, 42e—l, 43, 44, 45a, b, f, h, k, 46a—d, 49a—g, 50, 52, 53c, e, h, k, 54a—d, g, 55a, b, f, 57a—c, 59, 60, 61, 63a, b, d—k, 66, 67a, 68, 69, 70, 71, 73, 76, 77a, b, g, 79, 80, 81a—c, 82, 83a, 84a, 85a, b, h, 86a—d, g, h, 87a—c, 88a.)

Leipzig Handelskammer.

Ludwigshafen a. Rh. Pfälzische Handels- und Gewerbekammer. (Klassen 6, 7, 8a, k, 12, 13, 14, 15, 16, 20, 21, 22, 23, 24a, f, 26, 27, 28, 31, 34a, b, 35, 36, 37a, 38, 42, 45f, l, 46, 47, 49, 50, 53a—d, h, k, 55, 57c, 58, 59, 60, 64, 67, 76, 79, 80, 81, 85a—e, 86, 87, 89.)

Lübeck Gewerbekammer.

Lüdenscheid Handelskammer.

Magdeburg Stadtbibliothek.

Mainz Großh. Hess. Bürgermeisterei. (Auslegestelle: Stadtbibliothek.)

Mannheim Handelskammer.

Metz Handelskammer.

Mülhausen i. E. Handelskammer. (Klassen 2, 3, 4, 6, 7, 8, 9, 10, 12, 13, 14, 15, 17, 19, 20, 21, 22, 23, 24, 25, 26, 27, 28, 29, 31, 35, 36, 37, 38, 42, 46, 47, 48, 49, 50, 52, 54, 55, 57, 58, 59, 60, 63, 67, 68, 69, 73, 76, 81, 82, 84, 85, 86, 87, 88.)

München Technische Hochschule.
Polytechnischer Verein, Briennerstraße 8/I, IV. Aufgang (Luitpoldblock.)

Nürnberg Gewerbe-Museum.

Offenbach Handelskammer.

Oldenburg Handelskammer für das Herzogthum Oldenburg (Klassen 6a, b, c, e, 8, 10, 13a, 14, 18, 21c, f, 24e, 26, 31, 32, 35b, c, e, 36a, 37, 38, 45, 48, 49, 65, 76, 80, 86.)

Pforzheim Handelskammer. (Klassen 12a—q, 15a—f, h, k, l, 22, 26, 27, 33b, 34a, g—k, 39, 40b, 42e, h, k, 44, 48, 49a—f, i, 50, 54a, d, 55, 67, 68e, 70a, b, e, 74a—c, 80.)

Plauen i. V. Königl. Industrieschule. (Klassen 3, 8, 25, 29, 52, 76, 86.)

Posen Landesbibliothek.

Remscheid Bergischer Fabrikanten-Verein. (Klassen 7c, d, 13f, 31, 34a—c, 38a, e, 42b, 47, 48, 49, 63a, 67, 68, 69, 71c, 77b, 80a, d, 87.)

Rostock Chemisches Universitäts-Laboratorium. (Klassen 12a—d, g—r, 22.)

Roßwein i. S. Direktion der deutschen Schlosserschule. (Klassen 21, 49, 68.)

Saarbrücken Bezirksverein deutscher Ingenieure. (Auslegestelle in der Bergwerksdirektion.)

Solingen Handelskammer. (Klassen 31, 63c—k, 67, 68a—d, 69.)

Sorau Handelskammer für die östliche Niederlausitz. (Klassen 3e, 8, 14, 25, 29, 45d, 46d, 47, 52b, 76, 86.)

Straßburg i. E. Handelskammer.

Stuttgart Königlich Württembergische Centralstelle für Handel und Gewerbe.
Technische Hochschule.

Trier Handelskammer.

Waldenburg i. Schl. Verein für die bergbaulichen Interessen Niederschlesiens. (Auslegestelle im Archiv des Verwaltungsgebäudes auf Neubau-Sandberg.)

Wiesbaden Gewerbeverein. (Gewerbeschule.)

Worms Handelskammer. (Auslegestelle: Rheinstraße 55.) (Klassen 3, 6, 12, 13, 14, 15, 17, 21, 22, 23, 26, 28, 30, 31, 34, 42, 44, 50, 58, 64, 68, 71, 76, 80, 81, 83, 86, 87.)

Würzburg Handels- und Gewerbekammer für Unterfranken und Aschaffenburg. (Auslegestelle: Sekretariat des Polytechnischen Centralvereins in der Maxschule.)

Uebereinkommen zwischen dem Reich und Oesterreich-Ungarn über den gegenseitigen Patent-, Muster- und Markenschutz.

Vom 6. Dezember 1891.

(R.G.Bl. 1892. S. 289).

Die Literatur über das Uebereinkommen ist zusammengestellt bei Schanze Die patentrechtlichen Bestimmungen des deutsch-österreichischen Uebereinkommens u. s. w. in Annalen des Deutschen Reichs 1894 S. 245.

Die nachstehenden Erläuterungen erörtern nur diejenigen Bestimmungen, welche sich auf Patente und Gebrauchsmuster beziehen.

Artikel 1.

Die Angehörigen des einen der vertragschließenden Theile sollen in den Gebieten des anderen in Bezug auf den Schutz von Erfindungen, von Mustern (einschließlich der Gebrauchsmuster) und Modellen, von Handels- und Fabrikmarken, von Firmen und Namen dieselben Rechte wie die eigenen Angehörigen genießen.

Gleichstellung tritt nur ein, wenn die Angehörigen des fremden Staates die Bedingungen und Förmlichkeiten erfüllen, welche die Gesetzgebung den Inländern auferlegt. Dieser Grundsatz ist als selbstverständlich hier (anders Art. 1 Abs. 2 des deutsch-italienischen Uebereinkommens) nicht besonders ausgesprochen. Deshalb muß z. B. ein Oesterreicher oder Ungar, welcher in Deutschland nicht wohnt, gemäß §. 12 des Patentgesetzes einen Vertreter bestellen, denn dazu sind auch Deutsche, welche in Deutschland keinen Wohnsitz haben, verpflichtet. Dies gilt auch umgekehrt, da die beiden anderen Patentgesetze eine dem §. 12 entsprechende Vorschrift enthalten.

Maßgebend ist nach Art. 1 die Staatsangehörigkeit. Es darf sich also auch ein Deutscher oder Oesterreicher, der in Frankreich seinen Wohnsitz und seine Niederlassung hat, auf dieses Uebereinkommen berufen (Schanze a. a. O.); das Berner Internationale Büreau der Union läßt diese Frage, welche dort bezüglich des unserem Art. 1 entsprechenden Art. 2 des Unionsvertrages aufgeworfen ist, offen (Propriéte industrielle 11, 76). Ueber Erwerb und Verlust der Staatsangehörigkeit sind die bezüglichen Landesgesetze maßgebend. Wer für sich die Staatsangehörigkeit in Anspruch nimmt, muß dieselbe durch ein Attest seiner Heimathsbehörde darthun. Ist Jemand Angehöriger mehrerer Staaten, so genügt es, wenn nur einer von diesen ein Vertragsstaat ist.

Sind mehrere Personen Inhaber des Anspruchs auf Ertheilung eines Patents oder des Patentrechts, so kommt der Art. 1 nur zur Anwendung, wenn alle Personen einem der Vertragsstaaten angehören.

Der Art. 1 entspricht dem Art. 2 des Unionsvertrages vom 20. März 1883.

Artikel 2.

Den Angehörigen im Sinne dieser Vereinbarung sind gleichgestellt andere Personen, welche in den Gebieten des einen der vertragschließenden Theile ihren Wohnsitz oder ihre Hauptniederlassung haben.

Der Staatsangehörigkeit werden hier gleichgestellt der Wohnsitz (S. 181) und die Hauptniederlassung. Wegen des Begriffes der Niederlassung vergl. S. 424; die Hauptniederlassung ist dort, wo sich der örtliche Mittelpunkt des Gewerbebetriebs befindet. Nach vorstehendem kann sich auch ein Franzose, welcher in Wien wohnt oder dort seine Hauptniederlassung hat, auf dieses Uebereinkommen berufen.

Die Bestimmung bezieht sich nicht blos auf physische, sondern auch auf juristische Personen und gesellschaftliche Vereinigungen.

Wenn in den nachstehenden Erläuterungen von Deutschen, Oesterreichern oder Ungarn die Rede ist, so sind damit alle Personen gemeint, welche unter Art. 1 oder 2 fallen.

Der Art. 2 entspricht dem Art. 3 des Unionsvertrages.

Artikel 3.

Wird eine Erfindung, ein Muster oder Modell, eine Fabrik- oder Handelsmarke in den Gebieten des einen der vertragschließenden Theile behufs Erlangung des Schutzes angemeldet, und binnen einer Frist von drei Monaten die Anmeldung auch in den Gebieten des anderen vertragschließenden Theiles bewirkt, so soll

a) diese spätere Anmeldung allen Anmeldungen vorgehen, welche in den Gebieten des anderen Theiles nach dem Zeitpunkt der ersten Anmeldung eingereicht worden sind;

b) durch Umstände, welche nach dem Zeitpunkt der ersten Anmeldung eintreten, dem Gegenstande derselben die Neuheit in den Gebieten des anderen Theiles nicht entzogen werden.

1—4. Voraussetzungen.	**5—6. Wirkungen.**
1. Schutz in einem Vertragsstaate.	5. Priorität.
2. Angehörige eines Vertragsstaats.	6. Andere Wirkungen?
3. Identität.	7. Geltendmachung der Priorität.
4. Frist.	

Die Art. 3, 4 entsprechen dem Art. 4 des Unionsvertrages.

Schutz in einem Vertragsstaate. 1. Um das Prioritätsrecht zu genießen, genügt es nicht, daß die Erfindung in einem anderen Vertragsstaate angemeldet ist, sondern der durch diese Anmeldung begehrte Schutz muß auch wirklich erlangt werden; vergl. Art. 4b. Der Berechtigte braucht aber mit der zweiten Anmeldung nicht zu warten, bis es endgültig feststeht, daß die erste Anmeldung zum Ziele geführt hat, sondern er kann schon, während das Ertheilungsverfahren bezüglich der ersten Anmeldung noch schwebt, die zweite Anmeldung mit dem Anspruche auf Priorität einreichen. Die dreimonatige Frist der Art. 3, 4 will nach der übereinstimmenden Ansicht aller Schriftsteller (Schanze a. a. O.) nur den Endpunkt der Frist fixiren.

Wird die zweite Anmeldung eingereicht, während noch das Verfahren bezüglich der ersten schwebt, so ist der Anspruch auf Priorität suspensiv bedingt, da er von der Ertheilung des Schutzrechts auf die erste Anmeldung abhängt. Deshalb verlangt das P.A., bevor es die zweite Anmeldung mit der auf Grund des Abkommens beanspruchten Priorität auslegt, den Nachweis, daß das Patent in dem Vertragsstaate bereits ertheilt ist. Als weitere Konsequenz ergiebt sich hieraus, daß, wenn das auf die erste Anmeldung ertheilte Patent nachträglich mit rückwirkender Kraft für nichtig erklärt wird, der Inhaber des zweiten Patents sein Recht auf Priorität verliert. Ficht also Jemand das zweite Patent wegen Vorbenutzung der Erfindung als nichtig an, und beruft sich der Beklagte mit Rücksicht auf eine frühere Anmeldung in einem Vertragsstaate auf die ihm dadurch zustehende Priorität, so wird der Kläger replicando diese Berufung durch den Nachweis beseitigen, daß das erste Patent für nichtig erklärt worden ist. Die Beendigung des Patentes durch Zeitablauf, unterlassene Gebührenzahlung, Rücknahme beseitigt dagegen nicht die einmal erworbene Priorität.

Vorstehende Ansicht, daß die Patentertheilung auf Grund der ersten Anmeldung die Bedingung dafür ist, daß die zweite Anmeldung die Priorität genießt, wird auch von Schanze a. a. O. und Robolski Kommentar zum Patentgesetz S. 104 getheilt. Außerdem liegt sie den Ausführungsverordnungen zu diesem Abkommen (N. 7), sowie der italienischen Ausführungsverordnung (Bl. 4, 81) zu Grunde, sie ist im Schlußprotokoll zu Art. 4 des deutsch-schweizerischen Uebereinkommens ausdrücklich ausgesprochen. Nur Kohler (Propriété Industrielle 8, 96, Zeitschrift für gewerbl. Rechtsschutz 2, 385, Handbuch S. 294) vertritt den Standpunkt, daß die Priorität der zweiten Anmeldung auch dann verbleibt, wenn die erste Anmeldung nicht zur Erlangung eines Schutzrechtes geführt hat.

2. Regelmäßig werden die Angehörigen eines Vertragsstaates (Art. I, 2) zuerst die Erfindung in ihrem Heimathsstaate und dann in dem Vertragsstaate anmelden. Dies ist aber zur Erlangung der Priorität nicht nothwendig. Vielmehr kommt diese den Angehörigen des Vertragsstaates auch dann zu, wenn sie Schutz für ihre Erfindung zuerst in dem Gebiete des anderen Vertragsstaates und erst hierauf in ihrem Heimathsstaate nachgesucht haben. Es ist demnach gleichgültig, ob ein Deutscher zuerst in Deutschland oder in Oesterreich-Ungarn anmeldet, und umgekehrt. Angehörige eines Vertragsstaates.

Dies ist die herrschende Meinung, welche insbesondere auch von den Patentbehörden des Deutschen Reiches und der beiden Vertragsstaaten getheilt wird. (P.A. im Bl. 2, 291, Oesterreich. Handels-Ministerium im Bl. 5, 236, Kohler Handbuch S. 296; Schanze a. a. O.; a. M. Heilborn in Gewerbl. Rechtsschutz 2, 157; vergl. auch die Diskussion ebenda S. 187.)

Die durch Art. 3 festgesetzte Vergünstigung kommt nur den Angehörigen der Vertragsstaaten zu Gute. Ein Franzose z. B., bei dem die Voraussetzung des Art. 2 nicht zutrifft, hat, wenn er eine Erfindung erst in Deutschland, dann in Oesterreich anmeldet, auf die Vergünstigung keinen Anspruch. (Ungarisches Patentamt in Zeitschrift für ungarisches Patentrecht 1, 12, Gewerbl. Rechtsschutz 3, 150, Kohler Handbuch S. 296.)

Die Voraussetzung, daß der Anmelder Angehöriger eines Vertragsstaates ist, muß bereits zur Zeit der ersten Anmeldung und auch noch zur Zeit der zweiten vorliegen. Es genügt also nicht, wenn die erste Anmeldung seitens eines Franzosen erfolgt war und wenn dieser dann in der Zwischenzeit bis zu der zweiten Anmeldung die Erfindung auf einen Deutschen überträgt, oder umgekehrt. (Oesterreich. Handels-Ministerium im Bl. 3, 119). Dagegen ist der Uebergang der Erfindung von einem Angehörigen eines Vertragsstaates auf einen Angehörigen desselben oder eines anderen Vertragsstaates der Erlangung der Priorität nicht hinderlich. Wesentlich ist nur die Zeit der beiden Anmeldungen: das Recht auf Priorität wird demnach nicht hinfällig, wenn die Erfindung nach der ersten Anmeldung auf einen Franzosen übertragen wird, sofern dieser sie vor der zweiten Anmeldung wieder an den Angehörigen eines Vertragsstaates abtritt. Kohler (Handbuch S. 297) will, falls der Anmelder erst nach der Anmeldung Angehöriger eines Vertragsstaats geworden ist, von dem Augenblicke an, wo dies geschehen, die Wirkungen des Staatsvertrages eintreten lassen.

Unter den Angehörigen eines Vertragsstaates sind hier nur die Angehörigen des Deutschen Reichs und Oesterreich-Ungarns zu verstehen, nicht dagegen die Angehörigen dritter Staaten, mit welchen einer der beiden Vertragstheile ähnliche Uebereinkommen getroffen hat.

3. Es muß hinsichtlich der ersten und der zweiten Anmeldung Identität bestehen und zwar sowohl nach der subjektiven, als nach der objektiven Seite. Identität.

Das Erforderniß der subjektiven Identität setzt nicht voraus, daß genau dieselbe Person, welche die erste Anmeldung bewirkt hat, auch die zweite bewirkt. Der Rechtsnachfolger des ersten Anmelders hat vielmehr auch auf die Vergünstigung Anspruch. Man wird außerdem Identität auch dann annehmen, wenn die beiden Anmelder ihr Recht von derselben Person ableiten. Liegen dagegen zwei von einander selbständige Erfindungen vor, so kann keiner der Erfinder sich auf die Anmeldung des andern berufen (Schanze a. a. O.). Die Abtretbarkeit findet eine Schranke an den Erfordernissen der Zugehörigkeit des Cessionars zu einem Vertragsstaate (N. 2).

Der Anspruch auf Priorität ist ein unselbständiges Zubehör der Erfindung und geht ohne Weiteres auf den Erwerber der Erfindung über. Dies gilt, gleichviel ob der Erwerb vor oder nach Erlangung des Schutzrechts stattfindet; auf die Kenntniß des Prioritätsrechtes durch den Erwerber kommt es nicht an. Unerheblich ist es auch, ob der Erwerber Angehöriger eines Vertragsstaates ist oder nicht, wofern nur zur Zeit der ersten und zweiten Anmeldung die Erfindung dem Angehörigen eines Vertragsstaats zusteht.

Die objektive Identität ist vorhanden, wenn die zweite Anmeldung im Wesentlichen mit der ersten übereinstimmt (Schanze a. a. O.). Sind in der zweiten Anmeldung noch Verbesserungen, Zusätze u. s. w. hinzugefügt, so muß die Patentbehörde die angemeldete Erfindung natürlich in der ihr vorgelegten Form auf Patentfähigkeit prüfen. Auf die Priorität kann sich der Anmelder dabei aber nur bezüglich desjenigen Theiles der Anmeldung berufen, welcher sich bereits in der ersten Anmeldung vorfand. Daraus ergiebt sich, daß z. B. Druckschriften, welche in der Zeit zwischen den beiden Anmeldungen erschienen sind, die Zurückweisung zwar der Zuthaten und Verbesserungen, aber nicht des mit der ersten Anmeldung übereinstimmenden Kernes der Erfindung herbeiführen können. (Kohler Handbuch S. 294, Rhenius in Zeitschrift für gewerbl. Rechtsschutz 2, 250.)

Es ist zulässig, auf Grund einer österreichischen Patentanmeldung in Deutschland unter Geltendmachung der Priorität zugleich Gebrauchsmuster und Patent anzumelden, wenn der Gegenstand dieser beiden Schutzrechte in der österreichischen Patentanmeldung enthalten ist, z. B. wenn sich letztere auf Verfahren und Produkt erstreckt.

Frist. 4. Die zweite Anmeldung muß spätestens binnen der dreimonatigen Frist, sie kann aber auch schon während der Dauer des Ertheilungsverfahrens erfolgen (N. 2). Der späteste Termin ist der letzte Tag der Frist. Ueber die Berechnung der dreimonatigen Frist vergl. N. 1, 2 zu Art. 4.

Priorität. 5. Wenn die in N. 1—4 besprochenen Voraussetzungen vorliegen, so gewährt das Uebereinkommen der zweiten Anmeldung nach zwei Richtungen Vortheile.

a) Sie geht allen Anmeldungen vor, welche nach dem Zeitpunkte der ersten Anmeldung eingereicht worden sind. Diese Bestimmung bezieht sich auf die Vorschrift, daß derjenige auf die Ertheilung des Patents Anspruch hat, welcher die Erfindung zuerst angemeldet hat (§. 3 des deutschen Patentgesetzes); vergl. §. 4 des österreichischen Gesetzes. Bei der Frage des Vorrangs der zweiten Anmeldung vor älteren Anmeldungen kommen, wie auch aus dem Wortlaute des Art. 3 hervorgeht, nur solche ältere Anmeldungen in Betracht, die in dem Lande der zweiten Anmeldung erfolgt sind, da sonst eine Konkurrenz bezüglich der Erlangung des Patentes überhaupt nicht vorliegt. Da Art. 3 von dem Zeitpunkte der ersten Anmeldung spricht, so kommt es auf Stunde und Minute an (S. 68). Hat also der Angehörige eines Vertragsstaates dieselbe Erfindung am 5. Mai 1902 um 11 Uhr Vormittags in Wien und am 2. Juli 1902 in Berlin angemeldet, so geht seine deutsche Amneldung jeder Anmeldung vor, welche beim deutschen Patentamt am 5. Mai 1902 Vormittags 11 Uhr 1 Minute oder später eingegangen ist. War eine andere Anmeldung beim Patentamt ebenfalls am 5. Mai um 11 Uhr erfolgt, so sind beide Anmeldungen als gleichzeitige zu behandeln (S. 68).

Als erste Anmeldung kommt nur diejenige in Betracht, welche in dem Gebiete des anderen Vertragstheils erfolgt ist (vergl. Schlußprotokoll zu Art. 3 des deutsch-schweizerischen Vertrages). Es kann also Jemand für ein österreichisches Patent nur die Priorität von dem Zeitpunkte in Anspruch nehmen, zu welchem die Erfindung in Deutschland angemeldet worden ist. Eine vor letzteren Zeitpunkt zurückreichende, im Deutschen Reiche auf Grund eines Staatsvertrages zugestandene Priorität kann für die österreichische Anmeldung nicht in Anspruch genommen werden. Dies gilt auch für den Fall, wenn die Vordatirung in Deutschland auf Grund dieses Staatsvertrages wegen einer vorgängigen ungarischen Anmeldung erfolgt war (Oesterreich. Handelsministerium im Bl. 5, 236).

b) Die zweite Wirkung des Prioritätsrechts knüpft an die Bestimmung der Patentgesetze an, daß Erfindungen nicht als neu gelten, wenn sie zur Zeit ihrer Anmeldung vorbeschrieben oder vorbenutzt waren (§. 2 des deutschen, §. 3 des österreichischen, §. 3 des ungarischen Patentgesetzes). Es soll nun für die Neuheitsfrage nicht der Zeitpunkt der zweiten, sondern der ersten Anmeldung maßgebend sein. In dem vorher angegebenen Beispiele würde also die Neuheit der Erfindung in Deutschland nicht dadurch beeinträchtigt werden, wenn dieselbe am 7. Mai 1902 in einer öffentlichen Druckschrift beschrieben oder im Inlande offenkundig benutzt worden wäre.

6. Weitere Wirkungen, als die in N. 5 angegebenen, hat das Prioritätsrecht nicht. Nach dem klaren Wortlaute des Art. 3 (vergl. dagegen Art. 3 des deutsch-schweizerischen Uebereinkommens) ist es ausgeschlossen, die Rückziehung der Priorität ganz allgemein zu einer Vordatirung der zweiten Anmeldung zu erweitern (Schanze a. a. O. Rhenius a. a. O., Robolski Kommentar S. 104, Kohler Handbuch, S. 292). Andere Wirkungen?

So kommt z. B. für die Frage, ob ein Vorbenutzungsrecht besteht (§. 5 des deutschen, §. 9 des österreichischen, §. 12 des ungarischen Patentgesetzes) das wirkliche Datum der zweiten Anmeldung in Betracht; dieses Recht steht also gegenüber der zweiten Anmeldung auch demjenigen zu, welcher vor dieser, wenn auch nach dem Zeitpunkt der ersten Anmeldung die Erfindung vorbenutzt hatte (S. 112). Ebenso ist das Prioritätsdatum ohne Einfluß auf die Dauer des Patents (§. 7 des deutschen, §. 14 des österreichischen, §. 17 des ungarischen Patentgesetzes), auf die Fälligkeit der Jahresgebühren (§. 8 des deutschen, §. 114 des österreichischen, §. 45 des ungarischen Patentgesetzes), sowie auf den vorläufigen Schutz der Erfindung (§. 23 des deutschen, §. 57 des österreichischen, §. 34 des ungarischen Patentgesetzes). Das Uebereinkommen erstreckt sich, im Gegensatze zu dem deutsch-italienischen und deutsch-schweizerischen Staatsvertrage, auch nicht auf den Ausführungszwang so daß die Angehörigen der Vertragsstaaten verpflichtet sind, die Erfindung in dem Lande, in welchem sie ein Patent haben, nach Maßgabe der daselbst bestehenden Vorschriften auszuführen (§. 11 des deutschen, §. 27 des österreichischen, §. 20 des ungarischen Patentgesetzes).

Geltendmachung der Priorität. 7. Der Berechtigte muß der Behörde, vor welcher er die Priorität geltend machen will, ihre Voraussetzungen nachweisen. Er kann dies sofort bei der Anmeldung vor dem P.A. thun. Für diesen Fall hat das Deutsche Patentamt unter dem 8. März 1892 nachstehende Bekanntmachung erlassen:

Bekanntmachung über die Anmeldung von Erfindungen und von Gebrauchsmustern, für welche die Rechte aus Artikel 3 und 4 der Uebereinkommen mit Oesterreich-Ungarn vom 6. Dezember 1891 und mit Italien vom 18. Januar 1892 über den gegenseitigen Patent-, Muster- und Markenschutz (R.G.Bl. 1892 S. 289 und 293) in Anspruch genommen werden.

Auf Grund des §. 2 des Patentgesetzes vom 7. April 1891 und des §. 2 Absatz 4 des Gesetzes, betreffend den Schutz von Gebrauchsmustern, vom 1. Juni 1891 wird bestimmt:

Wer bei der Anmeldung einer Erfindung oder eines Gebrauchsmusters im Deutschen Reiche die vertragsmässigen Rechte aus einer früheren Anmeldung in Oesterreich-Ungarn oder in Italien geltend machen will, hat vorzulegen:

1. eine beglaubigte Abschrift der früheren Anmeldung und ihrer Beilagen mit einer Bescheinigung über den Zeitpunkt der Anmeldung,
2. eine Bescheinigung über die auf Grund der früheren Anmeldung erfolgte Patentertheilung.

Diese Urkunden müssen von der für die Entgegennahme von Patentanmeldungen oder für die Ertheilung von Patenten zuständigen Behörde Oesterreich-Ungarns oder Italiens ausgefertigt sein.

Sind die Urkunden nicht in deutscher Sprache abgefasst, so ist eine beglaubigte Uebersetzung beizufügen.

Die Oesterreichische Ausführungsverordnung lautet:

Verordnung des Oesterreichischen Handelsministeriums vom 8. November 1892, betreffend die Durchführung der Artikel 3 und 4 des Uebereinkommens mit Deutschland über Patent-, Marken- und Musterschutz.

Im Einvernehmen mit dem Königlich Ungarischen Handelsministerium wird angeordnet wie folgt:

Angehörige des Deutschen Reiches, sowie die ihnen gleichgestellten Personen, welche die im Artikel 8 und 4 des genannten Uebereinkommens in der Oesterreichisch-Ungarischen Monarchie eingeräumten Rechte hinsichtlich des Schutzes ihrer Erfindungen, Gebrauchs- und Geschmacksmuster, Modelle und Marken in Anspruch nehmen, haben bei der Anmeldung in den im Reichsrathe vertretenen Königreichen und Ländern folgende Nachweise beizubringen, und zwar:

I. Bei der Anmeldung von Patenten, wenn der Anspruch auf ein Patent des Deutschen Reiches gegründet wird:

1. Ein Exemplar der vom Kaiserlich Deutschen Patentamte im Druck herausgegebenen Patentschrift oder in Ermangelung derselben:

a) eine beglaubigte Abschrift der im Deutschen Reiche überreichten, die Grundlage des dort ertheilten Patentes bildenden Beschreibung und Zeichnung der Erfindung;

b) eine Bescheinigung über den Tag der Anmeldung dieser Erfindung;

c) eine Bescheinigung über die Ertheilung des deutschen Patentes auf Grund der vorgenannten Beschreibung dieser Erfindung.

2. In allen Fällen eine Bescheinigung über den Tag der Zustellung des Beschlusses über die endgültige Ertheilung des deutschen Patentes.

II. Bei der Anmeldung von Patenten, wenn der Anspruch auf ein im Deutschen Reiche angemeldetes Gebrauchsmuster gegründet wird:

a) eine beglaubigte Nach- oder Abbildung des im Deutschen Reiche überreichten Gebrauchsmusters (Modelles) nebst einer beglaubigten Bescheinigung darüber, für welche an diesem Muster (Modelle) angebrachte neue Gestaltung, Anordnung oder Vorrichtung dasselbe im Deutschen Reiche angemeldet wurde, und wofern eine besondere Beschreibung des Gebrauchsmusters im Deutschen Reiche überreicht wurde, auch eine beglaubigte Abschrift dieser Beschreibung;

b) eine Bescheinigung über die erfolgte Eintragung dieses Gebrauchsmusters in die Gebrauchsmusterrolle nebst einer Bescheinigung über die Dauer des Schutzes, oder an Stelle dieser beiden Bescheinigungen einen beglaubigten Auszug aus der diese Daten enthaltenden Gebrauchsmusterrolle;

c) eine Bescheinigung über den Tag der Anmeldung des Gebrauchsmusters, sofern nicht ein diese Angabe enthaltender Auszug aus der Gebrauchsmusterrolle beigebracht wird.

III. Bei der Anmeldung von Mustern und Modellen:

a) ein beglaubigtes Exemplar oder eine beglaubigte Nach- oder Abbildung des im Deutschen Reiche überreichten Gebrauchsmusters oder Geschmacksmusters oder Modelles, oder soferne das Muster oder Modell versiegelt hinterlegt wurde, entweder einen beglaubigten Auszug aus dem Musterregister, aus welchem die Fabriks- oder Geschäftsnummer des Musters oder Modelles bestimmt zu entnehmen ist, oder ein Exemplar des „Deutschen Reichsanzeigers" mit der vorschriftsmässigen Bekanntmachung des versiegelt hinterlegten Musters oder Modelles;

b) eine Bescheinigung über die erfolgte Eintragung des betreffenden Gebrauchsmusters in die Gebrauchsmusterrolle, beziehungsweise des Musters oder Modelles in das Musterregister, oder einen beglaubigten Auszug aus der Gebrauchsmusterrolle, beziehungsweise aus dem Musterregister, oder endlich ein Exemplar des „Deutschen Reichsanzeigers" mit der Bekanntmachung der erfolgten Eintragung des Gebrauchsmusters in die Gebrauchsmusterrolle oder des Musters oder Modelles in das Musterregister;

c) eine Bescheinigung über den Tag der Anmeldung dieses Gebrauchsmusters, beziehungsweise dieses Musters oder Modelles, soferne nicht ein diese Angaben enthaltender Auszug aus der Gebrauchsmusterrolle, beziehungsweise aus dem Musterregister oder ein Exemplar des „Deutschen Reichsanzeigers" beigebracht wird.

IV. Bei der Anmeldung von Marken:

a) Ein beglaubigtes Exemplar der im Deutschen Reiche überreichten Marke;

b) eine Bescheinigung über die erfolgte Eintragung dieser Marke in das Markenregister oder ein Exemplar des „Deutschen Reichsanzeigers" mit der Bekanntmachung der erfolgten Eintragung, und

c) eine Bescheinigung über den Tag der erfolgten Anmeldung dieser Marke, sofern nicht ein diese Angabe enthaltendes Exemplar des „Deutschen Reichsanzeigers" beigebracht wird.

Die vom Kaiserlich Deutschen Patentamte im Drucke herausgegebenen Patentschriften bedürfen ebensowenig wie die Exemplare des „Deutschen Reichsanzeigers" einer Beglaubigung.

Alle Beglaubigungen müssen von den für die Entgegennahme

der Anmeldungen zuständigen Behörden (Kaiserlichen Patentamt oder Gericht) ausgestellt sein, und bedürfen im Sinne des Artikels I Abs. 1 und 4 lit. c. des Legalisirungsvertrages mit dem Deutschen Reiche vom 25. Februar 1880 (R.G.Bl. No. 85) keiner weiteren Beglaubigung.

Diese Verordnung tritt mit dem Tage ihrer Kundmachung in Wirksamkeit.

Die beiden Verordnungen gehen davon aus, daß die Priorität bei der Anmeldung geltend gemacht wird. Dies ist aber nicht nothwendig, vielmehr kann sie während der ganzen Dauer des Ertheilungsverfahrens in Anspruch genommen werden. Dies wird z. B. dann vorkommen, wenn dem Anmelder, der zunächst sich auf die Priorität nicht berufen hatte, eine Druckschrift entgegengehalten wird, welche in der Zwischenzeit zwischen seinen beiden Anmeldungen erschienen ist.

Es liegt aber im allgemeinen Interesse, daß der Anmelder die Priorität gleich bei Einreichung seiner Anmeldung beansprucht. Es werden dadurch unnütze Einsprüche verhindert und von vornherein klare Rechtsverhältnisse geschaffen.

Das P.A. prüft im Ertheilungsverfahren regelmäßig nicht, ob die Priorität vom Anmelder mit Recht in Anspruch genommen wird. Dies geschieht nur in dem Falle, wenn die Ertheilung des Patents von der Feststellung der Priorität abhängt. Die Prüfung erübrigt sich demnach, wenn auch ohne diese Feststellung das Patent ertheilt oder wenn es auch trotz dieser Feststellung versagt werden würde (Propriété Industrielle 11, 11).

In Deutschland wird bei der Auslegung der Anmeldung, in der Patentschrift und in der Patentrolle, sowie bei den betreffenden Bekanntmachungen im Reichsanzeiger und im Patentblatt besonders darauf aufmerksam gemacht, daß der Anmelder bezw. Patentinhaber für diese Anmeldung bezw. dieses Patent die Rechte aus Art. 3 des Uebereinkommens auf Grund einer Anmeldung in Oesterreich oder Ungarn vom .... in Anspruch nimmt. Die zum Nachweise des Prioritätsrechts beigebrachten Urkunden werden mitausgelegt, zu den Akten genommen und auch später Jedermann auf Verlangen vorgelegt (Schanze a. a. O.).

Der Berechtigte geht der Priorität nicht verlustig, selbst wenn er dieselbe während des Ertheilungsverfahrens überhaupt nicht geltend gemacht hat, denn das Abkommen fixirt keinen Endpunkt für die Berufung auf die Priorität (Schanze a. a. O., Kohler Handbuch S. 293). Dies wird insbesondere im Nichtigkeitsprozesse praktisch werden, wenn die Klage darauf gestützt wird, daß die Erfindung Gegenstand des Patents eines früheren Anmelders ist oder daß sie zur Zeit ihrer Anmeldung nicht neu war. Hier kann die mit der Entscheidung des Nichtigkeitsprozesses betraute Behörde, wenn der Patentinhaber ihr die Voraussetzungen der Priorität nachweist, ihm dieselbe gewähren, trotzdem sie während des Ertheilungsverfahrens nicht geltend gemacht war. Die Gewährung oder Versagung der Priorität im Ertheilungsverfahren ist für die Nichtigkeitsinstanz nicht bindend (S. 51).

Hat der Berechtigte erst während des Nichtigkeitsverfahrens die Priorität geltend gemacht, so kann dies unter Umständen für die Kostenfrage von Erheblichkeit sein (§. 31 des deutschen, §. 77 des österreichischen Patentgesetzes); vergl. österreich. Handelsministerium in österreich. Zeitschrift für gewerbl. Rechtsschutz 2, 1.

Vorstehendes gilt auch, wenn in Deutschland auf Löschung eines Gebrauchsmusters wegen mangelnder Neuheit vor den ordentlichen Gerichten geklagt wird und der Beklagte sich in diesem Prozesse auf die Priorität beruft. Hier hat das Gericht über das Vorliegen derselben zu entscheiden.

Artikel 4.

Die im Artikel 3 vorgesehene Frist beginnt:

a) bei Mustern und Modellen, sowie Handels- und Fabrikmarken mit dem Zeitpunkt, in welchem die erste Anmeldung erfolgt;

b) bei Erfindungen mit dem Zeitpunkt, in welchem auf die erste Anmeldung das Patent ertheilt wird;

c) bei Gegenständen, welche in Deutschland als Gebrauchsmuster, in Oesterreich-Ungarn als Erfindungen angemeldet werden, mit dem Zeitpunkt der ersten Anmeldung, falls diese in Deutschland erfolgt, und mit dem Zeitpunkt, in welchem das Patent auf die erste Anmeldung ertheilt wird, falls diese in Oesterreich-Ungarn erfolgt.

Der Tag der Anmeldung oder der Ertheilung wird in die Frist nicht eingerechnet.

Als Tag der Ertheilung gilt der Tag, an welchem der Beschluß über die endgültige Ertheilung des Patents zugestellt worden ist.

1. Beginn der Frist. | 2. Ende der Frist.

Beginn der Frist. 1. Für den Beginn der dreimonatigen Frist ist zu unterscheiden, ob mit der ersten Anmeldung in Deutschland Gebrauchsmusterschutz oder in einem der Vertragsstaaten Patentschutz nachgesucht wurde. Ist das erste der Fall, so beginnt die Frist mit dem Tage der Anmeldung. Wurde dagegen mit der ersten Anmeldung die Ertheilung eines Patents nachgesucht, so ist der Tag, an welchem die Ertheilung des Patents erfolgt, für den Beginn der Frist maßgebend.

Welcher Tag als der Tag der Anmeldung eines Gebrauchsmusters anzusehen ist, darüber vergl. S. 399.

Als Tag der Ertheilung des Patents soll nach der Bestimmung des Abs. 3 der Tag gelten, an welchem der Beschluß über die endgültige

Ertheilung des Patents zugestellt worden ist. Dies ist in zwei Fällen unzweifelhaft, nämlich:

1. wenn die Anmeldeabtheilung, ohne daß Einspruch eingelegt ist, das nachgesuchte Patent dem Antragsteller seinem Antrage entsprechend ertheilt,

2. wenn die Beschwerdeabtheilung das Patent ertheilt.

In beiden Fällen ist kein Rechtsmittel zuläßig (S. 280). Deshalb ist die Ertheilung sofort endgültig. Mithin ist im ersten Falle die Zustellung des Beschlusses der Anmeldeabtheilung, im zweiten die des Beschlusses der Beschwerdeabtheilung maßgebend.

Zweifelhaft ist dagegen der Fall

3. wenn die Anmeldeabtheilung, nachdem Einspruch erhoben ist, die Ertheilung des Patents beschließt, oder wenn sie, ohne daß Einspruch eingelegt ist, dem Anmelder ein Patent in einem beschränkteren Umfange, als er es nachgesucht hat, ertheilt und wenn in beiden Fällen innerhalb der Beschwerdefrist Beschwerde nicht erhoben ist. In diesem Falle ist das Patent erst mit dem Ablaufe der Beschwerdefrist, die in Deutschland einen Monat, in Oesterreich und Ungarn 30 Tage beträgt, endgültig ertheilt.

Ist der maßgebende Tag nun der, an welchem die Zustellung des Beschlusses der Anmeldeabtheilung erfolgt, oder der, an welchem der Beschluß rechtskräftig geworden ist? Nach dem Wortlaute des Art. 4 scheint zunächst die erste Alternative die richtige zu sein; dies würde indessen den Nachtheil haben, daß die dreimonatige Frist immer um ein Drittel verkürzt würde. Dies kann unmöglich vom Gesetzgeber beabsichtigt worden sein und deshalb muß man sich für die zweite Alternative entscheiden (Schanze a. a. O.). Dieselbe kann auch mit dem Wortlaute des Abs. 3 in Uebereinstimmung gebracht werden, wenn man dort zwei Erfordernisse für den Ertheilungstag aufgestellt findet, nämlich: Zustellung des Beschlusses und endgültige Ertheilung des Patents. Dies letztere Erforderniß ist aber erst nach dem fruchtlosen Ablaufe der Beschwerdefrist vorhanden. Vergl. auch die entsprechende Erörterung über die Fälligkeit der zweiten Jahresgebühr S. 151. Wird auf Einlegung der Beschwerde verzichtet, so tritt die Rechtskraft mit dem Tage des Verzichts ein.

Für den Beginn der Frist ist nach Obigem der Zeitpunkt der Anmeldung (bei Gebrauchsmustern), der Zustellung oder des Eintritts der Rechtskraft maßgebend. Der Tag, in welchen diese Ereignisse fallen, wird aber bei Berechnung der Frist nicht mitgerechnet. Trat die Rechtskraft des Ertheilungsbeschlusses in Folge des Ablaufs der Beschwerdefrist ein, so beginnt also die dreimonatliche Frist mit dem Anfange desjenigen Tages, welcher auf den letzten Tag der Beschwerdefrist folgt.

2. Ist für den Beginn der Frist die Anmeldung, die Zustellung oder der Verzicht auf die Beschwerde maßgebend gewesen, so endigt die Frist mit dem Ablaufe desjenigen Tages des dritten Monats, welcher durch seine Zahl dem Tage entspricht, an welchem die Anmeldung, die Zustellung oder der Verzicht stattgefunden hat (Oesterreich. P.A. im Bl. Ende der Frist.

6, 340). War der Ablauf der Beschwerdefrist für den Beginn der Frist maßgebend, so endigt dieselbe mit dem Ablaufe desjenigen Tages des dritten Monats, welcher durch seine Zahl dem letzten Tage der Beschwerdefrist entspricht. War also der anfechtbare Beschluß der Anmeldeabtheilung am 5. Mai in Deutschland zugestellt, so endigt die Beschwerdefrist mit dem Ablaufe des 5. Juni; die dreimonatige Frist beginnt also mit dem Anbruche des 6. Juni und läuft mit dem Ende des 5. September ab.

Fehlt in dem dritten Monat der für ihren Ablauf maßgebende Tag, so endigt die Frist mit dem Ablaufe des letzten Tages dieses Monats.

Ist der letzte Tag der dreimonatigen Frist ein Sonntag oder ein in dem Staate, in welchem die zweite Anmeldung erfolgt, anerkannter allgemeiner Feiertag, so tritt an die Stelle des Sonntags oder Feiertags der nächstfolgende Werktag (§. 193 B.G.B.).

Artikel 5.

Die Einfuhr einer in den Gebieten des einen Theiles hergestellten Waare in die Gebiete des anderen Theiles soll in den letzteren den Verlust des auf Grund einer Erfindung, eines Musters oder Modells für die Waare gewährten Schutzrechtes nicht zur Folge haben.

Diese Bestimmung, welche dem Art. 5 des Unionsvertrages entspricht, hat zur Zeit keine Bedeutung, da in keinem der Vertragsstaaten eine dem Art. 32 des französischen Patentgesetzes entsprechende Vorschrift besteht, daß die Einfuhr einer patentirten Waare den Verlust des Patents nach sich zieht. Die internen Vorschriften der Vertragsstaaten über den Ausübungszwang werden durch Art. 5 nicht berührt (N. 6 zu Art. 3); vergl. dagegen Art. 5 des deutsch-italienischen und des deutsch-schweizerischen Uebereinkommens.

Artikel 6.

Dem Inhaber einer in den Gebieten des einen Theiles eingetragenen Handels- und Fabrikmarke kann die Eintragung in den Gebieten des anderen Theiles nicht aus dem Grunde versagt werden, weil die Marke den hier geltenden Vorschriften über die Zusammensetzung und äußere Gestaltung der Marken nicht entspricht.

Zu den Vorschriften über die Zusammensetzung und äußere Gestaltung der Marken werden diejenigen Vorschriften nicht gerechnet, welche in den Marken die Verwendung von Bildnissen der Landesherren oder der Mitglieder der landesherrlichen

Häuser oder von Staats- und anderen öffentlichen Wappen verbieten.

Artikel 7.

Handels- und Fabrikmarken, welche in den Gebieten des einen Theiles als Kennzeichen der Waaren von Angehörigen eines bestimmten gewerblichen Verbandes, eines bestimmten Ortes oder Bezirkes Schutz genießen, sind, sofern die Anmeldung dieser Marken vor dem 1. Oktober 1875 in den Gebieten des anderen Theiles erfolgt ist, hier von der Benutzung als Freizeichen ausgeschlossen. Außer den Angehörigen eines solchen Verbandes, Ortes oder Bezirkes hat niemand Anspruch auf Schutz dieser Marken.

Waarenzeichen, welche öffentliche Wappen aus den Gebieten des einen Theiles enthalten, sind in den Gebieten des anderen Theiles von der Benutzung als Freizeichen ausgeschlossen. Außer demjenigen, welcher die Erlaubniß zur Benutzung der Wappen besitzt, hat niemand Anspruch auf Schutz dieser Zeichen.

Artikel 8.

Jeder der vertragschließenden Theile wird, soweit dies noch nicht geschehen ist, Bestimmungen gegen den Verkauf und das Feilhalten solcher Waaren treffen, welche zum Zweck der Täuschung in Handel und Verkehr mit Staatswappen des anderen Theiles oder mit Namen oder Wappen bestimmter, in den Gebieten des anderen Theiles belegenen Orte oder Bezirke behufs Bezeichnung des Ursprungs versehen sind.

Artikel 9.

Muster und Modelle, sowie Handels- und Fabrikmarken, für welche deutsche Angehörige in der Oesterreichisch-Ungarischen Monarchie einen Schutz erlangen wollen, sind sowohl bei der Handels- und Gewerbekammer in Wien für die im Reichsrath vertretenen Königreiche und Länder, als auch bei der Handels- und Gewerbekammer in Budapest für die Länder der Ungarischen Krone anzumelden.

Artikel 10.

Das gegenwärtige Uebereinkommen tritt am 1. Februar 1892 in Kraft und bleibt bis zum Ablauf von sechs Monaten nach erfolgter Kündigung von Seite eines der vertragschließenden Theile in Wirksamkeit.

Schlußprotokoll.

Die Bestimmung im Artikel 6 Absatz 1 des Uebereinkommens bezweckt nicht, der in den Gebieten des einen Theiles eingetragenen Marke in den Gebieten des anderen Theiles auch dann einen Anspruch auf Eintragung zu gewähren, wenn hier befunden wird, daß der Inhalt der Marke gegen die Sittlichkeit oder gegen die öffentliche Ordnung verstößt, oder mit den thatsächlichen Verhältnissen in einem das Publikum irreführenden Widerspruch steht. Liegt eine dieser Voraussetzungen vor, so kann die Eintragung versagt werden.

Uebereinkommen zwischen dem Reich und Italien über den gegenseitigen Patent-, Muster- und Markenschutz.

Vom 18. Januar 1892.

(R.G.Bl. S. 293.)

Artikel 1.

Die Angehörigen des einen der vertragschließenden Theile sollen in den Gebieten des anderen in Bezug auf den Schutz von Erfindungen von Mustern (einschließlich der Gebrauchsmuster) und Modellen, von Handels- und Fabrikmarken, von Firmen und Namen dieselben Rechte wie die eigenen Angehörigen genießen.

Sie werden demgemäß denselben Schutz und dieselben gesetzlichen Mittel gegen jede Verletzung ihrer Rechte haben wie die Inländer, vorausgesetzt, daß sie die Förmlichkeiten und Bedingungen erfüllen, welche die innere Gesetzgebung eines jeden der beiden Staaten den Inländern auferlegt.

Siehe die Erläuterungen zu Art. 1 des Uebereinkommens mit Oesterreich-Ungarn. Dort fehlt der vorstehende Abs. 2, dies hat sachlich keine Bedeutung (S. 514).

Artikel 2.

Den Angehörigen im Sinne dieser Vereinbarung sind gleichgestellt andere Personen, welche in den Gebieten des einen der vertragschließenden Theile ihren Wohnsitz oder ihre Hauptniederlassung haben.

Artikel 3.

Wird eine Erfindung, ein Muster oder Modell, eine Fabrik- oder Handelsmarke in den Gebieten des einen der vertragschließenden Theile behufs Erlangung des Schutzes angemeldet, und binnen einer Frist von drei Monaten die Anmeldung auch in den Gebieten des anderen vertragschließenden Theiles bewirkt, so soll:

a) diese spätere Anmeldung allen Anmeldungen vorgehen, welche in den Gebieten des anderen Theiles nach dem Zeitpunkt der ersten Anmeldung eingereicht worden sind;

b) durch Umstände, welche nach dem Zeitpunkt der ersten Anmeldung eintreten, dem Gegenstande derselben die Neuheit in den Gebieten des anderen Theiles nicht entzogen werden.

Artikel 4.

Die im Artikel 3 vorgesehene Frist beginnt:

a) bei Mustern und Modellen, sowie bei Handels- und Fabrikmarken mit dem Zeitpunkt, in welchem die erste Anmeldung erfolgt;

b) bei Erfindungen mit dem Zeitpunkt, in welchem auf die erste Anmeldung das Patent ertheilt wird;

c) bei Gegenständen, welche in Deutschland als Gebrauchsmuster, in Italien als Erfindungen angemeldet werden, mit dem Zeitpunkt der ersten Anmeldung, falls diese in Deutschland erfolgt, und mit dem Zeitpunkt, in welchem das Patent auf die erste Anmeldung ertheilt wird, falls diese in Italien erfolgt.

Der Tag der Anmeldung oder der Ertheilung wird in die Frist nicht eingerechnet.

Als Tag der Ertheilung gilt der Tag, an welchem der Beschluß über die endgiltige Ertheilung des Patents zugestellt worden ist.

Diese Artikel entsprechen wörtlich den Art. 2--4 des Uebereinkommens mit Oesterreich-Ungarn.

Die deutsche Ausführungsverordnung ist S. 520 abgedruckt die italienische lautet in deutscher Uebersetzung (Bl. 4, 81):

Reglement für die Ausführung der auf die Vorzugsrechte bezüglichen Bestimmungen, welche durch die zwischen Italien und anderen Staaten geschlossenen Konventionen zum wechselseitigen Schutz des gewerblichen Eigenthums festgesetzt sind.

Genehmigt durch Königliche Order vom 16. Januar 1898.

Art. 1. Wer ordnungsmässig in Deutschland oder in einem der Staaten, welche der Pariser Konvention vom 20. März 1883 beigetreten sind, die Hinterlegung eines Gesuches um Ertheilung eines Patents auf eine Erfindung und auf ein Gebrauchsmuster, auf ein gewerbliches Muster oder Modell oder auf eine Fabrik- oder Handelsmarke bewirkt hat, kann, wenn er die gleiche Hinterlegung in Italien bewirkt, verlangen, dass in die Italienische Patenturkunde ein Hinweis auf das Vorzugsrecht aufgenommen werde, welches er, unter den Bedingungen des Artikels 4 der oben erwähnten Konvention und der Artikel 3 und 4 der italienisch-deutschen Konvention vom 18. Januar 1892, sich vorzubehalten beabsichtigt, vorausgesetzt, dass die in den folgenden Artikeln enthaltenen Vorschriften erfüllt werden.

Art. 2. Die Hinterlegung des Gesuches in Italien muss bewirkt werden:

a) innerhalb drei Monaten nach dem Datum der ersten im Auslande bewirkten Hinterlegung, wenn es sich um gewerbliche Muster oder Modelle, um Gebrauchsmuster, um Fabrik- oder Handelsmarken handelt;

b) innerhalb sechs Monaten nach dem Datum der ersten Hinterlegung in einem der Staaten, welche der Pariser Konvention vom 20. März 1883 beigetreten sind, wenn es sich um Erfindungspatente handelt;

c) innerhalb drei Monaten nach dem Datum der Ertheilung des Erfindungspatentes, wenn das Gesuch in Deutschland hinterlegt worden ist.

Art. 3. Für die in überseeischen Staaten bewirkten Hinterlegungen werden die Fristen von drei und sechs Monaten, von welchen unter den Buchstaben a und b des vorhergehenden Artikels die Rede ist, um einen Monat verlängert.

Art. 4. Dem in Italien hinterlegten Gesuche um Ertheilung eines Erfindungspatentes oder eines Zeugnisses über die Eintragung einer Fabrik- oder Handelsmarke oder eines Patentes auf ein Fabrikmuster oder -Modell müssen alle in den bezüglichen italienischen Gesetzen vom 30. Oktober 1859 (No. 3731) und 30. August 1868 (No. 4577 und 4578) vorgeschriebenen Dokumente beigefügt sein.

Ausserdem muss

1. in der Eingabe das folgende besondere Ersuchen gestellt sein:

„Der Unterzeichnete, welcher bereits ein gleiches Gesuch seit dem (Datum) . . . . . in . . hinterlegt hat, wie aus den beigefügten Dokumenten erhellt, ersucht, dass in der italienischen Urkunde, welche Gegenstand des Gegenwärtigen ist, die Erklärung des Vorbehalts des Vorzugsrechtes aufgenommen werde, welche er nach Massgabe der Pariser Konvention vom 20. März 1883 — italienisch-deutschen Konvention vom 18. Januar 1892 geltend zu machen beabsichtigt."

2. der in der vorhergehenden Nummer erwähnten Eingabe das ausländische Patent oder eine beglaubigte Kopie desselben oder auch, sobald erklärt wird, dass das Patent noch nicht ausgestellt sei, in beglaubigter Form ein Zertifikat des Patentamts des Staates, in welchem die erste Hinterlegung bewirkt wurde, beigefügt sein. Aus dem Zertifikat oder Patent müssen sich die Generalien des Gesuchstellers, die Bezeichnung des hinterlegten Gegenstandes und das genaue Datum (Jahr, Monat, Tag und Stunde) der ersten Hinterlegung ergeben.

Art. 5. Das unter No. 2 des vorhergehenden Artikels erwähnte Zertifikat über in Deutschland bewirkte Hinterlegungen kann durch den Reichsanzeiger oder die amtlichen Veröffentlichungen des Kaiserlichen Patentamtes, welche die geforderten Angaben enthalten, ersetzt werden.

Art. 6. Nachdem das Specialamt für das gewerbliche Eigenthum die Erfüllung der durch die vorhergehenden Artikel vorgeschriebenen Förmlichkeiten anerkannt hat, hat es in die Urkunde einen der folgenden Vermerke aufzunehmen, je nachdem das ausländische Patent ausgestellt oder nicht ausgestellt ist:

a) „Der Inhaber der gegenwärtigen Urkunde hat ausserdem die durch das mittelst Königlicher Verordnung vom 16. Januar 1898 genehmigte Reglement vorgeschriebenen Dokumente vorgelegt, aus welchen erhellt, das derselbe bereits in am ein Gesuch um ein Patent hinterlegt hat, welches letztere ihm am unter No. ertheilt worden ist, und dies zu dem Zweck, um in Italien das Vorzugsrecht geltend zu machen, welches durch die Pariser Konvention vom 20. März 1888 — italienisch-deutsche Konvention vom 18. Januar 1892 zugestanden ist."

b) „Der Inhaber der gegenwärtigen Urkunde hat ausserdem die durch das mittelst Königlicher Verordnung vom 16. Januar 1898 genehmigte Reglement vorgeschriebenen Dokumente vorgelegt, aus welchen erhellt, dass derselbe bereits in am ein Gesuch um ein Patent hinterlegt hat, welches ihm noch nicht ertheilt worden ist, und dies zu dem Zweck, um in Italien, nachdem er das ausländische Patent erhalten haben wird, das durch die Pariser Konvention vom 20. März 1888 — italienisch-deutsche Konvention vom 18. Januar 1892 zugestandene Vorzugsrecht geltend zu machen."

Gesehen, auf Befehl Seiner Majestät.

Der Minister für Ackerbau, Industrie und Handel.

Artikel 5.

Die Rechtsnachtheile, welche nach den Gesetzen der vertragschließenden Theile eintreten, wenn eine Erfindung, ein Muster oder ein Modell nicht innerhalb einer bestimmten Frist ausgeführt oder nachgebildet wird, sollen auch dadurch ausgeschlossen werden, daß die Ausführung oder Nachbildung in dem Gebiete des anderen Theiles erfolgt.

Demgemäß soll auch die Einfuhr einer in den Gebieten des einen Theiles hergestellten Waare in die Gebiete des anderen Theiles in den letzteren den Verlust des auf Grund einer Erfindung, eines Musters oder eines Modells für die Waare gewährten Schutzrechts nicht zur Folge haben.

Der Abs. 2 entspricht dem Art. 5 des Uebereinkommens mit Oesterreich-Ungarn. Er hat hier ebensowenig wie dort, eine praktische Bedeutung.

Der Abs. 1 geht über den Inhalt jenes Uebereinkommens insofern hinaus, als er den durch die Landesgesetze vorgeschriebenen Ausübungszwang abschwächt (S. 526). Er bestimmt nämlich, daß die Zurücknahme eines Patents wegen Nichtausübung desselben (§. 11 des deutschen, Art 58 des italienischen Patentgesetzes) nicht ausgesprochen werden darf, wenn die Ausübung in dem Gebiete des andern Vertragsstaates stattgefunden hat. Da nach den vorangegangenen Bestimmungen, insbesondere dem Art. 1, das Gebiet des anderen Vertragsstaates in Beziehung auf patentrechtliche Verhältnisse für die gemachte Erfindung nur in Betracht kommt, sofern für dieses andere Gebiet ein Patent nachgesucht werden soll, eine Erfindung zur Patentirung angemeldet oder ein Patent ertheilt ist, so ist der erste Absatz des Art. 5 nur dann anzuwenden, wenn eine in beiden Vertragsstaaten patentirte Erfindung vorliegt. Die Ausübung der Erfindung in Italien genügt zur Aufrechterhaltung des deutschen Patents nicht, wenn die Erfindung nicht auch in Italien patentirt ist (R.G. 37, 49, im Bl. 2, 317; R.G. 41, 77, im Bl. 4, 108).

Artikel 6.

Dem Inhaber einer in den Gebieten des einen Theiles eingetragenen Handels- und Fabrikmarke kann die Eintragung in den Gebieten des anderen Theiles nicht aus dem Grunde versagt werden, weil die Marke den hier geltenden Vorschriften über die Zusammensetzung und äußere Gestaltung der Marken nicht entspricht.

Artikel 7.

Handels- und Fabrikmarken, welche in dem Ursprungslande im freien Gebrauch stehen, können auch in den Gebieten des anderen Theiles nicht den Gegenstand ausschließlicher Benutzung bilden.

Artikel 8.

Das gegenwärtige Uebereinkommen tritt am 1. Februar 1892 in Kraft und bleibt bis zum Ablauf von sechs Monaten nach erfolgter Kündigung von Seite eines der vertragschließenden Theile in Wirksamkeit.

Uebereinkommen zwischen dem Deutschen Reich und der Schweiz, betreffend den gegenseitigen Patent-, Muster- und Markenschutz.

Vom 13. April 1892.

(R.G.Bl. 1894 S. 511.)

Artikel 1.

Die Angehörigen des einen der vertragschließenden Theile sollen in dem Gebiete des anderen in Bezug auf den Schutz von Erfindungen, von Mustern (einschließlich der Gebrauchsmuster) und Modellen, von Handels- und Fabrikmarken, von Firmen und Namen dieselben Rechte wie die eigenen Angehörigen genießen. Sie werden demgemäß denselben Schutz und dieselben gesetzlichen Mittel gegen jede Verletzung ihrer Rechte haben, wie die Inländer, vorausgesetzt, daß sie die Förmlichkeiten erfüllen, welche die innere Gesetzgebung eines jeden der beiden Staaten den Inländern auferlegt.

Artikel 2.

Den Angehörigen im Sinne dieser Vereinbarung sind gleichgestellt andere Personen, welche in dem Gebiete des einen der vertragschließenden Theile ihren Wohnsitz oder ihre Hauptniederlassung haben.

Artikel 3.

Wird eine Erfindung, ein Muster oder Modell, eine Handels- oder Fabrikmarke in dem Gebiete des einen der vertragschließenden Theile angemeldet und binnen einer Frist von drei Monaten die Anmeldung auch in dem Gebiete des anderen vertragschließenden Theiles bewirkt, so soll diese spätere Anmeldung dieselbe Wirkung haben, als wenn sie am Tage der ersten Anmeldung geschehen wäre.

Artikel 4.

Die im Artikel 3 vorgesehene Frist beginnt:

a) bei Mustern und Modellen, sowie bei Handels- und Fabrikmarken mit dem Zeitpunkt, in welchem die erste Anmeldung erfolgt;

b) bei Erfindungen mit dem Zeitpunkt, in welchem auf die erste Anmeldung das Patent ertheilt wird;

c) bei Gegenständen, welche in Deutschland als Gebrauchsmuster, in der Schweiz als Erfindungen angemeldet werden, mit dem Zeitpunkt der ersten Anmeldung, falls diese in Deutschland erfolgt, und mit dem Zeitpunkt, in welchem das Patent auf die erste Anmeldung ertheilt wird, falls diese in der Schweiz erfolgt.

Der Tag der Anmeldung oder der Ertheilung wird in die Frist nicht eingerechnet.

Als Tag der Ertheilung gilt in Deutschland der Tag, an welchem der Beschluß über die endgültige Ertheilung des Patentes zugestellt, in der Schweiz der Tag, an welchem das Patent in das Patentregister eingetragen worden ist.

Artikel 5.

Die Rechtsnachtheile, welche nach den Gesetzen der vertragschließenden Theile eintreten, wenn eine Erfindung, ein Muster oder Modell, eine Handels- oder Fabrikmarke nicht innerhalb einer bestimmten Frist ausgeführt, nachgebildet oder angewendet wird, sollen auch dadurch ausgeschlossen werden, daß die Ausführung, Nachbildung oder Anwendung in dem Gebiete des anderen Theiles erfolgt.

Die Einfuhr einer in dem Gebiete des einen Theiles hergestellten Waare in das Gebiet des anderen Theiles soll in dem letzteren nachtheilige Folgen für das auf Grund einer Erfindung, eines Musters oder Modells oder einer Handels- oder Fabrikmarke gewährte Schutzrecht nicht nach sich ziehen.

Artikel 6.

Dem Inhaber einer in den Gebieten des einen Theiles eingetragenen Handels- und Fabrikmarke kann die Eintragung in den Gebieten des anderen Theiles nicht aus dem Grunde versagt werden, weil die Marke den hier geltenden Vorschriften über die Zusammensetzung und äußere Gestaltung der Marken nicht entspricht.

Artikel 7.

Angehörige des einen der vertragschließenden Theile, welche ein Patent in dem Gebiete des anderen Theiles erlangt haben, sind in dem letzteren von jeder gesetzlichen Verpflichtung befreit, behufs Geltendmachung der aus dem Patent sich ergebenden Rechte, die nach dem Patent hergestellten Gegenstände oder deren Verpackung als patentirt zu kennzeichnen. Ist eine solche Kennzeichnung nicht erfolgt, so muß behufs Verfolgung des Nachahmers der Nachweis schuldhaften Verhaltens besonders geführt werden.

Artikel 8.

Jeder der vertragschließenden Theile wird, soweit dies noch nicht geschehen ist, Bestimmungen gegen den Verkauf und das Feilhalten solcher Waaren treffen, welche unrichtigerweise und in der Absicht zu täuschen als von einem im Gebiete des anderen vertragschließenden Theiles belegenen Orte oder Bezirke herrührend bezeichnet sind.

Artikel 9.

Das gegenwärtige Uebereinkommen soll ratifizirt und die Ratifikations-Urkunden sollen sobald als möglich in Berlin ausgewechselt werden.

Das Uebereinkommen tritt mit dem Ablauf von zwei Wochen von dem Tage des Austausches der Ratifikations-Urkunden ab in Kraft und bleibt in Wirksamkeit bis zum Ablauf von sechs Monaten nach erfolgter Kündigung seitens eines der vertragschließenden Theile.

Schlußprotokoll.

1. Zu Artikel 1.

Die Gleichstellung der beiderseitigen Staatsangehörigen soll hinsichtlich des Firmenschutzes auch die Wirkung haben, daß Firmen aus dem Gebiete des einen Theiles, um einen Schutz gegen mißbräuchliche Verwendung zur Waarenbezeichnung in dem

Gebiete des anderen Theiles zu genießen, hier der Hinterlegung und Eintragung als Marke nicht bedürfen.

2. Zu Artikel 3.

Angehörige des einen der vertragschließenden Theile, welche eine Erfindung, ein Muster oder Modell, eine Handels- oder Fabrikmarke in einem dritten Staate anmelden, können auf Grund dieser Anmeldung in dem Gebiete des anderen vertragschließenden Theiles Rechte aus dem vorliegenden Uebereinkommen nicht herleiten.

3. Zu Artikel 4.

Im Sinne des Artikels 4 Absatz 1 kann eine Erfindung auch vor dem Zeitpunkt, in welchem auf die erste Anmeldung das Patent ertheilt wird, in dem Gebiete des anderen Theiles mit der im Artikel 3 vorgesehenen Wirkung angemeldet werden, vorausgesetzt, daß die Ertheilung des Patentes auf die erste Anmeldung nachträglich erfolgt.

4. Zu Artikel 5.

Rechtsnachtheile, welche nach den Gesetzen der vertragschließenden Theile bei Erfindungspatenten im Fall der Licenzverweigerung eintreten, werden durch die Vorschriften des Artikels 5 nicht ausgeschlossen.

5. Zu Artikel 6.

Die Bestimmung im Artikel 6 Absatz 1 des Uebereinkommens bezweckt nicht, der in den Gebieten des einen Theiles eingetragenen Marke in den Gebieten des anderen Theiles auch dann einen Anspruch auf Eintragung zu gewähren, wenn hier befunden wird, daß der Inhalt der Marke gegen die Sittlichkeit oder gegen die öffentliche Ordnung verstößt, oder mit den thatsächlichen Verhältnissen in einem das Publikum irreführenden Widerspruch steht. Liegt eine dieser Voraussetzungen vor, so kann die Eintragung versagt werden.

Zusatzprotokoll.

Die Bestimmungen des Artikels 5 des Uebereinkommens finden auf diejenigen Erfindungen nicht Anwendung, welche

nach den Gesetzen eines der vertragschließenden Theile vom Patentschutz ausgeschlossen sind.

Nachstehend sollen die patentrechtlichen Bestimmungen des vorstehenden Uebereinkommens kurz erläutert werden.

Art. 1, 2 entsprechen den Bestimmungen des Uebereinkommens mit Italien.

Art. 3. Während in den Verträgen mit Oesterreich-Ungarn und Italien die Wirkungen des Prioritätsrechts dahin spezialisirt sind, daß sie in dem Vorrecht bei einer Konkurrenz von Anmeldungen und in dem Vorbehalt der Neuheit bestehen, wird hier ganz allgemein gesagt, daß die spätere Anmeldung dieselbe Wirkung haben soll, als wenn sie am Tage der ersten Anmeldung geschehen wäre. In der deutschen Denkschrift zu dem Uebereinkommen mit der Schweiz (Nr. 85 der Drucksachen des Reichstags 1893/94 S. 5) wird bemerkt, die bezüglichen Bestimmungen seien „dem Worlaute nach abweichend, aber sachlich übereinstimmend", der Fassung des schweizerischen Uebereinkommens sei mit Rücksicht auf die dortige Patentgesetzgebung der Vorzug gegeben worden.

Aus N. 6 zu Art. 3 des Uebereinkommens mit Oesterreich-Ungarn (oben S. 519) geht der materielle Unterschied zwischen den beiden Fassungen hervor. Nach der einen ist bezüglich des zweiten Patents für die Vorbenutzung, Dauer des Patents, die Fälligkeit der Gebühren das Datum der ersten Anmeldung, nach der andern Fassung das der zweiten Anmeldung maßgebend. Diese Divergenz verschwindet, wenn man die erkennbare Absicht der Kontrahenten über den Wortlaut ihrer Vereinbarung setzt. Daß bei Abschluß des Vertrages mit der Schweiz die deutsche Regierung in diesem Punkte sachlich nicht von den andern Verträgen abweichen wollte, ergeben obige Worte der Denkschrift. Der schweizerische Bundesrath scheint nach der Auslegung, welche er in seiner Botschaft dem Art. 3 gegeben hat, den deutschen Standpunkt getheilt zu haben. „Durch diese Bestimmung", heißt es dort, „wird dem ersten Hinterleger die erforderliche Zeit gewährt, seine Hinterlegung auch im anderen Staate zu bewirken, ohne daß ihm ein Dritter zuvorkommen kann und ohne daß eine inzwischen etwa erfolgte Veröffentlichung der Erfindung, des Musters u. s. w. seine Rechte aufhebt" (Patentblatt 1892 S. 695). Unter diesen Umständen dürfte es nicht ungerechtfertigt sein, wenn man die allgemeine Vorschrift des Art. 3 einschränkend interpretirt, sie also nicht über die beiden zuletzt angeführten Wirkungen ausdehnt (Rhenius in Zeitschrift für gewerbl. Rechtsschutz 1893 S. 252, Schanze in Annalen des Deutschen Reichs 1894 S. 245, Kohler Handbuch S. 292).

Der Vorbehalt in dem Schlußprotokoll zu Art. 3 will den auch ohne dies zutreffenden Grundsatz (oben S. 519) außer Zweifel stellen, daß der Anspruch auf prioritätische Rechte nur auf Grund der Anmeldung in einem der beiden Vertragsstaaten, nicht in einem dritten Staate geltend gemacht werden kann.

Art. 4 stimmt mit Art. 4 des deutsch-italienischen Vertrages überein bis auf die Schlußworte. Nach diesen soll in der Schweiz als Tag der Ertheilung des Patents der Tag gelten, an welchem die Eintragung in das Patentregister stattgefunden hat. Der Vorbehalt in dem Schlußprotokoll will es außer Zweifel stellen, daß die Einräumung der prioritätischen Rechte nicht davon abhängig ist, daß erst nach dem Zeitpunkte der Ertheilung des Patents in dem einen Staate die Anmeldung in dem anderen Staate bewirkt wird (vergl. oben S. 516).

Art. 5 stimmt sachlich mit Art. 5 des deutsch-italienischen Abkommens überein. Er beseitigt die Zurücknahme eines Patents wegen Nichtausübung, wofern die Ausübung in dem andern Vertragsstaate stattgefunden hat. Außerdem ist noch Voraussetzung, daß die Erfindung in beiden Ländern patentirt ist (S. 533). Mit der letzteren Voraussetzung steht die Bestimmung des Zusatzprotokolls im Einklange, wonach der Ausübungszwang bezüglich derjenigen Erfindungen fortbesteht, welche nach den Gesetzen eines Vertragstheiles vom Patentschutz ausgeschlossen sind. Diese Bestimmung richtet sich gegen die Schweiz, woselbst chemische Erfindungen nicht patentirt werden können (S. 96). Es müssen also Schweizer, die ein deutsches Patent auf Herstellung chemischer Stoffe haben, die Erfindung in Deutschland ausführen.

In dem Schlußprotokoll zu Art. 5 wird bestimmt, daß mit dem Ausübungszwange nicht auch der Licenzzwang (§. 11 Abs. 2 des deutschen, Art 9 des schweizerischen Patentgesetzes) in Wegfall gekommen ist.

Art. 7 bezieht sich auf Art. 20 des schweizerischen Patentgesetzes, der die Verfolgbarkeit von Patentverletzungen davon abhängig macht, daß jeder nach dem Patent hergestellte Gegenstand oder dessen Verpackung mit einem eidgenössischen Wappenkreuz nebst Patentnummer versehen wird. Von dieser Bedingung sind die Angehörigen des Deutschen Reichs befreit. Wer von dieser Vergünstigung Gebrauch macht, verzichtet auf die aus der Kennzeichnung der Waare sich ergebende Vermuthung und muß auf anderem Wege den Nachweis schuldhaften Verhaltens erbringen.

Sachregister.

(Die Zahlen bedeuten die Seiten.)

V.

Druck von A. W. Hayn's Erben, Berlin und Potsdam.

MIX
Papier | Fördert gute Waldnutzung
FSC® C083411

Kolibri 360 GmbH
Ferdinand-Jühlke-Straße 7
99095 Erfurt, Deutschland
produktsicherheit@kolibri360.de